최유찬의
문예사조의 이해

최유찬의
문예사조의 이해

ⓒ 최유찬, 2014

초판 1쇄 인쇄일 2014년 6월 2일
초판 1쇄 발행일 2014년 6월 9일

지은이 최유찬
펴낸이 김지영　**펴낸곳** 작은책방
편집 김현주
제작·관리 김동영

출판등록 2001년 7월 3일 제2005-000022호
주소 121-895 서울시 마포구 어울마당로 5길 25-10 유카리스티아빌딩 3층
　　　　　　　(구. 서교동 400-16 3층)
전화 (02)2648-7224　**팩스** (02)2654-7696

ISBN 978-89-5979-339-6 (13800)

- 책값은 뒤표지에 있습니다.
- 잘못된 책은 교환해 드립니다.

최유찬의
문예사조의 이해

최유찬 지음

작은책방

개정판을 펴내며

문예사조는 문학뿐만 아니라 건축, 조각, 회화, 음악, 무용 등 넓은 영역에 걸쳐 있는 사안이다. 이 사실은 기왕의 문예사조가 명실이 상부하지 못하는, 그리하여 문학에만 무게를 싣는 편벽된 것이었음을 말해준다. 문학예술 전체를 대상으로 하여 사조의 역사를 체계적으로 기술하는 일은 하나의 과제로서 우리 앞에 제시되어 있다. 물론 그 작업을 단시간에 수행한다는 것은 보통 사람으로서는 감당하기 힘든 일이다. 여러 종류의 예술에 대하여 일정한 수준의 식견을 갖추기도 어려울뿐더러 그것들을 대상으로 통합적인 서술을 도모한다는 것은 무모하게조차 보인다. 각 예술에 사용되는 용어나 개념이 다를 뿐 아니라 시대 구분, 서술 분량의 조정, 예술 상호간의 관계에 대한 배려 등 헤아릴 수 없이 많은 문제가 거기에 개재되어 있기 때문이다. 더욱이 음악이나 무용과 같은 분야의 문예사조 서술에는 통합매체의 사용이 필수적으로 요청되기도 한다.

이와 같이 수많은 어려움이 예상되기는 하지만 문예사조의 이름에 값하는 문예사조의 저술은 언젠가는 우리가 이루어야 할 과업이다. 서양의 문예와 함께 동양의 문예에 나타난 사상 경향을 문예사조에 포괄하는 일도 빼놓을 수 없는 과제 중의 하나이다. 안고수비인 줄 번연히 알고 어느 세월에 누가 그런 일을 이룩할 수 있겠느냐고 비아냥거림의 대상이 되기 십상일지라도 그에 대한 꿈조차 버릴 필요는 없다는 생각이다.

이 책은 그 먼 여정을 향한 첫걸음에 조금이라도 도움이 되었으면 하는 생각에서 구상되었고 새로운 모습을 지니게 되었다.

동양에는 일찍부터 시화일치詩畵一致의 개념이 있었다. 문학과 조형예술은 그만큼 가까운 거리에 있다는 인식이다. 책을 손질하면서 그 시화일치가 빈말이 아님을 실감했다. 고대건 중세건 근대건 한 시대의 사상적 흐름은 장르의 차이를 불문하고 앞서거니 뒤서거니 동반하면서 가고 있었다. 다만 나의 지식과 인생경험과 예술체험이 모자라고 부족하여 그것들을 정확히 붙잡아서 서술에 포함시킬 수 없다는 점만이 안타까웠다. 문예사조에 대한 서술과 병렬적으로 배치되어 있는 건축, 조각, 회화의 사진들이 독자들에게도 시화일치의 체험을 가질 수 있게 해주기를 바랄 뿐이다.

책이 처음 출판된 지 20년 가까운 세월이 흘렀다. 그동안 끊임없이 성원을 보내주신 독자들 덕택에 책이 살아남았고, 문학과 조형예술을 병렬적으로 배치하여 문예사조의 개념에 좀 더 충실한 새로운 단계로 나아갈 수 있는 기회를 갖게 되었다. 이러한 변모를 감행하는 과정에서 작은책방의 김지영 사장님, 김현주 편집주간께서 보여주신 열정과 성의는 크게 힘이 되었다. 여러 차례 사진의 배치를 바꾸고 세심히 교정을 보아주신 편집부 여러분께도 깊이 머리 숙여 감사의 말씀을 드린다.

2014. 5. 22 최유찬

서 문

유유탕탕. 솟구치고 분탕질치던 큰물이 온 들녘을 휩쓸고 빠져나간 뒷자리. 그 진흙탕에서 발을 빼지 못하고 망연해 있는 중에 또다시 그 진흙 속에서 일어나고 있는 거대한 물결을 느껴야 하는 황망감慌忙感. 이러한 강렬한 이미지들이 이 책의 서술을 마친 뒤 나의 뇌리를 엄습한 느낌을 구성하는 요소들이었다. 고대 그리스의 도시국가인 아테네에서 생긴 자그마한 움직임에서 현대의 포스트모더니즘에 이르는 장강대하와 같은 유유한 흐름이 그 이미지들의 원천이었다.

이 책은 한 학기의 강의를 마친 뒤 밀려오는 허탈감과 자질구레한 여러 가지 일들에 대한 인상들 속에서 구상되었다. 강의를 마칠 때면 어느 때나 그렇지만 문예사조의 강의는 특히 씁쓰레한 뒷맛을 남겼다. 선생도 학생도 만족할 수 없었던 강의시간들. 그것은 성의의 부족이나 능력의 한계 탓으로 돌릴 수만은 없는 어떤 고유한 어려움을 지니고 있었다. 개념의 설명이나 사례의 부적절성 이외에도 문예사조의 강의를 어렵게 하는 요인은 수없이 많았다. 그 사조들이 생겨난 배경과 원인에 대한 충분한 이해가 주어질 수 없는 데서 야기되는 오해와 도식들, 문체들의 형식적·사상적 의미를 읽어내는 데서 느끼게 되는 어떤 한계들, 사조들을 하나의 독립된 범주들로 생각하는 데서 빚어지는 이런 저런 독단들. 이 요인들은 하나같이 문예사조의 강의를 어렵고 따분하며 재미없는 것으로 만들었다. 그러나 문예사조에 대한 전반적인 이해 없이 문학에 대한 논의를 진지하게 이끌어갈 방도는 없으리라는 데 대해서 별다른 이견은 없을 것이다.

책의 집필과정에서 유의했던 사항은 그간의 강의 경험에 비추어 다음과 같이 설정되었다.

첫째, 문예사조를 이해하는 데 필요한 작품을 제시하고 설명하는 일이다. 개념의 설명만으로는 각각의 문예사조가 지닌 함의가 충분히 이해될 수 없을뿐더러 사조들의 변화가 지닌 의미를 올바로 파악할 수도 없다. 따라서 사조의 이해에 필수적인 작품을 제시하고 그에 대한 필자의 설명과 함께 여러 학자들의 견해를 첨부하였다. 모더니즘과 포스트모더니즘에 관련된 작품들을 가능한 한 많이 제시하려 한 것은 그간에 이 사조들에 대한 이해가 작품보다는 개념적인 작업에 더 많이 의지했다는 생각에서 비롯되었다.

둘째, 각각의 사조가 발생한 사회문화적 배경을 가급적 명확히 제시하는 일이다. 이것은 사조의 특성을 이해하는 데 필요한 일일 뿐만 아니라 그 역사적 의의를 인식하는 데도 도움이 된다.

셋째, 사조들 사이의 관계를 설명하는 일이다. 사조들을 독립적인 사항으로 파악하는 것은 문예사조를 공부하는 의의를 전혀 생각하지 않는 행위라고 할 수 있다. 이 책에서 사조들을 병치하거나 여러 가지 형태로 관련시키는 방법을 취한 것은 사조들 간의 관계를 명확하게 설명하고자 하는 취지에 따른 것이다.

글이란 글을 쓰는 사람 혼자만의 소산이 아니란 생각을 해보았다. 이 책의 구성에는 시인, 작가, 학자들의 업적이 직접적으로 관여되어 있을 뿐만 아니라 간접적으로도 과거와 현재의 무수한 사람들이 관여되어 있다. 사물의 실체를 구성하는 관계성을 새삼스럽게 확인하는 계기가 되었다. 이 작업을 멀리서 가까이서 관심을 가지고 지켜보아 준 이들에게 두루 감사의 말씀을 드린다. 보잘것없는 일을 하면서도 온갖 성화를 부리는 나를 넉넉하게 포용해준 아내와 아이들의 부축이 없었더라면 이 작업은 쉽사리 끝을 맺지 못했을 것이다.

1995년 여름 최유찬

차 례

개정판을 펴내며   4
서문   6

제1장 문예사조란 무엇인가   13

1. 문예사조의 개념   14
2. 문예사조·양식·창작방법   21
3. 문예사조와 문학사   26
4. 문예사조의 한국적 양상   30

제2장 그리스의 고전문학과 문학이론   33

1. 고대 그리스의 사회 환경과 새로운 정신   36
2. 고대 그리스의 문학이론   42
    1) 플라톤의 사상과 문학이론   42
    2) 아리스토텔레스의 사상과 문학이론   50
    3) 호레이스의 문학이론   58
    4) 롱기누스의 문학이론―숭고론   59
3. 고대 그리스의 문학과 그에 대한 비평   63
    일리아드/오딧세이/아가멤논/오이디푸스 왕/안티고네/트로이의 여인들
    * 부록 :『길가메시 서사시』   90

제3장 르네상스 99

1. 중세 사회와 문학　　　　　　　　　　　　　　　102
　　롤랑의 노래/신곡/데카메론
2. 르네상스 시대의 사회와 문화　　　　　　　　　　120
3. 르네상스 시대의 문학　　　　　　　　　　　　　132
　　햄릿/돈키호테/가르강튀아와 팡타그뤼엘

제4장 고전주의와 계몽주의 143

1. 고전주의 발생의 사회적 조건　　　　　　　　　　146
2. 고전주의 시대의 철학과 문학이론　　　　　　　　152
3. 고전주의 문학의 전개　　　　　　　　　　　　　163
　　르시드/타르튀프/페드르
4. 계몽주의 문학　　　　　　　　　　　　　　　　173
　　계몽주의와 수필 형식/디드로/괴테의 파우스트

제5장 낭만주의 183

1. 낭만주의 발생의 사회적 조건　　　　　　　　　　187
2. 낭만주의 시대의 철학과 문학이론　　　　　　　　196
3. 낭만주의의 전개　　　　　　　　　　　　　　　209
　1) 전기낭만주의　　　　　　　　　　　　　　　209
　　　파멜라/괴테의 젊음 베르테르의 슬픔
　2) 낭만주의의 본격적 전개　　　　　　　　　　213
　　　블레이크/워즈워스/콜리지/셸리/바이런/키츠/하이네/위고/아이반호/르네
4. 한국 문학의 낭만주의　　　　　　　　　　　　　247

차 례

제6장 리얼리즘, 자연주의, 사회주의 리얼리즘 253

1. 리얼리즘 발생의 사회적 조건   258
2. 리얼리즘의 철학적 배경과 문학이론   265
3. 리얼리즘 문학의 전개   279
       스탕달/발자크/도스토예프스키/톨스토이
4. 자연주의의 발생과 문학이론   298
5. 자연주의 문학의 전개   303
       플로베르/에밀 졸라
6. 사회주의 리얼리즘 문학의 전사(前史)   315
7. 사회주의 리얼리즘의 개념   322
8. 사회주의 리얼리즘 문학의 전개   331
       숄로호프/베르톨트 브레히트
9. 한국 문학의 리얼리즘   338

제7장 상징주의와 심미주의 341

1. 상징주의 발생의 사회적 조건   348
2. 상징주의의 문학이론과 철학적 배경   354
3. 상징주의 문학의 전개   369
       보들레르/베를렌느/랭보/말라르메/발레리/예이츠/릴케/프루스트
4. 심미주의의 개념   402
5. 심미주의 이론의 전개와 철학적 배경   409
6. 심미주의 문학의 전개   418
       에드가 알렌 포/고티에/오스카 와일드
7. 한국 문학의 상징주의와 심미주의   428

제8장 모더니즘:
아방가르드 운동과 영미의 주지주의   431

1. 모더니즘 발생의 사회 역사적 조건	439
2. 모더니즘의 발생 배경이 된 문화적 상황	446
3. 모더니즘 문학의 전개	451
1) 아방가르드 운동	455
① 미래주의	458
아폴리네르/장콕토/마리네티/마야코프스키	
② 다다이즘	469
트리스탕 차라/한스 아르프	
③ 초현실주의 문학	472
앙드레 브르통/엘뤼아르	
④ 표현주의	484
트라클/게오르그 하임/슈타들러/요하네스 베허/고트프리트 벤/브레히트	
2) 영미의 모더니즘	508
① 영미 모더니즘의 철학적 배경	508
② 영미 모더니즘의 문학이론	512
③ 영미 모더니즘 문학의 양상	517
가) 이미지즘 · 모더니즘 · 주지주의의 상관관계	518
나) 모더니즘의 시문학	522
에즈라 파운드/엘리엇/오든/스티븐 스펜더/딜런 토마스/월리스 스티븐스	
다) 모더니즘 소설의 양상	541
제임스 조이스/버지니아 울프/윌리암 포크너/알베르 카뮈	
4. 한국 문학의 모더니즘	551

차 례

제9장 포스트모더니즘 555

1. 포스트모더니즘의 개념   560
2. 포스트모더니즘 발생의 사회 역사적 조건   566
3. 포스트모더니즘의 철학적 배경   574
4. 포스트모더니즘의 양상과 이론   585
5. 포스트모더니즘 문학의 전개   602
   1) 시문학   604
      네루다/보르헤스/옥타비오 파스/로월/뢰트키/쿠니츠/
      플라스 긴즈버그/멀둔 안틴/브링크만
   2) 소설 문학   638
      보르헤스/베케트/마르께스/핀천/움베르토 에코/밀란 쿤데라
6. 한국 문학에 나타난 포스트모더니즘의 양상   657

참고문헌   668

제 1장

문예사조란 무엇인가

1. 문예사조의 개념

문예사조文藝思潮의 말뜻은 문학예술의 사상적 흐름이다. 문예작품이나 문예이론에 나타난 사상이 일정한 흐름을 형성하고 있을 때 그 양태를 가리키기 위해 사용하는 용어가 문예사조란 낱말이다. 이 말뜻을 곧이곧대로 받아들인다면 작품을 창작하는 작가나 비평가의 사상이 일정한 흐름을 형성할 때는 그것이 개인적인 현상이건 사회적 집단적 현상이건 언제나 우리는 그것을 문예사조라고 부를 수 있다. 그러나 무수히 많은 작가, 시인, 비평가들이 가지고 있는 사상이나 작품에 나타난 사상을 그것이 일정한 흐름을 형성하고 있다고 해서 모두 문예사조라고 부른다면 혼란이 뒤따를 것은 물론 거기에는 별다른 의미가 없을 것이다. 문학예술의 역사에서 이정표가 되거나 과거와 현재의 문학예술을 이해하는 데 도움이 될 수 있는 중요한 사상적 흐름, 정신적 조류만을 가리켜 문예사조의 명칭을 부여하는 데는 이와 같은 이유가 있는 것이다. 고전주의, 낭만주의 등의 사조는 단순히 과거의 문학 예술사를 이해하는 데서 뿐만 아니라 현재의 문학예술에 대한 논의에도 없어서는 안 될 중요한 개념이 되고 있는 것이 현실이다.

그러나 문예사조가 문학예술의 역사에서 중요한 사상적 흐름이라고 말뜻을 한정한다고 해서 그 개념이 명확해지는 것은 아니다. 우선 문제가 되는 사상이 작품들의 주제사상과 관련이 되는 것인지 작가나 이론가, 비평가가 가진 세계관 또는 인생관 등과 관련되는지가 불분명하고 그것들을 분류하는 기준이 어디에 있는지

라스코 동굴벽화. 2만 년~1만 년 전 동굴 깊숙한 곳에 그려졌다. 1940년 프랑스 도르도뉴 지방에서 발견. 빨강·검정·노랑 색 등으로 그려진 들소, 말, 사슴 등은 사람들이 얻기를 소망하는 대상으로서 사냥의 성공과 풍요를 기원하는 주술적 의미를 담고 있다.

도 밝혀져 있지 않다. 더욱이 사상가나 철학자도 아닌 문학가들의 사상만을 사조라는 이름 아래 문제 삼는 근본 이유가 궁금해지는 것이다. 이러한 의문들은 짐짓 통상적으로 알려져 있는 문예사조의 개념을 제쳐놓고 딴청을 부리는 듯하지만 실제로는 상식의 허점을 드러내 문제의 본질을 파악하는 데 지름길이 될 수도 있다. 예컨대 문학예술에서 사상은 어떻게 표현되는가, 표현된 사상을 분류하는 데는 어떤 기준이 적용되는가, 그 사상적 흐름이 지니는 의미는 무엇인가, 그것들은 어떻게 형성되는가, 사상적 흐름 즉 사조가 변화하는 이유는 어디에 있는가 하는 문제들을 잇달아 제기할 수 있는 것이다. 이러한 문제의식을 가지고 볼 때 문예사조

라스코 동굴 벽화. 그림이 소망의 대상뿐만 아니라 다른 여러 요소를 포함하여 복잡해졌다. 창을 맞아 내장이 흘러나온 들소와 함께 발기된 성기를 지닌 인간의 모습, 저승세계와 연관이 있는 새 등이 함께 그려져 있다.

이집트 카르낙 신전에 그려져 있는 생산의 신. 왕이 남자들을 이끌고 전쟁에 나간 사이 모든 여성에게 수태시킨 죄로 팔·다리 하나씩을 잘렸으나 성기는 발기되어 있다. 그래서 생산은 늘 삶과 죽음의 경계선을 가른다.

가 문학의 창작에 관여하거나 작품에 대한 논의를 주도하는 사람들이 가진 개인적 의식과 사상을 집적한 것과는 다른 의미를 가진, 즉 초개인적인 집단적 현상으로서 일정한 객관적 정신을 대표하는 개념으로 이해될 수 있다.

문예사조는 문예의 사상적 흐름이다. 이 사상적 흐름은 개별 작품의 주제나 작가의 내면의식에서 추출되는 것이라기보다는 작품들을 통해 현현하는 시대적·집단적 현상으로 파악되는 것이고 작품의 형식을 통해서 표현을 얻은 사상들이 지닌 특색으로서 파악되는 것이다. 따라서 하나의 문예사조는 특정한 시기에 특정한 집단의 사람들이 일정하게 같은 지향이라고 할 수 있는 사상경향을 가짐으로써 상이한 제재를 다룬 작품에서일지라도 유사한 스타일이나 풍격을 엿보일 때 인지될 수 있는 현상이라고 할 수 있다. 이것은 문학예술이 개념형식을 통해서 직접적으로 사상을 표출하지 않고 형상을 빚는 형식을 통해서 사상을 표현하는 데 따른 결과이다. 문학예술에서는 유사한 사상내용이라고 할지라도 상이한 표현수법으로 표출되고 있는 경우 같은 사조로 분류할 수 없고 궁극적으로 같은 사상이라고도 할 수 없는 것이다. 쉬운 말로 '아!'와 '어!'가 다르듯이 문학예술에서 사상은 작품형식을 통해서 표현된 사상만이 참다운 의미를 지니는 것이고 그런 까닭에 문예사조라는 말은 자동적으로 표현의 형식이 어떤 것이냐 하는 문제와 연결되지 않을 수 없다. 이런 측면에서 고전주의, 낭만주의, 표현주의 등의 사조는 특정한 형식적 특성 속에서 유사한 사상적 내용을 표현한 작품들을 포괄하는 명칭이 된다. 다시 말해서 문예사조를 구분 짓는 사상적 흐름은 개별 작품들 사이의 주제 사상의 동일성이나 유사성보다도 표현 형식을 통해서 드러난 현실을 파악하는 작가의 지각의 틀, 세계관과 가치관, 표현 수법의 유사성 등에 바탕을 둔 개념이다. 사조라는 개념 속에 한 가지로 묶일 수 있는 사상은 현실을 인식하는 작가의 지각의 틀과 세계관, 가치관, 이것과 일정하게 연결되는 예술관을 포함하며 이로 인해 작품의 창작에 특징적인 양식이나 표현수법이 나타나는 것이다. 그러므로 문예사조의 개념은 자연히 양식이나 창작방법과 일정한 관련을 지니게 된다.

하지만 문예사조가 일정한 정신적 지향의 동일성과 그것을 표현하는 예술적 수법의 유사성만으로 특징지어질 수 있는 것은 아니다. 계몽주의나 르네상스 등은 문학예술의 역사에 등장하는 사조 가운데 하나이고 특정한 사상적 내용을 공유하고 있지만 그것이 양식이나 표현수법의 동

다산(多産)의 여신상.

카프라 왕의 피라미드. 카이로 근교 기자에 있고 쿠푸 왕의 피라미드 등과 함께 세계 7대 불가사의 가운데 하나로 불린다. BC 26세기 작. 맨 꼭대기에는 화강암이 남아 햇빛을 받으면 찬란한 빛을 낸다. 영생을 누리고자 하는 인간의 소망이 낳은 문화적 조형물이다.

일성 내지 유사성으로 귀착하지는 않는다. 그것은 그 사조들이 문예영역 이외의 좀 더 광범한 사회적 사상적 운동과 연관된 데 따른 결과이며 현재의 포스트모더니즘도 유사한 양상을 띠고 있다. 계몽주의나 르네상스는 거기에서 하나의 예술적 양식이나 표현수법을 따로 추출하기에는 너무나 복잡한 양상을 포괄하는 사회적 사상적 운동이었던 것이다.

그렇다고 해서 이 사조들을 문예사조에서 배제하는 것도 적절한 조처는 못된다. 이 사조들은 다른 어떤 사조에 못지않게 문학예술의 내용과 형식에 영향을 주었고 특히 에세이 형식의 성립은 이 사조들과의 관련을 배제하고서는 해명하기 어려운 역사적 현상이다. 이런 의미에서 우리가 문예사조의 개념을 정립하는 데는 특정한 역사적 조건 속에서 일어난 집단적 문예운동으로서 사상적 견해의 일치와 그에 따른 예술적 견해의 일치, 표현형식 및 수법의 유사성 등 다원적 기준을 적용할 필요가 있다.

〈왕가의 계곡〉에 있는 자연 피라미드. 이 산 봉우리 아래 여러 곳에 62개의 왕릉이 있다. 1922년 발굴된 쿠탕카멘 왕릉을 제외하고 대부분 도굴되었다.

장례식장. 3500년 전 이집트 최초 여왕 하트셉수트 시대에 지어졌다. 왕이 죽으면 이곳에서 3~6개월간의 처리를 거쳐 미이라로 만들어진다.

대영박물관에 있는 수많은 미이라 가운데 하나.

2. 문예사조 · 양식 · 창작방법

문예사조 개념에 다원적 기준을 적용할 필요성은 그것이 문학예술을 분류하는 보편적 원리라는 생각이나 양식과 동일한 것이라는 생각, 또는 시대개념이라는 생각이 지닌 문제점을 분석하는 가운데 입증할 수 있다. 문예사조가 분류의 원리라는 생각은 사조가 문학 예술사를 기술하는 데 어떤 역할을 할 수 있는지를 검토하는 다음 절에서 상세히 살필 수 있겠지만 잠정적으로 문예사조가 서양의 문학 예술사를 중심으로 성립된 개념이라는 점만을 고려해도 문제의 심각성은 쉽게 드러난다. 하나의 특수한 사례를 분류의 보편적인 원리로 적용할 때 나타나는 폐단은 서양중심주의라는 측면에서나 다른 곳의 문학 예술사를 자의적으로 재단할 가능성이라는 측면에서나 심각한 것이 될 수 있다.

이에 비해서 문예사조를 시대개념으로 보아야 한다는 르네 웰렉의 관점은 전적으로 동의할 수는 없지만 일정한 타당성을 지니고 있다. 웰렉은 문예사조가 '조절개념, 특정한 시기를 지배하는 규범체계로 간주'될 수 있다고 본다. 예컨대 리얼리즘이 의미 있는 시대개념이 되려면 '그것은 그것과 비교되고 대조될 수 있는 시대개념, 즉 고전주의와 낭만주의로부터 명확히 구분되어야 하며, 또한 그 시대를 지배했고 그 시대의 대표자이며 전형이라고 생각되는 작가들을 배제할 정도로 편협하게 생각해서도 안 된다'고 말하고 있다. 이 견해는 암묵적으로 리얼리즘이 19세기의 특수한 문예사조로 국한되어야 한다는 주장을 함축하는 것이어서 내면적으

많은 문화치적을 남긴 람세스 2세상. 대표적인 오리엔트적 전제군주로 많은 신전, 장례전 등을 세우고 자신의 조상(彫像)도 여러 곳에 남겼다.

카르낙 신전의 중앙 통로. 람세스 3세가 아문 신에게 바친 이집트 최대의 신전으로 맨 끝에서 맨 앞을 내다볼 수 있게 되어 있다.

로는 다분히 정치적인 의도를 내포하고 있다.

르네 웰렉의 견해는 문학예술이 역사적으로 변모하는 것이고 그 변모를 뚜렷이 파악하는 데 문예사조의 개념이 도움이 되어야 한다는 생각이라고 할 수 있다. 이러한 생각은 역설적으로 19세기의 리얼리즘은 사실주의이고 우리시대의 리얼리즘만이 리얼리즘이라고 주장하는 견해에서도 얼마간 간취된다. 그러나 문예사조가 시대개념으로 간주된다면 시대를 지배했다는 조건을 충족시키는 문예사조가 얼마나 될 것이며, 그것이 규범체계라면 그 이후 새로이 생겨난 변화, 사조의 발전적 국면은 그 체계에서 어떤 지위를 갖는가 하는 문제를 생각할 때 시대개념의 한계는 분명해진다. 즉 시대개념은 연속성과 불연속성을 동시에 지니고 있는 문학 예술사를 임의적으로 재단하는 도구로 전환될 가능성이 있는 것이다. 이런 측면에서 문예사조와 양식의 비교는 문예사조에 대해서 훨씬 많은 이해를 가져다줄 수 있는 내용을 함축하는 방법이다.

하인리히 뵐플린이 『미술사의 기초개념』이라는 책에서 미술사를 양식에 의거해 분류해야 한다는 견해를 피력한 것은 익히 알려져 있다. 흔히 '인명 없는 예술사'를 목적으로 한 것이라고 알려진 뵐플린의 작업은 사람의 지각방식, 그의 표현대로 말하면 직관적 표상의 방식은 역사적으로 변화하는 것으로서 각 시대가 허여한 형식적 가능성을 전제로 하여 성립하며 그렇기 때문에 직관개념의 역사는 곧 정신사를 의미한다는 인식을 바탕에 깔고 있다. 양식은 직관적 표상의 방식이 생장함에 따라 정점에 이르기까지 발전하지만 이같이 완벽한 경지에 이른 표현수단들이 그 방식을 교체함으로써 변화하게 된다는 것이다. 이 변화의 요인은 '세계의 내용이 직관을 통해 가시화될 때에 결코 하나의 동일한 형식을 통해 드러나지 않는다는 사실'을 강조하는 데서 드러난다. 뵐플린의 견해는 예술발전이 내재적으로 결정되는 자율적 과정으로서 정점에 이른 양식은 새로운 취향을 선택하는 예술가에 의해 다른 양식으로 교체되는 것이라는 생각이다. 이 생각이 고전주의에 대한 반동으로서 낭만주의, 낭만주의에 대한 반동으로서 리얼리즘이란 파악과 연결되는 견해라는 점은 쉽게 알아볼 수 있다. 작가의 의도나 관심, 내용의 변화, 사회계층의 변화와 같은 요인은 양식의 변화에 결정적 영향을 끼치지 않는 것으로 파악되는 것이다. 엄격한 형식에서 자유로운 형식으로, 자유로운 형식에서 엄격한 형식으로 바뀌는 속에 시대 양식의 통일성이 갖추어진다는 것이다. 물론 뵐플린은 내용과 형식의 변증법을 인정하고 새로운 시대정신이 어떻게 새로운 양식을 낳는가를 보여주는 데 주안점을 두고 있다.

하지만 반동의 반동이라는 주기성의 이론을 주장하는 관점에서는 예술사의 발전에 관여되는 우연적인 사회적 사건들과 창작가의 임의성, 예술가의 개성은 주변적 요인으로 밀려나는 것이다. 뵐플린은 반동의 주기성에 의해 예술사에서 순수한 형식의 역사를 추구하고 있지만 끊임없이 움직이는 현실의 여러 조건들을 소홀히 함으로써 형식이 변화하는 진정한 원인을 일정하게 왜곡하는 사태에 이르고 만다. 에른스트 곰브리치가 "모든 재현은 앞서의 관례를 기초로 하고 있다는 일반론에 구애되는 것은 소용없는 일이다. 심리학적 표현에 입각하여, 이미지를 제작하는 일이나 이미지를 해독하는 과정에서 실제로 과연 무엇이 개입하고 있는가를 새롭게 분석하는 데까지 파고들어야만 한다"고 말한 것은 이와 관련된다. 여기서 창작방법은 어떻게 형성되는가 하는 문제가 관건이 됨을 알 수 있다. 개별 작품

세계 최대의 카르낙 신전 안에 있는 오벨리스크.

오벨리스크 최상단에 새겨져 있는 신에게서 왕권을 수여받는 파라오의 모습.

을 창작하는 데 작용하는 정신적 사회적 요인과 그것들이 다양한 선택가능성 가운데서 채택된 이유를 설명할 수 있을 때만이 양식의 변화를 해명할 수 있는 것이다. 결국 내용과 형식의 변증법, 작가의 개성·의지·사회의 여러 우연적 요인들이 개입하는 창작방법의 구성과정을 생각할 때 양식의 변화가 내재적으로 결정된다거나 시대마다 통일된 시대양식이 있다는 뵐플린의 생각은 많은 본질적 내용을 손실하는 대가를 치른 뒤에나 타당한 견해로서 성립한다는 사실이 명확하게 드러난다. 문예사조는 양식과 일정한 관련성을 지니지만 전적으로 그에 좌우되는 것도 아니고 오히려 창작방법의 구성요인이 되는 여러 조건들과 더 많이 관련시켜 볼 수 있는 특성을 갖고 있는 것이다. 문학예술사의 기술에서 양식보다도 문예사조가 자주 기술의 틀을 제공해주는 까닭은 그 여러 조건들과의 관련 아래에서 문학예술의 역사가 좀 더 분명한 윤곽을 보여주기 때문이다.

3. 문예사조와 문학사

　문학사는 문학의 역사이다. 문학의 역사가 어떻게 기술될 수 있는가에 대해서는 고래로 많은 논란이 있어왔다. 정전^{正典}에 해당하는 작품에 대한 해설이어야 할 것인가 그렇지 않으면 작가들의 연대기이어야 할 것인가 하는 등등의 문제가 제기되었고 실제로 문학사를 서술하는 사람에게는 해결하지 않으면 안 되는 심각한 문제였다. 르네 웰렉이 문학사는 '문학'의 역사임과 동시에 문학의 '역사'이어야 한다는 이상론을 펼쳐 보인 것은 문학사 기술에 따르는 어려움을 실토한 의미가 있다. 문예사조는 문학사 기술의 이러한 어려움을 해결하는 데 자주 이용되어 왔다. 문예사조가 시대에 따라 변화하는 정신과 그에 따른 문학예술의 경향을 동시에 파악하는 개념이라는 점에서 시대구분의 어려움을 감소시키고 적절히 작가와 작품을 배열할 수 있는 틀을 제공해주기 때문이다. 더욱이 문예사조를 통해 일정한 문학사의 발전이라는 개념을 구상할 수 있었던 것도 문예사조가 문학사 기술의 틀로 원용되는 데 일조했으리라는 추측은 그리 무리가 아닐 것이다. 그러나 무엇보다도 문예사조의 개념은 문학사가에게 양식의 개념으로 유용했다고 할 수 있다. 양식의 개념은 뵐플린의 말대로 '구체적이면서 동시에 상호 분리된 수많은 요소들로 이루어진 전체를 관념적으로 통일시킨 것'이기 때문에 문학사의 단위가 되는 집단의 공통성을 추출하는 데 편리하고, 그 특질이 변화해가는 양상을 외적 요인과 결부시키지 않아도 설명이 가능해지는 것이다. 이것은 뵐플린의 작업에서 단적으로 예증되는 것이지만 역설적으로 반사조적反思潮的인 태도를 보여주는 논자들에게서도 확인해볼 수 있는 사실이다. 예컨대 작품의 구성요소들 사이의 관계의 변화, 구조의 지배적 요소를 결정짓는 요인을 규명하는 작업을 통해 문학사의 전개를 파악하려는 시도에서도 찾아볼 수 있다. 거기에서 요소들 사이의 관계의 변화나 지배적 양식의 형성은 아무런 외적 자극이 없는 가운데서도 자발적으로 일어날 수 있는 현상이고 개인적 의지나 개성의 작용, 사회적 변동을 검토하지 않아도 확인할 수 있는 객관적 정신의 발로發露이다. 인명 없는 문학사는 충분히 가능한 것이다. '그림이란 항상 한 예술가가 자연만을 관찰해서 얻어진 것보다는 다른 예술가의 작품에 더 많이 빚지고 있다'는 인식은 문학의 영역에서도 일정한 타당성을 가진다. 이것은 문학예술이 전해진 관습과 작가의 자발성의 이율배반적인 상호관계 속에서 형성되는 한 필연적인 현상이다.

문학사에서 양식이 중요한 준거가 되는 것은 예술이 일종의 언어라는 점과 관련된다. 예술이 언어로 되기 위해서는 관습에 의해 형성된 표현형식을 차용하

남성적이고 권위적인 카르탁 신전에 비해 여성적인 룩소 신전의 야경.

룩소 신전에 있는 오벨리스크. 기원전 1300년경 람세스 2세가 만든 것으로, 원래 두 개였으나 하나는 파리의 콩코르드 광장으로 옮겨졌다.

이집트 피라미드 내부에 그려져 있는 벽화.

여 전달을 기도해야 하는 것이다. 그러나 이 관습은 매우 한정된 기호만을 가지고 있을 뿐만 아니라 작가가 표현하고자 하는 의욕과 어떤 마찰을 빚을 수도 있는 요인을 가지고 있다. 따라서 작가는 기존의 표현들 속에서 체계화되고 관습화된 예술언어의 규칙을 지켜야 하는 동시에 이 규칙을 자신의 필요에 맞게 변형시켜야 한다. 이것은 적합한 표현을 얻는 한편으로 이해될 수 있는 가능성을 제한한다. 양식의 변이는 이와 같은 작가의 자발성과 관습의 마찰이 빚어내는 변증법에서 비롯되는 것이다. 따라서 문학사가 구체성을 획득하기 위해서는 양식의 틀 속에 작품을 가두기보다는 양식으로부터 해방되려는 기도들이 어떻게 작품으로 실현되는가를 설명할 수 있어야 한다. 작품에 대한 이해에서 흔히 나타나는 모순점이나 이해 불가능성들은 그것들이 성숙되지 않은 사고나 숙련되지 않은 기술의 소산이 아닌 한 양식으로부터 해방되려는 작가의 자발성의 결과로서 파악되어야 할 필요가 있다. 이것은 예술작품을 불완전한 의사전달의 매체로 간주하는 것이지만 작품이 일사불란한 전달구조를 가지고 있다거나 동질적인 매재로 구성된 유기적 전체라고 보는 관점의 추상성에 비해서는 구체적인 사실에 좀 더 접근하고 있는 관점이다.

문예사조가 양식보다도 문학사를 기술하는 데 좀 더 효율적인 입지점을 제공하는 것은 양식개념이 함축하는 동질성이나 통일성에 대해서 사조개념은 상대적으로 불균질성과 모순성을 함축할 수 있기 때문이다. 그렇다고 해서 문예사조가 문학사의 기술에 필요한 모든 조건을 충족시킨다고 판단하는 것은 성급한 생각이다. 작품의 형성을 조건 지은 전통과 실제로 성취된 것 사이에 생긴 격차를 작가의 자발성과 외적 요인들의 개입으로 설명할 수 있어야 함은 물론 그것이 이해의 가능성에 야기한 문제들을 충분히 해명할 수 있을 때 문학사는 본래의 과제를 해결할 수 있는 것이다. 여기에는 문예사조의 개념을 넘어서 현실을 주제화하는 데 핵심적 역할을 하는 장르의 형성과 변화를 개별 작품의 수준에서까지 해명할 수 있는 탐구 작업이 필요한 것이다.

4. 문예사조의 한국적 양상

　문예사조의 개념이 우리문학에 적용되기 시작한 것은 근대문학 이후라고 할 수 있다. 물론 그 이전의 문학에서도 문예사조의 양상을 찾는다면 굳이 찾지 못할 이유는 없다. 일찍이 한문학자 이가원은 중국 문학의 사조사가 북방의 현실사조와 남방의 낭만사조가 상호 교류하는 가운데 전개되었다는 생각을 피력한 바 있다. 진한秦漢시대에 이르러 현실사조와 낭만사조가 합류하기 시작했고 중당中唐시대부터 북송시대까지는 유미주의가 고조되었으며 원명元明기에는 고전주의가, 명청明淸기에는 낭만주의가, 청나라 시대에는 사실주의가 융흥했음을 설명하고 있다. 하지만 이 사조사는 대체로 서양의 사조 개념을 원용하는 차원에서 멀리 나아가지 못했다. 그러므로 우리 문학의 전개과정을 문예사조의 측면에서 고려할 때에는 현재의 사조개념이 아니라 다른 기준에 의해 설정된 개념이 적용될 필요가 있다. 그것은 역사적 배경이나 문화적 환경이 서로 다른 곳에서 전개된 문학의 양상을 파악하는 데 반드시 서양의 사조개념이 기준이 될 필요는 없기 때문이다.

　물론 문학의 보편성을 생각하는 입장에서는 서양문학에서 유래한 사조개념이라 할지라도 우리 문학에 적용해서 문학에 대한 이해를 증진시킬 수 있다면 그것으로 충분하다는 논리를 가질 수도 있다. 그러나 이 경우 우리 문학의 양상이 한 쪽으로 기울어진 일그러진 모습으로 비칠 가능성이 농후하며 논자에 따라서는 서로 다른 기준을 적용하여 동일한 작품에 대해서 서로 다른 사조적 특성을 찾아낼 수도 있

불행을 막는 아시리아의 상징물. 사르곤 2세(BC 8세기) 시대 작.

아시리아 왕의 사자 사냥도.

아시리아의 죄수 호송을 그린 그림.

을 것이다. 이런 측면에서 기왕에 우리 문학사에 대한 설명이 특수한 경우를 제외하고는 사조보다는 다른 특성들을 종합적으로 검토하여 세운 기준을 중심으로 서술되고 있는 것은 상당 부분 타당성이 있는 조처라고 할 수 있다.

이에 대해서 문예사조의 개념을 가지고 근대문학사를 서술한 백철의 『신문학사조사』는 예외적인 경우이다. 서양과 직·간접적으로 접촉이 이루어진 뒤에 나온 문학만을 대상으로 했기 때문에 가능한 방법이었을 수도 있으나 몇 가지 문제점을 지니고 있는 것도 숨길 수 없는 사실이다. 우선 서양에서 수백 년에 걸쳐 진전된 사조의 전개를 한 세기도 되지 않는 우리 근대문학의 좁은 공간에서 처리하려 시도한 점, 사조에 대해 뚜렷한 의식을 가지지 않았던 근대문학 초기의 작품에 무리하게 사조개념을 적용한 점, 사조에 대한 이해가 정확하게 이루어졌다고 볼 수 없는 점 등은 곧바로 지적할 수 있는 문제점들이다.

우리 문학에 서양의 문예사조가 직접적으로 영향을 끼치기 시작한 것은 1920년 이후라고 할 수 있다. 그 이전에도 특정한 사조의 영향이 감지되는 작품이나 이론이 없었던 것은 아니지만 그것들이 단편적이거나 간헐적인 경향일 뿐이었다는 점에서 거기에 많은 의의를 부여할 수는 없는 형편이다. 더욱이 1920년대 문학의 경우에도 사조의 혼류라고 할 만한 상태에 머물러 정작 사상적 경향과 예술적 수법의 동일한 성격, 문학운동으로서의 사조개념이 적용될 수 있는 사례는 30년대의 모더니즘과 사회주의 리얼리즘에서 찾아볼 수 있다.

그 이후 우리의 문학은 뚜렷이 문예사조를 의식하는 속에서 전개되어왔다. 리얼리즘과 모더니즘이 대립하는 양상은 여러 우여곡절을 만들어내면서 현재까지도 지속되고 있는 것이다. 이러한 의미에서 문예사조는 우리의 절실한 현재적인 관심사가 되지만 주체적인 입장을 견지하지 못할 때 그것은 많은 경우 단순한 지식의 대상에 그칠 수도 있다. 이 책에서 사조사의 관점보다는 각 사조의 개념을 이해하는 데 중점을 둔 것은 사조의 역동적인 전개가 관심의 영역에서 벗어났기 때문이 아니라 그에 앞서서 개념을 올바로 파악하는 일이 우선적으로 더 중요하다는 생각 때문이다. 문예사조는 이미 우리의 문학예술에 대한 논의뿐만 아니라 문예현실 속에 깊숙이 스며들어와 있어 그에 대한 정당한 이해가 전제되지 않고서는 문학에 대한 심도 있는 논의 자체가 많은 지장을 받지 않을 수 없는 상태에 이르렀다는 판단이다.

제 2장

그리스의 고전문학과 문학이론

인류의 정상적인 유년 시대라는 찬사를 받는 고대 그리스의 문화유산은 후대에 크나큰 영향을 끼쳤다. 민주주의를 비롯한 정치사회제도뿐만 아니라 신화, 과학, 예술 등의 영역에서도 고대 그리스는 영광된 유산을 남기고 있다. 문학에 국한해서 살펴본다고 해도 서양문학의 원천이 되고 있는 『일리아스』, 『오디세이』라는 두 서사시를 비롯하여 아이스킬로스, 소포클레스, 에우리피데스라는 3대 고전 작가들의 비극, 사포의 서정시, 이름 없는 민중들의 창작으로 여겨지는 광대극 등 일일이 열거할 수 없으리만큼 많은 창작물이 유산으로 전해지고 있다. 이와 함께 고대의 문학론 가운데서 백미가 되는 아리스토텔레스의 『시학』과 소피스트들, 소크라테스, 플라톤 등이 보

여주는 문학예술에 대한 개념작업은 오늘의 문학에서도 귀감이 되는 성찰과 작품이해를 보여 준다. 이러한 문학유산들은 서양의 다양한 문예사조의 전개에 근거가 되기도 하고 반박의 대상이 되기도 하면서 마르지 않는 수원지로서의 역할을 하고 있다.

아크로폴리스 전경. 산꼭대기에는 파르테논 신전 등이 세워져 신앙의 중심지 역할을 했고 그 아래에는 극장 등이 있어 시민들이 문화생활을 영위할 수 있게 해주었다. 비상시에는 도시 방어를 위한 요새였다.

1. 고대 그리스의 사회 환경과 새로운 정신

고대 그리스의 문화가 꽃핀 고전시대는 대략 기원전 8세기부터 기원전 4세기에 걸친 시기를 가리킨다. 이 시기에 그리스는 발칸반도로의 민족 이동을 완료하고 (기원전 8~6세기) 도시국가를 형성하며 에게해 주위의 여러 곳에 식민지를 건설한다. 사회체제가 혈연 중심의 부족국가에서 국가사회로 바뀐 이 시기는 사회 문화구조의 특질에 따라 네 시기로 구분 지을 수 있다. 기원전 8세기 말까지가 원시공동체에 가까운 호메로스의 시대이며, 기원전 7~6세기가 아카아크 시대, 기원전 5~4세기가 아티카 문명으로 불리는 고전시대, 기원전 4세기 이후가 헬레니즘 시대이다. 8세기 이전의 사회가 농업경제에 기초한 귀족정貴族政의 시대였던 데 반해 7세기를 전후한 그리스 사회는 일종의 과도기에 처해 격심한 변동을 겪는다. 전통적 농업경제가 직물, 요업, 야금 등의 수공업 발달에 바탕을 둔 상업경제로 전환된 것이다.

도시들 사이의 교역, 동방국가와의 무역, 식민지의 원료수취 등에 기초한 이 상업경제는 도시에 부유한 중산계급을 형성하여 과두적 귀족정치의 토대를 근본에서부터 뒤흔드는 결과를 낳는다. 즉 새로운 계급구조가 형성되어 공동체는 각 직능집단으로 분화되고 하층계급의 정치참여 욕구가 분출되면서 민주정民主政과 귀족정의 대립 갈등이 표면화된다. 특히 6세기 말까지 완료된 도시국가의 출현은 가부장적 예속의 형태에서 개인을 해방시키며 7세기 말과 6세기 초의 민

〈파르테논 신전〉. 도시의 수호신인 아테네를 섬기는 도리아식 신전. 고전 건축의 완벽한 조형미를 갖춘 것으로 평가된다. BC 450년경 조각가 페이디아스가 총감독, 익티노스가 설계, 칼리크라테스가 공사를 맡아 완성했다. 본전에 있는 높이 12미터에 이르는 아테나 상 이외에도 건물을 장식하는 벽면에는 갖가지 신화가 부조되어 있다. 그중에도 파사드에 부조된 조각상들은 최고의 예술품이다.

아테네에 있는 제우스 신전의 유적.

코린트에 있는 초기 신전.

〈라오콘 군상〉. BC 1세기경 로도스 섬의 조각가 아게산드로스 등에 의해 제작된 작품. 라오콘은 트로이의 제관으로 그리스군의 목마를 성 안에 들이는 데 반대했다가 포세이돈이 보낸 큰 뱀에게 두 아들과 함께 살해된다. 그리스의 번성은 트로이 전쟁의 승리가 발판이 되었다.

중반란에 말미암은 관습법의 성문법으로의 발전은 그 개인들을 도시와 긴밀히 결합시킨다. 즉 이제 개인들은 집단의 독립적인 단위로 기능하게 되며 솔론의 입법에 따라 가문에 따른 차별이 재산에 따른 차별로 바뀐다. 또한 클레이스테네스의 국제개혁國制改革에 의해 부족의 전통적인 의사제도가 민회民會로 바뀌고 혈연이나 집단보다 각 개인의 이해관계, 수행능력, 논증을 할 수 있는 이지력이 개인의 사회적 행동을 좌우하게 된다. 이로써 그리스 사회는 혈연공동체 사회에서 이익공동체 사회로 탈바꿈한다.

그리스 사회에서 도시 형태인 폴리스가 형성되어 수공업과 상업이 발달한 것은 자연과학 분야에서 천문학·기상학·물리학·수학 등이 비약적으로 발전하는 데 큰 역할을 한다. 이와 같은 상공업의 발달에 따른 도시화의 전개는 소아시아와 동방국가와의 교역을 통해 한층 증진된다. 이와 함께 사회와 개인을 합리적으로 이해하려는 노력들이 나타난다. 이 노력은 전통적 가부장제 사회가 도시국가의 형태 속에 해체되면서 개인과 집단의 관계가 새로운 관심의 대상으로 등장한 데 주로 기인한다. 이전까지 주술적 세계관, 물활론物活論 등의 전통적 사상에 의지하던 개인들은 새로운 사회에 적응해가는 가운데 사람의 삶이 집단이나 운명, 우연에 의해 좌우되는 것이 아니라 개인의 의지·희망·욕구 등이 자신의 행동의 원리이며 사회의 조직이 각 개인의 반성적 동의에 의해 이루어지는 것임을 점차 자각하게 된다. 이에 따라 전통적 가치나 권위가 근본에서부터 의심받게 되며 자신의 행동과 사회조직의 원천에 대한 합리적 이해, 사고가 이루어진다.

이 사고는 두 가지 방향으로 나타나는데, 개성화의 방법과 합리화의 방법이 그것들이다. 개성화는 개인이 자기 자신을 자기가 처한 환경에 능동적으로 대처하는 자발적인 행위자로 의식하는 데서 비롯되는 것으로, 각 개인은 자기 자신과 행위 사이의 연관을 이해하려 하고 공동체의 생활을 자기라는 개인의 입장에서 되돌아보게 된다. 이러한 자아에 대한 성찰은 다양한 충동들이 충돌하는 자신의 내면을 의식하게 하고 자신의 욕구와 대립하는 환경을 의식하게 만들어 자기의식을 촉진한다. 그리고 이 의식을 통해 개인은 자신의 내면생활을 발견하며 자신이 사회적 가치의 담당자이자 사회의 에토스를 개별적으로 구현한 존재임을 깨닫는 데에로 나아가게 된다.

이 개성화가 나타난 사례는 기원전 7세기 후반 내지 6

아테네 여신의 조형물.

길거리에서 시민들과 대화하는 소크라테스.

세기 초에 등장하는 사포 등의 서정시인들에게서 찾아볼 수 있을 뿐만 아니라 소크라테스 이전의 철학자들이 보여주는 비판적인 논쟁이 그 극명한 증거이다. 논쟁이 어느 정도 개성화된 정신의 표징이라는 점에서도 그렇지만 논쟁에 나타난 비판적인 방법은 고도의 개인적인 자유를 전제하는 것으로서 논리전개의 개인주의화에 근거하는 것이다. 바꾸어 말하면 이전 시대는 진리가 이미 드러나 있고 모든 사람이 그 진리 내용에 동의했던 데 비해 이제는 사람들 사이의 논쟁을 통해 진리의 일정한 단계를 획득해 가야 하는 것으로 사고가 바뀐 것이다.

  이것은 또 하나의 방향인 합리화와 관련지을 수도 있는데, 합리화는 각 개인이 자신의 정신을 주어진 환경의 일반적이고 객관적인 조건에 적응시키는 가운데 이루어진다. 이러한 사고구조를 통해 개인은 자기정신이나 다른 사람의 정신, 더 나아가서는 자기의 환경 전체를 지배하고 있는 기본적인 모든 원리를 인식할 수 있게 된다. 이 합리적 의식은 현실생활에서 일어나는 사건이나 사물을 그것들을 초월해 있는 주술적 신화적 힘의 상징이나 기능으로서 이해하지 않으며 실체 자체를 통해 현실을 검증하려고 한다.

이 합리적 의식의 기원은 개인의 정신이 취하는 외부지향성에 근원을 두는 것으로서 물리적 세계를 향할 때는 자연과학적 사고의 기원이 되며 사회적 세계를 향할 때는 인문사회과학의 기원이 된다. 그러므로 개인들은 합리적 의식을 통해 하나의 사회를 구성하는 데 참여하고 있는 자기와 동료들을 구별해 보기 시작하며, 그 둘 사이의 공통성과 차이를 의식하게 되고, 고도로 분화된 심리적 사회적 구조를 인식하고자 한다. 여기서 각 개인들은 자기와 동료가 공유하고 있는 경험과 지각의 공통성에 근거하여 사물을 파악하려고 한다. 즉 개인들의 의식이 겹쳐져 있는 부분을 합리적 사고의 근거에 있는 일련의 규칙, 규범, 원리로 성립시켜 현실세계를 객관적으로 파악하고자 한다. 이와 같이 개성화에 있어서는 비판적 태도, 합리화에 있어서는 객관성이 추구됨으로써 그리스인의 정신은 새로운 세계를 열게 되며, 사물·사건·인간·집단을 사심 없이 바라보는 능력, 그것들을 관찰자와 맺는 관계의 측면에서보다 오히려 그것들 상호간의 형식적인 관계에서 바라보는 능력을 키울 수 있게 된다.

소크라테스의 두상.

안티스테네스. 소크라테스에게 가장 헌신적이었던 제자 중 한 사람. 냉소학파의 창시자.

에피쿠로스. 헬레니즘 시대의 철학자. 데모크리토스의 원자론을 계승했고 아테네에 학교를 세웠다. 개인의 삶에서 일어나는 문제를 주요 관심으로 했다.

2. 고대 그리스의 문학이론

　새로운 사회 환경과 새로운 정신의 발흥은 문학에 대한 이해에서도 큰 진전을 이룬다. 고대 그리스의 문학이론은 플라톤, 아리스토텔레스의 업적이 중심을 이루지만 자연철학자들과 소피스트들의 기여도 결코 소홀히 할 수 없는 내용을 지닌다. 이들의 문학적 견해는 시대와 철학적 입장에 따라 다양한 변이를 보여준다. 플라톤이 주로 문학의 사회적 기능과 진리의 측면을 고려했다면 아리스토텔레스는 스승의 견해를 비판적으로 이어받으면서도 작품에 대한 분석의 성과를 토대로 훨씬 더 견고한 이론체계를 구축함으로써 후대의 문학이론에 전범을 제시하고 있다. 한편 소피스트들의 웅변술과 수사학은 플라톤, 아리스토텔레스의 이론이 상대적으로 소홀히 하고 있는 측면을 집중적으로 개발하고 있는 점이 주목할 만하다. 아리스토텔레스의 『시학』으로 대표되는 미美의 이론에 대해서 숭고崇高의 이론을 제시한 것으로 여겨지는 롱기누스의 견해는 일정하게 소피스트들의 이론과 친연관계를 가진다고 볼 수 있다.

1) 플라톤의 사상과 문학이론
　플라톤(기원전 427~347)은 아테네 최후의 왕인 17대 코드로스 왕의 후예인 아리스톤의 아들로 태어났다. 어머니는 페릭티오네로 그녀의 사촌오빠인 크리티아스는 기원전 404년 30인 과두정권을 이끌었다. 명문가이자 부유한 플라톤의 가계는 그의 형제들인 아데이만토스와 글라우콘이 소크라테스의 대화상대역으로 등장하는 데서도 나타난다. 플라톤은 젊은 시절에 한때 헤라클레이토스의 제자인 크라틸로스 아래에서 수학했으며 스무 살 이전에 소크라테스와 알고 지냈다. 이 시기까지 그는 시와 비극을 짓기도 했으나 소크라테스의 영향과 그의 집안 사정, 정치적 상황 때문에 이후 철학으로 관심을 돌린다.

그가 소크라테스에게서 수학한 기간은 약 8년이며 스승의 사형 이후 10여 년간 이탈리아, 이집트 등지를 여행하면서도 아테네의 정치에 관여하려는 시도를 여러 차례 하지만 여의치 못했다. 그의 철학적 성찰이 사회를 개혁하고자 하는 실천적 관심에 짙게 물들어 있는 것은 이와 같은 생활환경과 지향에 말미암은 것이다.

그는 남이탈리아 여행에서 그 당시 가장 발전된 과학적 인

아크로폴리스의 디오니소스 극장.

소크라테스가 갇혔던 감옥. 아크로폴리스에 있다.

아크로폴리스의 야외 극장.

라파엘 작 〈아테네 학당〉. 플라톤과 아리스토텔레스가 대화하며 걸어가고 있다. 플라톤의 손은 천상을 가리키고 아리스토텔레스의 손은 지상을 가리킨다.

식을 보여준 피타고라스학파와 접촉을 가지게 되어 후기 사상에 많은 영향을 입고 있다. 또한 시실리의 디오니시오스 2세를 알게 되어 자신의 정치적 관심을 현실에 실제 적용해보려 시도하지만 실행에 성공하지 못한다.

플라톤은 기원전 387년에 여행에서 돌아와 아카데미아를 설립하고 죽을 때까지 40년 이상 그 책임을 맡는다. 이 학원은 유능한 정치가의 훈련에 목적이 있었던 것으로서 젊은 날에 지녔던 그의 관심과 지향이 지속되고 있음을 보여준다.

플라톤의 철학은 소크라테스의 사형에서 상징적으로 드러나는 그리스의 정치 현실과 상업경제로 인해 도시국가에 일어나는 사회구조 변화에 크게 영향 받았다. 당시 그리스는 귀족정, 과두정, 참주정, 민주정이 혼란 속에 교체되고 있었다. 무역과 산업의 발달로 상품경제가 도시폴리스의 사회구조에 치명적인 또는 급격한 변화를 초래함으로써 정치에서도 종래의 귀족정이 여러 우여곡절을 겪으면서 민주정으로 바뀌고 있었다. 그러나 이러한 변화에 반발하는 스파르타를 중심으로 한 보수동맹세력과 변화의 중심지인 아테네 사이에 수십 년에 걸친 펠로폰네소스 전쟁이 벌어지고 계급이해에 기초한 사회분열이 극심해지며 정치는 선전과 선동에 휩쓸려 가는 듯한 양상을 나타낸다. 이 와중에 소피스트들은 개념의 유희를 하거나 설득의 기술에만 관심을 쏟아 정신사조의 혼류를 야기한다.

이러한 사회의 일반적 풍조와 변화에 반발하던 플라톤은 실재에 대한 올바른 인식, 이상적인 사회의 모델을 구축하는 일을 자신의 철학적 과제로 삼았다. 그러므로 그의 주저인 『국가』와 『법률』은 구체적으로 이상국가의 모델을 추구한 것이라고 할 수 있다.

민주주의 제도의 정착이 도시국가의 붕괴로 생각한 플라톤은 스파르타의 귀족정에 많은 관심을 두었고 이상국가라는 대안을 제시하는 데 많은 노력을 기울였다는 점은 앞에서 서술했다. 플라톤의 문학이론은 이와 같은 그의 전체적인 사고구도를 고려할 때 그 올바른 의미를 파악할 수 있다. 그러므로 그의 미학은 형이상학, 윤리학 등과 관계되며, 특히 이데아론, 영혼론, 이상국가론과 관계 지을 때만이 정당하게 이해될 수 있다. 또한 그에 앞서 문학예술에 대한 견해를 피력했던 자연철학자와 소피스트들과의 관계를 고려할 때, 그리고 그의 미학적 견해가 시기에 따라 달라지는 양상을 역사 사회적 맥락과 관계지어 고려할 때만이 그의 문학론은 올바로 이해될 수 있다.

플라톤 미학의 근본개념은 '아름다움'이다. 그는 아름다움이 무엇인가를 추구하여 문학예술을 이해하고 평가했다. 플라톤이 자신의 독특한 주장을 내세우기 이전, 그리스에서 미의 개념은 물질적 대상, 심리적·사회적 성격, 정치체제, 미덕, 진리를 포함했다. 보고 듣기에 좋은 것뿐만 아니라 기쁨, 즐거움, 찬탄을 일으키는 모든 대상이 미의 개념 속에 함축되었다. 소피스트인 히피아스는 가장 아름다운 것이란 건강을 유지하며 명성을 얻고, 오래 사는 것이라고 말했다. 소크라테스는 지혜가 가장 아름다운 것이라고 말했다. 플라톤은 형태·색채·선율은 미의 전체

영역 가운데 한 부분일 뿐이라고 보아 도덕적 인식적 가치를 미의 영역에 포함시켰고 그 가운데서도 후자를 더 높이 평가했다. 또 진·선·미를 인간의 최고의 가치로 경구화하면서 다른 가치와 미를 동열에 놓기도 했지만 그 가치들은 궁극적으로 선의 가치보다 저열한 것으로 이해했다.

그러나 플라톤의 미 개념은 다른 그리스인들과는 달리 관념론적인 그의 철학체계와 긴밀히 결부된다는 점에 가장 큰 특징이 있다. 그는 현상세계의 개별적인 사물 이외에 영혼의 존재가 있듯이, 감각적 현상뿐만 아니라 영원한 이데아의 존재가 있다고 생각했다. 그리고 영혼은 구체적인 사물보다 더 완전하다고 이해했다. 그러므로 아름다움은 사물에만 있는 것이 아니라 영혼과 이데아에도 있으며 후자가 더 우월하고, 이데아에 있는 아름다움만이 가장 순수한 미이다. 누군가가 아름다운 것을 만들어낸다면 그는 이데아를 모델로 한 것이며 그 이데아의 미는, 물질적인 것의 아름다움이 일시적인 것인데 비해, 영원하다. 이처럼 플라톤은 미의 이데아가 모든 오성을 뛰어넘는다고 생각하여 당대의 그리스인들이 생각했던 범위를 벗어나 미를 파악했고, 이로써 미학에 하나의 혁명을 가져왔다. 그것은 첫째, 미 개념이 경험을 넘어선 추상적인 대상까지 포괄하게 됐으며 둘째, 현실의 미를 이상적인 미보다 낮게 평가하여 새로운 평가방법을 도입했으며 셋째, 실제 사물의 미의 척도는 미의 이데아에 대한 거리, 근접성에 의존하도록 만들었다. 플라톤이 우리가 마음속에 가지고 있는 완전한 미의 이데아에 견주어서 사물의 아름다움을 재도록 한 것은 전통적인 미의 척도에는 없던 방식이

밀로의 비너스. 파로스 섬의 대리석으로 만들어졌다. BC 2세기~1세기 사이에 제작되었다는 설이 유력하며 우아한 자태는 BC 4세기 경의 고전 양식의 부활이라는 평을 듣고 있으나 의상은 헬레니즘의 특색을 보여 주고 있다.

다. 종래 소피스트들은 주관적인 미적 체험을, 피타고라스는 객관적 규칙성과 조화를, 소크라테스는 목적을 수행하는 데 적합한가 하는 점을 미의 척도로 삼았다. 플라톤은 이 같은 종래의 척도에 대해 새로운 척도를 제시함으로써 미의 객관적 이해를 가능하게 했다. 즉 소피스트들이 미를 주관적으로 해석하는 데 대해서 "쾌락을 일으키는 것은 아름다운 것의 객관적인 속성이 아니라 그것에 대한 주관적 반응일 뿐이다"고 말하고 있다. 또 적합성을 척도로 갖는 데 대해서는 "적합한 것은 좋은 목적에 수단인 것이고 그 자체가 선일 필요가 없는 것이지만 미는 항상 선이다"고 말하여 그 자체로 아름다운 것과 그것들이 적합하기 때문에 아름다운 것이 있음을 구분했다. 이와 대조적으로 플라톤은 피타고라스의 척도를 자신의 미 개념에 그대로 수용하고 있는데, 만년의 저서인 『법률』에서 그는 미의 감각이 질서·적도^{measure}·균형·조화의 감각에 유사한 것이고 인간에게만 특수하게 있는 것이라고 주장했다. 그가 그림으로 재현된 실제 사물의 미가 상대적임에 반해서 직선·원·평면 등 추상적 형식의 미는 항상 아름답고 자신을 위한 것이라고 본 것은 추상적 미의 형태를 좋아한 그의 성향을 드러내는 동시에 피타고라스의 미 개념을 수용하고 있는 양상을 엿볼 수 있게 해준다. 또한 그는 아름답고 단순

1세기경 제작된 비너스 상.

한 형태·색채·소리는 특별한 쾌락을 준다고 생각했는데 그것들이 고통과 섞이지 않았다는 점에서 예외적인 것이라고 보았기 때문이다. 이 생각은 미적 체험이 다른 체험과 구분될 수 있다는 생각의 단초로서 후대의 미학사상의 전개에 일정한 기여를 했다고 할 수 있다.

플라톤은 미의 개념에 주로 관심을 둠으로써 예술의 세부적인 국면이나 각 예술의 특징을 세밀하게 다루지는 못했다. 그렇지만 그는 모방개념을 통해 미학이론에 중요한 진전을 가져온다. 그리스 시대에 예술은 기술의 개념과 명확히 구분되지 못했다. 인간이 의도적으로 숙련을 통해서 생산하는 모든 것은 기술이었다. 플라톤도 이 개념에 의존하지만 그에게 시는 기술에 포함되지 않았다. 시는 기술의 문제가 아니라 영감이 더 중요한 요인이라고 생각했기 때문이다. 그는 전통적인 시의 개념을 발전시키면서도 시가 예언적이고 비이성적이라고 보았다. 그렇다고 해서 그가 모든 시를 영감에서 나온 것이라고 본 것은 아니다. 시적 황홀경에서 나오는 열광적인 시가 있고 저술의 기술에 의해 생산된 기술적 시가 있다고 파악했다. 플라톤은 전자는 인간 최고의 활동으로서 철학과 유사한 것이라고 보고 후자는 다른 기술이나 마찬가지라고 보았다. 이 관점은 기술을 세 가지로 구분하는 데서 명확히 드러나는데 사물을 쓸모 있게 이용하는 기술과 사물을 생산하는 기술, 사물을 모방하는 기술이라는 분류가 바로 그것이다. 플라톤은 이 분류에서 뒤의 두 가지가 자연에 부족한 것을 생산하는 행위와 관련된다고 보고 이것을 다시 세 가지로 나누는데, 소모품과 같이 직접 사람에게 쓰이는 것을 생산하는 기술, 도구처럼 간접적으로 쓰이는 것을 생산하는 기술, 사물을 모방하는 기술로 구분해 파악한다. 결국 이 관점은 기술을 생산적 기술과 모방적 기술로 나누는 것인데 플라톤은 이것들을 포괄해서 시학 poetics (제작학을 뜻한다)이라고 명명하고 있다.

그러나 이러한 논의 가운데서 플라톤은 점차 현실을 재현하는 예술에 대해서 모방이란 개념을 쓰기 시작하는데 그 이전에 그리스에서 예술이 현실을 재현한다는 개념은 뚜렷이 나타나지 않았다. 후에 아리스토텔레스에게서 모방의 개념을 나타내는 용어로 쓰인 '미메시스'는 음악이나 춤과 관련해서 사제들의 의식행위를 묘사하는 데 사용되었을 뿐이다. 데모크리투스와 헤라클리투스는 '자연을 따른다'는 의미로만 그 용어를 사용했고 '사물의 외관을 반복한다'는 뜻으로는 사용하지 않았다. 그러나 플라톤은 현실을 재현하는 예술을 묘사하는 데 그 용어를 사용하여 시·음악·시각예술을 하나의 범주로 고찰할 수 있게 했다.

하지만 플라톤은 현실 재현의 진실성을 항상 문제 삼았기 때문에 모방이 이미지를 창조하는 행위이며 사물의 환상을 자아낼 뿐이라고 파악하게 된다. 이로부터 플라톤은 이미지를 창조하는 예술을 하위구분하게 되는데 사물을 묘사하면서 그 균형과 색채를 보존하는 것, 그 균형·색채를 변경하는 것으로 크게 나누고 후자는 환상을 갖게 하는 것으로 진리를 고려하지 않는 망상의 예술이라고 보았다. 플라톤이 예술을 부정적으로 설명하게 된 것은 예술의 재현적 성격보다는 예술의 환상주의 때문이었다. 그는 환상주의가 예술의 필수적인 요소라 보지 않았고 그것이 없어질 때 예술은 적절한 기능을 할 수 있다고 생각했다.

플라톤은 예술의 사회적 기능을 도덕적 효용성과 적의성^{righteous}에 기준을 두고 파악한다. 도덕적 효용성은 예술이 인격을 도야하는 데 도움을 주어 이상국가를 형성하는 수단이 되어야 한다는 관점에 근거를 갖는다. 두 번째의 적의성은 가장 중요한 것으로서 예술이 기능을 수행하기 위해서는 작품이 세계를 지배하는 법칙을 따라야 하고 우주의 신성한 계획에 침투해야 하며 사물을 그 계획에 일치해서 형태화해야 한다는 것이다. 플라톤은 이 적의성이 확보되기 위해서는 오직 숙고^{calculation}와 적도^{measure}가 지켜져야 하며 감정이 아니라 이성이 지도원리가 되어야 한다고 본다. 즉 각 부분을 올바르게 묘사해야 아름다운 전체를 창조할 수 있다는 견해로서 피타고라스학파의 유산이다. 이와 같은 플라톤의 견해는 예술의 자율성 개념을 허용하지 않는데 예술은 이중으로 비자율적인 존재이다. 재현해야 할 실재와의 관계에서 그러하며 예술이 봉사해야 할 도덕적 질서와의 관계에서 규제를 받는다. 플라톤은 자연의 법칙에 일치하는 작품의 구성을 적의성으로 파악하고 선의 이데아와 일치하는 성격의 형상화를 도덕적 효용성으로 본 것이다. 그러므로 플라톤에게 쾌락은 부차적인 것이며 예술에 대한 비난도 두 가지 점과 관련

두려움에 떠는 인류에게 불을 전해주는 프로메테우스.

해서 이루어진다. 진리성의 측면에서 현실에 대한 가짜 그림을 제공하는, 표면만을 재현하는 예술이 비판되며 효용성의 측면에서 감정이 메말라야 할 때 정서로 침윤시키는, 사람의 도덕적·사회적 경계심을 이완시키는 예술의 특질이 비난의 표적이 된 것이다. 이런 측면에서 플라톤은 예술이 마땅히 이루어야 할 당위를 처방하려 한 최초의 사람이며, 그 처방은 당대의 예술과 반대되는 방향을 지시함으로써, 예술이 과거로 되돌아가야 한다고 생각한 최초의 사람이다.

2) 아리스토텔레스의 사상과 문학이론

아리스토텔레스(기원전 384~322)는 도시국가가 극도에 달한 개인주의로 인해 분열하여 종말을 고하고 마케도니아가 그리스를 정복하던 시기에 살았다. 그의 아버지는 마케도니아 왕의 시의였지만 일찍 죽었다. 아리스토텔레스는 기원전 367년에 플라톤의 제자가 되어 플라톤이 죽을 때까지 20년 동안 아카데미아에 머물렀다. 그 후 그는 알렉산더 왕자의 스승으로 초청을 받았으며 335년에 철학 학원 리케이온을 창립했다. 알렉산더대왕이 죽은 뒤 신변의 위험을 느껴 아테네를 떠

메두사의 목을 벤 페르세우스.

켄타우르스와 싸우는 라피스.

나 에우보니아섬으로 이주한 뒤 몇 달 만에 죽었다.

   그리스가 내적으로 전성기를 이루던 페리클레스의 시대에 비해 그리스의 외적인 전성기로 일컬어지는 이 시기에는 새로운 도시가 건설되고 무역이 번창하게 되는데 아리스토텔레스는 그러한 사회의 여러 문제, 상품·화폐 등의 문제와 대결하게 된다. 또한 그는 자신의 스승인 플라톤의 철학을 극복해야 하는 과제를 스스로에게 부과하고 있는데 그의 철학체계가 플라톤의 계승이자 지양인 이유가 여기에 있다. 즉 그는 이데아론을 비판하고 보편자가 결코 자립적인 실체가 아니라 개별적 사물의 규정일 뿐이라는 관점에서 자신의 철학체계를 세운 것이다. 그의 철학적 방법이 운동의 제일원인과 함께 구체적이고 개별적인 사물들로부터 출발하는 것은 그와 같은 관점에 근거한다.

   아리스토텔레스는 아름다움이란 추상적인 개념이 아니라 개별예술의 구체적이고 명확한 사실들로부터 추출되어야 한다고 보고 연구를 시작한다. 이 방법을 특징적으로 드러내주는 것은 『시학』이지만 그가 예술을 설명하기 위해 테크네라는 말을 사용하는 데서도 그 양상을 알아볼 수 있다. 그가 예술의 개념을 나타내는 데 쓰고 있는 테크네^{techne}라는 용어는 그리스에서 새로운 것은 아니다. 그는 기왕에

테세우스의 영웅적 행적을 보여주는 문양.

헤라클레스로 추정되는 사람의 조상.

있던 개념을 좀 더 정확히 규정하고 정련하여 쓰고 있을 뿐이다. 그에게 예술은 우선적으로 인간의 활동으로 파악된다. 인간 활동은 성격상 탐구활동과 실천적인 행동, 생산 활동의 세 가지로 나뉜다. 생산에 속하는 예술은 산물을 남긴다는 점에서 다른 활동과 다르다. 모든 예술이 생산이지만 모든 생산이 예술은 아니다. 생산이 의식적이고 지식에 기초할 때만이 예술이 된다. 단지 경험·본능·관행에 기초한 생산과 달리 예술은 지식과 일반적 생산규칙에 기반을 두는 의식적인 생산이다.

그러므로 아리스토텔레스에게서 예술은 후에 '아름다운 예술'이라고 명명된 것에 국한되지 않는다. 테크네라는 말이 포함하는 예술가의 사물에 대한 지식과 생산규칙에 대한 친숙성의 개념은 아리스토텔레스의 예술개념을 특징적인 것으로 만든다. 첫째 그의 예술개념은 예술을 대상으로서보다는 자연과정의 역동적인 개념으로 파악하는 것으로서, 최종 목적인 산물보다는 생산과정을 강조한다. 둘째 지적 요인인, 예술에 필수적인 지식과 이성적인 해명을 강조한다. 그는 "체험에 의해 얻은 많은 관념으로부터 어떤 부류의 대상에 대한 보편적 판단이 생길 때 예술은 형성된다"고 말했다. 셋째 예술을 심리적 물리적 과정으로 생각했다. 예술은 예술가의 정신에서 시작되지만 그것은 자연적 산물을 지향한다는 파악이다. 이러한 파악은 그가 일반적인 추론만 하지 않고 특정 현상의 모든 요소들, 구성 성분, 변이들을 탐구하려 노력하는 가운데 얻어진 예술의 이해이다. 그러나 그가 문학예술에 대한 이해에서 이룬 최대의 업적은 예술의 가장 본질적인 특징을 모방에서 발견한 점이다. 그는 플라톤의 생각을 발전시켜 예술과 자연의 관계를 논하는 가운데 "예술은 자연이 할 수 없는 것을 가지고 자연을 보완하고 자연이 행한 대로 자연을 모방한다"고 말했다. 여기서 모방적 예술개념이 생기며 거기에는 그림, 조각, 시, 음악이 포함되었는데 이것들은 뒷날 독일 관념론 미학에서 모두 '아름다운 예술'로 분류되는 것들이다.

아리스토텔레스에게서 모방은 예술의 수단이자 목적이다. 예술가는 단순히 아름다운 작품을 만들기 위해서 실재를 모방하지 않는다. 그의 목적은 모방 그 자체이다. 시인을 시인으로 만드는 것은 모방행위뿐

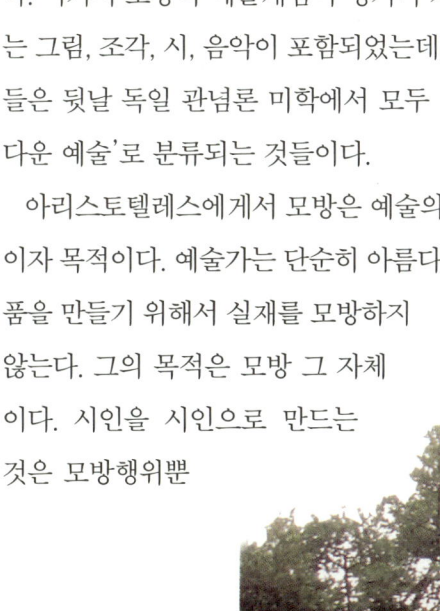

헤르메스 조각상.

이다. 아리스토텔레스는 모방이 사람의 자연스러운 타고난 본성이라고 믿었고 그런 까닭에 사람의 활동과 만족의 원인이라고 믿었다. 이것은 자연에서는 즐겁지 않은 것을 모방할 때까지도 왜 예술에서는 쾌락이 생기는지를 설명해준다.

아리스토텔레스는 모방에 대해서 그 스스로 정의를 내리지는 않았다. 그러나 그 개념은 첫째 충실한 모사를 의미하지 않는 것이 분명하다. 그는 예술가가 있는 그대로의 실재뿐만 아니라 보다 아름답거나 추하게 실재를 제시한다고 주장한다. 예술은 '실제 있는 그대로, 생각하거나 말한 대로, 마땅히 있어야 할 모습으로 그린다'는 것이다. 이상적인 전형은 실재를 넘어서야 한다는 생각이 그에게서 표현되었고 그것은 사물을 모사하는 일과는 다르다. 둘째 그의 이론은 자연주의와 구분된다. 시가 역사보다도 더 철학적이고 심오하다는 견해는 시가 일반적인 것을 제시하고 역사가 개별적인 것을 제시한다는 파악에 근거하며, 예술은 전형적인 사물과 사건을 제시해야 한다는 요구이다. 셋째 그는 예술이 필연적인 사물과 사건을 재현해야 한다고 주장한다. '시인의 임무는 실제 일어난 것을 말하는 것이 아니다. 일어날 수 있는 것을 말해야 하며 이것은 개연성과 필연성에 의존한다'고 주장했다. 넷째 예술작품에서 문제가 되는 것은 예술가가 모방하는 특정한 대상이 아니라 그가 그 특정한 대상들을 가지고 만들어내는 새로운 전체이다. 그는 "가장 아름다운 색채일지라도 혼란스럽게 배치된다면 분필로 그린 초상화의 윤곽만큼도 기쁨을 주지 않을 것이다"고 말했다. 이와 같이 아리스토텔레스는 모방의 개념을 심화하고 확장하여 예술과 비예술을 구분 짓는 기준으로 제시했다.

아리스토텔레스의 예술이론에서 중요한 도구가 형상개념임을 상기할 필요가 있다. 앞의 네 번째 서술에서 모방된 특정한 대상이 새로운 전체로 만들어진다는 생각은 형상개념에 크게 의존한다. 형상개념은 작품에 동원되는 개별적 요소들과 전체의 관계를 규정하며 새롭게 구성된 전체가 어떻게 기능하게 되는가 하는 점에 대한 사고를 내포한다. 구성요소와 구조, 그 구조물의 기능이 상호 연관된다는 생각이 거기에 표현되고 있다. 먼저 '전체'라는 개념에 대해 말하면, 아리스토텔레스는 시와 정치학에 적용되는 올바름의 기준은 상이하다고 보았다. 정치학에

스미나르에서 발견된 아프로디테 상.

아프로디테와 에로스. 장난을 치던 아들의 화살에 찔린 아프로디테와 아도니스의 사랑은 바람처럼 왔다가 바람처럼 순식간에 사라져가는 아네모네의 꽃말과 전설을 낳았다.

서 규칙들은 도덕적 규칙이지만 시에서는 예술적 규칙이 문제라는 것이다. 그는 "어떤 것을 진실과 어긋나게 그린 것 때문에 비판받는 시인은 그럼에도 불구하고 그가 그것을 적절한 방식으로 그렸다고 답할 수 있다"는 말 속에서 그 상이성을 지적하고 있다. 이것은 모방을 실재의 재현으로 본 플라톤과 실재의 자유로운 표현으로 본 피타고라스의 견해를 통합한 것이라고 볼 수 있다. 이 전체로서의 작품구조와 관련된 예술의 기능은 카타르시스 개념으로 나타난다. 아리스토텔레스는 비극이 '연민과 공포를 통하여 감정의 정화'를 가져오고 희극은 '즐거움(쾌락)과 웃음을 통하여 감정의 정화'를 가져온다고 파악했다. 그는 이러한 예술의 기능이 작품의 구조와 연관되고 있음을 시사하고 있는데 그것은 형상개념에서 비롯되는 인식이다.

카타르시스에 대해서는 종래 두 가지 해석이 대립적인 관점을 나타냈다. 감정의 고양 또는 방출이냐 아니면 거기에서 해방되는 것을 의미하는 것이냐 하는 관점의 차이다.

그리스의 고전 문학과 문학이론 55

프시케 상. 호기심 때문에 죽음과 같은 잠에 빠졌다가 에로스의 첫 입맞춤을 받고 살아나는 프시케 공주의 이야기는 널리 알려져 있다. 프시케는 그리스어로 영혼, 나비의 두 뜻을 갖는다고 한다.

첫번째 해석은 비극이 관중의 감정을 고상하고 완전하게 한다는 풀이이며 두 번째 해석은 관중이 자신을 괴롭히던 과도한 감정을 제거하고 내적 평화를 얻는다는 풀이이다. 이 카타르시스 개념이 종교의식에서 왔느냐 의학에서 왔느냐 하는 것도 논점인데 미메시스와 마찬가지로 종교의식과 피타고라스학파에서 왔다는 것이 일반적 견해이다. 피타고라스학파는 음악에 의해 카타르시스가 초래된다고 이해했는데 아리스토텔레스는 그것을 시에도 적용한 것이다. 아리스토텔레스는 이 효과를 『시학』이 아니라 『윤리학』에서 다루고 있는데 그 기쁨이 궁극적으로 조화와 아름다움에 의해 야기된다고 말하고 있다. 이 카타르시스 이론은 현대의 비평가인 루카치의 『미학』에서 좀 더 정교하게 체계적 이론으로 구축된다. 루카치는 카타르시스가 일어나는 원인은 작품에 보편화된 내용이 소아小我에 머물렀던 개별 주체를 대아大我로 변화시키는 데서 일어나며, 그로 인해 인간은 공동체 생활에 필요한 품성을 갖춘 유적 존재類的 存在가 되는 것이라고 설명한다.

아리스토텔레스는 『시학』의 비극론에서 그리스의 서사시와 비극이 문학에서 하나의 결정판이라는 생각과 그것들에 기초한 자신의 시 이론이 영원히 정당하다고 인식하는 모습을 엿보여 주는데 이것이 그의 추종자들을 예술형식에는 영원하고 변경될 수 없는 형식들이 있다는 생각으로 이끌어 간다. 고전주의는 바로 그 사례이다. 낭만주의가 복

다이아나 상. 다이아나는 순결, 정숙의 상징이다.

목욕하는 다이아나를 훔쳐 본 죄로 사냥개에게 공격받는 악티온.

잡하고 풍성한 풍경의 배열을 좋아한 데 반해서 고전주의가 인간 신체의 아름다움을 말하고 균형, 적도, 통일을 명확히 드러내는 고립된 대상을 좋아한 데는 영원히 변경될 수 없는 형식들에 대한 고정관념이 작용하고 있다고 볼 수 있을 것이다.

아리스토텔레스가 미학사에서 이룩한 업적은 크게 보아 모방개념의 도입으로 재현적 예술과 생산적 기술을 구분하게 한 점, 정서의 정화의 개념을 도입한 점, 적합한 균형의 개념을 적용한 점 등을 들 수 있다. 그밖에 비극에 대해서 구체적인 분석을 보여주어 문학비평이 어떤 형태를 갖추어야 할지에 대해 모범을 보인 것도 뜻있는 기여라고 할 수 있다.

3) 호레이스의 문학이론

아리스토텔레스나 플라톤처럼 독자적인 사상과 문학이론을 가졌던 것은 아니지만 후대의 문학이론에 영향을 끼친 점에서 두 위인에 필적할 만한 사람이 호레이스이다. 호레이스는 그리스가 해체되고 로마의 문명이 새로 빛을 더해가던 무렵에 살았다. 그는 통치자였던 아우구스투스의 친구로서 당시 확립되어가던 새로운 세계의 질서에 대해서 근본적으로 아무런 이질감을 가지지 않았고 그러한 사태가 영속화할 것이라는 생각 속에서 살았다.

후대에 많은 영향을 끼치게 되는 호레이스의 저작은 『시법詩法』으로 알려져 있는데 애초에는 당대의 명문가인 피소스가에 보낸 서한이었다. 이 저작에서 호레이스는 자연스러운 담화형식으로 그리스의 문학적 모범에 대해 찬사를 보내고 적극적으로 거기에서 배운 것을 시의 문법으로 만들려고 노력했다. 여기에서 그가 가장 강조한 것은 적합성의 이론^{decorum}이다. 즉 시는 주제에서나 형식에서 적절한 절도를 가져야 하며 이를 어길 때 작품은 우스운 것이 된다는 견해이다. 예컨대 등장인물은 그의 사회적 지위와 신분에 적합한 방식으로 행동하고 말해야 하며 그의 열정이나 사상도 작품의 전체적인 구도에 비추어보아 어울려야 한다. 따라서 시의 모든 부분은 서로 적당한 규모와 연결성을 가져야 하며 전체의 균형을 깨트리는 표현은 비록 독창적이고 상상력이 넘치는 것일지라도 삼가야 한다.

이 같은 호레이스의 생각은 그의 모방이론에서 더욱 분명해진다. 플라톤이나 아리스토텔레스에게서 모방은 자연의 모방을 의미하는 것이었다. 그러나 호레이스에게서 모방은 다른 작가들, 특히 모범적인 그리스의 고전작가들의 모방을 의미했다. 서사시에서 호머의 작품은 모든 작가들이 본받아야 할 전범이었다. 호머의 서사시에 사용된 제재나 서술양식은 위반할 수 없는 규칙이 되었다. 호레이스가 아리스토텔레스의 『시학』을 참조하고 있지만 아리스토텔레스에게서 작품에 대한 의견이었던 것이 그에게서는 규범이 된 것이다. 아리스토텔레스가 비극의 장면 가운데 죽음의 장면이나 폭력의 장면이 직접적으로 나타나는 것이 좋지 않다고 말한 것은 호레이스에게서는 죽음이나 폭력은 사자에 의해 보고 되어야 한다는 의무조항이 된 것이다.

그가 고전에서 배우고 고전을 모방하라고 했다고 해서 당대인들이 고전작품과 같은 걸작을 낳을 수 없다고 본 것처럼 생각하는 것은 오해일 수 있다. 그러나 그는 창의성보다는 신중을, 영감보다도 절차탁마의 과정을 시작^{詩作}에서 더 중요한 것이라고 주장했다. 시인의 자질에 대한 논의에서 그가 시인이 되는 데는 지혜와 학식을 갖추는 것이 중요하다는 견해를 나타낸 것은 이러한 이론적 관점에서는 필연적인 일이다. 호레이스의 문학이론에서 또 하나 중요한 것은 당의정이론^{糖衣錠理論}이다. 유용한 것과 감미로운 것의 결합, '즐겁게 가르친다'는 구호로 잘 알려진 이 당의정설은 문학의 기능을 쾌락이나 교훈의 어느 한 가지에 두지 않는 절충설로 알려져 있지만 세속적인 가르침에는 유용성을 가졌던 것이다.

4) 롱기누스의 문학이론-숭고론

아리스토텔레스 이후 고전문학이론을 발전시키는 데 가장 크게 기여한 사람은 고대 그리스 후기에 살았던 롱기누스(AD 213~273)이다. 롱기누스가 실제로 누구였는지에 대해서는 많은 논란이 있다. 다만 그리스가 더 이상 서양 역사의 주동적인 역할을 할 수 없었던 시대에 살았던 사람이라는 사실에는 대체로 연구자들의 동의가 이루어져 있다. 사회 정세가 혼란하던 그 당시의 시대적 풍조는 웅변술에 많은 관심을 두었다. 시도 문구를 장식하는 수사학의 일종으로 간주되었고 사람을 설득시킬 수 있으면 표현의 효과는 달성된다고 생각했다. 이것은 당시의 정치적 상황과 긴밀하게 관련된 것으로서 시학이나 비평은 웅변의 질서·리듬·어법을 설명하는 것으로 시종했다. 이러한 상황에서 시대의 적막을 깨트린 사람이 롱기누스이다. 그는 『숭고론』에서 영혼에 끼치는 위대한 문학은 어떠해야 하는가를 깊이 성찰하여 후대에 귀감이 되는 신선하고 자극적인 문학이론을 창안했다. 숭고에 대한 정의 속에 그의 생각이 잘 나타나 있다.

> 숭고함은 표현의 탁월성과 우수성으로 구성되어 있다. 그리하여 위대한 시인과 작가들이 그들의 이름을 날리고 영원불멸의 명성을 얻는 것은 이것 이외의 딴 원인에서가 아니다. 청중에게 고양된 언어가 주는 효과는 설득이 아니라 황홀경이다. 어느 때든지 그리고 어떤 식으로나 우리를 매혹시키는 당당한 연설은 설득과 만족감을 목적으로 하는 것보다 우세하다. 우리는 설득을 통제할 수 있다. 그러나 숭고의 영향은 힘과 견디기 힘든 세력으로 모든 청취자를 지배한다. 이와 비슷하게 우리는 발명의 기술과 적절한 순서 그리고 배열이, 한두 가지가 아니라 구성의 전 짜임새가 힘들여 얻은 결과로 나타나는 것을 본다. 그 반면에 적시에 번쩍 빛나는 숭고함은 청천벽력처럼 그 앞에 모든 것을 흩으려 버리고 즉시 충만한 웅변가의 힘을 나타낸다.

그는 문학이 스타일의 신기함이나 뛰어난 비유, 세련된 장식어구를 적절히 구사하는 것이 아니라 정신의 위대함을 표현한 것이라는 점을 깨달았다. 그는 형식에 그다지 관심을 쏟지 않았는데 정신에서 자연스럽게 고양된 진정성이 위대한 문학의 핵심요건이라고 생각했기 때문이다. 틀이 정해진, 규칙에 따르는 형식적인 작품은 물론이고 심지어 플롯의 긴밀한 짜임보다도 고귀한 정신을 표현하는 문구의 창안이 비극의 효과를 낳는다고까지 생각했다. 이 점에서 롱기누스는 아리스토텔레스의 고전적인 이론을 보완한다. 그의 비평은 플롯의 정밀함보다는 당시의 풍조에 맞게 심미적인 표현의 문제에 더 많은 관심을 두지만 수사학자처럼 설득을 추구하는 데 목적을 두지 않는다. 그보다는 독자의 정신을 감동시킬 수 있는 글을 어떻게 생산할 수 있을까 하는 문제의 해답을 발견하려고 노력했다. 롱기누스는 감동을 창출하는 영혼의 위대성은 일차적으로 과거의 위대한 시인과 작가들을 열성적으로 모방하고 배우는 데서 획득될 수 있다고 생각했다. 작가가 자신을 과거의 위대한 작가와 일치시키고 그에 공감함으로써 그들이 지녔던 사상·감정·표현 등을 부지불식간에 체득할 수 있다는 것이다.

이러한 기본적 관점에서 그는 독자의 정신을 고양시킬 수 있는 글을 쓰는 데 필요한 다섯 가지 기본요소를 열거하게 된다.

첫째 고상한 사고를 전개할 수 있는 정신의 활력과 높이, 둘째 강력하고 고양된 감정, 셋째 수사학적 비유를 올바로 사용하는 일, 넷째 세련되고 품위를 갖춘 단어의 선택과 언어의 사용, 다섯째 전체 속에 잘 배합될 수 있는 단어의 배열이 필요하다는 것이다.

그는 문학이 정서적 만족을 준다는 데서 아리스토텔레스에게 동의하지만 황홀경을 추구한다는 점에서 플라톤의 영감론에 더 가까워진다. 고양된 언어의 효과는 설득이 아니라 황홀경이고 독자의 영혼 그 자체를 뒤흔드는 것이 문학의 목적이라는 것이다. 기발한 양식을 착상하는 것이나 특출한 구절들, 글을 장식하는 의장들을 중시한다는 점에서 당대의 풍조와 일정한 관련을 가지지만 롱기누스는 작품에 구현되는 숭고함이 가르쳐지는 것이 아니라 타고난 성품에 말미암은 것이라고 본다는 점에서 수사학자들의 관점과 상이한 견해를 보인다. 앞에 열거한 다섯 가지 요소 가운데 첫째와 둘째 요소는 숭고가 작가의 천부적인 기질과 관련된다는 생각을 드러낸다.

하지만 그는 좀 더 신중한데 성품이 으뜸으로 중요하지만 그 재능을 인도하고 때로는 억제시키는 기술이 필요하다고 말하여 당시의 수사학적 관점을 일정하게 반영한다. 숭고론의 중심적인 논제는 기술의 숙련에 관련되어 있는 것처럼 보이지만 그는 '규칙은 충분하지 않다. 결함 없는 예술가는 우리가 기꺼이 그들의 결점을 간과하고자 하는 천재에 비해 열등하다'고 말한다. '아름다운 낱말, 그것들의 능숙한 배열, 은유들, 그리고 문채가 모두 다 좋은 것은 사실 전체적 효과에 중요한 도움이 된다. 그러나 기술은 그것이 효과적인 것이 되려면 감추어져야 한다. 그래서 그것은 감정의 자연스러운 표현인 것처럼 보여야 한다'는 것이다. 그가 '숭고함은 위대한 영혼의 메아리이다. 왜냐하면 평생을 통해 비천하고 노예적인 사상과 목적에 지배를 받아온 사람들이 경탄할 만하고 영원불멸의 가치가 있는 어떤 것을 산출한다는 것은 가능하지 않기 때문이다'고 한 것은 창세기의 첫 구절을 가장 숭고함이 넘치는 구절로 본 것과 동일한 관점이다.

롱기누스는 문학적 범절에는 관심을 보이지만 스타일에는 큰 관심을 두지 않았으며 효과, 표현성, 충격, 흥분 등을 강조한다. 호머의 『일리아스』와 『오디세이』를 비교하여 『일리아스』가 시인의 고귀한 영감 속에 씌어져 영웅적 어조로 극적 행위를 표현하는 데 반해 『오디세이』는 작가의 열정이 식었기 때문에 고양되지 않은 문체나 희극적 수법이 나타난다고 평가하는 것은 그가 『일리아스』를 더 높이 평가하고 있음을 드러낸다. 이러한 관점에서 그는 이미지들의 장엄함, 고양, 힘의 형성에 작용하는 상상력의 비중을 높이 평가한다. 그는 이미지를 만드는 재능과 영감, 열정을 관련시킨다. 그는 장엄한 이미지와 고양된 힘을 결합시킬 수 있는 상상력을 희구한다. 묘사에서 형용구의 중첩을 기피한 당대의 관습을 비판하여 비유와 상징 등을 통해 숭고함을 표현하는 것이 중요하다고 생각했다. 그는 규칙을 완벽하게 지키는 이류의 시인보다도 결점을 가졌지만 위대한 것을 위대하게 표현하는 천재를 선호함으로써 위대한 문학의 요건을 제시했다. 열정과 자유로운 사고를 통해 질료를 긴밀히 결합시키는 속에 시인의 개성의 작열이 있다는 것이다. 당시 롱기누스는 금권정치를 지지했지만 시에 있어서는 도덕적 열정을 지닌 시인의 고귀한 영혼이 작열하기를 희망했다. 신성성을 향한 동경과 언어의 고상함이 숭고를 낳는다는 인식을 가졌던 것이다.

3. 고대 그리스의 문학과 그에 대한 비평

별이 빛나는 창공을 보고, 갈 수가 있고 또 가야만 하는 길의 지도를 읽을 수 있었던 시대는 얼마나 행복했던가? 그리고 별빛이 그 길을 훤히 밝혀주던 시대는 얼마나 행복했던가? 이런 시대에 있어서 모든 것은 새로우면서도 친숙하며, 또 모험으로 가득 차 있으면서도 결국은 자신의 소유로 되는 것이다. 그리고 세계는 무한히 광대하지만 마치 자기 집에 있는 것처럼 아늑한데, 왜냐하면 영혼 속에서 타오르는 불꽃은 별들이 발하고 있는 빛과 본질적으로 동일하기 때문이다.

사람이 고향을 그리워하는 것을 향수라고 한다. 향수가 생기는 이유가 무엇인가 하는데 대한 설명은 여러 가지로 있을 수 있겠으나 자궁회귀 본능설도 그럴듯한 이야기로 들린다. 편안하고 행복한 삶의 표상으로서 우리는 과거 유년시절을 기억하고 현재의 불편하고 만족스럽지 못한 생활의 대안으로서 지금 이곳이 아닌 다른 곳을 그리게 될 때 우선적으로 자기의 기억심상에서 중심이 되는 고향을 우선적으로 그 대안으로 갖게 된다는 설명이다. 그것이 상고주의와 어떤 연관을 갖느냐하는 문제는 별도로 살펴보아야 하겠지만 행복한 삶의 이미지가 향수를 촉발하는 데 일정하게 기여한다는 설명은 그런대로 납득할 만한 이야기이다. 비록 헐벗고 가난에 찌들린 삶이었을지라도 어린 시절은 우리들에게 행복의 표상으로 남아 있고 그것이 현재의 삶을 반추하는 데 끊임없이 개입되는 요소라는 사실은 경험적 사실로도 입증되고 있다. 이런 의미에서 그리스 서사시의 시대에 대한 20세기의 위대한 비평가 루카치의 묘사는 행복을 향한 인류의 영원한 동경의 한 양상을 보여준다. 이 묘사는 고대 그리스의 삶이 그 자체로 의미에 충만한 것이었음을 보여준다. 개인과 집단 사이에 아무런 갈등이 없이 조화로운 삶은 개개인이 행동 하나하나에서 의미를 느끼게 하는 것이었으며 어떠한 모험 속에서도 아늑한 평화를 느낄 수 있게 하는 것이었다는 생각을 표현하고 있다. 주체와 객체 사이에 본질적으로 동일성이 갖추어져 있었다는, 그래서 삶에 총체성이 부여되어 있었다는 인식은 비록 소설시대와 비교하기 위한 대비의 관점에서 나온 것이라고 할지라도 동경할 만한 삶의 내용을 읽을 수 있게 한다. 고대 그리스 문학이 서양의 문학에서 고전적 모범으로 받아들여지는 것은 비단 고전시대에 국한하지 않고 전 시대에 걸쳐서 풍요로운 문학적 산출을 경험할 수 있게 해준다는 점에서도 충분히 이해될 수 있는 현상이다.

고대 그리스 문학의 풍요성을 설명하는 데는 그곳에서 신화가 맡았던 역할이 먼저 해명될 필요가 있다. 올림포스의 신들의 왕인 제우스로부터 숲 속의 님프에 이르기까지 그리스 시대를 장식하고 있는 신들의 이야기는 자연의 힘과 맞서서 자신의 세계를 건설해가야 했던 원시인들의 세계에 대한 전형적인 이야기를 형성하는 것이지만 단순히 하나의 사례로서 거론하기에는 너무나 다양하고 흥미진진한 이야기 형태는

호머를 찬양하는 무리들.

그리스인들의 활달하고 자유로운 상상력을 배제하고서는 설명될 수 없는 것이다. 그리스 문학이 인류의 정상적인 유년 시대를 형성한다거나 영원히 본받아야 할 모범으로 간주되는 데는 신화의 전통으로부터 이어받은 상상력의 약동이 그리스 문학에 생동하고 있다는 점이 크게 작용하고 있다.

그러나 그리스 문학이 문학의 전범을 제공해주는 사례로서 받아들여지는 것은 서사시와 비극에서 이룬 업적이 갖는 무게를 중심으로 하여 내려진 평가에 근거한다. 그리스 서사시는 오늘날 『일리아스』와 『오디세이』만이 전해지고 있다. 하지만 두 작품의 현재의 형태를 고려하면 그리스에서 오랜 동안 서사시의 전통이 있었고 그 전통 위에 다양한 작품들이 성립했었다는 사실은 확고한 사실로 생각된다. 두 작품이 성숙한 장르적 특징을 갖추고 있다는 점에서뿐만 아니라 여러 시기의 서사시에서 전해진 형식적 특성을 혼성하고 있다는 점에서도 두 작품은 그리스 서사사의 풍부한 전통을 배경으로 할 때만이 올바르게 이해될 수 있는 성격을 지니고 있다.

이 작품들은 공통적으로 트로이 전쟁을 소재로 하여 꾸며지고 있다. 에게해 주변에서 패권을 다툴 수밖에 없었던 두 세력의 충

비극의 신 디오니소스.

희극의 뮤즈 탈리아.

아폴론 조형물. 아폴론은 그리스의 12신 가운데 하나로 태양과 빛, 이성과 예언, 시와 문학을 관장한다.

키타라를 손에 쥐고 있는 아폴론.

돌에서 그리스는 결정적인 승리를 거두었고 그것은 그리스 민족의 역사에서 가장 자랑스러운 대목이다. 이 서사시에서 읊어지고 있는 영웅들은 그들 그리스 민족의 위대함을 입증할 수 있는 대표적인 영웅들이다. 『일리아스』가 용장인 아킬레우스를 주인공으로 하고 『오디세이』가 지장의 대표자라고 할 만한 오디세우스를 주인공으로 한다는 점은 두 작품이 그리스 서사시에서 차지하는 위치를 어림짐작할 수 있게 해준다. 물론 이 영웅들의 객관적 성격은 아놀드 하우저가 지적하고 있듯이 민족이동의 과정에서 숱하게 나타난 '약탈자'로서의 무사계급과 큰 차이를 지니고 있지 않다. 서사시 자체가 이들 무사계급의 영웅적 행위를 기리는 형식으로 성립되었다는 것도 이미 명확하게 밝혀지고 있다. 그렇다고 해서 '영혼 속에서 타오르는 불꽃'과 '별들이 발하고 있는 빛'의 동일성이라는 여건 속에서 성립한 서사시의 기본 성격에 큰 하자가 되는 것은 아니다. 아리스토텔레스가 위대한 문학이라고 할 수 있는 문학의 장르로서 서사시와 비극만을 손꼽는 데는 그럴 만한 까닭이 있었던 것이다.

『일리아스』와 『오디세이』가 성립된 시대는 대략 기원전 8세기 무렵이다. 실존인물인지에 대해서 의논이 분분한 호머의 창작으로 알려진 이 작품들은 다른 서사시들이 오로지 사건의 순서에 따라 서술되고 있는데 반해 한 주제를 중심으로 구성하고 있다는 점에서 발전적 국면을 보여준다. 이것은 무수하게 읊어진 트로이 전쟁 이야기 가운데서도 가장 인기가 있을 수밖에 없었던 소재를 담고 있기 때문에 낭송자나 음유시인의 상상력이 개입한 양상이라고 이해할 수 있다. 고대의 시가가 대부분 서사적인 이야기 속의 영채로운 부분이 후대에 독립하여 성립하는 것과 같이 두 작품도 그러한 성립과정을 밟아왔다고 생각해볼 수 있는 것이다. 『일리아스』가 트로이 전쟁의 두 영웅 헥토르와 아킬레우스의 죽음을 영웅적인 어조로 묘사하는 데 비해서 『오디세이』가 오디세우스의 귀향을 좀 더 세련된 감각으로 서술하고 있는 것은 각 작품의 성립연대를 유추할 수 있게 해준다. 호머 이후의 서사시인 가운데 대표작가로 꼽히는 헤시오도스의 작품들이 과거의 빛나는 영웅들보다도 현세의 삶에서 괴로워하는 주인공들을 등장시키고 있다는 것은 사회적 삶의 변화에 따른 문학의 변화 양상, 서사시에서 비극으로의 이행을 엿보게 해준다.

비극시대의 도래는 그리스 사회가 이미 개인과 집단의 화해로운 동질성을 기초로 가진 사회가 아니라는 사실을 설명해주는 증거이다. 비극이 성립하게 되기까지 어떤 과정이 있었는지에 대해서는 인류학적인 설명이나 그리스 문화에 대한 전문 연구들을 통해서 이미 상당 부분 밝혀져 있다. 고전시대의 초기에 해당하는 아이스킬로스부터 말기에 해당하는 에우리피데스에게 이르는 동안에 합창대의 수에 변모가 있었을 뿐만 아니라 합창대의 지휘자가 맡았던 배우의 숫자도 한 명에서 세 명으로 늘어나게 됨으로써 신을 경배하는 합창에서 이루어지던 로고스는 이제 사람들 간의 대화를 통해서 점진적으로 세워져가는 것으로 바뀌었다. 동질적인 집단의 해체와 비극의 로고스가 등장인물들 사이의 대립 갈등 속에 분리되는

2세기에 만들어진 아폴론 상.

양상은 밀접한 관계를 갖고 있었던 것이다. 아리스토텔레스가 비극을 가장 우수한 문학의 장르로 손꼽는 데는 그다지 설득력이 없는 요소가 개입하지만 아이스킬로스·소포클레스·에우리피데스의 3대 고전 작가들의 활동기간 중에 그리스비극은 형식을 정비하여 후대의 모범이 된다. 여기에는 아리스토텔레스가 『시학』에서 고전비극을 상세히 논의하여 문학의 법칙을 세운 데에도 한 원인이 있지만 고전비극 자체가 뛰어난 형식미를 갖춘 것이 근본적인 요인이었던 것이다. 따라서 여기서는 『일리아스』와 『오디세이』라는 두 서사시와 아이스킬로스의 「아가멤논」, 소포클레스의 「오이디푸스 왕」과 「안티고네」를 집중적으로 살펴 그리스 고전문학의 양상을 살피는 사례로 삼는다.

일리아스

일리아스라는 말은 소아시아 지방의 한 도시인 트로이의 딴 이름인 일리온, 그 일리온의 노래라는 뜻을 담고 있다. 이 작품은 그리스와 트로이의 10년에 걸친 지루한 전쟁 가운데서 가장 핵심이 되는 일화를 소재로 하고 있다.

그리스군의 용장인 아킬레우스는 총사령관인 아가멤논에게 어여쁜 처녀노예를 빼앗기고 분노에 사로잡힌다. 아가멤논은 자신이 총애하는 여인인 크뤼세이스를 놓친 분풀이로 아킬레우스의 여인인 브리세이스를 빼앗았던 것이다. 분노한 아킬레우스는 싸움에 참가하지 않을 것을 선언하고 명예가 손상된 것을 자신의 어머니인 바다의 님프 테티스에게 탄원한다. 이 탄원을 전달한 테티스는 제우스에게서 그리스군을 패퇴시킨다는 약속을 받아낸다. 트로이군은 점차 세력을 되찾아 승세를 굳힌다. 아가멤논은 이 사태를 극복하기 위해서는 아킬레우스가 전투에 참여하는 것이 필요하다는 참모들의 의견을 받아들여 브리세이스와 다른 여자노예를 아킬레우스에게 되돌려주겠다고 제의하지만 거절당한다. 그리스군은 점차 패색이 짙어져 함대가 정박해 있는 해안가까지 쫓겨 오게 되고, 마침내 아킬레우스의 절친한 친구인 파트로클로스까지 전사하는 상태에 이른다. 친구의 죽음에 충격을 받고 마음을 돌린 아킬레우스는 아가멤논과 화해하고 전장에 나선다. 아킬레우스는 마침내 트로이군의 영웅 헥토르와 결전을 벌여 그를 죽이고 승세를 잡는다.

이 작품의 전개는 아킬레우스의 분노를 통해서 전개된다. 그의 분노는 그리스군의 패퇴, 그리고 가장 아끼는 친구인 파트로클로스의 죽음을 몰아온다. 그리하여 다시 전장에 선 아킬레우스에 의해 트로이의 영웅 헥토르가 죽음에 이른다. 서사시는 여기서 끝이 나지만 그 이후에 아킬레우스의 죽음이 이어진다는 것, 그리고 이어서 트로이인들이 집단 학살되는 사태가 빚어진다.

이야기는 전쟁에서의 무용담처럼 보이지만 그 속에는 사람들의 평화에 대한 갈망을 담고 있다. 그것은 아가멤논이 군사들의 사기를 알아보기 위해 전쟁의 종식을 선언했을 때 나타나는 열렬한 호응이나 헥토르와 그의 아내 안드로마케의 이별장면에서 예리하게 표현되고 있다. 대장장이 신 헤파이토스가 아킬레우스에게 만들어준 방패의 그림에 전쟁 중에 있는 도시와 평화를 누리고 있는 도시가 대비적으로 묘사되고 있다는 것도 이 작품이 전쟁의 불가피성에도 불구하고 평화에의 기대, 평화가 가져다주는 창조적 가능성에의 열망이 민중들의 깊은 무의식임을 말해

도자기에 그려진 아킬레우스와 아마존 여왕. 아름다운 적에게 사랑을 느끼는 극적인 장면이다.

그리스의 고전 문학과 문학이론 **69**

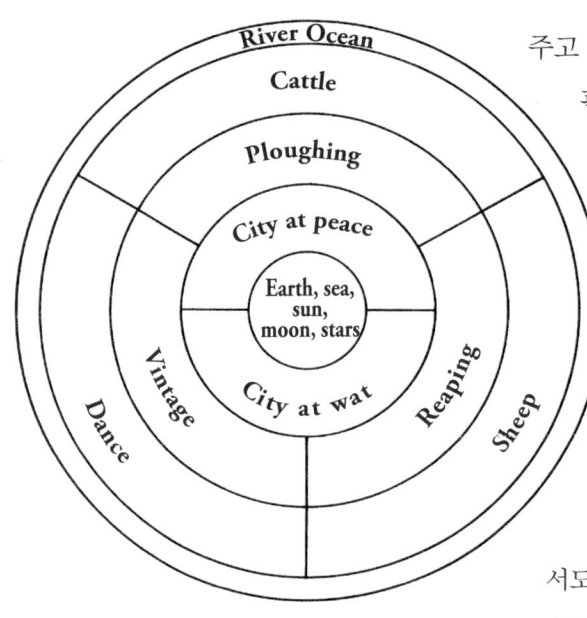

호머가 작품 속에서 자세히 묘사한 아킬레우스 방패의 구조.

주고 있다. 그러나 이 작품은 여러 가지 관심의 표적을 가짐에도 불구하고 일차적으로 전쟁 자체에 초점을 모으고 있는데 그 연유를 헤겔은 이렇게 말하고 있다.

가장 생기 있고 서사시에 가장 적합한 것은 언제나 실제 전투 그 자체에 대한 표현인데, 이것은 이미 『라마야나』에서도 발견되고 『일리아스』에서도 가장 풍부하게 내포되어 있지만, 『오디세우스』나 타소^{Tasso}, 아리오스토^{Ariosto}, 카모엔^{Camoen}의 유명한 시에서도 발견된다. 전쟁에서는 어디까지나 용기가 주된 관심사이며, 이것이야말로 서정적 표현이나 극적 행동에 적합하지 않고 특히 서사적 묘사에 적합한 정신 상태 및 활동이다. 대개 극적인 것에 있어서는 내면의 정신적인 강함 혹은 약함, 윤리적으로 정당하거나 혹은 비난받아야 할 파토스가 주된 일이지만, 서사적인 것에서는 이와 반대로 정신의 자연적인 측면, 즉 성격이 중요하며, 그런 까닭에 국민적인 전쟁 때 발휘되는 용기야말로 정당한 자리를 차지한다. 그것은 의지가 정신적인 의식과 의지로서의 그 자체로써 달성해야 할 도덕적 확신이 아니라, 자연적인 면에 기초를 두며 또 실천적인 목적을 관철하기 위해 정신적인 면과 직접적인 균형을 얻도록 융합하는 것인데, 이 목적들은 서정시적 감정과 성찰 속에서 다루어지는 것보다 서사시 속에서 더욱 적절하게 묘사된다. 또 전쟁에 있어서는 행위 자체와 결과도 용기와 마찬가지이며, 의지의 결과와 외면적인 사건도 서로 균형을 유지하고 있다. 이와 반대로 극에서는 순전히 외면적인 방해물을 가지고 있는 단순한 사건은 배제된다. 여기에서 외면적인 것은 독립적인 권리를 가지고 있지 않으며 개인의 목적과 내적 의지로부터 비롯되어야 하기 때문이다. 그래서 우연적인 사건이 개입하여 결과를 규정하는 것처럼 보인다 하더라도 그것의 진정한 근거 및 그것을 정당화하는 것은 성격과 목적의 내적 갈등과 그것의 필연적인 해결에서 찾아져야 한다. 이러한 전투적 상태가 서사시적 사건 전개의 기초가 됨과 동시에, 서사시에는 광범위하게 다양한 재료가 다루어진다. 왜냐하면 용기가 주연으로 연출되고, 여러 가지의 사태와 사건의 여러 힘도 그 권리를 감소시키지 않고 유지하는 수많은 흥미 있는 행위와 사건이 묘사될 수 있기 때문이다. 그럼에도 불구하고 이 점에서도 서사시에 본질적인 제한이 가해진다는 사실을 간과해서는 안 된다. 즉 진정으로 서사시적인 것은 다른 민족과의 전쟁뿐이며, 왕족 사이의 싸움이나 내전, 소요 등은 오히려 극적인 표현에 적합하다.

그러나 헤겔의 견해와 관점을 달리하여 이 작품의 주제를 삶과 죽음이라는 인간의 가장 근원적인 문제를 다룬 것으로 해석할 수도 있다. 그런 측면에서 접근한다고 했을 때『일리아스』는 일반적인 견해대로 분노의 노래이자 약탈자들의 윤리에 입각한 서사시일지 모른다. 그러나 현존하는 인류 최초의 서사시라고 할 수 있는『길가메시 서사시』와 비교하면 이 작품의 주제의식이 결코 간단한 것이 아님을 알 수 있다. 길가메시는 사랑하는 친구의 죽음에서 자신의 죽을 운명임을 깨닫고 그에 항거하고자 한다. 단순히 길가메시란 위인의 공훈을 기리는 데서 멎은 것이 아니라 인간의 삶과 죽음을 주제화하기 위해서 엔키두란 존재와 홍수설화를 끌어들인 작품인 것이다. 이 점에서는『일리아스』도 마찬가지이다. 아킬레우스란 영웅의 공훈을 기린다는 외적인 목적의 배면에 죽을 운명의 인간의 삶이란 주제를 감추고 있는 것이다.

그러나 주제를 형상화하는 방식이나 죽음에 대한 인식과 태도에는 큰 차이가 있다. 호메로스의 작품에서는 우선 죽음의 문제가 직접적으로 제시되지도 않고 표면화되지도 않는다.『길가메시 서사시』에서는 길가메시의 힘과 용기가 이미 입증되고 난 다음에 죽음의 문제가 제시됨으로써 또 한번 주인공이 힘과 용기를 내어 모험을 떠나는 구조로 되어 있음에 반해서 『일리아스』에서는 주인공이 용기와 힘을 발휘하는 것은 곧 죽음을 무릅쓰는 일이다. 다시 말해서 『길가메시 서사시』의 경우 죽음은 주인공의 용기나 힘을 입증할 수 있는 또 하나의 새로운 소재에 지나지 않는 것으로 여겨지는 것이므로, 여기서는 덧셈의 논리가 작용한다. 이에 반해서 『일리아스』에서 죽음과 공훈은 내적인 관계를 맺는다. 곧 아킬레우스는 죽음을 무릅쓰고 용기와 힘을 내어 공훈을 이룬 것으로, 여기서는 곱셈의 논리가 작용한다. 이와 같은 양상은 『일리아스』에서 죽음이 삶의 저쪽에 있는 것이 아니라 삶의 이면인 것으로 인지되고 있음을 알려준다. 죽음은 삶이 끝난 다음 자리에 있는 것이 아니고 지금의 삶 속에 들어와서 삶의 일부가 되어서 삶을 규정하는 세력으로 작용하는 것이다.

자기가 죽을 운명이라는 사실을 아는 존재로는 인간이 유일하다. 길가메시가 위업을 이룬 영웅일 뿐만 아니라 '모든 것을 아는 존재'가 되었던 것은 친구의 죽음을 통해서 자신의 운명을 깨닫고 불사의 삶을 구하는 여행을 통해서 신들에게 주어져 있는 영생이 인간에게는 허용되지 않는다는 것을 알았기 때문이다. 그로부터 천년 뒤 호메로스의 주인공들은 이제 죽음을 자신 속에 내면화하여 거기에서 삶의 방향성을 얻고 있는 것이다. 아킬레우스가 자신의 죽을 운명으로부터 연역해 낸 삶의 방향성은 단순히 복수의 의무가 아니다. 엔키두의 죽음을 슬퍼한 길가메시가 불사의 삶을 찾아 길을 떠났던 것과는 달리 파트로클로스의 죽음을 본 아킬레우스는 자신의 죽음을 초래할 것이 확실한 복수의 길로 나선 것이다. 거기에는 자신의 죽음을 보상할 도덕적 의무, 윤리적 가치의 정당성에 대한 믿음이 개재해 있다. 사랑하는 친구의 죽음에 대한 슬픔은 동일할지라도 후자의 행동은 좀 더 정치적이고 인간적이다. 정치가 인간 공동체의 삶을 규율하는 일과 맞물리는 것이라는 점을 감안하면 아킬레우스의 대응은 자연 상태에서 훌쩍 벗어난 문명인의 삶에 토대를 둔 것이고, 그런 의미에서 이 서사시의 결말이 왜 파트로클로스와 헥토르의 장례로 되어 있는가를 규명할 수 있는 단초를 제공한다.

오디세이

『일리아스』가 전쟁의 서사시라면『오디세이』는 여행과 모험과 가정생활의 서사시이다. 오디세우스는 펠로폰네서스 반도의 서해안에 있는 이타카 섬의 왕이다. 그는 트로이 전쟁이 끝난 뒤 귀국하던 도중 해신 포세이돈의 노여움을 사 귀국하지 못하고 10여 년을 방랑한다. 이야기는 이 방랑의 마지막 부분에 해당되는 것으로서 오디세우스가 여신 칼립소의 섬에 머무르고 있을 무렵부터 시작된다.

오디세우스는 칼립소의 도움으로 배를 타지만 포세이돈의 풍랑을 만나 파이아케스 섬에 표류하는 등 어렵게 귀향길에 오른다. 한편 그의 고국에서는 아내 페넬로페와 아들 텔레마코스가 구혼자들로부터 고난을 겪는다. 파이아케스의 왕의 호의로 귀환하게 된 오디세우스는 자신을 찾아나선 아들 텔레마코스를 만나 함께 구혼자들을 활로 쏘아 죽인다. 이튿날 시골농장으로 간 오디세우스에게 구혼자들의 친족이 찾아와 복수하려 하지만 아테네 여신의 중재로 화해하게 된다.

이 작품은 아킬레우스의 용기와 대조되는 성격을 갖는 오디세우스가 귀환하기까지 겪는 갖가지 모험을 통해서 인생의 의미를 깊이 음미하게 하는 줄거리를 갖고 있다. 오디세우스는 귀향의 길에서 여러 가지 시련을 겪는다. 그 시련들은 고난인 경우도 있지만 유혹인 경우도 있다. 오디세우스는 이 시련들에 지쳐서 때로는 자신을 잊고 안락과 평온한 삶에 빠져들기도 하지만 끝내 그 시험을 이겨낸다. 이를 위해서 그는 의지뿐만 아니라 끝없는 노력과 지혜를 발휘해야 하며 죽음의 세계까지도 거쳐야 한다. 그 고난을 이겨낸 뒤에야 그는 고향에 이르고 정숙한 아내와 현명하게 성장한 아들을 만나볼 수 있게 되는 것이다. 이 작품이 지닌 성격을 한 논자는 이렇게 설명한다.

> 『오디세이』는 가장 유명한 노스토이^{Nostoi}, 즉 귀향시로서 트로이 전쟁영웅들의 귀향을 다룬 서사시이다. 어떤 범죄나 불경 때문에 신들에게 벌을 받아 불운하게 귀국하는 대부분의 사람들은 악천후를 만나 배가 난파되거나 마침내 귀향하더라

도 변절한 아내들의 손에 죽고 만다. 환대는 악의적이며 죽음의 시작일지도 모른다. 『오디세이』의 가장 유명한 부분들 – 기괴한 짐승과 위험물, 거인과 사이렌들, 그리고 불가사의한 재난들 – 은 공상과학 소설보다도 훨씬 더 재미있다. 호메로스는 인간의 욕구가 심술궂다는 것을 이해했던 것 같다. 인간은 자신의 욕구 때문에 멸망하지만 다른 사람들의 욕구 때문에, 예컨대 극악무도한 외눈박이 거인 키클롭스들의 우두머리인 야만적인 폴리페모스의 가공할 식욕 때문에 멸망하기도 한다. 이 시에서는 내가 먹지 않으면 먹히며, 먹을 때는 먹을 대상과 장소를 가리는 것이 좋다. 마음이 평안해지는 연꽃을 먹거나 벌 받을 것을 각오하고 태양신의 가축을 먹거나 또는 요정들에게 굴복하는 등 육신의 쾌락을 쫓으면 몸을 망쳐 귀국할 마음이 약해진다는 것이다. 참으로 잔인한 농담이다. 이 거대한 서사시는 몹시 고통스러운 패러독스로 골격이 짜여 있다. 쉬면서 배를 채우고 싶은 욕망은 참을 수 없을 정도인데, 일단 쉬게 되면 의식 또는 목숨 자체를 잃을 위험에 처하게 된다. 결국 죽음이나 망각에 이르지 않는 한 휴식을 취할 수 없다는 것인데, 이런 존재 상태를 서방적인 기쁨 Western glory 또는 서방적인 병 Western disease 이라고 부를 수 있을 것이다.(데이비드 덴비)

똑같이 트로이 전쟁의 영웅을 다루고 있지만 『일리아스』에 비해서 『오디세이』는 개인의 일상사에 깊은 관심을 기울이고 있다. 물론 『일리아스』의 장소는 아킬레우스의 영혼

해신 포세이돈.

이란 말이 있는 데서 알 수 있듯이 『일리아스』에서도 주인공의 개성적 형상은 초점이 된다. 그러나 『일리아스』는 트로이 전쟁 전체를 아킬레우스란 개인의 형상을 통해 드러내는 데 반해서 『오디세이』는 전쟁과 같은 집단의 문제가 아니라 개인의 삶과 관련된 문제에만 초점을 맞추고 있다. 그렇기 때문에 오디세우스의 모험이나 영웅적인 행동은 그 자신에게만 의미 있는 것이며, 작품의 기본 갈등도 개인의 권리와 관련된 것이다. 이 점에서 오디세우스가 하는 모험의 대상이나 갈등의 상대편

그리스 선박.

은 부각되지 않는다는 점을 주목할 수 있다. 『일리아스』에서 헥토르가 맡았던 역할을 하는 캐릭터가 『오디세이』에는 아예 없는 것이다. 이 서사시에서 상대역은 설사 이름이 있다할지라도 실제로는 익명의 상태에 머물거나 하나의 사물, 집단의 한 표징으로 간주될 뿐이다. 곧 오디세우스라는 개인이 집단에 대립하면서 자신의 권리를 주장하는데, 그 주장은 주로 사유물에 대한 권리의 침해와 관련된다. 아킬레우스가 프리아모스 왕이 가져온 보물에 별다른 관심을 보여주지 않는 데 비해서 오디세우스는 사유재산권을 침해한 상대방에 대해서 가혹한 복수를 하고 있고, 그 복수는 정당한 것으로 묘사되고 있다. 오디세우스의 행위는 악에 대한 선의 승리를 뜻하며 개인의 사유재산권에 대한 강력한 옹호를 나타내고 있는 셈이다. 세속사회에서 성립된 정의의 관념에 기초한 새로운 도덕규범이 모습을 드러내기 시작한 것이다.

아가멤논

〈줄거리〉

이 작품은 아이스킬로스의 3부작으로 널리 알려져 있으며, 트로이 전쟁의 총사령관인 아가멤논의 가정에서 일어난 비극적 사건을 소재로 하고 있다.

아가멤논이 트로이에 원정 가 있는 동안에 그의 아내 클리타임네스트라는 정부 아이기스토스와 아가멤논의 살해를 모의한다. 아가멤논은 트로이의 원정을 위해서 자신의 딸 이피게니아를 희생으로 바쳐야 했는데 클리타임네스트라는 이에 대해 복수하고자 한 것이다. 이에 비해 아이기스토스는 아가멤논의 부친이 형제 간인 자신의 부친을 살해한 것에 대해 복수하려고 한다.

마침내 트로이의 원정군이 돌아오던 날 모든 준비를 마치고 정부와 간부는 아가멤논을 맞는다. 아가멤논은 노예인 카산드라를 대동하고 귀가한다. 카산드라는 예언의 능력을 지닌 처녀이지만 신이 내린 운명으로 인해 그 예언은 사람들의 신뢰를 받지 못한다. 카산드라는 아가멤논의 집에 피비린내가 진동할 것을 예언하지만 아무도 믿어주지 않는다. 아가멤논은 목욕탕에서 칼에 찔려 살해당하고 만다. 이 작품의 후속편인 「제주를 바치는 여인들」에서 아가멤논의

소포클레스. 그리스의 3대 비극 작가 가운데서 아리스토텔레스가 가장 좋아했던 극작가. 「오이디푸스 왕」, 「안티고네」, 「콜로노스의 오이디푸스」 등 저주받은 라이우스 가문의 이야기를 다룬 3부작이 대표작이다. 가장 고전적인 작가로 통한다.

에우리피데스. 3대 비극작가 가운데 가장 현대적인 작가. 전위적인 문학적 실험을 했고 그것들이 후대의 수많은 문학인들에게 큰 영향을 주었다. 괴테는 '에우리피데스 앞에 코끝이라도 내밀 수 있는 작가가 누가 있는가?' 라고 묻기도 했다. 그리스 작가 가운데 가장 많은 작품을 남기고 있다. 대표작은 「메데이아」, 「트로이아의 여인들」 등이다.

아들인 오레스테스는 아버지의 살해자인 어머니에게 복수해야 하는가 하지 않아야 하는가 하는 갈등을 겪다가 마침내 어머니를 살해한다. 이 복수의 정당성을 놓고 3편인 「자비로운 여신들」에서는 재판이 벌어진다.

「아가멤논」에 대한 비평

이 전설은 그리스인들이 겪었던 중요한 역사적 과정에 대한 기억을 보존하고 있다. 그런데 그 과정이란 정의의 부족적 제도로부터 공동체적 정의에로의 변천, 살해된 사람의 가장 가까운 친척이 그의 죽음을 복수할 것을 요구하는 전통으로부터 원시부족을 대치한 도시국가의 전형적 제도인 법정에 의해 사적 불화를 해결짓도록 하는 체제로의 변천을 말한다. 아가멤논은 트로이아로부터 개선하여 돌아왔을 때, 그의 아내 클리타임네스트라와 그의 사촌이자 아내의 정부인 아이기스토스에 의해 살해된다. 클리타임네스트라는 그녀의 딸 이피게니아의 복수를 하기 위해 남편을 죽인다. 아가멤논은 자기 딸 이피게니아의 생명과 트로이 정복이라는 그의 야심 중에서 하나를 선택하게 되었을 때, 딸을 아르테미스 여신에게 제물로 바쳤던 것이다. 아이기스토스는 또한 앞 세대의 범죄, 즉 아가멤논의 아버지 아트레우스가 자신의 형제들을 흉악하게 살해한 것에 대한 복수를 한 것이다. 아가멤논을 살해한 것은 구체제의 기준에 따르면 정의이다. 그러나 이런 식의 보복은 멈출 수 없는 과정이어서, 한 폭력행위가 또 하나의 폭력행위를 낳게 된다. 아가멤논의 피살 역시 복수되어져야 한다. 3부작의 제 2희곡에서 그의 아들 오레스테스가 아이기스토스와 어머니 클리타임네스트라를 죽임으로써 복수하고 있듯이, 오레스테스의 행위는 혈연관계에 바탕을 둔 부족사회의 도덕규약에 의하면 정당한 것이었다. 그러나 그는 그렇게 함으로써 모든 관계 중에서도 가장 성스러운 관계에 놓인 어머니와 아들 사이의 연분을 깨트렸다. 구체제의 정의는 해결될 수 없는 딜레마를 낳았다. 그것은 오직 새로운 체제의 제도에 의해서만 극복될 수 있다. 이것은 오레스테스 사건의 재판을 위해 아테네 여신이 법정을 설치하는 3부작의 최후 희곡에서 성취된다. 오레스테스는 무죄언도를 받는다. 그러나 이 판결보다 한층 더 중요한 것은 그런 판결을 내린 법정의 본질이다. 이것이야말로 구시대의 종말이며 신시대의 시작이다. 법정의 존재는 오레스테스가 자기 어머니를 살해하게끔 휘몰았던 일련의 비극적 사건들이 다시는 반복되지 않을 것이라는 보증이다. 사정과 동기를 참작하고 개인적인 이해관계를 떠나서 처벌하는 공동체적 정의 체제가 마침내 개인적 보복의 끝없는 혼란을 대치하게 되었다. (버너드 M.W.녹스)

아이스킬로스의 이 작품은 소포클레스의 「안티고네」와 자주 비교된다. 부족사회에서 국가사회로 변화해가는 당시의 사회현실을 반영한 점에서는 똑같지만 「아가멤논」이 변화의 전제조건과 추이를 충실히 드러낸 것에 비해서 「안티고네」는 그러한 현실의 문제를 윤리적 문제로 제시하고 있다는 것이다. 이것은 두 작품을 평가하기 위한 분석은 아니지만 일반적으로 문학적 성취에서 「안티고네」를 우위에 놓는 근거로 흔히 이용된다. 하지만 아리스토텔레스는 「안티고네」보다도 「오이디프스 왕」을 비극의 전범으로 제시한다. 그 이유는 『시학』에 잘 설명되어 있듯이 '급전'과 '발견'이라는 두 요소가 함께 작동하는 극적 형식의 우수성 때문이다.

오이디프스 왕

〈줄거리〉

코린토스의 왕자인 오이디프스는 어느 날 연회석상에서 술 취한 친구로부터 주워온 자식이라는 욕설을 듣는다. 마음이 상한 오이디프스는 이튿날 양친에게 사실의 진위를 물어본다. 친아들이라는 양친의 확언에도 의문이 사라지지 않은 오이디프스는 홀로 델포이의 신전에 가서 신탁을 청하였다. 아프론의 신탁은 오이디프스의 물음에 대한 답이 아니라 다른 사건에 대한 예언이었다. 오이디프스가 부친을 살해하고 어머니와 결혼하게 되리라는 청천벽력의 예언이었다. 자기에게 주어진 이 운명을 벗어나고자 오이디프스는 자기의 조국인 코린토스와 양친 곁을 영원히 떠나기로 작정하고 방랑의 길을 떠난다.

며칠째 방랑하던 중 어느 날 사거리에서 시종을 거느린 한 마차와 마주치게 된다. 그들은 서로 길을 비키라고 다투다가 마차에 타고 있던 노인이 채찍질을 하자 이에 격분한 오이디프스는 한 칼에 노인을 살해한다. 살해된 노인은 테베의 라이오스 왕이었는데 살인을 목격한 시종은 현장에서 달아나 라이오스 왕이 뭇 도적에게 살해당하였다는 소문을 낸다. 자신의 책임을 벗기 위한 진상의 왜곡이었다. 이때 테베에는 스핑크스라는 괴물이 나타나 사람들의 관심은 왕의 살해사건보다도 이 괴물이 내는 수수께끼를 푸는 데 쏠린다. 오이디프스는 때마침 이 테베에 와서 스핑크스가 내는 수수께끼를 풀어냄으로써 괴물을 퇴치하고 그 공로로 왕위가 비어 있는 이 나라의 왕권을 차지하며, 왕권의 신성을 위해서 전 왕비 이오카스테와 결혼한다. 라이오스 왕의 살해현장에 있던 시종은 오이디프스가 바로 살해범임을 발견하지만 자기의 거짓말이 탄로나고 다른 사람이 자신의 말을 믿어주지 않을 것이라고 생각하여 테베를 떠난다. 이에 따라 오이디프스는 테베의 왕으로서 선정을 베풀면서 왕비와의 사이에 네 명의 자녀를 두게 된다.

오이디프스의 선정 아래 번영을 누리던 테베에 무서운 전염병이 창궐하고 수년 동안 한발이 들어서 인심이 흉흉해진다. 오이디프스는 이러한 상황을 타개하기 위해 먼저 신탁을 받아보기 위하여 처남인 크레온을 델포이의 신전에 보낸다. 크레온이 받아온 신탁은 지금의 사태가 테베에 부정한 자가 있는 데 말미암은 것으로서 테베의 오랜 숙제를 해결하라는 것이었다. 크레온은 이 신탁을 해석하여 라이오스 왕의 살해사건이 해결되지 않았음을 상기시킨다. 오이디프스는 예언자 테레시아스를 불러 라이오스 왕의 살해자가 어떤 자인지 알아보도록 조치하지만 테레시아스는 진상을 알고 있었음에도 불구하고 인자한 왕인 오이디프스 자신이 범인이라고 말할 수 없어 범인 색출작업을 중단할 것을 건의한다. 그러나 예언자는 몇 차례에 걸쳐 범인이 누구인지 점치라는 강요를 받고 범인은 현재 테베에 거주하는 자로서 테베에서 탄생한 자이며, 자기의 어머니와 결혼한 자라고 밝히게 된다. 예언자와 처남인 크레온으로부터 범인색출작업을 중단하라는 권고를 받은 오이디프스는 이들의 권고가 왕권을 노린 음모라고 격노하기까지 하는데 이 소동을 들고 달려온 이오카스테는 사정을 알아본 뒤 이렇게 말한다. '예언자는 항상 말썽입니다그려. 이전에 라이오스 왕은 아들에게 살해되리라는 예언을 들었습니다. 그러나 라이오스 왕은 도적들에게 죽었다는 것입니다. 예언자들의 말이란 이와 같으니 괘념하지 마십시오' 하는 것이었다. 부쩍 의심이 커진 오이디프스는 왕비에게 라이오스 왕의 생김새를 물어보고 선왕이 자신과 닮은 용모라는 대답을 듣게 된다.

점차 자신이 범인이 아닐까 하는 의구심이 커져가지만 자신의 이성을 믿는 오이디프스는 범인 색출을 위한 노력을 중단하지 않는다. 그리하여 라이오스 왕의 살해현장에 있던 시종을 탐문하여 종적을 쫓도록 하는 등의 조처를 취한다. 이때 코린토스로부터 사자가 도착하여 코린토스의 왕이 죽었음을 알린다. 오이디프스는 신탁이 어긋났음을 확인하고 안도하는 한편 신탁에 대한 자신의 두려움을 사자에게 토로한다. 사자는 오이디프스가 코린토스 왕의 진짜 아들이 아니기 때문에 그 두려움은 근거 없는 것이라는 말을 한다. 결국 오이디프스는 사자의 말에 따라 어렸을 때 자신을 코린토스 왕에게 데려간 목자^{牧者}를 찾도록 한다. 그 목자를 통해서 자신이 라이오스 왕과 이오카스테 사이의 소생이며 신탁의 운명을 벗어나기 위해 살해될 위기에 처했으나 양치기의 동정심을 자아내 코린토스 왕에게 전달되었다는 사실을 알게 된다. 모든 사실이 밝혀짐으로써 이오카스테는 목을 매 자살하고 오이디프스는 진실을 보지 못했던 자신의 눈을 뽑아내버린 뒤 방랑의 길을 떠난다.

〈작품의 구성〉

오이디프스 왕의 이야기는 수십 년에 걸친 사건을 포괄하고 있지만 실제 작품은 크레온이 신탁을 받아 오는 데서부터 시작된다. 불길한 예감에 휩싸인 크레온의 만류와 예언자 테레시아스의 권고에도 불구하고 자신의 이성의 밝음만을 생각하는 오이디프스는 범인색출을 중단하려 하지 않는다. 오이디프스를 안심시키려는 이오카스테의 설명에도 불구하고 코린토스 왕자로서 자신에게 주어졌다고 생각한 운명의 굴레는 점차 자신에게 올가미를 씌우고 있다는 생각이 짙어져간다. 오이디프스가 적절하게 타협했더라면 그는 그 덫을 피할 수 있었을지도 모른다. 그러나 자신의 이지력으로 현실의 사물을 올바로 이해할 수 있다는 신념을 가진 그는 일종의 계몽군주였고 그렇기 때문에 진실을 밝히지 않는 것은 자신의 원칙을 저버리는 일이라고 생각한다.

결국 자신의 출생의 비밀이 밝혀지고 저간의 사정이 드러나면서 인간의 자유의지를 구현한 오이디프스는 신이 부여한 운명 앞에 여지없이 패퇴하는 모습으로 드러난다. 이같이 이 작품은 오이디프스를 구제하려는 여러 조치들이 거꾸로 바로 그 자신을 구렁텅이로 몰아넣는 사태를 야기하는 역설 속에서 사건의 절정에 이르고 모든 사태를 해명해주리라고 기대한 것들이 운명의 사슬을 입증해주는 극적인 반전을 가져오는 전형적인 발견과 급전을 플롯의 기본요소로 하는 작품이다. 아리스토텔레스가 이 작품을 모델로 해서 비극의 특성을 분석한 것은 발견과 급전이 이루어지는 양상이 기묘한 운명의 전개와 긴밀히 얽혀 있기 때문이다.

〈아리스토텔레스의 비평〉

아리스토텔레스는 문학의 요소를 여섯 가지로 열거한다. 플롯, 성격, 사상, 장경場境, 조사措辭, 가요가 문학에서 찾아볼 수 있는 기본요소이고 비극은 이 여섯 가지 요소를 전부 다 구비하는 형식이라는 점에서 문학의 여러 장르들 가운데 가장 뛰어난 형식이라고 말한다. 그는 이 요소들 가운데서도 플롯과 성격이 가장 중요하고 그 가운데서도 플롯이 특히 중요하다고 본다. 이러한 생각은 그리스의 비극의 공연조건(대규모의 극장에서 수만 명의 관객을 앞에 놓고 공연하기 때문에 인물의 성격을 섬세하게 드러내기 어렵다는 점) 때문이기도 하지만 비극의 본질을 인간의 행복과 불행을 모방하는 것으로 본 데서 유래하는 것이기도 하다. 이에 비해서 그는 장경이나 조사, 가요 등에 의해 효과를 노리는 것은 비극의 본래적인 방법이 아니라고 인식한다. 그런 측면에서 그는 비극 가운데서 사건이 삽화적으로 연결된 작품은 열등한 것이라고 평가한다. 그가 비극은 진지한 행동의 모방이고 그 구성은 단순구성과 복합구성이 있는데 복합구성이 더 뛰어난 것이라고 본 것도 같은 관점이다. 비극은 인간의 생활과 행복과 불행을 모방하는 것이고 행복과 불행은 행동 가운데 있으므로 그것을 모방하기 위해서는 성격보다도 행동이 모방되어야 하며 행동은 삽화적인 것이라기보다는 일정한 인과관계를 갖는 것이기 때문에 상호인과관계 속에서 발전하는 행동이 모방되어야 한다는 것이다.

  이 인과관계를 갖는 플롯을 설명하기 위해서 아리스토텔레스는 개연성과 필연성의 개념을 도입한다. 개연성과 필연성은 문학을 역사와 구분지어 주는 중요한 척도가 되는데 문학은 일어난 것을 말하는 것이 아니라 있을 수 있는 보편적인 것을 말함으로써 공포와 애련을 환기하는 것이다. 아리스토텔레스는 비극의 공포는 극중 인물이 가진 파토스 때문에 행하게 되는 어떤 파괴적인 재난에서 느끼는 불안감과 고통을 말하는 것으로 보았으며 애련은 재난을 입은 주인공이 겪는 고통과 번민을 보고 관객이 느끼는 고통감, 동정심을 말하는 것으로 보았다. 아리스토텔레스가 인과관계를 갖는 행동 중에서도 비극에 가장 우수한 플롯은 급전과 발견을 갖는 플롯이라고 생각한 것도 급전과 발견이 공포와 애련을 가져오는 데 가장 효과적이라고 보았기 때문이다. 비극은 완결된 행동의 모방일 뿐만 아니라 공포와 애련을 환기하는 모방이어야 하는데 이 효과를 가지기 위해서는 모방되는 사건이 불의에 일어나고 동시에 상호인과관계를 갖는 사건이어야 하는 것이다. 이것을 아리스토텔레스는 급전이란 개념으로 설명한다. 「오이디프스 왕」에서 한 사자가 그의 신분을 밝혀주는 것은 애초에 기대했던 결과와 상반되는 결과를 가져오는데 이것이 급전이다. 이에 반해서 발견이란 행운 혹은 불행에 처하게 될 인물이 무지의 상태에서 지^{知}의 상태로, 사랑에서 증오로, 부자에서 가난의 상태로 이행하는 것을 의미한다. 「오이디프스 왕」에서 오이디프스가 자신의 출생을 알게 되는 과정은 바로 무지의 상태에서 지의 상태로 이행하는 전형적인 사례이다. 이와 같이 급전과 발견이 나타나고 그것들이 불의에, 상호인과 관계 속에서 일어난다는 점에서 「오이디프스 왕」은 가장 뛰어난 플롯을 가졌다는 설명이다. 뿐만 아니라 긴 역사를 가진 이야기를 작품에서는 단 하루에 일어나는 사건들 속에서 알 수 있게 하고 한 장소에서 일어나는 사건들 가운데서 보여준다. 이 점에서 플롯의 통일, 시간의 통일, 장소의 통일이 잘 이루어지고 있다는 것이 아리스토텔레스의 견해이다(장소의 통일을 구체적으로 말한 부분은 『시학』에 나타나지 않는다).

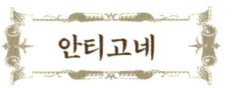 〈줄거리〉

이 작품은 「오이디푸스 왕」과 「콜로노스의 오이디푸스」와 함께 소포클레스의 3부작으로 알려져 있다. 오이디푸스는 자신의 비극적 운명을 알고 장님이 되어 방랑의 길을 떠난다. 맏딸 안티고네는 정처 없이 길을 떠도는 아버지를 돌보면서 오랜 시간을 보낸다. 마침내 오이디푸스는 아테네에 이르러 테세우스 왕의 보호 아래 비극적인 생애를 마감하고 안티고네는 집으로 돌아온다. 이야기는 여기에서 시작된다.

오이디푸스에게는 두 아들과 두 딸이 있었다. 오이디푸스가 방랑의 길을 떠난 뒤 왕위를 놓고 두 아들 사이에 다툼이 일어난다(일설에는 왕권을 탐낸 두 아들이 아버지를 추방했다). 중재를 거쳐 두 아들은 왕위에 대해 일정한 타협에 이른다. 하지만 약속이 지켜지지 않는 데 불만을 품은 폴류네이케스는 국외로 탈출하여 협약을 맺은 아르고스 연합군을 이끌고 테베를 침공한다.

오랜 전쟁 끝에 오이디푸스의 두 아들은 전장에서 죽고 그 뒤를 이어서 안티고네의 외삼촌인 크레온이 왕의 자리에 오른다. 크레온은 전쟁의 뒤처리를 위해 전사한 전국왕인 오이디푸스의 한 아들은 정중하게 장례를 치르지만 외국군을 이끌고 테베를 침공한 폴류네이케스는 죄과를 물어 죽은 뒤일지라도 매장하지 못하게 하는 칙령을 내리면 만약 그를 매장하는 자가 있으며 사형에 처하겠다고 공포한다. 당시 그리스의 풍속에서는 매장되지 못한 혼은 저승으로 가지 못하고 이승과 저승 사이를 떠도는 유령이 된다는 믿음이 있었다. 따라서 망자의 유족들의 첫 번째 의무는 죽은 사람이 저승으로 갈 수 있도록 매장해주는 것이었다. 안티고네가 귀국한 것은 바로 이때였다. 안티고네는 자신의 오빠가 죽은 뒤에도 매장되지 못하는 처벌을 받고 있는 데 대해서 안타까움을 지니고 있지만 국왕의 칙령이 있는 상태이기 때문에 심적 갈등을 겪는다. 마침내 결단을 내린 안티고네는 동생인 이스메네에게 폴류네이케스를 매장하자고 제안한다. 이스메네는 국왕의 칙령을 들어 자신은 그 일에 가담할 수 없다고 거절한다. 안티고네는 혼자서 일을 결행하기로 작심하고 어느 날 밤 몰래 폴류네이케스의 시체에 흙을 끼얹는다. 시체를 지키던 파수병은 이 사실을 즉시 국왕인 크레온에게 알린다. 크레온은 범인을 찾지 못하면 파수병을 처형하겠다고 엄명을 내린다. 파수병은 어렵지 않게 안티고네를 체포해온다. 안티고네는 매장의식을 치른 폴류네이케스의 장례의식 정식으로 치르기 위해 다시 시체가 있는 곳으로 돌아와 있었던 것이다.

크레온은 범인이 자신의 조카인 것을 보고 한 자매인 이스메네에게도 혐의를 두어 같이 잡아오도록 한다. 이스메네는 자기도 매장에 참여한 사람으로 처벌해달라고 하면서 안티고네가 크레온의 아들인 하이몬의 연인임을 환기시킨다. 그러나 크레온은 국법을 어긴 사람은 처벌을 받아야 하며 법에 따라 안티고네를 처형하기까지 동굴에 가두도록 명령을 내린다. 그는 안티고네가 죽은 자를 매장하는 것은 사람의 근본 도리이며 자신은 그 도리에 따랐을 뿐이라고 주장하는 데 대해 그러한 생각은 이제 낡은 것으로서 아무도 그러한 윤리가 법률 위에 있다고 생각하지 않는다는 논리를 내세운다.

안티고네가 처형을 위해 동굴에 갇힌다는 사실을 안 하이몬이 크레온을 찾아가 안티고네의 처형에 대해 일반 시민들의 여론이 들끓고 있으며 죽은 자를 매장하지 못하도록 하는 것은 정당한 일이 아니었음을 설득한다. 하이몬은 국왕이 엄격한 것만이 능사가 아니며 안티고네가 자신의 유일한 사랑으로서 그녀가 죽을 경우 자신도 이 세상에 존재하지 않을 것이라고 말한다.

막무가내로 처형의지를 굽히지 않는 크레온을 설득하지 못하고 하이몬이 떠난 뒤 안티고네는 크레온에게 자신이 천륜을 행했을 뿐임을 밝히고 동굴로 간다. 안티고네를 처형한다는 소식이 알려지자 예언자 테이레시아스가 크레온을 찾아와 국왕의 집안에 찾아올 잇따른 비극을 예고한다. 자신의 위신이 깎일 것이라는 점 때문에 쉽게 결정을 내리지 못하던 크레온이 잇따른 비극의 예고에 마음이 흔들려 안티고네를 석방하기 위해 동굴로 찾아간다. 그러나 안티고네는 이미 자살했고 약혼녀의 자살에 충격을 받은 하이몬은 동굴에 나타난 크레온의 칼을 뺏어 아버지이자 국왕인 크레온을 찌르지만 빗나가자 자신의 옆구리를 찔러 세상을 버린다. 그리고 하나뿐인 아들의 죽음을 알게 된 왕비도 자살한다.

「안티고네」에 대한 비평

아리스토텔레스는 이 작품에 대해 세밀히 분석하지는 않는다. 안티고네가 오빠의 시체 곁에 두 번이나 나타난 것이 개연성이 없는 설정이며 하이몬이 아버지인 줄 알면서도 칼로 찌르려 했던 것은 적절한 행동이 되지 못한다는 비판을 하고 있는 정도이다. 이것은 아리스토텔레스가 「오이디프스 왕」에 비해 이 작품을 높이 평가하지 않았음을 간접적으로 시사한다. 이에 반해서 헤겔은 이 작품을 그리스 비극 가운데서 가장 뛰어난 작품으로 손꼽았다. 이 작품에서는 안티고네와 크레온의 갈등이 주요갈등이다. 이들의 갈등은 친족으로서의 매장의 의무를 지키려는 부족사회의 윤리와 공공질서를 유지하기 위해서는 전통적 관습을 억제해야 하는 국가사회의 법률의 대립을 대변하는 셈이다. 헤겔은 이것을 '정신적 보편성에 있어서의 윤리적인 삶인 국가와, 자연적 관계에 존재하는 윤리성으로서의 가족 사이에 빚어지는 대립'이라고 표현했다. 즉 비극의 갈등을 유발시키는 전개가 가장 완벽한 형태로 나타났다는 것이다. 비극에서는 '서로 싸우는 개개의 인물이 그들의 구체적인 존재 속에서 즉자적으로 각자 (하나의 삶으로서) 총체성을 가지고 등장하여, 그들이 맞서 싸우는 힘에 압력을 받으며, 그 결과 자기 자신의 실존에 따른다면 당연히 존중해야 할 것을 해치는 경우'를 그리는데 「안티고네」가 그 대표적인 사례라는 것이다.

안티고네는 크레온이 대표하는 국가권력 하에 살고 있으며, 더구나 그녀 자신은 오이디푸스의 딸이며, 하이몬의 약혼녀이기 때문에 크레온의 명령에 충성을 다해 복종해야 했다. 그러나 크레온 역시 아버지로서, 그리고 남편으로서 혈연의 신성함을 존중해야 하고 이것에 위배되는 것을 명령하지 않아야 했다. 그리하여 이 두 인물은 모두 서로 싸우는 상대방에 해당되는 것을 자신 속에 내포하고 있으며, 사실 그들 자신의 실제적인 존재에 내포된 어떤 것에 의해 방해받고 파멸된다. 안티고네는 혼례의 춤을 즐기기 전에 죽음을 당하지만, 크레온 역시 그의 아들이 안티고네의 죽음으로 인해 자살하고 그의 아내가 하이몬의 죽음으로 인해 자살함으로써 벌을 받는다. 내 견해로는 고금의 대작 중에서 「안티고네」야말로 이런 종류의 가장 뛰어나고 만족스러운 작품이다.

헤겔에 따르면 비극은 윤리의 대립을 나타낼 뿐일지라도 그 내면 속에는 사회경제적인 원인을 내포하는 것이고 그렇기 때문에 문학은 개별적이고 구체적인 체험을 통해서 역사발전의 합법칙성을 나타낼 수 있는 것이다. 그 양상은 인간의 삶에 대한 이 작품의 기본적인 인식에서도 나타난다. 『일리아스』에 나오는 아킬레우스의 죽음과 비교할 때 안티고네의 행위는 의욕된 것일 뿐 아니라 의식된 것임이 분명히 드러난다. 똑같은 처지에 있는 이스메네가 매장에 참가하기를 거부하는 것은 안티고네의 매장행위가 '자발적'인 것이며 죽음을 의욕하는 행위임을 나타내준다. 또한 살아 있는 죽음에 처해진 지하 감옥에서 스스로 목숨을 끊는 행위는 안티고네가 자신의 죽음에 대해 의식적이었다는 사실을 뚜렷하게 드러내준다. 이런 측면에서 안티고네의 죽음의 이념은 '인간의 긍지를 충족'시키는 것이라 할 수 있다. 안티고네는 '인정에 대한 인간 발생적이고 인간적인 욕구의 완전한 충족'을 성취하는 '자유로운 역사적인 개체성' 또는 '인격성'으로서 가치를 획득한 것이다.

서사시의 절대적 과거에 비해서 비극은 뚜렷하게 역사성을 갖는다. 그 양상은 폴리스의 등장으로 인해 신들의 법칙과 지상의 법칙이 충돌하는 데서도 드러나지만, 『일리아스』에서 아킬레우스의 결단이 여신의 개입에 의해 이루어지는 것과 대조적으로 「안티고네」에서는 인간의 자유로운 선택에 의해 결정이 이루어지는 데서도 드러난다. 안티고네가 자발적 의식적으로 떠맡은 죽음은, 헤겔의 말을 빌릴 필요도 없이, 인간이 누릴 수 있는 자유의 최고의 표현이다. 신들과 달리 인간은 자신의 죽음을 선택할 수 있는 까닭에 자유로운 존재인 것이다. 그러나 이 자유는 또한 개체성이 확보되지 않으면 온전한 것이 되지 못한다. 자유가 주어진 것을 부정할 수 있는 가능성이란 점을 고려할 때 대상에 대한 주체의 올바른 인식은 자유의 행사에 전제조건이 된다. 이 점에서 기원전 5세기의 그리스에서 보편적인 것에 대한 의식이 나타나기 시작했다는 것은 시사적이다. 이 시기에는 정의에 대한 새로운 감각이 싹트는데, 이로 인해 고정화된 도덕을 유일하게 정당한 행동의 법칙으로 간주할 수 없게 되었다. 「안티고네」에서 두 개의 정의가 충돌한 것은 인간의 행위와 선에 대한 탐구로서 철학적 물음인 동시에 새로운 개체성의 등장을 알리는 신호이다. 그리스 비극이 도덕적-철학적 대화로 물들여진 것은 이에 말미암는다. 소포클레스의 뒤를 잇는 에우리피데스의 비극이 성격을 총체적으로 묘사하는 방식에서 벗어나 개개의 주요한 성격적 특징을 묘사하기 시작한 것은 사물에 대한 파악이 한편으로는 합리주의에 기반을 두면서 다른 한편으로는 개별화의 원리에 따르게 된 사정을 드러내준다. 새로운 개성이 새로운 보편성을 동반하는 것과 마찬가지로 하나의 사물을 구성하는 부분과 힘들은 각자의 정당성을 대화 속에 표현하지 않을 수 없게 된 것이다.

트로이의 여인들

〈줄거리〉

에우리피데스의 대표작 가운데 하나인 이 작품은 트로이가 그리스군에 점령당하여 멸망하고 난 뒤 그리스로 끌려가는 트로이 여인들의 이야기를 그리고 있다. 작품이 시작되면 무대에는 트로이의 왕비인 헤카베가 등장하여 자신의 신세를 한탄한다. 남편인 프리아모스 왕뿐만 아니라 자식들마저 모두 살해당한 헤카베는 자신이 가장 싫어하는 오디세우스의 하녀로 끌려갈 운명이다. 헤카베가 자신과 트로이의 여인들의 운명을 한탄하고 눈물을 흘리고 있는 곳에 능욕의 충격으로 미친 카산드라 공주가 횃불을 들고 등장하여 춤을 추면서 자신의 운명을 노래한다. 이어서 며느리 안드로마케가 헥토르의 아들 아스티냑스를 안고 등장하여 자신의 신세를 한탄하는 데 전령이 등장하여 그리스군 총사령부가 아스티냑스를 죽이기로 결정했다는 사실을 통고하고 아이를 데려간다. 다음 장면에는 트로이 전쟁의 원인이 되었던 헬레네를 데리러온 메넬라오스와 헬레네가 등장하여 일장의 해프닝을 벌인다. 헬레네는 신이 자신의 운명을 정했으므로 자기에게는 아무런 죄가 없다고 항변하고 메넬라오스는 자신을 배신한 아내의 자태에 고혹되어 정신을 차리지 못한 채 그녀를 자신의 배로 데려간다. 이처럼 이 작품은 더 이상의 기대와 소망을 가져볼 수 없는 절망의 극치에 있는 트로이의 여인들이 등장하여 자신의 운명을 한탄하고 푸념하는 이야기가 이어지다가 헬레네의 등장으로 웃음판이 벌어지는 희비극이다. 슬픔이 켜켜이 쌓이는 구조이기 때문에 아리스토텔레스는 가장 비극적인 비극이라고 평가했다.

「트로이의 여인들」에 대한 비평

아이스킬로스의 작품에서는 사건의 전제조건이 묘사되고 소포클레스의 작품은 사건의 전개과정을 묘사하는 데 집중하는 데 반해서, 에우리피데스의 작품은 사건이 끝난 뒤의 경과에 초점을 맞춘다. 『에우리피데스의 현대성』을 쓴 재클린 드 로미이는 아이스킬로스와 에우리피데스를 비교하여 전자의 경우 '마지막 장면의 재앙이 경탄할 만하게 준비된다'고 말하고, 후자의 경우 '그 재앙이 불가피한 것으로 오는 것이 아니라 그로 인한 고통이나 격정에 시달리는 존재가 출현한다'고 특징짓고 있다. 『그리스 비극』이란 책에서 H. D. F. 키토도 에우리피데스의 작품을 소포클레스의 고전비극과 비교하면서 고전비극에서 '행위들은 행위의 결과만큼이나 행위 그 자체가 우리의 관심이고 의지와 정신을 드러내는 사건들이 질적인 성격'을 지님에 반해서 에우리피데스의 후기 작품들은 사건들이 순전히 양적인 성질을 띨 뿐이라고 설명한다. 에우리피데스의 비극에서 행위들은 본질적으로 서로 관련되지 않는 일련의 맹렬한 행위들이거나 반동적인 행동을 유발할 수 없

파르테논 신전의 파사드를 흉내 낸 건물. 태양의 떠오름에서 달이 지기까지의 전체 경과를 신들의 모습으로 조형하고 있는 전체구조를 알아볼 수 있다.

대영박물관에 전시되어 있는 파르테논 신전의 파사드 조각상.

태양이 떠오르는 장면을 헬리오스(태양신 아폴론)와 그가 끄는 말로 표현하고 있다.

디오니소스(또는 헤라클레스), 데메테르와 그녀의 딸 페르세포네.

파사드의 왼쪽 부분. 아프로디테와 그 어머니 디오네. 얇은 옷 속에 감추어진 육신이 생동하는 듯하다.

는 행위라는 것이다.
 이처럼 에우리피데스의 비극에서 사건들이 다른 작가들의 작품에서 나타나는 사건들과는 달리 독특한 성격을 지니는 것은 작가가 (사건 자체나 사건 발생의 배경이 아니라) 사건이 끝난 뒤에 관심을 가지는 데서 비롯된다. 이미 사건이 끝나버린 뒤의 일을 다룬다는 점 때문에 에우리피데스의 작품은 독특한 성격을 갖는 것이다. 『토지』의 작품 구조가 그렇듯이 끝나버린 사건은 작품 전체에 일정한 상황을 부여하는 역할을 한다. 작가가 관심을 두는 것은 주어진 상황에 대해서 개인들이 어떻게 느끼고 반응하느냐 하는 점이다. 그러므로 유기적이고 인과적인 행동의 발전이 중요하지 않고 사건에 대한, 상황에 대한 개인들의 느낌과 반응을 드러내는 논의와 대화, 수사, 장식 등이 중요해지는 것이다. 이것은 인물을 묘사하는 데서도 고유한 방법을 요구한다. 행동이 성격을 제대로 드러내지도 못할뿐더러 성격에서 행동이 나오지도 않기 때문이다. 키토가 소포클레스나 아이스킬로스의 비극에 비해 에우리피데스의 비극이 그 결에서 현저하게 얇다고 말하는 것도 이와 관련된다. 인물들의 성격화가 도식적이고 그들의 대화는 진한 개성의 에토스를 지니지 못한다는 것이다. 이에 비해서 대화와 말들 속에서 지성주의를 드러낸다는 것이 키토의 관점이다. 에우리피데스의 작품이 행동의 발전에 의지하지 않고 파토스와 비탄을 주요한 도구로 하는 것도 사건의 뒤를 묘사한다는 점에서 비롯된 특성이다. 또한 사건의 뒤와 끝나버린 사건의 뒤를 대상으로 하기 때문에, 사건의 클라이맥스가 있을 수 없는 이야기를 서술하기 때문에 작품을 어떻게 끝맺어야 하는가 하는 문제가 중요한 관심사가 된다. 에우리피데스가 데우스 엑스 마키나라는 독특한 작품의 완결방식을 개발한 것도 그와 관련되는 것이다.

* 부록: 『길가메시 서사시』

 『길가메시 서사시』는 지금까지 남아 있는 인류의 장편서사문학 가운데 가장 오래된 작품이다. 기원전 2천년경 수메르인들에 의해 처음 만들어진 이 서사시는 수백년 동안 여러 나라와 민족 사이를 유전한 끝에 기원전 17~8세기경 바빌로니아

아크로폴리스 소신전의 여성상 기둥.   고뇌하는 아테네.

인들에 의해 현재의 모습으로 정착하였다. 따라서 이 작품은 최초의 형태와 현재의 모습 사이에 많은 차이가 있다. 고고학자들에 의해 발굴된 이 작품의 초기 형태들은 우룩의 5대왕이었던 길가메시의 영웅적 행적만을 단편적으로 기록한 것이었다. 그러나 최초의 작품을 만든 민족이 멸망한 뒤에도 이 서사시는 생명을 이어갔으며, 길가메시 이야기와 독립적으로 존재하던 엔키두의 이야기, 홍수 이야기 등이 덧붙여지면서 이 작품은 인류 최초의 문학적 기념비로 승화되었다.

메소포타미아 지역의 고대 문헌들이 대부분 그렇듯이 이 서사시도 진흙으로 만들어진 토판에 쐐기문자로 기록되어 전해지고 있다. 오랜 세월 동안 여러 지역의 수많은 사람들에 의해 다듬어진 끝에 현재와 같은 모습을 지니게 된 이 작품은 호메로스의 서사시보다 적어도 천여 년 앞서서 이루어진 것으로, 그것이 지닌 문학적·역사적 의의는 아무리 강조해도 지나치지 않는다. 유년기의 인류문화가 어떤 과정을 통해서 형성되었으며 무슨 이유로 그와 같은 형태를 지니게 되었는지, 인류의 조상들이 가장 관심을 가졌던 문제는 무엇이었으며 그들은 어떤 해결방법을 찾았는지를 성찰하는 데 수많은 단서들을 제공하고 있기 때문이다.

> 지금부터 길가메시의 행적을 알리노라. 그는 모든 것을 알았고, 세상 모든 나라를 알았던 왕이다. 슬기로웠으며, 신비로운 사실을 보았고, 신들만 알던 비밀을 알아내었고, 홍수 전에 있었던 세상에 대해 우리에게 알려주었도다. 그는 긴 여행 끝에 피곤하고 힘든 일에 지쳐 돌아와 쉬는 중에 이 모든 이야기를 돌 위에 새겼노라.

『길가메시 서사시』의 첫 대목은 이렇게 시작된다. 서사시의 화자는 이 작품이 길가메시의 행적을 알리는 이야기라는 것, 그 행적을 기록하는 것은 길가메시가 '모든 것을 알았고, 세상 모든 나라를 알았던 왕'이기 때문이라는 것을 밝힌다. 슬기로워서 신비로운 일들을 겪었을 뿐만 아니라 신들의 비밀, 홍수 이전의 세상에 대해서 알았던 사람이기 때문에 그의 행적에 대해 이야기할 가치가 있다는 것이다. 그러면 길가메시가 알았던 일들은 무엇이며 거기에는 어떤 가치가 있는 것인가?

길가메시는 여신 닌순과 제사장 쿨랍 사이에서 태어난 반신반인의 인물이다. 뛰어난 용모와 힘을 지녔던 그는 왕이 된 후 처녀이건 대신의 아내이건 가리지 않고 강탈하는 압제자가 된다. 길가메시의 횡포와 방탕을 견디지 못한 사람들이 하늘에 호소하자 신들은 그와 똑같은 힘을 지닌 엔키두를 지상에 내려 보내 상대하게 한다. 그러나 엔키두는 문명에 대해서는 아무것도 모르는 채 순진한 인간으로 자연 속에서 풀을 뜯어먹으며 짐승들과 함께 산다. 사람들은 그 엔키두를 문명세계로 나오게 하기 위해 창녀(여사제)를 보낸다. 여인과 생활하는 가운데 자연세계와 멀어지게 된 엔키두는 어쩔 수 없이 인간세상으로 나오게 되고 부녀자들을 강탈하며 압제자 노릇을 하는 길가메시와 힘을 겨루게 된다. 그러나 막상막하의 힘을 지닌 두 영웅의 싸움은 승부를 가리지 못하고 엔키두와 길가메시는 기쁘게 서로를 인정하게 된다. 그리고 그들 사이에는 우정이 싹트기 시작한다.

길가메시는 하잘것없는 존재로 생을 마감하지 않고 불멸의 명예와 명성을 지닌 영웅으로서 이름을 남기기 위해 엔키두와 함께 모험을 떠난다. 그 모험은 저 북쪽에 있는 '거대'라는 이름을 지닌 향나무 숲 속의 흉측한 훔바바를 퇴치하는 것이었다. 길가메시가 거의 신적인 능력을 지닌 이 괴물을 퇴치하는 데는 엔키두의 도움이 결정적이었다.

이 모험으로 길가메시의 영웅적인 행적은 세상에 널리 알려지게 된다. 그러나 호사다마라 할까, 길가메시의 모습에 매혹된 이시타르 여신은 길가메시에게 자신의 남편이 되어줄 것을 제안한다.

사자 두 마리를 끌어 안고 있는 길가메시.
ⓒ CC-BY-SA-3.0-migrated: TangLung

하지만 여신의 변덕을 잘 아는 길가메시는 그 제안을 거절하며 오히려 여신이 과거의 남편들에게 행했던 배신행위들을 비난한다. 이에 격노한 이시타르 여신은 다른 신의 도움을 얻어 하늘 황소를 내려보내 길가메시를 징벌하려 하지만 엔키두와 합세한 길가메시에 의해 오히려 하늘 황소가 죽는다. 이러한 일들이 있은 다음 엔키두가 병이 든다. 신들은 훔바바와 하늘 황소를 죽인 죄를 물어 길가메시와 엔키두 가운데 한 사람은 죽어야 한다고 결정한 것이다. 길가메시가 온갖 정성을 다했음에도 불구하고 엔키두는 저 세상으로 떠난다.

  비탄 속에서 엔키두의 장례를 치른 길가메시는 왜 인간은 죽어야 하는가 하는 의문을 갖고 불사의 비밀을 찾아서 여행을 떠난다. 대홍수가 일어났을 때 살아남아 신들로부터 영원한 생명을 얻었다는 전설 속의 우투나피시팀을 찾아가 영생의 비밀을 얻고자 한 것이다. 산과 들과 바다를 지나는 멀고 먼 여행 끝에 길가메시는 지하세계의 입구에 이르렀고 그곳을 지키던 스코르피온의 도움을 받아 우투나피시팀을 만나게 된다. 그러나 영원한 생명을 구하는 길가메시에게 우투나피시팀은 "영구불변하는 것은 없다"며 죽음이 인간의 운명임을 말한다. 그러면서 자신이 영원한 생명을 얻게 된 비밀, 신들의 비밀을 이야기한다.

  우투나피시팀은 지상에서 저희들끼리 다투며 소란을 일으키는 인류를 홍수로 심판하기로 한 신들의 결정, 그 비밀을 자신의 꿈속에 현시한 지혜의 신 에어의 계시에 따라 방주를 만든다. 그리고 때가 이르자 거기에 갖은 동식물과 씨앗, 식량을 싣고 배를 띄운다. 엿새 동안 바람이 불고 폭우가 쏟아졌다. 이레가 되자 비가 그쳤다. 그러나 비가 그친 뒤에도 홍수는 계속되었다. 폭우가 그친 뒤 이레가 되는 날 비둘기를 날려보냈지만 그대로 돌아왔고 까마귀를 날리자 돌아오지 않았다. 그리하여 우투나피시팀은 신들에게 제사를 지내고 지상에 발을 디뎠다. 신들은 인간에 대한 자신들의 처벌이 가혹했다고 뉘우치고 있었기 때문에 에어 신이 신들의 비밀을 누설한 문제를 눈감아주고 우투나피시팀에게도 강들의 입구에서 영원히 살 수 있도록 했다.

  이야기를 마치고 우투나피시팀은 영원한 생명을 얻고자 하는 길가메시에게 여섯 날과 일곱 밤을 잠자지 않고 견뎌내는 시험을 치르도록 한다. 그러나 오랜 여행으로 지친 길가메시는 시험이 시작되자마자 잠들어버린다. 그가 깨어났을 때 우투나피시팀은 길가메시가 이레 동안 잠들어 있었던 증거를 제시하며 그대로 집으로 돌아가라고 말한다. 길가메시가 배를 타고 떠나기 직전 무엇인가 선물을 주라고 설득하는 아내의 간청을 받아들인 우투나피시팀은 젊음을 되찾게 해주는 바다 속 식물을 그에게 가르쳐준다. 길가메시는 깊은 바다로 들어가 그 식물을 꺾어 온다. 그렇지만 길가메시는 그 선물을 가지고 집으로 돌아갈 수 없었다. 우룩으로 돌아가는 도중에 길가메시는 샘에서 옷을 벗고 목욕을 했는데 갑자기 나타난 뱀이 그 식물을 물고는 웅덩이 속으로 사라져버린 것이다. 아무런 소득도 얻지 못하여 낙담한 채 여행에서 돌아온 길가메시는 우룩에 거대한 성벽을 쌓는 업적을 이루고 살다가 죽었다. 이것이 『길가메시 서사시』의 전체 이야기다.

『길가메시 서사시』가 고고학자들의 큰 관심을 끈 이유는 거기에 들어 있는 홍수설화와 『성서』에 나오는 노아의 방주 이야기가 매우 흡사한 내용을 담고 있기 때문이었다. 그것은 기독교 전통에 발 딛고 서 있는 서구인들에게 『성서』의 역사적 진실성을 입증하는 중요한 증거가 되는 듯이 보였다.

그러나 이러한 종교적 관심을 제쳐놓더라도 이 작품이 지닌 형식적 내용적 특징은 그 자체로 큰 의의를 지니고 있다. 우선 형식적으로 이 작품은 문학작품이 어떻게 형성되는가 하는 문제에 대해서 중요한 시사를 하고 있다. 일종의 송가형식에 해당하는 최초의 수메르본 『길가메시 서사시』는 길가메시란 한 영웅의 행적을 그리는 데 집중하고 있다. 자기들과 같이 살다가 어느 날 갑자기 숨이 끊겨서 생활이 중단된 사람을 위하여 무덤을 만들고, 또 그를 위하여 노래를 부르는 것은 아주 자연스러운 일이다. 그리고 그것이 문화가 탄생하는 시초의 모습이라는 것은 많은 인류학자들이 다 같이 인정하는 사실이다. 이 점을 감안할 때 수메르인들이 노래한 『길가메시 서사시』는 바로 그 시원의 인류문화를 잘 보여주고 있다고 할 것이다.

이 최초의 『길가메시 서사시』와 비교했을 때 오늘날 우리들이 읽고 있는 바빌로니아본 『길가메시 서사시』는 원래의 형식에는 없었던 엔키두의 이야기와 홍수 이야기를 결합시키고 있다. 엔키두 이야기는 본디 『길가메시 서사시』와는 아무런 관련이 없는 독립된 설화였고 한 데 묶인 경우라도 어떤 곳에서는 엔키두가 길가메시의 부하로 설정되어 있다. 바빌로니아본이 최종 형태라는 점을 고려하면 엔키두와 길가메시는 아무런 관계도 없는 상태에 있다가 주종관계로 엮이고, 그 다음에는 친구 사이로 관계가 바뀌고 있는 것이다. 이와 같이 인물들의 관계가 바뀜으로써 이 작품은 호메로스의 『일리어스』와 매우 흡사한 형태의 작품이 되고 있다. 다정했던 친구의 죽음에 격분하여 자신의 죽음을 뻔히 내다보면서도 전장터에 나서서 적에게 복수를 하는 아킬레우스의 이야기와, 엔키두의 죽음에서 인간의 운명을 깨닫고 영원한 생명을 찾아 나서는 길가메시의 이야기는 플롯의 설정이 비슷한 것이다. 다시 말하여 최종본 『길가메시 서사시』는 단순히 길가메시란 영웅의 행적을 찬미하는 데 멎지 않고 인간의 삶과 죽음을 탐구하는 주제를 다루기 위하여 서로 관련이 없었던 이야기들을 적절하게 바꾸어서 하나의 이야기에 결합시키고 있는 것이다. 이러한 양상은 홍수 이야기에서도 나타난다.

『길가메시 서사시』는 두 개의 시작과 끝을 가진 작품이다. 곧 영웅 길가메시의 이야기와 홍수 이야기란 서로 성분이 다른 두 개의 이야기가 하나의 작품에 통합되었기 때문에 길가메시의 이야기가 거의 다 끝난 무렵에 다시 우트나피시팀의 이야기가 새롭게 시작되어 새로운 내용의 이야기를 전개하는 형식인 것이다.

이처럼 두 개의 시작과 끝을 가진 플롯은 뒷날 호메로스의 『오디세이』와 제임스 조이스의 『율리시즈』에서도 반복되는 형태인 것으로서, 그것은 문학작품의 형식이 성립하는 데 주제가 어떠한 작용을 하는지 잘 보여준다. 즉 이 작품에서 엔키두라는 인물이 등장해야 하는 것은 삶과 죽음이란 주제를 구체화하기 위해서 길가메시가 우투나피시팀을 찾아 떠나는 여행이 필요하기 때문이다. 엔키두가 길가메시와 절친한 친구가 아니라면, 그래서 그의 죽음에 애통하지 않았다면 그가 영생의 비밀을 찾아 여행을 떠날 필연성은 크게 약화되는 것이다. 마찬가지로 홍수 이야기가 도입되는 것도 신들로부터 영원한 생명을 보장받은 우투나피시팀을 등장시켜야 할 필요성 때문이다. 비록 반인반신의 길가메시라고는 하지만 사람인 그가 곧바로 신들의 세계를 찾아가 영생을 구할 수는 없으므로, 인간이었지만 이제 신적인 존재가 된 우투나피시팀을 찾아가게 함으로써 이야기의 개연성을 높이고 있는 것이다. 이처럼『길가메시 서사시』는 원래 아무런 관계도 없었던 이야기들을 끌어들여 연결시킴으로써 삶과 죽음이란 주제를 형상화하는 데 필요한 플롯의 개연성을 확보하고 있는 것이다.

길가메시는 괴물 훔바바나 하늘 황소를 죽일 수 있을 만큼 뛰어난 힘의 소유자였지만 엔키두와 마찬가지로 죽음을 피할 수 없는 유한한 존재였다. 그럼에도 불구하고 길가메시가 영웅적 존재인 것은 인간에게 지워진 한계, 죽음의 운명을 거부하고 영원한 생명을 찾기 위해 자신의 힘이 닿는 데까지 최선을 다해 투쟁하였다는 점에 있다. 그것은 비록 실패로 끝나긴 했지만 시지푸스 신화와 마찬가지로 인간의 한계를 극복하기 위한 영웅적 투쟁이었던 것이다. 작품의 맨 처음에 길가메시의 행적을 알리겠다는 서사시 화자의 선포나, 길가메시가 '모든 것을 알았던 사람'이란 명예의 부여는 모두 이 영웅적 투쟁을 가리키고 있다. 곧 길가메시는 단순히 힘만 셌던 사람이 아니다. 엔키두라는 사람을 친구로 사귀어 진정으로 사랑했고, 그의 죽음을 한없이 슬퍼했으며, 그 죽음으로부터 인간이란 머지 않아서 너나 나나 다같이 죽어가야 할 운명임을 깨달았다. 길가메시는 그 운명을 극복하기 위해 사람이 할 수 있는 모든 일, 지난한 싸움을 펼쳤으나 결코 성공할 수는 없었다. 이제 이 세계의 신비와 비밀, 인간의 운명을 깨달은 길가메시는 자기의 왕국에 돌아와 거대한 성벽을 쌓음으로서 인간이 할 수 있는 가장 위대한 일을 이룩하는 데 만족할 수밖에 없었다.

『길가메시 서사시』가 수메르인들에 의해 맨 처음에 만들어졌을 때는 분명히 한 위인의 업적을 기리는 송가형식이었던 것으로 보인다. 그것은 어느 날 갑자기 삶의 영위가 중단된 한 개인을 기억하고 기념함으로써 편안히 저 세상으로 보내기 위한 하나의 의례, 묘비명의 형식이었을 것이다. 그러나 거기에 엔키두의 이야기와 홍수 이야기가 덧보태지고, 수많은 사람에 의해 천여 년 동안 갈고 다듬어지면서『길가메시 서사시』는 한 개인의 전기가 아니라 인간 전체의 보편적 운명을 노래한 영웅서사시가 되었다. 그것은 삶과 죽음이란 인간의 가장 근원적인 본질 문제를 다룬 작품이 되고 있는 것이다.

물론 이 작품은 다른 각도에서 다양하게 해석될 수 있다. 길가메시의 끊임없는 모험이야기로 간주할 수도 있으며, 엔키두의 이야기가 시사하듯이, 인간의 문명화 과정에 대한 이야기로 파악하여 거기에서 자연과 문명의 대립을 읽어낼 수도 있을 것이다. 또한 물리적 세계의 이야기에서 정신적 세계의 이야기로 발전해 가는 관심의 변화를 찾아낼 수도 있을 것이다. 그러한 해석의 다양한 가능성을 간직한 채로『길가메시 서사시』는 문학의 영원한 주제인 삶과 죽음의 문제를 최초로 제시한 작품으로 기록되고 있다. 그것은 유한한 존재인 우리 인간의 본질과 운명, 삶과 죽음의 현실을 비추고 있는 작품인 것이다. 이 삶과 죽음의 주제는 그리스의 대표적 서사시『일리아스』로 이어지면서 더 한층 심화된다.

제 3 장

르네상스

역사적 사건으로서 르네상스는 문예사조의 틀 속에서 이해될 수 있는 현상만은 아니다. 흔히 문예부흥이라는 이름으로 불리기도 하지만 르네상스는 문예에 국한된 운동이라기보다는 좀 더 포괄적인 사회문화적 현상을 나타낸다. 그럼에도 불구하고 르네상스는 문예사조를 이해하는 데 매우 중요한 개념이다. 그리스 로마의 문학을 외면하고 문예사조의 전개를 제대로 이해할 수 없는 것과 마찬가지로 르네상스를 배제하고 문예사조를 운위한다는 것은 그것을 좁은 범위의 문제로 협소화하는 일로서, 거기서는 단순히 양식적 특질이나 몇 가지 특징적인 사실을 추상하는 수준에 멎을 수밖에 없다. 르네상스는 서양의 문예사조 전개에 근본 바탕이 되고 끊임없이 활력을 제공한 사회문화운동의 포괄적인 이름이었던 것이다. 이런 측면에서 르네상스의 개념을 둘러싸고 많은 논란이 벌어졌다는 것은 당연한 일처럼 보인다.

종래 르네상스는 근대사회를 중세사회와 구별 짓는 구분점으로 이해되어왔다. 천년의 암흑기를 거쳐서 서양 사회에 광명을 가져온 사건이 르네상스라는 이름으로 불리는 듯이 이해되어온 것이다. 이러한 이해는 르네상스 시기를 어떻게 설정하느냐에 따라 타당한 인식으로 받아들여질 수도 있지만 해결해야 할 많은 문제점을 야기하기도 하는 관점이다. 근래에 르네상스를 중세와의 연관 속에서 이해하려는 움직임이 두드러지게 된 것은 중세에 대한 좀 더 긍정적인 측면에서의

보티첼리의 〈비너스의 탄생〉. 1485년경 그려졌다. 로렌초 디 피에르 프란체스코 데 메디치의 별장을 위한 작품으로 창작되었고 현재 피렌체의 우피치미술관에 소장되어 있다.

새로운 이해가 생기고 시대 구분의 기준들에 대한 면밀한 검토가 이루어진 데 근거하고 있다. 뿐만 아니라 르네상스 자체의 세부적 사실들이 점검되면서 르네상스의 복합적 성격이 보다 구체적으로 파악된 것도 새로운 이해를 위한 근거를 제공한 것으로 생각할 수 있다. 아놀드 하우저가 르네상스가 역사적 경계선이 아니라 공간적 지리적으로 구분되어야 할 현상이라고 말하는 것은 이와 관련된다. 르네상스와 중세는 서로 긴밀히 얽혀 있을 뿐 아니라 서로 배척되는 사회현상도 아니었던 것이다. 따라서 르네상스의 이해를 위해서는 중세와의 연관성을 파악하는 것이 선결조건이며 이에 바탕을 두고 중세와의 차별성을 뚜렷이 하는 일이 필요한 것이다. 근대사회의 성립에 르네상스가 한 역할을 이해하는 것도 단순히 계보학적인 선행요인을 확인하는 것으로는 불충분하며 동일성과 차별성의 질적 구분에 기초할 때만이 타당성을 획득할 수 있을 것이다.

1. 중세 사회와 문학

　중세는 대략 500년부터 1500년까지를 가리킨다. 이 시기는 흔히 신앙의 시대 또는 암흑기로 알려져 있다. 오랜 영화를 이끌어오던 그리스 로마 문명이 게르만족, 구체적으로는 고트족의 침입에 의해 멸망한 뒤 유럽 지역에 나타난 특징적인 문화가 중세라는 이름으로 포괄된다. 그러나 이 시기가 이름 그대로 암흑기였던 것은 아니다. 그리스 로마 문명과 같은 성격은 아니었지만 그 나름의 독특한 문화를 발전시키고 있었고 그것이 르네상스를 가져오는 데, 또 근대문명을 탄생시키는 데 중요한 역할을 하였던 것이다. 중세를 암흑기로 간주하는 것은 특정한 문화적 관점에서만 가능한 것이다.

　서양 문명을 헬레니즘과 히브리즘이란 두 축을 중심으로 발전한 문명으로 파악할 때 중세는 히브리즘이 중심적 역할을 한 시대라고 할 수 있다. 익히 알려져 있듯이 헬레니즘은 그리스사상을 근간으로 한 것이다. 그리스 로마의 신화에서 드러나듯이, 또 '너 자신을 알라'는 델피의 아폴로 신전에 내걸린 문구이자 소크라테스가 사람들을 깨우치기 위해 경구로 사용한 문구에서 드러나듯이 헬레니즘은 인간중심의 세계관을 가지고 있었고 육(肉)의 사상을 나타내고 있었다.

　이에 반해서 히브리즘은 기독교 사상이다. 유대민족의 초월적인 존재에 대한 믿음의 사상이 뼈대를 이루고 있는 히브리즘은 인간보다도 신을 위주로 하는 사상이며 현세보다도 내세를 위한 길을 닦는 데 삶의 의미가 있다고 보는 사상이

로마의 판테온(만신전). 로마인이 신봉하던 다신교의 신전. AD118~128년경 완성되어 근 2천 년 가까이 원형을 유지하고 있다. 건물 입구의 기둥들이 파르테논 신전의 것과 유사하나 지붕은 원통형으로 되어 있다.

로마의 콜로세움. 1층은 도리아식, 2층은 이오니아식, 3층은 코린트식 기둥으로 되어 있다. AD 80년경 건축되었다.

다. 이러한 사상이 현실주의적이고 감각적인 것을 중시하는 인본주의적인 헬레니즘과 쉽게 융화될 수는 없는 것이다. 그렇기 때문에 히브리즘이 생활을 지배하고 사회의 도덕기준이 되었던 중세를 암흑기로 파악하는 것은 헬레니즘이 우위에 있는 사회의 문화적 관점의 독선일 수 있는 것이다.

중세는 로마제국의 영토 안에 게르만족들이 자리를 잡는 것과 함께 시작된다. 상대적으로 미개한 상태에 있던 게르만족은 천 년의 기간 동안에 점차 기독교도로 변하면서 나름의 문화를 발전시키게 된다. 최초에 중세를 특징짓는 것은 신앙의 확산이었다. 새로이 유럽의 주인이 된 게르만족을 기독교로 교화하는 데 중세기의 전반이 소요되었다면 중세의 후반은 기독교와 이교도의 대립, 갈등으로 점철되었다. 십자군 운동으로 대표되는 중세 후기에 유럽은 이교도들과의 접촉에서 얻은 새로운 경험, 아라비아의 학문과 철학을 새로이 소화해야 했으며 자신들의 세계관을 재정립해야 했다. 따라서 중세 유럽은 종교적 통일과 새로운 경험이 맞부딪치는 시대였다. 신학적으로 통일되어 있었음은 물론 교회의 권위가 절대적

중세회화 1. 중세예술에서는 작품의 알레고리적 의미가 큰 비중을 차지한다.

중세회화 2.

인 위력을 갖고 있었다. 이 때문에 중세의 유럽은 정신적·도덕적·지적으로는 통일을 이루고 있었다고 볼 수 있다. 사람들은 자유롭게 이 나라 저 나라로 옮겨 다니면서도 사상의 보편성을 유지할 수 있었다. 유럽은 기독교로 통일된 문화공동체였으므로 학생이나 수도자들, 예술가와 시인들은 이곳저곳으로 떠돌아다니면서도 문화적 이질감을 느낄 필요가 없었다. 이에 비해서 정치적인 측면에서나 사회 법률, 제도 질서 부문에서는 무질서에 가까운 혼돈상태가 중세를 지배했다. 이것은 로마제국이 정치적 통일을 이루고 확고한 법적 제도를 갖추고 있었지만 정신적 도덕적 측면에서는 개인이나 각 민족의 다양성을 허용하고 있었던 것과 극적으로 대비된다. 르네상스 이후 각 민족이 자립적인 정치체제를 갖추고 개인의 개성과 자유를 보장하는 사회체제를 성립시켰던 사실은 중세가 지녔던 보편성의 일면성을 보여

중세회화 3.

중세회화 4. 회화에 서사적 내용이 많아지면서 여러 가지 형태의 구획이 나타나게 된다. 중앙에는 신앙의 대상이 큰 자리를 차지한다.

주는 것이다. 이 같은 사실은 철학이나 문학이론과 같은 정신적 측면에도 그대로 반영되어 있다.

신앙의 시대인 중세를 지배한 서양의 철학은 스콜라철학이었다. 스콜라철학은 교부신학에서 유래한 교회의 교리체계를 이성적으로 뒷받침하기 위해 생겨난 것으로, 대략 800년 무렵부터 1400년경까지 위세를 떨쳤다. 이 철학이 성립하게 된 배경에 대해서 마르크스는 다음과 같이 말하고 있다.

중세는 완전한 야만의 상태로부터 발전했다. 중세는 모든 것을 처음부터 다시 시작하기 위하여 옛 문명·옛 철학·옛 정치학·옛 법률학 등을 모두 뒤엎어버렸다. 중세가 구세계로부터 물려받은 유일한 것은 기독교와 반쯤 파괴된 채 문화조차 메말라버린 몇몇 도시들이었다. 이에 따른 결과는, 모든 원초적 발전 단계에서는 늘 그러하듯이, 승려들이 지적 교양을 독점하고 따라서 교양 자체가 본질적으로 신학적인 성

중세회화 5. 서사적 내용이 여러 부분으로 분화된다.

중세회화 6. 화려한 장식이 나타나기 시작한다.

격을 갖게 되었다는 사실이다. 여타의 모든 학문과 마찬가지로 승려들에 의해 장

악된 정치학과 법률학은 단지 신학의 두 곁가지에 머물고 신학에서 사용되는 원리에 따라 다루어지게 되었다. 신학의 이와 같은 지배는, 지적 활동의 전 영역에 대한 당시 봉건 지배의 가장 고도의 축소판이면서 동시에 그것의 인준세력이기도 했던 교회의 지위에서 유래된 필연적 결과이기도 했다.

아우구스투스 황제.

스콜라 철학이 담당한 역할은 당시 지배적인 위치를 지니고 있던 아리스토텔레스의 철학적 전통과 교회의 교리체계를 일치시키는 일과 이교도적인 문필가들에게 맞서 교회의 교리를 수호하는 것이었다. 따라서 스콜라철학은 기독교 신앙의 교리가 합리적으로 이해 가능할 뿐만 아니라 이성적인 것으로 보이는 전통철학의 교의와도 일치하는 것임을 증명하고자 했다. 즉 기독교의 계시의 진리를 이성적으로 통찰하여 초자연적인 진리, 신의 진리를 체계적이고 유기적으로 파악하고자 한 것이다. 스콜라철학이 신학의

마르쿠스 아우렐리우스 황제. 〈명상록〉을 저술한 철인황제.

시녀로서 자리 잡은 것은 이 역할을 적절하게 수행했기 때문이다. 이에 따라 스콜라철학에서는 경험적 탐구보다는 개념들의 체계화, 조작이 주요작업이 될 수밖에 없었다. 스콜라철학에서 보편논쟁이나 유명론唯名論과 실재론 사이의 논쟁이 벌어진 것은 필연적이었다. 그러나 이러한 논쟁들이 무의미했던 것만은 아니다. 예컨대 르네상스에서 새로운 세계관이 성립하는 데는 개별적 사실에 대한 진한 관심을 권장하는 유명론의 역할이 지대했던 것이다.

중세의 성경.

르네상스 107

성소피아 사원. 비잔틴 양식의 대표적 건물. 유스티니아누스 1세가 532~537년에 세운 건물. 그리스 정교의 중심이었다가 1453년부터는 회교 사원으로 사용되었다. 현재는 박물관.

　이 같은 양상은 문학이론에서도 나타난다. 중세에 문학이론에서 아리스토텔레스의 영향력은 막강한 것이었다. 그러나 아리스토텔레스가 직접적으로 인용되기보다는 호레이스에 의해 걸러진, 퀸틸리안 같은 문법학자·수사학자들에 의해서 규범화된 내용이 중심을 이루었다. 토마스 아퀴나스가 아리스토텔레스의 철학체계를 가지고 기독교 신학의 기초를 세웠음에도 불구하고 『시학』은 아랍에서 텍스트가 다시 발견된 1498년까지 2000년 동안 명성만으로 남아 있었고 그에 따라 문학이론도 본질적인 문제에 다가가지 못하고 수사나 운율의 형태 같은 주변적인 문제에 치중하는 번삽한 것으로 남아 있었다.

　중세의 문학은 시기별로 많은 차이를 지니고 있다. 천여 년에 걸친 긴 시대였기 때문에 당연한 것인지도 모르지만 그보다는 시대의 사회적 성격이 많이 달라진 데 따른 현상이기도 했다. 암흑시대라는 이름이 걸맞는 5~7세기, 즉 게르만족이 남서부 유럽에서 분탕질을 치던 시대와 군주국가가 성립하고 도시가 활기를

성소피아 사원의 회칠 속에 드러난 벽화.

띠며 화폐경제가 다시 나타나던 12~15세기는 하나의 시대라고 하기에는 이질적인 성격을 너무나 많이 지니고 있는 것이다. 그것은 무질서가 횡행하던 시대에서 하나의 질서가 확립되었다가 새로운 질서로 이행하는 기나긴 여정을 포괄하고 있는 시대라고 보아도 무방하다.

회칠 속에 드러난 예수 상.

  중세 초기의 문학은 무질서의 시대에서 새로운 중세적 질서가 확립되어가던 시대의 이념을 잘 나타내고 있다. 영웅적인 인물의 생활과 정신을 중심으로 하여 문학이 창작되었던 것이다. 거기에서 중심인물은 항시 숭고한 임무를 수행하기 위

르네상스 109

해 싸우는 왕이나 기사이며 그들의 미덕은 용기와 충성으로 집약되는 것이었다. 이러한 양상은 중세를 가로지르고 있으며 12세기 프랑스 작품인 『롤랑의 노래』에까지 이어지고 있다.

성소피아 사원에 버금가는 **블루모스크**(회교사원)의 내부 구조.

이 작품은 샤를마뉴의 정복전쟁을 소재로 하여 봉건사회의 이념을 잘 드러내고 있다. 778년에 실제로 일어났던 사건이 소재로서 샤를마뉴 대제가 북부스페인의 전쟁에서 승리하고 돌아오던 길에 가스코뉴인들의 습격을 받아 군대의 후위가 전멸한 사건을 중세적 이념에 맞게 변용한 것이다.

주인공인 롤랑은 샤를마뉴의 조카로서 의붓아버지인 가늘롱과 함께 사라센인들과의 전쟁에 종군하고 있다. 롤랑은 전쟁 중에 벌어진 사라센인과의 위험한 협상에 가늘롱을 대표로 보내도록 건의한다. 이 일에 앙심을 품은 가늘롱은 사라센 왕에게 롤랑이 호전파라는 사실을 알리고 롤랑을 후위에 세워 사라센 왕이 습격해 죽일 수 있도록 하는 흉계를 꾸미고 돌아온다. 가늘롱이 거짓된 평화와 복종의 약속을 가지고 돌아와 협상의 결과를 알리고 귀환하는 군대의 후위에 롤랑을 세울 것을 건의한다. 샤를마뉴는 이상한 느낌을 갖고 롤랑에게 전군대의 절반인 12만 명을 주려고 하지만 롤랑은 단지 2만 명만을 배속 받는다. 만용에 가까운 롤랑의 용기는 사라센인들이 습격해왔을 때에도 다시 나타난다. 롤랑의 친구인 올리비에는 중과부적의 상태에서 샤를마뉴의 본대에게 구원을 요청하는 뿔나팔을 불 것을 간청하지만 롤랑은 후위군의 몰살이 눈앞에 현실로 나타나기까지 이를 승낙하지 않는다. 마지막 순간에 뿔나팔을 불지만 이미 때가 늦어 롤랑은 용기와 충성을 지닌 영웅으로서, 그러나 자신의 결점 때문에 비극적 운명을 맞이하는 영웅이

피사의 두오모(대성당).
로마네스크 양식의 전형적인 건물.

르네상스 111

노트르담 성당. 고딕양식 건물. 1182년 건축.

밀라노의 두오모. 고딕 건축의 첨탑 형식을 잘 보여준다.

되고 만다. 작품의 후반부는 가늘롱의 재판과 처형, 그리고 사라센인들에 대한 샤를마뉴의 복수전으로 구성되어 있다. 이 작품에서 롤랑의 행위는 행위 하나하나가 의미 있는 것으로서 중세 봉건사회의 이념을 드러내고 있다. 이에 대해서『미메시스』의 저자 아우얼바하는 다음과 같이 말하고 있다.

프랑스 영웅서사시의 문체는 숭고문체로서 그 속에서 현실의 구조는 극히 경직하게 파악되어 있다. 그리고 이 숭고문체는 시간상의 거리, 원근법의 단순화, 계급적 한계 등에 의해서 한정되어 있는 객관적 삶(현실)의 좁은 영역만을 묘사하는 데 성공하고 있다. 결코 새로운 얘기가 아니며 여러 번에 걸쳐 얘기한 바 있는 것을 다시 공식화하는 것이지만 굳이

부다페스트에 있는 〈어부의 요새〉. 네오로마네스크 양식의 건물.

덧붙여 놓으면 이렇게 된다. 즉 이 숭고문체에서는 영웅적이고 숭고한 것의 영역을 실제적이고 일상적인 영역과 분리시키는 것이 당연지사로 되어 있는 것이다. 봉건제도의 최상층 이외의 사회계층은 전혀 등장하지 않는다. 사회의 경제적 기초는 언급조차 되지 않는다. 이것은 초기 게르만족과 중고中高 독일어 시대의 영웅서사시에서 보다 더욱 철저히 지켜지고 있으며 조금 뒤져 나타난 스페인의 영웅서사시와도 날카로운 대조를 이루고 있다. 그러나 무공시武功詩 특히 『롤랑의 노래』는 인기 있었다. 무공시들이 봉건사회 상류계층의 공적만을 다루고 있다는 것은 사실이다. 그러나 이들이 일반 민중에게도 또한 호소했다는 것은 의심의 여지가 없다. 그것은 아마 다음과 같이 설명될 수 있을 것이다. 성직자 아닌 일반인 사회계층 사이에 있는 뚜렷한 물질적 및 법률적 차이에도 불구하고 그들은 지적

르네상스 113

로마의 오벨리스크가 있는 분수.

으로는 본질적으로 동일한 수준에 있었다. 또 사람들이 품고 있는 이상은 획일적이었다. 아니 적어도 기사도의 이상이나 영웅주의를 제외한 세속적 이상은 실천에 옮겨지거나 말로 표현될 대세를 갖추고 있지 못하였다는 것이 그것이다. 무공시가 모든 사회계층에게 하나의 영향력이었고 힘이었다는 것은 11세기 말에 성직자들이 자신들의 목적을 위해서 영웅서사시를 이용하기 시작했다는 사실이 잘 보여주고 있다. 이러한 주제들이 몇 세기 동안이나 남아 있었으며 번번이 새 형태로 개작되고 빠른 속도로 시골장의 오락수준으로 내려갔다는 것은 하층계급 사이에서의 무공시의 장기간의 인기를 증명해준다. 11~13세기의 청중들에게 있어 영웅서사시는 역사였다. 그 속에서는 지난 시대의 구전역사가 살아 있었다. 적어도 이러한 청중들이 접근할 수 있는 다른 어떤 구전도 존재하지 않았다.

『롤랑의 노래』가 지닌 중세적 이념의 성격은 많은 기사도소설의 주제에 빈번하게 등장한다. 그러나 중세 후기에 속하는, 또는 중세적 이념의 대단원에 속하는 단테의 『신곡』에 이르면 그 성격은 크게 변화된다. 이 작품은 루카치에 따르면 보편성이 지배적 범주로 작용하면서도 뛰어난 예술적 형상성을 획득한 세계문학사상 유일무이한 작품이다. 그것은 문화적 통일성을 획득한 사회적 조건에 말미암는다. 그러나 소설가 최인훈 씨가 이 작품의 각주에 등장하는 인물들에 관심을 가졌었다는 사실에서도 드러나듯이 이 작품은 이후에 세계역사를 지배할 산문적 세계를 예비적으로 보여주고 있다.

작품은 지옥, 연옥, 천국편의 3부로 구성되어 있다. 각기 33편의 칸토[*]로 구성되어 있고 1편인 지옥에 서론이 달려 있어 총 100칸토인 것이다. 이것은 완벽한 수인 10의 제곱을 나타내는 것으로서 작품의 유기적 전체성을 상징적으로 보여준다. 그리고 각 부는 동심원의 구조를 이루면서 확대된다. 지옥편에서는 사탄이 자리 잡고 있는 지구의 중심을 향하여 동심원을 이루며 점차 내려가는 이야기이며, 연옥편은 바다 가운데 있는 섬에서의 여행이, 천국편에서는 지구의 외곽에 있는 행성들로부터 지고천至高天에 이르기까지의 행적을 묘사한다. 이처럼 『신곡』은 중세적 이념의 획일적 보편성을 나타내기 위한 치밀한 구성을 가지고 지옥과 연옥, 천국을 차례로 여행한 것의 기록으로서, 여행자의 윤리적 정신적 체험을 추상적인 수준에서 보여주지만 그 세부에 있어서는 당대의 사회현실에 확고한 토대를 가지고 있었다. 거기에는 온갖 종류의 방종과 범죄를 저지른 자들이 등장하여 생생한 현실의 이야기를 전개하고 있다. 이

생가 입구의 단테 흉상.

피렌체 성당 옆에 세워진 단테 상.

르네상스 115

정의를 나타내는 부조물.

것은 『신곡』이 거시적인 차원에서는 비통일적이고 첨가적이며 병렬적인 중세의 구성양식을 따르고 있지만 세부에서는 사실적이고 경제적인 방식으로, 구어체와 유머러스한 문체를 사용하면서 다양한 어조로 현실의 문제를 형상화했다는 것을 의미한다. 그것은 이상과 현실, 역사와 전설이 만나는 마당이 되는 것이다. 그 구조를 미하일 바흐찐은 이렇게 설명한다.

중세 말기에 즈음하여 백과사전적인 내용과 '비전'으로서의 구조를 지닌 특별한 유형의 작품이 등장하기 시작한다. (중략) 마지막으로 단테의 『신곡』이다. 이 작품들이 시간을 다루는 방법은 대단히 흥미로운데 여기서는 그것들 모두에 가장 기본적인 특징만을 언급하게 될 것이다. 이 작품들에 미친 중세적·내세적·수직적 축의 영향력은 매우 강력하다. 시공간적 세계 전체는 상징적인 해석에 종속된다. 심지어는 이 작품들에서 시간은 행위로부터 완전히 배제된다고 말할 수 있을 정도이다. 작중의 행위는 결국 하나의 '비전'인데, 그것은 현실적인 시간상으로 보면 대단히 짧은 순간이다. 또 사실 드러난 것의 의미 그 자체는 시간 외적이다. 이들 작품들—특히 『농부 피어즈』와 『신곡』—에서 가장 두드러진 것은 오래 전부터 무르익어온 당대의 모순에 대한 예민한 감각, 즉 본질적으로 한 시대의 종말에 대한 감각이라 할 만한 것이 그 중심에 자리 잡고 있다는 사실이다. 이러한 감각으로부터 복합적인 당대 모순의 전모를 가능한 한 충분히, 그러면서도 통일적인 하나의 방식으로 설명해내려는 노력이 솟아오르게 된다. (중략) 그(단테)는 뛰어난 건축술이 돋보이는 하나의 세계상을 구축한다. 그 세계의 삶과 운동은 수직적인 축을 따라 팽팽하게 긴장되어 있다. 지하에는 아홉 개의 지옥이 있고 그 위에 일곱 개의 원으로 된 연옥이 있으며 또 그 위에 열개의 원으로 된 천국이 있다. 아래에는 사람들과 사물들로 이루어진 거친 물성物性이 존재하고 위에는 오로지 '빛'과 '목소리'만이 있을 뿐이다. 이 수직적 세계의 시간의 논리는 발생하는 모든 일의 완전한 동시성에 있다. 지상에서 시간에 의해 분리되는 모든 것들이 여기 이 수직의 세계에서는 영원 속으로, 완전한 동시적 공존의 상태로 융합된다. 시간이 도입하는 '그 이전' 및 '그 이후'와 같은 구분들은 여기에서는 아무런 실체도 지니지 못한다. 그것들은 이러한 수직적 세계를 이해하기 위해서는 무시되어야 한다. 모든 것은 단 하나의 시간, 즉 단 하나의 순간이라는 공시성 속에서 인식되어야 한다. 순수한 동시성의 상태 하에서만, 혹은 다른 말로 하면 전적으로 시간의 외부에 존재하는 환경 속에서만, '과거에도 그러하였고 현재에도 그러하며 미래에도 그러할 터인 것'의 진정한 의미가 드러날 수 있다. 그 이유는 과거와 현재와 미래 이 셋을 갈라놓았던 힘이 그 진정한 현실성 및 사유의 구체화 능력을 박탈당했기 때문이다. '통시성'을 공시화하는 것, '모든 시간적이고 역사적인 구분들 및 결합들을 순수하게 해석적이고 시간 외적이며 위계적인 구분 및 결합으로 대체하는 것, 바로 이것이 단테에게서 형식을 발생시키는 충동이었으며, 이것은 순전한 수직성에 구조화된 세계상에 의해 규정된다. (중략) 이것은 살아 있는 역사적 시간과 시간 외적인 내세적 이상 사이의 투쟁의 결과이다. 요컨대 수직적인 것이 그 자체 내에 수평적인 것을 압축하고 있는데 이 수평적인 것이 수직적인 것을 강력하게 밀고 나오려 하는 것이다. 전체적인 형식을 발생시키는 원리와 개별적인 부분을 구성하고 있는 역사적이고 시간적인 형식 사이에는 모순과 대립이 있다.

이와 같은 양태는 소설의 선구자로 알려져 있는 보카치오의 『데카메론』에서 좀 더 심화된다. 『데카메론』은 『신곡』과 마찬가지로 100편의 이야기로 구성되어 있다. 이것은 중세적 이념이 보카치오에게도 작용하고 있음을 입증하는 사실이지만 『신곡』에서처럼 내세에의 여행이 아니라 현실에서 진행되고 있는 사건이고, 흑사병의 창궐이라는 이야기 전개의 단서가 역사적 사실과 밀접한 관계가 있다는 점에서 차이를 드러낸다. 『데카메론』이란 10일 이야기라는 뜻이다. 흑사병을 피해 교외의 별장에 피신한 7명의 귀부인과 3명의 신사가 무료를 달래기 위하여 열흘간 매일 주제를 바꾸어가며 전개한 이야기들로 이루어져 있다. 주제는 왕이나 여왕으로 뽑힌 사람이 자유롭게 정하는 것으로서 예컨대 '고난 끝에 행복이 온다', '그 사랑이 불행한 결말로 끝난 사람들'과 같이 이야기의 패턴을 나타내든가 인물의 유형을 나타내는 말들로 되어 있다. 한 예로 다섯 째날 이야기의 주제는 그날의 여왕으로 뽑힌 피안메타가 '연인이 불행한 사건 뒤에 행복해지는 이야기'로 정한다. 이에 대해서 그녀는 다음과 같은 이야기를 한다.

페데리고라는 청년이 피렌체에 살고 있었다. 그는 쇼반나라는 귀부인을 사랑했으나 받아들여지지 않았다. 그는 사랑을 위해 많은 돈을 썼기 때문에 마지막엔 멋지게 생긴 매 한 마리만 남았다. 그간에 쇼반나의 남편이 죽고 어린 외아들만 남게 됐는데 그 아들이 병석에 눕게 되었다. 아이는 소원이 없느냐는 어머니의 물음에 페데리고의 매가 가지고 싶다고 얘기한다. 쇼반나가 자신을 방문하겠다는 전갈을 받은 페데리고는 대접할 것이 없어 매를 죽여 요리를 장만한다. 쇼반나가 찾아와 식사를 마친 다음 찾아온 용건을 말하자 페데리고는 그 간에 있었던 사실을 밝힐 수밖에 없다. 쇼반나는 아들의 소원을 들어줄 수는 없게 되었으나 페데리고의 진실한 사랑을 알게 된다. 그 뒤 아들이 죽고 쇼반나는 페데리고와 결혼한다.

이처럼 『데카메론』은 교황에서 귀족, 신사, 숙녀, 예술가, 공증인, 의사, 농부 등 다채로운 인물을 등장시켜 사회의 여러 국면을 드러내는 이야기를 펼친다. 그 이야기들은 사람의 사랑이라든가 명예욕, 물욕 등 인간의 본능이나 악덕, 부조리, 허위 등을 적나라하게 보여준다. 이 점에서 단테의 『신곡』이 신의 길을 나타내는 작품이라고 하면 『데카메론』은 사람의 길을 보여주는 『인곡』이라고 불려 마땅한 내용을 담고 있다. 거기에는 삶에 대한 애착과 고뇌가 깊이 아로새겨지고 있는 것이다. 아우얼바하는 그 특징을 이렇게 묘사한다.

『데카메론』 속에 반영되어 있는 가장 특징적이고 중요한 태도, 중세 기독교적 윤리에 정반대되는 것은 비록 가벼운 어조로 표현되어 있는 것이 보통이기는 하나 그럼에도 불구하고 자신에 차 있는 사랑과 자연의 교의이다. 기독교의 교리와 그 삶의 형태에 대한 근대인의 반항이 성도덕의 영역에서 그 실천력과 선전적 효과를 성공적으로 증명할 수 있었던 이유는 기독교의 초기 역사와 그 본질적 성격에 뿌리박고 있다. 성도덕의 영역에서 세속적인 삶에의 의지와 삶의 기독교적인 목인 사이의 갈등은 세속적인 삶에의 의지가 자의식을 성취하면서부터 날카로워진다. 본능적인 성생활을 찬양하고 그 해방을 요구하였던 자연의 교의는 1270년대 파리에서의 신학적인 위기와 관련하여 이미 중요한 역할을 수행하였다. (중략) 그 (보카치오)의 사랑의 윤리는 궁정의 사랑의 개정으로서 문체의 수준에서는 몇 단계 낮게 잡았고 관능적이고 구체적인 것에만 관심을 두고 있다. 이제 문제가 되는 것이 지상의 사랑임은 의심할 여지가 없다. 보카치오가 자기 태도를 가장 분명하게 표현하고 있는 몇몇 단편에 아직도 궁정의 사람의 마술의 반영이 엿보이고 있음은 사실이다. 이리하여 그 이전의 아미토^{Ameto}처럼 사랑을 통한 교육이라는 핵심적 주제를 가지고 있는 치모네^{Cimone} (제5일 첫 번째 얘기) 이야기는 그것이 궁정 서사시에서 유래한 것임을 분명하게 보여주고 있다. 사랑이 모든 미덕과 인간에게 있는 고상한 모든 것의 모태이며 용기와 자기의존과 희생을 할 수 있는 능력을 전해주며 또한 명민함과 사교적 재능을 발전시켜준다는 교의는 궁정문화와 참신문체$^{Stil\ nuovo}$로부터의 유산이다. 이 작품에서 그러나 사랑은 이미 접근할 수 없는 여주인이거나 신성한 이념의 화신이 아니라 성욕의 대상인 것이다. 일관성 있는 것은 아니지만 세목에 있어서도 일종의 사랑의 윤리를 식별할 수 있다. 예컨대 질투하는 경쟁자, 부모, 그 밖에 사랑의 기도를 훼방하는 사람들과 같은 제삼자에게 대해서는 어떤 종류의 불성실이나 속임수를 써도 되지만 사랑의 대상을 향해 그래서는 안 된다는 것이 그것이다. 수사 알베르토가 보카치오의 동정을 거의 받지 못한다는 것은 그가 위선자인데다가 정직하지 못한 비열한 수단으로 리제타 부인의 사랑을 획득했기 때문이다. 『데카메론』은 사랑할 수 있는 권리에 뿌리박은 완전히 실제적이고 세속적이며 확연한 도덕률을 발전시키는데 그것은 본질적으로 반기독교적인 것이다.

2. 르네상스 시대의 사회와 문화

르네상스는 재생이나 부흥을 나타내는 말이다. 이 말의 어원은 이탈리아어의 rinascimento로 다시 태어남을 의미하는 동사 rinascere의 명사형이라고 한다. 이러한 어원학적 지식이나 르네상스에 대한 통념에 따르면, 이 시대는 고전고대의 문화를 부활시킨 것이고 과거의 찬란한 문화가 당대의 예술가나 작가에 의해 새롭게 창조되었음을 나타낸다. 이것은 르네상스의 번역어인 문예부흥이라는 말에서도 엿보이는데, 그것은 그리스 로마의 영화로운 문예를 부흥시켰음을 분명히 표시하고 있다. 천년의 거리를 뛰어넘어 고전고대를 부활시켰고 이러한 업적을 가능하게 한 것이 고대문헌에 대한 관심과 탐구라는 함축을 담고 있다. 그러나 고대에 대한 관심은 중세에도 지속되고 있었다. 로마의 시인들이 숭앙되고 있었음은 물론 고전에 대한 연구도 이어지고 있었다.

이와 함께 비잔티움의 함락으로 말미암아 그리스의 고전과 고전학자들이 이탈리아로 건너오게 된 것이 르네상스의 계기가 되었다는 속설도 비판될 필요가 있다. 르네상스는 단순히 고전고대에 대한 새로운 관심이나 고전의 탐구가 가져다준 광명도 아니고 비잔티움의 함락이라는 우연이 가져온 새로운 역사도 아닌 것이다. 그것은 중세의 지속이면서 또한 새로운 시대의 개막이라는 성격을 지니고 있다. 이러한 인식은 르네상스가 중세와 동일성을 유지하면서도 질적인 차이를 갖게 되었음을 의미한다. 르네상스는 확연히 중세와 구분되지는 않지만 그럼에도 불구하고 르네상스라는 이름으로 구별 지을 필요가 있는 현상들을 포괄하고 있는 것이다. 이 점에서 르네상스가 중세와 구별되는 준별점이 무엇인지 파악할 필요가 있다. 이에 대해서 하우저는 종래의 르네상스관을 대표하는 부르크하르트의 견해를 반박하면서 르네상스가 이룬 질적 변이에 대한 새로운 인식이 초점으로 삼아야 할 점을 다음과 같이 제시하고 있다.

    부르크하르트는 그의 르네상스 묘사에서 자연주의 정신을 특히 강조하면서, 체험에 의한 현실세계에로의 전환과 '인간과 세계의 발견'을 '재탄생'의 가장 본질적인 요소로 들고 있다. 그러나 그는 그의 대부분의 후계자들이 그러했던 것처럼, 르네상스의 예술에서는 자연주의 자체가 새로운 것이 아니라 단지 그 자연주의가 학문적, 방법론적, 총체적인 성격을 나타낸다는 특징이 새로운 것이며, 현실의 관찰과 분석 자체보다도 현실의 여러 특징들을 기록하고 분석하는 의식적 태도에 의해서 중세적 개념들이 극복되며, 따라서 르네상스에서 괄목할만한 점은 한마디로 표현해서 예술가가 자연의 관찰자가 되었다는 것이 아니라 예술품이 하나의 자연연구가 되었다는 점을 간과하고 있다. 고딕의 자연주의는, 예술적 묘사가 상징에만 치우치던 것을 중지하고 초경험적인 세계와는 아무런 관련 없이 단지 현세적 사물을 있는 그대로 묘사함으로써 새로운 의의와 가치를 얻고 나면서부터 본격적으로 시작되었다. 샤르트르와 랭스의 사원에서 보여지는 조각품이 로마네스크 양식의 조각품과 구분되는 것은, 비록 초현세적인 관계가 아직도 뚜렷이 나타나고는 있지만 이미 형이상학적 의미와 분리될 수 있는 내재적인 의미를 이 조각품들이 가지고 있기 때문이다. 고딕의 자연주의와 비교해보면 르네상스가 시작하면서 일어나는 변화란, 형이상학적인 상징이 완전히 사라지고 그 대신 예술가의 목적이 점차 더 단호하게 그리고 더 의식적으로 감각세계의 묘사로 좁혀지고 있는 데 불과하다. 사회와 경제가 교리의 속박에서 벗어나는 정도에 비례해서 예술 또한 점차로 아무런 스스럼없이 직접적인 현실세계로 눈을 돌리게 된다.

하우저가 지적하는 것은 르네상스에서 나타난 특질이란 중세에 없던 것이 새롭게 나타났다기보다는 그것들이 전면적이고 체계적이며 의식적인 것이 되었다는 점이다. 이것은 단순히 자연주의적 묘사에만 국한되지 않는다. 고전고대에 대한 연구가 종래 연구와 학습을 독점했던 신학자, 사제들의 손에서 일반 평신도 신분의 지식인들의 손으로 주도권이 넘어온 현상, 종래 봉건영주의 부속품처럼 여겨졌던 도시가 농촌과 영주로부터 독립을 가지게 된 점, 화폐경제의 전면화, 인쇄술의 발달에 의해 소수에게만 허용되던 문헌, 지식이 일반인에게 확산된 점 등은 부분적이고 우연적인 일들이 전면화되고 의식적이 된 것들의 대표적인 사례들이다. 이 사실은 르네상스가 왜 이탈리아에서 시작되었는가 하는 질문에 대한 답을 제공해주며 그것을 역사적인 경계선이 아니라 지리적 공간적으로 구분되는 현상으로 볼 수 있게 해준다. 르네상스는 단순히 고전고대에 대한 관심에서 비롯된 것도 아니며 반종교적인 태도, 관능주의나 자연주의적 예술수법이 가져온 우연적 사건도 아닌 것이다.

르네상스는 대략 1100년경에 태동한 것으로 알려져 있다. 그것은 중세가 가져다준 선물 가운데서 가장 뛰어난 선물인 도시의 발달과 긴밀히 연관된다. 도시의 발달은 화폐경제의 발달 및 상공업의 발달과 떼려야 뗄 수 없는 관계를 지닌다. 이탈리아는 이러한 조건에서 다른 유럽지역보다도 확실히 우월한 조건에 있었다. 통일된 국가의 성립이 지체되었던 이탈리아에서 도시는 훨씬 유리한 발달조건을 갖추고 있었고 길드 조직이 순조롭게 정치적 형태로 전환될 수 있었다. 뿐만 아니라 이탈리아는 고대의 풍부한 유물 유적을 보존하고 있었으며 비잔티움에서 망명해온 학자들을 통해 고전문헌에 좀 더 쉽게 접근할 수 있었다. 더욱이 십자군전쟁의 발진기지로서 이탈리아는 초기의 지리적 발견에 유리한 조건을 갖추고 있었으며 종이와 인쇄술의 발달을 촉진할 수 있는 제반여건을 충족시키고 있었다. 르네상스의 발흥은 이러한 조건들이 서로 부합되었다는 데 크게 힘을 얻고 있다. 구체적으로 비잔티움에서 망명해온 베사리온, 라스카리스 등의 여러 학자들은 피렌체와 베네치아에 문예학당을 세워 그리스어와 과학을 가르쳤으며 도시의 흥륭에 따

로마의 베드로 성당. 초기 르네상스 양식의 건물.

가까이에서 본 베드로 성당.

베드로 성당 광장에 도리아식 기둥으로 조성된 반원형의 회랑.

라 이곳 저곳으로 옮겨다니며 고전문화를 파급시켰다.

단테, 페트라르카, 보카치오 등의 업적은 이러한 시대적 환경적 여건에서 가능했던 것이며 레오나르도 다빈치, 미켈란젤로, 라파엘로 등의 업적도 도시의 흥륭과 일정한 연관관계를 맺고 있다. 그들은 상업자본주의의 초기 국면에서 부를 축적한 메디치가 등의 가문과 인연을 맺고 있으며 로마가 르네상스 예술의 수도가 되었던 것도 도시의 흥망성쇠가 전개되는 데 따라 움직였던 인문학자, 예술가들의 동태와 긴밀하게 연결되는 것이다. 르네상스 초기에 피렌체가 담당했던 역할을 피렌체가 피폐한 뒤에는 로마가 담당했으며, 로마가 신성로마제국군에 의해 약탈된 뒤에는 베네치아가 그 역할을 맡았다. 마르틴 루터의 종교개혁이 거대한 성당을 짓기 위한 자금의 염출을 위해 로마교황청이 발행한 면죄부와 관련된다는 것도 도시의 발달이 문화의 변이에 어떻게 영향을 끼치는지를 엿볼 수 있게 해주는 좋은 사례이다. 15세기 후반에 들어서 이탈리아의 르네상스 문화는 절정에 달한 느낌을 주었고 이웃인 프랑스와 네델란드 등에 파급되면서 전 유럽적인 현상으로 도약할 수 있는 기반을 조성했던 것이다.

르네상스 시대의 근본사조는 인문주의^{humanism}이다. 14세기부터 두드러지기 시작한 인문주의는 말뜻 그대로 인간을 모든 사고의 중심에 놓음을 의미한다. 중세가 신을 중심에 놓고 있었음에 반해서 인문주의는 사람의 현세적인 삶의 현실을 중시한 것이다. 그것은 14세기에서 16세기까지 도시의 발달, 화폐경제의 발달, 그로 인한 시민계급의 발전과 함께 나타난 여러 문화운동과 교양운동을 포괄하는 개념이다. 인문주의는 자신의 목표를 달성하기 위해서 고대의 언어·문학·예술 등을 연구함은 물론 현재에 부활시키고자 했으며 이 과정에서 중세를 지배한 스콜라철학, 교회의 권위와 일정한 비판적 거리를 두게 되며 자신의 이성에 따라 납득할 수 있는 인간상과 세계상을 창조하고자 했다.

이 세계상과 인간상은 자연히 사람들에게 현실에 대해 낙관적이고 현세적인 생활감정을 가지게 했으며 자기 자신의 능력과 인간적 개성을 무한히 확장 심화할 수 있게 했다. 개인주의가 인문주의의 이면을 형성하면서 싹트게 되는 것은 인문

레오나르도 다빈치의 〈모나리자(1502년경)〉. 루브르 박물관 소장.

피렌체 시청 앞의 다빈치 상.

가까이서 본 다빈치의 모습.

주의가 허용한 비판의 자유가 사상의 자유를 재래하고 거기에서 자유로운 개성의 신장이 보장됐기 때문이다. 개인주의는 단순히 이기적인 활동이나 개인적인 사회적 작용을 의미하지 않는다. 개성의 강조, 개인적으로 생각하고 행동하는 것은 중세 같은 초월적 세계관이 우위에 있었던 때도 배척되지 않았다. 그러나 개인주의는 사람이 자신의 개성을 의식하면서 이를 긍정하고 나아가서 의도적으로 발전 고양시키는 조건을 전제한다. 즉 르네상스 이후의 개인주의는 자기반성적인 개인의식, 이에 대한 사회적인 공인, 이것의 적극적 고양을 중심 내용으로 하는 것이다. 르네상스 시대에 원근법이라는 새로운 예술적 원리가 발견되고 발전한 것은 이 개인주의와 밀접한 관련을 갖는다.

르네상스 문화의 특징을 이루는 원근법과 그와 결부된 통일성의 원리는 중세의 문화와 대비를 통해서 명확하게 파악할 수 있다. 중세의 정신적 지주였던 기독교는 우상을 숭배하는 것을 금지하고 있다. 이것은 '말씀'의 형상화를 부정하는 교리로서 사회의 문화와 예술의 전반적 성격에 큰 영향을 끼쳤다. 즉 보이는 것보다도 보이지 않는 것, 만져서 느낌을 가질 수 있는 것보다도 감각으로부터 절연된 것이 더 중요한 의미를 지니기 때문에 예술은 감각적 직접성보다도 상징성을 우위에 놓게 된다. 육체보다도 영혼, 현세보다

성시스티나 성당의 천정화. 미켈란젤로 작.

도 내세를 우위에 놓는 교리는 예술이 최소한의 의미만을 전달하는 데 만족하도록 요구했으며, 이에 따라 새로운 의미의 창조나 상징적인 차원을 넘어서는 의미의 조성을 억압했다. 이것은 예술에는 매우 혹독한 부정적인 현실이지 않을 수 없다. 예술은 감각적 자극을 필수적인 요소로 하고 있으며 그것을 바탕으로 정신적 세계로 전진할 수 있는 것이기 때문이다. 르네상스의 인문주의는 바로 이러한 중세시대의 예술이 처한 부정적인 현실을 전복하는 의미가 있었다. 인문주의는 세계에 대한 새로운 이해, 인간에 대한 새로운 이해를 통해서 감각적 직접성을 되찾을 수 있게 해주었음은 물론 현실의 시공간을 재구성할 수 있게 함으로써 새로운 미학의 탄생을 가능하게 했다. 이 미학은 원근법을 통해 가장 극명하게 나타난다.

르네상스 이전에 원근법에 상응하는 것이 예술에 전혀 없었던 것은 아니다. 그러나 르네상스의 원근법은 그것을 우연적인 기법이나 방식에 국한되지 않는 예술의 원리로 격상시켰다. 원근법은 묘사되는 대상을 관찰하는 주체의 관점에 따

미켈란젤로의 다비드 상 조형물.

피렌체 메디치 가의 코시모 1세 상.

라, 그 대상에 부여되는 중요도에 따라 묘사하게 해주었다. 여기서 관찰자 또는 이야기하는 사람의 관점이 중요시되고 그것의 정당성이 문제로 등장하게 된다. 관점이나 화자는 관련 없는 것처럼 보이는 사물들에 집중성을 부여하고 통일성을 구비하게 한 것이다. 이것은 고대의 공간묘사, 시간의 처리가 서로 관련 없는 부분들을 합친 일종의 구성체였음에 비추어 근본적인 변혁에 해당한다. 예컨대 서사시에서 사건들은 각기 독립적인 위상을 가지고 이들의 연결을 통해 무한히 연장될 수 있는 것이었다. 이것은 단테의 『신곡』에서조차 감지할 수 있는 양상이다. 그러나 관점에 의해, 원근법에 의해 통일적인 연속성이 부여되는 체계적 시공간에서는 이와 같은 방법이 더 이상 적절한 것이 못된다. 달리 말해서 르네상스 이전의 고딕예술에서 형성의 원리가 병렬과 누적의 형식, 확산의 원리에 의해 기초 지워져 있었다면 르네상스의 예술 원리는 세부가 전체에서 분리될 수 없이 유기적으로 결합되는 집중성의 원리, 통일성의 원리에 기초하게 된 것이다.

이 같은 새로운 예술의 원리가 르네상스의 개인주의와 얼마나 깊은 관계를 갖는가 하는 것은 관점, 화자라는 위치가 개성적 인식주체와 결부될 수밖에 없다는 사실에서 확인된다. 즉 연속적인 묘사, 삽화적인 사건들이 연속되는 구조에서는 관점은 특정되지 않고 보편적 관점을 표방하게 된다. 이에 비해서 원근법과 그와 결부된 통일성의 원리는 특정

사물에 대한 집중된 관심을 요구하며 그것이 완결된 자율적 세계로서 통일되어 모든 부분이 전체와 복잡한 연관을 가지고 결합되어 있음을 나타낸다. 즉 작가나 예술가는 묘사된 세부들과 전체의 결합을 유기적인 것으로, 논리적인 것으로 이끌어야 하는 것이다. 개성이라는 것이 사물에 대한 독자적 인식과 독자적인 판단에 근거하는 것이라는 점에서 개성을 강조하고 존중하는 개인주의가 이러한 미적 원리에서 중심적 위치를 차지했으리라는 것은 충분히 납득할 수 있다.

이와 같은 양태는 문학비평 가운데서도 발견된다. 르네상스 시대 비평에서 가장 중심적인 주제는 언어문제였다. 우리는 단테가 『속어론』에서 라틴어를 버리고 자기 나라의 방언을 문학어로 쓸 것을 주장하였다고 알고 있다. 그것은 단테가 이탈리아를 정치적으로 통합시키는 데 문학이 기여할 것을 생각하였기 때문에 선택한 방법이었고 실제로 이탈리아어를 『신곡』의 매체로 쓰고 있다. 그러나 이러한 결단이 모든 작가에게 손쉬운 것은 아니었다. 왜냐하면 그 당시 작가들은 라틴어에 익숙했고 호머나 버질의 우수한 문학적 특성이 일반 민중들이 사용하는 말, 자기의 일상어, 모국어로도 획득할 수 있는 것이라고 생각하기는 어려웠다. 오늘날 당연히 모국어가 자기의 문학어가 되고 있는 형편에서는 상상하기 어려운 언어관이 당시의 작가들에게는 일반적이었다. 그만큼 라틴어는 보편어가 되어 있었던 것이다. 단테가 『속어론』에서 여러 언어를 비교하여 가장 우수한 언어를 가려내는 데 힘쓴 것이나 르네상스기의 작가들이 어렵사리 자기의 국어를 자신의 문학어로 선택한 것은 이와 같은 사정에 말미암은 것으로서 중세적인 보편주의에서 민족주의, 개성주의로 변화해간 양상을 잘 보여주는 것이다. 르네상스인들은 자국어로 씌어진 문학의 가치를 인정하게 되었음은 물론 점차 단테나 페트라르카, 보카치오 같은 작가들이 고대의 고전작가들과 마찬가지로 모방의 가치가 있는 전범이라는 생각을 할 수 있게 되었다. 그들이 중세와 결별할 수 있었던 것은 언어문제에서와 같이 새로운 가치의 인식, 이성에 의해 인지될 수 있는 지식의 종합의 지향, 이성 자체의 해방을 추구했던 데 의존한다.

르네상스 시대 문학이론에서 민투르노와 카스텔베트로, 스칼리거 등은 가장 중

피렌체의 두오모.

피렌체의 산타마리아 노벨라 성당. 전형적인 플로렌스 로마네스크 고딕양식.

요할 만한 기여를 하고 있다. 민투르노는 신고전주의 시기에 규범화되는 문학이론의 대강을 제시했다. 예컨대 문학이 즐겁게 하는 가운데 가르친다는 호레이스의 교의나 비극이 경탄을 자아내야 한다는 관점, 문학의 장르법칙을 잘 배우는 것이 창작에서 중요한 일이며 기술은 수련을 통해서 획득될 수 있다는 의견을 제시했다. 카스텔베트로는 신고전주의 시기에 금과옥조가 된 단일성의 법칙, 즉 시간과 공간과 행동의 통일이라는 법칙을 명확히 법칙으로서 제시했을 뿐만 아니라 문학이 실제 대상의 모습과 흡사해야 한다는 박진성의 원리를 강조하기도 했다. 스칼리제로는 고전의 모방과 자연의 모방을 똑같이 중요하다고 보았으며 연극에서 연출되는 사건은 실생활에서의 행동의 시간과 일치해야 하므로 12시간 내의 사건으로 한정되어야 한다고 제한했다. 스칼리제로는 사람에게 공통감각과 이성이 있는 까닭에 수련을 거치면 누구나 훌륭한 문학가가 될 수 있다는 생각을 피력했다.

이 같은 르네상스의 문학비평에서 특징적인 사실은 아리스토텔레스에게서 문학적 사실의 설명이었던 것이 위반될 수 없는 규범으로 변해갔다는 사실과 호레이스에 의해서 정식화된 적합성의 이론 decorum이 문학 논의에서 중심적인 자리를 차지했었다는 점이다. 이 이론은 장르의 법칙이나 언어의 문제 등 여러 측면에서 강조되는데 예컨대 장르에 대해서 비극은 왕과 군주들을 다루고 희극은 중류계급의 사람을 다루며 소극笑劇은 가장 낮은 계급을 위한 것이라고 보고 있다. 또 스칼리제로는 문체를 장중체와 중간체, 비속체로 나누어 장중체는 신이나 영웅, 왕, 장군을 묘사하는 데 쓰여야 한다고 말하고 있다. 이처럼 적합성은 문학에 관한 세속적인 관점들을 문학이론의 수준에까지 끌어오는 데 이용될 정도로 남용되고 있었다.

베네치아의 산 마르코 성당. 로마네스크 양식과 비잔틴 양식의 절충.

산 마르코 성당의 정문.

3. 르네상스 시대의 문학

이탈리아에서 발원한 르네상스는 유럽의 각 지역으로 전파되면서 각국의 특성에 따라 다양한 전개양상을 보인다. 보카치오의 『데카메론』을 본뜬 초서의 『캔터베리 이야기』처럼 같은 형태를 지니면서도 독자적인 위상을 확보한 작품도 있지만 각국의 사정에 적합한 독창적 형태가 나타나는 것이 일반적이었다. 세익스피어의 「햄릿」을 위시한 4대 비극을 비롯하여 스페인의 세르반테스가 지은 『돈키호테』, 프랑스의 라블레가 지은 『가르강튀아와 팡타그뤼엘』은 각기 자국의 향토적 색채를 잘 드러내면서도 르네상스의 전체 색조에 합치될 수 있는 성격을 지닌 대표적 작품들이다.

햄릿

이 작품은 줄거리로 보면 단순한 복수비극으로 볼 수 있다. 그러나 전통적인 제재를 차용하면서도 그 속에 함축한 의미는 당대 현실의 심각한 국면을 잘 드러낸다. 작품의 첫머리에는 동생에게 암살된 햄릿의 아버지이자 국왕의 유령이 나타나 작품의 전체적 정조를 우울하고 음침하게 윤색한다. 국왕을 살해한 삼촌이자 현국왕인 클로우디어스는 왕비 거트우드와 결혼한다. 아버지의 갑작스런 죽음에다 어머니의 결혼에 충격을 받은 햄릿은 밤마다 나타나는 아버지의 유령을 만나 이 모든 사태의 진상을 알게 된다. 그러나 햄릿은 이 사실을 알면서도 쉽사리 복수를 할 수 없다. 간교한 현 국왕은 좀처럼 빈틈을 보이지 않을 뿐만 아니라 겉으로는 아무런 징조를 드러내지 않기 때문이다. 햄릿은 미치광이처럼 위장하여 재상의 딸이자 자기의 연인인 오필리아마저 버리고 유령의 말이 사실인지 확인하기 위해 연극을 꾸민다. 그러던 중 어머니의 침실에서 말다툼을 하다가 말을 엿듣고 있던 재상 플로니어스, 자기 연인의 아버지를 칼로 찔러 죽인다. 이 사건으로 햄릿은 영국에 유배당하는데 왕은 햄릿을 수행하는 신하들에게 밀령을 내려 그를 살해하도록 한다. 그러나 자신을 살해하려던 흉계를 거꾸로 이용하여 햄릿은 귀국한다. 그리고 오필리어가 미쳐서 죽음에 이른 것을 알게 된다. 햄릿은 오필리

섹스피어의 〈로미오와 줄리엣〉 이야기를 조형한 베로나의 기념물.

로미오와 줄리엣의 밀회 장면.

젊은 연인의 키스.

어의 오빠이자 재상의 아들인 레어티스의 도전을 받아 검술시합을 하게 된다. 왕은 햄릿을 죽이기 위해 칼에 독약을 바르는 등의 흉계를 꾸미는데 그로 말미암아 햄릿과 그 어머니인 왕비, 국왕이 모두 죽게 된다. 이러한 줄거리는 「햄릿」이 단순한 가정비극처럼 보이게 한다.

  이 작품을 오이디프스 컴플렉스가 나타난 작품으로 이해하는 경우도 있다. 햄릿은 부친을 살해하고 모친과 동침하려는 잠재의식을 가지고 있었는데 그 일을 대신해준 클로우디어스에 대해 이율배반적인 감정, 자신과의 동일시와 원수라는 관계로 말미암아 복수를 지체하게 되고 그로 인해 회의하는 지식인의 전형적인 양태를 나타냈다는 해석이다. 이러한 해석이 얼마간 작품을 좀 더 다양하게 바라볼 수 있는 관점을 제시한 것은 그런대로 의미 있다고 하겠지만 온당한 작품의 이해에 크게 기여한다고는 볼 수 없다. 「햄릿」은 가족의 내부에서 표출된 갈등구조를 통해 국가의 내부에 생긴 갈등을 제시함으로써 명작이 되고 있는 것이다. 연극의 주제는 봉건사회의 붕괴와 함께 분열되어가는 왕국의 운명을 그리고 있으며 왕국과 시민사회, 국가가 이미 돌이킬 수 없이 분열되어 있다는 깨달음을 나타내고 있다. 패시네티가 이 작품에 대해 분석하고 있는 다음과 같은 내용은 참조할 만하다.

이 연극에서는 부패와 타락의 느낌이 행동의 일반적인 성격을 지배하고 있으며, 햄릿의 성격, 그의 우유부단함, 공허감, 자기가 사는 세계에 대한 환멸도 분명히 그런 느낌에 의해 특징지어진다. 햄릿에게 있어서 사고와 행동, 의도와 실행은, 잘 정돈된 궁정생활을 규제하는 규범과 제도가 그 원래의 목적과 아름다움을 빼앗기는 것과 같은 방식으로 서로 혼동되어 있다. 햄릿과 왕은 서로에게 강력한 반대자인데, 햄릿이 우유부단함과 거절증拒絶症에 빠져 있음에 반하여, 왕은 실제적인 권력 정치학의 수준에서 보건대 적어도 순수한 마키아벨리적 의미에서 한층 적극적인 행동양식을 대표한다고 할 수 있다. 그러나 이러한 결론조차도 부분적으로만 진실이다. 왕이 오직 과거를 잊고 훌륭하게 통치하는 것만을 바라는 것처럼 보이는 순간이 실제로 있기는 하지만, 왕은 햄릿에게 아버지의 죽음을 지나치게 슬퍼하지 말라고 충고하는데, 그 이유는 우울이 자연의 섭리에 어긋나기 때문이라는 것이다. 또한 왕은 여러 번에 걸쳐 자신의 직책에 대한 고결하고 적절한 인식을 보여준다. 그것을 보여주는 최고의 예는, 그가 레어티스의 분노에 직면하여 그것을 다루어 나가는 용기 있고 재치 있는 방식이다. 왕은 자신의 목숨이 햄릿에 의하여 분명하게 위협받았기 때문에 햄릿이 죽기를 바라면서 합법적인 정치체제의 한계 안에서 행동했다고 할 수도 있는 것이다. 그러나 이러한 의견 역시 엄격하게 비도덕적인 권력기술의 관점에서도 왕이 인생과 세계에 대해 완전히 긍정적인 태도를 보여준다고 하는 데까지 이르지는 못한다. 왜냐하면, 사실상 그의 행동이 권력기술과는 다른 요소, 즉 양심의 가책에 의해

베로나의 줄리엣 상.

침식되어 있기 때문이다. 왕 역시 그 활력과 외향적 성격에도 불구하고 분열이라는 부정적 구도에 참여하게 되며, 목적에 대한 집중성도 결여하고 있다. 궁정의 보편적인 모습을 특징짓는 쇠퇴와 부패의 이미지는 왕 자신의 말에까지 확대된다. 자기 자신이 '죄의 냄새가 하늘에 닿는다'라고 말하는 것이다. 결론적으로 르네상스 비극으로서의 「햄릿」은 독특하게 탈골된 세계를 보여준다고 말할 수 있다. 이 세계는, 중세인들에게 매우 중요했던 거대한 초시간적 계획에 대한 감각이 오래 전에 상실되었고 왕국과 궁정으로 상징되는 현세적 행동의 영역에 대한 더 큰 환멸을 가지고 있는 곳이다. 왕국과 궁정은 개별적인 행동에 목적성을 부여할 수 있는 어떤 행동 규범이나 충성의 대상을 제공했어야 마땅하지만, 그 질서가 이제는 파괴되어버렸다. 한 때는 힘과 생기를 가졌었던 이상들이 싫증과 의구심과 우울이 주는 충격 때문에 활력을 잃어버렸다.

돈키호테

덴마크의 왕자를 등장시켜 새로이 펼쳐지는 당대의 현실 문제를 파악하고 있는 작품이 「햄릿」이라면 『돈키호테』는 미치광이에 가까운 한 신사를 보여줌으로써 인생의 보편적 진실과 당대의 역사적 변환을 제시한다. 이 작품의 작자인 세르반테스는 그 자신 여러 곳을 여행하고 갖가지 경험을 가진 인물이다. 심지어 노예로 팔려가기도 했던 것이다. 그의 이러한 다채로운 경험이 당대의 현실의 변화를 민감하게 포착하게 했는지도 모른다. 줄거리는 기사도 소설에 정신이 팔린 한 시골신사가 펼치는 모험담이다.

주인공은 라만차라는 시골동네에 살면서 기사도소설에 빠져 살다가 거의 반미치광이가 된다. 그는 기사도소설에서 이루어진 일을 자신이 직접 현실에서 실행하여 기사도의 이념을 소생시키려고 한다. 이를 위해서 그는 여러 통로를 통해 낡은 갑옷과 창과 말을 준비하고 기사들이 의례 그렇게 하듯이 자신이 명예를 바칠 귀부인을 상상 속에서 지어내어 이웃집 색시를 둘시네아라는 이름을 가진 공주로 삼는다. 그는 자신을 돈키호테라는 기사로 자칭하며 편력을 떠난다. 여행객들에게 돌진하기도 하고 여관주인에게 기사의 작위를 수여받기도 하는 우스꽝스러운 행적 끝에 첫 번째 모험이 실패로 돌아가지만 그는 여기에 실망하지 않고 농부 산초 판자를 시종으로 삼아 다시 모험의 여행을 떠난다. 기사도에 대해서는 해박하지만 다른 일에 대해서는 전혀 분별력이 없는 기사는 풍차를 거대한 적으로 착각하여 돌진하기도 하고 노역형에 처해진 죄수들을 포악한 정치의 희생물로 생각하여 탈출시키는 등 우행을 거듭한다. 시종인 판자는 상식적인 판단을 내릴 수 있음에도 그다지 불평하지 않으면서 기사를 따라 다닌다. 수많은 모험들이 실패로 돌아가고 그를 걱정한 동네 사람들의 기지에 의해 돈키호테는 자신이 마술에 걸렸다는 믿음 속에 고향에 돌아온다. 그리고 일정한 시간이 지난 뒤 돈키호테는 세 번째 여행을 떠난다. 산초 판자와 함께 벌이는 갖가지 우행 속에서도 돈키호테는 기사로서의 이

마드리드 시청 옆에 세워진 세르반테스와 돈키호테 기념물.

돈키호테의 희화적 조상.

념을 실현하려 노력하지만 '은월의 기사'와의 결투에서 패배하고 고향으로 돌아와 병석에서 자신의 헛된 꿈을 깨닫는다.

　이상의 줄거리에서 알 수 있듯이 이 작품은 당시 대중들에게 인기를 끌고 있던 기사도소설, 로망스를 패러디하고 있다. 원탁의 기사와 같은 모험과 결투, 마술 등

돈키호테와 산초 판자.

이 현실과 아무런 관련도 없는데도 불구하고 인기를 끌고 있는 현실을 그 소설들 속에 나오는 주인공과 같은 사람이 모험을 떠났을 때 어떤 일들이 펼쳐지는가를 보여줌으로써 깨닫게 해주고 있는 것이다. 돈키호테는 바로 기사의 신념과 행동 양식을 그대로 본따서 행동하지만 현실이 달라졌기 때문에 거기에서 초래되는 결과는 판이한 것이다. 작품에서 돈키호테와 산초 판자는 환상의 세계와 일상의 세계를 대변하는 것처럼 보인다. 돈키호테는 기사도라는 추상적이고 관념적인 규범을 자신에게 부과하고 있으며 산초는 생활에 닮고 닮은 일상인의 관점에서 사물을 지각하고 판단하는 것이다. 따라서 『돈키호테』가 이상과 현실의 대립을 보여준다고 말할 수도 있다. 그러나 이야기가 진행되는 도중에 산초가 점차 돈키호테를 신봉하게 되고 있다는 점에서 그러한 해석은 너무 단순한 도식화라 할 수 있다. 즉 이 작품의 주제는 확고한 신념을 가진 돈키호테의 인생관이 산초에게 영향을 주는 과정을 추적하고 있다고 볼 수 있다. 신념을 잃은 세대에게 있어서 삶이 얼마나 무의미할 수 있는가 하는 점, 신념을 갖고 영위되는 행위가 비록 현실성이 없다고 할지라도 아무런 전망이나 희망을 가져보지 못한 삶과 어떻게 다른가를 보여주는 것이다. 루카치가 이 소설을 추상적 이상주의 소설이라고 한 것은 바로 이 점을 주목한 것이다.

기사소설이 갖는 이러한 천박함에 대한 세르반테스의 창조적인 비판을 보면, 우리는 또다시 소설 장르가 갖는 역사철학적 원천을 소급해서 알 수가 있다. 기사소설에서 보이는 주관적으로 파악할 수 없지만 객관적으로는 확실하게 존재하고 있는 이념의 존재는, 『돈키호테』에서는 주관적으로 분명하고 광적으로 붙잡혀 있지만, 객관적 관계가 결여된 존재로 변하고 있다. 기사소설의 경우 자신을 감싸고 있는 질료의 부적합성 때문에 단지 하나의 마성적 존재처럼 나타날 수밖에 없었지만, 『돈키호테』에 와서는 실제로 하나의 악마, 다시 말해 신의 섭리로부터 버림받고, 선험적 좌표가 존재하지 않는 세계에서 감히 신의 역할을 하려는 하나의 마성적 존재가 되고 있다. 이제 그가 생각하고 있는 이러한 세계는, 이전에 신에 의해 위험스럽지만 근사하게 만들어졌던 마법의 정원과 동일한 세계이다. 이러한 세계는 이제 사악한 악마에 의해 산문적인 세계로 변함으로써 또다시 믿음이 충만한 영웅들에 의해 그 마법의 정원으로 되돌아가고 싶어 하고 있다. 한때 사람들이 동화의 세계 속에서 선한 마법의 상태를 계속 유지하기 위해 지키려고 했던 바는, 여기에서는 하나의 적극적 행동이 되고, 또 구원의 말만을 고대하고 있는 동화적 현실의 낙원을 찾기 위한 투쟁이 되고 있다. 이렇게 해서 세계문학상에 나타난 최초의 위대한 소설은, 바야흐로 기독교적 신이 세계를 떠나려고 했던 시대의 문턱에서 태어난 것이다. 다시 말해 최초의 위대한 소설이 태어난 시대는, 인간이 고독해지고 어디에서도 고향을 갖지 못한 영혼 속에서만 의미와 실체를 찾을 수 있게 된 시대이고, 현존하고 있는 피안의 세계에 역설적으로 닻을 내리고 있는 상태로부터 떨어져 나온 세계가 그 자체의 내재적 무의미성에 자신을 내맡기고 있는 시대이며, 기존의 힘이 --이제는 단순한 존재로 전락해버린 유토피아적 관련성에 의해 강화되어--지금까지 그 유례를 찾아볼 수 없을 정도로 커져서 새로이 등장하는 --아직은 약해서 자신을 드러낼 수도 없고 세계에 침투할 수도 없는 --세력에 대항해서 격렬하면서도 아무런 목적이 없어 보이는 싸움을 벌이고 있는 시대였던 것이다. 세르반테스가 살았던 시대는 절망적인 상태에 빠진 위대한 신비주의가 마지막으로 꽃을 피웠던 시대이다. 그는 또한, 사멸해가고 있는 종교를 그 내부로부터 재생시키려고 광적인 시도를 하던 시대, 새로운 세계인식이 신비적 형식 속에 등장하고 있던 시대, 제 체험은 하고 있지만 이미 목적을 상실한 채 시도적으로만 무엇인가를 찾던 신비주의의 시대에 살았다.

가르강튀아와 팡타그뤼엘

이 작품은 한 작품처럼 되어 있지만 최초에는 팡타그뤼엘 부분이 『가르강튀아 대 연대기』 속편이라는 형식을 갖춰서 먼저 발간되고 이것의 인기에 힘입어 가르강튀아 부분이 저술되었다. 따라서 작품의 뒷부분이 먼저 씌어진 셈이며 마지막 부분은 작가의 사후에 출판되었다. 세르반테스나 세익스피어와 달리 우리에게 잘 알려지지 않은 작가 프랑스와 라블레는 폭소를 낳는 우스꽝스러운 이야기를 전개함으로써 르네상스 시대 인간관의 한 측면을 개척한 것으로 평가된다. 이야기 줄거리는 거인들인 가르강튀아와 팡타그뤼엘 등의 모험과 편력에 관련되어 있다.

제1의 서書에서 제5의 서까지로 되어 있는 이 작품은 사람의 육체에 대한 관심과 웃음의 인간적 의미에 대한 평가로 독창적인 국면을 보여준다. 먼저 제1의 서는 거인왕 그랑그제의 아들인 가르강튀아의 탄생과 유년시절, 교육에 관한 이야기이다. 11개월 동안 어머니의 뱃속에 있던 가르강튀아가 어머니의 귀를 통해 태어나자마자 1만 7,913마리의 소에게서 짜낸 우유를 몽땅 마셔서 갈증을 해소했다는 등의 황당한 이야기 가운데 당시의 현실에 대한 풍자를 엮어내고 있다. 제2

의 서는 가르강튀아의 자식인 팡타그뤼엘의 탄생과 프랑스 여러 지방으로의 여행, 파리유학을 다룬다. 주인공보다도 팡타그뤼엘의 부하가 되는 교활한 파뉘르쥬의 활동이 자세하게 묘사된다. 그 이후는 팡타그뤼엘이 당대의 이상적 인간상을 구현하는 것처럼 꾸며져 있으며 파뉘르쥬의 결혼에 관한 시비가 작품의 대부분을 차지하고 있다.

줄거리의 요약에서 드러나듯이 이 작품은 일관된 줄거리가 목적이지 않고 제시되는 사건들의 기능은 작가의 광범한 지식과 식견을 피력하는 계기를 마련해주는 역할에 한정된다. 세상에 대해서 작가가 가지고 있는 가지가지 생각과 그의 꿈과 환상 등이 오히려 중심이다. 그러므로 작품의 특색은 대조의 수법을 통해서 초자연적인 것과 현실적인 것, 고상한 것과 음란한 것 등이 대비되는 데 있다. 주인공인 거인들은 그 크기 때문에 신화나 전설의 세계에 걸맞을 역할을 하고 그러면서도 일상적인 생활을 하는 사람이 가지고 있을 생활감정과 태도를 보여줌으로써 극적인 대비가 일어나게 되는 것이다.

이러한 대비는 문체적인 측면에서도 나타난다. 비속한 것과 고상한 것, 현학적인 어휘와 민중적 삶의 현실을 드러내는 어휘가 한 데 혼효됨으로써, 또 야유와 사려 깊은 내용이 섞임으로써 작품은 개방적이고도 품격 있는 형태를 갖추고 있다. 미하일 바흐찐이 라블레의 작품을 통해 카니발적인 문학을 높이 평가한 것은 주로 이 작품에 힘입고 있다. 즉 주인공의 터무니없이 큰 갈증이라든지 음주에 대한 옹호 같은 주제를 통해서 육적이고 감각적인, 그리하여 밝은 색깔을 갖춘 르네상스인들의 낙관적인 인생관과 건강한 인간관을 드러내준다는 것이다. 바흐찐은 다음과 같이 라블레 작품의 의의를 말하고 있다.

> 사물과 현상, 개념과 단어들에 관한 전통적인 모형들을 파괴하는 과정에서 라블레는 극히 경이스럽고 기괴하며 환상적인 이미지들과 이러한 이미지들의 조합을 통해 세계의 모든 측면을 연결해주며, '자연'과도 일치하는 새롭고 더욱 참된 모형과 연결 관계를 구성해낸다. 이 복잡하고 모순적인(생산적으로 모순적인) 이미지들

의 흐름 속에서, 라블레는 사물의 가장 오래된 연결 관계를 회복해내며 그 결과 이러한 흐름은 문학적 주제의 가장 기본적인 통로 중의 하나로 들어가게 된다. 이러한 통로로 계급사회 이전의 민속에 근원을 둔 이미지와 모티프, 플롯들의 풍요로운 흐름이 흘러 들어간다. 음식과 음주, 죽음, 성행위, 웃음(광대), 탄생 따위가 하나의 이미지와 모티프, 플롯 안에서 직접적으로 연결되는 것이 이 문학적 주제의 흐름을 나타내는 외적 지표이다. 전체 이미지와 모티프, 플롯을 구성하는 요소들 자체와 더불어 각각의 발전단계에서 전체적인 모형이 지니는 예술적 이념적 역할도 철저하게 변화한다. 외적 지표로 역할하는 이 모형 뒤에는 시간을 경험하는 특정한 형식과 공간 간의 특정한 관계, 즉 특정한 크로노토프가 숨어 있는 것이다.

　라블레의 과업은 중세적 세계관의 붕괴와 함께 해체되어가고 있는 세계를 새로운 물질적 기초를 바탕으로 재건하는 것이었다. 단테의 통합적 작품에서는 아직 살아 있었던 중세적 세계의 전체성과 온전성은 이제 파괴되었다. 또한 천지창조와 은총으로부터의 타락, 최초의 추방, 구원, 두 번째 추방, 최후의 심판으로 이어지는 중세적 역사인식--현실적 시간을 낮게 평가하고 시간 외적 범주 속에서 소멸시켜 버리는 인식--도 파괴되었다. 중세적 세계관에서는 시간은 다만 파괴하고 무화하는 힘일 뿐 아무것도 창조하지 못한다. 따라서 시간의 새로운 형태 및 시간과 공간, 시간과 현세적 공간 사이의 새로운 관계를 찾아내는 것이 필요했다(낡은 세계의 틀은 파괴되었다. 그리하여 지금 이 순간, 바로 지금 땅이 열리는 것이다). 인간으로 하여금 실제 삶(역사)과 실제 세계를 연결시킬 수 있도록 해주는 새로운 크로노토프가 필요하게 되었다. 종말론에 대립하여 창조적이고 생산적인 시간, 파괴가 아닌 창조적인 행위와 성장에 의해 측정되는 시간을 설정하는 것이 필요했던 것이다. 그리고 이 '창조하는' 시간의 기초가 민속의 이미지와 모티브 속에서 발견되었다.

제 4 장

고전주의와 계몽주의

단테 이후 서양 사회를 이끌어온 르네상스 운동은 17세기에 이르면 새로운 전환점을 만든다. 최초에는 이탈리아 지역의 국부적인 움직임이었던 데서 전 유럽적인 현상으로 확산되었을 뿐만 아니라 3세기 이상 운동이 지속되었기 때문에 이미 운동의 활력이 상당 부분 고갈되어가고 있었다. 더욱이 르네상스 운동의 성과들이 사회적 변화를 초래했기 때문에 운동은 새로운 사회적 조건에 적응하기 위해서라도 변화를 모색하지 않을 수 없었다. 이 과정에서 르네상스의 성과물에 바탕을 두고 새로운 방향 모색을 통해 성립한 문예운동이 고전주의이다.

근대 문예사조 가운데 최초의 통일된 조직과 형태를 가지게 된 고전주의는 이후의 사조들이 전대의 사조들과 대척적인 입장에 자신의 입지를 두었던 것과는 달리 일정하게 르네상스의 지향과 연속성을 지니면서 나타났다. 이것은 르네상스가 3세기 간이나 지속되었던 것과 관련을 가지는 현상으로서 르네상스 운동 자체가 변질되고 있었음은 물론, 당시의 사회적 정세가 종래와 같은 운동을 불가능하게 하는 조건을 형성한 데서 비롯되고 있다. 즉 고전고대의 발굴과 복원이 이제 한계에 이르렀을 뿐만 아니라 르네상스의 한 결과물로 파급된 개인주의가 조악한 형태를 갖추게 됨으로써, 또한 정치·경제·사회 부문에서 새로운 국면이 펼쳐지고 여러 차례의 전란이 휩쓴 여파로 사회 전반에 무질서가 횡행함으로써 개혁과 자유보다는 안정과 조화를 희구하는 심리가 대세를 이루고 있었던 것이다.

포르투갈 리스본에 세워진 항해의 탑. 떠나는 선박을 환송하던 탑.

　이것은 자유정신을 근간으로 한 르네상스 운동과 일정하게 괴리되는 측면이 있는 것도 사실이지만 전란과 급격한 사회변동 속에서 사회질서를 이성적으로 조직하려는 당연히 있음직한 운동이기도 했다. 고전주의가 이성을 중심지주로 삼은 것은 당연했으며 사회 각 부문에 합리성을 고양하려는 계몽주의가 거기에 가담하고 있었던 것도 충분히 이해될 만한 사태의 진전이었다. 그것들은 표리의 관계를 이루면서 17, 18세기의 문화를 추진하는 추동력이 되었다.

1. 고전주의 발생의 사회적 조건

　고전주의는 그리스와 로마시대의 고전주의, 르네상스 시대의 고전주의, 17~18세기의 고전주의 등 여러 차례에 걸쳐 나타난 문화 운동의 이름이다. 그렇기 때문에 17~18세기의 고전주의를 다른 고전주의와 구별하기 위해서 신고전주의라는 이름으로 부르기도 한다. 이 고전주의들은 모두가 최상급의 작가와 작품을 본받아서, 그 고전들이 지닌 특질과 규범들을 본떠 새로운 창작을 이루어내려는 지향을 공통적으로 지니고 있었다. 그러나 르네상스 시대의 고전주의가 그리스 로마의 고전들을 발굴하고 복원하려는 숭배감을 기본으로 한 것임에 비해서 신고전주의 시대, 구체적으로 17~18세기의 고전주의는 고전에 해당하는 원전들을 구체적으로 모방하려는 지향을 갖고 있었다는 점에 차이가 있다. 르네상스의 지성인들이 고전에서 자유로운 정신, 다방면의 지식을 흡수하려고 함으로써 지적으로나 정서적으로 자유롭고 개방적인 기질을 근간으로 하고 있었던 것과는 달리 이제 새롭게 생겨난 고전주의는 자연의 진리를 발견하거나 질서 있고 조화로운 작품을 창작하기 위해서는 고전을 직접적으로 모방하고 거기에 나타난 법칙을 준수해야 한다고 주장한 것이다. 이것은 고전작품이 자연의 진리를 체현하고 있기 때문에 그것의 모방은 곧 자연의 진리를 재현하는 것이고 그 모방을 위해서는 고전작품에서 발견되는 법칙을 따라야 한다는 생각에서 나온 주장이었다. 이러한 발상은 르네상스가 시작된 이후 각 부문에서 이루어진 새로운 발견들, 과학혁명에 의해 중세적 세계

피사의 사탑. 갈릴레이가 이곳에서 무게가 다른 두 물체를 떨어트려 자유 낙하하는 모든 물체는 질량에 상관없이 같은 시간에 떨어진다는 낙체법칙을 발견한 것으로 유명하다.

바티칸 박물관에 보관된
갈릴레이의 실험기구들.

프랑스의 절대군주 루이 14세.

관에 종지부가 찍힌 사실에 일부분 의지한다. 그러나 신고전주의의 발흥에 직접적으로 계기를 제공한 것은 르네상스와 함께 서양 사회에 일어난 지각변동이다. 예컨대 1517년 마르틴 루터에 의해 점화된 종교개혁은 중세적인 유럽의 통일성을 해체하고 봉건적인 사회체제의 근간을 뒤흔들었다. 종교문제를 둘러싼 전란과 흑사병의 창궐, 신흥부르주아들에 의한 귀족세력의 약화 등은 기존질서의 총체적인 붕괴를 가져오는 무질서 상태를 초래했고 여기서 군주의 절대 권력을 인정하는 군주국가가 성립된다. 그 대표적인 사례가 프랑스이다.

16세기 말 프랑스는 잇따른 전란으로 인해 황폐해졌을 뿐만 아니라 기근 등으로 사람들의 평화와 안정에 대한 희구가 크게 증대했다. 사회의 질서를 확보해줄 강력한 정치가 요구되었으나 전란 속에서 물질적 토대를 상실한 귀족들은 이 요구에 부응할 수 없었다. 한편 부르주아들은 이윤과 상업의 신성성을 인정한 칼뱅주의와 같은 세력을 배경으로 하여 실력을 획득해 나아갔다. 민족국가의 성립과정에서, 교권의 위축과 세속권의 신장이 이루어지는 과정에서 귀족은 약체화하고, 신흥세력은 미처 정치권력화를 이루어내지 못한 틈바귀를 계몽된 군주들이 메웠다. 구체적으로 여러 차례의 전란과 프롱드란은 귀족과 의회주의자들에게 결정적인 패배를 안겨주었으며 군주권을 배경에 둔 마자린은 절대적 지배권을 행사하게 되었다. 특히 태양왕 루이 14세는 국정의 고삐를 단단히 조이면서 국민의 강력한 정치에 대한 희망을 충족시켰고 그에 따라 프랑스는 당시 유럽국가 가운데 가장 높은 인구밀도를 가진, 가장 영향력이 큰 절대국가가 되었다. 태양왕은 영광스러운 프랑스의 건설이라는 기치 하에 국민이 집결하기를 기대했으며 모든 사람이 자기에게 주어진 의무를 완벽하게 수행하기를 요구했다.

흔히 '위대한 세기'라고 불리는 이 시대에 국왕은 영락한 귀족들의 생사여탈권

렘브란트의 〈야경〉. 각 인물의 움직임이 생기에 차 있으면서도 전체적으로 조화와 통일을 이루는 화면 구성.

디에고 벨라스케스의 〈라스힐란데라스(실 잣는 여인들)〉. 산타이사벨 직물공장 직공들. 벨라스케스는 서민의 일상생활을 화폭에 자주 담았다.

벨라스케스의 〈라스메니나스(시녀들)〉. 그림 속의 인물들이 모두 나를 보는 듯한 배치와 거울의 역할 등으로 인해 미학적인 측면에서 많이 주목을 받은 작품이다.

을 쥔 절대적 인물이었을 뿐만 아니라 부르주아들로부터도 환영을 받는 입장이었다. 부르주아들은 자신들의 금고를 지켜주고 세력 신장을 도와주는 절대왕정을 지지하지 않을 수 없었다. 그들은 귀족들의 영락을 호기로 새로 귀족권을 사기도 하고 신사로서 사회적 지위를 획득할 수 있는 기회를 갖기도 했다. 그러한 기회가 보장되는 한 부르주아에게 절대왕정은 바람직한 형태였던 것이다. 그렇다고 해서 봉건시대의 사회질서 체제가 완전히 폐기된 것은 아니었다. 절대체제를 유지하기 위해서는 귀족의 정신적 모범성이 여전히 필요했다. 국왕은, 비록 영락했을망정 자신의 주위를 둘러싸고 있는 귀족

조슈아 레이놀즈의 〈삼미신에게 바쳐지는 사라〉.

들의 대표적 인물로 자처했고, 그들의 봉건적 이념에 의해 지지될 필요가 있었다. 국왕을 위한 헌신과 지배자로서 자신의 권위를 빛내줄 찬미자들을 필요로 했던 것이다. 여기서 기사도적 이념, 영웅적 행위와 의리라는 낭만적 이념이 부활될 필요가 있었으며 질서 있는 사회체제를 윤기 있게 해줄 관용과 예절, 절제와 자제력 등의 미덕을 고양할 필연적인 이유가 있었다. 절도와 조화를 중심적 미학으로 하는 고전주의는 이런 측면에서 절대주의시대의 문학의 원리가 되지 않을 수 없었다. 그것은 모든 분야가 국가의 통제를 받던 절대국가에 어울리는 문학이었다. 또한 도시의 부르주아들도 이에 반대할 아무런 이유도 없었다. 세련된 문화는 새로 부를 축적한 자신들의 영화와 출세를 입증해주는, 그들을 사회의 엘리트에 편입시키는 하나의 자격증을 제공해주는 것이었다. 더욱이 합리성을 주축으로 하여 절제, 자제력, 관용과 예절 같은 미덕은 상업을 통해 누구보다도 합리주의에 익숙한 그들의 기호에도 잘 들어맞았다. 고전주의 연극의 감상자층이 꾸준히 증가했었다는 것은 새로이 신사층에 편입되는 부르주아가 늘어났음을 의미하고 있다. 16세기에 귀족들이 누리던 문화를 17세기에는 신사들이 누리게 되며 18세기에는 계몽주의의 운동 속에서 형성된 교양인의 이념이 사람들의 심정을 지배하게 된 것이다.

2. 고전주의 시대의 철학과 문학이론

　기독교의 권위에 종속되어 있던 중세의 철학에서는 고전고대의 위대한 학자들을 존경할 것이 강제되었다. 물리학에 있어서 아르키메데스, 지리학에서 프톨레마이오스, 의학에서 히포크라테스의 권위는 절대적이었다. 철학에서 아리스토텔레스의 권위는 최고의 지위를 보장하는 것이었다. 계시와 과학적·철학적 진리의 통합을 꾀했던 교부철학의 전통 속에서 그것들은 흔들릴 수 없는 지위를 보장받았다. 그러나 15세기 이후 이러한 상황은 변화되었다. 권위가 점차 개인적인 경험에 의해 대체되었을 뿐만 아니라 방법론에 대한 본질적인 회의도 나타나게 되었다. 레오나르도 다빈치가 과거의 방식이 '이해가 아니라 기억'에 호소한다고 설파한 것은 그 상황을 요약해서 말해주고 있다. 다빈치의 예술방법이 예술과 과학의 결합이었던 것과 마찬가지로 모든 부문에서 고전고대를 계승하고 경험과 이성에 의지해서 사물에 대한 지식을 추구하는 것이 일반화되었다. 코페르니쿠스의 지동설은 과학 분야에서 그것을 대표한다. 이것은 인문사회과학분야에서도 마찬가지였다. 마키아벨리의 『군주론』은 정치권력과 도덕을 구분하여 정치권력이 작용하는 양태를 분석하고 있으며 '권력은 그것을 차지하는 방법을 아는 자의 것이다'는 현실론을 제기했다. 그와 같은 시기에 토마스 모어의 『유토피아』가 세상에 나온 것도 인문사회과학의 영역에 새로운 바람이 불고 있었음을 잘 말해준다. 그러나 철학과 인문학에서 마르틴 루터의 종교비판은 그 어느 것보다도 혁명적인 것이었다. '성서만이 신앙의 유일한 원천이다'는 생각은 종래 절대적이었던 교회의 권위를 정면에서 부정하는 것으로서 새로운 시대의 개막을 알리는 나팔 소리였다.

르네상스 시대의 인문학의 유산을 물려받고 있던 고전주의 시대의 철학은 그 어느 시대보다도 활발하고 다양한 모습을 띠게 된다. 과학에서 갈릴레이·케플러·뉴턴 등이 새로운 시대를 열어가고 있었던 것과 마찬가지로 베이컨·데카르트·라이프니츠 등은 근대철학의 주춧돌을 정초하고 있었다. 이들은 똑같이 중세의 논리를 거부하는 입장에 자신의 위치를 정립했고 자연의 진정한 활동들이 수학적 물리학적 원리로써 설명된다고 주장했다. 후대의 발전에서 볼 수 있듯이 극히 다양한 성향을 지니고 있던 이 철학자들은 그 다양성 가운데서도 일정한 공통분모를 가지고 있었다.

첫째 복잡하고 다기한 질문들 속에서 신학적 논리뿐만 아니라 고전고대의 철학에도 의문을 제기했으며 거기서 나아가 철학의 근본적인 문제에 도전장을 던졌다. 그들은 자연과 인간의 정신이 어떤 관계를 갖는지 질문을 던지고 나름대로 그 해답을 제시했던 것이다. 예컨대 우주와 인간 자신에 관련된 해독(解讀)이 유일하게 인간에 의해서 이루어질 수 있을 뿐임을 강조했으며 자연의 진리가 인간의 경험과 판단, 추상적 개념들이 설명하는 바에 부합되는 것임을 믿어 마지않았다. 이 같은 철학의 전개에서 결정적인 역할을 한 사람은 베이컨과 데카르트였다.

베이컨은 귀납법을 창안하여 경험이 인식의 유일한 경로라는 점을 주장했으며 데카르트는 '나는 생각한다. 고로 존재한다'라는 코기토의 명제를 제시함으로써 철학이 개인의 자의식에 기초한 관찰적 진리에서 출발해야 함을 주장했다. 이들은 상이한 접근법을 가지면서도 우주·자연이 이성적 의미를 지니고 있는 것으로 보았고 그것을 인간이 찾아내어 수학적 과학적 법칙에 의해 명시화할 수 있다고 생각했다. 그것은 뉴턴적 '세계기계' 관념에 잘 적응하는 것이었다. 특히 데카르트의 철학은 고전주의 정신에 잘 들어맞는 것이었다. 데카르트의 철학이 이성의 힘에 대한 인간의 자각을 강력히 일깨웠고 인간 정신이 지닌 보편적 형식을 탐구하게 했음은 잘 알려져 있다. 그는 사물에 대한 이성적 논리가 명쾌하게 표현되어야 한다고 주장했는데 그것은 고전주의 정신에 지속적으로 영향을 주었던 것이다. 그것은 그가 수학의 방법에서 도출된 직관적 연역적 추론을 철학의 방법으로 받아들인 데서 연원한 것으로서 이 추론은 다음의 네 가지 규칙을 토대로 삼는다.

1. 전적으로 확실하고 분명하게 인식될 수 없는 것을 참으로 간주해서는 안 된다.
2. 어려운 문제를 보다 쉽게 해결하려면 이를 여러 개의 개별 문제로 분해해야 한다.
3. 사상을 체계화할 경우, 가장 단순하고 가장 알기 쉬운 것, 즉 절대 확실한 것에서 출발해야 한다.
4. 한 사물의 본질을 탐구할 경우, 개별자들을 완벽하게 계산하고 포괄적으로 검토해야 하며 누락되는 것이 있어서는 안 된다.

이것은 데카르트의 주저인 『방법서설』에 실려 있는 내용으로서 고전주의 문학의 간결성, 명석성, 체계성 등의 범주를 이해하는 데 도움을 준다. 이처럼 데카르트의 이성에 의지하는 철학의 방법은 직접적으로 고전주의의 이성주의에 영향을 끼치지만 그의 다른 저작인 『정념론』도 고전주의 미학에 매우 큰 영향을 주고 있다. 『정념론』은 정념을 육체에 토대를 둔 거친 충동으로 파악하고 이 충동이 이성과 의지의 지배 아래 있어야 한다고 주장하고 있다. 이것은 고전주의가 감성보다도 이성을 우위에 둔 것과 잘 어울리는 양상이다. 문학이론에 나타난 원칙들도 이 이성주의의 원칙과 긴밀히 연관되고 있다.

고전주의 문학이론은 근본적으로 정치를 절대 우위에 놓았던 당시의 사회상황을 모르고서는 쉽게 납득할 수 없는 내용을 많이 지니고 있다. 실권을 잃고 군주의 주위에서 맴도는 것으로 생활의 방편을 찾고 있던 귀족들의 중심에 국왕 루이 14세가 놓인다는 사실은 앞에서 말한 바 있다. 마찬가지로 도시의 부르주아들에게도 군주는 생활의 중심이었는데 그가 절대주의 이념의 정화일 뿐만 아니라 절대주의 질서의 중축이었기 때문이다. 이 시대 문학은 국왕을 찬미하고 그를 광영스럽게 하는 임무를 지니고 있었던 것이다. 한 문학사가의 말마따나 문학가는 법을

장 오거스트 도미니크 앵그르의 〈목욕하는 여인〉. 앵그르는 우아한 격조와 균형감, 사실주의적 감각으로 고전파 회화를 완성한 화가로 인정받는다.

세우고 아카데미는 재판정이 되어 고전주의 시기 문학을 규범의 체계 속에 가두어 두었던 것이다. 그것은 사회의 요구이기도 했을 뿐더러 엘리트 문학으로 시종한 고전주의 시기 문학가들로서는 불가피한 조건이기도 했다. 귀족과 상층 부르주아가 감상자의 대중을 형성하고 있던 시기에, 또 스스로 궁정과 살롱의 요구를 받아들여 작품을 짓는 것이 시대의 요구에 부응하는 것이라고 생각했던 작가들에게 군주와 절대국가 이념의 영광을 빛낼 수 있는 방편을 찾는 것은 가장 귀중한 일이었다. 고전

와토의 〈질스〉. 화려한 색감을 보여주는 와토는 루벤스의 영향을 많이 받아 귀족들의 연희를 자주 그렸다. 로코코 양식의 대표자.

주의 비극의 초석을 놓은 코르네이유의 합리주의적인 비극 이후에 나타나는 바로크식의 고양된 문체와 화려한 수사적 문체는 군주의 후광을 형성하기 위한 절대주의 시기 문학의 사명을 배제하고는 설명할 도리가 없는 것이다.

아리스토텔레스의 『시학』과 호레이스의 『시법』을 모범으로 삼아 씌어진 고전주의 이론들은 간결, 명석, 조화, 질서를 표방하고 있지만 실제 창작은 고전 고대와 많이 다른 모습을 보이는데 그 양상을 이해하기 위해서는 고전주의와 절대주의의 관계를 이해하는 일이 전제조건으로 요구된다. 아놀드 하우저는 고전주의에서 예술은 국가처럼 통일성을 가져야 했으며, 군대처럼 완벽한 형식을 갖춰야 했으며, 명령처럼 정확 명료해야 했으며, 신민의 생활처럼 절대적 규칙에 종속되어야 했다고 설명했다.

고전주의 문학이론은 『시학』과 『시법』을 연구하여 그 내용을 규범화하고 있다. 그럼에도 불구하고 고전주의 문학이 고전고대를 몇 가지 측면에서 초극할 수 있었던 것은 동일한 용어에 대해서도 그 개념을 달리하고 있었기 때문이다. 고전주의가 고전고대에서 받아들인 첫 번째 교의는 문학이 자연을 모방한다는 모방의

개념이다. 문학이 현실의 생활에서 획득되는 진리를 제시해야 한다고 주장한다는 점에서 그것은 근대의 리얼리즘이나 고대의 모방론과 흡사하지만 내용면에서 많은 차이를 지니고 있다. 그 까닭은 고전주의 문학이론들이 지니고 있었던 자연의 개념이 다른 시대와 달랐기 때문이다. 그들에게 자연은 영원하고 불변적인 것이었다. 그리고 그것은 질서와 조화를 지닌 합리적인 실체로서 인지되었다. 따라서 자연은 인간이 따라야 할 모범이기도 했다. 이때 자연의 개념 가운데서 핵심은 인간의 본성human nature이었다. 초시간적으로 인간적인 것, 인간의 자연을 형상화하는 일이 문학예술의 최고의 사명이었다. 그에 따라 자연스러운 것은 순전히 심리적인 어떤 것을 의미했고 그것의 모방은 인간적인 것의 모방을 의미했다. 에리히 아우얼바하는 다음과 같이 말하고 있다.

> 무엇이 자연스러운가에 대하여 라신느 시대는 나중 시대하고는 다른 생각을 가지고 있었다는 것을 우리는 알아야 한다. 자연스럽다는 것은 문명과 대조되는 것이 아니었다. 그것은 원시문화, 순수한 민중성, 툭 트이고 막힘없는 들판으로 이어지는 개념이 아니었다. 그게 아니라 그것은 행동을 우아하게 가지며 사회생활의 가장 어려운 처지에서도 거기에 쉽게 맞아들어 갈 수 있는 교육 있고 닦인 인간형과 일치시켜 생각했다. 이것은 오늘날 교양이 많은 사람이 자연스러움을 높이 이야기하는 경우와 비슷한 것이다. 어떤 것을 자연스럽다고 하는 것은 그것을 이치에 맞는다고 하고 보기 좋다고 하는 것이나 크게 다르지 않는 일이다. 이런 점에 있어서 조화·이성·자연스러운 품성의 함양의 요소를 크게 가졌던 고대문명의 황금기에 17세기는 스스로 대응되는 것이라고 느꼈다. 루이 14세 치하의 프랑스인들은 대담하게 그들의 문화가 고대인들의 문화와 대등한 위치에 있는 본보기라고 생각하고 이러한 견해를 유럽 전체에 확산시켰다. 자연스럽다는 것은 교양과 훈련의 산물이라고 해석하는 관점에 근거하여, 어떤 시기 어떤 상황에서나 사람의 마음을 움직이는 것, 즉 그 감정과 정열을 자연스럽다고 생각할 수 있었다. 자연스럽다는 것은 동시에 초시간적으로 인간적인 것이었다. 초시간적으로 인간적

인 것, 영원한 인간성의 순수한 표현을 형상화하는 것, 이것이 문학예술의 최고의 사명이었다. 그리고 영원한 인간성은 역사의 미천하고 혼란된 소용돌이보다도 삶의 외로운 봉우리 위에 더 맑고 깨끗하게 나타나는 것으로 생각되었다. 그러나 이것은 영원한 인간성의 개념 안에 어떤 제약을 받아들인다는 것을 의미했다. 오로지 '커다란' 정열만이 있을 수 있는 소재가 되었고 사랑 또한 당대의 생각에 최고의 아름다움에 맞는 형식으로만 표현될 수 있었다.

자기들의 문명을 자기들의 문화적 형식을 통해 보편타당한 전형으로, 영원히 인간적인 모범으로 표현하는 것, 이것이 고전주의 작가들이 시도한 것이었다. 그것이 자연을 모방하는 것이었다. 그 자연은 궁정생활과 귀부인들의 살롱, 사교장에 있었다. 문학은 귀족적인 세련이나 품위를 지닌 왕실의 인물이나 귀족들의 생활과 행동을 보여주어야 했다. 호레이스의 적합성의 이론이 모방의 개념으로 대치된 것도 이런 이유에서이다. 적합성은 특정한 역사적 규정성을 지닌 인물을 재현하는 데서가 아니라 보편적인 인간형을 추구하는 데서 획득되는 것이었으므로 문학은 정황에 알맞게 처신하는 인물, 예절 있는 인물을 그려야 했다. 고전주의에서 자연사물에 대한 사실적인 묘사보다 인공적인 것, 사회적 관습으로 받아들여진 행위, 품위 있는 언행을 중시한 것도 이와 관련된다.

고전주의 문학이론에서 두 번째로 주목해야 할 것은 이성과 판단의 우위성이다. 고전주의자들에게 문학은 감성이나 상상력의 산물이 아니라 이성의 산물이었다. 이성은 창작의 원리이자 비평의 원리로서 모든 문학행위에 지배적인 범주가 되어야 했다. 이성은 그 본질상 단순명쾌함과 질서·조화·균형 및 명석한 판단과 법칙에 알맞은 것이므로 문학의 창작도 그에 맞추어야 한다는 것이다. 그러므로 작가는 환상이나 공상, 감성의 유동에 좌우되지 않고 법칙과 규칙에 의지하고 그 지도에 따라야 했다. 규율과 제한을 받아들이고 집중과 통합의 원리를 지키는 것이 고전주의 형식의 요체였다. 고전주의에서 형식성의 원칙이 부각되는 것은 형식이 자연스럽고 합리적이어야 했기 때문이다. 여기서 통일성과 조화, 균형과 단순성의 원칙, 명징한 표현과 수사의 절제 등이 중시되었다. 개인적 감정이나 자유롭게 부동하는 생각은 이지력에 의해 통제되어야 했다. 고대의 고전주의나 르네상스 시대의 고전주의에 비해서 신고전주의가 부자연스럽게 느껴지고 얽매인 듯한 느낌을 주는 것은 보편성·객관적인 것·합리적인 것을 달성해야 한다는 규범이 예술가의 자유로운 운신을 제어하고 있기 때문이다.

고전주의 문학이론을 규범화하는 데서 부알로의 기여는 결정적이었다. 그가 『작시법』(한국에서는 『부알로의 시학』이라는 이름으로 번역되었다)을 출간한 것은 프랑스 고전주의가 전성기에 있었던 1674년이었다. 그는 이 책에서 이성에 의지하는 시학의 보편이론을 확립하려고 했다. 네 편의 노래로 되어 있는 이 책은 첫째 편에서 창작에서 이성의 지배를 논하고 둘째 편에서 짧은 시형의 고찰, 셋째 편에서 긴 시형의 고찰, 넷째 편에서 도덕에 관련된 문제들을 다루고 있다. 그의 이론들은 독창적이라고 할 만한 것이 없었다. 그러나 절대국가의 이념이 되고 있던 양식, 또는 공통감각(상식)의 이름으로 고전이론을 새롭게 소개했다. 시인은 이성의 규칙에 따라 시를 지어야 하며 그 가운데 극단적인 것을 회피해야 한다고 주장했다. 또 그는 자연의 진리를 발견하기 위해서는 기왕에 진리를 발견하여 작품으로 형상화한 고전작가들에게서 배워야 한다고 설명했다. 그에게서 자연은 인간의 자연^{nature}으로서 고전작가들의 작품에서 발견해야 할 자연도 인간성이었다. 그 다음에 부알로는 적합성의 이론을 상세히 설명했다. 사람의 언행에 대한 적합한 묘사는 신분에 따라 나뉘어져 있고 묘사할 현실에 적합한 장르와 문체도 따로 있다는 것이었다. 이어서 그는 시가 즐거움 속에 가르친다는 호레이스의 문학기능론을 설파하고 있다. 이같이 그의 이론에 새로운 것은 거의 없다. 르네상스 시대에 확인된 이론을 좀더 시대에 맞게 설명하고 있을 뿐이다. 그러나 그 가운데서도 양식에 따를 것을 주장하고, 고전의 규범을 보다 확고하고 명료하게 제시한 것은 진전된 내용이었다.

볼프강 카이저는 『작시법』에서 부알로가 이룬 것을 다음과 같이 정리하고 있다. 첫째 시 장르의 보편이론을 확립하려고 시도한 것, 둘째 예술법칙들을 정확히 공식화해서 표현한 것, 셋째 장르 자체는 예술가의 임의적인 산물이 아니고 시작의

니콜라스 푸생의 〈아르카디에도 나는 있다〉. 에른스트 곰브리치는 푸생을 '아카데믹'한 화가 가운데 가장 위대한 사람으로 손꼽는다. 고전 조각의 미를 열심히 연구하여 고대 국가의 상상적인 장면을 그렸다는 것. 이 작품이 바로 그 사례. 제목은 "죽음은 목가적인 이상향인 아르카디아에서도 의연히 군림한다"는 뜻을 담고 있다고 한다.

니콜라스 푸생의 〈사비니 여인의 강탈〉.

〈사비니 여인의 강탈〉 조각상.

적장의 목을 자른 유디트. 구약성서 이야기를 형상화한 작품.

도구도 아니며 그 자체로 주어진 독립적이고 객관적으로 존재하는 것으로 본 것, 넷째 예술의 장르와 유형은 자연물들의 류(類)와 종(種)에 대응하는 것으로 본 것, 다섯째 장르의 형식은 그 자체 속에 대상선택의 구조를 지닌다고 본 것 등이다. 에른스트 카시러는 이 같은 부알로의 이론이 너무 추상화된 것이 문제가 아니라 그 추상화작업을 논리적으로 일관되게 이끌지 못한 점이 문제라고 비판한다. 체계적 이론으로 발전시키지 못하고 상식의 수준으로 끌어내렸다는 것이다. 실제로 부알로는 각 장르에 따라 다음과 같은 법칙을 제시한다. 희곡에서는 3일치의 법칙, 서사시에서는 사건의 중간에서 시작하는 법칙, 문체는 각 장르에 따라 상중하의 세 가지 문체가 적용되어야 한다는 법칙, 연애·원한·질투 같은 보편적 주제를 사용하라는 권고 등이다.

부알로 등을 위시해서 고전주의 비평가들이 정립한 규범들은 매우 세부적인 것이었다. 적합성 이론은 예절과 같이 사회의 규범인 동시에 문학의 표현에서 지켜야 할 규범으로 인지되는데, 시에서 천박한 것들을 회피하라는 주문, 시인의 용어는 평범해선 안 된다는 것, 어릿광대 같은 인물은 묘사대상이 되기 어렵다는 것, 저속한 것을 등장시키지 말라는 것 등이 지루하리만치 자상하게 언급된다.

고전주의 비평에서 3일치법칙은 가장 유명하다. 연극에서 시간과 장소와 행동이 통일되어 있어야 한다는 규칙은 르네상스 시대부터 알려져 있었다. 그러나 아리스토텔레스의 『시학』에 근거를 두고 있다고 전해진 이 법칙은 아리스토텔레스의 저서에 장소의 통일이 전혀 언급되지 않고 있다는 사실을 오래도록 외면하고 있었다. 뿐만 아니라 3일치의 법칙은 고전주의에서 일정하게 왜곡되고 있었다. 에리히 아우얼바하는 고전주의의 3일치법이 개연성의 이념에서 비롯되고 있다고 지적한 바 있다. 즉 주제를 제시하기 위해 사용되는 사건의 개연성이 아니라 무대재현을 위해서 3일치법이 사용되었다는 것이다. 그는 고전주의에서는 "연극 상연에 필요한 몇 시간 동안, 관객으로부터 몇 발자국 밖에 떨어지지 않은, 공간적으로 제한된 무대에서 시간이나 공간의 면에서 서로 너무 상거해 있는 일들이 일어난다는 것은 개연성이 부족한 것이 아니겠느냐 하는 느낌이 있었다"고 본 것이다. 또 고전주의에는 시적 정의의 법칙이 있었다. 작품 가운데서 선한 일을 행한 사람과 악한 일을 행한 사람은 그 선악에 따른 상벌을 작품이 끝나기 전에 받아야 한다는 것이다. 고전주의 문학에서 보편적 인물유형이 탐구된 것도 비평의 주문과 관련되었다. 통일성의 원칙도 중세의 개방적인 형식에 대한 반발이 중요한 한 요인이기도 했으나 절대주의의 일사불란한 국가체제이념에서 비롯된 측면도 간과할 수 없는 내용이다. 한편 다음 시대에 낭만주의에서 핵심적 개념이 되는 천재에 대해서는 그다지 관심을 기울이지 않는데 천재가 천성적으로 주어지는 것이라면 그것이 중요하다고 해도 현실에서 어찌해볼 수 없는 것이기 때문에 논의의 필요성이 없다는 관점이 지배적이었다. 오히려 기술을 연마하고 언어를 정제하며 규칙에 숙달되게 만드는 것이 더 중요하다는 생각이었다. 이 천재개념은 영국의 드라이든에게서는 위트^{wit}개념으로 중요하게 사용되고 있다. 드라이든은 프랑스에서 만들어진 고전주의 이론을 영국에 소개하기도 했으나 영국적 전통에 비견해서 검토하는 입장을 가지기 때문에 일방적인 수용이기보다는 소개의 의미가 좀 더 컸다.

3. 고전주의 문학의 전개

　고전주의는 프랑스의 앙리 4세와 루이 13세 시대에 싹을 틔운다. 르네상스의 정신이 점차 변질되면서 새로이 발흥하는 절대국가의 현실에 상응하는 기풍이 사회에 조성되기 시작했던 것이다. 그것은 모험과 무질서를 혐오하고 중용과 조화와 질서를 옹호하는 분위기였다. 생활의 안정과 질서를 무엇보다도 중요시하던 국민들의 여망이 고전주의의 밑바탕을 이루고 있었다. 이 시대에 시인 말레르브는 리슐리외의 국정개혁에 상응하는 기풍을 문학계에 진작시켰다. 1660년에서 1685년에 이르는 고전주의 전성기는 루이 14세의 정치가 이루어지던 시기이다. 초기의 고전주의 문학을 대표하는 사람이 코르네이유와 몰리에르라면 전성기에는 라신느가 왕관을 차지하고 있었다. 코르네이유의 비극은 르네상스 이래의 합리주의 정신을 가장 높은 수준에서 체현하고 있었다. 이에 비해서 라신느의 비극은 절대주의와 궁정의 요구를 받아들여 바로크적 색채를 가미한 고전주의의 정수에 해당하는 것이었다. 작품의 입체성이나 소박성, 화려한 수사의 절제 등이 비장성을 극대화하였다. 라신느의 비극에서 고전주의 문학은 전범을 얻지만 코르네이유는 합리주의를 근간으로 하여 고전주의 비극의 개념을 정초했다. 사랑과 의무가 갈등상황을 빚는 전형적인 숭엄성은 그의 「르시드」에서 절정에 이르고 있다. 한편 몰리에르의 희극은 중세민중문학의 전통을 이으면서 고전주의적 색채를 윤택하게 한 작품들이었다. 그는 희극을 통해 사회의 규범이 좀 더 합리적이고 융통성 있게 틀 지워져 사람들이 보다 많은 자유를 향수할 수 있게 되기를 바라는 관점을 드러냈다.

르시드

이 작품의 무대는 11세기 스페인 가스트리아 왕국의 수도 세빌리아이다. 귀족인 동 디에그의 아들인 동 로드리그는 고르마 백작의 딸 시멘느와 사랑하는 사이이다. 두 사람의 약혼식이 얼마 남지 않은 어느 날 왕태자의 스승 자리를 놓고 부친들 사이에 말다툼이 벌어지고 마침내 고르마 백작이 동 디에그의 뺨을 때리게 되는 불상사가 일어난다. 동 디에그는 아들에게 자신의 명예를 회복시켜줄 것을 부탁한다. 사랑과 아버지의 부탁 사이에서 번민을 하던 로드리그는 애인의 체면을 지켜주는 것보다 아버지의 명예를 회복해야 할 자신의 의무가 더 중요하다고 결정을 내린다. 결국 결투 끝에 고르마 백작은 살해된다. 시멘느는 국왕에게 로드리그의 처형을 요구한다. 그날 밤 로드리그는 시멘느를 찾아가 자신을 죽여줄 것을 요구하지만 시멘느는 사랑하는 사람을 차마 죽이지 못한다. 그때 무어인들이 쳐들어온다는 정보를 들은 로드리그는 아버지의 명에 따라 출전하여 적을 격퇴함으로써 용맹한 사람을 나타내는 '르시드'라는 칭호를 받는다. 시멘느가 요구한 로드리그의 처형에 대해 고민하던 왕은 시멘느의 대리기사, 시멘느를 사랑하는 상슈와 로드리그가 결투할 것을 결정하고 그 승자와 시멘느가 결혼하도록 조건을 내세운다. 결투에서 로드리그가 승리하지만 국왕은 시멘느의 심정을 참작하여 로드리그가 무어인을 완전히 격멸시킨 후 결혼하도록 조치한다. 이러한 줄거리를 가진 「르시드」는 5막으로 구성된 작품이다. 실제 구성은 다음과 같다.

1막 : 11세기 세빌리아. 동 디에그의 아들이자 기사인 로드리그는 고르마 백작의 딸 시멘느와 사랑을 하는 사이가 된다. 어느 날 두 사람의 부친은 왕자의 사부를 임명하는 문제를 놓고 다투다가 백작이 디에그의 뺨을 때린다. 디에그는 수모를 받고 이의 복수를 아들에게 명령한다.

2막 : 로드리그는 사과를 거절하는 백작과 결투하여 살해한다. 백작의 외동딸 시멘느는 왕에게 로드리그의 처형을 호소한다.

3막 : 이날 밤 로드리그는 시멘느를 찾아가 자신을 죽여줄 것을 요구한다. 시멘느는 그를 죽이지 못한다. 동 디에그는 아들을 무어인의 침략을 막는 싸움에 내보낸다.

4막 : 다음날 아침 로드리그는 승리하여 돌아온다. 시멘느는 재판정에 로드리그를 고발한다. 왕이 시멘느의 진심을 알기 위해 로드리그가 죽었다고 알렸을 때 시멘느는 실신한다. 그러나 왕의 거짓말을 알고 시멘느는 자신의 대리기사와 로드리그의 결투를 신청하고 왕은 시멘느가 승자와 결혼하는 것을 조건으로 승낙한다.

5막 : 로드리그가 결투에서 죽을 결심을 한 사실을 안 시멘느는 로드리그를 찾아가 당당히 싸워줄 것을 요구한다. 결투에서 로드리그가 이기지만 시멘느의 심정을 생각해서 왕은 1년간의 유예기간을 주고 로드리그는 무어인의 침략을 막기 위한 전쟁에 출전한다.

운문으로 씌어진 이 작품은 초연의 성공에도 불구하고 많은 논란을 빚었다. 구성이 고전적이 아니라는 비난 때문이었다. 또 시멘느가 갈팡질팡한다는 비난도 있었다. 그러나 꼬르네이유는 이 작품을 통해서 사랑과 의무 사이에서 갈등을 겪는 상황을 고전비극의 전형적인 주제로 표현했고 그 갈등에서 의지를 통해 자신의 운명을 개척해가는 영웅상을 창조했다. 뿐만 아니라 그는 이 작품을 통해 심리 갈등을 비극의 주요한 모티프로 사용하는 전범을 보였다. 그 때문에 이 작품은 르네상스 이래의 합리주의가 가장 성숙한 표현을 얻은 작품으로 인정받았다. 아놀드 하우저는 이 작품의 의의를 다음과 같이 요약한다.

「르시드」는 고전주의의 결정적 승리를 알리는 작품이다. 처음에는 이 작품도 궁정사회의 저항에 직면했지만, 이 시대의 경제와 정치를 지배한 현실주의적, 합리주의적 사고의 진행은 저지될 수가 없었다. 스페인 취미의 영향 하에 있던 귀족계급들도 모험적이고 극단적이며, 공상적인 것에 대한 그들의 편향성을 극복하지 않을 수 없었고, 냉철하고 허식이 없는 시민계급의 취미기준을 따르지 않으면 안 되었다. 물론 귀족계급은 이러한 시민적 예술관을 그대로 수용한 것이 아니라 그들의 이상과 목적에 맞게 변경하였다. 그들이 부르주아적 고전주의의 조화성과 규칙성 및 자연스러움을 그대로 보존한 것은 새로운 궁정적 예의범절 자체가 이미 일체의 난하고 소란스러우며 괴팍한 것을 배척했기 때문이다. 그러나 그들은 이러한 양식 경향의 예술적 경제성을 재해석하여 청교도적 규율의 원칙 아닌 까다로운 취미의 법칙이라는 관점에서 집중과 정확성을 보다 높은 당위적 현실의 규범으로서 '거칠고' 통제나 측량을 할 수 없는 현실에 대비시켰다. 본래는 단지 자연의 유기적 통일성과 엄격한 논리를 유지 강조하고자 했던 고전주의는 이렇게 해서 본능에 대한 일종의 제동장치로, 흘러넘치는 감정의 방파제로, 그리고 일상적인 것과 너무나 자연스러운 것 앞에 드리워진 하나의 베일로 되었다.

타르튀프

고전주의 전성기에 활동한 몰리에르는 오늘날까지도 프랑스인들에게 가장 많은 사랑을 받는 희극작가이다. 그의 작품 가운데 한 편의 대표작만을 이야기한다는 것은 그의 문학적 성과를 불가피하게 왜곡시킬 수 있으리만큼 몰리에르의 문학세계는 다양한 면모를 보여준다. 그는 중세 이래의 민중적 전통에 입각하여 희극적 인물을 창조했다. 「타르튀프」, 「염세가」, 「동쥬앙」, 「연애하는 박사」 등 수많은 작품들 속에서 그는 인간의 성격 속에 감추어져 있는 약점과 결점을 폭로하고 있다. 인물의 유형을 창조하는 데 치중했던 고전주의의 일반적 경향에 따라 그 또한 유형에 기울어지고 있지만 당대의 어떤 작가보다도 당시의 사회 환경과 인간의 본성에 대하여 구체적으로 접근하고 있다. 그의 특징적인 방법은 주인공을 통해서보다는 부주인공에 해당하는 인물들을 통하여 희극적 효과를 갖는 비판을 하고 있다는 점이다. 몰리에르의 작품에서는 당시의 예절이나 실용주의, 고상한 취향 등이 풍부하게 제시되며 비판적으로 연구되고 있다. 「타르튀프」도 그러한 작품에 속한다.

　작품의 줄거리는 타르튀프라는 사기꾼의 이야기를 통해 당시의 풍속에 대한 연구를 하고 있는 것으로 볼 수 있는 내용이다. 평민이지만 부자인 오르공은 젊은 에르미르와 재혼한다. 그의 집에는 종교가인 타르튀프라는 사람이 동거하고 있다. 그는 거지나 다름없는 신세임에도 불구하고 오르공과 그의 어머니는 그를 영웅처럼 대접한다. 다른 사람의 눈에는 그가 위선자로 밖에 비치지 않는다. 오르공은 타르튀프를 존경하여 자기의 딸 마리안이 애인과 헤어져 그와 결혼하도록 주선한다. 하녀인 도리느는 마리안에게 부친에게 저항하도록 타이른다. 오르공의 후처가 된 에르미르도 타르튀프에게 딸과의 결혼을 포기하도록 종용하지만 타르튀프는 호젓한 기회를 이용하여 에르미르를 유혹하려고 한다. 이것을 지켜본 아들 다미스는 이 사실을 아버지에게 알리지만 오르공은 타르튀프의 교묘한 거짓말에 넘어가 아들을 내쫓고 타르튀프에게 자신의 전 재산을 바친다. 이러한 사태의 진전을 보고 에르미르는 계략을 꾸민다. 남편을 식탁 아래 숨기고 타르튀프와의 호젓한 기회를 마련한다. 타르튀프는 이 기회를 이용하여 에르미르에게 다시 사랑을 고백한다. 오르공은 사실을 알고 이 거룩한 종교가를 쫓아내려고 한다. 그러나 타르튀프는 나가야 할 사람은 자신이 아니라 오르공 자신이라고 내뱉는다. 전 재산이 그의 수중에 들어와 있기 때문이다. 더욱이 타르튀프는 오르공에게 불리한 정치문서까지도 수중에 넣고 있었다. 타르튀프는 그 문서를 국왕에게 보이고 사직당국에 고소한다. 오르공이 도망쳐야 할 순간에 경찰관이 나타나 타르튀프를 체포한다. 경찰관은 국왕이 사태의 진상을 알았기 때문이라고 알려준다. 오르공은 국왕에게 감사하고 마리안과 그녀의 애인의 결혼을 승낙한다.

　이 작품은 위선의 탈을 쓴 악덕 종교가를 통렬하게 풍자하고 있다는 점에서 당시 종교인들의 반발을 산다. 그에 따라 공연이 금지되는 조처가 뒤따르기도 했다. 신앙심과 금욕주의를 표방하면서 실제로는 탐욕을 품은 불한당인 타르튀프, 건전한 중산층으로서 자기 아들을 내쫓고 딸을 악당에게 바치려고 하는 얼간이 오르공을 통해 작가는 당시 시민계급의 풍속을 비판한다. 이 작품이 지닌 의미에 대해서 아우얼바하는 이렇게 설명한다.

    타르튀프는 억세고 건강한 친구로서 식성이 좋고 그 이외에도 육체적 요구가 많은, 신앙에 대해서는 비록 그것이 꾸며내는 신심이라도 영 소질이 없는 친구이다. 무엇을 하나 사자 가죽 아래로 나귀 정체가 비어져 나오게 마련인 사람이 타르튀프다. 해치워야 하는 역할은 얼토당토않은 과장으로 인하여 형편없는 것이 되어 버린다. 관능이 작동하는 때면 곧 자제를 잃어버린다. 그의 술수도 거칠고 유치해서 오르공과 그의 어머니를 빼놓고는 잠시라도 그 술수에 넘어가는 사람은 없다. 연극의 다른 등장인물도 청중도 마찬가지다. 타르튀프는 엄격히 자기를 다스리는 영리한 위선자의 전형이 결코 아니다. 이익이 될 법하다는 계산 하에 자기한테 전혀 어울리지도 않고 자신의 본성이나 외관하고도 어울리지 않는 완명한 고집장이 노릇을 해보려는, 조잡한 본능이 강한 거친 성품의 사나이--이것이 타르튀프다. 그리고 바로 이 점이 우리에게 굉장히 희극적으로 비치는 것이다. 물론 이성적으로 그럴싸한 것만을 받아들인, 라브뤼에르 같은 17세기 비평가에게는 오르공이나 페르넬 부인이나마 타르튀프에게 속아 넘어가는 것이 믿을 수 없는 것이었을 것이다. 그러나 가장 엉성한 속임수, 가장 어리석은 감언이설도 그 대상자의 습성과 본능에 아부하고 은밀한 욕구를 만족시켜준다면 통할 수 있는 것이라는 것을 우리는 체험으로서 알고 있다. 자기와 자기의 영혼을 타르튀프에게 팔아넘김으로써 만족시킬 수 있는, 본능 깊이에 은밀히 잠겨 있는 바 오르공의 욕구는 폭군적 가장의 새디즘이다. 성을 잘 내지만 또 그만큼 감상적이고 자신감이 없는 그는 신심의 정당화가 없으면 도저히 할 수 없었을 일들을 이제 깨끗한 양심으로 해내는 것이다. --가족에 대하여 전제권을 행사하고 그들을 괴롭히고자 하는 그의 본능적 욕구를 타르튀프가 만족시킬 수 있게 해주는 까닭에 그는 타르튀프를 좋아하고 그에게 속아 넘어가는 것을 허용한다. 그의 판단력은 이러나저러나 크게 발달되어 있는 것이라 할 수 없을 것이나, 그것마저도 이런 사유로 하여 더욱 흐려진다. 페르넬 부인의 경우에도 비슷한 심리작용을 볼 수 있다. 오르공의 새디즘이 자유롭게 발휘되는 것을 막고 있던 장애물을 제거하는 데 신앙심을 이용하는 몰리에르의 수법은 지극히 교묘하다.

페드르

　라신느의 비극은 코르네이유가 달성한 합리주의적 표현을 일정하게 변주하면서 고전주의 전성기의 절정을 나타낸다. 라신느는 고전주의의 엄숙주의와 함께 모든 것을 화려하게 꾸미고자 했던 궁정예술의 요구를 수용함으로써 바로크고전주의를 이루어냈다. 장중한 궁전적 양식과 시민적 고전주의에 입각한 합리주의를 결합함으로써 그는 소재와 형식, 풍윤성과 절제력, 확대의 원리와 집중의 원리라는 상반된 미학적 요소를 통일했던 것이다. 이것은 예술관 자체의 전환을 나타내는 것이기도 했다. 절제·소박·간결 등의 미학성이 화려하고 자유로운 감각주의적인 경향으로 대체되어가는 한 과도적 양상이었다. 이러한 양상을 가장 잘 보여주는 것이 바로크 고전주의를 대표하는 작품인 「페드르」이다. 이 작품은 사랑과 의무의 대립을 주제로 하고 있다. 그 줄거리는 다음과 같다.

　아테네의 왕 테제와 아마존의 여왕 사이에서 태어난 이폴리트는 원정을 나갔다가 행방불명이 된 아버지를 찾는 것이 자신의 의무라 생각하여 왕궁을 나가려 한다. 그는 자신의 아버지가 제거한 왕족의 후예인, 지금은 포로로 있는 알리시 공주를 사랑하는 괴로운 상황에서 벗어나고자 한 것이다. 이때 이폴리트의 계모이자 왕비인 페드르는 아무에게도 털어놓을 수 없는 번민 때문에 자신의 죽음을 재촉하고 있었다. 페드르가 의붓자식인 이폴리트를 사랑하는 비밀을 유모인 에렌느는 알아차리게 된다. 그 무렵 왕이 죽었다는 소문이 들려온다. 유모는 페드르에게 이폴리트에 대한 사랑이 죄가 아니게 되었다는 논리로 페드르의 삶의 의욕을 불러일으킨다. 알리시 공주는 포로의 신세로서 이폴리트의 사랑에 대한 욕망을 잠재우기 위해 노력한다. 이때 이폴리트가 나타나 테제가 죽었으므로 그녀가 이제 자유의 몸이 되었다고 알리며 이폴리트에 대한 자신의 사랑을 고백한다. 이폴리트는 페드르를 찾아가 왕을 찾으려 출발한다는 사실을 알리는데 페드르는 이폴리트에 대한 자신의 사랑을 고백한다. 그러나 이폴리트가 사랑을 거부하자 페드르는 자살하려 한다.

이때 테제 왕이 살아온다는 소식이 전해진다. 페드르는 사랑을 거부당한 분노와 불륜에 대한 죄의식으로 번민하지만 사랑은 더욱 강렬해진다. 테제 왕이 귀국했을 때 유모 에렌느는 페드르를 구하기 위하여 이폴리트에게 죄를 뒤집어씌우려고 작심한다. 테제 왕은 페드르와 이폴리트의 말에 의혹을 품게 된다. 에렌느의 말을 들은 테제 왕은 분노하여 이폴리트에게 진상을 묻지만 이폴리트는 국왕의 명예를 위하여 진실을 밝히지 않고 자신은 알리시 공주를 사랑한다고 고백한다. 왕은 이폴리트의 고백이 궁지를 벗어나기 위한 하나의 계교라고 생각하고 신에게 이폴리트를 처벌해 달라고 기원한다. 알리시와 이폴리트의 사랑을 알게 된 페드르는 질투에 사로잡히며 고자질을 한 유모를 배척한다. 이폴리트와 알리시는 성전에서 장래를 약속하는 서약을 하고 외국으로 탈출하기로 약속한다. 알리시는 테제 왕에게 이폴리트의 진심을 전달하며 테제 왕은 진상을 알기 위해 유모를 부르지만 페드르에게 배척당한 유모는 이미 자살한 뒤이다. 페드르는 이폴리트가 떠난 뒤 독약을 먹고 죽음의 자리에서 테제 왕에게 모든 사실을 고백하며, 외국으로 가기 위해 전차를 타고 가던 이폴리트는 해신 넵튠에게 무참한 죽음을 당한다. 테제 왕은 자신의 경솔을 뉘우치고 알리시를 자신의 딸로 삼아 속죄한다.

이 줄거리는 열정에 사로잡힌 페드르와 순결한 알리시의 사랑, 이폴리트의 절제심 등을 보여준다는 점에서 고전주의 비극의 정수를 내포한다. 이러한 구성이 가진 의미를 하워드 휴고는 그리스 비극과 비교하여 다음과 같이 설명한다.

> 라신이 본뜬 「페드르」의 모델은 에우리피데스의 「히폴리투스」였다. 그는 서문에서 자신이 그리스 비극에서 취할 수 있는 소재를 덧붙였다는 점을 분명히 했다.

에우리피데스의 극에서 주동인물은 파이드라(페드르)가 아니라 아르테미스(디아나)의 흠모자로 묘사되는 히폴리투스인데, 그는 엄격히 순결을 지킬 것을 맹세한다. 이러한 상황 때문에 그는 아프로디테에게 휘브리스(인간의 과도한 자만심)의 잘못을 범하게 되고, 네메시스(복수)를 불러들이게 된다. 이 모든 진행은 관습적인 그리스 인생관에 맞추어 이루어지는 것이다. 파이드라는 두 장면에만 등장하는데, 히폴리투스와 대면하는 적이 없고, 극의 중간에서 죽어버린다. 에우리피데스의 청중들 중에 사려 깊고 분별 있는 사람들은 여기에서 신들의 양면적 윤리에 대한 그의 회의적 태도를 보았을 것임에 틀림이 없다. 그러나 히폴리투스가 파멸하게 되는 원인이 그가 파이드라를 지나치게 감정적으로 거부하는 행위에 내재하는 자만심에 있으므로, 극의 사건은 인간적 차원에서 보아야만 만족스럽게 납득된다. 테세우스의 이야기는 플루타르코스가 쓴 테세우스 전기의 영향을 받은 것이고, 그가 부인하기는 했지만 아마도 로마의 금욕주의자 세네카가 쓴 「파이드라」의 영향도 받았을 것이다. 세네카의 극에서 히폴리투스는 금욕주의 철학자로 묘사되고, 그가 아니라 파이드라가 베누스의 분노의 대상이 된다. 그리고 히폴리투스가 기법적으로는 이 작품에서도 주동인물이기는 하지만, 부끄러움 모르는 사랑으로 죄와 연루되는 파이드라가 초점을 받는 인물이다. 연설과 수사로 가득 찬 세네카의 극에는 신들이 등장하지 않으며, 베누스는 단지 감정의 의인화일 따름이다.

그의 그리스 선배 에우리피데스와, 「역사 삼손」에서의 밀턴과 마찬가지로, 라신도 끔찍한 하루의 일, 그 이전까지의 모든 사건과 감정상태가 극에 달하는 하루를 다루고 있다. 그의 기법은 또한 프랑스 고전주의극의 법칙들을 준수하고 있다. 그는 에우리피데스의 극에서조차도 능동적인 주동인물이라기보다는 경쟁적인 두 여신의 수동적인 대상으로 보이는 나약한 히폴리투스에 초점을 맞추지 않았다. 그는 고통받으며 격정에 시달리는 파이드라에 초점을 맞추는 것이다. 그녀는 그리스의 여인이지만 그리스도교적 양심을 지닌 것으로 묘사된다. 왜냐하면, 라신은 그녀가 자신의 사랑이 불륜의 것이라는 사실을 인식하게 되자 회한의 감정을 내보이도록 그리는데, 그러한 감정은 옛 그리스의 세계에서는 찾아볼 수 없는 것이었기 때문이다. 그녀의 영혼에서의 근본적인 갈등은 저항하기 힘든 감정과 이성의 억제능력 사이에서 벌어진다. 아리스토텔레스의 용어를 빌면, 그녀의 비극적 결함은 그녀가 도덕적 행위에 대한 이성적인 책임을 포기하는 데 있다. 극 전체는 이 치명적인 약점이 발전되어 가는 모습을 기록해간다기보다는 그것을 서서히 조금씩 보여주며 진행된다. 아무리 무감각한 독자라 할지라도 라신이 능숙하게 전달하는 섬세한 심리의 분석--이성이 불안하게 확보하고 있는 우월성을 뒤흔들어 놓을 무의식의 샘 깊숙한 곳에 자리 잡고 있는 힘의 인식, 그리고 장엄하고 고귀한 슬픔의 기조에 감동받지 않을 수 없을 것이다.

4. 계몽주의 문학

고전주의의 발전에 있어서 절대주의의 영향이 외적인 계기였다면 내적인 계기는 이성주의였다. 작품의 통일성과 간결 명석한 표현은 사물에 대한 합리주의적 이해를 전제하지 않고서는 불가능한 일이었다. 이런 측면에서 르네상스 이후 계몽사조가 지속되어왔다는 것은 고전주의의 성립을 이해하는 데 중요한 요소가 된다. 뿐만 아니라 고전주의와 함께 직접적으로 계몽을 실현하려는 운동이 지속되어왔다는 것도 문예사조의 이해에서 빼놓을 수 없는 사실이다. 계몽사조는 자신의 필요에 따라 기존의 문학 형식과 다른 독자의 형식을 창안하여 발전시키고 있다. 르네상스 시대의 몽테뉴가 시험했던 수필의 형식이 바로 그 문학적 형태였다. 이 문학적 형태는 고전주의 시기에도 볼테르, 포우프, 디드로 등에 의해서 다양한 전개를 가졌다. 또한 계몽사조는 기존의 문학에도 계몽을 지향하는 움직임을 유발시켰다. 아동문학의 형태를 띤 디포의 『로빈슨 크루소』와 스위프트의 『걸리버 여행기』, 루소의 『에밀』을 비롯하여 라 퐁텐느의 우화집, 라 로슈푸코의 잠언집 등은 모두 계몽사조와의 관련을 배제하고는 충분한 설명이 불가능한 문학적 현상이다.

계몽주의는 인간의 이성을 존중하고 생활의 경험을 통해 세계를 이해하려는 태도이다. 이것은 신의 계시에서 진리를 얻으려는 기왕의 태도와 대비되는 것으로서 계몽주의는 신의 왕국에서만이 달성할 수 있다고 믿었던 완벽의 상태를 인간의 이성적 노력에 의해서 지상에서 이룰 수 있다는 믿음을 전제하고 있다고 볼 수

불가리아 소피아의 알렉산드르 네프스키 수도원. 네오비잔틱 양식. 안정감 있는 건축미를 보여준다.

있다. 이 세계는 인간이 이해할 수 있는 것이며 다른 사람에게도 이성적으로 설명되는 것, 지금 해명되지 않더라도 이성적 노력이 지속되는 한 언젠가는 해명될 수 있는 것이라는 생각이다.

이러한 생각이 가능하게 된 것은 르네상스 이후 이루어진 과학적 발견에 크게 힘입고 있음은 말할 것도 없다. 갈릴레이·코페르니쿠스·케플러, 그리고 종국적으로 뉴턴에 의해 이루어진 과학적 발견은 새로운 세계관을 가능하게 했으며 현실에 대한 낙관적 태도, 계몽을 통한 인류의 진보를 확신하게 했다. 더욱이 데카르트와 베이컨 등은 철학적으로 새로운 세계인식의 길을 제시했다. 그들은 개인의식, 특히 자기의식이 모든 진리 발견의 유일한 원천임을 확신하고 그 방법을 체계적으로 제시하려 했다. 이 같은 철학의 방법은 과학의 발달이 새로운 대상의 내용뿐만 아니라 인간정신에 대해서도 새롭게 인식할 수 있게 해준 데 크게 영향을 받고 있다. 오성의 자율성이 자연의 순수법칙성에 대응한다는 인식이 가능해지고 이 작업을 통해 계몽철학은 자연과 오성의 독립을 한꺼번에 쟁취할 수 있게 된 것이다. 진리의 원천에 대한 인식의 이 같은 방향 전환은 계몽의 작업이 종교비판에서 주요 쟁점을 가지게 만들었다. 종래 진리를 독점하던 세력에 대해서 계몽주의는 정면으로 반기를 든 셈이기 때문이다. 그러나 계몽주의가 단순히 전시대의 미신이나 신학에 대해 초점을 맞춘 것만은 아니다. 계몽주의는 좀 더 포괄적인 관점에서 세계에 대한 비판적 개념을 세우려고 했고 이성에 비추어서 세계에 대한 인간의 관계를 보는 방식인 순수통찰을 획득하려고 했다. 독일 관념론의 창시자 칸트가 「계몽이란 무엇인가」라는 논문에서 말하고 있는 것도 이러한 기획과 관련된다.

> 계몽주의는 인간 스스로가 부과한 미성년으로부터의 탈출이다. 이 미성년은 타자의 지도 없이는 그 자신의 오성을 사용할 수가 없다. 그 원인이 오성의 결핍에 있지 않고, 타자의 지도가 아니라 그 자신의 오성에 의존해야 할 용기와 결단력의 부족에 있다면, 그 미성년은 스스로 짊어진 것이다. 그러므로 계몽운동의 구호는 '현명해질지어다! 너 자신의 오성을 사용할 용기를 가져라!'이다. 게으름과 비겁은, 자연이 인류를 타자의 예속에서 해방시키고 난 오랜 이후에도 인류의 그 많은 사람들이 죽을 때까지 기꺼이 미성년으로 남아 있는 이유이며 그 미성년자들의 지도자가 된 사람들에게는 스스로를 세우는 것이 그렇게도 손쉬웠던 원인이 되었다. 미성년자가 되는 것은 가장 편하다. 나에게 이치를 밝혀줄 책이 있고, 내 양심처럼 행동할 증성자證聖者가 있으며, 음식을 처방해줄 의사가 있다면, 내 스스로 어려움을 겪을 필요가 없다. 내가 돈을 치를 수 있는 한, 나는 생각할 필요가 없다. 다른 사람들이 필수품들을 나에게 나누어줄 것이다.

순수한 통찰은 신앙과 같이 현실세계에서 순수의식으로 회귀하는 것이다. 외적 요인의 관여를 벗어나 이루어지는 순수한 통찰은, 그러므로 비판의 형식을 취하지 않을 수 없다. 미셸 푸코가 비판과 계몽 사이에 깊은 연관이 있다고 파악하는 것은 이 때문이다. 푸코는 비판을 세 가지 수준에서 정의한다. 첫째 최초의 통치되지 않으려는 의지로서 이는 성서나 사목자와 관련된다. 둘째 통치되지 않으려는 의지로서 통치자라도 복종해야만 하는 자연권의 설정에서 드러난다. 셋째 권위에 맞서 사실을 따져 확실성을 구하는 태도이다. 이 정의에서 계몽의 기획이 왜 종교비판에서 시발되었으며 인식의 확실성, 인식의 인식문제가 최종적으로 문제가 되는가가 드러난다. 수필의 형식도 이 인식의 인식문제와 관련지어볼 수 있는 것이다.

수필의 발명자라고 할 수 있는 몽테뉴는 자신의 개인적인 감정과 정신의 특성을 세세한 부분까지 검토하여 기록하기 위해서 『수상록』을 지은 것으로 알려져 있다. 이것은 낭만주의 시대의 자기표현보다도 앞서서 자기표현을 문학의 중심문제로 삼은 사례로 볼 수 있다. 볼테르는 자신이 확신을 가지고 이야기할 수 있는 주제는 자기 자신뿐이라는 점을 고려한 것이며 그 속에서 사물에 대한 인식의 확실성을 시험해본 것이다. 이런 점을 고려하면 데카르트의 코기토가 몽테뉴의 작업에서 선행하는 것이었으며 수필이 계몽문학의 대표적 형식이 될 수밖에 없는 이유가 납득이 된다. 뤼시앙 골드만은 "수필은 개인주의적 사상의 발흥 초기에 처음 나타났다. 전통적 세계관의 모든 가치들을 회의했고 대영주이자 의회의원이었던 모든 수필가 가운데서도 견줄 데 없는 미셸 드 몽테뉴가 처음이었다"고 말하면서 수필의 의의를 다음과 같이 설명한다.

> 수필가에게 문제가 되는 것은 특정한 진리나 가치의 이론적 근거를 시험하는 실제 과정에 있지 않다. 대신에 수필가는 그러한 시험이 가능하고 필요하다는 점을 보여주는 데 관심을 두며, 동시에 해답을 얻는 것도 중요하지만 불가능하다는 것을 보이는 데 관심이 있다. 수필가는 그의 관점에서 보면 해답이 얻어질 전망을 가질 수 없는 인간의 실존에 근본적인 일련의 문제에 대한 이론적인 해답을 추구하고 있다. 바로 이러한 점이 수필 형식에 그 고유성을 준다. 문예작품은 그들 고유의 복합적인 세계이며 작가의 상상력에 의해 특정된 인물과 사물, 구체적 상황 속에 창조되고 구축된다. 철학적 저작은 특별한 세계관의 추상적이고 개념적인 표

현이다. 수필은 추상적인 동시에 구체적이다. 철학과 같이 수필의 본질은 주로 인간의 삶에 근원적인 어떤 개념적 질문을 던지는 것이지만, 또 철학과는 달리 그런 질문에 해답을 내리는 욕구나 능력이 없다. 문학처럼 수필은 이 질문들을 개념적 형식 속에 놓지 않고 문학이나 실제 인생에서 가져온 구체적인 인물이나 상황의 사례 속에 결부시켜 놓는다.

계몽주의 문학이 본격적으로 나타난 것은 고전주의의 전성기 이후이다. 영국의 포우프나 독일의 고트세트 같은 이들의 작업도 볼 만한 내용이지만 볼테르·디드로·괴테 등의 작품이 중심적인 흐름을 이룬다. 볼테르는 여러 장르의 글을 썼지만 수필의 형식을 빈 것으로는 『깡디드』가 가장 잘 알려져 있다. 이 작품은 당시 유행하던 이국적 로망스의 형식을 취하고 있다. 일종의 여행기의 형식 속에 볼테르는 여러 문학적 모델들을 등장시켜 풍자·희화화의 대상으로 삼는다. 구세계에 대해 쓴 10개의 장과 신세계에 대한 10개의 장, 유럽에 돌아온 뒤를 다룬 10개의 장으로 구성되어 있는 글 속에서 현실의 삶과 관련된 주제를 다뤄 작가의 기지와 아이러니가 번득이는 주석을 덧붙이고 있다.

계몽주의의 중요한 사업이었던 「백과전서」의 제작을 주도하기도 했던 볼테르는 후기의 작품에서 현실과 대비되는 유토피아적인 이상향의 비전을 제시하는 작품을 쓰기도 했다. 하지만 볼테르의 중심적인 주제는 교회와 그 사제들의 독선과 정치개입에 대한 싸움이었다. 그는 양식에 어긋나는 모든 비합리적 교리에 대한 투쟁을 지속적으로 전개했다.

디드로는 여러 저작이 있지만 그의 사후에 간행된 『라모의 조카』가 가장 높은 평판을 얻고 있다. 대화체로 씌어진 이색적인 이 수필은 헤겔이 그의 『정신현상학』에서 정신의 형상의 하나로 이용하기도 한 작품이다. 줄거리는 다음과 같다.

한 철학자가 카페에 갔다가 위대한 음악가인 라모의 조카를 만난다. 두 사람은 오랜만의 재회를 기뻐하며 오후 한 나절을 이야기하면서 보낸다. 라모의 조카는 돈 많은 부르주아에게 얻어먹으면서 살고 있는 형편으로 키가 크고 수척하다. 그는 상식적인 예절을 벗어난 몸짓과 음성으로 자기가 영위하는 기생충과 같은 생활에 대해서 냉철한 시각을 보이기도 하고 여러 작가, 시인들에 대해서 언급하기도 한다. 그는 자신의 상황을 엄정한 시각으로 관찰하며 가식 없이 그에 대해 진술한다. 또한 그는 부르주아의 사회에서 정립된 진리와 관행에 대해서 회의하는 것이다. 철학자는 이에 대해 대체로 모랄리스트적인 입장을 취하는데 대화가 진행되어갈수록 두 사람 사이에 누가 옳은 것인지는 더욱 불분명해진다. 부르주아 사회의 질서와 원칙들에 대한 이 같은 의견대립은 점차 정면대립의 양상으로 전개된다. 철학자는 라모의 조카가 기식의 생활을 청산하고 음악가로서 정상적인 생활을 하도록 권고하지만 그는 근면하고 성실한 사람들의 생활을 비웃는다. 그 근면 성실한 삶이라는 것이 진정으로 무엇을 의미하는 것인지를 그는 질문하는 것이다. 상식과 양식의 허구를 신랄하게 폭로하는 것이다. 건설적이라고 하는 세계관과 이단적인 사고방식이라고 하는 세계관 사이의 접합점 없는 대화는 끝내 결렬되고 만다.

　괴테는 고전주의에서 낭만주의까지 넓은 폭을 갖는 작가이다.『젊은 베르트르의 슬픔』이 낭만주의적 경향을 보인다면 후기의 작품들은 완숙한 고전주의적 특성을 지니는 것으로 평가된다. 이 가운데『빌헬름 마이스터』는 흔히 교양소설로 불리는 작품으로서 계몽문학과의 관련에서 언급될 수도 있지만 그보다 더 적절한 작품이 그의 최대의 걸작으로 꼽히는『파우스트』이다. 이 작품은 작가가 수십 년에 걸쳐 생각을 정리해온 뒤 완성시킨 점으로 미루어 그의 문학의식의 핵심을 이루고 있다고 할 수 있다. 괴테는 이 작품에서 무한한 인식의 욕구를 지니고 끊임없이 활동하려는 인간의 전형적인 모습을 보여주는데 그것은 서양인의 원형과 같은 성격을 지니고 있다. 작품의 줄거리는 르네상스 시대부터 서구에 떠돌던 파우스트 전설에 기초하고 있다. 뤼시앙 골드만은 이 작품의 분석에서 "그 희곡의 주제는 자신 있고 비판적인 학자이자 탐구자에서 인생의 진실한 의미, 그 자신 기독교인이지 않은 괴테가 하나님의 길이라고 시적으로 표현한 의미를 발견하는 인간으로 가는 파우스트의 도정이다"고 말하고 있다. 하워드 휴고는『파우스트』의 분석에서 그 주제를 암시하면서 온갖 역정을 거쳐온 파우스트가 죽음을 눈앞에 둔 작품의 말미에 대해 다음과 같이 말한다.

파우스트는 마지막으로 온 정열을 쏟아 간척지를 매립한다. 여기에서 파우스트는 부지런한 인간들로 구성된 새롭고 행복한 도시를 보게 된다. 이것이 바로 파우스트를 정말로 만족시키는 순간이다. 그렇게 되자 이제 지칠 대로 지친 메피스토펠레스는 파우스트와의 내기에서 대단히 우습기는 하지만 어쨌든 이긴 셈이 된다. 그러나 이 경우 파우스트는

프랑크푸르트에 있는 괴테의 생가. 꼭대기 층은 질풍노도의 경향을 보여주는 〈젊은 베르트르의 슬픔〉의 산실. 괴테는 낭만주의에서 출발하여 고전주의에 이른 매우 특이한 경력을 지녔다. 그의 대표작인 〈파우스트〉는 계몽주의의 속성을 많이 지니고 있다.

어떤 것이 완성되고 끝난 것에 만족하는 것이라기보다는 앞으로 올 어떤 것에 대해 만족한다고 할 수 있다. 파우스트가 지금 보고 있는 것은 그가 추구하는 불확실한 미래에 대한 비전인 것이다. 파우스트가 죽고 나자, 천사들은 그를 악의 세력에서 구출하여 하늘로 당당하게 호위해간다. 괴테는, 파우스트는 불완전한 인간이기 때문에 성장을 위해서는 필연적으로 실수를 저질러야만 하게 되어 있다고 생각했고 이것을 신도 수긍하지 않을 수 없다고 생각한 듯하다. 우리가 세상에서 인간이기 때문에 저지르는 실수는 천상에서는 완전함으로 승화되는 것이다. 파우스트는 일생 동안 선전 분투하였기 때문에 훌륭한 일생을 마친 셈이다. 이 위대한 드라마의 마지막 부분은 천상에서의 신비의 합창으로 끝나는데, 이는 괴테의 실존에 대

한 심오한 사색을 보여주는 것이다.

골드만은 이 부분과 관련하여 시사적인 설명을 덧붙인다.

> 작품의 주제가 계몽주의를 하나님에게로 가는 유일한 길로서 표현되는 역사적 행동의 발견으로 교체시키는 것이라는 점을 말해두는 것만으로 충분히 명확해진다.--파우스트는 계몽주의의 이상 뒤에 자신을 남겨 놓았지만, 그가 기독교인이 되지는 않았다. 하지만 파우스트는 종교의 내용과 인간을 위한 그 의미를 이해할 능력을 회복한다. 즉, 그는 계몽주의가 완전히 도외시했던 종교적 물음에 답변해야 할 필요성을 인식했다. 그것이 파우스트가 부활절 종소리를 듣고 삶으로 돌아올 수 있었던 까닭이다. 그 삶에서 파우스트는 그 종소리의 진정한 의미를 발견할 수 있다. 저 의미는 하나님과 사탄의 실체를 회복하는 행동이다. 사탄과의 약속을 통해서, 오직 이 약속을 통해서만이 행동은 인간의 하나님에의 길을 연다.

계몽주의는 직접적으로 계몽문학을 산출하기도 했지만 기존의 관행에 대한 의문을 제기함으로써 문예사조의 변화에 기여했다. 계몽사상이 문학 분야에서 던진 질문들은 주로 고전주의의 교의들과 관련되었다. 고전주의의 기본 가정과 전제들을 합리적으로 고찰하는 가운데 그 독단적 교의와 규범들을 적지 않게 합리적인 것으로 바꾸어 나갔다. 계몽주의자들은 낭만주의에서 본격화되는 천재성이나 환상, 미에 대한 개념들을 본격적으로 다룰 수 있는 준비태세를 갖추었다. 고전주의의 세력이 가장 완고한 자세를 유지하고 있던 프랑스에서 디드로가 펼친 활동은 그 한 사례가 된다.

디드로는 고전주의의 숭엄한 비극 이외에도 사람들에게 정서적 영향을 끼칠 수 있는 사실주의적인 비극의 가능성을 긍정적으로 생각했다. 바로 이어지는 낭만주의 소설에서 가장 각광을 받는 가정문제를 다룬 비극을 옹호하면서 고전주의적 교의와 규율에 대해서 천재의 고양된 능력을 중시하는 관점을 드러냈다. 하지만 디드로는 고전주의의 완강한 세력들과의 대결에서 자신의 생각을 일관되게 발전시키지 못하고 점차 적당한 선에서 타협하는 모습을 보이게 된다.

이에 비해서 고전주의의 전통과 권위가 프랑스에 비해 현저히 미약했던 독일의 레싱은 자신의 『함부르크 희곡론』에서 고전주의의 핵심적 교의에 대해 의문을 제기하고 꼼꼼한 분석을 통해 그것을 철저히 분쇄하는 작전을 펼쳤다. 릴리안 퍼스트는 그 양상을 이렇게 묘사했다.

> 여기서 그는 고전극이 세 가지 일치의 법칙을 지각 있게, 유리하게 이용하고 있는 데 비하여, 프랑스 사람들은 코러스의 폐기와 더불어 무의미해진 여러 규율들을 여전히 독단적으로 고수하고 있었다는 점을 증명해 보이고 있다. 신고전주의의 원리는 여기서 의심의 대상이 되고 있을 뿐만 아니라 나아가서는 부조리하고 위선적인 것으로 보이게 해놓기까지 한다. 그런데 레싱의 비평이 그렇게나 설득력을 지니는 이유는 그의 사상이 지닌 논리적 맥락이나 문체의 짜임새에 있어서 그가 뛰어나게 합리적이기 때문이다. 이러한 것들은 분노한 반대자의 사나운 공세가 아니라, 목표가 확고하고 절제 있게 행동하는 사람이 가하는 철저히 파괴적인 공격이다. 레싱이 단순히 파괴적인 비평가이기만 했던 것은 아니었다. 그의 모든 공세는 각각 건설적인 제안으로써 보완되고 있었기 때문이다. 예를 들어 세 가지 일치의 법칙을 준수하는 문제를 다룬 부분에서 그는 불규칙적인 영국 연극의 의미를 지적하며 다음과 같은 논평을 가하고 있다. '볼떼르와 마페이의 「메르쁘」가 여드레에 걸쳐 일곱 군데나 되는 희랍의 지방에서 일어나는 얘기들로 구성되었다 하더라도 내게는 상관없는 일이다. 바라건대 그들의 작품이 나로 하여금 이 현학적 규율의 준수를 잊어버리게 할 정도로 아름답기나 했으면 한다.' 이 말은 드라이든이 규율보다도 위대한 아름다움을 더 우위에 둔 것과 마찬가지로 비평의 기준에 중대한 변화가 일고 있었음을 암시하고 있다.

레싱의 태도는 고전주의의 권위에 대해 합리적인 질문을 던짐으로써 그것이 스스로 해체되게 하는 방식이었다. 이러한 방식은 고전주의의 규범체계를 독일에 이식시키려 했던 고트세트에 대해서 보드머와 브라이팅거가 펼친 비판에서도 나타난다. 그들은 시가 단순히 이성적 능력에만 의지하는 것이 아니라 직관과 상상력의 작용에 많은 부분을 의지하기도 한다고 온건하게 주장함으로써 고트세트에 대항했다. 계몽주의는 이처럼 여러 측면에서 고전주의의 권위를 합리적인 사고에 의해 해체시키는 쪽으로 작용하기도 했고 상상이나 직관, 환상 같은 정신작용이 문학의 아름다움을 창조하는 데 관여하는 측면에 대해 작가와 비평가들이 관심을 가지도록 유도하기도 했다.

제 5장

낭만주의

낭만주의는 고전주의에 이어서 나타난 문예사조를 가리키는 용어이다. 이 용어가 품고 있는 뜻이 무엇이며 그 특질은 무엇인지를 알기 위해서는 우선 그것이 가리키는 문학적 현상과 개념의 역사를 알아보는 것이 쉬운 방법일 것이다. 그러나 이 문제에 접근하자마자 우리는 곧 미궁에 빠져든 느낌을 갖게 된다. 문학사가들이 낭만주의에 포괄하는 문학적 현상이 각기 다를 뿐 아니라 개념의 역사도 혼란스럽기 때문이다. 예컨대 낭만주의 시대는 어떤 문학사가에 의하면 1798년에서 1832년까지 비교적 짧은 년대를 포괄하고 있음에 반해서 다른 사가에 의하면 18세기 후반에서 19세기 전체를 포함하는 문학적 현상이다.

이러한 양상은 각국의 문학사로 시선을 옮겨보면 더욱 자심해진다. 독일의 경우 18세기 중후반의 질풍노도 운동이 초기 낭만주의 운동을 대표하는 것인데 비하여 영국의 전기 낭만주의는 1800년 어름의 문학적 현상을 가리키는 용어이다. 하워드 휴고는 18세기 후반에서 1800년 무렵까지를 전기 낭만주의로 보고 1830년에서 1840년대의 빅토리아조 시인들을 중심으로 한 일군의 시인들을 후기 낭만주의로 분류한다. 이에 비해서 릴리안 퍼스트는 낭만주의의 전사와 낭만주의 운동으로 구분하여 1800년 무렵에 본격적으로 낭만주의 운동이 시작되었다고 보고 있다.

개념의 역사에서도 이 같은 혼란은 마찬가지다. 'romantic'이란 말이 옛날의

'romance'에서 유래한 말로서 "기사도, 모험 및 애정의 이야기들과 관계되어 있었으며 허황한 감정, 비개연성, 과장 및 비현실성과 같은 것, 즉 건전하고 합리적인 인생관과 정반대되는 요소들로 특징지어져 있었다"는 데는 대체로 의견이 일치한다. 그것은 독일의 아우구스트 빌헬름 슐레겔이 '고대적인 것이나 고전적인 것과 대조되는 현대 예술의 특유한 정신'을 나타내는 말로 낭만주의를 정의했을 때도 일정하게 그 의미의 일관성을 유지하고 있다.

하지만 이 말이 18세기 후반에서 19세기까지 지속된 문학운동을 가리키는 용어로 쓰이게 된 데는 많은 우여곡절이 따른다. 최초로 낭만적이라는 말을 문학사에서 쓰기 시작한 이폴리트 텐느는 낭만주의 작가들이 당시의 시대상황에 대해 밀접한 관계를 지녔던 것으로 파악했다.

그러나 그 이후 '낭만주의'가 비평가나 실증주의적 문예학자들에 의해서 문예사조로 분류되는 과정에서 사회적 관련이나 정치적 관련을 잃고 순수하게 문학적 문제에만 치중했던 유파로 묘사되게 된다. 낭만주의 또는 낭만적이란 말이 내포하는 이러한 복잡성 때문에 그것들이 단일한 의미, 즉 공통된 특성을 지니느냐 하는 문제에 대해서도 의견이 엇갈린다.

르네 웰렉은 낭만주의가 시에 있어서는 상상력을 중시하고 세계관에 있어서는 자연중시의 사상, 시의 스타일에 있어서는 상징과 신화를 중시하는 통일된 문학운동이라는 관점을 제시했다. 이에 반해 아더 러브조이는 낭만주의가 모순되고 차이 지어지는 경향들을 포괄하고 있어서 통일성을 찾기 어려운 문학현상이라고 보았다.

실제 문학현상의 전개를 살피면 러브조이의 견해가 근본적으로 올바른 견해라고 생각되지만 그 다양하고 모순되는 현상들을 포괄하는 개념을 획득하는 데는 일정한 공통성을 추출하는 작업을 포기할 수도 없는 측면이 있다. 그것은 아놀드 하우저가 지적한 바와 같이 주위 사람들과 이질감을 느끼는 개인의 자기표현으로 성립한 문학으로서 인간의 의식이 급변한 시대의 문학을 대표하는 문학이었던 것이다.

'근대의 모든 예술은 낭만적 자유운동의 결과이다'는 견해는 모든 권위에 대한 자유의 투쟁이자 산업화, 도시화와 같은 사회적 압박, 질곡으로부터의 해방투쟁이었던 역사적 낭만주의에 대한 통일적 인식의 필요성을 제고하고 있다. 여기서 낭만주의를 상상력과 시를 통해서 역사현실로부터 도피하려 했던 순수문예운동적인 측면보다도 산업화와 혁명의 좌절 속에서도 시를 우월적 실재인 가치로 인식하여 옹호했던 사조라는 측면에서 당대의 사회적 정치적 변동과의 관련 속에서 파악하는 일이 필요해진다.

1. 낭만주의 발생의 사회적 조건

낭만주의가 어떤 원인에서 어떻게 발생되었는지를 간단하게 말하는 방법은 그 어느 것이나 타당하지 않다. 중세로부터 시작된 생산의 합리화와 생활의 계획화, 도시적 삶의 형태들이 르네상스를 거치면서 좀 더 체계화되고 지배적인 것으로 되면서 그것이 사회의 여러 부면에 영향을 끼치는 속에 낭만주의의 태동의 원인이 조성되었다고 보이기 때문에 한 가지 원인이나 몇 가지 특화할 수 있는 원인만을 열거하는 것은 사태의 진상을 지나치게 단순화할 수 있다. 그러나 전체적으로 근대적인 삶의 특질들이 현저해지면서 낭만주의적 성향들이 싹트고 자라나서 어느 순간인가에 지배적인 성질을 획득했으리라는 추측은 충분히 가능하다.

그 '어느 순간에' 해당하는 시기가 대체로 18세기 초중반, 그러니까 고전주의와 계몽주의가 한편으로는 절정에 이르고 한편으로는 쇠잔의 기미를 보이기 시작하는 시점이었다는 데 대해서는 문학사가들의 의견이 대체로 일치한다. 이 시기를 전후해서 낭만주의의 조짐이 하나둘 나타나고 현저해지면서 시대의 변화가 이루어졌다. 낭만주의가 18세기 후반에 들어서면 구체적으로 사회적 문화적 현상으로 부각되어 사회의 이목을 끌고 논의의 주제가 되었던 것이다. 이 시기, 그리고 낭만주의가 존속했던 전 기간은 대체로 뒷날에 혁명의 시대로 불리는 시기와 일치한다. 1776년의 미국의 독립선언과 1789년의 프랑스 대혁명, 1830년대의 크고 작은 여러 왕조 혁명들, 1848년의 파리꼼뮨 등이 이 시기에 집중되고 있다. 그러므로 낭만주의가 시대를 지배하는 주조적 문예사조로 자리 잡는 것과 이 혁명들 사이에 일정한 연관이 있을 것이라는 추측은 충분한 가능성과 함께 타당성을 지니고 있는 셈이다. 실제로 낭만주의의 발생은 이 혁명들과의 관련 아래서 주로 해명되어왔다. 특히 산업혁명과 프랑스 대혁명의 영향은 지속적으로 논의의 대상이 되어온 낭만주의 발생의 2대 요인이다. 그러나 여기서 혁명과 낭만주의의 관련을 원인과 결과의 관계로 파악하는 것은 적절하지 않다. 어찌 보면 혁명은 낭만주의의 결과일 수도 있는 것이다. 여기서 두 혁명을 낭만주의 발생의 원인으로 설명하는 것은 두 현상의 복잡한 상호관련을 논의의 필요에 따라 단순화하는 방식이다. 산업혁명과 프랑스 혁명을 두 주요 원인으로 거론하는 것도 당시의 삶의 복잡한 양상을 단순화하여 설명할 필요에 따른 조처일 뿐이다. 그 혁명들에 의해서 근대 사회의 중심계급이 되는 중산층은 과거의 체제를 무너뜨리고 자신들의 지위를 향상시켜 현재와 유사한 사회구조를 탄생시켰던 것이다.

산업혁명은 생산의 합리화와 경영의 합리화를 지향했던 오랜 노력의 성과이다. 중세 이래 생산의 조직화와 합리화, 경영체계를 가장 효율적인 방식으로 개선하려는 노력은 지속되어왔고 르네상스 이후의 과학과 기술의 발전은 이 요구에 일정하게 응답하는 것이었다. 이 시기에 응용과학 분야에서 이룩된 기술의 발전은 구체적으로 산업계의 요구에 부응하는 것이었을 뿐만 아니라 과학 분야에서도 실증과학의 발전은 실제적 산업 활동의 이론적 근거를 마련해주는 것이었다. 오귀스트 꽁트의 실증철학과 함께 물리학, 화학, 생물학, 지질학 등이 분과과학으로 자리를 잡게 되며 근면 성실의 노동윤리를 강조해온 칼뱅주의의 프로테스탄트의 교의도 경제활동을 촉진하는 계기가 되었다. 더욱이 신대륙의 발견과 같은 지리상의 발견은 무한한 시장을 산업가들의 눈앞에 제시하는 것이었으며 아담 스미스의 『국부론』은 자유무역·자유시장 경제·자유경제라는 자유경제체제를 이론적으로 정당화해주었다. 개인의 산업 활동이 공공의 이익에 봉사하고 궁극적으로 전체 사회의 조화로운 경제운영을 가능하게 한다는 이 사상은 중산층의 지배적인 사상이 된 자유주의와 잘 어울리는 것이었고 맥락을 같이하는 것이었다.

페르디낭 들라크루아의 〈민중을 이끄는 자유의 여신〉. 힘찬 움직임과 격정, 빛깔의 명도와 깊이에서 나오는 강렬함이 특징이다.

    산업혁명은 사회에 일대 변혁을 가져온다. 사람들이 농촌을 떠나 도시 부근의 공장으로 몰려들게 됨으로써 삶의 기반이 근본적으로 달라지게 되었음은 물론 사회관계에 있어서도 이전과 다른 양상이 펼쳐진다. 사람들은 공동체적인 삶의 양식을 떠나 새로 조성되는 이익사회의 생활 방식에 적응하지 않으면 안 되었다. 우선

낭만주의 189

들라크루아의 〈단테의 작은 배〉. 최초의 낭만주의 회화로 평가된다.

테오도르 제리코의 〈엡솜의 경마〉. 1820년 작. 제리코는 당대의 사건을 극적으로 형상화하고, 기질에서도 낭만주의적인 삶을 살았던 화가이다. 들라크루아와도 교류를 가졌다.

기계적인 절차를 갖는 노동과정의 소외된 형식에 적응해야 했을 뿐만 아니라 도시의 익명성 속에서 고립된 개인적 삶의 방식을 유지해야 했다. 여기서 극단적인 물질주의, 개인주의가 사회에 편만하게 되었다. 그것은 찰스 다윈의 『종의 기원』에서 표현되는 적자생존의 생활방식을 강제하는 것이었다. 살아남기 위한 경쟁에서 무자비한 개인주의가 용인되었고 자본과 노동이 분리되면서 노동의 비인격화, 사물적인 인간관계가 편만하게 되었다. 개인주의는 경제적 자유주의의 이데올로기에서 생긴 개인의 자유개념의 표현으로 볼 수도 있는 것이지만 다른 한편으로는 아무도 책임지지 않는 삶의 기계화라든지 비인간화에 대한 개인들의 저항이라는 측면에서도 파악될 수 있는 것이었다. 낭만주의의 주정주의는 자신의 인간성을 확인하고 주장하려는 시인, 작가의 소망의 표현으로 볼 수 있는 것이다. 산업혁명에 의해 시작된 대공장제는 사람들을 인격체로서보다는 노동단위로서 모두 똑같은 역할을 하는 기능의 담당자로 만들었고 다른 반면에 생산물을 소비해야 하는 규격화된 상품의 구매자로 만들었다. 개인적인 생활에 있어서 노동자들은 도시의 익명성 속에서 이름 없는 엑스트라의 역할에 만족하게끔 강요받았다. 낭만주의의 시인 작가들이 이러한 비인간화에 대해서, 사회의 획일화와 규격화에 대해서 도전하고 저항함으로써 자신의 이상과 세계관을 드러내게 된 것은 기성질서로 확립되어가는 자본주의체제의 부정성에 대한 부정의 표현이었다.

산업혁명이 생활의 물질적 기반에서 일어난 변화를 나타내는 상징이라고 한다면 프랑스 혁명은 사회체제의 문제를 집단적 차원에서 해결하려고 하는 움직임이었다. 폴란드의 학자 쿠진스키가 프랑스 혁명을 보수(保守)혁명이라고 본 것은 이런 점에서 많은 것을 시사한다. 르네상스 이후 점진적으로 사회의 물적 기반에서 주도권을 장악한 부르주아지가 현실적인 제도 권력을 장악하기 위해 민중과의 연대 하에 변혁을 꾀한 것이 프랑스 혁명이라는 것이다. 이것은 그 혁명이 자본의 운동에 장애가 되는 기성체제를 사회의 실질적인 세력을 확보하고 있던 부르주아에게 적합한 형태로 변화시키는 작업이란 의미를 지녔다는 관점이다. 증대하는 국가의 부에 비해서 그 부를 실질적으로 창출하는 제3신분(부르주아와 농민)의 발언권은 상대적으로 극히 미미한 대표권밖에 가지지 못했다는 것은 국가의 위기를 맞아 소집된 3부회의의 구성에서 나타난다. 혁명은 국민회의에서 자신들의 대표권을 확보하려는, 자신들의 권익을 보장받으려는 제3신분의 대표자들의 달아오른 열기가 파리의 실업문제, 물가앙등, 위협적인 식량부족사태 등과 연결되면서 폭발했던 것이다. 프랑스 혁명의 자유·평등·박애라는 이념을 순전히 이러한 관점에서 파악하는 것은 문제적일 수 있지만 혁명의 핵심적인 의의가 부르주아적 질서의 창출에 있었다는 점은 사실로 인증할 수 있다. 낭만주의가 이 혁명과 맺는 관계는 복합적이다. 루소의 『사회계약론』이 끼친 영향은 낭만주의적 사상이 혁명의 발생에 준 파급효과의 대표적인 사례이다. 이 외에도 많은 작가들의 작품이 혁명과 관련하여 일정한 사상적 실천적 영향을 주었을 것으로 추정된다. 그러나 낭만주의가 혁명에 영향을 준 사실들이 표면적으로 확인할 수 있는 구체적 증거를 갖기는 힘들다는 점에서 그 영향의 내용을 고찰하는 것은 매우 힘들다.

이에 비해서 혁명이 낭만주의에 끼친 영향은 직접적으로 확인할 수 있다. 워즈워스·콜리지·계관시인 R. 사우디 등의 영국시인들이 혁명을 열광적으로 찬양했다는 것은 익히 알려진 사실이며 나폴레옹의 황제즉위라는 사실에 충격을 받은 『영웅』 교향곡의 작곡가 베토벤의 일화, 프랑스와의 전쟁에 참전했던 괴테가 프러시아군의 패배에도 불구하고 그 전쟁에서 새로운 세계의 전개를 느낄 수 있었다는 일화 등은 널리 회자되는 이야기이다. 이보다 혁명의 영향이 더욱 직접적으로 문학에 영향을 준 사례는 혁명에 대한 환멸과 그로 인한 절망의 분위기를 표현한 문학작품들에서 찾아볼 수 있다. 공포정치가 극에 이르고 제국이 성립되는 혁명의 변질과정에서 시인 작가들은 지금까지의 장밋빛 환상에서 절망의 나락으로 떨어지는 듯한 충격을 받았으며 그 암울한 감정을 표현한 작품들은 무수하게 발견된다.

하지만 혁명에 대한 문학가들의 반응이 단선적인 것은 아니었다. 어느 때는 진보적 입장에서 현실적 사건들의 전개를 찬양하거나 그 이념을 표현하는 작업이 나타나기도 하지만 반동적인 입장에서 감정을 표현하기도 한 작품도 찾아볼 수 있다. 당대의 현실에 대한 진한 관심이라는 측면에서는 같지만 일의적으로 그 반향

장 와토의 〈시테라 섬의 순례〉. 상류사회의 풍속이나 자연관찰에 충실했던 로코코 화풍의 화가.

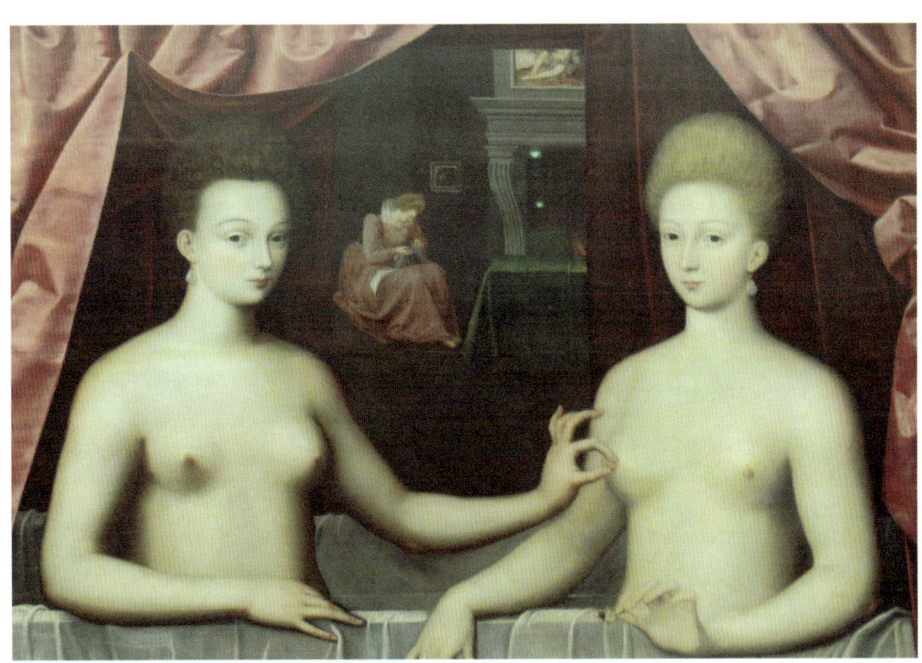

퐁텐블로파(프랑수아 1세가 후원한 예술가들) 화가가 그린 〈가브리엘 자매〉. 나체인 귀부인의 초상화라는 점에서 특이한데, 알레고리적인 의미가 있는 것으로 간주된다. 1596년 작. 한 여인이 잡고 있는 젖꼭지는 매력의 상징이고, 다른 여인이 만지고 있는 반지는 결혼을 의미한다는 점을 감안하면 주제를 대강 짐작할 수 있다.

낭만주의 193

이 규정될 수 있는 것은 아니었다. 다만 혁명의 환멸 속에서 후기 낭만주의의 주조가 과거지향적이고 소극적인, 그리하여 병적인 낭만주의로 분류되는 경향까지도 낳았던 것이다. 흔히 낭만주의를 밤과 죽음의 이미지와 관련시키는 것은 이러한 도피적인 사조를 과장하여 받아들인 데 기인한다. 과거의 이상향으로의 도피와 신비적인 세계로의 초월은 현실에 대한 환멸이란 동일한 감정의 상이한 표현이었던 것이다.

산업혁명과 프랑스 혁명이란 두 개의 혁명에 대한 낭만주의의 반향은 부르주아 사회의 물질주의, 물화현상에 대한 거부감과 자유롭고 평등한 사회의 희망이 멀어진 데 따른 환멸감의 표현으로 나타났다. 이러한 양상은 문학의 내적 환경에도 영향을 끼치게 된다.

낭만주의 문학의 내적 환경에 나타난 변화의 요인에 대해서 레이몽 윌리암스는 다섯 개의 주요 계기를 지적하고 있다. 첫째 작가와 독자의 관계가 바뀌었다는 점이다. 중산층의 대두는 종래의 패트론(예술인을 후원하는 보호자)을 대체하는 새로운 패트론의 등장을 의미하는 것이었지만 새로운 패트론은 과거의 궁정이나 귀족, 교회와는 다른 성격을 지녔던 것이다. 즉 작가들의 작품을 소비하는 수요자가 중산층임에는 틀림없지만 그들은 익명의 다수일 뿐 직접적으로 작가들에게 자신들의 취향이나 요구를 반영해주도록 요구할 수 있는 위치에 있는 것은 아니었다. 결국 작가들은 사회적으로 독립적인 존재가 되었고 독서시장이란 교환시장에 자신의 산물을 판매하는 전문가가 되었던 것이다.

둘째로 문학의 수요자로서 공중에 대한 관습적 태도가 달라졌다는 점이다. 앞에서 지적했던 바이지만 낭만주의 작가들은 시장경제사회의 물화구조에 대한 강력한 거부감을 특징으로 한다. 자신의 창작물이 판매되는 시장에 대해서도 작가들은 유사한 관점을 가지고 있었는데 그 감정은 작품의 독자들에 대한 경멸감이나 불만감을 특징으로 하는 것이었다. 곧 가격에 의해 가치가 결정되는 시장의 법칙이 자신의 작품에 대해서도 적용되는 데 대한 반감, 진정으로 우수한 작품에 대한 상이한 판단기준 등이 작가의 공중에 대한 태도를 종전과는 다르게 형성하였다.

셋째로 문학예술이 시장의 법칙에 종속되는 조짐이 나타났다는 점이다. 작가는 예전과 같이 정신의 지도자나 영혼의 기사를 자처할 수 없었다. 작가도 시장에 상품을 내다파는 생산자에 불과한 기술자나 전문가일 뿐이었다. 이 같은 상황은 상업적 출판이 활성화함에 따라 심화되었다. 작품의 상품성이 주요 관심사가 되어가는 데 대해 작가들은 내심 만족할 수 없었다.

넷째로 작품의 상품성이 세속적 기준에 종속되어가는 데 대한 반발로서 예술을 상상적 진리를 구현한 우월한 실재로 여기는 양상이 두드러지게 되었다. 문학예술이 전문분야가 되고 그에 대한 인식이 심화되는 데 따라 예술 활동에서 상상력의 역할과 그로 인한 현실에 대한 심화된 인식을 주장하게 되었으며 그러한 상상적 진리를 산출하는 예술가를 특수한 존재로 여기는 관점이 생기게 되었다. 예술가는 현실의 본질적인 실재를 인식하고 표현하는 특수한 존재이며 그러한 기능은 예술가의 상상력이 빚어내는 신비라는 생각을 펼쳤던 것이다. 이것은 문학예술이 상품화되어가는 과정과 상반되는 경향으로서, 예술가들은 작품의 진리성뿐만 아니라 자신의 인격성에 대해서도 강조하게 된 셈이다. 예술에 우월적 실재가 구현된다는, 예술이 보편적 진리의 영역에 침투한다는, 그래서 항구적인 실재가 존재한다는 낭만주의 작가들의 생각은 모든 것을 상품으로서 표준화하고 획일화하는 산업주의에 대해서 중요한 비판의 근거를 제공하는 것이었다.

다섯째로 예술가를 특별한 종류의 인간, 단순히 기능만을 지닌 존재가 아닌 하나의 천재라고 보는 관점이 나타난 점이다. 이것은 예술가에게 절차탁마의 작업을 요구하던 고전주의 미학과는 전혀 상반되는 관점으로서 예술가적 기질, 감수성을 강조하는 관점이다. 예술가는 이제 각 장르의 규범에 따라 작품을 짓는 것이 아니라 자율적 존재로서 새로운 감수성을 통해 파악된 실재를 표현하는 하나의 재능으로 받아들여지게 된 것이다.

레이몽 윌리암스는 이상의 다섯 가지 양상이 나타난 것은 낭만주의 작가들의 의식적인 정신적 지향의 소산이라기보다는 그 시대가 부과한 상황과 과제들에 대한 작가들의 필연적인 반응의 결과라고 본다.

2. 낭만주의 시대의 철학과 문학이론

　낭만주의의 사상적 기조는 루소의 작업에서 크게 윤곽지어지고 있다. 루소는 '자연으로 돌아가라'는 구호로 낭만주의의 구호가 된 사상을 선진적으로 제시했다. 그러나 이 구호는 원시적 자연으로 돌아가라는 구호는 아니었다. 루소는 〈백과전서〉의 편찬 작업에도 가담했던 만큼 계몽주의사조와도 관련을 지닌 인물이다. 그러나 그의 사상은 계몽주의자들과 크게 달랐다. 루소의 사상이 계몽주의와 분리되는 양상은 『인간 불평등 기원론』에서 본격화된다. 그는 사회의 도덕적 타락이 사회적 불평등에서 기원한다고 보고 그 선행원인을 사적 소유에서 도출해낸다. 즉 자연 상태에서 자유롭고 평등했던 인간은 사적 소유를 통해 생활의 안락함을 추구하게 되고 이로 인해 법이라든가 전쟁, 죄악을 짓게 되었다는 것이다. 소유가 일단 발생하면 사람은 끝없는 욕구를 가지게 되어 처음에는 자연을 지배하려 하고, 다음에는 인간을 지배하려하는 욕망에서 국가를 세우며 나아가서는 사회적 불평등, 폭력의 상태에 빠진다고 생각했다. 따라서 현재의 사회적 불평등은 평등으로 이행될 필요가 있는데 그것은 합법적인 사회계약을 통해 달성될 수 있다. 이 때의 평등은 원시적 자연 상태의 평등이 될 수 없고 인간의 문화적 성과와 도덕적 자유에 의한 평등이라는 점에서 종전의 그것과는 질적으로 다른 것이다. 루소가 '자연으로 돌아가라'고 했을 때 거기에 내포된 사상은 이런 내포를 지니고 있었다.
　이 사상은 1762년에 발표된 『사회계약론』에서 더욱 발전된다. 여기에서 루소는

존 컨스터블의 〈강변풍경〉. 영국의 대표적인 풍경화가의 작품으로 빛이 순간적으로 내는 효과와 자연의 현상을 잘 포착하고 있다.

윌리엄 터너의 〈난파선〉. 네델란드 풍경화가들의 영향을 받았고, 푸생의 고전을 주제로 한 풍경화에서도 자극을 받았다. 고전적인 풍경화와 낭만주의적인 화풍을 변전하며 독자적인 방법을 모색했다. 나중에 인상파 회화에 영향을 준 것으로 평가받는다.

자유로운 사회적 통합 속에서 모든 국민의 재산이 국가의 보호를 받으며 자연법에서 도출된 일반의지 또는 인민주권이 개별적 인격을 대신하는 사회계약에 의한 공동체의 이상을 표현한다. 루소는 『신 엘로이즈』에서 이 같은 사상에 입각한 자연관을 인상적으로 표현했으며 『고백록』에서는 지금까지 금기처럼 꺼려지던 작가의 자기표현을 적극적으로 시도하였다. 그는 "나는 생각하는 것보다 먼저 느꼈다. 그것은 인간의 공통운명이다"고 말하여 인간의 기본성정이 이성보다 감정에 있음을 주장하였다.

루소와 함께 낭만주의의 사상적 배경이 된 철학을 제시한 이는 임마누엘 칸트이다. '프랑스 혁명에 대한 독일적 이론'이라고 불리기도 한 칸트철학은 공간과 시간이 객관적 실재가 갖는 형식이 아니라 오히려 전적으로 직관의 형식이라고 인식한다는 점에서 그 성격이 드러난다. 칸트에 따르면 인간의 직관과 독립하여 있는 물자체가 어떠한 것인지는 원칙적으로 인식될 수 없는 것이다. 이것이 의미하는 바는 칸트철학이 주관에서 독립해 있는 객관적 실재의 존재를 인정하기는 하지만 그 대상의 성질에 대해서는 우리가 아무것도 알 수가 없다고 말하며, 그럼에도 불구하고 우리의 표상이 우리 밖에 있는 어떤 것에 상응하는 형식이라고 인식하고 있음을 말한다. 이것은 경험이 인식하는 주체의 산물이라고 보는 것으로서 근본적으로 주관주의이다. 하지만 이 주관주의는 낭만주의와는 상호 일치하는 성격을 많이 지니고 있다. 예술이 일정하게 대상에 속박되고 그에 규정되고 있는 것도 사실이지만 예술가의 자발성에 의해 창조적으로 구성되는 것으로 인식하는 것이 낭만주의 작가들의 사상이었기 때문이다.

칸트철학은 인간 이성이 현실을 모사하고 재현하는 수동성보다는 주체의 자유로운 활동에 의해 대상을 새롭게 구성하여 객관성을 생산한다고 봄으로써 인식이 창조적 자아의 영역으로 변화될 수 있는 여지를 만들었다. 이것은 세계에 대한 기존의 관념이 지닌 스스로의 무자각성을 극복하여 현실이란 관념의 이데올로기성을 의식할 수 있게 해주었다. 칸트의 이와 같은 주관적 관념론은 그의 미학에도 반영되고 있다. 그는 『판단력비판』에서 주관적 관념론의 미학을 정립했다. 영국의 샤프츠베리의 영향을 크게 받은 것으로 알려진 그의 미학에서 주관의 능동적 역할은 극대화된다. 다음의 설명은 주관의 역할이 극대화된 양태를 잘 보여준다.

> 『판단력 비판』에서 칸트는 이론이성과 실천이성을 매개하려는 시도에 착수한다. 칸트에 따르면 인간의 이성은 자연 안에서 목적이 자유 법칙에 따라 실현되는 것처럼 사유하도록 강요받는다. 이러한 합목적성은 자연 자체에 속하는 것이 아니다. 오히려 이러한 합목적성은 이성의 특수한 능력인 반성적 판단력이 지닌 사유필연성일 뿐이다. 반성적 판단력은 다양한 특수자연법칙이 마치 보편적인 합목적성에 종속되어 있고 그럼으로써 통일성 안에 결합되어 있는 것처럼 고찰한다. 반성적 판단력은 미적 판단력이거나 목적론적 판단력이다. 미적 판단의 경우 대상의 아름다움은 합목적성의 형식으로 고찰된다. 미적 판단은 개념에 의존하지 않으며 오히려 쾌감이나 불쾌감과 같은 감정에 의존한다. 미적인 합목적성은 단순히 형식적이며, 인간의 목적이나 관심과는 아무런 관련도 없다. 칸트에 따르면 아름다운 것을 즐기는 것은 관심과 전혀 무관하다. 따라서 아름다운 것은 관심과 결합되어 있는 쾌적한 것 및 좋은 것과는 구분되어야 한다. 칸트는 이러한 방식으로 현실과 미적인 것 사이의 관계의 특수성을 파악하고자 한다. 이런 생각에 담겨 있는 형식주의적 계기는 그 이후의 부르주아적 형식주의 예술사상이 딛고 설 지반이 되었다. 칸트에 있어서 예술의 주체는 예술작품을 아무런 모방 없이 창조할 능력이 있는 천재다.

인용문은 칸트가 예술 형식의 합목적성, 미적 판단에 있어서의 무관심성, 예술적 표현에 있어서의 천재의 개념을 정식화했음을 말해주고 있다. 또한 칸트는 아름다움에만 치우치지 않고 숭고미를 분석함으로써 미학의 새로운 경지를 개척하고 있다. 우아미 또는 조화미에 대조되는 숭고미는 고전주의의 전아한 미에 대해서 낭만주의에서 본격화되는 그로테스크의 도입, 광대무변한 자연에의 찬미, 열정의 노출 등을 미학적으로 뒷받침하는 이론적 관점을 제공해준 의의가 있다. 그 가운데서도 천재의 개념은 낭만주의의 활동 전체에 파급효과를 미치는 내용을 담고 있다. 그것은 상상력의 자유로운 유동으로 표현될 뿐만 아니라 오성의 합법칙성에 합치되는 것으로 존재한다. 칸트는 구상력과 오성이란 천재를 이루는 요소를 설명한 뒤 다음과 같이 천재의 성질을 요약하고 있다. 첫째 천재는 예술에 대한 재능이요 학문에 대한 재능이 아니라는 것, 둘째 천재는 예술의 재능인 만큼 목적으로서의 산물에 관한 일정한 개념을, 따라서 오성을 전제하지만, 또한 이 개념을 현시^{現示}하기 위한 소재, 즉 직관에 관한 하나의 표상도 전제하며, 따라서 천재는 구상력과 오성과의 관계를 전제한다는 것, 셋째 천재는 풍부한 소재를 내포하고 있는 미감적 이념들을 제시하거나 현시하여 소기의 목적을 표현하는 데서 발휘되며, 따라서 천재에게는 구상력은 규칙들의 어떠한 지도도 벗어나 있지만 주어진 개념을 현시함에 있어서는 합목적적인 것으로서 표상된다는 것, 넷째 구상력이 오성의 법칙과 자유롭게 화합할 때에 절로 이루어지는 무의도적인 주관적 합목적성은 이 양^{兩}능력의 균형과 조화를 전제하는데 그 균형과 조화는 규칙들을 준수함으로써 성취될 수 있는 것이 아니라 주관의 자연적 본성만이 산출할 수 있다는 것이다.

　이상의 설명을 통해 칸트는 천재란 예술가의 주관이 여러 인식능력들(구상력과 오성, 정신)을 구사하여 규칙들의 속박에서 해방된 자유를 행사함으로써 독창성을 획득하는 것이라고 본다. 이 독창성은 그 자신 하나의 새로운 규칙을 획득하게 되는데 그것은 미적 예술이 하나의 천재를 통해서 규칙을 부여한 자연의 모방이기 때문이다. 칸트의 주관주의적 미학이 이 시대에 끼친 영향은 광범하다. 괴테 같은 작가는 칸트의 책들에 주^{註}를 달면서 독서한 흔적을 남기고 있기도 하고, 실제로 직접적으로 작가들에게 깊은 영향을 남긴 피히테의 극단적 주관주의는 칸트의 수용에 있어서 일정한 굴절을 의미하기도 한다. 즉 피히테는 우리가 일상적으로 마주치는 사물들의 존재이유 및 존재방식은 주체가 그것을 어떻게 보느냐에 따라 달라 보인다고 주장한다. 이것은 현실세계의 존재와 형상들이 개인들의 상상력이 비춰주는 비전에 의존한다는 극단적 주관주의이지만 상상력의 눈을 사물을 보는 도구로 삼은 낭만주의 작가들에게는 자신들의 관점을 정당화해주는 견해였다. 독일의 초기 낭만주의에 미친 피히테의 영향을 서술하면서 릴리안 퍼스트는 다음과 같이 묘사하고 있다.

> 세계는 우리의 지각에 의해 인식되므로 우리는 항구적으로 진보적이며 마술적인 관념론 속에서 이 세계를 재형성할 수 있다. 이런 세계의 시화詩化를 이룩하는 수단은 창조적 상상력, 특히 예술가의 상상력이며, 이런 상상력을 지니고 있는 덕분에 예술가는 이 체계에서 최상의 위치를 차지한다. 예술작품은 예술가가 상상력을 통하여 접근할 수 있는 초월적 영역에 대해 가지고 있는 비전을 상징적 접근의 방법으로 그려낸다는 점에 있어서 중간매체의 기능을 수행한다.

칸트와 피히테의 주관주의, 상상력과 천재에 대한 새로운 인식은 낭만주의의 문학이론에도 일정한 등가물을 가지고 있었다. 그것은 낭만주의가 새로운 사회의 이념과 결부되어 나타난 데서 연원한다. 낭만주의자들은 자신들이 맞부딪친 세계의 비인간성에 대한 거부의 몸짓으로서 그 세계가 지닌 역사성을 심각하게 생각하지 않으면 안 되었다. 전통의 규범과 새로이 전개되는 현실의 급변은 자신들이 처해 있는 사회적 역사적 조건을 돌아보게 했으며 그 작업을 통해 현재에 대한 대비점을 생각하게 되었다. 초기 낭만주의에 속한 노발리스가 철학을 '어디에서나 집처럼 느끼고 싶은 충동', 곧 '향수'라고 정의한 것은 낭만주의자들이 가지게 된 역사의식의 한 표현 형태였다. 그 향수가 고향에 대한 것이건 아무 곳에서도 그 실재의 모습을 찾을 수 없는 고향적인 세계에 대한 꿈이건 간에 그것은 현실의 삶으로 말미암아 갈가리 찢어진, 어디에도 정처를 가질 수 없는 감정의 표현으로서 기능했던 것이다. 초기의 낭만주의가 동화나 환상을 창조하는 데 주력한 것은 이와 관련된다. 현재에 대한 염오감에서 먼 곳의 사물을 제시하거나 평범한 것일지라도 신비스러운 외관을 부여할 때 그것들은 낭만적인 것으로 생각될 수 있었다. 노발리스는 '쾌적한 방식으로 사물을 소외시키는 예술, 즉 사물을 낯설게 만들면서도 동시에 친숙하고 매력 있게 만드는 예술'은 모두 낭만주의 시라고 정의했다. 낭만주

프란시스코 고야의 〈옷을 입은 마하〉. 고야는 환락과 무상함, 허무주의와 악마적 의식이 교차하는 경향을 보인다.

프란시스코 고야의 〈나체의 마하〉.

의는 현실의 존재를 단순히 재현의 방법에 의해 제시하는 것보다도 그것을 이상화하여 유토피아적 세계로 변화시키는 변용에 더 큰 의미를 부여했다. 이 일은 자연과 감정에 대한 새로운 관점의 형성, 변용에 있어서 상상력의 관여를 천재의 개념으로 이론화할 수 있었던 데 크게 의지한다.

18세기 과학에서 자연은 기계적 원리에 맞는 것이었다. 세계기계라든지 시계기계로서 자연은 인간의 필요에 의해 언제나 지배될 수 있는 대상적 존재였다. 고전주의 시대의 합리주의는 이러한 관점의 정당성을 보장해주었다. 거기서 자연은 인간의 보편적 본성을 의미했고 본래의 자연은 이차적인 의미만을 갖는 것이었다. 하지만 낭만주의 시대에 자연은 단순히 대상적 존재의 영역에 머무는 것이 아니라 인간과 교섭하는 존재이자 스스로 호흡하고 활동하는 유기적인 자연이었다. 따라서 자연을 파악하고 이용하며 지배하는 인간의 자연, 곧 이성적 지적 능력에 대한 관심이 아니라 스스로 유기적인 세계인 자연 자체에 대한 관심, 즉 산과 바다와 시골의 풍경이 주요한 관심의 대상이 되었다. 이 같은 자연의 재정의를 통해서 낭만주의자들은 문학에 있어서 감정에 대한 새로운 인식을 가지게 되었다.

낭만주의자들에게 감정은 고전주의 시대의 이성을 대치하는 인간본성에서 가장 중요한 특성이었다. 사람이 사물들의 내적 관계와 의미를 알 수 있게 되는 것은 이성에 의해서가 아니라 감정에 의해서였다. 이 같은 사고의 전개는 루소의 자연관에서 시작되고 있다. 루소는 인간과 자연이 서로 유리되어 있다는 인식에서 자연으로 돌아갈 것을 주장하였다. 이것은 인간과 자연이 본디 유기적 관계를 가진 것으로 생각하여 그 관계의 회복이 현재의 결렬상태를 치유할 수 있는 방법이라고 보았기 때문이다. 이 관계의 회복은 이성에 의해서가 아니라 감정의 교통을 통해서 가능한 것이었다. 여기서 감정의 억제를 강조한 고전주의의 주장과 상반되는 문학적 견해가 나타나게 되었다. 고전주의 시기의 스피노자가 "인간이 격정의 지배를 받게 되면, 자연스러운 것이 아니다"고 한 데 반해서 루소는 개인적 감정을 자연·세계와의 교통에서 중요한 것으로 보는 관점을 피력했다. 그는 『참회록』에서 감정표현의 중요성을 확신하는 자신의 생각을 서술하고 있다.

낭만주의 203

나는 이제 여기 전무후무한 시도를 하려는 바이다. 나는 모든 독자들에게 한 인간의 적나라한 본성의 진실을 꾸밈없이 보여주고자 한다. 이 한 인간은 바로 나이고, 나만인 것이다. 나는 내 마음 속에 있는 감정을 알고 있고, 또 나는 다른 사람도 잘 안다. 나는 내가 지금까지 본 어떤 다른 사람과는 같지 않다. 살아 있는 어느 다른 사람과도 같지 않다고 나는 굳게 믿는 바이다.

지금까지의 문학에서 작가가 표현한 것은 대상의 세계였다. 서정시를 제외하면 시인이나 작가가 표현의 대상이 된 예는 그리 많지 않다. 그러나 루소는 과감히 자신을 표현의 대상으로 삼고 있고 자신이 다른 어느 누구와도 다르다는 점을 공언하고 있다. 이것은 낭만주의의 한 특질인 개성주의를 나타내는 것이기도 하지만 자기표현이 문학의 중심 분야가 되는 한 역사적 계기를 이룬다. 워즈워스가 시는 감정의 유로라고 했던 것은 루소 이후 낭만주의의 전개에서 일반화한 생각을 정연하게 표현한 의미가 있다.

모든 좋은 시는 강한 감정의 자연발생적 유출이다. 그러나 이것이 사실이라 할지라도 무슨 주제를 다룬 시이든지 보통 이상의 '유기적 감수성'을 가진 사람이 깊이 오래 생각한 끝에라야 조금이라도 가치를 부여할 수 있는 시를 지을 수 있다. ---위에서 나는 시가 강한 감정의 자연발생적 유출이라 하였다. 시는 침잠의 상태에서 회상된 정서에서 기원한다. 그렇게 회상된 정서를 한참 묵상하고 나면 일종의 반사작용에 의하여 그 침잠의 상태는 차차 사라지고 처음 묵상의 대상이 되었던 정서와 닮은 제2의 정서가 차차 생겨나서, 실제로 마음속에 자리 잡는다. 이러한 기분에서 훌륭한 창작이 시작되는 것이 보통이다.

워즈워스의 관점은 감정의 유출을 문학의 출발이라고 본다는 점에서 루소와 동일한 생각을 나타내고 있다. 하지만 루소에게 문학은 생생한 인간의 기록, '울부짖고 고백하며, 적나라하게 드러내놓은 상처가 되는 것'임에 반해서 워즈워스에게서 감정표현은 깊은 성찰과 회상에 의해서 이루어져야 하는 것이다. 이 같은 차이는 두 사람의 개성의 차이일 수도 있지만 사회적 환경의 변화와 장르의 차이에서 비롯된 것으로 생각할 수도 있다. 워즈워스에게 있어서 시인은 상상력을 통해 감정·인상·대상물을 보다 큰 전체로 통일시켜 감각적으로 지각할 수 있는 세계에 대한 비전을 제시해주어야 했던 것이다. 그것은 이제 낭만주의가 정제된 시학을 갖추어야 할 시기에 이르렀음을 말해준다. 그럼에도 불구하고 다른 시대에 비하여 낭만주의 시에서 감정표현이 두드러진 것은 워즈워스의 대표적인 작품으로 손꼽히는 「수선화」에서도 쉽게 알아볼 수 있다.

    산골짜기 넘어서 떠도는 구름처럼
    지향 없이 거닐다
    나는 보았네.
    호숫가 나무 아래
    미풍에 너울거리는
    한 떼의 황금빛 수선화를.

    은하에서 빛나며
    반짝거리는 별처럼
    물가를 따라
    끝없이 줄지어 피어 있는 수선화.
    무수한 꽃송이가
    흥겹게 고개 설레이는 것을 .

    주위의 물결도 춤추었으나
    기쁨의 춤은 수선화를 따르지 못했으니!
    이렇게 흥겨운 꽃밭을 벗하여

어찌 시인이 흔쾌치 않으랴
나는 지켜보고 또 지켜보았지만
그 정경의 보배로움은 미처 몰랐느니.

무연히 홀로 생각에 잠겨
내 자리에 누우면
고독의 축복인 속눈으로
홀연 번뜩이는 수선화.
그때 내 가슴은 기쁨에 차고
수선화와 더불어 춤추노니.

    자연의 사물인 수선화를 두고 읊은 시인의 노래는 말 그대로 기쁨과 환희에 차 있다. 그러나 그것이 일정하게 절제되고 있는 모습도 쉽게 알아볼 수 있다. 여기서 낭만주의 문학에서 가장 특징적인 사실인 상상력의 문제를 짚어볼 수 있다. 즉 시인의 감정을 표현하는 문제는 현실이 어떻게 상상력으로 표현되는가 하는 문제에 연결된다. 낭만주의자들은 상상력이 사물을 보는 눈을 제공하는 것으로서 표면적 현실을 넘어서서 거기에 들어 있는 내재적 이상을 보여주는 힘이라고 보았다. 그것은 실제 창작에 있어서 통일과 구성력으로 나타나는 것으로 정신의 여러 기능을 조화롭게 동원하여 다양한 감각인상, 기억 속의 잔존물, 정신 속의 감정 등을 통합한다. 그러므로 유한한 세계에서 무한의 세계를 보여주는 것도 상상력의 기능이며 현실 속의 이상을 가장 아름답게 그려내는 것도 상상력의 작용에 의해 가능해진다.
    코울리지는 상상력을 제1상상력과 제2상상력으로 구분하여 전자는 지각력 · 배우는 힘 · 지식 · 정신이 감각을 통하여 받는 객관세계의 외부적 존재를 정신의 힘으로 균형 이루게 하는 것이라고 설명하고 후자는 전자와 기능은 같으나 그 정도나 작용의 면에서 더 우월한 것으로 보았다. 셸리가 시를 상상력의 표현이라고 했듯이 낭만주의자들에게는 세계의 존재와 형상 자체가 상상력의 비전에 의지하는 것이다. 이것은 상상력의 어원이 어떤 대상의 직관적 심상을 의식 속에 현출시키는 능력을 의미한 것과 일치한다. 기억력이나 지각력이 경험에 의지해서 수동적인 역할을 하는 것에 비해서 상상력은 현실을 개성적으로 변용함으로써 독자적인 세계를 구성하는 능동적인 성격을 갖는다는 인식이다.

사르트르는 그의 『상상적인 것』 속에서 이 상상력이 갖는 자유로운 창조성을 부정능력과 세계조정능력으로서 자유의 개념에 귀속시키고 현실과는 다른 새로운 세계를 정립하는 것에 의해서 현실의 근저가 무^{無}라는 것을 명확히 하는 독자적인 기능을 갖는 것이라고 설명했는데 이 설명은 낭만주의자들이 가진 상상력의 개념과도 일맥상통하는 것이다. 낭만주의자들에게 상상력은 '생명력 있고 창조력 있는 힘으로 심미적 균형과 통일을 나타내며 주관과 객관, 현실과 이상, 감각적인 것과 초월적인 것을 결합시키며 우주를 감지하고 창조하는 힘'으로 생각되었다. 블레이크가 상상력을 '궁극적 실재를 창조하는 유일한 힘'이라고 한 것도 이와 유사한 인식에 근거한다. 낭만주의자들에게는 이 상상력의 자유로운 유동이 가장 뛰어난 존재가 독창성을 지닌 천재들이었다.

낭만주의에서 천재개념이 최초로 나타난 것은 1759년에 발표된 에드워드 영의 「독창적 문학에 대한 억설」에서이다. 영은 독창적인 작품이란 '천재라고 하는 생기 넘치는 뿌리로부터 자연발생적으로 자라난다'고 주장하면서 모방된 작품이 기왕의 소재를 가지고 제작기술이나 노력을 통해 만들어낸 것이기 때문에 일종의 제작품임에 반해서 천재의 소산은 창조물이라는 이름에 합당한 예술작품이라고 할 수 있다고 생각했다. 이 생각은 폭풍노도의 시대에 오면 천재란 '반항적이고 초인간적이며 신적인 거인'으로 신비화되기까지 한다. 이러한 천재개념 속에는 낭만주의의 비합리적이고 주관적이며 주정적인 성격이 잘 나타나 있다. 그것은 예술을 신적인 영감, 순간적 인상과 직관에 의해서 일상에서는 이해할 수 없는 실재의 깊이에 도달하는 일과 연관시키는 견해이다. 고전주의에 있어서 천재가 좀 더 세련된 교양, 더 높은 지성에 의해서 특징지어지는 것이었다면 낭만주의에서는 일상의 논리로부터 벗어나 자유롭게 사물의 내적 연관을 찾고 여러 가지 관념의 연합을 통해 환상과 꿈의 세계를 펼칠 수 있는 이상화된 인격적 존재의 대명사였다. 이처럼 권능이 극대화되고 신비화된 천재는 예술작품의 자율적 세계의 입법자로 인식된다. 작품은 이제 작가의 상상의 능력에 전적으로 의지하는, 그 기원을 작가의 천재에게서만 찾을 수 있는 창조물이 되었다.

천재의 소산으로 승격된 예술작품을 빚기 위해서 낭만주의 문학이 강조한 예술적 수법 가운데 가장 두드러진 것이 암시와 상징이다. 특히 낭만주의의 대표적인 문학 장르로서 서정시에서 상징과 암시는 창조적 변용의 중심 세력이었다. 일찍이 슐레겔은 낭만주의가 표현하려고 하는 초월적인 것은 '오직 이미지와 기호를 통해 상징적으로만 밝혀질 수 있다'고 주장하여 상징적 이미지의 활용 가능성을 확보해 두었다. 기왕에도 서정시는 자유롭게, 신축적으로 이미지의 그물망을 구축해서 강렬한 정서를 표현하는 매체였다. 여기에다 낭만주의의 상징적 이미지에 대한 강조가 맞물려짐으로써 낭만주의 시는 관념적인 것이나 추상적인 것을 표현하는 데 상징과 이미지, 암시의 수법을 폭넓게 사용할 수 있게 된 것이다.

낭만주의 문학에서 강조된 수법 가운데 두 번째 특징으로 들 수 있는 것이 시어를 사람들이 실제로 쓰고 있는 말에서 취택하여 사용한 점이다. 이것은 낭만주의 시가 일상생활의 사건과 상황을 작품의 소재로 채택한 것과 결부된 특징이다. 워즈워스는 시인이 일상적 소재를 사용해야 하고 그 소재에 적합한 시어로는 사람들이 실제 생활에서 쓰고 있는 말이 적당하리라는 점을 말한 바 있다. 이 점은 낭만주의에서 '자연스러운 것'을 탐색하는 데 주력한 것과도 상통하는 양상이다. 세 번째로 들 수 있는 특징은 낭만주의 문학에서 주체와 객체의 거리가 단축되고 심지어는 소멸하기까지 한 현상이다. 앞에 인용한 워즈워스의 시에서 수선화와 같은 자연사물의 존재가 시인의 감동을 자아내고 환희의 원천으로서 작용하고 있는 양태는 사물과의 심리적 거리가 단축되고 있음을 잘 드러내준다.

3. 낭만주의의 전개

낭만주의는 18세기 후반에서 19세기 전체에 걸친 긴 시간대를 무대로 하고 있다. 게다가 유럽 각국의 사정은 제각기 달랐다. 아놀드 하우저는 낭만주의가 전형적인 영국적 현상이라고 본 바 있지만 낭만주의의 본거지는 '안개 낀 북쪽 독일'이라는 관점도 여러 학자들에 의해서 제기된 바 있다. 대혁명의 여파가 오랜 기간 지속되었고 고전주의의 위세가 견고한 성곽처럼 버티고 있던 프랑스가 상대적으로 뒤늦게 낭만주의를 출발시켰다는 점에는 의견이 모아지지만 그 밖의 사항에 대해서 낭만주의의 전개를 바라보는 입장은 학자들에 따라서 매우 상이하다. 여기서는 18세기 중후반의 낭만주의의 경향을 전기낭만주의로 분류하여 파악하고 19세기의 운동을 낭만주의의 본격적인 전개로 파악하는 관점을 채택한다.

1) 전기 낭만주의

18세기에 낭만주의의 전조는 여러 가지로 나타난다. 1739년에 흄은 『인성론』에서 "이성은 정열의 종복이며, 또 종복에 그쳐야 한다"고 주장하여 낭만주의의 대두를 예고하고 있다. 또 루소가 『학예론』에서 도덕의 타락을 자연적 생활양식이라는 이상과 대립시킴으로써 역사철학적인 입장에서 당대의 사회를 비판하고 『인간 불평등 기원론』, 『사회계약론』에서 당시의 절대주의와 고전주의 문학에 대립되는 사상을 표명했던 것은 구체적으로 낭만주의 사조의 시대적 필연성을 짐작케 해준다. 그러나 이러한 개별적인 징조들에도 불구하고 낭만주의의 사조가 역사에 최초로 모습을 드러낸 것은 독일의 질풍노도疾風怒濤 운동에서이다. 1770년대에 일어난 이 운동은 낭만주의를 의식적으로 표출한 최초의 집단적 운동으로서 고전주의에 대한 반대를 분명히 하는 속에서 이후 낭만주의 사조의 중심적인 주제를 상징적으로 드러내고 있었다. 첫째 하늘이 준 재능으로서 천재란 우리를 구속하는 제약이나 속박을 넘어선다는 것, 둘째 인간의 정서, 곧 감정이나 정열은 이성을 넘어선다는 것, 셋째 인간의 마음에 깃든 정서를 바탕으로 하여 시를 써야 한다는 것, 넷째 인간의 영혼은 자연에 깃든 혼과 같다는 것, 다섯째 문학은 모든 존재의 근본이 되는 실재를 추구해야 한다는 것이었다.

 이러한 질풍노도의 주장은 고전주의의 규범, 형식성, 질서, 관습 등을 포괄적으로 거부하는 것으로서 고트세트의 신고전주의 소개를 좌절시키면서 대중적 지지를 얻었다. 이 운동의 영향 하에 괴테의 『젊은 베르트르의 슬픔』이 씌어진 것은 유명한 사실이다. 한편 영국에서는 고전주의에 대한 반대보다도 당시의 사회적 변동에서 더 많은 영향을 받았다. 부르주아적 질서가 확립되어가던 현실이었던 만큼 영국의 문인들은 주로 이와 관련된 측면에서 낭만주의적 태도를 표명했다. 예컨대 낭만주의의 시인 작가들은 동시대 사회에 대해 포괄적인 거부감을 나타내는 동시에 물질적 소유에 대한 집착에 대해서도 경멸감을 표시했으며 표피적인 것을 거부하고 본질적인 것에 대한 호의를 드러냈다. 이것은 합리적인 것에 대해 자연적인 것을 선호하고 인간심정의 문제에 초점을 두었다는 점에서 독일에서 나타난 경향과 유사한 점이 많았다. 이 시기에 나온 작품으로는 시 부문에 그레이의 「어느 시골묘역에서 쓴 만가」, 영의 「밤의 사색」, 허어비의 「무덤에서의 명상」 같이 인간의 운명을 감상적 어조로 읊은 비가들이 대부분이다. 넘쳐흐르는 정서의 분일에도 불구하고 장중한 어법이라든가 우울하고 음침한 분위기가 이 시기 서정시의 특질이었다. 소설에도 똑같이 인간의 심정을 표현하는 작품이 두드러졌다. 대표적인 작품으로는 리차드슨의 『패밀러』와 『클래리서 하알로우』, 골드스미스의 『웨이크필드』, 스터언의 『감상적 여행』 등이 있다. 이 가운데 리차드슨의 『패밀러』는 뚜렷한 플롯의 전개도 가지지 않지만 심정의 자세한 분석에 의해서 소설적 흥미를 끈 작품으로 이름을 얻고 있다. 아놀드 하우저는 다음과 같이 그 의의를 설명하고 있다.

17세기에 이미 '낭만주의적인' 양식의 현상들이 있으며 18세기 전반기에는 곳곳에서 그것들과 마주치게 된다. 하지만 리차드슨의 등장 이전에는 본격적인 의미에서의 낭만주의 운동을 운위하기가 어려운데, 왜냐하면 이 새로운 양식의 본질적인 제 특징이 그에게 와서 처음으로 통일적으로 나타나기 때문이다. 그리고 그는 주관주의와 감정주의를 수반하는 낭만파 문학 전체가 그에게서 비롯된 것처럼 보일 만큼 이 새로운 취미방향을 위해 실로 적절한 방식을 발견하는 것이다. 어쨌든 그처럼 범용한 예술가가 그렇게 깊고 지속적인 영향력을 행사한 적은 없었다. 다른 말로 해서, 한 예술가의 역사적 중요성이 그처럼 완전히 그의 예술적인 천분 바깥에 있는 이유들 때문에 결정된 적은 없었다. 리차드슨의 영향력이 그렇게 대단했던 이유는 그가 허구적인 모험이나 기적에는 관심을 두지 않고 가정이라는 테두리 속에서 가사에만 몰두하여 살아가는 새로운 중산계급 인간을 그의 사생활과 함께 문학작품의 중심으로 만든 최초의 소설가라는 데 있다. 그가 소설에서 그리는 것은 영웅이나 악한이 아니라 보통의 시민들이며 그에게 흥미가 있는 것은 장엄하고 영웅적인 행위가 아니라 단순하고 비근한 마음의 움직임들이다. 그는 다채롭고 환상적인 에피소드를 중첩해 나가는 수법을 포기하고 주인공들의 심리적 동태에만 전력을 집중한다. 그의 소설들의 서사적인 소재는 아주 빈약한 줄거리에 의존하고 있는데, 그 줄거리란 다만 감정의 분석과 양심의 시험을 전개하기 위한 하나의 구실에 불과하다. 그의 인물들은 철두철미 낭만적이지만 로마네스크적이고 피카레스크적인 요소는 전혀 가지고 있지 않다. 그는 또한 명확하게 정의내릴 수 있는 인간유형을 창조하지 않은 최초의 작가이다. 그는 감정과 정열이 흘러넘치고 움직여 가는 것을 다만 그대로 묘사할 뿐이며, 인물들 그 자체란 그에게 원래 무관심한 존재이다.

이 소설은 아베 프레보의 「마농 레스꼬」와 유사한 부분이 있다. 그것은 정열이나 심정의 문제를 다루며 사실적인 문체들을 선보인다는 점이다. 질풍노도 운동 시기에 씌어진 괴테의 『젊은 베르테르의 슬픔』이 지니고 있는 정조도 비슷하다. 하지만 괴테의 작품이 지니는 의미는 두 작품에 비해서 월등한 바 있다. 『젊은 베르테르의 슬픔』은 평범한 일상사로 지속되는 시민생활과 이상의 환상과 꿈 사이의 갈등에 시달리는 희생자의 모습을 그리고 있는 것이다. 그것은 낭만주의의 시인과 작가들이 중심주제로 삼은 문제이며 그에 앞서서 루소가 『신엘로이즈』에서 선보인 주제였다. 서한체로 씌어진 『젊은 베르테르의 슬픔』의 줄거리는 다음과 같다.

베르테르는 고향을 떠나 맑고 신선한 대기가 가슴을 설레게 하는 어느 저택에서 시간을 보내고 있다. 그는 그 시골에서 열리는 무도회에 가던 길에 여섯 명의 동생을 돌보는 롯테를 만난다. 첫눈에 반한 베르테르는 무도회에서 롯테와 춤을 추지만 주위 사람들의 말을 통해 그녀에게 약혼자가 있다는 사실을 알게 된다. 그 뒤에 두 사람은 꿈같은 시간을 보내지만 얼마 후 약혼자가 여행에서 돌아온다. 세 사람은 미묘한 관계 속에서 서로 어울린다. 어느 날 베르테르는 롯테의 약혼자인 알베르트에게서 권총을 빌린다. 세 사람이 산책을 하던 어느 날 밤 롯테는 베르테르에게 우리가 죽은 뒤에도 만날 수 있을까 하는 질문을 하고 베르테르는 만나게 될 것이라고 대답한다. 베르테르는 어느 지방의 관리가 되어 그곳을 떠난다. 하지만 베르테르는 상사와 잦은 충돌 끝에 사직하고 고향에 돌아온다. 베르테르의 마음에는 롯테의 자태가 항시 자리 잡고 있다. 알베르트는 베르테르에게 롯테를 만나지 말라고 하였고 롯테도 집에 찾아오지 말라고 말한다. 하지만 베르테르는 죽음을 각오하고 롯테의 집을 방문하여 그녀의 입술에 입 맞추고 그의 집으로 돌아가 자살한다.

이상의 줄거리는 어설픈 애정소설의 그것과 크게 다를 것이 없지만 괴테는 이 이야기 속에서 많은 재능을 지니고 있는 사람이 보람 있는 생활은 아무것도 꾸밀 수 없는 당시의 사회를 그려내고 있다. 당대의 사회적 모순을 그림과 동시에 열정이 몰아온 비극을 서술하였다는 점에서 괴테의 천재를 평가할 수 있다. 이들 작품을 통해서 낭만주의가 감성의 시대였으며 한편으로는 자연에의 회귀를 소망하는 바램을 표현한 문학이었다는 점을 엿볼 수 있다.

2) 낭만주의의 본격적 전개

낭만주의 운동이 본격적으로 전개되기 시작한 것은 독일에서는 1797년이며 영국에서는 1798년으로 알려져 있다. 독일에서는 슐레겔 형제를 중심으로 베를린에서, 그리고 다음에는 하이델베르그에서 주로 활동했으며 영국에서는 워즈워스와 콜리지가 『서정담시집』을 내는 등 호반파시인들로 알려진 그룹을 중심으로 활동이 일어났다. 프랑스 혁명이 공포정치와 같은 여러 우여곡절 끝에 점차 이념이 퇴색해가던 무렵에 낭만주의의 활동이 이루어졌다는 것은 낭만주의의 문학을 이해하는 데 참조점이 될 수 있다. 이 낭만주의 운동이 전기의 낭만주의와 구별되는 점은 당대의 현실에 대해 이전보다도 좀 더 의식적이 되었다는 점과 상상력을 더욱 중요시하게 되었다는 점이다. 에이브럼즈는 18세기에 상상력이 모사론적 관점에서 벗어나지 못한 데 반해 19세기에는 상상력이 표현론적 관점에서 이해되었다는 것을 말하고 있다. 독일에서는 피히테의 주관주의 철학이 주요한 역할을 했으며 영국에서는 블레이크나 워즈워스, 키이츠 등도 상상력에 대해 나름대로 의견을 피력했지만 특히 콜리지가 『문학평전』에서 상상력에 대해 본격적으로 성찰을 전개하고 있다. 한편 당대의 현실에 대해서 시인 작가들은 다양한 반응을 보였지만 주조는 환멸과 좌절감으로 팽배했으며 이로 인해 작품의 정조도 그러한 감성을 표출하지 않을 수 없었다. 이러한 현상은 낭만주의 운동이 주로 서정시를 중심으로 전개된 데 따라 더욱 조장되었다.

낭만주의에서 서정시가 주도 장르가 된 것은 장르의 성격과 관련이 있는 것으로 생각된다. 서정시는 압축과 생략을 중시하면서 자유롭게 환상을 창조할 수 있을 뿐만 아니라 강렬한 이미지의 조성을 달성할 수 있으며 신축성을 발휘할 수 있는 것이다. 영국의 블레이크·워즈워스·콜리지·셸리·바이런·키이츠 등은

백조의 성으로 알려진 〈노이반슈타인 성〉. 네오고딕 양식 건물이다.

마리아 테레사의 왕궁으로 쓰였던 인스부르크 시청. 로코코 양식 건물이다.

낭만주의에서 서정시가 얼마나 성세를 떨쳤는지를 예증해준다. 그러나 영국의 시인들은 집단적 운동을 전개한 것은 아니었다. 전체적으로 개인주의 성향이 많았기 때문에 각자 독특한 개성을 바탕으로 자신의 시세계를 열어 나갔다. 그 가운데 가장 독특한 시인은 블레이크라고 해야 할 것이다. 블레이크는 프랑스 혁명에 큰 기대를 갖고 있었으며 혁명의 이념이 스러져가는 와중에서도 그 신념을 버리지 않았다.

인스부르크 시내의 로코코 양식 건물.

그의 시가 종교적 색채를 다분히 포함하고 있는 것은 혁명에서 천년왕국을 기대한 그의 신념과 관계되는 사항이다. 그는 성서를 모든 궁극적 진리의 원천으로 생각했으며 그러한 입장에서 시에도 신비적 종교적 이미지, 신화 등을 자주 이용했다. 또 상상력에 대해서도 독특한 관점을 보였는데 예컨대 '몸과 마음이 자유스러워져서 하느님의 능력인 상상력을 발휘하는 것이 바로 그리스도교 정신이고 복음의 정신이다. 상상력에 비추어보면 우리가 사는 육체적인 우주는 단지 희미한 그림자에 지나지 않는다. 우리의 죽어 없어질 육체가 다한 때에 우리는 우리의 영원한 상상력의 몸속에 살리라'고 말하고 있다. 그의 시에서 예술과 종교는 하나가 된다. 다음의 시는 블레이크 작품의 특징을 잘 보여준다.

사랑의 비밀
사랑을 말하지 말지니
사랑은 말로 할 수 없는 것이라

어디서 이는지 알 수도 없고
눈에도 안 뵈는 바람 같은 것.

내 일찍이 내 사랑을 말하였었지.
내 마음의 사랑을 말하였더니
그녀는 새파랗게 질려 떨면서
내 곁을 떠나고야 말았지.

그녀가 내 곁을 떠나간 뒤에
나그네 한 사람이 다가오더니
어디로 가는지 알 수도 없게
한숨 지며 그녀를 데려 갔었지.

  블레이크의 시는 많은 상징과 신화를 사용해 실체의 세계와 환상의 세계를 갈라서 생각한 그의 사상을 표현하고 있다. 그의 시에는 군더더기가 말끔히 제거되어 시적 감흥을 살리고 있으나 바로 그 점이 신비주의자를 자처한 그의 생각을 더욱 모호하게 하는 데 기여하고 있다. 워즈워스와 콜리지는 공동작업을 하기도 했으나 시의 경향이나 사상이 일치했던 것은 아니다. 인간과 자연의 조화를 강조하고 시의 숭엄성을 존중한 것은 일치된 점이나 워즈워스가 상대적으로 현실주의적 관점이었던 데 반해 콜리지는 관념적 경향이 두드러졌다. 워즈워스는 서민의 생활을 소재로 하여 서민의 언어를 시어로 채택하였다. 「무지개」는 워즈워스의 시적 경향을 잘 드러내준다.

하늘의 무지개를 볼 때마다
내 가슴 설레느니
나 어린 시절에 그러했고

다 자란 오늘에도 매한가지,
쉰 예순에도 그렇지 못하다면
차라리 죽음이 나으리라.
어린이는 어른의 아버지
바라노니 나의 하루하루가
자연의 믿음에 매어지고자.

  마지막 행의 '자연의 믿음'은 자연에 대한 경건한 믿음을 나타낸다. 그것은 성서에 근거한 종교적 경건함과는 달리 일상사에 깃들인 자연의 기적에 대한 감동으로서 이 감정이 성년의 워즈워스를 어린 시절의 천진함과 이어주는 종교적 감정이었던 것으로 알려져 있다.
  콜리지는 고전주의 시의 작위성에 대해 반발한 점에서는 낭만주의의 공통적 성향을 지니고 있었다. 그는 민요나 담시의 형식을 되살리는 데 많은 관심을 가지고 있었으며 자연과 우주에 대한 경이감을 회복하는 일이 시의 중요한 과제라고 생각했다. 그는 상상력이 이 우주의 경이감을 회복하는 데 한 방편이 될 수 있으리라고 생각했는데 이를 통해 인간과 자연의 소통이 가능하게 된다는 견해였다. 「쿠불라 칸」은 그의 이러한 사상을 담고 있는 작품이다.

재너두上都에 쿠빌라이 칸忽比列汗은
웅장한 환락의 궁전을 지으라고 명령하였다.
거기에는 거룩한 강 알프가
사람이 헤아릴 길 없는 깊은 동굴을 통하여
태양이 비치지 않는 바다로 흘러가고 있었다.
그리하여 5마일의 두 배에 이르는 기름진 땅에는
성벽과 탑이 허리띠처럼 둘러싸여 있었고
굽이쳐 흐르는 시냇물에 비쳐 반짝이는 정원도 있었으며,

향긋한 과일을 열매 맺는 나무들이 꽃피어 있었다.
숲은 언덕만큼이나 오래 묵었고
양지바른 녹지가 흩어져 있었다.

그러나 오호! 삼나무 숲을 가로질러 초록언덕을
비스듬히 기울어진 크나큰 신비를 지닌 대지의 균열이여!
황량한 곳이로다! 창백한 달빛 아래 요괴인 애인을 그리워하여
우는 여인이 출몰한 장소와도 같이
신성하면서 마력을 지닌 장소다!
마치 대지가 가쁜 숨을 쉬며 헐떡이듯이
이 틈새로부터 계속 소란스럽게 용솟음치면서
거대한 분수가 시시각각 뿜어 나오고 있었다.
그 빠르게 끊어졌다 이어지는 분출의 한 가운데
사방으로 흩어지는 우박과 같이, 또는 도리깨를
맞고 흩어지는 곡식단의 낟알처럼
춤추듯 튀고 있는 바위 속에서 단번에 그리고 끊임없이
거룩한 강으로 물을 계속 흘러 내고 있었다.
마치 미로와 같이 구불구불한 5마일을
이 거룩한 강은 숲과 골짜기를 흘러서
사람이 헤아릴 길 없는 동굴에 이르러
생명 없는 대양으로 소란하게 가라앉았다.
그 떠들썩한 소리 속에서 쿠빌라이 칸은
전쟁을 예언하는 조상의 목소리를 들었다.

환락의 궁전 건물의 그림자는
물결 한 가운데 떠서 흘렀고,

기가 솟아나는 샘물과 동굴로부터
뒤섞인 가락이 들려오고 있었다.
그것은 진귀스러운 취향의 기적이었다.
얼음의 동굴이 있는 햇빛 쨍쨍 비치는 환락의 궁전!

거문고를 든 아가씨를
나는 일찌기 환상에서 보았다.
그것은 아비시니아의 소녀였었다.
그 소녀는 거문고를 연주하면서
아보라 산에 관하여 노래하고 있었다.
내 마음 속에 그 소녀의
음악과 노래를 되살아나게 할 수 있었다면
나는 그 너무 크나큰 환희에 이끌려
드높고 기나긴 음악 소리를 듣고서
공중에 저 궁전을 건설할 것이리니
바로 그 햇빛 쨍쨍 비치는 궁전! 그 얼음 동굴!
음악소리를 들은 모든 사람들은 그것들을 보게 될 것이다.
그리고 크게 외치리라, 주의하라! 주의하라!
그의 주위를 세 차례 돌고서
성스러운 두려움을 느끼며 눈을 감아라!
그는 꿀이슬을 먹었고
낙원의 밀크를 마시고 자라났느니라.

 이 작품에는 '꿈속의 환상--단편'이라는 부제가 붙어 있다. 고전주의 작품과 달리 낭만주의 시들이 환상이나 이국적 주제를 자주 사용하고 있음은 분명히 두드러진 특색이다. 작자는 이 시를 꿈속에서 만나본 쿠빌라이 칸의 모습을 담은 시라고 했지만 후대의 연구결과 많은 자료를 이용해 지은 시로 알려져 있다. 시인은 이 시에서 시적 언어를 고양시키기 위해 리듬과 율격을 세밀하게 조직하여 시의 언어 자체가 주술이 되게 하는 일을 기도한 것이다.

　영국 낭만주의의 전개는 1세대의 뒤를 이어 월터 스코트 그룹이 나타나고 제3세대로 셸리를 위시한 바이런 키이츠가 등장하여 낭만주의시의 황금기를 구가한다. 이 3세대 시인들은 이탈리아와 그리스를 정신의 고향으로 생각했고 자유와 아름다움의 가치를 열렬히 주창한 작품들을 남기고 있다. 이 3세대 그룹의 대표자격인 셸리의 「서풍西風의 노래」는 그 특질을 잘 보여주고 있다.

　　　1.
　　　오, 거센 서풍--그대 가을의 숨결이여,
　　　보이지 않는 네게서 죽은 잎사귀들은
　　　마술사를 피하는 유령처럼 쫓기는구나.

　　　누렇고, 검고, 창백하고, 또한 새빨간
　　　질병에 고통 받는 잎들을, 오 그대는
　　　시꺼먼, 겨울의 침상으로 마구 몰아가,

　　　날개달린 씨앗을 싣고 가면, 그것들은
　　　무덤 속 시체처럼 싸늘하게 누워 있다가
　　　봄의 파란 동생이 꿈꾸는 대지 위에,

　　　나팔을 크게 불어(향기로운 꽃봉오리를
　　　풀 뜯는 양떼처럼 공중으로 휘몰아서)
　　　산과 들을 생기로 가득 차게 만든다.

거센 정신이여, 너는 어디서나 움직인다.
파괴자며 보존자여, 들어라, 오 들어라!

2.
네가 흘러가며 험한 하늘의 소란 가운데
헐거운 구름은 하늘과 대양의 가지에서
대지의 썩은 잎처럼 흔들려 떨어진다.

비와 번개의 사자들, 네 가벼운 물결의
파란 표면 위에 어느 사납기 짝 없는
'미내드'의 머리로부터 위로 나부끼는

빛나는 머리칼처럼, 지평선의 희미로운
가장자리에서 하늘 꼭대기에 이르기까지
다가오는 폭풍우의 머리칼이 흩어진다.

너, 저무는 해의 만가여, 어둠의 이 밤
네가 모든 증기의 모든 힘으로써 이룬
둥근 천정과 돔의 큰 무덤이 될 것이며,

짙은 대기를 뚫고 내리는 검은 비와
번개 우박이 쏟아져 내리리. 오, 들어라!

3.
베이아 만(灣) 경석의 섬 가에서
수정 같은 조류의 손길로 잠이 들어

상상만 해도 감각이 아찔해질 정도로

아름다운 하늘색 이끼와 꽃들로 뒤덮인
옛날의 궁전과 높은 탑들이 파도에
더욱 반짝이는 햇빛 속에서 떨고 있음을

꿈에 보고 있는 푸른 지중해 바다를
그의 여름 꿈에서 일깨운 너! 너의
앞길을 위해 대서양의 잔잔한 세력들은

갈라져 틈이 나고, 훨씬 밑에서는
바다꽃과 바다의 물기 없는 잎을 가진
습기에 찬 숲이 네 목소리를 알고서

겁에 질려 별안간 창백해지면서
온몸 떨며 잎이 진다. 오, 들어라!

4.
만일 내가 휘날리는 한 잎 낙엽이라면
만일 내가 한 점의 빠른 구름이라면
네 힘에 눌려, 충동을 같이 할 수 있고

한 이랑의 파도라면, 물론 너 만큼
자유롭진 못하나, 제어할 수 없는 자,
만일 네가 내 어릴 적 시절과 같다면

하늘을 방랑하는 네 벗이 되었으련만
너의 하늘의 속력을 이겨내는 것이
결코 공상만이 아닌 그때 같기만 하면

나는 이렇듯 기도하며 겨루지 않았으리
오, 나를 파도나 잎과 구름처럼 일으켜라.
나는 인생의 가시에 쓰러져 피 흘린다.

시간의 중압이 사슬로 묶고 굴복시켰다.
멋대로고, 빠르고, 거만하여 너 같은 나를.

5.
나로 너의 거문고가 되게 하라, 저 숲처럼
내 잎새가 숲처럼 떨어진들 어떠랴!
너의 힘찬 조화의 난동이 우리에게서

슬프지만 달콤한 가락을 얻으리라.
너 거센 정신이여, 내 정신이 되어라!
네가 내가 되어라, 강렬한 자여!

내 꺼져 가는 사상을 온 우주에 몰아라.
새 생명을 재촉하는 시든 잎사귀처럼!
그리고 이 시의 주문에 의하여

꺼지지 않는 화로의 재와 불꽃처럼
인류에게 내 말을 널리 퍼뜨려라.

내 입술을 통하여 잠 깨지 않는 대지에.

예언의 나팔을 불어라! 오오, '바람'이여.
겨울이 오면 어찌 봄이 멀 것이랴?

　시인은 자연현상인 바람을 상대로 말을 하는 형식을 취하여 자기의 사상을 표현하고 있다. 땅, 하늘, 바다의 서풍에게 차례로 말을 건네고 이어서 왜 시인이 바람에게 자기의 말을 들어달라고 하는지 이유를 밝히고 있다. 시인은 물결이나 나뭇잎처럼 자유롭고 생생하게 살게 해달라는 것이다. 그리고 마지막으로 자신의 사상이 널리 퍼져서 인류 전체가 자유롭게 될 수 있도록 해달라고 말한다. 맨 마지막 행은 인간해방의 그날이 그리 멀지 않았다는 시인의 신념을 표백한 것이라고 할 수 있다. 하워드 휴고는 다음과 같이 설명하고 있다.

　셸리의 「서풍의 오드」에서는 워즈워스가 가진 생각들이 심화된 것을 볼 수 있다. 「서풍의 오드」에 나오는 바람은 단지 시인이 자기 자신을 상실하기 위하여 자아를 실어보내기 위한 자연현상이 아닌 그 이상을 내포하고 있다. 여기에서 셸리는 시인이 가졌다고 믿는 직관력을 바람의 상징으로 쓴 것이다. 이러한 바람은 두 가지의 측면을 가지고 있다. 즉, 바람은 보존하고 파괴하는 힘을 갖고 있고, 즐거우면서도 우수에 차 있는 존재이다. 이 시의 마지막 부분에서 셸리는 자신의 사회개혁에 대한 열의를 표명하는 반면에 낭만주의 시인들 사이에서 신앙처럼 신봉되었던 신념---즉 시인들은 세상의 공인되지 않은 입법자라는 ---을 보여준다. 마치 시든 잎처럼 새 탄생을 재촉하기 위해 세상에 흩어질 사상들은 곧 봄을 오게 할 것이다. 여기에서 봄은 자유스럽고 행복한 유토피아적 꿈을 말한다. 이러한 이상을 실현하기 위하여 셸리는 항상 열성적으로 활동했다. 그는 아일랜드 사람들에게 정치적 변화와 사회적 개혁을 이루기 위해서는 도덕적 개혁이 먼저 있어야 한다고 역설했으며, 이러한 내용을 담은 그의 연설을 풍선을 써서 하늘로 띄우거나,

또는 병에 넣어 바다로 띄워 보냈다.

셸리의 진보적인 사상은 바이런에게서는 낭만적 주인공의 창조로 나타난다. 바이런은 영국 사회에서 배척당한 귀족으로서 열정적인 삶을 살았고 사회개혁의 문제에서도 그 열정을 표현했다. 그의 대표작은 「돈 주언」으로서 장시인 이 작품에서 바이런은 이국적 정취 속에서 정열적 사랑을 지닌 주인공을 등장시켜 현실의 냉소적이고 세속적이며 물질만능주의적인 세태와 싸우는 모습을 형상화했다. 그렇지만 그는 지나친 감정주의에 비판적인 태도를 나타내는 아이러니를 통해 자신의 시에 특이한 정조를 창출하고 있다. 낭만적 아이러니는 낭만적 열정과 화음을 이루고 있는 것이다. 그가 자유와 평등을 위해 그리스 전선에서 전사한 사실과 귀족으로서의 자부심이 얽혀 있었던 것과 같이 시에서도 모순된 성격이 함께 나타나고 있다. 「시용 성城」은 그의 열정을 잘 드러내주는 작품이다.

> 사슬 벗은 마음의 영원한 정신,
> 자유여, 너는 지하 감방 속에서도 환하리라.
> 그곳에서 네가 살 곳은 그 열정이니
> 네게 대한 사랑만이 속박할 수 있는 그 열정이라 .
>
> 자유여, 네 자손들이 족쇄에 채워지고
> 족쇄에 묶여 축축한 지하 감방 햇빛 없는 어둠 속에 갇힐 때
> 그들의 조국은 그들의 순국으로 승리를 얻고
> 자유의 명성은 사해에 떨쳐진다.
>
> 시용이여, 너의 감옥은 거룩한 곳이요
> 너의 슬픔어린 돌바닥은 하나의 제단이라.
> 보니바르의 발자국은 너의 싸느다란 돌바닥을

마치 잔디밭인 양 걸어 자국을 남겼구나.

아무도 이 발자국을 지우지 말지어다!
그것은 폭군에 항거하여 신에게 호소하도다.

　이 작품은 폭군에 의해 시용성에 오랫동안 감금되어 있던 보니바르라는 스위스의 애국자이자 자유주의자를 기린 시이다. 바이런의 자유에 대한 열의와 열정적 톤이 잘 나타나 있다. 그러나 바이런이 열정적인 시만을 지었던 것은 아니다. 감미로운 연애시와 비통하고 웅변적인 시가 동시에 씌어졌던 것이다. 다음의 「우리 둘이 헤어지던 때」는 시인의 다른 한 편의 경향을 잘 보여준다.

　　우리 둘이 헤어지던 때
　　말없이 눈물 흘리면서
　　오랜 동안의 이별이기에
　　가슴은 찢기는 듯하였다.
　　그대 뺨 파랗게 질렸고
　　입술은 그때 그 시각에
　　지금의 슬픔은 예고되었다.

　　아침 이슬은 싸느다랗게
　　내 이마에 흘러 내렸고
　　내가 지금 느끼는 감정을
　　깨우쳐 주기라도 했었던가.
　　그대의 맹세는 모두 깨어지고
　　그대의 명성도 사라졌으니
　　사람들이 그대 이름 말하는 때에

나는 부끄러움을 숨기지 못한다.

내 앞에서 부르는 그대 이름은
내 귀에 죽음의 종처럼 들리고,
온 몸에 몸서리를 느끼게 하는데
왜 그렇게 나는 너를 좋아하였나.
우리 서로 알았음을 사람들은 모르지만
나는 그대를 너무나 잘 알았었지.
길이길이 나는 너를 슬퍼하리라.
말하기엔 너무나도 깊은 슬픔을.

남몰래 만난 우리이기에
말 못하고 나는 슬퍼한다.
그대 가슴만이 잊을 수 있었고
그대의 영혼만이 속일 수 있었지.
오랜 세월이 흐르고 난 뒤
내 만일 그대를 만나게 된다면
어떻게 그대에게 인사를 할까?
말없이 눈물로만 인사를 하나?

셸리나 바이런과 함께 한 그룹을 형성하지만 시적 경향이 전혀 다른 것이 키이츠이다. 그는 세상의 모든 것은 유전하지만 오직 아름다움만은 변하지 않는다는 신념을 지녔던 미의 탐구자로서 예술지상주의에 가까웠다. 그의 「나이팅게일의 노래」는 그의 시적 경향을 가장 잘 보여주는 작품이다.

내 가슴은 아프고, 잠을 청하는 마비가

나의 감각을 아프게 한다.
그것은 마치 독약을 삼키고
또는 둔하게 만드는 아편을 찌꺼기까지 마셔버리고
이윽고 망각의 강으로 가라앉는 듯하다.
네 행운을 시샘해서가 아니라
네 행복에 접하고 나는 너무 행복하기 때문이다.
날개조차 가볍게 날아다니는 너는 숲의 정령.
초록색 가지 편 너도밤나무 숲 그 짙은 녹음에서
울림도 아름답게 목청도 좋게 너는 여름을 노래하기 때문이다.

아아! 한 잔의 포도주를 마시고 싶구나.
깊이 파진 땅 속에서 여러 해 냉각되고
꽃내음과 전원의 초록과 댄스와 남국의 노래
그리고 햇빛 가득히 쬔 환락의 맛이 나는 술을 .
아아! 그 잔에 따뜻한 남국의 멋진 술 넘치며
진실과 시의 붉은 샘물을 기리는 것이다.
잔 주둥이에까지 구슬진 방울이 떠돌고
마시는 입은 보라색으로 물들게 된다.
그 술을 마셔 사람 몰래 이 세상에서 떠나
너와 함께 어슴프레한 숲 속으로 사라지고 싶다.

멀리 사라져서 녹고 말아 잊혀지고 싶다.
나무 잎새 사이에 사는 네가 결코 모르는 것
권태로움과 열병과 번뇌를 잊고 싶다.
이 세상에서는 사람들이 앉아 탄식하기만 하고
중풍든 노인은 몇 개 안 남은 백발을 슬퍼하며

젊은이는 창백하게 유령처럼 야위어 죽는다.
생각하기만 하여도 슬픔과
헤어날 길 없는 절망으로 가득 차서
미인은 반짝이는 눈동자를 간직할 수 없고
새로운 사랑은 내일을 지나서 그 눈동자를 그리워할 수 없다.

가거라! 술. 바커스와 그 표범이 끄는
수레를 타지 않고 시의 보이지 않는 날개를 타고
너 있는 곳으로 날아가리라.
둔한 머리는 머뭇거리게 하고 더디게 했으나
이제는 이미 너와 함께 있다. 밤은 포근하고
여왕인 달도 그 자리에 앉고
별들이 시중을 들고 있나니.
그러나 여기에는 빛이 없다.
어두컴컴한 나무 그늘과 굽은 이끼 낀 길에
산들바람 불 때 스미는 하늘에서의 빛이 있을 뿐

발아래 피어 있는 것이 무슨 꽃인지 나는 모르고
나뭇가지에 어리는 향긋한 냄새가 무엇인지 모른다.
하지만 향기 찬 어두움에서 그 냄새를 짐작컨대
5월이 내린 떨기와 풀과 야성의 과일나무 냄새
하얀 아가위에 목장의 들장미
나무 그늘 아래 핀 생명 짧은 오랑캐 꽃
그리고 5월 중순의 맏이인
아직은 봉오리진 사향장미에다 여름철 저녁 때
달콤한 꽃꿀이 이슬처럼 맺혀

붕붕거리는 날벌레들이 몰려온다.

어둠 속에서 나는 듣는다. 여러 차례에 걸쳐
편안스러운 '죽음'을 나는 거의 사랑하듯 바라고
수많은 명상시에 있는 이름으로
죽음을 부르고 공중에 고요히 숨을 거두려 했다.
그 어느 때보다 지금이 죽기에 행복스러운 듯하여
이 한밤에 고통 없이 죽고 싶어라.
그 사이에 너는 이렇듯이 황홀하게
영혼을 기울여 노래를 부르누나!
너는 계속해 노래하나, 나는 이미 듣지 못하리 ---
네 숭고한 진혼가에 나는 싸느다란 흙이 되리니

너는 죽기 위해 태어난 것이 아니다.
불멸의 새여! 굶주림과 고뇌의 시대가 너를
멸하게 하지는 못하리라.
깊어가는 이 밤에 듣는 네 노랫소리는
옛날에 황제도 또 농부도 들었다.
모름지기 같은 노래는 이국의 밭에서 고향 그리워
눈물 젖은 룻의 가슴을 애이게 했으리라.
같은 노래는 또한 때로 마술의 창문을 매혹하나니
'쓸쓸한' 신선 나라의 물결 출렁이는 거친 바다에
열려져 있는 그 창문을 ---

'쓸쓸하다' 이 말이 종소리같이 울려서
너로부터 나에게로 되울려 부르고 있구나!

> 잘 가거라! 공상은 소문난 정도만큼 교묘하게
> 속이지 못하도다. 배반의 요정이여!
> 잘 가거라! 잘 가거라! 네 슬픈 노래 사라진다.
> 가까운 목장을 지나, 고요한 시내를 건너
> 언덕을 올라가 지금은 맞은 편 골짜기 사이에
> 깊이 묻히고 말았나니
> 그것은 환상이었던가, 아니면 백일몽이었던가?
> 노래는 사라졌다--나는 깨어 있는가, 자고 있는가?

「나이팅게일의 노래」는 우리나라에 일찍이 소개된 바 있고 김영랑의 「두견」에서 영향관계를 추적할 수 있는 작품이다. 낭만주의의 두 경향---워즈워스의 회상 속에서 감정을 정리하는 일과 구어의 시어화라는 작업, 신비롭고 경이로운, 초자연적인 것을 표현하려는 콜리지의 경향---을 잘 융합한 것으로 평가된다. 다음의 해설은 그것을 잘 보여준다.

> 이 시의 처음에 나오는 낙담한 분위기와 멀리 날아가고자 하는 욕구 등을 보고서 우리는 금방 이 시를 도피적인 낭만주의 시의 계열에 넣기가 쉽다. 그러나 나이팅게일의 노랫소리는 이상한 주술적인 힘과 매혹을 불러일으킨다. 이러한 주술과 매혹은 단순한 도피욕구보다 더 복잡한 생각과 감정을 일으킨다. 여기에서는 두 개의 다른 세계가 대조된다. 그 하나의 세계에서 우리는 삶의 변천, '다른 사람의 신음소리를 앉아서 듣는' 생존의 비애, 사랑과 아름다움과 순간의 덧없음을 보게 된다. 여기에 대조되는 또 다른 세계는 신화와 역사가 진실로 존재하는 영원한 세계이며 또한 영원한 죽음의 세계이기도 하다. 마지막 연에서 세 번이나 '안녕' 하고 떠나자 우리는 어리둥절하게 된다. 지금까지의 환영, 꿈, 그리고 상상이 끝난 후 시인이 돌아와야 하는 실생활 중 어느 것이 도대체 현실인가? 이 시의 마지막을 키츠는 '그 음악은 사라졌다--나는 깨어 있는가, 잠자고 있는가?'라고 끝맺

고 있다. 키츠의 「나이팅게일의 오드」는 키츠시를 이해하는 데 중요할 뿐 아니라, 더 나아가서는 많은 낭만주의 시인들이 성취하려고 했던 것이 무엇인가를 정확히 아는 데 중요한 두 개념을 포함하고 있다. 그 첫째는 키츠 자신이 '소극적 능력'이라고 부른 것이다. 키츠는 자신의 개성이 완전히 없어지고 전율할 듯이 미묘하게 아름다움을 느낀 상태로서 예술적인 영감 상태에 이른 경지를 소극적 능력이라고 일컬었다. 이러한 상태란 시의 창작을 위해 아주 긴요한 것이다. 이러한 상태에서 개인으로서의 개체와, 그리고 이 세상 저 너머에 있는 세계 사이의 장벽이 무너지고, 키츠는 본질의 진수와 서로 상통하게 되는 것이다. 짧은 시이기는 하지만, 우리는 이 「나이팅게일의 오드」에서 낭만주의 시인들이 실재實在의 세계에 도달하기 위해서 시를 쓰고 있는 예를 보게 된다.

영국의 낭만주의 시인들이 산업혁명과 프랑스 혁명의 영향 속에 낭만주의에 경도되었다면 독일의 낭만주의는 고전주의와 계몽주의의 영향에서 벗어나려는 노력 속에 낭만주의적 경향을 발전시킨다. 이것은 헤르만 코르프가 독일의 낭만주의를 고전주의보다 계몽주의에 반대한 운동으로 성격을 규정하고 있는 데서도 드러난다. 또한 독일의 낭만주의는 이론가들을 중심으로 집단운동을 벌인 점도 영국과 다른 특색이면서 전시대의 문예사조에 대한 반발이 주요한 추동력이었음을 말해준다. 이 이론가들 중에서 슐레겔 형제는 중심인물이었고 낭만주의의 본질을 이론적으로 규정하려는 지향을 보이기도 했다. 슐레겔은 그 대표적인 사례이다.

낭만시는 진보적 보편시이다. 낭만시는 여러 가지 형태로 구분된 시를 다시 통합하고 시로 하여금 철학과 수사학을 접촉케 하기 마련이지만 비단 이것에만 그치지는 않는다. 낭만시는 이 이외에도 시와 산문, 재능과 비평, 예술시와 자연시를 더러는 혼합하고 더러는 융해하며 시를 생기 있고 사귐성 있는 것으로 만드는가 하면 인생과 사회를 시적인 것으로 만들고 기지를 시화하며, 또 예술의 형식들을 각종 알찬 주제로 채우고 만족시키는 한편, 유모어의 떨침을 통해 이를 활성화하기도 한다. 낭만시는 많은 체계를 그 자체 속에 내포하는 최고의 예술체계를 비롯하여 아이들이 자기네 스스로 지은 꾸밈없는 노래 속에서 읊는 한숨 및 입맞춤에 이르기까지, 오직 시적인 성질을 지닌 것이면 무엇이나 포용한다. 낭만시는 묘사되고 있는 내용 속에서 그 자체가 함몰되어 버리기 때문에 모든 종류의 시적 개인에게 특성을 부여하는 것이야말로 낭만시의 유일한 목표인 것처럼 생각해도 괜찮을 지경이다. 그럼에도 불구하고 작가의 정신을 충분히 표현할 수 있도록 마련된 형식이라고는 아직 없다. 그래서 소설을 하나 쓰고자 원하던 많은 예술가들이 다소간에 자기 자신들을 묘사해왔다. 낭만시만이 서사시처럼 모든 주위의 세계에 대한 거울이요, 시대의 그림이 될 수 있다. 또한 낭만시는 대체로 모든 실질적이고도 관념적인 관심을 떠나서 시적 반영이라는 날개를 타고 묘사의 대상과 주체 사이에서 그 한 가운데를 떠돌면서 언제나 이 반영을 강화하는 한편 마치 끝없이 늘어선 거울에서처럼 무수히 많은 반영을 낳기도 한다. 낭만시는 내면으로부터 외부를 지향해서는 물론이요, 외면으로부터 내부로 침투해서까지도 가장 귀하고 가장 외면적인 진화를 이룰 능력을 지니고 있거니와, 그것은 낭만시가 그것을 제작함에 있어서 하나의 전체를 이루도록 마련되어 있는 것들로 하여금 부분 부분마다 균일하게 해 놓음으로써 한없이 성장해가는 고전성의 전망이 낭만시를 위해 열리게 될 것이라는 뜻에 있어서 가능한 것이다.

슐레겔이 이야기하는 것은 고전주의의 시들이 제재나 형식에서 제한된 영역만을 다루고 있었음에 반해서 낭만시는 그 영역을 무한히 넓히고 그것이 시인 개성의 표현이게끔 허용하여 새로운 고전적 형식을 창조할 수 있게 한다는 것이다. 이것은 독일의 낭만시가 고전주의와 계몽주의에 대해서 얼마만큼 대타의식을 가지고 있었는지를 보여주는 한 사례이다. 따라서 전기 낭만주의에서 독일의 시는 과거에의 매혹, 자연적인 것과 순박한 것을 숭상하는 풍조가 지배적이었다. 이에 따라 자연발생적인 성격, 시의 음악성이 존중되었다. 이 같은 양태는 전성기 낭만주의에도 그대로 계승되지만 여기에서는 초자연적인 요소도 새로이 덧붙여졌으며 민족주의적 경향이 강하게 일어나 민요와 민담이 시적 형식에 영향을 미치기도 했다. 전성기 낭만주의 시인으로는 아이헨도르프, 하이네, 호프만, 뫼리케 등이 유명하며 그 가운데서도 하이네의 명성은 다른 시인들을 압도하고 있다.

  하이네는 감상적 서정시인으로 알려져 있지만 당시의 독일의 현실에도 많은 관심을 가진 이상주의적 혁명주의자라는 일면도 지니고 있다. 이 때문에 그의 시는 시기적으로 변할 뿐더러 한 작품 속에서도 그 양면성이 나타나는 경우가 많다. 초기에 낭만적 서정시를 주로 썼음에 반해 후기로 갈수록 그 낭만성을 아이러니에 의해 약화시키는 비판적 현실감각이 두드러진다. 초기의 경향을 대표하는 작품은 「참으로 아름다운 오월」에서 엿볼 수 있다.

> 참으로 아름다운 5월,
> 모든 꽃봉오리 피어날 때,
> 나의 가슴 속에도
> 사랑이 싹텄네.
>
> 참으로 아름다운 5월,
> 모든 새들이 노래 부를 때,
> 나의 그리움과 아쉬움
> 그녀에게 고백했네.

  이 같은 감미로운 서정시는 독일의 민요의 영향 속에서 전래의 전설을 시화한 「로렐라이」 같은 작품으로 나타나기도 한다. 이 작품은 뒤에 질허의 작곡으로 독일은 물론 전 세계적으로 애창된 민요가 되었다.

> 알 수 없는 일이다.
> 어찌하여 옛날의 동화 하나가

잊혀지지 않고
나를 슬프게 하는지.

바람은 차고 날은 저무는데,
라인 강은 고요히 흐르고,
산봉우리 위에는
저녁 햇살이 빛난다.

하이네의 민요조 서정시는 당시 독일의 낭만주의 시에서 자주 찾아볼 수 있는 경향이었다. 아이헨도르프의 「밤의 꽃」도 그 한 사례이다.

밤은 고요한 바다와 같다.
기쁨과 슬픔과 사랑의 고뇌가
얼기설기 뒤엉켜 느릿느릿하게
물결을 몰아치고 있다.

온갖 희망은 구름과 같이
고요히 하늘을 흘러간다.
그것이 회상인지 또는 꿈인지
여린 바람 속에서 그 누가 알랴.

별들을 향해서 하소연하고 싶다.
가슴과 입을 막는다 하더라도
마음속에는 여전히 희미하고
잔잔한 물결 소리가 남아 있다.

순수한 독일 서정시인으로 알려진 아이헨도르프의 작품에서도 드러나듯이 독일적인 전통, 그 전설과 인정과 풍물을 노래한 서정시는 독일 낭만파의 특징이라고 할 수 있다. 그러나 하이네는 그러한 감미로운 서정시의 전통에 머무는 데 만족하지 않았다. 그의 자유분방한 기질과 현실에 대한 날카로운 시선은 독일 낭만시에 새로운 요소를 첨가했다. 서정시의 낭만적 분위기를 순식간에 날카로운 풍자와 위트를 사용해 뒤엎어버리는 아이러니의 형식을 계발한 것이다. 「처녀가 바닷가에 서서」는 그 양상을 눈에 띄게 드러낸다.

처녀가 바닷가에 서서
길게 걱정스럽게 한숨을 쉬었다.
해지는 광경이
그녀를 그토록 감동시켰던 것이다.

〈나의 처녀여, 기운을 내세요,
그런 것은 낡은 거예요.
해는 이 앞쪽으로 지고 있지만
저 뒤쪽에서 다시 떠오른답니다.〉

이 작품은 하이네에게서 아이러니의 양상을 보여주기 위해 선택한 것이지만 단순히 아이러니가 형식적 신기성을 위해 도입된 수법은 아니다. 현실에 대한 시인의 관심을 시적으로 표현하기 위해서 한 방편으로 이용하고 있는 것이다. 따라서 아이러니는 하이네의 현실주의적 시풍의 계기로서 작용하고 있다고도 볼 수 있다. 「음울한 날씨」는 그 사례이다.

음울한 날씨,
진눈깨비 폭풍에 몰아치는데,

나는 창가에 앉아 어둠 속을 내다본다.

멀리 외로운 등불이 하나,
가물대며 천천히 다가온다.
가냘프게 생긴 어떤 어머니
등불을 들고 길 위에 비틀거린다.

그녀는 아마 밀가루와 달걀과
버터를 샀을 것이다.
그녀는 커다랗게 자란 막내딸에게
과자를 구워주려는 것이다.

딸은 집에서 안락의자에 누워
졸린 눈을 가늘게 뜨고 불빛을 바라보는데
살이 통통히 찐 그녀의 얼굴 위로
금발의 곱슬머리가 물결친다.

이 작품에 대해 시인 김광규의 해설은 매우 적절해 보인다. 그는 이렇게 설명한다.

 (제목은) 하이네의 시세계에 기상변화가 일어남을 암시한다. 낭만적인 서정시의 감미로운 정조를 깨트리고 현실의 각성을 도입하는 변혁이 일어나는 것이다. 제1, 2연은 한 폭의 낭만파 그림에서 풍기는 분위기 그대로이다. 진눈깨비에 폭풍이 몰아치는 길을 꺼질 듯 가물거리는 등불을 들고 가녀린 여인이 걸어가고 있다. 제3연에 갑자기 어머니의 물품구입명세와 함께 과자를 구워야겠다는 일상사, 제4연에서는 집에서 빈둥대며 놀고먹어 살이 잔뜩 오른 막내딸이 나타나 시 전반부의 낭만적 분위기가 시 후반부에 와서 불쌍한 어머니의 요리준비로 둔갑해버린다.

현실을 외면하고 환상 속에 안주하려는 낭만주의 시대정신에 가하는 일격이다. 이러한 〈분위기의 파괴〉는 하이네의 중반기 시를 일관하여 특징짓고 있는 기법이다.

설명에 나타난 것처럼 하이네의 시는 그의 생활과 함께 변하여 차츰 리얼리즘적 성격을 띠게 된다. 시인 자신이 '나는 낡은 독일 낭만주의의 마지막 제왕이며, 또한 새로운 독일시의 첫 번째 시인'이라고 했듯이 그는 당시의 암담한 현실을 우울하게 그리고 있다. 그 리얼리즘적 경향은 1844년에 일어난 슐레지엔의 노동자들이 일으킨 폭동을 소재로 한 「슐레지엔의 직조공들」에 잘 표현되어 있다.

침침한 눈에 눈물도 말랐다,
그들은 베틀에 앉아 이를 간다.
〈독일이여, 우리는 너의 수의를 짠다.
우리는 그 속에 세 겹의 저주를 짜 넣는다---
우리는 덜거덕거리며 옷감을 짠다,
우리는 덜거덕거리며 옷감을 짠다!

첫 번째 저주는 하느님에게,
우리는 추운 겨울에도 굶주리면서 그에게 기도하였건만,
우리는 헛되이 기구하고 기다려 왔다.
그는 우리를 원숭이처럼 놀리고, 조롱하고 바보로 만들었다---
우리는 덜거덕거리며 옷감을 짠다,
우리는 덜거덕거리며 옷감을 짠다!

두 번째 저주는 임금님에게, 부자들을 위한 임금님에게,
우리의 비참한 삶을 본 체도 않고,
그는 우리의 마지막 몇 푼까지 착취해간다,

그러고는 우리를 개새끼처럼 쏴죽이라 한다---
우리는 덜거덕거리며 옷감을 짠다,
우리는 덜거덕거리며 옷감을 짠다!

세 번째 저주는 그릇된 조국에게,
이 나라에는 오욕과 수치만이 판을 치고,
꽃이란 꽃은 피기도 전에 꺾이며,
모든 것이 썩어 문드러져 구더기만 득시글거린다---
우리는 덜거덕거리며 옷감을 짠다,
우리는 덜거덕거리며 옷감을 짠다!

북紡錘은 나는 듯이 움직이고, 베틀은 삐거덕거리며,
우리는 밤낮으로 부지런히 옷감을 짠다---
늙어빠진 독일이여, 우리는 너의 수의를 짠다,
우리는 그 속에 세 겹의 저주를 짜 넣는다,
우리는 덜거덕거리며 옷감을 짠다,
우리는 덜거덕거리며 옷감을 짠다!〉

프랑스는 대혁명의 와중에서 큰 소용돌이를 겪었기 때문에 다른 나라에 비해서 20~30년 뒤늦게 낭만주의의 세례를 받게 되고 상상력의 중요성은 보들레르의 상징주의 시대에 이르러서야 본격적으로 인식하게 되는 등 이 사조에서만은 지진아였다. 방 띠겜은 그의 「프랑스 낭만주의」에서 이렇게 말한다.

프랑스에서 낭만주의 시기는 대략 1820년부터 1850년까지로 잡는다. 이는 당시의 문학이 새로운 특성들을 나타냈고 또한 적어도 몇몇 특징들은 루이 14세 시대의 위대한 작가들에 의하여 18세기와 19세기 초엽까지 전하여진 고전적인 전통에 반대되기 때문이다. 그러나 어떤 낭만주의 양상들은 19세기 후반기까지도 많은 작가들에게 지속적으로 나타나지만 다른 작가들에게 새로운 양상이 나타나는 것과 마찬가지로 많은 낭만주의적 특성들이 1820년 이전의 프랑스 문학에도 나타나고 있음을 볼 수 있다. 단지 이러한 낭만적 특성들은 그때까지는 너무 적게 나타나고, 너무 적게 유포되고 또한 고전적인 전통에 혼합되어 있었으므로 거기에서 어떤 하나의 새로운 문학적 유행이 생기리라고는 보지 않았다

그런 속에서 라마르틴느와 빅토르 위고가 낭만주의의 대표적 시인 작가였다. 빅토르 위고는 뒤늦게나마 낭만주의 시의 특징을 그로테스크와 연결시킴으로써 현대시의 특징을 규정하였다. 그는 역사시기를 크게 3분하여 각 시기의 시를 대표하는 것으로서 성서와 호머, 셰익스피어를 들고 현대시의 성격을 그로테스크와 연결시키는 관점을 보여주었다.

> 오늘날의 시는 드라마이다. 드라마의 성격은 현실적이라는 데에 있다. 현실적인 것이란 숭고함과 기괴함의 두 유형이 아주 자연스럽게 결합하는 데서 이루어진다. 숭고한 것과 기괴한 것이 삶과 우주 삼라만상에서 교차되듯이 드라마에서도 그것들은 서로 엇갈려가며 나타난다. 왜냐하면, 참된 시, 완벽한 시는 상반된 것의 조화 속에 존재하기 때문이다. 그리고 좀 더 명확하게 말하자면, 바로 이러한 점 때문에, 여러 가지 예외들은 그것들을 통일시켜주는 규칙을 찾을 수 있게 되고, 자연 속에 존재하는 모든 것은 예술 속에도 존재한다고 할 수 있게 된다.

위고의 관점은 낭만주의 시에서 나타났던 신비한 이미지나 기상奇想, 낯선 사물들을 미학적으로 정당화해주는 의미가 있었다. 그것은 고전주의의 인위적인 미, 조화와 균형의 강조, 규율의 대척점에 선 것들이었다. 프랑스의 낭만주의는 위고와 라마르틴느, 뮈세, 고티에의 활동으로 명맥을 유지한다. 그 활동은 미약했고 위고의 『파리의 노트르담』 같은 산문작품이 두드러졌을 뿐 정정政情의 불안과 지식

인 및 문단 내의 반발에 의해 크게 활성화될 수도 없었다. 따라서 별다른 혁신이 있을 수도 없었다. 다음의 시 작품들은 그와 같은 역경 속에서 낭만주의적 성격을 드러낸 작품들이다.

나비
봄과 함께 태어나 장미 함께 죽느니
서풍의 날개 타고 맑은 하늘을 날고
두어 송이뿐인 꽃의 가슴에 흔들리며
향내와 햇살과 창공에 흠뻑 취해 버려
몸을 뒤척이면 날개의 분가루 흩어지고
한숨처럼 끝없는 푸른 하늘을 날아
정녕 신들린 듯 홀린 나비의 숙명.
지상의 욕망처럼 잠시도 쉬지 않고
꽃이란 꽃을 대해도 마음 편하지 않아
쾌락을 찾아 하늘로 되돌아가느니.

— 라마르틴느

비둘기 떼
저기 무덤 흩어진 언덕 위에는
푸른 깃털처럼
머리를 쳐든 종려 한 그루.
해거름이면 몰려 온 비둘기 떼
보금자릴 틀고 몸을 숨기지.

하지만 아침이면 그들은 가지를 떠난다.
알알이 떨어지는 목걸이인가.

푸른 하늘로 하얗게 흩어지는 비둘기 떼.
보다 먼 어느 지붕 위에 나랠 접는다.

내 영혼은 한 그루 나무
밤마다 비둘기 떼처럼 무릴 지어
하이얀 꿈의 영상이 하늘에서 내린다.
나래를 파닥이며
아침 햇살에 날아가는 꿈의 영상이---.

- 고티에

낭만주의 문학은 시에서 크게 성세를 떨친 데 비해서 산문은 그만한 성과를 내지 못했다. 영국에서는 월터 스코트의 역사소설이 중요한 성과이며 에밀리 브론테의 『폭풍의 언덕』을 같은 경향의 작품이라고 할 수 있다. 프랑스에서는 위고의 『파리의 노트르담』과 『레 미제라블』을 손꼽을 수 있다. 스코트의 역사소설 가운데 『아이반호우』와 샤토브리앙의 『그리스도교의 정수』 속에 들어 있는 중편소설 「르네」를 통해서 낭만주의 시기 소설 문학을 살펴본다.

월터 스코트는 역사적 사건을 소재로 해서 많은 소설들을 썼다. 그것은 과거의 동경이라는 측면에서 낭만주의의 일반적 경향과 일치하지만 스코트는 단순히 신기한 소재를 이야기로 제시한 것이 아니라 당대의 역사를 현재의 전사로서 파악할 수 있게끔 역사적 진실을 추구하였다. 『아이반호우』는 스코트의 작품 중에서도 매우 뛰어난 작품으로 알려져 있다. 이야기는 영국에서 아직 노르만족과 색슨족의 싸움이 계속되고 있던 무렵의 사건을 소재로 한다.

색슨 왕국의 마지막 왕이 노르만족과의 싸움에서 전사하고 색슨인들은 사자왕이라고 불리는 리처드1세의 지배를 받는다. 색슨족의 귀족인 세드릭은 색슨 왕족 아셀스턴과 로위너 공주를 결혼시켜 옛 왕조를 재건하려고 한다. 세드릭의 보호 아래 자라고 있던 공주는 세드릭의 아들 아이반호우와 사랑하는 사이가 된다. 이 일로 노여움을 산 아이반호우는 집에서 쫓겨나 사자왕의 십자군에 종군한다. 하지만 존왕이 왕위를 찬탈하여 귀국한 사자왕은 흑기사로 변장하여 활동하게 된다. 아이반호우는 존왕파의 기사와 시합을 하는 데 흑기사의 도움으로 승리하기는 하지만 부상을 입는다. 유태인 부호 아이자크의 집에서 치료를 받던 아이반호우는 아름다운 그 집 딸 레베카의 헌신적인 간호로 치유되어가던 중 존왕파의 승단기사들에게 체포되어 성에 감금된다. 그 성에는 로위너 공주와 세드릭, 아셀스턴 등도 감금되어 있었다. 이때 흑기사와 로빈 후드의 무리가 색슨 민병과 함께 성에 쳐들어와 이들을 모두 구출한다. 하지만 레베카만은 승단기사에게 납치되어 마녀의 누명을 쓰고 처형에 처해질 위기에 놓인다. 레베카의 운명을 걸고 벌어진 승단기사와의 결투에서 아이반호우는 레베카 쪽의 기사로 출전하여 승리하며, 정체를 밝힌 사자왕에게 충성을 다짐하고 로위너 공주와 결혼한다. 이상의 이야기는 전형적인 기사소설과 비슷하지만 스코트는 이 이야기를 통해서 당시의 영국 역사를 복원하고 있다. 루카치는 이 작품의 성격을 다음과 같이 설명하고 있다.

스코트는 『아이반호우』에서 중세 영국의 중심문제인 색슨인과 노르만인의 대립을 그려냈다. 그는 이러한 대립이 무엇보다도 색슨인 농노들과 노르만인 봉건지주 사이의 대립임을 매우 명백하게 밝히고 있다. 그러나 그는 역사에 충실하여, 이러한 대립에만 머물러 있지 않았다. 그는 색슨인 귀족 중의 일부가 비록 물질적으로 매우 위축되고 정치적 권력마저 박탈당했다고는 해도 귀족의 특권은 여전히 가지고 있었다는 점, 그리고 바로 여기에 노르만인에 대한 색슨인의 민족적 저항의 이데올로기적, 정치적 중심이 놓여 있다는 점을 알고 있었다. 그러나 역사적인 민중 생활에 대한 위대한 표현가답게 스코트는 색슨인 귀족들 중 거의 대부분은 무감각과 무기력함에 빠져 있고 나머지는 기껏 사자왕 리차드를 대표로 하는 노르만인 귀족들 중 온건파들과 다시 타협할 기회만 기다리고 있음을 보고는 그것을 뚜렷하게 조형화해 내었다. 따라서 벨린스키가 바로 이러한 타협적 귀족의 대표자인 이 소설의 주인공 아이반호가 주변적 인물에 의해 압도되고 있다는 점을 정당하게 언급할 때, 역사소설의 이와 같은 형식문제는 매우 명백한 역사적 정치적 및 민중적인 내용을 갖는다. 왜냐하면 아이반호를 압도하는 인물들에는 그의 아버지인 용감하고 금욕적인 세드릭의 종복인 거드와 왐바 및 나아가 다른 누구보다도 노르만인 지배에 저항해 무장투쟁을 벌이는 지도자인 전설적인 민중의 영웅 로빈 후드가 속해 있기 때문이다. 그것의 앙상블이 민중생활의 총체성을 구성하는 바 '상층'과 '하층'의 상호작용은 따라서, 비록 역사적 경향들은 주로 '상층'에서 보다 분명하고 일반화된 표현을 얻게 되지만 그러나 우리로서는 몇몇 예외적인 경우를 제외하고는 역사적 대립의 승패를 판가름하는 실제적 영웅적 행동을 압도적으로 '하층'에서 발견한다는 점에서 드러난다.

샤토브리앙은 귀족 집안 출신으로 프랑스 대혁명시에 왕당파의 군대에 복무하다 부상을 입고 영국에 망명했던 인물이다. 그럼에도 불구하고 그는 1800년에 귀국하여 『아탈라』와 『그리스도교의 정수』를 발표하여 큰 인기를 얻었다. 「르네」는 『그리스도교의 정수』에 포함된 중편소설로 혁명 후의 부르주아 사회에서 자기가 설 자리를 찾지 못하고 방황하는 청년을 그리고 있다. 이야기의 형식은 르네가 샤크타스와 스엘 신부에게 들려주는 고백의 형식이다. 태어나자마자 어머니를 잃은 르네는 그 환경적 요인 때문에 고독과 우울 속에 살아간다. 자주 명상에 젖는 그에게 누이인 아메리는 유일한 벗이자 위안이다. 그는 여러 곳을 여행하고 사람들과 사귀기도 하지만 어디에서도 편안함을 느끼지 못하고 결국은 자살을 생각한다. 그는 사회생활이나 칩거의 생활 어디에서도 안정을 얻을 수 없었던 것이다. 그는 누이의 만류로 자살기도를 포기한다. 그러다가 그는 수도원에 들어가는 누이 아멜리를 자신이 사랑한다는 무의식중의 고백을 한다. 누이를 잃고 절망에 사로잡혀 있던 르네는 유럽의 세계를 떠난다. 이 작품은 강렬한 욕구를 가진 주인공의 욕망이 실현되지 못한데 따른 낙담과 우울, 고독감 등을 주제로 한다는 점에서 낭만주의의 특징을 나타내고 있다. 생트뵈브, 조르주 상드 같은 문학가에게 크게 감명을 준 것으로 알려진 이 소설의 의의를 하워드 휴고는 다음과 같이 설명한다.

    샤토브리앙의 중편 「르네」를 더 잘 알기 위해서는 그 뒤에 숨어 있는 잘 드러나지 않는 작가의 더 큰 구상과 사상을 살펴보는 것이 타당할 것이다. 샤토브리앙은 디드로의 『백과전서』를 '과학과 이성의 바벨탑'이라고 비난함으로써 『그리스도교의 정수』를 시작한다. 그는 역사적인 사실을 들어 그리스도교가 다른 어떤 종교보다도 낫다고 주장한다. 그의 주장에 따르면, 그리스도교는 이전까지의 다른 종교보다 정서를 더욱 함양한다는 것이다. 예를 들면 아담이 유혹에 빠진 이유는 그가 감정이 결여된 지성만을 믿었기 때문이다. 샤토브리앙은 자연신론자들이 논하는 자연과학적인 우주의 법칙 등에 대해서는 명확한 반박을 하지 않고, 미학적 견지에서 그리스도교를 옹호한다. 그는 '그리스도교의 신은 시적인 면에서 볼 때 고대 로마의 유피테르(쥬피터)보다 훨씬 훌륭하다'라고 주장한다. 이 같은 터무니없는 주장은 로마 교황청이나 영국 성공회의 본부인 캔터베리, 또는 신교의 본산인 제네바에 있는 신학자들에게도 놀라운 주장이 아닐 수 없었다. 샤토브리앙은 또한 성서는 문학작품으로서 그리스나 로마 고전보다 훨씬 낫다는 주장도 했다. 신학자들은 우리의 지상에서의 삶은 단지 잠시뿐이라고 강조했다. 샤토브리앙은 이러한 신학자들의 사상을 받아들여, 구원이나 또는 지옥으로 떨어지는 천벌이라는 두 가지의 문제의 해결을 위해 순례의 길을 떠나는 그리스도교 순례자들의 역할을 강조한다. 이러한 그리스도교 순례자의 정서는 옛날 이교도들이 가지고 있던 지성보다 훨씬 승화된 것이다. 고딕식 건축이나 폐허가 된 교회, 그리고 무덤들은 그리스도교인에게 자신의 죽음을 암시해준다. 한편 하늘을 찌를 듯한 교회의 첨탑들은 하느님에 대한 타오르는 열망을 나타내준다. 이에 비하여 그리스의 사원은 수평적 구조로 지어져 있는데, 이는 그리스도교의 교회에 비해 볼 때 신에 대한 열화 같은 갈망이 없다는 것을 보여준다. 마지막으로 샤토브리앙은 '열정의 어렴풋함에 관하여'라는 장에서 그리스도교가 사랑의 감정을 승화시킨 예를 열거하고 있다. 여기에 나오는 유명한 연인들은 모두 예수의 탄생 후에 태어난 것으로 날짜를 적고 있다. 샤토브리앙에게는 진보란 단지 지식의 축적이거나 또는 철학의 진보만을 뜻하는 것은 아니었다. 그는 '인간이 진보하면 할수록, 사랑이라는 열정의 감정도 진보한다'고 쓰고 있다. 이러한 열정의 한 종류인 그리스도교적 사랑은 속된 사랑인 에로스와 성스러운 사랑인 아가페의 결합으로서, 이는 인간에게 아주 건전한 영향을 준다. 이렇게 볼 때 「르네」는 부분적으로는 교훈적 설화라 할 수 있다. 이 소설에서는, 한편으로는 남매간의 근친상간적인 사랑이 있고, 다른 면에서는 수도원에 들어가려는 아멜리의 결심이 서로 충돌한다. 이러한 상황에서 르네는 자신의 부도덕한 사랑이 얼마나 가공할 만한 것인가를 깨닫게 된다. 이렇게 깨달은 후 그는 깊은 우울증에 빠지게 되는데, 이러한 우울증은 그가 보통의 평범한 사람들보다 감수성이 아주 예민하다는 것을 보여 줌으로써 낭만적 작품의 주인공으로서의 그의 위치를 크게 높여준다.

카사노바의 탈옥으로 유명한 베네치아의 〈탄식의 다리〉. 법정에서 감옥으로 한번 건너가면 다시는 하늘을 볼 수 없다는 뜻에서 붙여진 이름이다.

4. 한국의 낭만주의

　서양의 문예사조가 우리의 문학에 직접적으로 영향을 끼친 것은 리얼리즘의 경향이 제일 먼저였던 것으로 생각된다. 그것은 문예사조의 영향이 무슨 순서를 지켜가며 이루어지는 것이 아닌 이상 당대의 문학에 대한 접근과 감상이 먼저일 수밖에 없다는 이유에서이다. 톨스토이나 도스토예프스키, 투르게네프 등의 작품이 근대문학 초기의 작가들에게 많은 감명을 주었다는 이야기는 이러한 사실을 유추하게 한다. 또 유미주의 미학이나 표현주의 등의 사조가 근대문학사의 도처에서 뜬금없이 돌출하는 데서도 그러한 저간의 사정을 엿볼 수 있다. 이 가운데 낭만주의의 수용은 3.1운동 직후의 백조파에서 집단적으로 나타나고 있어 일찍부터 문학사가들이 주목한 바 있다.

　그러나 초기에 백조파와 낭만주의를 직결시키던 풍조는 문학연구에서 점차 사라져가고 있다고 할 수 있다. 그것은 근대문학의 전통이 일천한 우리나라에서 고전주의의 형식적 규범성이나 관습이 없었던 마당에 낭만주의가 어느 날 갑자기 돌출한 것으로 처리하는 것은 낭만주의에 대한 제대로 된 이해가 없기 때문이라는 생각이다. 그리하여 백조파는 낭만주의라기보다는 낭만파적 기질의 발로라고 이해하는 양상이 나타나고 있다. 김용직은 낭만주의의 특질이 한 마디로 '내부세계의 효과적인 표현'과 관련된다는 판단에서 백조파를 낭만파기질과 감읍벽이란 주제 하에 다루고 있다. 하지만 3.1운동의 좌절과 시대적 울분은 서구의 낭만주의 그 자체는 아닐지 모르지만 낭만주의가 나타날 충분한 소지를 제공하고 있었음에 틀림없다. 더욱이 홍명희의 『임꺽정』은 오늘날 리얼리즘으로 간주되는 것이 관행이 되고 있지만 낭만주의와의 관련에서 살펴볼 충분한 개연성을 갖고 있다. 여기서는 백조파의 대표작으로 인식되는 이상화의 「나의 침실로」를 중심으로 한국의 낭만주의의 양상을 살핀다.

나의 침실로
----가장 아름답고 오랜 것은 꿈속에서만 있어라----내 말

'마돈나' 지금은 밤도 모든 목거지에 다니노라 피곤하여 돌아가려는 도다.
아, 너도 먼동이 트기 전으로 수밀도의 네 가슴에 이슬이 맺도록 달려오너라.

'마돈나' 오려무나, 네 집에서 눈으로 유전하던 진주는 다 두고 몸만 오너라.
빨리 가자, 우리는 밝음이 오면 어딘지 모르게 숨는 두 별이어라.

'마돈나' 구석지고도 어둔 마음의 거리에서 나는 두려워 떨며 기다리노라.
아, 어느덧 첫 닭이 울고 뭇 개가 짖도다. 나의 아씨여, 너도 듣느냐.

'마돈나' 지난밤이 새도록 내 손수 닦아둔 침실로 가자, 침실로!
낡은 달은 빠지려는데 내 귀가 듣는 발자욱---오, 너의 것이냐?

'마돈나' 짧은 심지를 더우잡고 눈물도 없이 하소연하는 내 맘의 촛불

을 봐라.
양털 같은 바람결에도 질식이 되어 얄푸른 연기로 꺼지려는도다.

'마돈나' 오너라, 가자, 앞산 그르매가 도깨비처럼 발도 없이 이곳 가까이 오도다.
아, 행여나 누가 볼는지---가슴이 뛰누나. 나의 아씨여, 너를 부른다.

'마돈나' 날이 새련다, 빨리 오려무나, 사원의 쇠북이 우리를 비웃기 전에.
네 손이 내 목을 안아라. 우리도 이 밤과 같이 오랜 나라로 가고 말자.

'마돈나' 뉘우침과 두려움의 외나무다리 건너 있는 내 침실 열 이도 없느니!
아, 바람이 불도다. 그와 같이 가볍게 오려무나. 나의 아씨여, 네가 오느냐?

'마돈나' 가엾어라, 나는 미치고 말았는가. 없는 소리를 내 귀가 들음은-
내 몸에 피란 피--- 가슴의 샘이 말라 버린 듯 마음과 목이 타려는도다.

'마돈나' 언젠들 안 갈 수 있으랴. 갈 테면 우리가 가자, 끄을려 가지 말고!
너는 내 말을 믿는 마리아- 내 침실이 부활의 동굴임을 네야 알련만---.

'마돈나' 밤이 주는 꿈, 우리가 엮는 꿈, 사람이 안고 궁구는 꿈이 다르지 않으니.
아, 어린애 가슴처럼 세월 모르는 나의 침실로 가자. 아름답고 오랜 거기로.

'마돈나' 별들의 웃음도 흐려지려 하고 어둔 밤물결도 잦아지려는도다.
아, 안개가 사라지기 전으로 네가 와야지. 나의 아씨여, 너를 부른다.

이 작품의 사조가 무엇인지에 대해서는 많은 논란이 이루어지고 있다. 이 작품을 상징주의 작품으로 이해한 마광수는 이렇게 설명한다.

> 상징주의의 철학적 배경이 플라톤의 이데아 사상에 있다고 본다면, 이 작품은 지나치게 관능을 예찬하고, 그 관능적 쾌락 속으로 도피, 안주하려고 하는 면이 두드러지는 것이 사실이다. 그러나 보들레르의 「악의 꽃」과 같은 작품과 견주어 생각해볼 때, 그러한 측면이 무조건 부정적인 것만은 아니라고 생각된다. 현실을 본질의 희미한 그림자로 보아, 거기서는 확실성 있는 어떠한 원리나 가치도 찾아볼 수 없다는 신념은, 우선 현실을 왜곡하여 바라보게 하고 현실적 윤리나 속박을 관능적 쾌락, 말초적 쾌락으로 잊어보려는 〈상징주의적 생활태도〉를 낳게 하였기 때문이다. 술 취한 상태로 사물을 바라보면 다 예뻐 보이고, 무언가 신비스럽게도 여겨진다.

이러한 설명은 「나의 침실로」의 의미를 '조바심치며 애인을 기다리는 마음'으로 파악하여 작품 속에서 구체적 심상을 통해 의미를 구축하고 있다는 관점과는 대립되는 관점이다. 김용직은 이 작품이 이질적인 체험들을 한 문맥 속에 수용하였고 산문시의 토착화에 기여했다는 점을 긍정적으로 평가하면서 다음과 같이 설명한다.

> 「나의 침실로」도 역시 그것이 그림자를 드리운 자리는 죽음에 관계되는 곳이다. 이 작품에서 화자가 되풀이 하여 부름의 대상으로 삼고 있는 상대는 마돈나. 그

리고 그가 마돈나와 함께 가고자 하는 곳은 밀실이다. 그런데 이 경우 밀실은 단순하게 이성과 만나는 사랑의 보금자리인 데 그치지 않는다. 이 작품 다른 자리에서 드러나는 바와 같이 우선 그것은 '뉘우침과 두려움의 외나무다리 건너 있는' 곳이다. 여기서 문제가 되어야 할 '뉘우침과 두려움'이라든가 '외나무다리'가 무엇을 뜻하는가는 이 작품 다른 부분을 분석해보면 곧 짐작이 간다. ----여기서 외나무다리 건너 있는 밀실이 사랑의 감미로움에 취하는 곳이 아님은 '밤'의 등장으로 쉽게 짐작된다. 그러나 그것이 밝은 전망의 반대가 되는 암흑의 의미를 수반한 데 문제가 개재한다. 그리고 다시 여기서 암흑의 뜻은 '언젠들 안 갈 수 있으랴'와 '부활' 등의 어귀를 통해 그 본뜻을 명백하게 드러낸다. 부활, 곧 되살아나는 일은 죽음을 전제로 하지 않는 한 성립될 수 없는 개념이다. 그리고 이것은 바로 이승에서의 하직, 또는 육신의 종말을 뜻한다. 그런 사실은 '언젠들 안 갈 수 있으랴'와 같은 부분으로 다시 한 번 입증되는 것이다.

이 설명에서 나타나는 이 작품의 낭만주의적 특성은 곧 죽음과 같은 부정적 이미지이다. 1920년대의 우리 시를 지배한 정조가 감상벽이라는 것은 자주 지적되어 왔지만 이 작품도 그 테두리를 벗어나지 못한다는 것이다. 물론 이 작품의 시사적 의의에 대해서 시의 언어영역을 넓힌 점과 심미적 안목을 심화한 것 등이 지적되고 있지만 우리나라에서 낭만주의의 수용이 병적 낭만주의의 범위를 벗어나지 못한 상태였다는 점은 우리 근대문학사의 공간이 협소했다는 사실과 불가분의 관계를 지님을 짐작할 수 있게 한다.

제 6장

리얼리즘, 자연주의, 사회주의 리얼리즘

낭만주의가 전성기에 있던 1830년 무렵 또 하나의 사조인 리얼리즘이 세계문예사에 대두한다. 리얼리즘은 낭만주의와 마찬가지로 그 개념에 대한 서로 다른 의견이 많은 대표적인 문예사조 가운데 하나이다. 리얼리즘이란 말은 낭만주의와는 달리 일찍부터 철학적인 용어로 자리 잡고 있었다. 자연현상이나 현실의 존재에 앞서서 그것의 원형상이라고 할 수 있는 이데아가 실재한다는 플라톤의 이데아설은 리얼리즘 개념의 원천이며 중세의 실재론과 유명론 사이의 보편논쟁 등은 그 개념의 복잡한 전사를 말해준다. 이 철학적 용어인 리얼리즘이 문학용어로 전용된 데서 그 개념의 혼동상은 시작되었다고 볼 수 있다.

 리얼리즘은 실재, 현실의 본질을 나타낸다는 뜻을 포함하고 있는데 다른 문예사조들 또한 일정하게 그 뜻을 자기들의 사조개념에 포함시키고 있다. 이러한 이유에서 아놀드 하우저는 리얼리즘의 용어를 낭만주의와 그 이상주의적 경향, 환상의 지향 등에 대립하는 철학적 입장에만 사용하는 것이 타당하다고 주장한다. 19세기의 소설에 나타난 특징적 예술스타일이나 수법의 명칭으로서는 리얼리즘보다 자연주의라는 개념이 더 적절하리라는 관점이다. 자연주의는 일정하게 확립된 자연의 개념에 따라 시대마다 여러 가지로 모습을 달리하며 당대의 현실이 요구하는 일정한 목적과 과제를 지향하는 예술형식으로서 성립한다는 것이다. 이것은 19세기의 리얼리즘이 단순히 양식운동으로서 성립한 것이 아니라 당대의 절박한 현실문제에 대한 깊은 관심에서 파악된 현실을 묘사하기 위해 등장한 문예사조로서 특정한 현실을 발견하고 있고 그 현실에 대한 적극적인 행동주의를 내포한다는 함축을 가진다는 점에서 긍정적인 측면이 있다. 그러나 이와 같은 리얼리즘, 자연주의의 개념이 좀 더 전문가적인 입장에서 정확성을 기한 것이라고 할지라도 그것은 용어의 일반적 용법과는 현저히 다르고 심지어 정반대되는 개념을 함축한다는 점에서 문제적이라고 할 수 있다.

　리얼리즘이 예술적 용어로 사용되기 시작한 것은 철학자들에 의해서이다. 칸트가 이상주의와 관련하여 리얼리즘을 말한 것으로부터 시작하여 실러는 "프랑스인은 이상주의자라기보다는 훌륭한 리얼리스트이다"고 하면서 프랑스인의 시적 재능을 인정하는 관점을 드러냈고 슐레겔은 "모든 철학은 이상주의이며 시의 리얼리즘을 제외하면 어떤 진실한 리얼리즘도 존재하지 않는다"라고 하여 철학과 문학의 차이를 이상주의와 리얼리즘의 대립에서 찾고 있다. 이러한 리얼리즘이란 용어의 용법이 문학자들에 의해서 차용되기 시작한 것은 1820년대부터이다.

　르네 웰렉에 따르면 1826년 프랑스의 한 작가는 "항시 유리한 자리를 차지하고 있는 걸작 예술품이 아니라 자연이 제공한 원사물의 충실한 모방을 지향하는 이 문예이론은 리얼리즘이라고 불리는 것이 가장 적절할 것이다. 몇 가지 지표에 따르면 그것은 19세기의 문학, 진실의 문학이 될 것이다"고 하여 리얼리즘 시대를 예고하는 혜안을 보여준다. 그 이후 리얼리즘이란 용어는 여러 가지로 문학현상을 묘사하는 자리에 등장하고 있다. 플랑쉬는 '표현의 정밀성'을 말하는 데 이 용어를 썼으며 프롤레타리아 출신의 작가인 쿠르베의 사실적 그림에 대한 논쟁, 평론집 『레알리즘』을 편집한 샹플레리의 활동 속에서 리얼리즘은 문예용어로서 자리를 확보해간다. 이러한 용례에서 리얼리즘은 자연에 대한 정확한 관찰과 분석, 동시대 풍습의 정밀한 묘사라는 의미를 획득했던 것이다.

　리얼리즘이라는 용어의 간략한 용례사를 통해 드러나는 것이지만 자연주의와 리얼리즘은 처음부터 분명하게 차이 지어지는 개념은 아니었다. 낭만주의에 대해서 새로운 과학주의적 경향이 리얼리즘을 의미하는 것이기도 했지만 리얼리즘과 자연주의의 대비에서 리얼리즘에 자연과학적 요소를 의식적으로 결합시킨 것이 자연주의로 파악되어온 것이다.

결국 외부현실을 재현하는 데 얼마만큼의 과학주의가 동원되는가 하는 차이는 있지만 리얼리즘과 자연주의 사이에는 낭만주의에 비해서 과학주의의 우월성이 공존한다고 볼 수 있다. 하지만 리얼리즘이 과학주의에 의해서 단순하게 정의될 수 있는 것은 아니다. 작가들이 현실에 대해 가졌던 문제의식과 그 문제들에 대한 행동주의가 변수로 작용하여 여러 편차를 빚었기 때문이다. 사회주의 리얼리즘과 리얼리즘의 관계도 동일성과 차이성의 관계에서 파악되어야 할 이유는 이와 같은 변수들의 작용이 초래한 결정적인 변화들과 관련된다.

리얼리즘 개념의 또 하나의 난점은 그것이 현재의 문학에도 유효한 개념이 되고 있다는 점이다. 포스트모더니즘이 확산되면서 그 사조의 주창자들이 중심적인 공격목표로 삼은 것이 리얼리즘의 재현이라는 이데올로기, 작품의 총체성이라는 개념이 되고 있는 것은 리얼리즘이 아직까지도 가장 유력한 문학예술의 방법이 되고 있음을 역설적으로 보여주는 사례라고 할 수 있다. 이처럼 현재에도 끊임없이 문학 활동 속에 살아 있는 리얼리즘을 역사적 리얼리즘과 어떤 관계로 파악해야 할 것인가 하는 문제는 단순히 문예사조사의 문제만이 아니라 오늘의 문학을 파악하는 데서도 반드시 짚고 넘어가야 할 문제이다.

이러한 측면에서 리얼리즘이 '동일한 자연의 개념에 확고하게 근거를 둔 단일하고 명백한 예술관이 아니라 수시로 변화하며 그때마다 일정한 목적과 구체적 과제를 지향, 그때마다 특별한 현상에 초점을 맞추는 인생해석이다'는 관점을 상기할 필요가 있다. 루카치가 그의 『미학』에서 미학의 2대 과제로서 첫째 모든 예술의 리얼리스틱한 존재방식, 둘째 모든 미적 대상성이 찬부의 태도를 표명하는 태도결정을 포함하고 있다는 사실에 대한 해명을 들고 있는 점은 주목할 만하다. 그는 리얼리즘이 구체적인 예술발전에 있어서 많은 양식 가운데 하나가 아니라 조형적인 예술 일반의 기본적 특징이라고 규정하고, 여러 가지 양식이 단지 리얼리즘의 범위 내에서만 분화할 수 있다는 규정을 문제로 삼고 있는 것이다. 이것은 단순히 역사적 사실로서 문예사조의 개념을 살피려는 이 책에서의 문제의식을 벗어나는 측면이 있지만 리얼리즘의 특성상 전혀 외면할 수도 없는 관점이기도 하다. 이 장에서 19세기 리얼리즘뿐만 아니라 자연주의, 사회주의 리얼리즘을 상호연관 속에서 다루는 것도 이 관점을 일정하게 채택한 데 근거를 둔다.

1. 리얼리즘 발생의 사회적 조건

프랑스 혁명이 공포정치와 나폴레옹의 등장으로 이념적으로나 정치적으로 좌절을 겪은 뒤 유럽에서는 왕조혁명이 뒤따랐다. 프랑스에서는 루이 필립이 다시 왕의 자리에 올라 시민왕정을 이루고 있었다. 1830년대는 이 같은 사회정세의 영향 아래 극심한 사회변화를 보여준다. 이 당시 문학예술에서는 아직 낭만주의가 전성기에 있었으나 내부적으로는 생시몽, 푸리에주의자들의 사회적 예술과 '냉정하고 철저히 부르주아적인 새로운 고전주의'인 양식파, 그리고 낭만주의의 탄생과 함께 고고성呱呱聲을 낸 예술지상주의가 혼류를 이루고 있었다. 리얼리즘은 이 세 경향이 교차하는 지점에서 용틀임을 하게 된다. 낭만주의의 점차적인 쇠퇴와 함께 예술시대라고 불린 한 시대가 가고 현실의 과학에 입각하여 당대의 현실문제와 직접 맞겨루면서 씨름하는 새로운 문예가 등장하고 있었던 것이다. 이 시대의 사회는 산업혁명과 프랑스 대혁명의 여파 속에서 있으면서도 종전과는 새로운 특징을 나타내기 시작했다. 그 특징은 첫째 자본의 지배가 좀 더 철저하고 현저하게 된 점이다. 사회의 권력은 완전히 부르주아의 손아귀에 장악되고 부르주아 자신이 그 사실을 분명히 자각하는 속에서 행동하게 된다. 생산의 합리화를 위한 대공장제의 확산은 기업의 자율적 기제를 더욱 공고하게 만드는 것이었다. 이에 따라 기업 활동에서 인격으로서의 개인의 역할은 점차 부차적인 것이 되고 기업의 논리에 부응하는 기능만이 기대되었다. 이것은 비인격화의 경향이라고 할 수 있는 것으로서 생산 활동에서 기계의 부품으로 변신한 인간의 존재를 통해 극명하게 드러나게 되는데 그 양상은 비단 경제부문에서만 지배적인 것이 아니었다. 사회의 제반 기구가 그와 같은 기계적 메카니즘에 의존하게 되고 사업의 성공과 실

밀라노의 빅토리아 엠마누엘 2세 아케이드. 엠마누엘 2세는 이탈리아를 통일한 황제. 아케이드에는 천장의 글라스를 통해 빛이 비추어지고 각종 명품 상점들이 입점해 있어 모든 것이 풍족한 자본주의 세계의 풍요가 넘쳐난다. 이곳에 있는 7성급 호텔도 유명세를 탄다.

패, 인간 활동의 의미와 의의도 전적으로 자본주의적 효율성의 원리에 의해 규정되었다. 이 같은 양태는 종래의 신분제도를 완전하게 무력하게 했을 뿐 아니라 낭만주의에서조차 일정하게 유지되던 사회적 품위, 개인의 개성의 존중을 하찮은 미덕으로 전락시켰다. 이제 부르주아의 윤리와 부르주아적 기구의 전횡이 생활의 전 부문에 지배적인 논리가 되었다.

둘째로 부르주아의 독점적 권력에 대한 항거로서 노동자 계급의 투쟁이 실천적으로나 이론적으로 사회적 현실의 중심적 사실이 되어갔다. 자본주의의 편제가 좀 더 명확하게 정착되면 될수록 사람들을 그 편제의 한 구성요소로서 얽어매는 정도가 심해져가는 데 반비례해서 그로부터 벗어나려는 개인들의 발버둥치는 모습도 여러 양태를 띠고 나타나게 된다. 이 양태는 집단으로서 노동자들의 동태에서 가장 명료하고 적극적인 형태를 갖추게 된다. 부르주아의 해방은 그 동지였던 프롤레타리아의 해방을 의미하는 것이 아니라 이전보다도 더 강고한 쇠사슬로 그들을 얽맨다는 인식은 생활 속에서 노동자들이 즉각적으로 깨달을 수 있었던 사실이다. 그것은 신분제도처럼 인위적인 사회적 강제가 아니라 노동자의 자발적인 의지에 따라 씌워진 사슬로 보였다는 점에서 얼핏 문제가 될 수 없는 일처럼 인식되기도 했지만 그 이면을 들여다보자마자, 또는 과거의 해방투쟁에 동참했던 입장에서 돌아다보았을 때 견딜 수 없는 질곡으로 인식될 수밖에 없는 것이었다. 이에 따라 노동자들의 자발적인 조직과 운동이 일어나게 되었음은 물론 이를 이론적으로 뒷받침하는 사회주의 이론이 강력한 매력을 가지고 등장하게 되었다. 생시몽·푸리에 등의 사상은 아직 유토피아적인 수준에 머물러 있었지만 사회주의의 원초적 형태를 갖추고 있었고 이것이 마르크스·엥겔스의 과학적 사회주의에 자격(刺激)을 준 것이었다. 즉 이 시대에 사회주의 이론은 노동계급의 자발적인 반자본주의 의식을 분명한 목표와 방법을 갖는 계급의식으로 변화시키게 된다.

셋째로 저널리즘의 발달이라는 새로운 환경이었다. 1830년대 후반부터 인쇄술의 발전, 식물성 섬유를 소재로 한 종이의 보급은 저널리즘이 발달할 수 있는 환

귀스타브 쿠르베의 〈모르낭의 매장〉. 쿠르베는 1855년 〈Le Realisme G Courbet〉라는 이름으로 개인전을 열어 리얼리즘 예술의 방향성을 정립했다. 예술사가 곰브리치는 리얼리즘이 하나의 '혁명'이었으며 쿠르베는 '오직 자연의 제자'이기를 원했다고 기술했다. 서민의 일상생활과 주위의 사물에서 취재했고 추한 것은 추한 대로 표현하여 뒷날 인상파에게 큰 영향을 끼쳤다. 그의 리얼리즘적 방법은 근대 회화의 '회화성' 획득에 토대가 되었다.

쿠르베의 〈에트라타 절벽〉.

프랑스와 밀레의 〈이삭줍기〉. 새로운 눈으로 자연을 보고 시적 정감이 깃든 수법으로 묘사했다. 들에서 일하는 평범한 사람들의 모습을 사실적으로 그림으로써 쿠르베와 함께 예술 혁명을 수행했다.

밀레의 〈양치는 여인〉.

경을 조성했고 각 신문들은 문예란을 통해 독자들의 흥미를 지속시킬 수 있는 소설을 게재했다. 물론 저널리즘이 끼친 영향은 단순히 문학 예술 활동에 지면을 제공한 의미만 있는 것이 아니다. 당대의 사회적 현상을 전달함으로써 사회적 문제에 대중의 관심을 유도함으로써 소위 사회적 문학이 발전할 수 있는 소지를 제공했다. 지금까지 자기 주변의 사실에 이목이 제한됐던 대중은 저널리즘을 통해 보다 넓은 세계의 문제들에 대해서 관심을 가질 수 있었고 그 문제들이 자신들의 생활과 무연한 것이 아니라는 인식을 가지게 된다. 따라서 대중의 문예에 대한 욕구가 어느 때보다도 강력한 것이 되었다. 이것은 당시 독서실이 유행한 데서도 그 사실을 입증할 수 있다. 노동자들로서는 감당할 수 없이 비싼 책값을 독서실은 크게 완화할 수 있었던 것이다. 더욱이 시민왕정에서 문맹퇴치를 위한 대중교육이 행해진 것도 저널리즘의 확산이 이전보다 훨씬 큰 영향력을 발휘하게 한 요소였다. 소설은 이제 대중의 문화적 욕구를 충족시키는 저널리즘을 통해 정치적·사회적 문제를 다룰 수 있었고 시대적인 욕구들, 시민들의 물질욕, 소유욕을 적나라하게 표현하는 일을 수행할 수 있었다.

발자크의 『노처녀(1836)』가 최초의 신문소설로서 등장하고 위젠 쉬의 『방랑하는 유태인』과 『파리의 비밀』 등이 인기소설로서 낙양의 지가를 올렸던 것이다. 지금까지 지지부진한 사랑 이야기로 시종하던 소설은 이제 그러한 환상과 꿈에서 벗어나 현재의 절박한 현실문제를 묘사하여 빈곤과 범죄가 판을 치는 도시의 뒷골목을 사람들의 면전에 제시할 수 있었다. 그것은 단순히 있는 현실을 모방하는 것이 아니라 이것이 현실이라고 새롭게 주장하는 의미가 있었다. 발자크가 월터 스콧의 역사소설을 지양하여 당대의 사회풍속을 기록하는 역사소설을 기도할 수 있었던 것도 저널리즘의 보급을 통해 사회문제의식이 편만해진 데에 크게 의존한다고 할 수 있다. 발자크는 스콧의 소설에서 배운 기법을 현대의 공간과 시간 속에 적용했을 때 나타나는 문제들을 창조적으로 해결하면서 현존사회의 정치사회가 직면하고 있던 문제의 핵심부로 진입하여 그것이 현실의 참모습이라고 표현한 것이다. 즉 두개의 혁명을 통해 격변한 사회 속에서 인간이 신이나 자연과 마주한 것이

나폴레옹 초상.

아니라 이웃의 인간들, 비인간적 질서로 바뀌고 있는 인간적 현실, 사회적 현실을 살아가고 있음을 말하고 현실이 역사적인 것으로서 가변적인 것임을 드러냈던 것이다.

넷째로 작가와 독자의 관계가 변화됐다는 점이다. 종래의 작가·시인이 그들을 먹여 살리는 왕과 귀족, 교회의 대변자에 지나지 않았다는 사실은 낭만주의에 대한 서술에서 이미 언급한 적이 있다. 이 관계가 낭만주의에서 작가의 자율성을 통해 해체된 것은 19세기의 전반에 통용되는 사실이다. 그러나 리얼리즘 시대에 이르면 낭만주의 시대와는 다른 관계가 형성된다. 낭만주의 시인들은 당대에 통용되던 도덕이나 관습에 대해 거부한 점에서는 과거와 달랐으나 그 거부 이외에는 어떠한 대응도 할 수 없었다. 그들은 부르주아에 대한 경멸감이나 현실에 대한 환멸을 표시할 수는 있었으나 그 이상의 어떤 적극적인 역할을 할 수도 없었고 하려고도 하지 않았다. 그러나 19세기 중반에 이르면 이 상태는 변하게 된다. 이제 작가가 마주쳐야 하는 대중은 동질적인 집단이 아닌 것이다. 부르주아의 지배 속에서 작가들이 불평불만을 품었다는 점은 낭만주의 시대와 똑같았지만 이제 작가들은 분리되고 적대관계로 정립되어가는 부르주아와 프롤레타리아 사이에서 스스로의 위치를 찾아야 했던 것이다. 즉 작가의 행동의 영역이 새로 생겨남으로써 작가는 의식적으로 현실문제에 대한 태도표명의 기회를 가질 수 있었다. 물론 작가들은 낭만주의 시인들과 달리 소설을 자신들의 장르로 택했기 때문에 현실의 질서인 사회의 도덕규범을 작품 내의 경기규칙으로서 받아들이지 않으면 안 되었다. 하지만 한편으로 작가는 대중의 가치기준을 새로이 설정할 필요성, 그들의 개념체계와 사고범주를 앞서서 제시할 수 있는 기회를 가질 수 있게 된 것이다. 이것은 작가가 현실을 만들어가는 적극적 역할이기도 했다.

2. 리얼리즘의 철학적 배경과 문학이론

리얼리즘의 철학적 의미는 실재론이다. 이 실재론이 문학상의 리얼리즘과 어떤 관련을 갖는지 쉽게 단정하여 말하기는 어렵다. 그것은 실재론의 의미내용이 역사적으로 일정하게 변화되었기 때문이다. 중세에 실재론은 첫째 보편자는 현실적·실제적이며, 둘째 보편자는 적어도 개개 사물들보다는 더 높은 존재, 즉 더 높은 실재성의 등급을 갖는다는 것, 셋째 보편개념은 개개의 사물들에 앞서 존재한다는 것을 믿었다. 달리 말하여 실재론은 보편개념을 인간의식 외부에, 의식으로부터 독립하여 그리고 동시에 개개의 사물에 앞서 신 속에 존재하는 보편자로 간주했다. 스콜라 철학의 실재론은 진정한 실재가 개별적인 사물이 아니라 보편적인 것, 분류에 의한 것, 추상적인 것에 있다고 보았으며 개인의 특수한 감각인식에 의해 획득되는 구체적인 대상이 곧 실재는 아니라고 생각했다. 이 같은 실재론의 중세적 의미는 구체적인 역사적 상황과 구체적인 개별인간에 대해서 관심을 쏟은 근대 리얼리즘 문학의 지향과는 상반되는 방향을 갖고 있다고 할 수 있다. 그럼에도 불구하고 실재론과 리얼리즘은 일정한 관계를 갖게 되는데 실재론의 의미가 근대에 들어와서 바뀌었기 때문이다.

실재론과 리얼리즘의 관계에 대해 설명한 영국의 이안 와트는 근대 실재론이 진리가 개인의 감각을 통해 발견될 수 있다는 입장에서 출발함으로써 리얼리즘의 발전에 기여했다고 파악했다. 그에 따르면 근대 실재론의 출발점은 데카르트와 존 로크이다. 그리고 그 완성은 18세기 중엽의 토마스 리드에 의해서 이루어진다. 데카르트는 개인의 의식과 자의식이 모든 사고의 과정에서 가장 기본적인 것이라는 관점을 제시했다. 이것은 개인의 주체성을 중시한 것이라는 점에서 중요하기도 하지만 인간의 지각과 실재의 관계에 대해서 새로운 해석을 가능하게 한다는 점에서 리얼리즘에 중요한 의미가 있다. 즉 그것은 인간의 감각과 지각이 외부세계의 실재에 대한 올바른 파악의 기초라는 점, 외부세계는 실재적인 것이라는 전제하에 현실의 경험을 연구하는 것이 실재에 다가가는 유일한 접근통로라는 생각을 표현한 것이었다. 경험적 증거가 없이는 어떤 것도 자명한 것으로 받아들이지 않는 이 방법은 진리를 판단하는 데 있어서 전통적인 신념이나 관습을 중요한 전거로 받아들였던 과거의 관행에 대해서 혁명적인 의미가 있었다. 근대 리얼리즘 소설이 새로운 경험의 표현으로서 등장했다는 사실을 상기하면 근대 실재론과 소설의 방법 사이에 일정한 유비관계가 성립함을 알 수 있다. 이안 와트가 근대 소설의 형식적 리얼리즘과 철학적 실재론을 병렬관계에 있었던 것으로 파악하는 근거는 바로 이 점이다.

이안 와트는 실재론이 문학의 형식에 끼친 가장 중요한 영향은 그것이 플롯의 독창성 개념을 가능하게 했다는 데 있다고 본다. 그는 "고전적이고 르네상스적인 서사시의 플롯은 과거의 역사나 우화에 그 근거를 두었으며, 제재를 다루는 작가들의 솜씨는 대개 그 장르에서 인정된 모델에서 끌어낸 문학적 조화를 보는 견해에 따라 평가되었다. 이러한 문학의 전통주의는 소설에 의해 처음으로 그리고 가장 철저하게 도전을 받았는데, 소설의 일차적인 판단기준은 개인의 체험, 항상 독특하고 따라서 항상 새로운 개인의 체험에 비추어보아 진실한가 하는 것이다. 그러므로 소설은 지난 몇 세기 동안 독창성과 신기함에 유례없는 가치를 부여했던 문화의 논리적인 문학매체이다"고 설명했다. 즉 소설의 독창적인 플롯이 경험을 근거로 인정되는 속에서 종래 '처음부터 존재해 온' 것으로서의 독창성이라는 개념조차 바뀌게 되었다는 것이다.

이 플롯의 독창성이 가능해지기 위해서는 몇 가지 부대되는 요소가 덧붙여져야 한다. 소설의 형식적 리얼리즘의 요소이기도 한 이 요소들 가운데서 가장 특징적인 것은 시공간의 특수성이다. 플롯과 행동은 특정한 문학적 배경 속에서 전개될 수밖에 없는데 소설의 배경은 과거와 달리 특수한 상황과 특수한 사람을 등장시키고 있다는 것이다. 이것의 가장 단적인 예는 등장인물의 이름이 특정되는 데서 찾아볼 수 있다. 이름이 유형을 나타내지 않고 현실의 실제 인물 이름과 같아진다는 것은 그 인물의 개별성에 관심을 기울인다는 표지가 되는 것이다. 뿐만 아니라 사건이 현실의 특정한 시간과 공간에서 발생한다는 것은 인물의 표현에서 나타난 개별화의 논리와 일치하는 것으로서 특수한 것을 강조하는 근대 실재론의 지향과 근본에서 동일한 것으로 볼 수 있다.

이 같은 근대소설의 특수성의 지향을 이안 와트는 17세기 후반의 역사에 대한 연구가 과거와 현재의 차이를 강조하는 역사의식을 낳았고 뉴턴과 로크의 시간의 흐름에 대한 새로운 분석이 사물을 구체적으로 분석할 수 있는 척도를 제공한 데 기인한다고 설명한다. '시간이 물체의 낙하나 마음속에서 일어나는 일련의 사고를 충분히 측정할 수 있을 정도로 충분히 구별되는, 보다 완만히 기계적으로 지속한다는 의미에서 파악되어'진 데 따른 현상이라는 것이다. 시간의 세밀한 구분은 그와 당연히 결합될 수밖에 없는 공간의 세밀한 규정을 가능하게 하고 시공의 특정에 의해서 근대소설의 개별화의 방법이 가능해졌다는 논리이다.

이밖에 와트는 근대 실재론이 실재와 언어의 일치문제라는 중세 유명론자들이 제기했던 문제를 다시 제기하게 되었다고 설명한다. 즉 언어가 장식적, 수사적인 방향으로 흘렀던 중세문학에서와는 달리 소설의 언어는 특정한 사물을 지시하고 특성을 드러내는 데 치중하게 되었다는 것이다. 이안 와트는 이 같은 근대 실재론의 영향이 리처드슨·필딩과 같은 18세기 영국의 소설가들의 작품에 반영된 양태를 자세히 설명하고 있다. 인물의 개성화·시공간의 특수성과 같은 세부의 정밀성·언어의 지시적 사용이 모두 실재론의 한 반영일 수 있다는 것이다. 하지만 그는 문학이나 철학이 모두 토대에서의 근본적 변혁에서 유래한 병행현상이란 점에서 특별히 그 인과관계를 강조할 것은 아니며 르네상스 이래 새로이 획득된 새로운 세계상에 더 많은 관심을 가져야 한다고 보고 있다. 이 점에서 리얼리즘 문학과 거의 동시대에 위치한 헤겔과 마르크스가 보여준 세계상이 가진 의미가 음미될 필요가 있다. 그것들은 직간접적으로 리얼리즘 문학과 연결 관계를 가지고 동일한 세계상의 형성에 관여하고 있는 것이다.

헤겔의 『미학』은 칸트의 『판단력 비판』에서 기원을 갖는 독일 관념론 미학의 결정판이라고 할 수 있다. 하지만 『판단력 비판』이 낭만주의 미학에 이론적 근거를 제

야콥 쉴레징거의 〈헤겔〉.

공한 것이었다고 한다면 헤겔의 저작은 리얼리즘적 세계관과 밀접한 연관을 갖는다고 파악해볼 수 있다. 칸트의 주관주의가 상상력과 천재의 소산으로서 예술작품을 설명하는 것이었다면 헤겔은 예술의 목적으로서 자연모방의 원칙을 인정한 바탕 위에서 그의 미학을 전개한다. 이러한 간략한 설명에서도 드러나는 바이지만 칸트는 인간의 사고의 대상이 사고와 동일하다는 사실을 거부함으로써, 물자체의 개념을 통해 대상이 주관적 사고의 대상인 현상에 그칠 뿐이라는 관점을 견지함으로써 미적 취미판단이 개념에 근거하지 않지만 그럼에도 불구하고 판단의 보편타당성을 주장하는 이율배반을 초래한다. 이에 비해서 헤겔은 근본적으로 실재론자로서 주관적 사고와 객체의 성질이 일치한다는 입장을 고수한다. 즉 우리가 인식하는 것은 사물들 그 자체이며 그 사물의 성질과 제 관계라는 것을 인정한다. 이것은 물론 사고와 존재, 주체와 객체의 동일화이기 때문에 주객동일성의 사유로서 나중에 비판을 받는 관점이지만 문학의 문제를 내용의 층위, 의미층위로 전환시켰다는 점에서 리얼리즘과 깊은 유사성을 갖는다. 그렇기 때문에 그는 예술의 내용은 이념이고 그 형식은 감각적이며 구상적인 형상이라고 파악하여 예술의 주요작업이 이 두 측면을 자유롭고 화해된 총체성으로 매개해야 한다

고 인식한다. 이러한 대명제하에서 그는 다음과 같이 자신이 세울 미학의 전체적인 체계를 제시한다.

> 우리의 학문은 다음과 같이 세 가지 주요부분들로 완전히 나뉘어진다. 첫째로, 우리는 보편적인 영역을 다룬다. 이것은 이념상$^{das\ Ideal}$으로서의 예술미의 보편적인 이념과, 한편으로는 예술미와 자연의 관계를, 또 다른 한편으로는 예술미와 그 내용과 대상을 다루는 주관적인 예술창작의 관계를 포함한다. 둘째로, 예술미 개념이 자기 속에 포함하고 있는 본질적인 제 구별들이 특수한 예술형식들의 제 단계들로 전개되므로, 특수한 영역이 예술미 개념에서부터 전개된다. 셋째로, 예술미의 개별화를 고찰해야 하는 마지막 부분은 다음과 같이 제시된다. 즉 예술은 자기형상들의 감각적인 실재화로 나아가며, 개별적인 예술들과 그 유^{類}와 종류들의 체계가 완성된다.

헤겔의 서술에서 주목해야 할 대목은 예술을 총체성으로 인식한다는 사실과 예술과 자연의 관계를 구체적으로 언급하고 있는 부분이다. 예술을 총체성으로 인식한 것은, 기원을 찾자면 예술작품을 그 자체로 완결되어 있는 구조로 파악한 아리스토텔레스까지 소급할 수 있다. 하지만 아리스토텔레스의 완결된 구조와 헤겔의 총체성 사이에는 많은 질적인 차이가 있다. 총체성은 본질적 연관관계들의 총체성으로서 기본적으로 다양한 규정들의 통일인 세부들의 구체성에 토대를 둔다는 점에서 선적인 인과율에 아직 머물러 있는 아리스토텔레스의 완결성과 스스로 구별되는 것이다. 이것은 헤겔의 세계상이 근대과학의 성과를 집약하여 성립되었으며 유기적 전체로서 현실의 개념을 전제한다는 것을 의미한다. 한편 자연과 예술미의 관계를 직접 언급하고 있는 점은 칸트가 천재의 소산으로서 예술을 말하고 있는 것과 정면으로 대립하고 있는 양상이다. 헤겔에게서 예술의 내용은 이념이고 그 내용은 '감각적인 것과 자연에서 취해진 것'이었던 것이다. 따라서 헤겔에게서 내용과 형식의 변증법은 내용의 발생론적 선재성을 의미하는 것이었고 형식화의 절대적 중요성에도 불구하고 형식은 마냥 자유로운 유희를 가능하게 하는 것은 아니었다. 헤겔이 소포클레스의 『오이디푸스 왕』에 비해서 『안티고네』를 더 뛰어난 작품으로 본 것도 이와 같은 내용미학에 근거한다. 이 책 2장의 『안티고네』에 대한 설명에서 지적했듯이 이 작품이 뛰어난 것은 인물들의 갈등이 개인적인 성격의 차이에서 비롯된 것일 뿐 아니라 당대의 현실적인 세력을 대변하는 대표자들의 갈등으로 표현되어 있다는 점 때문이다. 즉 부족국가의 윤리를 대변하는 안티고네와 새로운 국가사회의 성립에 능동적인 역할을 하는 세력의 대표자간의 대립 갈등이 극적 전개의 모티브가 됨으로써 작품은 개별적인 행위의 모방을 통해서 보편성을 나타낸 것이다. 헤겔의 이러한 내용미학은 마르크스의 지킹엔 논쟁에서 또다시 모습을 드러내게 된다.

마르크스의 미학적 관점은 체계적인 것으로 남아 있지 않다. 그렇기 때문에 단편적인 언급을 통해 재구성해볼 수밖에 없지만 그럼에도 불구하고 그의 철학체계와의 연관성을 감안한다면 충분히 그가 구상한 미학의 대강을 엿볼 수 있다. 더욱이 마르크스는 라살레의 작품인 『프란츠 폰 지킹엔』에 대해서는 상대적으로 자세히 언급하고 있다. 여기서 나타난 관점은 헤겔의 『안티고네』에 대한 분석과 대비해 볼 수 있는 분석내용이다. 그는 라살레의 작품이 지닌 의의와 형식적 문제에 대해서 간단히 언급한 뒤 다음과 같이 의견을 제시하고 있다.

> 당신께서 의도했던 갈등은 비극적일 뿐 아니라, 1848~1849년의 혁명당이 필연적으로 몰락에 처하게 됐던 그 비극적 갈등이기도 합니다. 따라서 저는 그 갈등을 현대비극의 중심축으로 설정한 것에 전체적으로 동의할 수가 있습니다. 그렇지만 저는 다루어지고 있는 주제가 이 갈등을 표현하는 데에 적합한 것인지를 자문해 보았습니다. 실제로 발타자르는 만일 지킹엔이 기사들 간의 반목이라는 것으로써 반역을 은폐하는 대신에 공개적인 반황제, 반봉건주의 전쟁이라는 깃발을 드높이 세웠더라면 그가 승리를 거뒀을지도 모른다고 상상을 합니다. 그러나 우리도 이러한 환상을 나누어 가질 수 있을까요? 지킹엔은 자기의 실수 때문에 몰

락하지는 않았습니다. 그가 몰락했던 것은 그가 기사로서 또 몰락하는 계급의 대표자로서 기존의 것에 반역했거나 혹은 기존의 것의 새로운 형태에 반역했기 때문입니다. 지킹엔으로부터 그 개인과 그의 특수한 교양, 소질 등등에 속하는 것들을 배제할 경우 그에게 남아 있는 것은 사실 괴츠 폰 베어리힝엔입니다. 이 불운한 인물에는 기사가 황제와 영주들에 대항한다는 비극적 대립이 그 적합한 형태로 들어 있습니다. 그리고 그렇기 때문에 괴테가 괴츠 폰 베어리힝엔을 주인공으로 삼은 것은 정당했던 것입니다. 지킹엔이 영주들에 대항해서 투쟁하는 한, 사실 지킹엔은-비록 역사적으로 정당하다 할지라도-단지 또 하나의 돈키호테에 지나지 않습니다. 지킹엔이 기사들 간의 반목이라는 외관 아래서 반역을 시작한다는 사실은 그가 기사적으로 반역을 시작한다는 사실 이외에 아무것도 의미하지 않습니다. 만일 다르게 시작했어야 한다면, 그는 직접, 그리고 시작부터도 곧장 도시와 농민, 정확히 말해서 그들의 발전이 곧 부정된 기사계급(기사계급의 부정)인 그러한 계급들에게 호소했어야만 했습니다. 따라서 당신이 갈등을 괴츠 폰 베어리힝엔에서 펼쳐지는 것과 같은 갈등으로 단순히 환원시키고자 원하지 않는다면, 지킹엔과 후텐은 몰락할 수밖에 없습니다. 왜냐하면 그들은 자기 상상 속에서만 혁명가였기 때문입니다. 1830년 폴란드의 교육받은 귀족들이 한편에서 스스로를 현대적 이념들의 대표로 설정하면서도, 다른 한편에서는 실제로 반동적인 계급이해를 드러냈던 것과 다를 것이 하나도 없기 때문입니다. 또한 혁명의 귀족적 대변자들이-통일과 자유라는 자신들의 구호 뒷면에는 항상 옛 황권과 주먹의 정의에 대한 꿈이 도사리고 있거니와-그 다음에는 당신의 작품에서와 같이 각종 이해들을 흡인하는 것으로 되어서도 안 됩니다. 오직 농민의 대변자들과 도시 내의 혁명적 요소의 대변자들만이 전적으로 의미 있는 적극적인 기반을 이룰 수 있을 뿐입니다. 그랬을 때-물론 현재에는 종교적 자유 이외에 실제로 부르주아적 통일이 주요 이념으로 되어 있기는 합니다만-당신은 매우 소박한 형식이기는 하지만 높은 수준에서 극히 현대적인 이념들을 말할 수 있었을 것입니다.

이 인용문 다음에 마르크스는 라살레가 개인들을 시대정신의 단순한 전달자로 만들지 말고 셰익스피어적인 인물로 형상화했더라면 좋았을 것이라는 의견을 제시하고 있다. 인용문에 나타난 마르크스의 논지는 두 가지로 정리된다. 하나는 비극의 갈등이 단순한 성격이나 기질의 문제에서 비롯되는 것이 아니라 그 심층부에 사회적 모순을 내포하고 있다는 인식이며 둘째는 등장인물이 집단이나 계급의 대표자여야 한다는 견해이다. 이것은 기본적으로 헤겔의 『안티고네』 분석과 동일한 분석방법에 근거한 견해이지만 비극의 새로운 형태에 대한 인식, 즉 쇠멸해가는 집단의 영웅에 근거하는 비극과 함께 아직 시대가 무르익지 않았기 때문에 비극적 운명을 맞는 영웅의 비극을 설명한 점에서 발전이며 이후 리얼리즘의 핵심이 되는 전형성 문제를 본격적으로 문제로서 제시했다는 점에서 의의가 있다. 이 논의가 1859년에 이루어진 점을 고려하면 엥겔스가 하크네스 양에게 보낸 편지에서 리얼리즘을 정의하게 된 것은 충분히 예고된 사건이었던 셈이다. 엥겔스는 라살레의 비극에 대해서 마르크스와 기본적으로 동일한 문제의식을 드러낸 비평문을 편지로 보낸 적이 있지만 리얼리즘 이론에 대한 그의 좀 더 긍정적인 기여는 리얼리즘의 정의에서 찾아볼 수 있다. 엥겔스는 하크네스의 『도시의 처녀』에 대한 비평에 곁들여 리얼리즘의 핵심적인 문제들에 대해서 의견을 제시한 것이다.

내가 무언가 비판할 점이 있다면, 그것은 어쩌면 이 소설이 결국에 가서는 충분히 리얼리스틱하지 못한 것이 아니냐는 점이겠습니다. 내 생각에 리얼리즘이란 세부의 진실성 외에도 전형적 상황에서의 전형적 인물을 진실하게 재현하는 것을 의미합니다. 당신의 인물들은 그들 나름으로는 충분히 전형적입니다. 그러나 그들을 둘러싸고 그들의 행동을 좌우하는 상황은 어쩌면 그만큼 전형적이지 못하지 않은가 합니다. 『도시의 처녀』에서 노동자 계급은 스스로 도울 능력이 없고 심지어 스스로 도우려는 노력조차 보여주지 않는 수동적인 대중으로 그려져 있습니다. 그들을 무기력한 곤궁에서 끌어내리려는 모든 시도는 밖으로부터, 위로부터 옵니다. 그런데 이것이 생시몽과 로버트 오웬의 시절이던 1800년이나 1810년경에는 정확한 묘사일 수 있었겠지만, 거의 50년 동안 전투적 프롤레타리아의 투쟁들의 대부분에 동참해 온 영예를 지닌 이 사람에게 1887년의 시점에서 그렇게 보일 수는 없는 것이지요. 그들을 둘러싼 억압적 환경에 대한 노동자 계급의 항거, 인간으로서의 지위를 되찾으려는 그들의 때로는 발작적이고 때로는 반의식적이며 때로는 의식적인 시도들은 엄연한 역사의 일부이며, 따라서 리얼리즘의 영역에서도 자기 자리를 요구하지 않을 수 없는 것입니다.

엥겔스가 밝힌 리얼리즘은 기본적으로 세부의 진실성에 입각하여 전형적 상황에서 활동하는 전형적 인물을 형상화하는 것이다. 세부의 진실성이 묘사의 구체성과 그 세부에 관련된 사실의 사회적 규정성과 보편적 규정성을 체현하는 일이라면 이것은 리얼리즘의 가장 기초적인 요건이다. 그러나 엥겔스가 말한 리얼리즘의 핵심은 전형성의 개념이다. 전형적 인물의 개념은 마르크스의 지킹엔에 대한 언급에서 이미 대체가 설명되고 있지만 전형적 상황은 충분히 설명되고 있지 않다. 여기서 헤겔이 상황을 행동과 성격의 활동을 위한 살아 있는 대상으로 파악한 점이 상기될 필요가 있다. 이것은 엥겔스가 하크네스의 소설이 노동계급을 수동적으로 그린 데 대해 비판한 데서도 드러난다. 그는 상황이 정태적이거나 죽어 있는 것이 아니라 주인공들의 활동성에 의해서 끊임없이 생성되고 그 인물들에 대해 반작용하는 동적인 것으로 파악하고 있다. 주체객체의 변증법적인 상호작용이 일어나는 사건들 속에서 현실을 규정하는 사회적 세력들, 그 힘의 실체들이 표현된다는 인식이라고 할 수 있다. 엥겔스가 밝힌 세부의 진실성과 전형성, 그리고 총체성의 연관에 대해서는 다음과 같이 설명할 수 있다.

첫째 세부의 진실성은 세부의 충실성이나 세부묘사의 생활적 진실성이 아니라 세부의 진실성이다. 왜냐하면 헤겔의 말대로 '진실하다는 것은 본질적인 규정들의 통일을 내포한다는 의미에서 구체적인 것'을 뜻하기 때문이다. 바꿔 말하면 문학에서 구체적인 것을 뜻하는 진실성이란 개념이 포기될 수 없으며 그런 뜻에서 작가는 묘사의 진실성이나 박진성이 아니라 존재(세부 또는 세부묘사)의 진실성을 추구해야 하기 때문이다. 즉 세부의 진실성은 세부묘사에서 '본질적인 규정들을 가능한 한 올바르게, 가능한 한 명확하게 일반화'하여 규정한 덕택으로 이루어진다. 둘째, 전형성은 세부의 연속 속에서 형성되어가는 어떤 실체들이 분립하여 관계하고 운동함으로써 반영되는 현실의 전형적 특수성, 또는 개별자와 일반자를 매개하는 실체의 특수한 성질을 말한다. 이것을 관념론에서는 일반자의 분화 또는 분절화에 의해 이루어진다고 보는 것이지만 리얼리즘 이론은 개별자들의 객관적 상호관계를 규정함으로써 형성되는, 개별자와 사회적인 것의 결합, 개별적인 것과 일반적인 것의 통일로서의 특수자의 본질로 파악한다. 그러므로 전형성의 기초 역시 세부묘사에서 구체성을 획득하는 문제에 연결되고 좀 더 나아가서 그 구체성들 사이에 연속되고 확장하는 관계가 성립될 것을 요구한다. 그러한 연속성과 확장성이 없을 때 세부들 사이에는 연관이 이루어질 수 없고 묘사는 대상의 개별성을 반복, 나열하는 데 그치게 된다. 즉 전형성은 세부묘사에서 이루어지는 대상의 본질적 계기들의 규정을 통해 개별적 계기들의 연관관계를 형성함으로써, 나아가서 그 연관관계에 기반을 둔 개별적인 형상이나 그것들의 결합이 구체적이고 역동적인 체계를 형성함으로써 작품에 나타나게 되는 현실의 좀 더 고양된 전형적 특수성을 말한다. 이 전형적 특수성이 구현될 때 하나의 과정인 객관현실의 역사적 계기 전체와 작품의 플롯 전체 사이에 유추가 성립되는 것이다. 그러므로 이 전형적 특수성을 획득하기 위해서 전형들은 필연적으로 일정한 위계체계 속에 놓여지는 것이며 거기에서 전형은 구체적인 것이 되지 않을 수 없다. 이때 전형은 프레드릭 제임슨의 지적과 같이, 상인이나 노동자나 지주와 같은 고정된 사회적 유형에 직접적으로 일치하는 '요소적 상징적 전형'이 아니라 특정한 역사적 시기에 있게 되는, 그 자체 역사성과 역사적 변화를 담지하는 '역사적 순간의 전형'이다. 셋째, 총체성은 객관현실의 전체성과 대비되는 내포적 총체성을 말하는 것으로서 작품이 자기완결적으로 완성되어 있음을 뜻한다. 작품이 자기완결적으로 완성될 수 있는 것은 완성된 작품을 구성하는 제 부분이 구체적 총체로서 자기완결성을 지향하면서도 전체의 요구에 자신을 순응시키기 때문이다. 그러므로 총체성의 일차적 지지기반은 전형들의 위계체계이다. 전형은 그 자체 개별적인 것이나 일반적인 것이 아니라 구체적으로 규정된 것, 특수적인 것으로써 총체성이 생성 작용할 수 있는 기초를 마련해준다. 총체성은 전형의 그와 같은 구체적이고 중요한 제 규정을 통해 내포농후한 총체성으로 성립한다. 그러나 총체성의 원천적인 지지물은 묘사단계의 규정작용을 통해 획득되는 세부의 진실성이다. 즉 세부에 본질적인 규정들이 통일되어 있음으로써 전형은 구체적인 것, 실체성을 갖는 것이 되고 작품의 구성에 관여한 모든 부분은 완성된 작품 속에서 아무것도 배제됨이 없이 유기적으로 결합하여 자기완결을 이룸으로써 창조된 총체성으로 되는 것이다.

엥겔스의 리얼리즘의 정의가 내포하고 있는 이 같은 내용은 물론 현실과 예술작품에 대한 그 자신의 통찰에서 근원하는 것이겠지만 헤겔의 『미학』이나 동시대의 작가, 비평가들의 업적에 일정한 정도로 빚을 지고 있는 것도 사실이다. 프랑스를 중심으로 하여 러시아, 독일 등에서도 이미 전형이론의 발전의 기틀을 다져가고 있었던 것이다.

프랑스에서 리얼리즘이 발흥하고 있을 무렵 대표적인 비평가는 생트뵈브와 이폴리트 텐느였다. 생트뵈브는 이론비평보다도 섬세한 심미안을 가지고 개별 작품을 분석하는 작업을 펼쳤다. 그러나 그의 기본 입장은 낭만주의에 경도되어 있었기 때문에 작가의 전기와 작품의 관련을 살피는 데 주력한다. 그는 문학의 창조에서 환경의 중요성을 강조한 텐느를 의식하는 속에서 "그는 무엇인가 놓치고 있다. 인간의 가장 핵심부를 놓치고 있다. 거의 같은 내적 외적 환경 속에 살고 있는 이십 명, 또는 백 명, 천 명의 사람 중에서 꼭 같은 사람은 한 사람도 없고, 그중에서 독창성으로, 다른 모든 사람보다 뛰어난 한 사람이 나오기 때문이다"고 하여 천재의 규명을 비평의 중요한 임무로 생각했다. 그가 발자크에 대해서 극단적인 혐오감을 나타냈었다는 사실은 그의 예술관이 지닌 특성을 잘 드러낸다고 하겠다. 이에 비해서 텐느는 자신의 주저인 『영문학사 서설』의 첫머리에서 생트뵈브와 대조

빅벤과 영국 국회의사당.
C. 베리와 A.W.N. 표진이 1835년에 설계했다. 전형적인 19세기의 관청 건물.

1889년 파리의 만국박람회장에 세워진 에펠탑. 철의 시대를 예고했다. 높이는 약 300미터, 건축에 소요된 쇠는 7300톤이었다고 한다.

되는 문학관을 엿보여 준다. "문학작품이 단순한 상상의 유희도, 열띤 두뇌에서 튀어나온 동떨어진 변덕도 아니요, 동시대 풍습의 모사요 어떤 정신상태의 전형이라는 것을 깨닫게 되었다"는 것이다. 이러한 관점은 프랑스가 역사가이고 자신은 그 역사가의 서기가 되는 데 만족하겠다는 포부를 피력했던 발자크의 문학관과도 상통하는 견해이다. 여기서 아리스토텔레스 이래 지배적인 관념이었던 자연의 모방으로서의 문학이라는 개념은 당대 현실의 재현이라는 개념으로 전환된다. 하지만 텐

구스타브 에펠이 설계한 리스본의 엘리베이터.

느의 문학이론에서의 기여는 신비에 싸인 창조의 과정을 어떤 결정론으로 이해하려는 시도에 있었다. 그는 인간의 사상과 정서에 어떤 질서 있는 체계가 있다는 생각에서 '이 체계는 어떤 일반적인 특성, 어떤 종족이나 국민에게 공통된 지성과 감성의 어떤 특징을 이 체계의 본유의 힘으로 지니고 있다. 광물학에서 아무리 다양한 결정체라도, 어떤 단순한 물질의 형태에서 생겨나는 것같이 역사에서도 아무리 다양한 문명이라도 어떤 단순한 정신형에서 유래된다'는 입장을 이론화한다. 그가 인간의 정신형태를 결정하는 세 가지 원천으로 꼽은 것은 종족과 환경과 시대였다. 그는 이렇게 설명한다.

> 하나의 문명은 하나의 집합체를 형성하고 그 각 부분은 유기체의 부분과도 같이 상호연관을 이루고 있다. 동물에 있어서 본능, 이^齒, 사지, 골격의 구조, 근육조직이 상호결합이 되어 있기 때문에 그중의 하나에 변화가 일어나면 전체에 변화가 일어나는 것과 마찬가지로, 또 유능한 박물학자가 추리에 의해 수개^{數個}의 단편

을 기초로 해서 하나의 체구를 거의 완전히 재구성할 수가 있는 거와 마찬가지로 하나의 문명에 있어서도 종교, 철학, 가족형태, 문학, 예술은 하나의 시스템을 형성하고 있어서 이 시스템에 있어서는 온갖 국부적인 변화가 전체의 변화를 야기하는 관계를 이루고 있다. 따라서 경험이 풍부한 역사가라면 한 가지 어느 제한된 부분만 연구하여도, 나머지 부분의 특성을 미리 짐작하고 반은 예언을 할 수가 있다. 이 의존관계에 대하여는 조금도 모호한 점이 없다. 생물체에 있어서 이 의존관계를 규정하는 것은 첫째 일종의 근본적인 유형을 나타내고자 하는 그 경향이요, 그 다음에는 자기의 욕구를 만족시켜 주는 기관을 소유하고 생존을 위한 자기의 조화를 유지해가야 할 필요성이다. 문명에 있어서 의존관계를 규정하는 것은 인간이 행하는 위대한 창조의 어느 것에도 존재하고 또 환경이 행하는 다른 창조에도 똑같이 존재하는 생산적 요소이다.

텐느의 설명은 세 요소가 어떻게 상호관계를 형성하는가를 통해서 문학을 비롯한 모든 창조행위의 비밀을 설명할 수 있다는 것이다. 이 같은 그의 견해가 직접적으로 리얼리즘 이론에 미치는 영향은 그리 크지 않았다고 할 수 있다. 그러나 이 같은 관점이 졸라의 자연주의에 일정하게 영향을 끼치고 있음은 물론 리얼리즘 자체도 이와 같이 사회적 현실의 제 요소들 간의 상호관계에서 현실의 역동적 요소를 이해하려는 과학주의의 작동과 일정한 관련이 있다는 사실을 보여주는 데는 상당한 의의가 있다. 텐느의 리얼리즘 이론에의 기여는 이밖에도 그가 풍습의 묘사라는 개념과 함께 사회적 전형을 언급하고 전형과 사회적 계층 사이에 일정한 관계를 설정한 데서도 찾을 수 있다. 전형의 개념은 일찍이 1832년에 샤를르 노디에가 「문학에 있어서의 전형」이란 논문을 발표한 데서나 빅토르 위고가 아킬레우스, 프로메테우스, 햄릿 등을 전형으로 거론하는 데서도 나타나지만 사회적 전형개념은 발자크가 스스로 사회적 전형을 탐구하려 한다는 의지를 밝히고 텐느가 풍습을 재현하는 데 있어서 사회적 전형의 의의를 역설한 데서 진전된 의미를 획득했던 것이다.

3. 리얼리즘 문학의 전개

리얼리즘 문학의 전개양상을 살피는 일은 리얼리즘 개념을 어떻게 파악하느냐에 따라 여러 가지 방식으로 진행될 수 있다. 예컨대 리얼리즘이 모든 문학예술의 기본적인 방법으로서 역사적으로 끊임없이 발전되어온 것으로 파악하는 관점에서는 고대의 리얼리즘에서부터 중세문학의 리얼리즘, 르네상스기의 리얼리즘 등을 차례로 언급해야 할 것이다. 이 방법은 소설이 그리스 후기문학에서부터 싹텄다고 보는 바흐친의 관점에서도 성립할 수 있다.

그러나 문예사조를 살피는 현재의 문제의식에 비추어 보면 이와 같은 방법은 효율적이지 못하다. 일정한 질적 차이를 가진 리얼리즘의 범주 속에서 리얼리즘의 양상을 추적하는 것이 좀 더 적절해지는 것이다. 이 같은 관점에서 18세기에 영국과 프랑스에서 나타나기 시작한 초기의 리얼리즘은 19세기에 프랑스를 중심으로 전개된 본격적 리얼리즘의 전사가 된다고 할 수 있다. 구체적인 예로 아우얼바하는 아베 프레보의 「마농 레스코」에서 고전주의 문학의 고답성을 벗어난 리얼리즘으로의 방향전환을 읽어내고 있다. 이 작품은 리얼리스틱한 것과 심각한 것이 혼합된 양식이라는 점에서 고전주의의 보편성과 문체 분리를 극복해가는 문학이라는 것이다. 이에 비해서 이안 와트는 영국의 18세기 작가들인 디포·리처드슨·필딩의 작품에서 형식적 리얼리즘의 특성을 추출하고 있다. 이들은 낭만주의의 개별성에 대한 강조가 일반화하는 속에서+ 일상적인 삶을 소재로 합리적인 인과율에 토대를 둔 플롯을 구성했고 인물들의 심리적 동향을 섬세하게 파악하여 리얼리즘의 초석을 놓았다는 것이다. 이러한 양상은 리얼리즘이 19세기에 들어서 돌발적으로 생겨난 사조가 아니라 고전주의의 보편성과 낭만주의의 개별성을 종합하는 속에서, 문학예술의 변화 속에서 끊임없이 발전되어 온 경향의 질적 비약으로 간주할 수 있게 하는 증표이다. 이안 와트는 18세기 독자들이 소설에 대해 사건이 일어난 구체적 시공간과 사건의 당사자들에 대한 구체적인 지식, 그 이야기를 자신들의 언어로 말해주기를 바랐다는 사실을 적시하면서 소설의 형식적 리얼리즘이 지닌 의미를 이렇게 설명한다.

> 소설이 이러한 정황적 인생관을 구체화시키는 서술방식을 소설의 리얼리즘이라고 부를 수 있을 것이다. 곧 여기에서 리얼리즘이라는 용어는 어떤 특수한 문학 이론이나 목적에 관련되는 것이 아니라 다만 소설에 일반적으로 나타나고 다른 문학 장르에서는 잘 나타나지 않기 때문에, 소설 형식 그 자체에서 전형적인 것으로 간주될 수도 있는 일련의 서술 절차에만 관련된 것이기 때문에 '형식적'이라는 수식어를 붙이는 것이다. 실제로 형식적 리얼리즘은 디포와 리처드슨이 매우 축어적으로 받아들였지만 소설 형식에서는 절대적인 한 전제가 서사체적 이야기로 구체화된 것이다. 그 전제, 또는 근본적인 관습이란, 소설이 인간경험을 완전히 믿을 만하게 보고하는 것이며, 따라서 소설은 등장하는 배우들의 개성이라든지, 그들이 곧 다른 문학 형식에도 공통적으로 있는 것보다 언어를 훨씬 더 지시적으로 사용함으로써 얻어지는 세부묘사로 독자들을 만족시켜야 하는 의무를 지고 있다.

와트가 이야기하듯이 리얼리즘은 18세기 영국에서도 대중적인 요구 속에서 발전하고 있었다. 그것은 한국의 실학파 소설이 리얼리즘의 기준을 실제로 충족시키는 일정한 요건들을 갖추고 있었다는 사실과 상응한다고 할 수 있다. 하지만 사실적 경향을 문제 삼는 것이 아니고 리얼리즘 범주를 보다 엄격히 적용한다고 할 때 그에 적합한 문학은 1830년대 프랑스의 스탕달과 발자크의 문학에서 적절한 사례를 찾아볼 수 있다. 이들은 공통적으로 낭만주의 세대에 속하면서도 서로 차별지어지는 창작의 방법을 통해 리얼리즘 문학의 성취를 이루어냈던 것이다. 여기서 이 두 사람과 함께 리얼리즘의 대가로 불리는 플로베르의 문학을 살필 필요가 있다. 그것은 플로베르의 작품을 리얼리즘보다는 자연주의 문학의 범주에 포함시키고자 하는 취지와 관련된다. 이것은 플로베르가 두 사람에 비해 약간 늦은 세대에 속한다는 단순한 연대기적 사실에 근거한 분류가 아니다. 오히려 창작활동의 연대가 훨씬 뒤늦은 도스토예프스키나 톨스토이를 리얼리즘의 작가로 분류할 수 있다. 이런 측면에서 플로베르가 스탕달이나 발자크의 문학과 어떻게 다른 문학을 창작해왔는지를 구분하는 것은 리얼리즘 문학의 특성을 인지하는 데도 도움이 될 수 있다. 이 문제에 있어서는 세 사람의 문학방법을 검토하여 두개의 리얼리즘을 구분한 아우얼바하의 관점이 도움이 된다. 그는 현대 리얼리즘의 특성을 두 가지로 파악한다. 첫째 '일상적 현실을 심각하게 다룬다는 것, 사회적으로 낮은 지위의 넓은 인간집단이 문제성과 실존적 진실 속에서 보여지는 현실재현의 대상이라는 것, 둘째 아무렇게나 골라잡은 인물과 사건을 당대 역사의 일반적인 흐름, 유동적인 역사적 배경 속에 자리하게 하는 것'이 리얼리즘의 공통된 특성이라는 것이다. 이러한 인식에서 그는 스탕달과 발자크는 낭만주의의 세례를 받아 숭고한 것과 기괴한 것을 혼합하는 형식을 취하지만 그럼에도 불구하고 그들이 경멸해 마지않았던 당대의 자본주의 현실의 본질적 모순을 그리고 그에 대한 저항을 보여준다고 말한다. 그러나 플로베르에게서 리얼리즘은 냉연하고 객관적인 것이 되면서 출구가 따로 있을 수 없는 하나의 인간존재 전체를 재현한다. 이것은 일종의 체념의 상태를 나타내는 것으로서 스탕달과 발자크의 현실에 대한 저항의 자세와 근본적으로 다른 태도가 나타났음을 의미한다. 이 양태를 아우얼바하는 다음과 같이 설명한다.

> 플로베르의 서술법을 스탕달과 발자크의 서술법과 비교해볼 때, 서론적으로 현대 리얼리즘의 두 특징이 벌써 나타나는 것에 주목할 수 있다. 여기에서 이미 사

회 하층의 일상적인 일들이 심각하게 취급되어 있고 여기에서 이미 일상적 사건이 당대사의 일정한 시기(부르주아 제정기) 속에 (비록 스탕달이나 발자크에서처럼 확연한 것은 아니지만 그래도 틀릴 여지 없이) 정확하고 심각한 수법으로 정위되어 있다. 이 두 가지 특징의 면에서 세 작가는 그 이전의 리얼리즘에 대조를 이루면서 하나의 그룹을 이룬다. 그렇긴 하나 자기의 소재에 대한 플로베르의 태도는 전혀 다른 데가 있다. 스탕달과 발자크에서 우리는 작자가 인물과 사건들에 대해서 어떻게 생각하는가를 끊임없이 듣는다. 때로 발자크는 그의 이야기에 계속적인 감정적, 풍자적, 윤리적, 역사적, 경제적 주석을 붙인다. 또 흔히 우리는 등장인물이 생각하고 느끼는 바를 듣게 되고 또 이런 경우 작자는 인물 자체와 자기를 일치시키는 방법을 사용한다. 이러한 두 가지 면은 플로베르의 작품에서 전혀 찾아볼 수 없다. 그가 그의 인물과 사건에 대해서 어떤 견해를 가지고 있는가는 이야기 되지 않은 채 남아 있다. 인물이 자신을 나타낼 때는 작자는 그 인물로 하여금 작자 스스로를 그 의견이 일치시키거나 또는 독자를 일치시키게 하려는 방식으로 이야기하게 하지 않는다. 우리는 작자의 말을 듣지만 그는 의견을 표하는 것도 아니고 주석을 가하는 것도 아니다. 그의 기능은 사건을 고르고 이것을 언어로 옮기는 일에 한정된다. 이렇게 하는 것은 어떤 사건이든 순정하고 완전하게 표현되기만 하면, 거기에 붙여지는 어떠한 의견이나 판단보다도 사건과 거기에 관련된 인물을 보다 훌륭하고 완전하게 설명할 수 있다는 신념 때문이다. 이러한 신념, 책임과 솔직과 주의를 가지고 사용한 언어가 진실을 나타낸다는 깊은 믿음, 이것 위에 플로베르의 전 예술이 기초해 있는 것이다.

아우얼바하의 분석은 리얼리즘과 자연주의를 대비적으로 이해하는 데 매우 시사성 있는 내용이다. 플로베르에게서 예술의 창작은 일종의 소명의식 속에서 이루어진다. 대상에 대한 태도와 완벽을 기하려는 예술적 자세는 예술을 위한 예술의 그것에 근접해 있다. 시대와 현실에 대한 인식이 마찬가지라 하더라도 이러한 태도의 상이성은 현실의 실체를 드러나게 하는 인간 주체의 행위에 결정적 차이를 가져온다. 플로베르가 '스타일은 그 자체로써 사물을 보는 절대적인 방법이다'고 했을 때 스탕달이나 발자크에게서 추구된 역동성의 구조로서 현실에 대한 탐구는 포기되고 있다. 스탕달이 '구체적이고 또 항시 진행하고 있는 정치적, 사회적, 경제적인 현실의 총체성 속에 뿌리박고 있는 것으로 그리지 않고서는 인간을 묘사할 수 없다'고 믿은 리얼리즘의 창시자라면 발자크는 '예술창작 행위를 역사해석 또는 나아가 역사철학의 성질을 띠는 것으로 간주'하고 '현재를 역사로, 역사에서 결과해 나오는 과정의 어떤 것으로 간주'한 리얼리즘의 건설자였고 플로베르는 이제 안정된 바탕 위에서 리얼리즘의 새로운 방향을 모색한 의식적인 변혁가였던 것이다.

적과 흑

　스탕달과 발자크의 소설은 자본주의가 완전한 체제를 구축하고 일상의 삶이 생활을 지배하기 시작한 현대사회의 삶을 그린 최초의 소설로 평가된다. 종전과는 달리 새로운 영역에서 도덕적 곤란과 갈등을 겪게 되는 현대인의 삶에 대해서 그들의 소설은 최초의 보고서인 것이다. 그러나 두 사람의 접근방식은 상반되는 성격을 지니고 있다. 발자크가 주로 풍속의 묘사를 통해, 외면적 현실의 정밀한 관찰을 통해 인간의 내면을 투사하는 방법을 썼다면 스탕달은 인물의 파토스와 격정이 맞부딪치면서 엮어내는 생동하는 줄거리로써 사람들의 관심을 집중시키고 주인공의 운명의 전개에 독자들이 울고 웃게 하는 수법에 장점이 있었던 것이다. 따라서 그의 문체는 서술적이지만 매우 정려한 특색을 지니고 있었다. '발자크적인 세계가 있는가 하면 스탕달적인 주인공이 있다'는 카스텍스의 경구는 스탕달 소설의 특징을 압축해 표현해주고 있다. 『적과 흑』은 그 대표적인 작품이다. 이 소설의 주인공은 스위스 국경의 한 마을에서 목수의 아들로 태어난 줄리앙 소렐이다. 그는 수려한 용모를 지녔으며 어떤 고난을 겪더라도 출세해야 한다는 야망을 불태우고 있었다. 그러나 미천한 출신의 젊은이가 입신출세하는 길은 극히 제한되어 있었던 것이 당시 프랑스의 현실이었다. 즉 군대에 들어가 공훈을 세우거나 승직에 몸을 담아 상류층과 접촉해야만 했던 것이다. 나폴레옹의 실각으로 군대의 길이 막힌 상태에서 줄리앙이 선택할 수 있는 길은 하나밖에 없었다. 뛰어난 라틴어 실력으로 읍장인 레날 가의 가정교사가 된 그는 레날 부인을 유혹하여 열렬히 사랑하는 사이가 되지만 마을에 소문이 퍼져 신학교에 입학한다. 그 뒤 신학교 스승의 알선으로 당대의 권세가인 드 라 몰 후작의 비서가 된다. 이제 파리로 나온 줄리앙은 후작의 두터운 신임을 받으면서 후작의 딸인 마틸드를 유혹한다. 자신의 본심을 숨기고 사교계에 발을 딛은 그는 마틸드의 자존심을 자극하는 심리전을 통해 그녀의 관심을 끌고 야합하여 임신을 시킨 것이다. 마틸드의 간청을 뿌리치지 못한 후작은 줄리앙과의 결혼을 허락한다. 후작은 장래의 사위감에게 귀족의 작위와 기병 중위의 관직을 준다. 이제 줄리앙의 소원은 실현이 눈앞에 다가온 것이다. 하지만 바로 이때 레날 부인의 편지가 라몰 후작에게 날아든다. 사랑의 포로가 된 레날 부인은 모든 사실을 밝혔던 것이다. 격분한 줄리앙은 당장 레날 부인이 기도를 드리고 있던 교회로 찾아가 두 발의 총알을 쏜다. 그 자리에서 체포된 줄리앙은 감옥에 갇히지만 레날 부인은 가벼운 총상만을 입었을 뿐이었다. 줄리앙은 면회를 온 레날 부인을 만나 자신이 진정으로 사랑한 것은 레날 부인이었음을 깨닫지만 재판결과 단두대에 오르게 된다. 줄리앙의 처형 소식을 들은 레날 부인은 병으로 죽고 마틸드는 애인의 머리를 훔쳐내어 장례를 치른다. 이 소설의 재판정 장면에서 줄리앙이 남긴 말은 일종의 계급투쟁의 선언으로 일컬어지고 있다. "여러분, 나는 당신네들의 사회계급에 속할 명예가 없습니다. 당신들은 내게서, 비천한 자기 운명에 반항하고 나섰던 한 사람의 농부를 보시겠지요. … 나는, 나라는 인간 속에 있는 그 젊은이들의 계급을 처벌하고 영원히 기를 꺾고 싶어 하는 사람들을 봅니다. 가난에 시달린 하층계급에서 태어나 다행히 교육을 받고, 그래서 부자들이 거만하게 사회라고 부르는 저 서클에 어울릴 용기를 가지게 된 젊은이들 말입니다"

『'적과 흑'의 소설세계』라는 글에서 이동열은 줄리앙의 성격에 대해서 다음과 같이 설명한다.

줄리앙 소렐은 명료하고 확고한 계급의식과 의식적으로 계급투쟁의 개념을 소설 문학 속에 끌어들인 최초의 소설 주인공으로 꼽히고 있다. 하지만 불평등한 사회질서에 도전하다가 죽어간 반항아로서만 이해하기에는 이 인물은 너무도 복잡하고 다양한 성격의 주인공이다. 이 하층계급 출신의 주인공은 대체로 작자의 공감과 경탄을 받고 있지만, 때로는 귀족적 취미의 작자가 극도로 싫어한 어떤 천민적 속성을 나타내 보이기도 하는 인물이다. 무엇보다도 작자 자신의 다음과 같은 설명이 이 인물이 전적으로 미화되고 이상화된 인물이 아님을 보여준다. '작자는 줄리앙을 조금치도 하녀들을 위한 통속 소설의 주인공처럼 취급하지 않습니다. 작자는 이 주인공의 모든 결점, 그의 마음은 모든 나쁜 움직임을 보여줍니다. (중략) 줄리앙은 모욕당하고, 고립되고, 무지하고, 호기심이 많으며, 오만으로 가득 찬 어린 농부입니다.' 따라서 줄리앙을 전적으로 무구無垢한 반항의 순교자로만 취급하는 것은 그를 파렴치한 출세주의자로 모는 것과 마찬가지로 편협한 비평의 태도이다. 줄리앙은 자신의 출신계층 내에서나 그가 발붙이려고 애쓰는 상류계층 내에서나 다 같이 스스로를 낯설게 느끼며, 또한 접촉하는 모든 환경 속에서 낯선 자로서 대접받는 특이한 감수성의 소유자이다. 철저하게 뿌리 뽑힌 자이며 항상 '대양 가운데 버려진 조각배처럼 홀로' 있는 이 외로운 이방인은 상층계급뿐만 아니라 시대 전체, 시대의 가치관 및 이상 전체와 대립되는 인물임에 틀림없다. 이 특이한 감수성의 소유자는 스탕달이 창안한 저 사회적 정화들이 미학적이고 형이상학적인 서클인 '행복한 소수자'란 그룹 말고는 어떠한 사회적 카테고리 속에도 집어넣기 어려운 인물이다. 이 예외적 존재는 '그의 존재 자체가 시대에, 선과 악에, 가치관에, 생의 의미에 제기된 의문'이란 견해는 수긍할 만하며, 그것이 줄리앙 소렐의 가장 본질적인 의미일는지도 모르겠다. 독자에 따라서는 사회에 대한 일체의 미련을 버리고 높은 탑 속에 갇혀서 오만한 고독 속에서 마음의 평정과 행복을 발견하는 죽음 직전의 줄리앙에게서 가장 강렬한 인상과 감동을 받을 수 있을 것이다. 스탕달은 마지막의 줄리앙을 통해서 인간의 행복이란 순전히 내적 자아로부터 끌어낼 수밖에 없다는 얘기를 하고 있지 않는가. 그러나 줄리앙의 본질을 그의 마지막 순간에서 본다 할지라도, 그의 사회적 반항의 의미가 부인되는 것은 아니다. 줄리앙은 사회적 야망에 눈이 어두워 레날 부인과의 사랑에서 행복을 느끼지 못하고 행복한 시간을 덧없이 흘려보냈다는 회한에 빠지기는 하지만, 끝까지 자신의 사회적 투쟁의 정당성을 의심치는 않는다. 그는 자신이 대항해 싸웠던 불의의 사회에 의해 부당하게 처단받는다는 자각 속에서 죽어가는 인물이다.

고리오 영감

발자크는 리얼리즘의 대명사처럼 인식되는 인물이다. 리얼리즘에 관한 논의에서 그는 리얼리즘의 한 측면만을 대변하는 것이 아니라 리얼리즘의 모든 국면과 관련을 지닌 작가로 언급되고 있다. 이 같은 그의 면모는 1830년부터 1850년까지 그의 작품이 줄줄이 쏟아져 나오는 동안에 그가 프랑스 사회의 박물학자, 사회의 모든 동산을 등기하는 고고학자이자 직업의 분류가, 선과 악의 등기자가 되려고 했던 데서 비롯한다. 그는 당시 자신이 살고 있는 사회가 과거에 유례를 갖지 않는 새로운 사회라는 것을 인식했을 뿐만 아니라 이 사회의 특징이 경제에 기반을 두고 건축된 구조라는 점을 직감했다. 따라서 그는 이 사회의 작용의 양태를 고찰했을 뿐더러 그 작용의 원동력을 발견하는 데 큰 비중을 두었다. 그가 낭만주의 문학에서 절대적 위치에 있던 상상력을 끌어내리고 그 자리에 문학의 기록성을 올려놓은 것도 현실역사의 기록이 지닌 의미를 새롭게 깨달았기 때문이다. 그는 자기가 '프랑스 사회라는 진정한 역사가의 구술을 받아 쓴 서기일 뿐'이라고 자랑스러워했던 것이다. 그는 사회의 모든 계층, 모든 사물을 묘사하려는 야심에서 생활의 모든 국면에 깊은 관심을 기울였고 그것을 분석하려고 했다. 그의 소설이 스탕달의 긴밀한 플롯과는 달리 이리저리 만보하듯이 삶의 여러 현상을 에둘러가면서 이야기를 전개하는 것도 그의 커다란 야심과 관련된다. 그는 한 인물에 접근하는 경우에도 그에게 직핍하지 않고 동심원을 그리면서 이모저모를 여색인 뒤에 그 사람의 특징을 드러내는 방법을 쓰고 있다. 이것은 비단 인물에만 한정되지 않는다. 그의 『인간희극』 자체의 구조가 이와 같은 방법의 결과이다. 한 작품에 등장한 인물이 다른 작품의 다른 상황 속에 배치되어 새로운 성질을 드러내는 것이다. 그가 현실의 문제를 논의하던 좌중의 사람들에게 '자 이제 현실문제로 돌아갑시다. 그랑데를 누구에게 시집보낼까요?'라고 하며 현실과 소설을 완전히 전도시킨 발언을 했다는 일화는 그의 소설, 예술적 방법이 지닌 특징을 잘 드러내주고 있다. 일설에 의하면 그는 자신의 작품에 나오는 2,500명의 작중인물이 파리를 배회하는 것처럼 생각하고 있었다는 것이다. 이것은 그의 『인간희극』이 순환형식이라는 구조를 갖고 있다는 아놀드 하우저의 견해에서도 확인된다. 하나하나의 작품은 그 자체로 완결되어 있지만 그 작품 속의 인물이 다른 작품에도 등장하여 85편에 이르는 『인간희극』 전체가 구조적으로 통일성을 갖고 있는 것처럼 볼 수도 있는 것이다. 스탕달이 인물의 심리에 치중했던 것과는 달리 발자크가 환경의 묘사, 사물 자체에 관심을 많이 기울인 것도 그의 특징적인 방법을 보여주는 사실이다. 그 사물들에 대한 풍성한 묘사 속에서 그는 인간과 그를 둘러싼 환경이 끊임없이 변화하고 서로 반작용하는 역동적 구조를 포괄적으로 나타내려고 한 것이다.

그의 인물은 19세기 소설 주인공의 특색을 가장 잘 드러내주는 것으로 인식되고 있다. 편집광, 수전노, 악당, 노름꾼, 이중성격자, 사기꾼 등 사회의 부정성을 대변하는 듯한 인물의 만화경이 그의 작품에서 펼쳐지고 있다. 그것은 근본적으로 자본주의 현실의 모순이 그러한 인물을 배태한다는 작가의 인식에서 연유한다. 도덕적 인간이라든지 순결한 정신은 사악한 자본주의 사회의 삶의 양태를 보여주는 데는 더 이상 적절하지 않은 것이다. 발자크에게서 인물은 그 개인의 심리학적 측면 때문에 중요한 것이 아니라 그가 속한 집단, 계급의 대표자로서 중요한 것이다. 서로 충동하는 이해관계를 둘러싸고 벌어지는 이전투구에서 비로소 자본주의의 역동적인 구조는 탐색될 수 있었던 것이고 개개 인물의 심층의식도 탐구될 수 있었던 것이다. 『고리오 영감』은 발자크의 소설이 지닌 이러한 특성을 잘 보여준다. 이 작품은 제각기 다른 사정을 지니고 싸구려 하숙집에 기거하는 일곱 명의 하숙인들이 차례로 하숙집을 떠나게 되는 동안에 일어나는 일들에 대한 이야기이다.

제분업을 했던 고리오 영감은 퀴퀴한 냄새가 나는 하숙집에는 어울리지 않을 과거의 부귀와 영화를 기억으로 간직하고 살아가는 노인이다. 한때 백만장자였으나 두 딸을 시집보내는 동안에 재산을 모두 날리고 이제는 몇 가지 가구가 전 재산인 신세이다. 그러나 고리오 영감은 그 하숙집에서는 가장 깨끗한 방을 쓰는 처지였기 때문에 아직은 하숙집 여주인에게 대접을 받으며 품위 있게 살아간다. 그 고리오 영감에게 한 미모의 여성이 새벽에 다녀감으로써 하숙인들은 무수한 상상을 하게 된다. 더욱이 그 여인과 또 다른 여인의 출입이 잦아질수록 고리오 영감의 행색이 초라해지기 시작한 것도 사람들의 비아냥거리는 입방아를 바쁘게 하기에 족하다. 그러나 고리오 영감에게서는 아무런 내색이 없고 변명 또한 없었다. 으리번쩍한 부귀의 체취에 휩싸여 들어왔던 고리오는 어느 사이 여색에 빠져 몰락해 가는 천덕꾸러기 노인의 모습으로 하숙인들에게 인상지어진다. 하숙생 중에는 법학을 공부하면서 출세와 영달을 꿈꾸는 라스티냑이라는 청년이 있었다. 그는 사촌누이인 보세앙 부인의 소개로 고리오 영감의 맏딸 드 느싱겐 남작 부인을 알게 된다. 이 하숙집에 사는 또 하나의 사나이 보트랭은 화려한 사교계에 진출하고자 하는 라스티냑의 심경을 알아차리고 그를 이용하려 한다. '너와 같은 무일푼의 인간이 입신출세하려면 손에 때를 묻혀야 한다'고 꼬드긴 것이다. 라스티냑은 보트랭의 계획을 거부하지만 유혹에 넘어가 점차 보트랭의 계획을 실행하는 데 참여한다. 이들에 의해 고리오 영감을 찾아오는 젊은 여인들이 그의 딸이라는 사실이 알려진다. 고리오 영감은 딸들의 행복을 위해 자신에게 남은 마지막 세간까지 팔 처지에 몰리지만 딸들은 자신들의 사치를 위해 마냥 손을 벌린다. 이와 대조적으로 하숙인 가운데는 딸을 인정하지 않는 아버지에게서 버림받고 다른 아주머니의 손에서 보호받는 빅토리느도 있다. 이러한 사회의 부조리, 계층 간의 극심한 차이 등을 겪으면서 라스티냑은 출세를 위해 보세앙 부인과 관계를 맺는 가운데 진실한 사랑이 짓밟히고 인간관계에서 돈이 물신이 되는 현상을 목도한다. 한편 계략을 실행하던 보트랭은 다른 하숙인의 고발로 탈옥수임이 밝혀져 체포된다. 그 와중에서도 라스티냐은 고리오 영감의 둘째딸 델핀느와 사랑에 빠져 영감의 도움으로 둘만의 공간을 차지한다. 하지만 고리오 영감은 자신의 마지막 재산까지 물려주었음에도 추악한 싸움을 벌이는 딸들에게 충격을 받고 병석에 눕는다. 결국 다시 찾아오지 않는 두 딸을 기다리며 고리오는 세상을 떠나고 딸들을 대신해서 장례식을 치른 라스티냐은 '자, 지금부터는 나의 싸움이다'고 외치며 파리의 거리를 향하여 발걸음을 옮긴다.

이 작품은 얼핏 고리오의 부성애를 그린 작품으로 오해되지만 실제로는 보케르 하숙집의 라스티냐과 보트랭과 같은 인물군상을 중심으로 자본주의 사회의 냉혹성을 그린 작품이다. 피에르 코니는 그의 『자연주의』라는 책에서 이렇게 설명한다.

> 발자크는 긴 우회로를 통하여, 슬슬 거니는 사람의 태도로, 노획물보다는 추적을 즐기는 사냥꾼의 모든 책략으로서 인물을 추적한다. 어떠한 것도 우연이나 직감에 맡겨지지 않는다. 발자취는 주의 깊게 들추어내어지고, 은거지는 주인이 없는 사이에 방문되고, 함정이 놓여져서, 다만 잠복해서 기다리기만 하면 된다. 이 점에 있어서 『고리오 영감』은 가르쳐주는 바가 많다. 이 소설의 주인공은 늙은 제분업자도, 라스티냐도 보트랭도 아니고 (하숙집 이름인)보케르관館이라고 해도 완전히 틀린 것은 아닐 것이다. 생존경쟁에서 절름발이가 된 무리들을 위한 이 추한 폐병원廢病院을 삭제한다면, 이 소설은 모든 통일과 거의 모든 흥미를 잃고 만다. 비참함이 인간의 어깨 위에서 스며 나오기 전에, 그것은 색바랜 건물의 돌과 분리된 포도로부터 솟아난다. 하나하나의 세부묘사는 뼛속까지 뚫고 들어가는 차가운 비가 되어 방울방울 떨어지고, 조반의 부정不正한 크림 커피의 일부를 횡령하는 보기 싫은 고양이를 동반하고 이 집의 여주인이 나타나자마자, 우리는 대체로 그 다음을 예견할 수가 있다. 너무나 예리한 정확성 때문에 신경을 거슬리는 듯한 생생한 세부묘사가 상상력을 뒤흔들었고, 배경은 줄거리를 창조해냈다. 이 인상을 더

욱 강하게 하는, 발자크의 인물초상화의 구성을 상기할 필요가 있겠는가? 그가 작중인물이라는 덩어리를 어떠한 특징도 면제하지 않는 신체의 묘사로서 첫 조각을 베어내기 시작한다면, 그것은 외면의 진실로부터 내면의 진실이 태어나기 때문이다. 뒤에서 조종하는 것은 이젠 작가가 아니라, 표현되지 않은 것의 그럴싸함을 강요하는 가시적 진실이다. 물론 발자크는 이 탐구에 있어서 더 멀리 나아가 무의식의 그늘에서부터 인간의 한결같은 동기를 끌어낼 수 있을 것이다. 그러나 그의 위대한 역량은 그러한 동기들을 확실하고 외적인 행위에 의해서 실제로 결정된 것으로 만든 데 있었다. 그의 『인간희극』은 '현대사회의 한 관찰자의 곤충학적 회상'이라고 제목을 붙여도 되었을 것이다.

발자크는 '리얼리즘의 승리'라는 문제로 인해서 논의의 주제가 되는 작가이기도 하다. 그의 세계관이 옛 시대를 그리워하는 왕당파의 보수반동적인 것임에도 불구하고 작품에 나타난 진실은 낡은 세력의 패퇴를 여실히 드러내고 새로운 계급의 승리를 보여주었다는 것이다. 이 리얼리즘의 승리가 어떻게 가능하게 되었는가에 대해서는 각양각색의 해석이 주어졌지만 그 근본동력이 사실에 대한 진지한 탐구와 묘사력에 있음을 코니는 말하고 있는 것으로 보인다.

영국에서 리얼리즘 문학은 프랑스와 성격을 달리했다. 산업혁명의 진원지인 영국은 리얼리즘 소설의 풍부한 재원을 지니고 있었다. 리처드슨, 필딩 등이 전통의 밑거름이 될 수 있었을 뿐만 아니라 산업화에 의해서 변화된 현실의 문제가 다양한 소재를 제공하고 있었다. 그러나 영국의 리얼리즘 소설은 더 구체적이고 보편타당한 문제들을 다루기는 했지만 문제의식은 프랑스처럼 치열한 것이 되지 못했다. 작가들은 좀 더 인도적이고 유화적이며 기회주의적인 입장에서 사회문제보다 개인의 문제에 치중했다. 그러므로 대부분의 소설은 사회비판적인 성격보다는 인물들이 뿌리박고 살고 있는 사회의 정경을 보여주는 데서 크게 벗어나지 않는 양태를 보였다. 이러한 상황 속에서 디킨스의 소설만이 예외적으로 리얼리즘적인 성격을 분명히 드러냈다. 그는 『어려운 시절』에서 산업프롤레타리아의 문제를 다루는 등 다른 작가들에 비해 사회의식이 두드러진 작품을 썼다. 하지만 프랑스에서 꽃을 피운 리얼리즘의 진정한 계승자는 아직 산업화가 제대로 이루어지지 않은 나라, 인텔리겐치아가 여론의 주도층을 이루던 러시아였다.

러시아는 이 당시 차르의 전제정치로 혼란상태에 있었다. 농민들의 반란과 서구의 선진사상을 흡수하고 있던 지식인 집단의 반종교적 반전통적 태도는 러시아 문학을 반항적인 색채로 물들였다. 이 같은 양태는 귀족들과 고위관리들이 살롱의 주도권을 잃고 문화의 민주화와 인텔리겐치아의 형성이 완성된 1860년대 이후 심화되었다. 농노해방은 소지주계급의 몰락을 촉진함으로써 사회의 혼란상과 사상의 혼류가 겹쳐지는 상황이었다. 도스토예프스키와 톨스토이는 이 같은 사회적 배경에서 서구의 소설보다 더욱 경향적인 문학을 탄생시켰다.

카라마조프의 형제

지방도시에 사는 표도르 카라마조프는 지주귀족이란 이름을 얻고 있지만 맨주먹으로 사업을 시작해서 벼락부자가 된 인물이다. 그는 술집 경영, 고리대금업 등 돈을 벌 수 있는 일이면 무엇이고 손을 댄 졸부로서 물욕과 정욕의 화신이다. 그는 구르센카에게 온갖 음탕한 짓을 하여 육체를 유린한다. 장남 드미트리는 전처의 소생으로 아버지와 같이 강렬한 정욕을 갖고 있으며 구르센카의 아름다움에 넋을 잃고 있다. 그는 방탕한 생활을 하지만 한편으로는 고결한 것과 순수한 것을 동경하는 이중성을 지니고 있다. 차남인 이반은 대학을 졸업한 이지적인 인물이지만 사람을 멸시하고 신을 부정하는 무신론자이자 허무주의자이다. 그는 형 드미트리의 약혼녀 카테리나를 사모하면서 아버지에 대해서는 증오의 감정을 품고 있다. 삼남인 알로샤는 조시마 사제를 신봉하는 순진한 청년으로 아버지의 사랑을 받는다. 스메르자코프는 표도르가 백치 여자와 관계하여 얻은 자식으로 하인으로 일하지만 간교로운 지혜를 가지고 있다. 그는 아들로서 차별대우를 받는 데 대해 아버지를 증오하며 간질병을 가지고 있다. 표도르의 복잡한 성격의 면모를 한 부분씩 물려받은 이 형제들과 짝을 이루는 여성들이 구르센카와 카테리나이다. 구르센카는 수단방법을 가리지 않고 돈을 버는 데 정신을 쏟으며 아버지와 아들을 동시에 성적 대상으로 삼는 악녀의 면모를 지녔지만 한편으로는 순수함을 지니기도 한다. 이에 비해서 카테리나는 스스로의 자만심에 사로잡혀 있는 여성이다. 작품의 줄거리는 이 부자들과 여성들이 복잡하게 얽혀 펼쳐내는 애욕의 싸움을 바탕에 깔면서 진행된다. 그러던 중 어느 날 표도르가 살해되는 사건이 발생한다. 형제들 모두가 일정하게 혐의점이 있지만 스메르자코프는 그날 밤 간질의 발작이 있었다는 이유로 면책되고 평소 방탕한 생활을 해온 드미트리가 제일 혐의자로 지목된다. 그는 구르센카와의 사랑이 결실을 맺을 순간에 체포된다. 재판이 시작되고 긴박한 상황이 전개된다. 하지만 스메르자코프가 이반에게 사실을 고백하고 자살한다. 그는 평소 이반에게서 '신이 없으면 모든 일이 허용된다'는 등의 말로 사주를 받아 표도르를 살해하고 간질을 핑계 삼아 혐의 선상에서 벗어났던 것이다. 스메르자코프는 이반에게 당신이 아버지를 죽인 것이나 마찬가지라는 말을 남기고 자살했던 것이다. 재판정에서 증인이 된 이반은 자신이 살인을 저질렀다는 고백을 하지만 광기의 발작이라고 생각한 사람들은 그 말을 신용하지 않는다. 이반의 증언에 충격을 받은 사람은 이반을 사랑하게 된 카테리나였다. 그는 이반을 살리고 드미트리를 희생시키기 위해 드미트리의 범행을 입증하는 편지를 재판정에 제출한다. 이에 대해 구르센카는 그 음모를 드미트리에게 알리지만 드미트리가 구르센카에게 카테리나를 용서해 주라고 하자 그 말을 따른다. 드미트리는 자신도 마음속으로 아버지를 죽이고 싶은 심정을 가지고 있었으므로 자기에게도 죄가 있다고 생각하고 속죄를 하고자 한 것이다. 그는 재판에서 20년의 징역형을 선고받지만 평정한 마음을 가질 수 있게 된다. 이러한 줄거리의 전개과정에서 알료사를 둘러싸고 조시마 장로와 이반 사이에 그리스교도와 무신론을 주제로 한 논쟁이 펼쳐진다. 사건이 추리소설처럼 복잡하지만 주제의 중심은 알료사가 중재하는 사상의 대결에 놓여 있다. 이 작품의 주제에 대해서는 많은 논란이 벌어져 왔다. E. H.

카의 이 작품에 대한 설명은 전기작가의 것인 만큼 설득력 있는 것이다.

『카라마조프가의 형제들』은 근 40만 단어로 이루어진 서사시이다. 그 내용을 규정하려는 시도는 『일리아스』를 아킬레우스의 분노에 관한 시라고 묘사하는 것처럼 부당하게 될 것이다. 이 소설의 근원적인 발상에 대한 뒷생각이 될 플롯의 열쇠는 탐욕과 방탕이라는 지극히 역겹지만 강렬한 인상을 주는 괴물인, 세 형제들의 아버지 살해이다. 아버지와 드미트리는 『백치』의 나스타샤 필리포프나의 성격을 다분히 회상시켜주는 창녀 한 사람을 두고 라이벌이 되었다. 말과 주먹이 오가고 모든 사람들의 귀에 위협하는 소리가 들렸다. 노인이 피살체로 발견되었을 때 혐의는 자연히 드미트리에게 떨어진다. 살인자는 실상 노인의 서자인 스메르자코프이다. 스메르자코프는 이반과의 관계에서, 『죄와 벌』의 라스콜리니코프에 대한 스비드리가일로프와 같은 역할을 한다. 그는 같은 생각을 가졌지만 보다 더 노골적이고 논리적인 대변자다. 그는 이반의 사고방식을 흉내내며 그의 원칙을 실천으로 옮긴다. 카라마조프 노인을 살해한 것은 스메르자코프의 손이었지만 원칙에 있어서는 이반이 살인자였다. 스메르자코프에게 주입되어 그로 하여금 논리적 결론에 이르게 함으로써 범죄를 저지르게 한 것은 이반의 불신앙이었다. 스메르자코프가 목매달아 자살하고 드미트리가 자신이 범하지 않은 살인 때문에 시베리아 유형의 선고를 받은 후, 이반은 자기의 본원적인 죄를 의식하고는 미쳐버린다.

도스토예프스키는 영세민 구호병원 의사를 지낸 아버지가 농노들에게 살해되는 사건을 어린 시절에 겪었다. 그는 공병장교를 지내기도 했으며 사회주의적 경향을 가진 비밀결사에 들었다는 이유로 총살형을 선고받았으나 나중에 시베리아로 유형되었다. 인간으로서 극한 상황을 겪은 그의 파란만장한 생애는 그의 작품에 많은 흔적을 남기고 있다. 그의 작품에 자주 나타나는 정신분열적 성격과 양면적인 감정들은 그의 심리적 고뇌를 반영하는 동시에 영혼의 분열상이라는 근대 심리학의 정수 부분을 표현하는 것이다. 그의 작품에 대해 낭만주의라거나 표현주의, 또는 신비주의라는 평가가 뒤따르는 것은 이같이 인간심리의 심층을 해부하고 있는 양상에서 비롯되고 있다. 하지만 그의 소설적 위업은 그가 대도시를 무대로 하여 그 속의 소시민과 인텔리, 하급관리들의 생활을 그려냈다는 점에 있다.

그의 작품에는 전반적으로 음울한 분위기가 지배한다. 그 분위기는 음습한 모스크바의 기후처럼 기질적인 것으로 보이는데 그의 주요 작품인 『죄와 벌』, 『백치』, 『악령』, 『카라마조프의 형제』 등에서 두드러진다. 이것은 물론 다루어지는 사건들의 성격과도 상관되지만 도스토예프스키가 묘사한 인물들에서 유래하는 특징이기도 하다. 이러한 특징이 제일 먼저 모습을 보인 것은 「지하생활자의 수기」라는 작품에서이다. 작은 단편에 불과한 이 작품은 그럼에도 불구하고 도스토예프스키의 작품성향을 집약하고 있음은 물론 현대문학 일반의 특징을 드러내고 있다는 평가를 받아왔다. 줄거리는 주인공의 고백이 대부분을 차지한다. 주인공이 윤락녀를 악에서 구하는 이야기를 주축으로 하여 그로 인해 일어나는 여러 에피소드, 그 과정에서 주인공이 겪는 심리적 갈등 등이 주요부분을 형성한다.

이 같은 이야기가 많은 사람들의 주목을 받게 된 이유는 주인공에 대한 작가의 관찰이 냉철하여 한 인간을 발가벗기고 있다는 인상을 주고 있기 때문이다. 즉 주인공의 심리적 갈등은 자아에 대한 비판의식, 자아의식으로 이어지고 그럼에도 불구하고 그처럼 행동할 수밖에 없는 실정을 여실히 드러내고 있는 것이다. 이 양태를 하우저는 '주지주의와 낭만주의의 결합'이라고 분석했다. 낭만주의적인 병리적 심리가 날카로운 이성에 의해서 분석되고 있다는 설명이다. 도스토예프스키의 작품들에 등장하는 괴기스러운 사건들은 범죄소설이나 모험소설에서 볼 수 있는 것들인데도 작가는 그 사건들 속에서 현대인의 분열되어가는 병리적 심리를 탐구하여 제시하고 있다. 그의 소설들이 극적 형식을 가지게 된 것도 이러한 심리의 갈등과 그것이 빚어내는 파국적인 사건들을 묘사하는 데 적합한 형식을 작가가 추구한 데서 연유한다. 그는 "나를 심리학자라고들 말하지만 그건 틀린 말이다. 나는 보다 높은 차원의 리얼리스트일 뿐이다. 즉 나는 인간 영혼의 속속들이 심층을 그리는 것이다"고 말하여 자신의 작업의 성격을 규정지은 적이 있다. 이것은 일상적이고 평범한 생활의 정경 가운데서 현실의 본질을 추구한 리얼리즘 문학이 새로운 영역을 개척해가는 단초가 된다. 현대문학의 심리주의나 표현주의의 특질들이 환상적이고 괴기스러운 이미지를 동원하는 도스토예프스키의 작업에서 시작된 것이다.

 도스토예프스키의 인간심리의 심층을 여행하는 듯한 분위기와 반대되는 성격을 지니면서도 리얼리즘의 새로운 경지를 개척한 것이 톨스토이의 문학이다. 톨스토이는 귀족 출신으로서 도스토예프스키보다 좀 더 합리적이고 사려 깊은 행동을 보여주는 인물들을 묘사했다. 이것은 두 사람의 문학을 평가하는 문제와는 관련이 없는 발언으로서 톨스토이의 문학이 좀 더 밝은 색채를 지니고 러시아인의 삶과 기질을 드러냈다는 것을 의미할 뿐이다. 톨스토이의 문학에서 인물들은 많은 갈등과 번민을 겪는데도 불구하고 인간에 대한 신뢰와 유대감을 지속시킬 수 있게 되는 것이다. 이는 톨스토이가 종교적이고 도덕적인 차원에서 보다 안정된 감각을 가지고 있었다는 점에서 연유되는 특질이기도 하지만 그의 문학이 서사시적 장대함을 지닌 서술에 의해서 지탱되고 있다는 사실과도 관련되는 사항이다. 톨스토이는 당대의 현실을 농민적 시각이라는 좀 더 확고한 전통과 지주를 가진 관점에 의지하여 바라봄으로써 현실에 절망하지 않고서도 갈등과 생활을 묘사할 수 있었던 것이다. 공동체적 기반을 가진 농민의 시각은 자본주의의 모순에 일정한 거리를 유지하여 건강한 분별을 가능하게 했을 뿐 아니라 생활인의 건전한 감각과 윤리 속에서 새로운 전망을 가질 수 있게 한 것이다. 그의 문학이 리얼리즘의 승리뿐 아니라 사회주의의 승리를 엿보게 한다는 하우저의 평가는 그의 문학이 지닌 낙관적인 전망과 관련이 된다. 서사시적 광대함을 지니고 낙관적인 세계관을 표현한 『전쟁과 평화』가 그의 대표작으로 거론되는 것은 이러한 사실에 기반을 둔다. 『전쟁과 평화』는 나폴레옹 전쟁이 있을 무렵 러시아인의 생활을 서사시적으로 그린 작품이다. 프랑스군이 나폴레옹의 통솔 하에 유럽을 평정하고 러시아에 침공해 온다. 볼콘스키 공작은 아직 청년으로서 시골의 영지에 은둔하고 있는 아버지와 누이에게 만삭인 아내를 맡기고 전선으로 나간다. 한편 모스크바의 로스토프 백작집에서는 둘째딸 나타샤의 생일축하파티가 열리는데 외국 유학에서 돌아온 피에르 베주호프가 단연 화제의 인물이 된다. 그는 피에르 베주호프 백작의 사생아였지만 백작의 유언에 따라 막대한 유산을 상속받음으로써 많은 귀족처녀들의 선망의 대상이 되고 있다. 특히 그의 후견인 크라긴 공작은 품행이 문란한 자기의 딸 엘렌과 결혼시키려는 계획을 거의 실현시켜가고 있었다. 1805년 아우스테를리츠의 대 전투가 시작되고 볼콘스키 공작은 중상을 입고 쓰러진다. 후방에서는 피에르의 아내 엘렌이 돌로호프와 놀아나고 두 남자는 결투를 벌여 돌로호프가 부상을 입는다. 피에르는 로스토프 백작의 딸 나타샤와 여러 우여곡절 끝에 가까워진다. 한편 부상을 입었던 볼콘스키는 자기 집으로 돌아오지만 아내는 아들을 낳고 곧 숨을 거둔다. 볼콘스키가 로스토프 백작집을 방문하여 나타샤를 만나고 마음이 끌려 약혼을 하지만 아버지의 완강한 반대로 외국여행을 떠난다. 이 사이 나타샤는 외로움을 견디지 못하여 아나톨리와 맺어진다. 하지만 아나톨리가 이미 결혼한 남자였기 때문에 나타샤는 자살을 결심하지만 피에르의 설득으로 마음을 돌린다. 1812년 다시 프랑스와의 전쟁이 벌어지고 볼콘스키는 중상을 입는다. 러시아군의 원수 쿠트조프는 후퇴작전을 결행함으로써 모스크바에는 대혼란이 벌어진다. 피에르는 전쟁에 자진 참여하고 로스토프가는 피난을 준비하던 중 부상을 입은 볼콘스키를 발견하여 나타샤가 필사적으로 간호하지만 그는 곧 죽는다. 피에르는 농민을 가장하여 모스크바에 남아 나폴레옹의 암살을 계획하지만 프랑스군의 포로가 된다. 피에르의 아내 엘렌은 전쟁의 혼란 속에서도 난행을 계속하다가 낙태약을 잘못 먹고 죽는다. 전쟁이 러시아군의 승리로 끝나고 피에르는 나타샤와 결혼한다. 볼콘스키의 여동생 마리아도 나타샤의 오빠 니콜라이와 결혼하여 가정을 이룬다. 러시아의 광대한 배경을 화폭에 담고 있는 이 작품에서 작자는 많은 인물을 등장시켜 당대의 생활을 제시하고 있다. 나타샤의 활달무애한 모습은 그 가운데서도 러시아 민중의 생동하는 생명감을 느끼게 하며 피에르의 성격도 관심의 대상이다. 그러나 이 작품은 개인의 운명 그 자체가 관심의 대상이 아니라 개인과 국민의 운명이 함께 겹쳐져 묘사된다는 데 특징이 있다. 르네 웰렉은 이 작품에 대해 다음과 같이 설명한다.

겉으로 보기에는 『전쟁과 평화』는 1812년 나폴레옹의 러시아 침략에 대해 쓴 역사소설이다. 여기에서 우리는 외침에 대항하여 싸우는 러시아 국민의 거대한 저항의 서사시를 읽을 수 있다. 톨스토이 자신은, 역사란 일반적으로 말하자면 이름 없는 대중이 만든 거대한 집단으로 뭉쳐서 항거하는 것으로 보았다. 이러한 대중은 알 수 없는 본능적 충동과 향토애에 의하여 뭉쳐져 있다. 따지고 보면 영웅이나 위인은 대단한 인물이라기보다는 오히려 어떤 거대한 힘에 의해 움직이는 미미한 꼭두각시에 지나지 않는다. 가장 훌륭한 장군이란 단지 하나님의 알 수 없는 거대한 힘을 막지 않고 순응하는 사람일 뿐이다. 그러나 『전쟁과 평화』라는 소설은 역사적 사건을 생생하고 인상적으로 묘사한 거대한 파노라마로만 그치는 것이 아니고, 삶의 의미를 추구하는 심오한 이야기이기도 하다. 여기에는 두 사람의 주요 등장인물이 있다. 그 하나는 피에르 베즈호프이고, 다른 하나는 안드레이 볼콘스키 왕자이다. 안드레이는 자신의 적들을 사랑하고 용서하는 데에서 삶의 의미를 발견한다. 피에르는 오랫동안 삶의 의미를 찾기 위해 피나는 고생을 하게 되는데, 이것이 바로 고통을 통한 수양 과정이다. 이런 오랜 고통의 과정을 거친 후에 그는 결국 삶의 의미는 일상의 삶을 받아들이는 데 있다는 것을 알게 되었다. 이는 바로 일상생활에서 오는 의무와 거기에 따르는 즐거움, 또한 가족, 그리고 인류의 존속들을 받아들이는 것이기도 하다. 톨스토이의 두 번째 소설인 『안나 카레니나』는 위에서 본 『전쟁과 평화』에 나타난 두 번째 주제를 더욱 발전시킨 것이다. 이 소설은 그 당시의 습관과 예절을 다루고 있으며 정사情事와 자살을 다룬 소설이다. 여기에 나오는 이야기는 생생하게 살아 움직이는 상상력에 의하여 씌어진 아주 훌륭한 이야기이다. 그러나 이 소설에는 이러한 정사나 자살 등과 같은 이야기만 있는 것이 아니고, 레빈이라는 작중인물이 삶의 의미를 추구하는 주제와 위의 주제가 서로 대조되면서 전개된다. 레빈은 『전쟁과 평화』에 나왔던 피에르처럼 어느 의미에서는 작가의 인생관을 대표하는 인물이다. 이 소설은 우리가 신을 기억하는 삶이 곧 삶의 이상이라는 암시와 함께 결말을 맺고 있다.

4. 자연주의의 발생과 문학이론

자연주의와 리얼리즘은 명확히 구분되는 개념은 아니다. 아놀드 하우저가 예술적 측면을 가리키는 데 리얼리즘이란 용어보다도 자연주의의 개념을 쓰는 이유의 설명에서도 드러났듯이 견해에 따라 상반된 설명이 가능해지기도 한다. 일테면 자연주의의 대표적 작가로 꼽히는 졸라는 이론상으로는 자연주의이지만 작품의 성과라는 측면에서는 리얼리즘이라는 해석이 있는가 하면 플로베르는 졸라가 끊임없이 자연주의의 선구자로서 영입하려는 시도를 했음에도 불구하고 그 자신은 자연주의라는 용어에 대해 경멸감을 표시했을 뿐만 아니라 어느 집단에 속하는 것도 거부했다. 이 같은 사정은 자연주의에 대한 설명의 어려움을 단적으로 보여주는 것이지만 그렇다고 해서 리얼리즘과 자연주의를 동일시할 수도 없는 측면이 있다. 아우얼바하가 스탕달과 발자크의 리얼리즘에 대해 플로베르의 리얼리즘을 전혀 대조되는 경향이라고 한 데서 드러나듯이 같은 리얼리즘 가운데서도 일정한 구분의 필요성이 있는 문학적 경향이 나타나 있었던 것이다. 플로베르는 자신의 창작에 대해서 분명한 의식을 가지고 임했으며 그에 따라 대상이 되는 소재에 접근하는 방식에서 선배격인 다른 리얼리즘 작가보다 훨씬 전문가적이었다. 그것은 과학자가 탐구의 대상이 되는 사물을 대하는 방식과 흡사한 것으로 여기서 작가는 소재의 논리를 추종하는 관찰자의 입장으로 후퇴하고 있다.

플로베르가 리얼리즘 작가로 분류되기도 하고 자연주의의 선도자로 평가되기도

하는 것은 그의 문학이 지니는 독특한 성격에 말미암은 것이다. 또한 '우리는 인생을 말하러 태어났지 소유하러 난 것은 아니다'고 말했을 때 플로베르는 리얼리스트들이 인생에 대해서 지니고 있던 적극적 태도와 상반되는, 오히려 모더니스트들에게서 특징적인 인생관을 피력하고 있는 것이다. 현실이 우리들이 지각하고 체험하는 바대로의 현실이 아니라 하나의 변형, 하나의 왜곡된 이미지를 통해서만 우리들에게 체험될 수 있고 그것은 우리들의 주관적 사고 작용의 관습적 개인적 형식에 얽매인 것이라는 느낌은 플로베르에게서, 구체적으로는 『보바리 부인』에게서 온전히 예술적 표현을 얻기 시작했다는 지적은 결코 과장이 아닌 것이다.

웰렉에 따르면 자연주의는 유물주의, 쾌락주의, 세속주의를 뜻하는 말로서 고대부터 사용된 용어이다. 이 견해는 자연주의라는 용어의 용례에 따른 개념규정이다. 오래전부터 자연주의는 생물학을 연구하고 자연사에 몰두하는 학자들을 가리키는 데 사용되었으며 디드로는 '자연주의자들은 하느님에 대한 어떠한 것도 받아들이지 않으며, 물질적 실체만이 있다고 믿는 사람들이다'고 정의했다. 그러나 웰렉의 의견과는 달리 문예사조로서 자연주의는 일반적으로 스탕달과 발자크의 뒷세대에 의해 성취된 문학적 결과를 나타내는 용어로 인지되고 있다. 플로베르는 그 용어를 자신과 연관시키지 않기 위해 여러 가지로 거부하는 태도를 보였지만 졸라는 의식적으로 그 용어를 사용했을 뿐만 아니라 스탕달, 발자크까지도 그 사조의 선구자로 받들고 구체적으로 플로베르의 방법이 자연주의의 모범을 보인 것이라고 주장했다.

이 때문에 앙리 미테랑은 그의 『졸라와 자연주의』에서 자연주의의 시기를 두 단계로 나누고 있다. 1866년부터 졸라가 자연주의 용어를 퍼뜨리기 시작하면서 갖게 된 의미내용과 1878년 이후 『실험소설론』이 자연주의의 이론을 대표하면서 갖게 된 의미내용 사이에는 차이가 있다는 것이다. 첫 번째 단계에서 자연주의는 리얼리즘과 거의 동일한 의미를 갖고 있었다. 거기에는 진실에 대한 사고가 지배적이었으며 다만 그 진실을 획득하기 위해 계몽주의 이래의 과학적 합리성에 대한 의존이 심화되었다는 점이 두드러질 뿐이었다. 그러나 두 번째 단계에서 자연주의의 개념은 명확히 과학의 성과와 결합하려는 지향을 갖고 과학의 방법을 구체적으로 문학의 방법에 적용하려는 의지를 갖게 된다. 이같이 자연주의의 개념이 변화되고 강력한 주장으로 나타나게 된 데는 당시의 사회적, 문화적 조건이 중요한 영향을 끼치고 있었다. 첫째 1842년에 발간된 오귀스트 콩트의 『실증철학 강의』는 데카르트 이래 요구되어왔던 과학의 방법을 구체화하면서 정신계에 전반적인 충격을 주었다. 콩트는 신학적 단계와 형이상학적 단계, 실증적 단계를 구분하면서 과학의 진보가 항구적일 것이라는 확신을 나타냈다. 이 같은 실증주의의 영향은 문학비평에서 텐느의 종족 · 환경 · 시대라는 3요소 설을 낳기도 했으며 비평을 과학화하려는 일반적 경향을 촉진했다. 이것은 실증주의의 일반적 방법의 문학에의 적용이라는 의의가 있었다. 콩트는 주어진 것, 사실적인 것, 즉 그가 현상이라고 파악했던 실증적인 것으로부터 출발할 것을 요구했으며, 주어진 것의 본질과 원인에 대해 질문하는 것을 비생산적이라 하여 철학에서 추방해야 할 것으로 보았다. 텐느는 이 실증주의의 영향 속에서 3요소라는 기지수旣知數와 그와 상관하는 재능이라는 지배적인 변수의 함수관계에서 문학의 여러 변이를 설명할 수 있다고 본 것이다. 그러나 자연주의에 결정적 변화를 가져온 것은 클로드 베르나르의 『실험의학연구서설』의 출현이다. 졸라는 자신의 『실험소설론』이 베르나르의 책에 얼마나 의지하고 있는 가를 다음과 같이 설명하고 있다.

실험적 방법은 클로드 베르나르가 그의 『실험의학연구서설』에서 강력하고도 매우 명료하게 설명해 놓았기 때문에, 이 주제에 대한 나의 견해는 단지 그것의 적용이 될 것이다. 결정적인 권위를 갖고 있는 과학자에 의해 씌어진 이 책은 나에게 굳건한 토대를 마련해줄 것이다. 그 속에는 전반적인 문제가 다루어져 있으므로, 나는 그 속에서 필요한, 반박할 수 없는 논증들을 인용하는 정도로 그치려고 한다. 그러므로 이 논의는 원교재의 편집 정도에 지나지 않으며, 모든 점에 있어서 나는 클로드 베르나르에 의지하려 한다. 나의 생각을 명백하게 만들고 과학적 진실의 준엄성을 부여하기 위해서, 나는 일상적으로 의사라는 말을 소설가라는 말로 대치하기만 하면 충분할 것이다. 나로 하여금 그『서설』을 선택하도록 만든 것은, 많은 사람들에게 있어서 의학은 소설과 마찬가지로 아직 기예技藝라는 사실 때문이다. 클로드 베르나르는 일생 동안 의학을 과학의 길 위에 정착시키려고 투쟁하였다. 우리는 그의 실험적인 방법 덕택으로 차차 경험주의에서 벗어나 진실에 도달하게 되는 과학의 첫걸음을 보게 된다. 클로드 베르나르는 과학이나 물리학에서 무생물체의 연구에 적용되었던 이러한 방법이, 마찬가지로 생리학이나 의학에 있어서의 생물체에 관한 연구에도 사용되어야 한다는 것을 주장하였다. 나는 여기에 덧붙여 만일 실험적 방법이 육체적인 생명에 대한 지식을 이끌 수 있는 것이라는 것을 증명해보려고 한다. 그것은 화학으로부터 생리학으로, 그리고 생리학으로부터 인류학이나 사회학으로 가는 것과 같은 단계에 있어서의 제 단계에 대한 의문에 지나지 않는다. 실험소설론은 그것의 제일 마지막 단계에 나타난다.

베르나르의 이론은 현상들 사이의 인과관계를 결정론에 의해 파악하고 실험과정에 있어서 실험자의 주체성이 갖는 의미를 인식한 데 기초를 두고 있었다. 관찰에서 연구자는 관찰되는 대상의 밖에 머물러 있어야 하는 데 비해서 실험에서는 연구자가 대상에 관여하고 적극적으로 작용하면서 실험의 결과를 살펴볼 수 있다는 장점이 있다. 베르나르의『서설』은 실험의 이러한 장점을 살려 의학을 발전시키고자 한 데 취지가 있었다. 졸라는 베르나르가 제시한 방법에 의지해서 과학적 실험과 문학적 실험을 동질적인 것으로 파악하고 있다. 그러나 실험에서 어떤 결과가 예측되고 있는가 하는 데 대해서는 별반 의식하지 않았다. 과학에서 실험은 일정한 가설을 입증하는 데 의의가 있는 것임에 반해서 졸라에게서 실험의 결과는 어떤 가설의 입증 또는 반증이 될 것인가 하는 문제는 도외시되었던 것이다. 이것은 졸라가 과학, 특히 베르나르의 결정론을 받아들이되 그 방법을 왜곡한 의미가 있었다. 정명환은 이 양상을 "베르나르에 있어서는 현상이 탐구될 대상인 반면에 졸라의 경우에는 그것은 기지의 법칙에 따라 설명될 대상이 되어버린다"고 해설하고 있다. 즉 졸라의 문학의 방법은 유전과 환경의 이중작용이라는 자연의 법칙을 인간을 설명하기 위한 원리로, 절대적인 법칙으로 삼았다는 것이다. 자연주의가 설명의 문학이 되었다는 인식은 이 점에서 구체적인 파악에 기초하고 있다고 할 수 있다. 졸라에게 있어서 사회구조는 발견되어야 할 것이 아니라 기왕의 과학법칙에 의해 설명되어야 할 대상이 된 것이다.

그러나 자연주의가 설명의 문학으로 시종했는가는 좀 더 구체적인 고찰의 대상이 될 필요가 있다. 그것은 졸라가 초기부터 "나는 외과의사가 시체에 대해서 하는 바와 같은 분석 작업을 살아 있는 두 생체에 대해서 했을 따름이다"고 밝혔음에도 불구하고 그의 과학주의가 작품의 창작에 이론만큼 직접적으로 관여하고 있지는 않기 때문이다.

5. 자연주의 문학의 전개

　자연주의 문학의 전개에서 플로베르와 졸라의 이름은 지워질 수 없는 것이다. 플로베르는 자신의 항의에도 불구하고 끊임없이 자연주의의 역사에 결부되고 있다. 브륀티에르는 "이제부터 소송은 판결이 났고, 그것도 훌륭히 판결났다. 이 시대의 문학사에서 자연주의의 진정한 선구자로 남을 사람은 플로베르이고, 『보바리 부인』이 그 걸작이 될 것이다"고 말했다. 이처럼 플로베르가 자연주의와 밀접하게 관련지어지는 것은 그의 예술적 특징에 의한 것이지 그의 의식적인 노력에 의한 것은 아니다. 그는 자본주의의 현실에 대한 거부에서는 스탕달이나 발자크와 마찬가지였다. 그는 "나는 많은 것을 읽었습니다. 많은 쓸데없는 것을! 요컨대 나는 이 일을 중단하기에는 너무 깊이 빠져들었습니다. 왜냐하면 나는 세부에 있어서의 아주 독창적 효과와 명랑한 문체의 움직임에 이르는 가능성을 엿보았기 때문입니다. 그러나-이 모든 일을 왜, 왜 하는 것일까요? 부르주아를 위해서죠! 저 비열한 부르주아를 즐겁게 해주기 위해서지요!"라고 말한다. 여기에서 플로베르의 특징적인 태도가 잘 나타난다. 플로베르에게서 예술은 그 자체로 의미를 갖는 종교이고 그 자신은 거기에 봉사하는 사제였다. 그의 기본목적도 진실을 표현하는 것이라는 점에서 다른 작가의 목적과 마찬가지였다. 그러나 그 일을 하기 위해서 그는 상상력을 제거하는 일이 필요하다고 보았고 자연과학적 방법을 서술의 방법으로 채택하는 것이 필요하다고 보았다. 그의 완벽주의는 예술을 섬기는 그의 자세와 규칙적이고 타협을 모른 채 작업을 진행한 그의 태도에서 비롯된 것이었다. 젊은 시절 그는 한때 환상과 우울증과 폭발할 듯한 감정 때문에 고통을 겪은 적이 있었다고 한다. 그에 대한 반발로서 그는 극단적으로 개성을 배제하고 엄격히 자신을 객관적인 위치에 놓는 묘사방법을 채택한다. 그의 소망은 문체 자체로서 현실에 대한 자기의 감정을 표현하려고 했지 격렬한 행동이나 사건의 도입에 의해 작품을 이끌어 나가는 것이 아니었다. 그것은 낭만적 인생관에 대한 하나의 반발이자 작가의 새로운 모랄, 새로운 사상이라고 할 만한 것이었다. 낭만주의자들이 자신들의 가장 개인적인 경험과 은밀한 감정을 다른 사람에게 드러내놓고 팔아먹는 데 대한 혐오감, 자본주의의 현실이 강요하는 물신화의 경향에 대해 플로베르는 반발한 것이다. 플로베르는 이제 삶과의 아무런 직접적 관련이 없는 예술을 창조하려고 하게 된 것이다. 그의 예술지상주의는 여기서 비롯되고 그의 수법의 특징은 어쩔 수 없는 자기파멸로부터 자기를 구제하는 방법이었던 것이다. 생트뵈브는 플로베르의 스타일을 예술에 있어서 해부학자와 생리학자의 승리라고 표현했다. 그 수법조차 그의 작가로서의 이력이 쌓여갈수록 점점 더 현실에서 벗어나는 것이었다.『보바리 부인』에서는 그래도 현실의 실제 인물이 다루어진 데 비해『감정교육』에서는 내면세계로 칩거하고『살람보』에서는 현재로부터 멀찍이 떨어진 카르타고의 세계로 도피했으며『성 앙투안의 유혹』에서는 형이상학의 세계로 달려간 것이다. 하지만 졸라는 예술을 위해 삶을 버리면서 획득한 수법을 자연주의 이론의 기본으로 삼으려고 했다. 또한 현대문학의 많은 작가들이 플로베르의 길로 나아가게 될 것이라고 간파한 것이『소설의 이론』의 저자 게오르크 루카치의 예견이기도 했다.

보바리 부인

별로 뛰어날 것이 없는 의학생 샤를르 보바리는 의사시험에 합격한 뒤 노르망디

지방의 한 마을에서 개업한다. 손위의 미망인과 결혼하지만 그녀가 죽자 돈 많은 농장주 루오의 딸 엠마와 결혼한다. 왕진을 다니면서 그녀에게 연정을 품어왔던 것이다. 엠마는 평소 화려한 귀족생활을 꿈꾸어온 여자로서 단조로운 결혼생활은 곧 그녀에게 권태와 우울증을 불러일으킨다. 아내의 기분이 울적한 것이 시골생활의 단조로움 때문이라고 생각한 샤를르는 근처의 다른 마을로 이사한다. 용빌이라는 이 마을에도 별반 특별한 것은 없지만 엠마는 공증인 사무소 서기 레옹과 눈이 맞아 서로 연정을 품게 된다. 그러나 그 연정을 고백하기도 전에 레옹은 파리로 공부하러 떠난다. 다시 우울증과 고독감에 사로잡힌 엠마에게 난봉꾼인 로돌프가 등장하여 능란한 말로 그녀를 꾄다. 로돌프에게 넘어간 엠마는 함께 도망할 것을 제안하지만 이미 단물을 다 빨아먹었다고 생각하는 로돌프는 그녀를 돌아보지 않는다. 또다시 절망에 빠진 엠마는 병에 걸린다. 병이 어느 정도 회복되고 생활이 안정되어갈 무렵 엠마는 극장에서 파리에 갔던 레옹을 만난다. 그들은 다시 열정을 불태운다. 엠마는 사랑의 행각을 위해 돈이 들어간 데다 생활도 호화스럽게 유지해야 했기 때문에 사채를 빌려 쓴다. 쾌락에 시간가는 줄 모르던 엠마에게 경제적으로 파국의 시간이 다가온다. 빌려 쓴 돈과 이자가 산더미처럼 부풀어 감당할 수 없게 된 것이다. 엠마는 로돌프에게 찾아가기도 하고 다른 사람에게 사정하기도 하지만 그녀를 도와줄 사람은 아무도 없다. 그녀는 절망 속에서 독약을 마시고 자살하며 뒤늦게 아내의 부정을 알게 된 샤를르도 맥없이 죽는다.

　이러한 줄거리를 가진 『보바리 부인』은 1840년대를 무대로 노르망디 주의 평범한 생활을 기록한다. 등장인물이 무덤덤한 인물들일뿐더러 일어나는 사건 또한 그저 그렇고 그런 내용일 뿐이다. 작가는 자신이 처한 환경에서 벗어나지 못하고 그 환경의 포로가 되어 소멸해가는 한 여주인공의 이야기를 담담히 객관적으로 제시할 뿐이다. 그럼에도 이 작품이 소설사에 끼친 영향은 엄청난 것으로서 그것은 주로 그 문체와 관련된다. 르네 웰렉의 다음의 설명은 그 의미를 잘 드러내준다.

　　우리가 이 소설에서 느끼는 피할 수 없는 운명의 힘은 플로베르가 사용한 문체의 정확함과 견고함에서도 기인한다. 이러한 느낌은 또한 그가 소설을 아주 용의주도하게 건축학적으로 구상한 것에도 기인한다. 문체라는 말로 우리는 언어상에 존재하는 구문과 어휘를 체계적으로 활용하여 이를 문학작품의 창작에 쓰는 것을 가리킨다. 이 같은 견지에서 보면 플로베르는 아주 훌륭하게 문체를 구사한 작가이다. 그는 정확한 묘사를 했고, 용어의 선택에 있어서도 가장 적절한 단어를 썼다. 그가 쓴 아주 상투적인 표현이나 또는 아주 난해한 과학에서 쓰이는 학술용어도 문장의 결과 억양과 리듬을 정교하게 살리면서 쓴 것이다. 그리고 문단의 단락이나 부분의 구분도 일련의 시각적 장면을 중심으로 하여 구성했다. 몇 개의 대표적 장면을 예로 들면, 교실, 시골의 결혼식, 무도회, 신부를 찾아가서 만나는 것, 시골의 장날 풍경, 숲 속을 가로질러 가는 승마, 안짱다리 수술 장면, 오페라, 대성당, 마차타기, 임종장면 등이다. 『보바리 부인』은 서술기법 상에 있어 관점과 원근화법을 아주 잘 쓴 예로서 항상 거론되는 작품이다. 이 소설은 교실장면에서부터 시작되는데, 화자는 교실에 있는 급우임에 틀림없다. 그 다음에는 화자가 모든 것을 아는 작가가 된다. 이런 식으로 시점이 왔다 갔다 하다가 결국에는 엠마의 시점으로 좁혀진다. 그녀의 눈을 통해 많은 것이 보여지지만, 작가가 그녀와 의견을 같이하거나 또는 그녀의 마음을 들여다보면서 그녀를 동정한다고는 할 수 없다. 플로베르는 그녀와 그 사이의 거리를 유지하면서 가끔 자신의 의견을 피력하기도 한다. 작가는 또한 그의 도덕적 기준에 비추어 그녀를 거리낌 없이 판단한다. 예를 들면, 작가는 그녀의 몰인정하고 구두쇠 같은 시골사람의 성격을 이야기하고, 그녀의 타락에 대해서 언급하기도 한다. 그리고 작가는 로돌프의 잔인성과 냉소적 성격을 여러 번 비난한다. 플로베르는 또한 엠마의 탐욕성과 '따스한 미풍과 사랑의 향내음'에 대한 욕망, 정욕과 육체적 색욕을 그럴듯하게 묘사하고 나서, 그는 그녀의 모든 결점을 용서한다고 엄숙히 선언한다. 그러나 대부분의 경우에 있어서 플로베르는 장면을 간단명료하게 묘사하거나 또는 보통사람들이 쓰는 말을 써서 묘사한다. 그리고 또 어떤 때는 조용히 회상함으로써 상상 속에 나타난 대로 묘사하는 수도 있다. 그리고 두드러지거나 대수롭지 않은 사건이나 인물도 가끔 상징적이 되기도 한다. 예를 들면, 결혼 꽃다발, 삶은 고기를 담은 접시, 그리고 엠마가 죽을 때 나타나는 눈먼 거지의 환영 같은 것들은 이처럼 대수롭지 않은 사건이나 인물이 상징성을 띠는 몇몇의 대표적인 예들이다. 그리고 엠마 자신이 보지 못하고 알지 못하는 것에 대해서 작가는 많은 지적을 하고 있다. 플로베르 자신은 '보바리 부인은 바로 나 자신이다'라고 말한 것으로 기록되어 있다. (중략) 플로베르가 『보바리 부인』을 쓸 당시에 그가 쓴 편지 중에는 그 자신이 엠마를 싫어했다는 근거가 많이 발견된다. (중략) 모든 것에도 불구하고 '보바리 부인은 나 자신이다'라고 한 플로베르의 말이 많이 인용되고 또 받아들여져 왔다. 그 중요한 이유로는 이러한 표현 속에는 진리의 씨가 내포되어 있기 때문이다. 플로베르는 사실 『보바리 부인』이라는 반낭만적인 작품에서 엠마라는 인물을 창조함으로써, 자기 자신이 지금까지 가졌던 백일몽이라든지 낭만주의적 요소, 그리고 이국정취 같은 결점을 깨끗이 없앨 수 있다고 생각했다.

플로베르의 문제는 많은 문제성을 현대문학에 던져주었다. 그것은 단지 수사적인 차원에서 생각할 문제가 아니라 세계관과 관련되기 때문이다. 사물의 의미를 삶과 유기적으로 관련된 것으로 파악할 수 없는 상태에서 개개 사물의 이미지에 집착하는 양상이 현대문학을 지배하게 되는 것이다. 이것은 통일성으로서의 삶을 파악할 수 없다는 것을 의미하며 여기에서 주관적 시간성이 지배하는 소설이 등장하게 된다. 루카치가 세르반테스의 『돈키호테』의 추상적 이상주의 소설에 대비되는 낭만적 환멸의 소설인 플로베르의 『감정교육』을 주로 시간의 체험과 관련지어 설명하는 이유도 여기에 있다.

플로베르의 소설 『감정교육』의 근저를 이루고 있는 것도 바로 이러한 시간체험이다. 다른 중요한 환멸소설이 종국적으로 실패하고 있는 이유는 이와 같은 시간의 체험이 없이 시간을 일방적으로 부정적으로만 파악하고 있기 때문이다. 이러한 유형의 위대한 소설 중에서 『감정교육』은 최소한의 구성에 의해 빈약하게 짜여지고 있는 것처럼 보일지도 모른다. 여기에서는 외부적 현실이 이질적이고 단편적인 부분에 부딪쳐 붕괴되는 것을 통일화의 과정에 의해 극복하려는 시도도 전혀 행해지지 않고 있고, 또 상호연결이나 감각적 상징의 부족을 서정적 분위기의 묘사를 통하여 대치하려는 노력도 보이지 않는다. 여기에서는 다만 현실의 개별적 파편들이 하나하나 부서지고 유리되어 경직된 상태로 통일을 이루지 못한 채 나란히 병렬되어 있다. 그리고 중심인물은, 등장인물의 수를 제한하거나 주인공을 향해 집중되도록 구성하거나, 아니면 중심인물의 뛰어난 특성을 강조함으로써, 그 중요성을 부각시키지 않고 있다. 즉 주인공의 내적 삶은 외부세계와 마찬가지로

에두아르드 마네의 〈풀밭 위의 점심〉. 마네는 흔히 인상주의의 아버지로 불린다. 인상주의는 문학에서 자연주의가 발생하던 시점과 거의 같은 시기에 출현했다. 아놀드 하우저는 이 시기를 현대예술의 탄생기로 본다. 마네는 자신이 인상파로 간주되는 것을 꺼렸다고 한다. 세련된 도시적 감각으로 현실을 예민하게 포착하였다는 점에서 플로베르와 동질성을 느끼게 한다.

마네의 〈발코니〉.

파손되어 있고 그리고 그의 내면성은 현실의 하잘것없음에 저항할 수도 있는 서정적 힘이나 냉소적인 파토스의 힘을 소유하고 있지 않다.

그럼에도 불구하고, 이 소설은 19세기의 모든 소설 중에서도 소설 형식의 모든 문제성을 잘 보여주고 있는 가장 전형적인 소설이다. 『감정교육』은 그 자체의 질료가 지니고 있는 조금도 약화되지 않은 황량함에도 불구하고, 진정한 서사적 객관성과 또 이를 통해 완결된 형식의 긍정적 성격과 긍정적인 에너지를 획득했던 유일한 소설이다.

목로주점

졸라는 20년 이상의 자연주의를 위한 활동에 의해 이미지가 새겨진 작가이다. 그는 드레퓌스 사건에서 「나는 고발한다」는 글로 사회의 정의를 위해 싸우기도 하고 그 일로 망명을 가는 불운을 겪기도 했던 행동적 지성이었다. 그의 작품세계는 그 광대함으로, 또 체계에 있어서 발자크의 작품세계를 넘어선다는 평가를 받기도 했다. 그것은 그가 당대의 현실을 재현하기 위해 계획적으로 작업을 했고 사회의 전 분야를 작품 속에 담으려는 의욕을 가졌었던 데 말미암은 것이었다.

그러나 그의 소설은 사회과학의 법칙들을 예증하는 설명문학이라는 혹평의 대상이 되기도 했다. 그것은 창작을 위한 면밀한 조사와 연구, 계획적인 구도의 작성에도 불구하고 현실의 생동하는 움직임을 포착하는 데 실패했기 때문이라고 분석되어왔다. 하지만 그의 작품이 세간의 평가처럼 도식적이고 예증문학으로 시종했던 것만은 아니었다. 진보적인 입장에서 진정으로 민중의 삶에 관심을 기울이

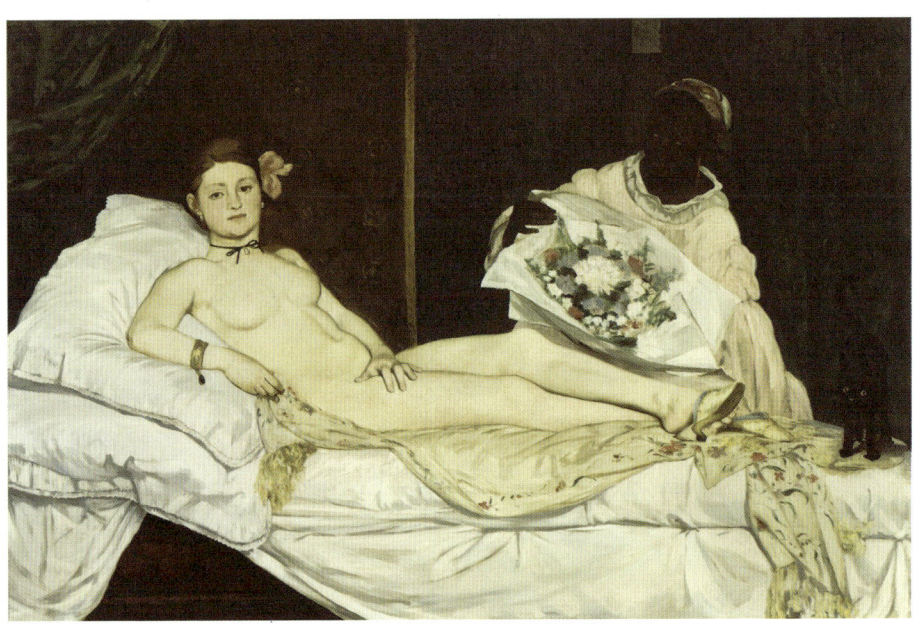

마네의 〈올림피아〉. 1865년의 살롱 입선작으로 사람들의 시선을 모았다.

고 그 애환을 보살피는 데 있어서 그는 누구보다도 앞서 있었다. 루공마카르 총서로 일컬어지는 그의 주요 작품들은 루공 가와 마카르 가의 가계보를 통해 당시의 현실을 체계적으로 묘사하려고 했던 그의 필생의 작품이었던 것이다. 졸라의 자연주의는 텐느와의 조우에 의해서 촉진된 것으로 알려지고 있다. 리얼리즘의 과학주의를 보다 명확하게 하고 현실을 좀 더 체계적으로 파악하려던 그의 시도가 예술을 과학의 시녀로 만든 것으로 오해받는 것은 그로서는 억울한 일임에 틀림없을 것이다.

『목로주점』은 1877년에 발표된 작품으로서 많은 이의 사랑을 받는 작품이다. 작가가 원래 『제르베즈 마카르의 일생』이란 제목을 붙이려고 생각했을 만큼 제르베즈라는 여인의 일생이 중심 줄거리로 되어 있다.

제르베즈는 약간 발을 절기는 하지만 미모로 많은 남자들의 구혼대상이 되지만 랑티에와 동거생활을 하여 두 자녀를 얻는다. 그들은 돈을 벌기 위해 파리로 올라온다. 그러나 랑티에는 어느 날 갑자기 자취를 감추어 제르베즈는 세탁소에 취직한다. 열심히 살려고 노력하는 제르베즈에게 감탄한 지붕수선공 쿠포는 청혼을 하고 마침내 결혼하여 열심히 살아간다. 몇 년 동안 저축을 하면서 미래를 꿈꾸던 오붓한 행복의 시간이 지나고 쿠포가 지붕에서 떨어져 큰 부상을 입는다. 그들의 세탁소를 마련하려는 꿈이 무너지는 순간이었다. 그러나 제르베제에게 호의를 보이던 이웃 청년 구제가 돈을 대주어 세탁소를 차릴 수 있게 된다. 세탁소는 날로 번창하여 이웃의 부러움을 사지만 사고 후에 게으름뱅이가 된 쿠포는 술주정꾼이 되어 돈을 탕진한다. 그리고 어느 날 술에 취해 돌아오면서 랑티에를 데려와 3인의 이상한 동거생활이 시작된다. 이 같은 생활의 불안정으로 제르베즈도 일할 의욕을 잃고 밑바닥 생활로 전락해간다. 마침내 창녀 신세로까지 전락한 제르베즈는 술로 죽어간 쿠포처럼 자신의 슬픈 생애를 마친다.

이 같은 줄거리의 『목로주점』은 김동인의 「감자」에서 복녀와 같은 인생유전의 비극을 엮는다. 앙리 미테랑은 졸라가 민중의 테마를 본격화한 공적을 서술하면서 다음과 같이 설명하고 있다.

졸라의 민중은 관능, 삶의 환희, 그리고 애타심이다. 민중은 육체, 열기, 성을 즐길 줄 안다. 방 하나에 제한된 마외 가의 공간 속에서는 시선과 몸짓과 따뜻하고 감싸주며 기쁨을 느끼게 하는 애무가 교환되는 반면, 그레고르 가는 넓고 안락하지만 완전히 메마르고 청교도적 절제로 인하여 성이 존재하지 않는 공간에 살고 있다. 민중은 축제를 벌인다. 졸라의 민중축제는 발자크의 프롤레타리아들이 벌이는 음산한 성-월요일도 아니고, 『제르미니 라세르퇴』의 기분 나쁜 무도회도 아니며, 『감정교육』에서처럼 폭도들의 광적이고 파괴적인 도취도 아니다. 제르베즈 생일날의 푸짐한 식탁과 몽수의 부산한 주보성인제 같은 것이다. 졸라의 소설은 마치 감정이입을 통해서 그런 것처럼, 민중의 향연, 노래, 춤, 놀이가 갖고 있는 생명력을 내부에서 파악하려 노력한다. 또 졸라의 소설은 삽화마다 육체의 집단적 축제에 대한 거리낌 없는 참여가 뜻하는 쾌락의 자유와 뒷날 주인공들의 운명을 끌어넣는 영웅적 희생 및 용기의 가치 사이에 견고하고 깊은 연관성을 맺어놓고 있다. 제르베즈의 생일부터 그녀가 소박한 행복에 대하여 갖고 있던 이미지를 구하기 위하여 벌이는 외롭고도 불행한 투쟁까지, 주보성인제에서 작업장 동료들의 일선에 서서 마외가 맞는 죽음까지, 민중에 대하여 참신한 도덕적, 미학적 시각을 제시하고 있다.

『목로주점』은 그 해석을 둘러싸고 많은 논란을 일으킨 작품이다. 그것을 민중생활을 그린 작품으로 파악하는 것이 일반적이지만 신화적인 세계관과의 관련에서 살피는 비평도 있다. 또한 민중생활에 대한 묘사의 적실성에 대해서도 여러 가지로 평가가 엇갈리는 경우가 있다. 정명환은 이에 대해 다음과 같이 정리해준다.

『목로주점』에 대한 종래의 많은 비평은 과연 그 소설이 작가의 의도대로 제2제정하의 하층민의 실상과 문제가 현실적으로 부각되었느냐는 것을 살피는 데 주안이 있었다. 출간 당시의 평들을 보면 가령 '이 책은 소설이라기보다 일종의 계시이다. 이 훌륭한 책이 나옴으로써 옛 로망스가 그린 노동자의 모습은 현대문학에서 사라진 것이다'라든가, '이 소설에서 매우 많은 인물들이 변두리의 언어를 쓰고 있다. …그 점을 어떤 사람들은 비난하지만 나는 찬양한다'는 따위의 찬사가 있기도 했다. 그러나 그보다는 좌우익 양진영으로부터 비판의 소리가 높았고 이 소설의 성공은 이른바 스캔들에 의한 성공이다. 우리의 주목을 끌 만한 것은 노동자를 포함한 인간의 진실을 추醜의 방향으로만 몰고 갔다는 전통적 비평가들의 한결같은 비난보다도 최근의 마르크시스트들의 비판이다. 그 대표적인 것이 프레빌과 루카치의 경우이다. 전자는 『목로주점』을 다루면서, 후자는 이 소설만이 아니라 『루공 마카르』 전체에 대하여 언급하면서, 졸라의 부르주아적인 사회관이 하층민과 노동자의 실상을 그 진실한 측면에서, 즉 계급투쟁의 측면에서 다루는 것을 가로막았다는 내용의 말을 하고 있다. 이런 비판에는 분명히 일리가 있다. 졸라는 끝끝내 계급투쟁과 혁명을 통한 프롤레타리아트의 해방을 그의 사회적 비전으로 가진 작가는 아니다. 그러나 이런 비난에 대해서 적어도 세 가지 점에서 졸라를 변명할 수 있을 것이다. 첫째로 『목로주점』은 노동자와 하층민이 한 문제집단으로서 존재한다는 것을 그들 자신의 언어로 형상화한 최초의 소설이라는 상대적 의미를 충분히 평가하고 있지 않다는 점이다. 더구나 그 집단이 1848년의 2월혁명의 실패로 환멸과 실의에 차 있었다는 점, 그리고 자신의 상황에 대한 의식화가 어려운 독립적인 육체노동자와 작은 작업장의 직공들로 구성되어 있다는 점을 생각하면, 계급투쟁의 측면에서 그들을 그리는 것은 예언은 되었을망정 현실의 객관적 재현이라고는 말할 수 없다. 둘째로 우리는 후에 나온 『제르미날』을 생각해보아야 할 것이다. 그것은 졸라가 마르크스의 존재를 알고 나서 씌어진 소설이다. 그는 거기에서 대기업의 노동자들의 파업과 계급투쟁을 형상화시켜 놓았다. 그러나 그것은 노동자에 의한 혁명의 가능성에 대해서 깊은 회의를 표시하고 있다. 이 사실은 졸라가 '부르주아 사회관'에 맹목적으로 갇혀 있는 것이 아니라 자기 나름대로 마르크시즘에 동조하지 않는 입장을 취했다는 말이 된다. 그러나 더욱 중요하게 생각되는 또 하나의 변명이, 차라리 일반적인 성격의 지적이 있다. 그것은 프레빌이나 루카치가 보여주는 바와 같은 읽기의 방법은 여러 가지 읽기의 방법 가운데 하나에 불과하다는 것이다. 거기에는 미래에 있어서 실현되어야 할 사회와의 관련 하에서, 혁명의 이데올로기의 각도에서 모든 문학이 읽혀지고 평가되어야 한다는 당위성이 주장되어 있다. 이런 편협한 마르크시스트적인 독서법이 한 소설 속에 중첩되어 나타나는 여러 가지 다른 테마의 인식을 가로막고 그 울림을 제한하는 것이다. 한편 『목로주점』을 신화적 상징적 차원에서 읽으려는 최근의 또 하나의 시도는 그것을 사회소설로 다루어온 관례에 대한 뜻깊은 반성이다. 가령 새로 나온 『전집』 중에 포함된 그 작품에 붙인 알바레스의 서문은 그 좋은 예가 된다. 그는 『목로주점』이 희랍비극과 비교될 수 있는 숙명극이라고까지 말한다. 그러나 이런 새로운 독서법이 지나치면 그 소설이 리얼리즘의 측면을 가지고 있다는 사실, 케케묵었지만 여전히 엄연한 사실을 망각하는 또 하나의 극단으로 달려가게 된다.

6. 사회주의 리얼리즘 문학의 전사前史

　사회주의 리얼리즘을 논하는 문학인들은 그 범주의 설정이나 의미내용에 약간씩 차이를 나타내고 있다. 대표적인 이론가라 할 수 있는 게오르그 루카치와 베르톨트 브레히트를 볼 때도 그렇고 사회주의 국가의 문학인이나 서방세계의 미학자들의 논의내용도 많은 편차를 드러내고 있다. 또 사회주의권 내에서도 소련과 과거의 동구, 중국, 북한이 각기 일정한 차별성을 갖는 내용으로 사회주의 리얼리즘을 논의하는 양상을 엿볼 수 있다. 이러한 양상은 사회주의 리얼리즘이 생성, 발전해 온 역사적 과정 속에서만 올바로 해명될 수 있으며 개념 파악도 그 길이 유력한 방도이지만 개략적인 이해를 도모하는데 적절하고 가능한 방법은 아니다. 따라서 각 논의의 차이에 관심을 두기보다는 공통성을 주목하고 그렇게 함으로써 사회주의 리얼리즘의 일반적 특성을 살피는 방법이 효과적일 것이다.
　『고요한 돈강』의 작가 미하일 솔로호프가 일본을 방문했을 때 사회주의 리얼리즘이 무엇이냐는 질문을 받았다고 한다. 이에 대해서 솔로호프는 사회주의와 리얼리즘을 결합한 것이라고 대답했다. 어떻게 보면 불성실한 답변이라고 할 수 있는 이 대답은 그러나 사회주의 리얼리즘의 핵심을 파악하는데 지름길이 될 수도 있다. 사회주의란 수식어와 리얼리즘이란 범주가 단순히 산술적인 결합을 한 것이 아니라 리얼리즘 범주에 본질적인 변화를 일으키는, 즉 화학작용을 일으키는 결합을 한다는 이해만 갖는다면 그 개념을 파악하는 데 유력한 수단이 되기도 한다. 이 때문에 사회주의 리얼리즘을 이해하는 데는 사회주의가 무엇이고 리얼리즘이 무엇인가를 파악하는 것이 선결조건이며 거기에 덧붙여 사회주의와 리얼리즘이 결합함으로써 리얼리즘 범주에 어떤 변화가 일어나는가 하는 점을 고찰할 필요가 있다.

리얼리즘이 고대부터 있었던 문학예술의 방법이냐, 19세기 또는 르네상스 이후에 처음으로 나타난 방법이냐를 놓고는 문예이론가들 사이에서도 아직 합의가 이루어지지 않고 있으며 다만 문예사조에 관계되는 것은 19세기 리얼리즘이란 점에 대다수가 의견일치를 보이고 있을 뿐이다. 이른바 부르주아 리얼리즘 또는 비판적 리얼리즘이라고 하는 19세기 리얼리즘을 적극적으로 계승, 발전시킨 것이 사회주의 리얼리즘이고 그렇게 계승, 발전시키고자 한 것은 19세기 리얼리즘이 지금까지 역사상에 나타난 모든 문학 예술방법 가운데 가장 우수한 방법이라는 인식에 말미암는다. 주지하다시피 19세기 리얼리즘은 산업자본주의와 불가분의 관계를 맺고 있다. 봉건사회체제의 모순을 태반으로 하여 탄생한 자본주의는 인류역사의 혁명적인 발전의 한 양상이었다. 사람들을 신분적으로 차별 지웠던 전시대의 사회적 모순과 그 이데올로기를 지양하고 자유·평등·박애라는 이념을 창출하여 형식적 민주주의의 원리를 확립하는 데 기여했고 물질적 재화의 생산을 대량화하는 산업발달을 촉진하여 필연의 세계에서 자유의 세계로 나아가는 인류진보사에 큰 이정표를 세웠다. 뿐만 아니라 사회 각 분야의 전문화와 더불어 여러 분과과학의 발달로 인간사회를 총체적으로 인식할 수 있는 터전을 만들었다.

그러나 이런 긍정적 측면과는 반대로 산업사회의 발전은 인간의 소외를 심화시키고 물신성을 강화했으며 자본가와 임노동자의 대립을 불가피하게 초래했다. 리얼리즘은 바로 이러한 산업자본주의 사회의 긍정적 부정적 측면의 발달에서 연원하고 있는 것이다. 자본주의의 발달과 리얼리즘의 전개 사이의 관계는 다음과 같이 요약될 수 있다. 첫째로, 봉건제사회와는 달리 사회의 메커니즘이 복잡해져 그러한 사회의 복잡성을 이해하는데 도움을 줄 문학예술이 요청되었다. 상품세계가 인간들 사이의 관계를 상품들의 관계로 현상시킨다는 것은 고전적인 이론에서 입증된 사실이지만 봉건제적 사회현실의 상대적 단순성과는 달리 자본제적 사회의 복잡성은 사람들에게 자기가 살고 있는 사회의 구조와 그 작용에 대한 인식적 욕구를 촉발했고 그것이 문학예술에서는 리얼리즘으로 나타난 것이다. 리얼리즘 이론에서 가장 특징적인 총체성의 요구는 바로 이러한 객관현실의 총체성이 작품 속의 개별적 경우에서 계기들의 구체적 연관관계를 통해 형상화되었느냐 하는 질문에 다름 아니라고 볼 수 있다. 둘째로 그러한 사회현실에 대한 인식의 요구는 현실인식이 현실을 변화시키고 개혁하는 데 필수적인 조건과 도구가 된다는 의식을 강화시켰다. 자기가 살고 있는 삶의 과정과 구조가 무언가 불만스러운 사람들의 욕구가 리얼리즘 발전의 한 계기가 된 것이다. 셋째로 여러 가지 분과과학의 발달을 들 수 있다. 앞에서 이야기한 사회의 복잡성이 사회학이라든가 경제학 등 사회과학의 발흥에 중요한 원인을 제공했고 그 분과과학의 발달을 집대성하여 종합적으로 인간의 지식을 총괄하려는 노력이 18세기 백과전서파, 계몽주의자들의 활동으로 이어졌다는 것은 익히 잘 알려져 있다. 또한 분과과학의 성과를 통합하여 현실의 변화, 발전을 하나의 체계로 수렴하려는 노력이 칸트·헤겔 등의 독일고전철학에 추동력이 되었다. 그밖에 생물학과 물리학·고고학·인류학·심리학 등이 이 시기에 장족의 발전을 보인 것도 우리가 주목해야 할 사항이다. 이 같은 분과과학의 발달은 문학예술 분야에서 리얼리즘의 발전과 어깨를 나란히 할 수 있었다. 넷째로 표현수단의 발전을 꼽을 수 있다. 르네상스 이후 고전주의와 낭만주의를 거치는 동안 문학예술의 표현수단은 다방면에서 계발되었고 그러한 기술적 모범들은 리얼리즘에 계승되었다. 고전주의의 보편성의 원리와 낭만주의의 개성화의 원리는 리얼리즘에서 보편과 개별의 통일로써 전형의 발전을 기하게 된다.

　이처럼 대체로 네 가지로 요약될 수 있는 요인들이 19세기 리얼리즘의 역사적 조건이 되고 있다. 이제 그러한 조건에서 생겨난 리얼리즘의 특질을 엥겔스는 하크네스 양에게 보낸 편지에서 "리얼리즘이란 세부의 진실성 외에도 전형적 상황에서 전형적 인물의 진실한 재현을 의미한다"고 요약해 설명했다. 이 짧은 명제는 오늘날에도 리얼리즘의 특질을 설명하는 데서 빈번히 거론될 만큼 리얼리즘의 핵심을 잘 요약한 것으로 인정되고 있다. 그것은 대체로 19세기 리얼리즘의 특질을 일반화한 것이다. 물론 19세기 부르주아 리얼리즘과 비판적 리얼리즘을 구분하면서 엥겔스의 명제는 부르주아 리얼리즘에서 사회주의 리얼리즘으로 가는 과정의 과도기적 개념인 비판적 리얼리즘의 개념이라고 주장하는 경우도 있지만 19세기 리얼리즘의 일반화라고 보아 큰 착오는 없다 할 것이다.

  엥겔스의 명제는 대체로 세부의 진실성과 전형성이란 두 가지 핵심을 갖는 것으로 파악된다. 세부의 진실성이란 개념은 흔히 리얼리즘 이론가에게서는 당연한 것인 양 그 중요성이 간과되고 있지만 실제로는 매우 깊고 넓은 함축을 가지고 있다. 그것은 단순히 현실생활을 상세히 묘사하는 데서 필요한 진실성을 이야기하는 것이 아니다. 요즈음 주목을 받고 있는 미하일 바흐친이나 『미메시스』의 저자 아우얼바하가 지적하고 있는 사항, 즉 리얼리즘은 현실접근에서 현실사회의 민주화와 밀접한 관련이 있다는 주장을 내포하고 있는 것이다. 바흐친은 서사시와 소설을 구분해서 서사시가 전설에 의하여 이상화된 절대적인 과거, 최고의 가치가 부여된 과거를 이야기함에 반해서 소설은 동시대의 생활과 직접적이고 실제적인 접촉의 영역을 이야기한다고 말한다. 따라서 서사시에서는 동시대인들이 접근할 수 없는 영웅에 대한 이야기, 다른 말로 하면 모든 사람들이 인정하고 가치를 부여하는 이야기를 제재로 한다. 그러나 소설은 영웅이 아니라 우리가 가까이에서 직접 만나고 대화할 수 있는 일상성의 인간을 새로이 가치를 부여해가며 이야기한다는 것이다. 즉 소설은 민중들의 삶에 가치를 부여하는 것이고 새로이 현실을 인식하는 것이다. 바흐친이 '고대문학의 기본적인 창작능력과 힘은 인식하는 것이 아니라 기억하는 것'이라고 했을 때 그것은 소설에 있어서의 현실인식, 개성적이면서도 진실에 접근하는, 세부에 대한 구체적 인식과 그것의 전체적 관련에 대한 인식 능력을 주로 주목하는 것이라고 볼 수 있는 것이다. 아우얼바하가 '스타일의 분리'라는 특징화를 통해서 고대문학에서의 현실이 영웅이나 귀족 등 상층부의 현실에 한정되고 소설에 이르러서야 민중의 현실도 가치 있는 현실로서 인정되게 됐다고 말하는 것은 바흐친의 의견과 일맥상통하는 견해라고 볼 수 있다. 바꾸어 말해서 사회의 민주화와 함께 민중의 현실 삶이 묘사의 대상으로 포함되기 시작했고 그것이 보편적인 인식내용이 아니라 작가의 개성적 인식내용이기 때문에 진실성이 문제로 되는 것이다. 엥겔스의 세부의 진실성이란 명제는 바로 이와 같은 함축을 갖는 것이며 그것의 진실성이 문제된다는 점에서 뒤를 잇고 있는 전형성 명제와 떼려야 뗄 수 없는 관계를 맺고 있다.

전형적 상황과 전형적 인물이란 두 계기를 요소로 하고 있는 전형성의 범주는 두 계기의 상호규정성 때문에 분석적인 이해는 자칫 그릇된 파악을 낳을 수도 있지만 논의의 편의를 위해서 필요한 절차이기도 하다. 먼저 전형적 상황이란 근대 이후의 삶에서 환경이 갖게 된 지배적인 영향력에 비추어 이해될 필요가 있다. 자연과의 대립 투쟁 속에서 전개되어 온 인류의 역사는 그 성격이 근대 이후에 크게 바뀐다. 고대나 중세에 인간의 주요 투쟁의 대상이 자연이었음은 분명한 사실이다. 물론 근대 이전에도 인간간의 대립이 중요한 것이 아니었던 것은 아니지만 보다 중요한 것은 자연 속에서 인간의 생존을 위한 투쟁이 더욱 중요했던 것이다.

그러나 근대 이후 자본주의가 발달하면서, 즉 인간의 자연 지배력이 과거에 비해 비할 수 없으리만큼 비약적 발전을 한 이후 인간에게서 주요관심은 우리가 사회라고 하는 부분에 쏠리게 된다. 자연 지배력의 계발보다도 인간능력의 조직과 그 운용이 더 중요한 항목이 됐으며 결국 인간관계라는 사회성이 사회과학이나 문학예술에서 규명해야 할 중요문제로 대두한 것이다.

이 같은 사실은 과거의 문학작품과 오늘의 작품을 비교해 보면 쉽사리 알아볼 수 있다. 고전소설에서 환경묘사는 극히 제한적임에 반해서 현대에서는 큰 몫을 차지하고 있다. 그것은 중세까지 환경이란 거의 고정불변의 자연으로 인식될 수밖에 없는 성질의 것이었으나 오늘날에는 환경의 급격한 변화, 산업화, 도시화 등으로 특징지어지는 사회변동이 눈에 띄게 빨라졌기 때문이다. 서구의 19세기 소설이나 우리의 1930년대 이후 장편소설들이 풍속사적 특질을 갖는 것은 그러한 변화된 환경에 대한 관심에서 비롯된다고 볼 수 있다. 더욱이 환경은 사회적 관계를 표현하기 위해서도 불가결의 요소가 되고 있다. 엥겔스의 표현은 전형적 환경이라기보다는 전형적 상황을 거론한 것이라고 보는 것이 타당하다는 견해는 인간의 행위가 자신의 변화된 환경, 특히 주위 상황에 대응하는 기제를 갖는다는 데 근거한다. 그러므로 인간행동의 양상을 제대로 이해하기 위해서는 변화된 환경조건, 인간관계의 상황에 대한 파악이 필수적이 된다. 이런 의미에서 행동의 주체인 인물의 구체성은 상황과의 역동적 관계를 통해서만 표현될 수 있는 것이다.

전형적 인물이란 개념은 상황과 인간의 역동적 관계 속에서 파악된다. 흔히 인간의 개성이란 어느 시대에나 있는 인간에게 본원적인 요소인 것처럼 의식되지만 본래적인 의미에서, 즉 사물을 독자적으로 인식하고 독자적으로 가치 판단하는 주체란 의미에서의 개성이란 데카르트의 '나는 생각한다. 고로 존재한다'라는 코기토의 정식에서 상징적으로 표현되는 근대적 자아의 출현 이후의 일이다. 이러한 개성적 성격의 등장으로 말미암아 전래의 보편적 인간이란 개념은 의의가 줄어든다. 개개인의 행동양식이 관심의 대상이 되고 그것이 인간을 이해하는 유일한 통로가 된다. 따라서 어떤 개인의 행위가 왜 그러한 방식으로 이루어질 수밖에 없는가를 설명할 수 있어야 하게 되었다. 말을 바꾸어서 근대 이전까지 전형이란 보편적인 자연 속에서 살고 있는 이상화된 규범적인 인간형이었으나 근대 이후의 전형적 인물이란 사회적이고 역사적으로 창조된 인물이란 의미를 가지게 되었다. 과거에 있어서 인간에게 본래적으로 고유한 특성이 가장 훌륭하고 완전하게 발전한 성격이란 의미의 전형적 인물이란 개념이 환경과 사람들 사이의 상호관계 속에서 역사적으로 형성된 인간성질의 구체적이고 사회역사적인 특징을 표현하는 것으로 되었다.

전형적 인물과 전형적 상황의 관계문제는 분석적으로 살펴보면 대략 이와 같이 말할 수 있지만 그것들을 통일성 속에서 이야기하는 전형성이라는 범주는 그보다 훨씬 더 심각한 의미를 지닌다. 즉 그것은 현실의 본질적인 양상의 인식과 관계 지어진다. 문학은 개별적 인간의 독특한 행동양상을 상황과의 관계 속에서 표현하는 것이지만 그 인물의 행동이 개별적인 것, 특수한 사례에만 머문다면 가치를 부여할 수 없다. 그 행동이 개별적인 것이면서도 사회현실의 본질내용을 함축하는 보편적인 것으로 될 수 있을 때에만 전형성을 획득하는 것이다. 우리는 작품이 사회적 총체성의 기본구조, 객관현실의 본질을 드러낼 수 있도록 관련된 사실들의 구체적 연관 속에서 대상을 형상화할 때, 역사발전의 경향성을 올바르게 형상화할 때, 그 작품을 전형성을 획득한 작품으로 평가할 수 있는 것이다. 여기에서 참조해야 할 사항은 마르크스·엥겔스에 의해서 파악된 자본주의 사회의 총체성의 구조가 일련의 계급관계, 여러 사회계급이 그들 자신을 서로 대립의 관점에서 규정하는 대립의 구조라는 사실이다. 따라서 그 시대를 대표하는 계급적 역량들이 당대의 사회계급적 관점에서 묘사되었느냐 안 되었느냐 하는 것은 전형성에서 중요한 참조점이 된다고 하겠다.

7. 사회주의 리얼리즘의 개념

엥겔스의 명제를 통해서 우리는 리얼리즘에서 생성, 운동, 발전하는 현실 역사에 대해 올바른 인식, 바꾸어 말해서 계급관계로 구성되는 사회적 총체성의 인식과 현실묘사의 가치적인 측면이 가장 중요한 의미를 지닌다는 사실을 알 수 있었다. 엥겔스와는 다른 측면에서 막심 고리키는 19세기 리얼리즘의 특질을 현실에 대한 비판성, 반봉건 내지 반자본주의적 내용, 그리고 역사주의적 원칙으로 요약하고 있으나 엥겔스의 명제와 표리의 관계를 이루는 내용이다. 19세기 리얼리즘에 대한 엥겔스와 고리키의 파악이 오늘날까지도 많은 사람들에게 정당한 것으로 받아들여지고 그것이 사회주의 리얼리즘이 성립하는 데 초석의 역할을 하고 있다는 인식이 타당한 것이라면 사회주의 국가에서 리얼리즘이 문학예술의 방법으로 채택된 구체적 이유를 살펴볼 필요가 있다. 그것은 리얼리즘과 낭만주의, 고전주의 등 여러 가지 문예사조를 비교했을 때 명확히 드러나는 데 결론을 간단히 말하면 리얼리즘에서는 다른 문예사조와는 달리 인식의 범주가 강화되어 있다는 것이다. 현실의 합법칙성을 인식하는 데 리얼리즘은 어느 문학예술의 방법보다도 뛰어난 특성을 갖고 그러한 특질이 사회주의 국가가 요구하는 문학예술의 역할을 수행하는 데 가장 적합하다고 인정된 것이다. 따라서 인류역사의 전 과정에서 최고의 문학예술 방법이 되고 있는 리얼리즘을 계승 발전시켜야 한다는 것이 사회주의 리얼리즘 주창자들의 논리였다. 소련에서 사회주의 리얼리즘이 공식적 문예이론으로 채택되기까지의 과정을 살펴보면 그러한 사실을 쉽게 알 수 있다. 볼셰비키혁명이 있은 1917년부터 사회주의 리얼리즘이 공식적으로 주창된 1934년까지 약 17년 간 백화제방이라고도 할 수 있을 정도로 수많은 논쟁과 토의를 거치면서 사회주의 리얼리즘은 성립되었던 것이다. 물론 당의 공식적인 입장이 확정되기 이전이었기 때문에 미래주의라든지 형식주의, 낭만주의 등과의 투쟁의 과정을 거친 다음에야 사회주의 리얼리즘은 모습을 드러내 정착될 수 있었다.

그러면 사회주의 리얼리즘은 19세기 리얼리즘과 어떤 점이 같으며 무엇이 다른가? 이것을 알아보기 위해서는 먼저 사회주의 리얼리즘론자들이 전시대 리얼리즘에서 무엇을 받아들이고 무엇을 거부했으며 무엇을 덧붙였는가를 분석해보는 것이 좋은 방법일 것이다. 문학적 전통의 계승발전이라는 취지에서 사회주의 리얼리즘이 나온 것이므로 19세기 리얼리즘의 많은 부분, 특히 세부의 진실성과 전형성 범주 등 핵심적인 내용이 수용되고 사회주의 혁명과 건설에 적합지 않다고 생각되었던 몇 가지가 비판된다. 그 비판 가운데서 첫째로 꼽을 수 있는 것은 작가들의 세계관 문제이다. 19세기 리얼리스트들은 대체로 합리주의와 인본주의적 사고에 입각해 자본주의적 현실의 모순에 대한 비판을 하고 있다. 그러나 그 비판을 뛰어넘어서 사회적 모순의 해결방도를 제시할 수는 없었는데 그것은 사회주의적 세계관을 갖추지 못했기 때문이라는 지적이었다. 따라서 사회주의 리얼리즘은 사회주의적 세계관의 획득이 필수적이고 그에 의해서 현실의 혁명적 발전을 위해 이바지할 수 있는 창작을 수행해야 한다고 주장한다. 둘째로 19세기 리얼리즘의 장르적 한정성 문제이다. 19세기 리얼리즘은 예외가 없는 것은 아니지만 소설양식에 국한되고 있다. 이에 따라 부르주아적 양식이라고 규정할 수 있는 규범성, 즉 문예작품의 기동성의 부족을 드러내는데 사회주의 혁명과 건설에 복무해야 한다는 사회주의 리얼리즘의 요구에는 그것이 적합하지 않다는 것이다. 따라서 시·연극·영화 등에까지 적용될 수 있도록 리얼리즘의 규범성을 이완시키는 작업이 필요했다. 혁명적 낭만주의의 개념이 도입된다든가 브레히트처럼 정치적 모더니즘을 용인하는 양상은 이러한 사실과 결부된다. 셋째로 문학기능의 의식적 강화이다. 사회주의 리얼리즘의 주창자들은 19세기 리얼리즘이 현실에 대해 거의 방관자 내지 관찰자적인 태도에서 벗어나지 못했다고 보고 이를 적극 지양해서 문학의 정치적 역할을 증대시키고자 했다.

　이상의 세 요소들에 대한 비판과 보강에 의해서 사회주의 리얼리즘은 앞 시대의 리얼리즘과 질적으로 상이한 내용을 갖추게 된다. 사회주의 리얼리즘의 원산지로 볼 수 있는 소련의 과학아카데미에서 발행한 『마르크스 레닌주의 미학의 기초이론』은 사회주의 리얼리즘의 방법에서 특징적인 사실을 리얼리즘과 공산주의적 당파성으로 규정하고 있다. 공산주의적 당파성은 잠시 뒤에 다루기로 하고 리얼리즘이란 특성을 살펴보면 그 개념의 함축이 종래와 달라졌음을 발견할 수 있다. 여기에서 리얼리즘은 '생활을 그 참된 사회적 내용을 통해 전면적으로 정확히 반영하고 거기에 의미를 부여하는 것을 수미일관하게 지향'하는 방법을 말하고 있는데 반영개념이 등장하고 있음을 눈여겨볼 필요가 있다. 즉 사회주의 리얼리즘에서 리얼리즘은 마르크스 레닌주의 인식론의 요체라고 할 수 있는 반영론을 기반으로 하고 있다는 것이다. 이 때문에 사회주의 리얼리즘은 그 미학적 토대로서 변증법적 유물론을 내포하며 미적 형상화의 원리도 19세기 리얼리즘과는 달리 상정되고 있다. 생활의 깊고 정확한 인식, 생활의 주요한 경향의 반영을 요구할 뿐만 아니라 현실의 발전에서 선진적인 경향의 반영, 낡은 것과 새로운 것의 대립 투쟁에서 새로운 것의 승리를 형상화하도록 요구하고 있다. 이것이 미학에서 선취라는 범주로 정식화되며 문학의 정치적 기능강화를 위한 설득·선전·선동 범주와 함께 사회주의 리얼리즘에 새로이 나타난 요소이다.

　이처럼 사회주의 리얼리즘은 전시대의 리얼리즘과는 다른 요소들을 강화함으로써 질적인 변화를 시도했고 그로 말미암아 방법론의 중심점도 이동하게 된다. 종래의 세부의 진실성, 전형성을 대체하여 당파성과 민중성이 핵심범주로 등장하게 되며 전형성 범주도 그 의미내용이 달라진다. 전형성의 변화된 내용을 간략히 소개하기 위해 단적인 예를 든다면 19세기 리얼리즘에서 전형적인 인물은 악당이나 편집광, 수전노 또는 문제적 인물로 표상될 수 있는 것이었음에 반해 사회주의 리얼리즘의 전형적 인물은 긍정적 인물 또는 적극적 행동의 인물로 설정되고 있다. 이 같은 변화는 근본적으로 사회적 삶의 내용이 달라진 데서 연원한다는 것이 사회주의 리얼리즘 주창자들의 설명이지만 부분적으로 새 방법에서 시도된 지향성의 전환에도 상당한 원인이 있다. 사회주의 리얼리즘의 대부분의 범주에는 이러한 변화가 나타나고 있지만 그 변화를 야기한 요소는 당파성과 민중성이란 핵심 범주들의 작용으로 볼 수 있다. 따라서 이 두 범주의 해명은 사회주의 리얼리즘의 대강을 파악하기 위해 필수적이다. 첫째로 당파성은 공산주의적 사상성이라고 하기도 하고 일부에서는 당성이라는 이름으로 일정하게 차별성을 두는 개념이기도 하다. 소련과학아카데미의 『미학의 기초이론』은 이렇게 기술하고 있다.

> 공산주의적 사상성의 가장 주요한 요구 중의 하나는 깊고 철저한 진실성으로 공산주의의 승리를 향해 투쟁하고 있는 민중을 위해, 그리고 새로운 사회건설의 기본적인 요구를 완전하고도 명확하게 표방하고 있는 공산당을 위해 소비에트의 예술이 현실의 객관적인 정경을 부여하고 있는 것이다.

여기에서 진술된 내용을 쉽게 풀이하면 공산사회를 건설하기 위해 노력하고 있는 민중과 공산당을 위해 혁명적 발전에 있는 현실을 정확히, 역사적으로 구체적으로 반영하라는 것이다. 바꾸어 말하면 현실의 정확하고 구체적인 반영이 민중과 공산당에 이익이 되고 공산사회 건설에 이바지한다는 내용인데 어떤 이유로 정확하고 구체적인 반영이 민중과 공산당에 이익이 되어 당파적인 것이냐 하는 점은 사적 유물론의 함축을 되새기면 쉽게 알 수 있는 내용이다. 바로 사회발전의 필연적인 과정을 전제로 놓고 있는 것이다. 또한 엥겔스에게서 이 당파성 개념은 경향성이라는 이름으로 나타난 바 있다. 논자에 따라서는 경향성은 사회적, 정치적 입장의 목적지향적인 옹호에 그치는 데 반해서 당파성은 작품창작이 지닌 사회적 의의를 완전하게 의식적으로 규정한 것으로 질적으로 차별이 있는 것으로 말하기도 한다. 그러나 엥겔스의 경향성과 사회주의 리얼리즘의 당파성은 긴밀한 관계가 있다. 즉 엥겔스는 역사적 발전의 경향성을 올바로 드러내는 작품을 리얼리즘 문학으로 본 것인데 당파성은 이 경향성을 더욱 의식화한 것이고 마찬가지로 북한의 주체문예이론의 당성 개념도 그 철학적인 기반 위에서 당파성을 의식적으로 변화시킨 것이라고 볼 수 있다. 이런 점에서 사회적 총체성이란 개념과 경향성, 당파성, 당성 개념은 일정한 편차를 드러내면서도 동일한 논리 위에 서 있음을 알 수 있다. 다만 객관현실의 총체성과 작품의 내포적 총체성 사이의 관계를 강조하는 루카치의 논지가 19세기 부르주아 리얼리즘에 가까이 선 것이라면 북한의 당성은 사회주의 리얼리즘의 논리를 극한으로 확대시킨 것으로서 문학예술작품의 존재방식에서 큰 차이를 가져오는 내용이라고 하겠다. 즉 총체성 이론이 작가에 대한 규정력이 약함에 비해서 당성 개념은 강한 규범성을 갖는 것으로 파악된다. 이 당파성의 이론은 사회주의 리얼리즘에서 그 중요성이 막대함에 비례해서 개념의 변화가 자심했다. 이에 대해 필자는 다른 자리에서 다음과 같이 요약한 바 있다.

> 당파성은 초기의 사회주의 리얼리즘에서는 계급성이나 전형성 등과 같은 여러 범주들 가운데 하나에 지나지 않았던 것으로서 그 원초적인 형태는 엥겔스의 경향성 개념에서 찾아볼 수 있다. 엥겔스는 예술작품에서 나타나는 사회적인 목적지향성을 가리켜 경향성이라고 했고 그것은 직접적으로 표현되는 대신 형상으로부터, 즉 작품 속에서 형상화된 구체적인 장면과 행동으로부터 자연스럽게 흘러나와야 한다는 점을 강조했다. 그러나 엥겔스가 말한 이 경향성은 이름 그대로 작품에 나타난 일정한 경향성을 가리키는데 그치는 것임에 반해서, 사회주의 리얼리즘에서 말하는 당파성 개념은 작가가 예술의 사회적 기능을 충분히 인식하여 의식적으로 작품을 그러한 기능에 적합하도록 형상화해야 한다는 것을 명확히 규정하는 개념이다. 이러한 당파성 개념의 직접적인 연원이 되는 것은 레닌의 『당조직과 당문학』이란 글이다. 레닌은 이 글에서 '문학은 프롤레타리아의 공동 대의의 일부분이 되어야 하며, 전 노동자 계급의 정치의식화된 전 전위에 의해 가동되는 단일하고 거대한 사회민주주의적 기계장치의 톱니바퀴와 나사가 되어야 한다'

고 규정했다. 이것은 문학이 당의 혁명문학이어야 한다는 최초의 규정으로서 초기의 사회주의 리얼리즘 이론가들에게 그대로 계승되었다. 그리하여 (1960년대에 발간된) 『마르크스 레닌주의 미학의 기초이론』에서도 당파성은 민중과 당의 입장에 입각하여 공공연하게 의식적으로 싸우는 것이라고 간명하게 규정되고 있다. 그러나 1960년대 이후 사회주의권의 문학논의에서 당파성은 사회주의 리얼리즘의 핵심적인 범주로 바뀌게 된다. 이러한 입장의 변화를 보여주는 대표적인 사례로서 에르빈 프라호트와 베르너 노이베르트의 「당파성에 관하여」란 논문을 들 수 있다. 이 논문에서는 공산주의적 사상성까지도 당파성에 포괄시키는 양상을 살펴볼 수 있는데, 그것은 예술의 인식적 성격에 관여하는 당파성의 기능을 새로이 파악한 데서 비롯된 것이라고 보인다.

프라호트 등은 예술이 어떤 것을 만들거나 형성하면서 그것을 정신적으로 전유하는 창조적 인식으로서, 지식을 전달할 뿐만 아니라 그것에 대한 확신을 심어준다는 점에 고유의 특성이 있다고 본다. 그러므로 현실인식의 기능은 리얼리즘 문학예술에서 주요한 기준이 된다. 프라호트는 예술적 인식이란 묘사되는 제재의 구체적인 규정을 인식하고 이해시키는 것에 의해서, 다시 말하면 제재들이 맺고 있는 복잡한 사회적 인과관계의 해명에 의해서 가능하다고 본다. 그러므로 예술가는 삶의 구조와 현실의 운동법칙을 이해한 바탕 위에서 그 사회적 인과관계를 해명하여야 하며, 그것은 마르크스 레닌주의의 과학적 지도 아래에서 행하여질 때 올바른 것이 될 수 있다. 하지만 삶의 구조와 운동법칙에 대한 이해가 현실을 관찰하고 과학서적을 탐독하는 것으로만 곧바로 획득되지는 않는다. 그것은 사회주의 건설과 변혁운동에 직접 참가하고 노동자 계급의 당과 밀접한 연대를 맺는 뚜렷한 의식성 속에서만 획득될 수 있다. 프라호트가 당파성을 예술의 인식적 성격에서 관건적 요소라고 보는 이유는 바로 이 의식성 때문이라 할 수 있다.

이 의식성은 예술가가 인간의 정치, 경제, 사회적 행위를 인식하고 평가하는 데 기준이 된다. 또한 역사발전에 대한 낙관적 전망도 이 의식성을 통해서 가능해진다. 따라서 예술가는 부단히 자신의 의식성을 고양하고 확대시킬 필요가 있는데,

그것은 '공개적이고 의식적으로 당의 목표에 집결하고 당의 투쟁에 헌신하는 것'을 통해서만 가능하다. 이 같은 논리 위에 서서 프라흐트는 예술가가 당의 관점에 입각하여 예술적 소재나 삶을 해석하여야만 하며, 사회발전의 계획자와 지도자인 당원으로서 과학적·도덕적 자질을 갖추어야만 한다는 점을 강조한다. 말하자면 그러한 바탕을 갖춘 예술가만이 예술적 대상을 옳게 해석할 수 있으며 사물의 뿌리에까지 파고들어가서 사회주의적 삶의 새로운 특질을 드러낼 수 있다는 것이다. 프라흐트 등이 당파성에 큰 비중을 두는 데는 당이 가장 원대한 세계관을 가진 인민들의 최고도로 조직된 단위이며 모든 인간적·도덕적·사회적 관계를 변화시키는 추동력이라는 인식이 전제되어 있다. 이런 관점에 따르게 되면 당은 사회에서 가장 중요한 주체적 요소이며 문학예술이 그것에 중요성을 부여하는 것도 당연한 일이 될 수밖에 없다. 예술가는 당과의 결속을 통해 그 주체적 요소를 내부에서 체험할 수 있으며 그렇게 함으로써 현실을 과거와 현재와 미래의 통일체로서 인식할 수 있기 때문이다. 하지만 예술에서는 이 같은 작가의 주관적 인식만으로는 충분하지 않으며 작품 내부에서 실현되는 당파성이 더 중요하다. 예술적으로 재현된 현실은 수용자가 관리할 수 있는 진실을 드러내는 것이 되어야 하는 것이다. 프라흐트는 이 진실을 획득하는 데 있어서 당파성이 결정적인 작용을 한다고 보았다. 말하자면 그는 예술가가 작품의 내적 구조를 완성하기 위해 단편적인 현실의 소재들을 모으고 결합하는 데 중심축이 되는 핵심적 관점이 당파성에 근거한다고 생각했던 것이다. 즉 당파성에 입각할 때 획득되는 이 핵심적 관점은 사회적 갈등에 대해 역사적이고 당파적인 평가를 하며, 작품의 제재를 사회주의적으로 통찰하고 역사적으로 주요한 사건들을 변별토록 해준다는 것이다. 결국 프라흐트는 사회주의 당파성의 요건으로서 1. 과학적 사회주의를 옹호하는 것, 2. 노동자 계급의 당과의 연대, 3. 사회주의 건설과 변혁운동에의 직접적 참여, 4. 예술을 통해 의식적으로 사회주의 이상의 실현에 복무하는 것 등을 들고 있다. 이러한 견해는 예술가가 당원이 되어야 할 것과 사회적 활동에 참여할 것을 명확히 규정했다는 점에서 초기의 당파성이론에 비해 훨씬 더 엄격해진 것이라 할 수 있다. 즉 초기의 사회주의 리얼리즘에서는 당파성을 주로 당과 작가의 이데올로기적 결합이라는 측면에서 파악한 데 비해서, 프라흐트는 작가가 당과 조직적으로도 결합해야 한다는 새로운 관점을 제기하고 있는 것이다. 이러한 프라흐트의 관점에 따르게 되면 변혁기에 처한 사회에서 예술이 존재하는 방식도 크게 수정이 될 수밖에 없다. 프라흐트는 견고한 철학적 기초를 가진 시대에서는 예술가의 창조의 자유가 역사적 필연성에 완벽하게 합치하는 일이라는 데 공감한다. 하지만 그는 변혁기의 예술가가 어느 편이 더 진리이고 더 아름다운 것인가를 알기 위해서 그의 예술적 행위에 있어 중요한 부분을, 심지어는 본질적인 부분까지도 희생해야 한다는 입장에 선다. 이러한 논리의 연장선에서 프라흐트는 사회주의적 당파성을 공공연히 앞세우는 예술가는 '마르크스 레닌주의의 지식을 예술적으로 적합한 방식을 통해 생산해내는 것을 목표로 해야 한다'고 주장한다.

프라흐트 등의 이러한 설명은 쉽게 말해서 과학적 개념의 예술적 형상화를 요구하는 주장이라고 할 것이다. 당파성에 이어서 사회주의 리얼리즘의 두 번째 특징적 범주는 민중성이다. '예술을 민중에게 관여하게 하고 민중을 예술에 관여하게 한다'는 레닌의 사상에서 배태된 민중성의 개념은 민중의 관심과 이해의 관점에서 예술을 창조한다는 내용이다. 이 개념은 따라서 문학예술 작품의 평이성 문제, 민중의 생활을 제재로 하는 문제, 민중이 작품을 창작하는 문제, 민족적 형식을 취택하는 문제 등에 결부된다. 다시 말해서 문학예술 작품의 사상적 교육적 작용의 가능성을 확대시키기 위하여, 민중과 예술을 접근시키기 위하여, 생활에서 우러난 민중의 사상과 감정, 이상을 표현함은 물론 민중들에게 친숙한 민족적 형식을 채택하고 평이성을 갖추자는 것이다. 이렇게 본다면 사회주의 리얼리즘에서 당파성과 민중성 개념은 상호 보완관계에 있는 것으로서, 그 통일의 요청은 필연적이라 할 수 있다. 즉 시대의 가장 선진적인 사상을 표현해 그 창조로써 공산주의를 위해 싸우는 적극적 주인공을 형상화하라는 요구, 사회주의 사회에서는 절대적 모순이 없으므로 작품에서 갈등이 노출되지 않을 수도 있다는 무갈등 이론 등은 모두 이 두 개념에 뿌리를 박고 있다고 하겠다.

　이밖에 사회주의 리얼리즘에서는 당의 지도문제라든지 혁명적 낭만주의 문제, 유산문제 등이 거론되고 있으나 전형성, 당파성, 민중성이란 핵심 범주의 보족적인 차원의 문제라고 볼 수 있다. 또 장르의 문제와 결부되어 논의되는 세부의 진실성 등은 혁명적 낭만주의, 정치적 모더니즘의 문제와 불가분의 관계를 갖지만 이것들에 대해 문학인들이 아직 일정한 합의를 도출해내지 못하고 있는 점에서 시사 받을 수 있듯이 사회주의 리얼리즘은 아직 해결해야 할 많은 이론적 문제들을 내포한 채 사회주의 국가의 붕괴와 같은 사회·문화 환경의 변화로 전면적인 와해의 위기를 맞고 있다고 할 수 있다.

8. 사회주의 리얼리즘 문학의 전개

　사회주의 리얼리즘 문학의 발생은 대략 19세기 후반에서 20세기 초엽에 일어난다. 낭만주의 시인으로 알려진 하이네의 「슐레지엔의 직조공」은 엥겔스에게서 '내가 알고 있는 가장 박력 있는 시작품 중의 하나'라는 평가를 받았다. 이것은 사회주의 리얼리즘이 낭만주의의 반자본주의적 감상으로부터 리얼리즘의 자본주의 현실에 대한 비판적 태도로 점차 변화되어가는 도정의 어느 시점에서부턴가 차츰 실체를 드러내기 시작했음을 알려준다. 게오르그 베에르트의 시작품과 포지에의 「인터내셔널가」 등은 프롤레타리아 문학이 일찍부터 광범한 범위에서 다양하게 출현하고 있음을 알려준다. 졸라의 『제르미날』도 노동자의 집단적 항거를 형상화한 작품으로 손꼽을 수 있다. 이같이 자본주의 현실에 대한 민중의 저항과 반항, 그리고 비판적 태도는 저변에서 큰 힘을 비축하고 있었으며 그것은 항상 지엽적 단편적 운동에서 조직된 운동으로 발전할 태세를 정비해가고 있었다. 이러한 사회주의적 운동의 발전과 함께 문학에서도 사회주의 문학이 태어나고 있었다. 이 사회주의 문학, 사회주의 리얼리즘 문학이 기존의 리얼리즘 문학과 다른 점은 현실의 부조리와 모순을 고발하고 비판하는 데만 머무르지 않고 적극적으로 미래사회의 비전을 제시하고 그것을 위한 사람들의 열망을 촉진하기 위한 문학적 방도를 창출하려는 시도를 한 점에 있다. 자연발생적으로 생겨난 사회주의 리얼리즘 문학은 20세기에 접어들면서 고리키의 『어머니』라는 작품을 얻으면서 새로운 전기를 맞게 된다. '세계문학사상 최초로 자각적인 노동계급 전사의 완미한 영웅적 형상을 부각시킨' 작품으로 알려진 이 소설은 초기에 사회주의 리얼리즘 문학의 성전처럼 여겨졌다. 『어머니』라는 사회주의 리얼리즘 문학의 고전이 러시아에서 나오게 된 데는 그만한 이유가 있었다. 이 당시 러시아는 산업발달은 구라파 가운데서 후진국에 속했으나 차르 체제의 엄혹성과 잇따른 농민반란, 인텔리겐치아의 증대로 사회의 불안정이 심화돼 혁명의 가능성은 고조되었고 민중의 혁명의식도 구체화되어갔다. 벨린스키라든가 체르니셰프스키, 도브률로프 등의 진보적 지성들의 활약은 서구의 어느 나라에 못지않게 혁명적 문학의 호조건을 조성하고 있었다. 여기에 실제로 혁명이 성공하게 됨으로써 사회주의 리얼리즘은 발전의 현실적인 토대를 확보하게 되었다.

  물론 처음부터 혁명적 문학이 사회주의 리얼리즘으로 불린 것은 아니었다. 프롤레타리아 문학, 혁명문학 등의 이름으로 생산되기 시작한 진보적 문학들은 혁명을 찬양하고 혁명의식을 북돋우는 것이었다. 혁명전야에 나온 『해연의 노래』와 같은 혁명적 낭만주의 문학이 있는가 하면 파제예프의 『괴멸』, 오스트로프스키의 『강철은 어떻게 단련되었는가』, 세라피모비치의 『철의 흐름』 등이 러시아를 비롯하여 혁명에 고무된 구라파 여러 나라에서 잇달아 발표되었다. 이 같은 흐름은 혁명을 성공시킨 러시아를 중심으로 점차 구심점을 찾아갔다. 러시아에서 프롤레타리아 리얼리즘이라든가 유물변증법적 창작방법 등의 이름으로 혁명문학의 정당성과 비전을 제시하는 이론이 수립되고 이것은 많은 논의를 통해 점차 사회주의 리얼리즘이란 이름의 문학과 이론에 포괄되는 것이다 소비에트의 새로운 작가인 솔로호프의 『고요한 돈강』과 『개척된 처녀지』, 중국의 노신의 작품 등은 새로운 사회주의 혁명과 건설에 희망을 보여주는 작품들이었다. 우리나라에서 1930년대에 창작된 『고향』이나 『황혼』 등은 사회주의 리얼리즘 문학이 전 세계에 미친 영향을 실증해주는 사례이다.

고요한 돈강

솔로호프의 장편소설 『고요한 돈강』은 러시아 혁명시절 돈강 유역에 살고 있던 돈 코사크라는 특수한 계층의 운명을 형상화한 작품이다. 작가는 혁명 직후 혁명 세력에 참가하여 토벌대로서 활동하기도 하였으나 작품의 성격은 리얼리즘의 전통을 발전시키는 선상에서 객관성을 유지하여 사회주의 리얼리즘의 최대의 작품으로 평가된다. 줄거리는 돈강 기슭의 타타르스키 마을에 살던 그리고리와 악시냐의 사랑을 중심으로 전개된다.

이웃집의 유부녀인 악시냐와 사랑에 빠진 그리고리는 불륜의 관계를 염려한 부친의 주선으로 나타리아와 결혼하지만 악시냐에 대한 격렬한 정열을 이기지 못한다. 아내를 두고도 유부녀와 사랑의 도피행각을 한 그리고리는 리스트니츠키 장군의 저택에서 일하면서 생활한다. 나타리아는 남편의 배신에 절망하여 자살을 꾀하지만 미수에 그치고 그리고리는 군대에 징집된다. 제1차세계대전이 발발하자 그리고리는 용감히 싸우지만 후방에 홀로 남은 악시냐는 주인집 아들의 유혹에 넘어가 깊은 관계를 맺는다. 부상으로 집에 돌아온 그리고리는 악시냐의 부정한 사실을 알고 분노하여 부친이 있는 집으로 돌아오며 다시 군대에 나가는데 나타리아는 쌍둥이를 낳는다. 볼세비키 혁명이 일어나자 코사크들은 군에서 이탈하여 마을로 돌아오지만 그리고리는 적군에 들어가 백군과 싸운다. 그가 다시 부상을 입고 고향에 돌아왔을 때 코사크들은 적군과 싸우게 된다. 그리고리도 코사크들과 함께 백군에 가담하여 싸우게 되고 그 동안에 악시냐와 다시 만나 맺어지게 된다. 나타리아는 남편의 배신에 분노하여 잉태한 아이를 낙태시키려다가 실패하여 죽는다. 그리고리는 적군과의 싸움에서 패배하여 피난민과 함께 도망치던 중 포로로 붙잡혀 적군에서 근무하게 된다. 한편 전란이 계속되는 동안 악시냐는 티푸스에 걸렸으며 그리고리는 군대에서 제대하여 돌아온다. 하지만 그는 반혁명 행위를 했다는 혐의로 체포되자 탈출하여 비적단에서 적군에 대항하여 싸운다. 그러나 도덕적으로 용납할 수 없는 비적단의 행위를 목격한 그리고리는 다시 탈주하여 악시냐와 함께 다른 곳으로 도망하기로 한다. 두 사람이 밤의 어둠을 타고 도망하는 도중 적군에게 발각되어 악시냐가 총에 맞아 숨진다. 삶의 희망을 잃은 그리고리는 여러 곳을 방랑하지만 안착하지 못하고 고향에 돌아온다. 전란의 와중에 부모와 형제, 아내와 딸을 잃은 그는 누이동생과 어린 아들 미샤트카와 함께 살아간다.

　이상의 줄거리에서 알 수 있듯이 그리고리는 전쟁의 참화 속에서 적군과 백군을 이곳저곳으로 옮겨 다니며 싸운다. 그가 어느 편에 가담하는 것은 확고한 신념 때문이라기보다는 상황의 윤리 때문이며 그곳에서 탈주하는 것은 집단의 폭력과 만행에 대한 분노 때문이다. 이처럼 두 진영의 한 가운데에서 갈팡질팡하는 그리고리를 삶의 희망으로 이끌었던 것은 악시냐에 대한 사랑이었다. 솔로호프의 작품이 지닌 리얼리즘의 폭과 깊이는 톨스토이의 『전쟁과 평화』에 나타난 서사시적인 장대함을 지니고 있다. 이 작품이 지닌 사회주의 리얼리즘적 특질에 대해 소련의 비평가 오브차렌코는 다음과 같이 평가하고 있다.

　　방법으로서의 사회주의 리얼리즘은 고리키의 『어머니』, 『클림 삼긴의 생애』, 솔로호프의 『고요한 돈강』, 『처녀지』, 『인간의 운명』, 알렉세이 톨스토이의 『시련』, 『표트르 1세』, 헨리 바르뷔세의 『열정』, 아라공의 『콤뮤니스트』 등의 작품에 그 기본적인 근거가 있다. 이런 작품들을 읽으면서 제일 먼저 볼 수 있는 것은 무엇인가? 그 강력한 동태성 속에서 삶을 포착하는 뛰어난 심도와 폭, 삶의 복잡성, 역사적 옵티미즘, 과거의 가장 훌륭한 전통-특히 언젠가 M. 드보귀에가 톨스토이의 『전쟁과 평화』를 '세세한 분석과 위대한 서사적 정신의 통일'이라고 말할 때 간략히 정의했던 그런 전통들-의 새로운 이데올로기적 토대 위에서의 창조적 발전 등등이다. 여기에 솔로호프가 자신을 '순수한 혈통의 리얼리스트'라고 불렀을 때 염두에 두었던 바를 정확하게 보여주는 세 명의 설명이 있다. M. 알렉세예프는 『고요한 돈강』에 대해 이렇게 말한다. '깊고 섬세하게 느끼며 사랑하고 즐거워하며 고통스러워하는 평범한 사람들이 그렇게 큰 예술적 힘을 얻어 표현된 또 다른 작품은 없을 것이다. 반쯤 개명한 코사크 여자 악씨냐 아스타호바는 안나 카레니나

만큼 깊은 사랑을 할 수 있으며 그만큼 안드레이 볼콘스키만큼 복잡하며 농장의 노동자인 미쉬카 코쉐보이는 피에르 베주호프만큼 격렬하게 사고할 수 있다.' 파라과이의 작가 엘비오 로메로는 이렇게 말한다. '『고요한 돈강』이라는 4부작은 우리에게 서사적이고 웅대한, 그리고 참혹한 감동을 주었고, 슬프고 마음 든든한, 그리고 부드러운 감동을 주었다. 이 작품은 운명이 역사의 분계점임을 보여주었을 뿐만 아니라 우리가 어떻게 새로운 방법으로 역사를 볼 것인가를 가르치고 있다는 것을 쉽게 짐작할 수 있다.' 독일 작가 에르빈 슈트리트마터가 언급한다. '숄로호프는 어떤 것도 시야에서 놓치지 않았고, 아무것도 생략하지 않았으며, 우리에게 생생한 살아 있는 사람들의 모습을 전해준다. 그는 아름다운 눈의 빛남, 사랑에 빠진 사람들의 조급함, 그들의 정열을 묘사한다. 그는 이러한 정열이 현실생활에서 그렇듯이 환경에 의존한다는 것을 보여주고 사회갈등의 반영으로서의 사랑의 갈등을 보여준다.'

숄로호프의 작품 가운데『고요한 돈강』이 리얼리즘의 전통에 주로 의지한 데 반해『처녀지』는 즈다노프 노선의 정통파 사회주의 리얼리즘의 세례를 좀 더 많이 받은 작품으로 알려져 있다. 그것은 작품이 경직된 윤곽을 가진다는 것을 의미한다. 이런 측면에서 정통파 사회주의 리얼리즘의 성과보다 좀 더 자유스러운 정신을 표현한 작품들이 사회주의 리얼리즘의 진수를 보여준다고 할 수 있다. 베르톨트 브레히트의 희곡들은 그 대표적인 사례이다. 그 가운데서도『억척어멈과 그 자식들』은 브레히트의 서사극의 이론에 근거한 사회주의 리얼리즘의 양상을 잘 보여주는 작품이다. 이 작품은 '30년 전쟁의 연대기'라는 부제를 달고 있는 데서 알 수 있듯이 전쟁과 인간의 문제를 다루고 있다.

『억척어멈』은 전쟁이 벌어지자 군대를 따라다니면서 장사를 하는 안나 피어링이라는 주보의 여주인을 주인공으로 한다. 억척어멈은 12년 간 유럽 각지의 전쟁터를 돌아다니면서 장사를 하는 동안에 세 아들과 외동딸을 모두 잃는다. 그럼에도 불구하고 그녀는 전쟁이 그녀의 삶에 어떤 영향을 미치는 것인지를 알지 못하고 억척스러운 삶을 유지하는 데만 온 정신을 쏟는 여인으로 묘사되고 있다.

이 작품을 통해 작가는 허위의식에 사로잡힌 사람들의 문제, 지배자들의 관점을 자신의 것인양 착각하고 살고 있는 인물들의 허상을 폭로하고 있다. 이 작품에 대해 정지창은 다음과 같이 설명하고 있다.

> 이 작품은 취리히에서의 초연 때부터 작가의 의도와는 다른 반응을 얻었다. 관객들은 억척어멈을 전쟁이라는 재앙 때문에 세 자식을 모두 잃고 마는 불쌍하고 비극적인 어머니로 받아들이고 그녀에게 동정의 눈물을 흘렸다. 그러나 브레히트는 자신은 억척어멈이 전쟁의 피해자인 어머니로서가 아니라 은연중 전쟁을 조장하고 적극적으로 전쟁에 참여하여 한몫 잡으려는 모리배적 전쟁 장사꾼으로 부각되기를 원했고 나아가서는 억척어멈을 파멸로 몰고 가는 사회적 모순, 즉 전쟁의 모순과 비참함을 깨우치려 한 것이다. 또한 이 작품은 정통적인 스탈린주의 평론가들로부터 비판의 대상이 되었다. 1944년 베를리너 앙상블의 공연 후, 이 작품은 에르펜베크로부터 '진보적 의지와 고도의 형식적 능력에도 불구하고 반민중적인 퇴폐를 드러내고 있다'는 비판을 받았고 뒤이어 알터만으로부터는 작품 속에 대중의 자발적인 봉기나 혁명적 세계변혁의 이념이 결여돼 있고 민중은 무력하게 역사적 숙명에 종속돼 있다는 비난을 받았다. 알터만은 '한 예술가의 창작과정에서, 분노한 인간의 이성이 침묵을 지키고 역사적 운명에 대한 인간의 무력함이 확인되는 곳에서 퇴폐가 시작된다'면서 브레히트를 퇴폐적 작가로 낙인찍고 이어 브레히트의 서사극은 고전주의와 19세기의 객관주의적 정관적 리얼리즘에 집착하여 혁명적인 대중행동을 끌어내지 않는다고 몰아붙였다. 사실 이 작품 속에서 억척어멈은 모순된 현실의 밑바닥에 놓인 인과관계를 보지도 못하고 농민들을 규합하여 군대의 약탈로부터 자신을 지키기 위한 자위적 봉기에 앞장서지도 않는다. 그런 의미에서 그녀는 긍정적 인물은 결코 아니다. 또 브레히트는 다른 작품에서도 사회적 모순의 폭로에는 장기를 보이지만 그러한 모순의 구체적인 해결방안이나, 모순이 해결된 후의 유토피아적 세계를 보여주지 않는다. 그는 언제나 문제의

해결보다는 문제의 확인에 노력을 집중시킨다. 이런 점에서 이 작품은 벤틀리의 말대로 평화주의적이고 패배주의적이며 부르주아적인 작품인지도 모른다. 그러나 만약 이 작품의 끝부분에서 억척어멈이 무기를 손에 잡고 모순된 현실과 싸우는 것으로 돼 있다면 그것은 그야말로 '종이 위의 해결'에 불과했을 것이다. 브레히트는 리얼리즘의 적으로서 항상 형식주의를 공격하면서 형식주의란 어떤 문제의 진정한 해결이 아니라 '종이 위의 해결'을 뜻한다고 지적했는데 이것은 현실의 모순이 해결되지 않았는데도 치열한 작가의식의 부족이나 결핍으로 작품 속에서 억지로 화해나 해결을 제시하는 것을 경계하고 있는 셈이다. 억척어멈이 어떤 행동을 보이지 않는 것은 숙명론적인 관점에 서 있기 때문이 아니냐는 질문에 브레히트는 이렇게 대답한다. '당신이 잘 말씀하셨듯이 이 작품에서는 억척어멈이 그녀에게 닥친 파탄으로부터 아무것도 배우지 않는 것으로 돼 있습니다. 이 작품은 1938년에 쓰어졌는데 당시 작가는 큰 전쟁이 일어날 것을 예견하고 있었습니다. 그는 사람들이 작가가 보기에 그들에게 닥칠 것이 분명한 불행으로부터 본질적으로 무엇인가를 배울 것으로는 확신치 않았습니다. 친애하는 볼프 씨, 당신은 바로 그 당시 작가가 리얼리스트였다는 것을 확인하게 될 것입니다. 비록 억척어멈이 더 이상 아무것도 배우지 않는다 해도 – 내 생각에는 관객은 그녀를 지켜보면서 뭔가를 배울 수 있을 것입니다.' 브레히트는 여기서 현실을 있는 그대로 모순을 지닌 채로 묘사하는 것이 숙명론이 아닐뿐더러 바로 리얼리즘의 본질이라고 말한다. 그는 또 무대 위에서 관객에게 직접 어떤 해결책을 제시하거나 교훈을 줄 것이 아니라 관객 스스로가 비판적 관찰에 의해 해결의 실마리를 찾아내야 한다고 주장한다. 그러므로 브레히트의 연극은 여기서 보듯이 그 결말이 매듭지어져 그 자체로서 완결된 것이 아니라 그 결말이 관객에게로 열려 있는 개방적 형식인 것이다. 즉 무대는 닫히고 문제는 열린 채로 남아 있는 것이다.

9. 한국 문학의 리얼리즘

　우리문학에 나타난 리얼리즘의 양상을 서양의 리얼리즘 사조의 도입으로만 보는 것은 누구라도 쉽게 알 수 있는 속 좁은 단견일 것이다. 문학이 인생과 갖는 관계에 비추어볼 때 리얼리즘은 사회와 문화의 일정한 상태에 상응하는 형식으로 나타나게 된다고 보는 것이 온당할 것이기 때문이다. 김시습의 『금오신화』를 기원으로 하는 우리 고소설의 발전도 어느 정도 현실의식의 발전을 나타내는 것이고 연암소설이나 판소리계 소설에 이르면 리얼리즘은 이미 상당히 높은 수준에 도달하고 있는 것이다. 이것은 단순히 내용적 측면에서의 판단만은 아니다. 아우얼바하의 스타일분리와 혼합의 관점에서도 판소리계 소설은 근대적 리얼리즘의 수준에 근접해 있다고 할 수 있다. 한문투의 지문과 평민의 투박한 상소리로 이루어진 대화가 함께 섞이는 양상은 리얼리즘의 징조인 스타일 혼합의 한 양상인 것이다. 『채봉감별록』이 근대적 사실주의의 특성을 어느 고소설보다 많이 나타내고 있다는 사실은 그 작품이 가장 늦은 시기에 창작되었다는 점으로 미루어보아 우리나라에서도 리얼리즘이 자발적으로 무르익어가고 있었음을 알려준다. 하지만 서양의 리얼리즘이 준 충격을 전혀 도외시하는 것은 폐쇄적이고 국수적인 민족주의를 가지고 사실을 왜곡하는 처사이기가 십상이다. 이런 측면에서 신소설이라든지 이광수의 『무정』에 현실 접근이 어떻게 이루어져 있는지 면밀히 검토할 필요가 있다. 신소설이 동시대의 현실을 소재로 채택한 점에서 전대의 소설에 비해 진일보한 것이라면 『무정』의 경우 분명히 당대의 현실을 소재로 하고 있을 뿐 아니라 구어체를 사용하여 문체혼합을 이루려는 의식이 자각되고 있음을 발견할 수 있기 때문이다. 하지만 내용이나 형식 양 측면을 고려할 때 염상섭의 『만세전』에 이르러서야 우리 문학의 리얼리즘이 근대문학에서 요구되는 일정한 수준을 달성하고 있다고 보는 것이 타당하리라고 생각한다. 이 시기를 전후하여 최서해의 소설과 경향소설이 나타난 것도 리얼리즘의 시대를 1920년 무렵으로 보는 견해의 타당성을 입증해준다고 할 수 있을 것이다. 그 이후 오늘날까지 리얼리즘은 우리 문학에서 어느 문예사조보다 현저하고 성과 있는 결실을 내고 있다고 보아도 무방하다.

채만식의 『탁류』나 『태평천하』의 알레고리적 · 풍자적 리얼리즘과 벽초 홍명희의 『임꺽정』에 나타난 역사적 진실성의 추구는 우리 문학의 리얼리즘 의식이 식민지시대에 이미 매우 높은 수준에 다다랐음을 증거해준다. 이러한 양태는 식민지 하에 크게 발달한 사회주의 리얼리즘의 영향과 상관성이 있다고 보는 것이 타당하고 일반적인 관점이다. 이기영의 『고향』은 작품의 일부에 나타나는 도식성에도 불구하고 새로운 현실묘사의 방식을 선보이며 이태준의 『농토』는 해방 직후의 혼란 속에서 진보적 리얼리즘이 이룩한 한 성과로 보아 틀림이 없을 것이다. 한국전쟁 후 한동안 리얼리즘이 소연하게 된 것은 리얼리즘이 자유의 정신과 맺는 상관관계를 보여준다고 할 것이며 4월 혁명 이후 신동엽, 김수영의 시가 보여준 리얼리즘적 성취도 그 사실을 입증해주는 사례이다.

하지만 한국 현대문학의 리얼리즘은 1970년대의 성과에 의해서 비로소 본궤도에 오른다고 보는 것이 올바를 것이다. 전태일의 분신사건으로 시작된 이 연대에 황석영의 「객지」, 「삼포 가는 길」, 『무기의 그늘』이 나온 것은 어찌 보면 필연이었다고 할 수 있으며 산업화가 진행되는 과정의 문제를 집약해 보여주는 조세희의 『난장이가 쏘아올린 작은 공』, 윤흥길의 「아홉 켤레의 구두로 남은 사나이」 등은 리얼리즘이 사회의 변화를 수용하여 새로운 수법을 모색한 구체적인 양태라고 할 것이다. 1980년대의 군부 파쇼 하에서 리얼리즘의 명맥을 이은 것은 이름 없는 노동자들의 투쟁의식이었다. 그들의 생활수기와 집단창작물은 어둠을 밝히는 횃불이었다. 그 성과를 바탕으로 우뚝 솟은 박노해의 『노동의 새벽』이 준 감격은 신선한 것이었으며 김남주의 시적 전투의식이나 방현석, 정화진의 노동소설은 그 도식성에도 불구하고 어려운 시절을 견딘 리얼리즘 문학의 한 성과라고 보인다. 한편 민중의 문학의식이 치열해지는 것과 함께 지식인들의 현실에 대한 진지한 탐구도 돋보이는 것이었다. 이 문구의 세태묘사는 1970년대부터 이름을 얻은 것이지만 『우리 동네』의 문제의식은 양귀자의 『원미동 사람들』에서도 이어진다는 점에서 식민지시대의 박태원의 『천변풍경』에서 연원하는 한국 근대 소설의 한 계통을 형성한 것이라고 할 수 있다. 그러나 이 시기 리얼리즘의 수준을 대표한 것은 새로운 민중적 시각을 통해 한국의 현대사를 문학적으로 형상화한 조정래의 『태백산맥』이다. 이념적인 장애에도 불구하고 역사의 진실을 추구한 작가의 노력이 빚은 성과이기도 하지만 민중의 민주의식이 성장한 데 따라 얻어진 성과이기도 하다는 점에서 특기되어야 할 것이다. 이와 함께 분단현실의 모순을 주시하면서도 그것을 현대적인 문학의식과 결부시킨 복거일의 『비명을 찾아서』는 앞으로 리얼리즘 소설이 나아갈 방향을 제시해주었다는 점에서 문제제기적인 소설이었다. 사회주의 국가의 붕괴라는 현실을 맞아 1990년대의 소설이 감각을 잃고 혼돈 속에 빠진 것은, 비록 신경숙의 『외딴 방』과 같은 성과작이 있다고 하더라도, 리얼리즘이 주어진 현실을 있는 그대로 묘사하는 데서가 아니라 치열한 문제의식을 갖고 현실과 장렬하게 투쟁하는 속에서 획득되는 것임을 재삼 각성시켜 주는 계기가 되고 있다.

제 7장

상징주의와 심미주의

리얼리즘의 일부가 자연주의로 변화하면서 리얼리즘 자체를 변질시켜가던 무렵 문예사조사에는 상징주의로 불리게 되는 일군의 시인들의 활동이 나타나고 있었다. 이 상징주의는 상징파로 불린 집단적 운동으로서의 문예활동보다는 그 운동의 선구자들의 이름이 더욱 알려져 있고 또 그들의 문학적 업적이 주로 문학자들의 관심의 대상이 되었다. 그것은 보들레르, 베를렌느, 랭보, 말라르메, 발레리, 예이츠 등 이름만 들어도 세계시단의 중추를 이루는 이들이 선구자들에 속해 있고 정작 상징파 운동을 전개한 이들은 선구자들의 아류로 볼 수 있는 시인들이었기 때문이다. 물론 발레리, 예이츠 등은 선구자들과 한 세대를 격하고 있는 시인들이지만 각기 상징파 운동과는 별도로 선구자들과의 관계를 통해서 각자의 문학을 건설하였기 때문에 선구자들과 똑같이 각자의 성좌를 이루고 있다. 따라서 여기서는 운동으로서의 상징파보다도 이 선구자들을 중심으로 논의를 전개한다.

　상징이란 말은 서양어 symbol의 번역어로 알려져 있다. 이 말은 원래 동전 같은 물건을 두 개로 나누었다가 하나로 맞추어서 확인을 하던 고대의 관습에서 유래된 말이라고 한다. 그래서 이 말의 어원에는 '하나로 맞추어보다, 비교해보다'는 말뜻이 들어 있었고 나중에 표시, 표지, 표징, 기호의 의미를 얻었다. 이 서양어가 동양에서 상징이란 말로 번역된 연유에 대해서 마광수는 그의 『상징시학』에서 대만에서 나온 『한문대자전』에 근거하여 설명하고 있다. 이 자전에는 상징을 '유형의 사물을 이용하여 무형의 주관적인 것을 표현한 것을 가리킨다'고 풀이한다는 것이다. 이때 '상^{象}'은 『주역』계사상전에 나오는 '在天成象 在地成形 變化見矣'에서 나온 뜻과 통하는 것으로서 실재의 세계에 대한 표징을 가리키고 '징^{徵}'은 징조^{徵兆}의 뜻이므로 상징이란 '괘상^{卦象}을 통해서 표현된 하늘의 징조'라고 설명한다. 이러한 어원에 대한 고찰을 통해서 그는 상징을 '인간의 지각을 초월한 만유^{萬有}의 근원인 형이상학적 실재의 세계를 간접적으로 나타내어 암시해주는 표징'이라고 뜻풀이한다. 어원에 대한 고찰이 의례 그렇듯이 그것은 수사학적 차원의 설명일 수도 있고 현재적 개념에 비추어 원뜻에 변화를 가져온 것일 수도 있으나 상징주의를 이해하는 데에는 매우 유용한 설명이다. 상징은 일반적으로 어떤 사물을 지칭하는 데 있어서 그 사물을 직접 언급하지 않고 그 사물과 연관을 지을 수 있는 다른 사물이나 기호를 매개체로 해서 간접적으로 지시하는 것이다. 이러한 일반적인 관점을 벗어나 구체적인 문예사조로서 상징주의를 설명하기 위해 좀 더 구체화한다면 작가나 시인이 가진 추상적 사상이나 감정을 표현하기 위해서 감각을 통해 정신에 작용할 수 있는 구체적인 이미지나 사물을 이용하는 것을 상징이라고 부를 수 있다.

  그러나 이러한 정의가 상징주의를 설명하는 데 충분한 것은 아니다. 그것은 I. A. 리차즈의 매체^{vehicle}와 취의^{tenor}의 관계에 비추어 설명될 수도 있는 것이다. 즉 앞서의 정의는 가시적인 기호가 불가시적인 것을 나타내는 관계를 이론화하고 있으며 이런 입장에서 상징주의에 독특한 상징의 개념을 충분히 설명했다고 말하기 어려운 것이다. 가시적인 것을 통해 불가시적인 것을 나타내는 방법에는 상징 이외에도 예컨대 엘리옷의 객관적 상관물 같은 여러 다른 방법이 있을 수 있는 것이다. 그러므로 일반적인 방법을 떠나서 상징주의 시인들의 육성을 통해서 상징의 뜻을 헤아리는 것이 보다 효과적일지도 모른다. 그것은 상징주의 시인들이 그들 스스로 자신의 시학을 시로 표현하는 특이한 방식을 취했다는 점에서 더 적실성이 있는 방법일 수 있다. 여기에는 상징주의의 원조이자 대표자로 꼽히는 보들레르의 「상응^{相應}」이 좋은 예가 될 수 있다.

'자연'은 하나의 사원이니 거기서
산 기둥들이 때로 혼돈한 말을 새어 보내니,
사람은 친밀한 눈으로 자기를 지켜보는
상징의 숲을 가로질러 그리로 들어간다.

어둠처럼 광명처럼 광활하며
컴컴하고도 깊은 통일 속에
멀리서 혼합되는 긴 메아리들처럼
향과 색과 음향이 서로 응답한다.

어린이 살처럼 싱싱한 향기, 목적^{木笛}처럼
아늑한 향기, 목장처럼 초록의 향기 있고,
----그 밖에도 썩은 풍성하고 기승한 냄새들,

정신과 육감의 앙양을 노래하는
용연향, 사향, 안식향, 훈향처럼
무한한 것의 확산력 지닌 향기도 있다.

　이 작품은 상징시학을 시로 요약한 것으로 일반적으로 인식되고 있다. 제목에 나타난 '상응'은 우리 주위의 모든 사물이 유추체계를 갖추어 하나의 사물은 다른 사물과 상응한다는 생각을 나타낸다. 즉 물리적 세계와 물리적 세계 간에 상응이 이루어지기도 하지만(산 기둥과 사원의 기둥에서처럼), 지상계와 천상계, 인간의 감각기관간에도 상응이 이루어진다는 것이다. '상응'의 원어인 Correspondances는 '만물조응^{萬物照應}'으로 번역되기도 하며 그것이 복수로 이루어졌다는 점에서 상응, 또는 조응이 물질계와 정신계뿐만 아니라 여러 차원에서 그 관계가 이루어짐을 나타낸다. 일반적으로 여기서 나타나는 상응은 천상계와 지상계, 사람과 지상계,

사람과 천상계의 세 국면인 것으로 알려져 있다. 구체적으로 작품의 내용을 살피면 대문자로 써 있는 자연이 하나의 사원, 곧 하늘과 사람을 잇는 매개체로 파악되고 있다. 이 사원에는 산 기둥들, 곧 나무들이 들어서 있는데 그것은 신전의 기둥일 수 있으며 거기서는 쉽게 알아들을 수는 없으나 신탁처럼 무언가 말이 흘러나온다. 그것은 만물이 하나의 상형문자로서 그 사물들이 흘리는 말이 무엇인지를 파악할 수 있다면 사람은 그것을 통해 천상계의 실재(이데아)를 알 수 있을 것이라는 생각의 표현이다. 사람이 그 말이 흘러나오는 숲으로 들어가는데 그 숲은 우리가 해독해야 할 말을 흘려보내는 상징의 숲으로서 우리에게 친밀한 눈길을 보내고 있다. 우리에게 무언가 신호를 보내고 있는 것이다.

두 번째 연에서는 (시인만이 자연이 흘려보내는 말을 알아들을 수 있으므로) 보통 사람에게는 어둠처럼 컴컴하고 시인에게는 광명처럼 깊은 통일을 이루고 있는 그 자연에서는 먼 곳의 메아리가 서로 어울리면서 화음을 이루듯이 향과 색과 음향이 그들 사이에 서로 응답하는 관계를 맺고 있다고 말한다. 세 번째 연과 네 번째 연은 시인에게는 천상계와 지상계와 나누는 교감뿐만 아니라 그 자신의 오감들 사이에서도 서로 구분할 수 없는 감각교류현상이 일어난다는 것을 말해주고 있다. 이것을 공감각이라고 하거니와 시인은 자연적인 것과 초자연적인 것 사이의 상응, 감각들의 혼류를 시인에게 부여된 가장 복된 능력인 상상적 통찰능력으로 파악하고 해독할 수 있는 것이다.

보들레르가 「상응」에서 보여준 사상은 일상적 현실과 그것을 뛰어넘는 이상적 실재세계를 상정한다고 볼 수 있다. 그것은 플라톤의 이데아세계와 자연세계의 사이에, 서로 다른 질서에 속하는 사물들과 이데아들 사이에 그 특질에서나 관계들 사이에 일정한 유사성이 있다는 전제를 가지고 있다. 그러므로 하나의 사상事象을 통해서 다른 질서에 속해 있는 사상의 본질을 알 수 있고 그 유비체계를 시를 통해서 암시할 수 있다는 것이다. 상징은 자연세계의 만물이 인간에게 보내는 신호로서 상징이므로 시인이 작품 속에서 구현해야 할 상징은 현실의 사물과 다른 질서에 있는 대상 사이에 있는 연관과 유비관계를 제시해야 하는 것이다. 이처럼 상징주의에 독특한 상징개념을 나타내기 위해서 초절적超絶的 상징주의라는 개념이 창안되어 사용되고 있다. 즉 일반적으로 시에서 자주 쓰이는 개인적 상징과 상징주의에 독특한 초절적 상징주의를 구분하는 것이다. 찰스 채드윅은 다음과 같이 그 차이점을 설명하고 있다.

> '상징주의'는 사상과 감정을 직접 묘사하는 것이 아니고 또 그것들을 구체적 영상들과 공공연하게 비교를 해서 규정을 짓는 것도 아니고 이런 사상들과 감정들이 어떤 것인가를 암시함에 의해서, 다시 말하자면 설명되지 않은 심볼들을 사용해서 독자의 마음속에 그들을 재현시킴에 의하여 사상과 감정을 표현하는 예술로 정의할 수 있다. 그러나 이것은 '상징주의'의 일개 국면에 불과하다. 다시 말하면 인간적인 차원 위의 개인적인 국면이라고 불리울 수 있겠다. 상징주의에는 또 다른 국면이 있는데 그것은 이따금 초절적인 상징주의로 묘사되는 바 여기서는 구체적인 영상들이 시인 내부의 특정한 사상이나 감정이 아니라 현실세계가 불완전하게 나타내고 있을 뿐인 광대하고 보편적인 이상세계의 심볼로서 사용된다. 18세기 철학자 스웨덴보리에 의하여 보편화된, 현실을 넘어선 이상세계의 존재에 대한 개념은 물론 적어도 플라톤까지 거슬러 올라가게 되며 기독교에서도 신앙의 쇠퇴가 거친 현실세계로부터 도피할 수 있는 다른 방법들을 모색하게 했을 때인 19세기에 와서야 비로소 신비주의나 종교에 의해서가 아니라 시를 통해서 이 이상의 세계에 도달할 수 있다는 생각이 자리를 잡았다.

보들레르를 포함한 상징주의자들은 지금 이곳의 현실세계란 우매하고 죄악이며 과오, 인색 등으로 점철되어진 타락한 세계로 본다. 그에 비해 이상세계란 순수한 세계이며 사물의 이념이 구현되는 세계이다. 세상에 비근하게 있는 꽃과는 다른 순수한 꽃의 이념에 맞는 꽃을 표상하려 한다는 말라르메의 시 이론도 이와 같은 사고노선에 서 있다. 이러한 목적을 달성하기 위해서 19세기 후반의 일군의 시인들이 의지한 것이 상징주의였고 그 가운데 특별한 것이 초절적 상징주의였다. 물론 이러한 초절적 상징주의도 개인적 상징에 기반을 가지지 않으면 안 되었다. 현실의 사물을 제외하고, 그 사물들을 가리키는 현실의 언어를 제외하고 시인이 이용할 수 있는 재료란 아무것도 없기 때문이다. 그럼에도 불구하고 상징주의 시인들은 초월적인 세계를 표상하기 위해서, 본질적인 사상을 표현하기 위해서 의도적으로 말을 애매하게 쓰고 심상을 어지럽히지 않으면 안 되었다. 이러한 요인은 상징주의 시를 과거의 시에 대한 전면적 거부로 이끌었다. 그 이상세계의 본질적인 것을 표상하기 위해서 상징주의는 합리적으로 파악할 수 있는 의미나 주제를 회피하여 일종의 반개념적인 언어정신에 입각한 시, 순수시를 지향했기 때문이다. 상징주의 문학이 현실을 도피한 문학이란 비난을 받은 것도 그로 인한 것이며 새로운 세계를 창조했다는 찬사를 얻은 것도 그로 인한 것이었다.

1. 상징주의 발생의 사회적 조건

　상징주의는 그 기원을 낭만주의에서 찾을 수 있다. 그것은 낭만주의를 계승했다기보다는 그에 대해 일정하게 반발하면서 인상주의 시대의 길을 개척한 운동이었다. 즉 시의 핵심으로서 은유나 이미지, 상징의 새로운 사용을 통해 감정에 침윤된 낭만주의의 시를 거부하고 시에서 관념을 발견하고 나아가서는 감각주의적 인상주의와 정신주의를 가져왔던 것이다. 하지만 한편으로 상징주의는 낭만주의의 사회적 배경이 되었던 물적 조건을 자신의 입지조건으로 하고 있었다는 점에서 동일한 생성조건을 가지고 있었다. 물론 낭만주의가 18세기 후반에서 19세기 전반에 전성기에 이른 자본주의의 성숙기를 배경으로 하고 있었음에 반해 상징주의는 이제 자본주의적 풍경과 원리가 확고한 사회생활의 원리가 되고 있는 무르익은 자본주의문화의 토양에 뿌리를 내리고 있다는 점은 다른 점이다. 이 점에서 19세기 후반의 자연주의 운동과 상징주의는 일정한 측면에서 낭만주의와의 관계보다도 더 친연관계를 갖는 것이다. 그것들은 완숙한 시민문화의 일환이자 그에 대한 문학인들의 대응이었던 것이다.

　근대 부르주아 사회의 형성과 근대적 개인의 성립에 근간이 되었던 이성이 불신을 받기 시작한 것은 낭만주의 시대부터였다. 이성에 의해 조직된 사회생활의 비인간성에 대해 루소는 그 불평등성을 지적하고 자연 상태가 문명보다 낫다는 관점을 제기하여 낭만주의의 철학적 배경을 조성했다. 그러나 근대 부르주아 사회

르느와르의 〈물랭 드 라 갈레트의 무도회〉. 인물들의 명료한 형상보다도 무도회의 흥청거림을 색채들의 혼합을 통해 보여준다. 화면구성에 비중을 두는 고전적인 경향의 인상파 화가이다.

클로드 모네의 〈강변〉. 인상파 양식의 창시자 가운데 한 사람. 인상주의라는 명칭은 모네의 〈인상, 일출〉에서 유래한다. 빛이 곧 색채라는 입장을 견지하며 일련의 작품을 창작했다. 그가 말년에 그린 〈수련〉 연작은 걸작으로 평가받는다.

상징주의와 심미주의 349

모네의 〈개양귀비꽃〉. 점묘법이 사용되고 있다.

의 삶에 불만을 가진 것은 비단 루소나 낭만주의자에 국한되지 않았다. 인간의 성정이 지닌 이성적 측면과 불합리한 측면에 대해서 강조한 버어크는 문명의 이성적이고 합리적인 조직에 의한 체계적 발전보다 유기적이고 자연적인 발전이 더 가치 있다는 생각을 피력했다. 이것은 이성에 대해 감성의 중요성을 강조한 낭만주의자들보다 더 근본적이고 대립적인 사고였다. 이러한 사고가 현실의 삶을 비루하고 추악한 현상이라고 보고 그 상태를 벗어나 이상세계를 꿈꾸는 신비주의적인 사고와 근거리에 있다는 것은 분명하였다. 상징주의가 전성기에 있던 세기말에 니체나 베르그송의 비합리적인 사상이 나오게 된 것은 사태의 순차적인 발전에 지나지 않았다. 상징주의는 이처럼 완숙한 부르주아적 삶에 대한 도피이자 일종의 반발이었다. 상징주의의 한 요인이 된 신비주의 또는 이상주의와 그것이 배태된 사회의 분위기에 대해 다음과 같은 설명은 정곡을 짚고 있다.

    금융 및 산업자본주의는 오래 전부터 예정된 방향으로 착실하게 발전하는데,

그러나 그 저변에서는 비록 당분간 아직 눈에 안 띄더라도 중요한 변화가 일어나고 있었다. 경제활동은 고도자본주의의 단계에 접어들어, 소위 자유로운 실력경쟁으로부터 철저히 조직화되고 합리화된 체제로, 이익범위와 관세구역과 독점영역과 카르텔과 트러스트와 신디케이트들의 빈틈없이 짜여진 그물로 변모하는 것이다. 그리고 경제의 이러한 규격화와 집중화가 노쇠현상의 한 특징으로 규정될 수 있었던 것과 꼭 마찬가지로, 불안의 징후와 해체의 조짐은 부르주아 사회 전반에 걸쳐서 확인될 수 있다. 빠리꼼뮨이 이전의 어느 혁명보다도 더 완전하게 반란자들의 패배로 끝난 것은 사실이지만, 그러나 그것은 국제적 노동운동의 지지를 받은 최초의 시도로서 부르주아지는 이 싸움에서 간신히 이기기는 했으나 긴박한 위험감에 싸이게 되었다. 이러한 위기의 분위기는 이상주의적 신비주의적 경향들을 부활시키게 하고 지배적인 비관주의에 대한 반동으로서 강력한 신앙운동을 불러일으킨다.

상대적으로 안정된 사회의 발전과 가라앉은 분위기에서 생겨난 신비주의와 이상주의적 사조의 등장은 전통문화에 대한 재인식을 가지게 했다. 계몽주의 이후 사람들의 관심에서 멀어진 종교전통과 중세의 문예에 대한 관심이 이성주의를 떠나서 인간과 자연을 재인식하게 만들었다. 그것은 지금 이곳에 대한 환멸과 혐오감에 의해 더욱 조장되었다. 과학기술의 발달에 의한 기계의 작동은 생활의 조직화와 규율화와 마찬가지로 사회 자체의 비인간화를 선도하는 요인이었다. 예민한 심성을 지닌 문학인들이 이러한 지옥으로 인식되는, 타락한 세계로 인식되는 현실에서 지금 이곳이 아닌 '희망과 사랑이 있는 곳'에 대한 소망을 키우고 그 곳에 도달하고자 하는 염원을 표현하는 것은 필연적이었다. 이 같은 징후는 당시 유행하던 신비주의와 비합리적 철학에서 크게 영감을 받을 수 있었다. 이 당시 프랑스에서는 『위대한 거인 헤르메스』 같은 신비주의 책자가 유행하고 있었고 스웨덴보리는 그의 『천국과 지옥의 결혼』에서 보들레르의 『상응』에 나타났던 조응사상을 앞서 보여주었다. 즉 천상계와 지옥계 사이에는 조응관계가 있으며 물질적인 자

빈센트 반 고흐가 그린 〈아를의 반 고흐의 침실〉. 색채만으로 그림을 그리고자 한 작품. 고흐는 '색채를 단순화함으로써 방 안에 있는 모든 물건에 장엄한 양식을 부여'하고자 했다는 취지를 말하고 있다. 고흐는 인상파와 함께 일본의 우키요에의 영향을 받은 것으로 알려져 있다.

연세계의 사물이 우리가 접촉할 수 없고 감지할 수 없는 정신세계의 사물과 호응하는 관계에 있다고 본 것이다. 이 조응사상은 플라톤의 이데아설이나 고대 헤르메스 신화, 페르시아의 배화교의 이원론, 중세의 연금술 등에서 전래된 것으로 이 시대에 네르발이나 푸리에 같은 사람들에게서도 나타났던 것이다. 푸리에의 경우 정신계와 자연계의 조응이라는 사상을 말했을 뿐더러 감각기관이 서로 상호 교환 가능한 것처럼 파악하는 관점을 보편적 유추라는 관념을 통해 제시하기도 했던 것이다. 뿐만 아니라 자연주의의 이론적 지주인 졸라에게 강력한 영향을 주었던 실증주의에 대한 반감도 추악한 현실만을 쫓아다니는 듯한 자연주의에 대한 염증과 함께 자라고 있었다. 실증주의로 대표되는 기계적 결정론에 대해 세계의 신비와 인간의 무한성을 자각하는 철학적 사조가 유행하기 시작하였다. 베르그송의 저작들은 상징주의자들의 활동과 함께 나온 것이지만 그 이전에도 버어크, 쇼펜하우어의 철학은 충분히 이성주의의 지배 하에 있으면서 염증을 느낀 사람들에게 사상적 의지처를 제공하고 있었다. 결국 공적인 세계에서 냉담과 비정, 적의만을 엿본 문학가들은 자기 자신의 세계, 사적인 세계에 안주하면서 자신의 위엄과 가치를 입증하는 활동에 종사하게 되었던 것이다. 상징주의가 상아탑의 문학으로 되면서 귀족적 취향을 유지한 것은 이와 관련된다.

고흐의 〈오베르의 교회〉.

2. 상징주의의 문학이론과 철학적 배경

　앞에서 살펴본 것처럼 상징주의 시인들은 그 자신들의 시작품에서 시학을 이야기하고 독특한 사상을 표현하고 있다. 따라서 특별히 어떤 철학이나 문학이론을 상징주의와 연관시켜 이야기하는 것은 쓸 데 없는 부연이 될 수도 있다. 하지만 신비주의와의 관계에서 볼 수 있듯이 일정한 영향관계가 전혀 없었던 것도 아니고 그 시작품이 나타낸 사상 경향을 통해서 철학적 양상을 살펴볼 수 없는 것도 아니다. 그러한 의미에서 상징주의자들이 지니고 있던 실재관, 현실관은 특히 주목의 대상이 된다. 그것은 근대 합리주의 사상이나 기독교 사상과도 일정하게 차이 지워지는 견해가 그들에게서 나타나기 때문이다. 그들은 일상적으로 우리가 영위하고 있는 삶의 현실은 피상적인 것이라는 기본인식에 근거하고 있다. 그 현실은 시인이 추구하여 파악하여야 할 이상세계의 타락한 형태이거나 시인의 내면에서만 실체를 드러내는 사물의 이데아에 대한 하나의 징조에 지나지 않았던 것이다. 이것은 본질의 세계와 현상의 세계를 구분하는 플라톤적 관점으로서 아리스토텔레스의 철학에 주로 기댔던 중세 이래의 기독교 사상과 다를 뿐더러 근대합리주의 이후 나타난 유물론적 세계관과도 다른 것이었다. 그것은 이원론적 세계관이자 일종의 마술적 세계관의 형태를 띠었다. 따라서 현실의 경험적 사실에 근거한 진실만을 인정하는 실증주의와 근본적으로 대치될 뿐만 아니라 진리의 인식에서 논리보다는 직관을 중시하여 합리주의의 방법과 근본적 결함을 시사하고 과학의 결정론에 대해서는 불가지론, 또는 신비론을 내세웠던 것이다. 이 같은 사상이나 철학은 베르그송에게서 전형적인 예를 찾아볼 수 있다. 그러나 그의 영향은 후기의 상징주의자인 발레리나 마르셀 프루스트에게서는 확인되지만 상징주의의 선구자들과는 시대적 거리가 있다. 그런 의미에서 루소와 버어크 같은 먼 선대를 제외한다면 신비주의의 스웨덴보리, 그리고 의지의 철학자로 알려진 쇼펜하우어의 영향을 상징주의와 관련지어 말할 수 있다. 이와 함께 영웅숭배를 주장했던 칼라일이 경험론을 배척하면서 영웅의 힘을 강조한 것을 일정하게 상징주의와 연관시

고갱의 〈마담 슈페네커〉 조각상.

폴 고갱의 〈아름다운 엔젤〉. 문명세계에 환멸을 느껴 남태평양 타히티섬으로 가서 원주민의 건강한 삶을 보고 자신의 예술을 완성시킨 화가로 유명하다. 고갱의 비자연주의적 화풍은 현대 회화의 한 원천이다.

상징주의와 심미주의

킬 수 있다. 그는 『의상철학』에서 상징에 계시와 은폐가 동시에 작용한다는 견해를 통해 상징이 의미의 제시와 은폐를 동시에 행한다는 관점을 보여준다. 하지만 상징주의의 철학적 배경으로 꼽을 수 있는 대표적인 인물은 버클리와 쇼펜하우어이다. 버클리는 자신의 철학의 목표를 '사람들을 종교연구 및 유용한 것의 연구로 되돌리기 위해 신의 존재와 속성을 증명하고 영혼의 불멸성, 신의 섭리와 인간자유의 조화 등을 증명'하는 데 둔다. 그에 따르면 개개의 사물은 객관적 실제적 존재를 전혀 갖지 못하는 감각 또는 관념의 다발로 이루어진 것이다. 감각은 의식과 외부세계를 연결하기보다는 차단하는 벽으로서 모든 주관, 정신이 사라질 때에도 관념의 다발인 사물은 자연의 창조자인 신의 정신 속에 계속 존재한다고 주장했다. 이 같은 버클리의 사상은 주관적 관념론으로 볼 수 있지만 그럼에도 불구하고 그는 영혼의 불멸성, 영혼의 비물질성을 옹호하여 일종의 불가지론에 이른다. 버클리의 사상이 상징주의와 일정한 연계와 차이를 지닌 것임에 반해 쇼펜하우어의 사상은 매우 밀접한 관계를 지닐 뿐 아니라 전체적으로 동일한 궤적을 지니고 있다는 점에서 주목할 필요가 있다.

쇼펜하우어의 현실관, 세계관은 일상적인 세계와 현상세계의 배후에 있는 물자체를 구분하는 이원론으로 특징지어진다. 그것은 우리가 지각하는 사물들이 표상들, 감각적 존재자들의 정신 속에서 일어나는 감각의 다발일 뿐이라는 견해이다. 이에 비해서 그는 현상의 배후에 칸트의 물자체인 본체계가 있다고 본다. 이에 따라 세계에 대한 인간의 인식은 두 가지 유형으로 구별된다. 첫 번째 유형은 현상의 세계를 향하면서 충족이유율에 종속되는 통상적인 인식이다. 그러나 이 인식은 인간의 의지에 의하여 육체적 욕구를 만족시키는 데 쓰이는 단순한 도구로서 이념을 인식할 수는 없다. 이에 비하여 두 번째의 인식은 영원한 이념을 직접적으로 직관하는 보다 높은 인식이다. 그리고 오직 천재만이 그러한 이념에 도달한다. 왜냐하면 천재는 현실적 관심과 욕구에 매이는 의지에 대한 봉사와는 전혀 무관하게 냉정하며 무관심적인 관조에 머물러 있기 때문에 그러하다. 쇼펜하우어에 따르면 이러한 인식은 주로 예술을 통해 실현된다. 이념을 모사하는 수준이 높아짐에 따라 예술은 건축술에서 조형예술과 시를 거쳐 음악에 와서야 의지 자체의 직접적인 모상에 이르게 된다. 이상의 사상은 상징주의의 주요한 사상을 그대로 보여준다. 현상과 이념의 세계를 분리하고 이념의 세계를 인식하기 위해서는 직관에 의존해야 하며 그 일을 하는 데는 천재, 시인만이 가능하며 결국 이념을 지향하는 것은 음악을 지향할 수밖에 없다는 생각은 상징주의자들의 선구자에게서 쉽게 확인할 수 있는 관점들이다. 여기에다 쇼펜하우어의 인생에 대한 견해가 염세주의로 기울어졌다는 점을 덧붙일 수 있을 것이다. 생존을 위해 만인의 만인에 대한 투쟁이 벌어지는 이 세계는 악이며 이러한 삶의 고통을 벗어나기 위해서는 바로 삶의 의지를 부정하는 수밖에 없다는 것이다. 결국 쇼펜하우어는 칸트의 철학을 버클리의 사상에 접근시키면서 그것들을 플라톤주의에 결합시켰던 것이다. 다음의 글은 그 양상을 간요하게 잘 보여준다.

> 만일 한 사람이 정신의 힘에 고무되어 사물을 바라보는 평범한 방식을 버리고, 충족이유율의 형식들의 안내를 받으면서 사물들 간의 관계를 추적하기를 포기한다면, 그래서 그가 사물들의 어디와 언제와 왜와 어디로를 고찰하기를 그만두고 무엇만을 단순히 바라본다면, 더 나아가서 그의 의식을 사로잡는 추상적 사고나 이성의 개념들을 허용치 않고, 이런 것들 대신에 그의 전 정신력을 지각에 투여하여, 이것에 전적으로 침잠하고 그의 전 의식을 풍경이나 나무나 산이나 건물이나 그 무엇이든 실제로 현존하는 자연물에 대한 조용한 관조로 채운다면, 그가 이 대상 속에서 자기 자신을 잃어버린다면, 즉 심지어 자신의 개체성과 의지마저 잊어버리고 오로지 순수 주체로서, 대상의 깨끗한 거울로서 계속 존재함으로써 마치 그것을 지각하는 사람은 하나도 없고 대상만 거기에 있는 것처럼 되며, 전 의식이 하나의 감각적 형상으로 채워져 있어서 그 스스로도 더 이상 지각자와 지각행위를 분리할 수 없다면, 그렇게 함으로써 그 대상이 그런 정도만큼이나 그 밖의 어떤 것과의 일체의 관련으로부터 벗어나고 주체도 의지와의 온갖 관련으로부터 벗어난다면, 그때 그렇게 인식되는 것은 더 이상 특정한 사물 자체가 아니라 이념, 영

원한 형상, 즉 이 단계에서의 의지의 직접적 객관성이다. 그러므로 이러한 지각에 침잠하는 자는 더 이상 개체가 아니다. 왜냐하면 그러한 지각 속에서 개인은 자기 자신을 잊어버렸기 때문이다. 그는 순수하고 무의지적이고 고통받지 않으며 무시간적인 인식주체가 된다.

여기서 쇼펜하우어가 말하는 것은 대상에의 집중된 응시, 관찰자의 무관심성, 그 경험을 플라톤적 이념에 대한 명징한 인식으로 이끌어야 한다는 견해이다. 칸트의 견해를 거의 그대로 차용하는 듯이 하면서도 그는 '진리 그대로의 사물은 객관적 주관적 우연들의 안개를 통해서는 어느 누구에 의해서도 직접적으로 간파될 수 없다. 예술이 이 안개를 몰아낸다'고 파악하여 예술을 지고의 진리 인식 수단으로 간주한 점이 다른 점이다. 이것이 상징주의 문학에서 어떤 양태로 발현되는지는 조금 뒤에 금세 확인할 수 있는 사실이다.

베르그송은 그의 『창조적 진화』에서 우주의 운동법칙과 변화법칙을 생이라는 개념에서 도출한다. 그가 생명의 약동이라고 부른 정신적 힘은 진화의 원동력으로서 물리적인 것과 결합하지 않은 채 개별적인 존재영역에 분화되는 것으로서 사람에게서는 지성의 원동력이 된다. 베르그송은 이 생명의 약동이 가져온 진화의 정점은 제작하는 존재인 인간이고, 진화적인 발전에 결정적인 영향력을 발휘하는 것은 인간이라고 본다. 이같이 그는 이성을 가진 인간이 실재에 작용을 가하고 학문과 기술을 발전시킨다는 것을 말하면서도 그것의 긍정적인 역할을 인정하지 않는다. 오성은 끝없이 운동하는 세계를 죽은 존재로 바꾸어버린다는 인식 때문이다. 그 대신에 그는 직관이 생명의 약동을 현실의 본질로 인식할 수 있게 하는 것이라고 말한다. 그러므로 베르그송에게서 중심적인 문제는 운동과 발전을 어떻게 파악하느냐 하는 문제이다. 오성은 공간에 대한 인식을 시간에 적용함으로써 시간을 수학적으로 파악할 수 있는 것으로 만드는 반면 직관만이 오로지 그 속에서 인식주체가 대상과의 동일성에 이를 수 있도록 하고 시간을 지속적으로 파악할 수 있게 함으로써 현실을 연속적이며 창조적인 다양성 가운데 체험할 수 있게 한

폴 세잔느의 〈에로티크2〉. 세잔느는 인상파에서 한 걸음 더 나아가 푸생과 같이 자연에서 질서와 필연의 감각을 되찾고자 했다. 그의 대표작 〈벨뷰에서 본 생트 빅트와르 산〉은 자연에 충실하면서도 명료한 짜임새, 깊이와 거리감이 전체적으로 조화의 느낌을 불러 일으키는 것으로 유명하다. 고전주의 회화의 단순하고 명료한 형태와 당대 미술이 획득한 감각을 결합하여 피카소, 브라크 등에게 많은 영향을 주었다.

다. 이 같은 베르그송의 철학은 직관의 중요성과 시간의 체험에 대한 새로운 관점을 갖춤으로써 프루스트의 『잃어버린 시간을 찾아서』와 발레리 같은 카톨릭 신앙에 우호적인 작가들에게 많은 사상적 영향을 끼치게 된다. 그가 예술적 인식의 본성에 대해 탐구하는 가운데 그것을 '일종의 지적 공감'이라고 한 것은 직관이론의 적용이었다. 즉 '이것에 의해서 우리는 한 대상에게 특유하며 따라서 표현 불가능

세잔느의 〈목욕하는 세 여인〉.

한 그 무엇과 합일하기 위하여 그 대상 속으로 들어가게 된다'는 것이다. 그가 제시한 직관의 방법은 개념적 분석의 방법과 대조된다. 직관은 실재의 핵심 속으로 들어가 철학적 진리를 발견하게 하는데, 이 인식의 가능성을 증명해주는 것이 미적 능력이다. 예술가는 일종의 공감에 의해 그 대상 속에 자신을 위치시켜 자기 자신과 모델 사이에 놓여 있는 장벽을 직관의 능력으로 깨트림으로써 실재의 움직임을 인식한다는 것이다. 결국 추론적인 범주와 분석적인 방법을 쓰는 개념의 방법으로는 가능하지 않은 실재에의 접근을 가능하게 하는 것이 예술의 기능이다.

상징주의 문학이론은 당대의 철학과 일정한 맥락을 같이 하는 부분도 있지만 전범이 될 만한 텍스트를 가지고 있었던 것은 아니었다. 발레리의 말대로 상호 어긋나고 대립하기까지 하는 문학자들의 집단이 상징주의 집단이었다. 뿐만 아니라 상징주의에서 독자적으로 문학이론을 제시한 것도 아니었다. 그 이전부터 전개되어

온 문학이론이 일정하게 변형되기도 하고 갈고 다듬어져 정제된 모습을 가지기도 했다. 그러므로 이러한 배경상황을 참조하는 가운데 상징주의 문학이론의 전개를 살피는 것이 온당할 것이다.

여기서 맨 먼저 살필 필요가 있는 문학이론은 독일의 낭만주의 이론이다. 주로 이론가들로 구성된 독일 낭만주의 작가들은 일찍부터 상징주의와 관련될 수 있는 이론에 대해 선구적인 작업을 전개해왔기 때문이다. 괴테가 「조형예술의 대상에 관하여」에서 상징과 알레고리의 구분을 시도한 것도 그 한 예이다. 중세의 예술들이 중기까지는 주로 상징에 의존하고 후기에 오면서 알레고리적인 것으로 변화되었다는 것은 익히 알려진 사실이다. 괴테는 이러한 사정에 대한 지식을 바탕으로 알레고리는 보편과 특수를 외적으로 한 데 묶는 것이라고 파악하고 상징은 주관과 객관이 일치된 상태에서 이상적 의미가 정신에게 암시되어지는 것이라고 정의했다. 이 정의는 두 개념을 조리정연하게 파악하는 데 많은 도움을 준다. 알레고리는 구체적 이미지의 형태로 해서 추상적 관념을 표현하는 것으로서 관념은 그것을 표현하는 데 동원된 구체적 이미지에서 어느 정도 독립되어 있고 그렇기 때문에 관념은 다른 형태로도 표현이 가능한 것이다. 이에 비해서 상징은 추상적 관념과 구체적 이미지의 통일이 불가분의 상태에 있다. 다른 말로 해서 이미지의 변화는 곧 관념의 변화를 의미하는 것이다. 따라서 상징의 내용은 이미지의 양태를 참조하여 여러 가지로 해석될 수 있으며 그 때문에 이미지의 다른 형태로의 변이는 곧 관념의 변이를 나타내는 것이다. 즉 상징은 이미지와 관념의 통일에 의해 복수의 의미를 가질 수 있고 해석의 다양성을 허용한다. 알레고리는 연상의 한계가 분명하게 설정된 정적 과정의 표현이라면 상징은 연상작용을 발동시킨 상태대로 지속시키는, 연상의 지속 그 자체인 동적 과정의 표현이라고 할 수 있다.

괴테의 작업과 함께 독일 낭만주의에서 슐레겔 형제의 역할도 중요한 것이었다. 프리드리히 슐레겔은 시에서 신화가 갖는 중요성을 주목했다. 신화는 단순히 허구적인 상상의 소산이 아니라 당대의 문화에서 의미 있는 상징들의 체계를 형성한다고 본 것이다. 아우구스트 빌헬름 슐레겔은 시에서 상징의 중요성을 특히 강조한 점에서 선구적이었다. 그는 '시를 짓는다는 것은 상징화의 영원한 한 양식이다. 우리는 정신적인 어떤 것을 덮은 외적 덮개를 추구하거나 혹은 보이지 않는 내적인 것에다 어떤 외적인 것을 연결시킨다'고 말했다. 이처럼 독일의 낭만주의 이론가들은 상징의 특색을 분명히 하고 상징이 물질적인 것과 정신적인 것을 결합하는 방식이라는 사고를 전개했다. 테오도르 쥬프로이가 '모든 자연은 상징적이다'고 한 것은 상징주의의 요체를 미리 보여준 것이라고 할 수 있으며 빅토르 꾸쟁이 '시는 정신이 보이지 않는 것을 파악할 수 있도록 정신에게 주어진 일련의 상징에 불과하다'고 말한 것도 상징의 특성을 시의 특성과 관련지어 파악한 것이다.

한편 상징주의가 발흥한 프랑스의 시단이 끼친 영향도 상징주의의 전개에 중요한 역할을 하였다. 다른 나라에 비해 낭만주의의 전개가 뒤늦고 미미한 성과에 만족해야 했던 프랑스 시단에서는 낭만주의의 분일하는 감정을 절제하는 시의 유파가 형성되어 있었다. 고답파로 알려진 파르나시엔은 고전주의, 실증주의 등의 영향으로 시의 형태를 중시하고 표현의 명확성과 구조의 완결성을 강조했다. 이것은 낭만주의의 무절제한 열정의 토로나 감개벽에 대한 반발이면서 예술지상주의적 지향을 드러낸 데 따른 특징이었다. 예술을 위한 예술의 선구자인 고티에는 언어의 화가를 지향하여 엄격한 형태미의 중요성을 강조했다. 이 같은 프랑스 시단의 동향에 대해 상징주의자들은 대체로 반대했으나 작품의 완벽성을 기하고 형식과 언어의 조탁을 극도에까지 추구한 것은 긍정적인 영향을 끼쳤다. 예컨대 보들레르는 자신의 내부에 비평가를 옹립하여 시적 완결성을 확립하려 했고 말라르메는 냉철한 계산에 의해 신비한 효과를 자아내려 했다. 이것은 상징주의 시가 몽롱하고 모호하여 신비한 분위기를 낳는 경향과 모순되지만 상징주의 자체가 모순, 대립되는 요소를 일정하게 포괄하고 있었기 때문에 얼마간 예측할 수 있는 사태이기도 했다. 이와는 다른 측면에서 에드가 알랜 포우의 영향은 상징주의의 심미주의 경향에 나타난다. 포우는 예술이 도덕적 규범에 얽매이는 것을 반대했으며 그로테스크한 것이나 데카당한 감정을 문학에 도입했다. 또한 그는 시가 낭만주의의 주장처럼 영감에 의한 것이 아니라 엄밀하게 계획된 구성에 따라 신비한 효과를 낸다고 생각했다. 이러한 포우의 예술적 견해에 대해서 보들레르는 대체로 동조하는 입장이었다. 악마주의자로서 보들레르의 인상은 그로테스크한 주인공들을 등장시킨 포우의 단편들의 영향이라고 볼 수 있는 측면이 있다. 보들레르가 이 같이, 정도의 차이는 있지만, 고답파의 영향과 포우의 영향을 똑같이 받아들였다는 것은 상징주의적 경향의 복잡성을 말해주는 동시에 그 미학을 설명하는 데 대립되는 측면을 설정할 필요성을 제기한다. 잘 알려진 대로 보들레르의 시는 아폴로적인 경향과 디오니소스적인 경향을 포괄하고 있는 것으로 보인다. 보들레르의 뒤를 잇는 시인들 가운데 말라르메와 발레리로 이어지는 선이 아폴로적인 경향이라면 랭보와 초현실주의로 이어지는 경향은 디오니소스적인 경향으로 파악할 수 있는 것이다.

    랭보는 일상세계의 물질들 이면에 그리고 그것들 너머에 플라톤의 이데아에 해당하는 이상세계가 있다고 본 점에서 상징주의의 다른 시인들과 공통성을 지니고 있다. 그러나 그는 그 이상세계를 드러내는 것은 특별한 능력을 부여받은 선견자先見者, 선지자先知者만이 가능하다고 본 점에서 특이한 존재이다. 그는 16세부터 시를 짓기 시작하여 20세에 마감하고 문명세계를 떠난, 신념에 따라 자신에게 가장 소중했던 문학을 버린 기행으로도 유명하지만 로트레아몽과 함께 사람의 능력과 감각으로는 도달할 수 없을 듯한, 완전히 계시에 의한 것 같은 표현을 창조하였다는 점에서 특기할 만한 시인이다. 그는 시인이 예언자, 견자見者가 되어야 하며 시가 언어의 연금술을 통해 이상세계를 보여주어야 한다고 본 점에서, 즉 잠재의식의 세계까지도 보여주어야 한다고 한 점에서 견자시인이라고 불리기도 한다. 그 때문에 그의 시는 보들레르의 시가 보여주는 조용하고도 평화로운 분위기가 아니라 폭력과 열정이 넘치는, 격동적인 세계, 아무런 지침도 없이 자유롭게 배회하는 듯한 격정의 세계를 보여준다는 점에서 디오니소스적이라고 볼 수 있다.

    랭보는 이러한 시를 짓기 위한 창작방법으로서 특이한 방법을 주장한다. 그가 보들레르를 지나치게 예술적이었다고 비난한 데서 드러나듯이 그는 시인의 천재가 완전히 자유롭게 발휘될 수 있도록 하는 방안을 강구한다. 그가 시인이란 자기의 감각을 정상적인 기능에서 조직적으로 분리하여 그 감각들을 비자연화하고 비인간화할 각오를 해야 한다고 한 것은 그가 '나는 한 사람의 타인이다'고 한 말과 똑같은 함축을 지닌 그의 시작법의 핵심이다. 즉 시인은 자신의 현실적 관심이나 시작의 임무에서 자신을 분리시켜 자신이 대상으로 삼은 사물을 지켜보고 그 사물이 전개되는 양상을 잠자코 묵시해야 한다는 것이다. 여기에서 시인의 주관은 표출될 대상이 아니라 시가 스스로 전개되어 나가게끔 지켜주는 보호자 내지 방관자의 역할을 해야 한다. 이것은 시인의 주관이 보편자가 되어 객관성을 얻는 일과도 관련되지만 한편으로는 그것이 극단화될 때 초현실주의의 무의식적이고 자동기술적인 창작방법으로 나아가게끔 하는 실마리가 된다. 랭보는 이러한 주장과 함께 그 실천의 방법을 제시하는 속에서 시인에게 구속이 되는 전래의 시법을 깨트리는 역할을 했을 뿐만 아니라 데포르마숑, 찌푸림^{Grimasse}이란 현대시의 중요한 방법을 제시하기도 한다. 그의 또 하나의 시론은 산문시에 관련된다. 산문시는 그에 앞서서 보들레르가 시도한 바 있지만 그는 의식적으로 '각운과 리듬이 없으나 음악적이고도 충분히 유연하면서도 유동적이어서 영혼의 서정적인 움직임 또는 환상의 물결 같은 움직임 그리고 지성의 비약에 적합한 시적 산문'을 시도했던 것이다. 한 비평가는 보들레르가 기억의 시인임에 비해서 랭보는 상상의 시인이라고 평했는데 이는 모든 감각의 교란을 통해 환각의 상태에서 비추어지는 미지의 세계에 도달하려는 그의 시도를 중시했기 때문일 것이다.

  랭보와 함께 상징주의의 한 축을 담당한 시인이 말라르메이다. 그는 상징주의의 지고한 사제로 불리는 시인으로서 상징주의가 그에 의해서 정점에 도달했다는 평가를 받는다. 일상적 경험적 현실이 절대적 존재의 타락한 형태라 여기는 점에서 그는 상징주의의 일반적 특성을 공유하였고 그 관념의 세계를 부분적으로나마 현실 속에서 실현하려 했다는 점에서 플라톤주의자였다. 그렇기 때문에 그는 '차거운 이성의 등불을 밝혀 이상세계의 본질문제를 비추려'했다는 점에서 초절적 상징주의를 주도한 시인으로 꼽힌다. 그가 자신의 시론에 따라 추구한 이상세계의 본질은 결과적으로 무無 또는 무한無限이었던 것으로 알려져 있다. 그는 이 결과를 통해서 '시인이 할 일은 현실과의 모든 접촉에서 벗어나 자기 자신 속에 일종의 빈 터를 만들어서 그 속으로 '무' 속에 들어 있는 무한의 세계의 이상적인 형태들이 흘러 들어가 굳어지게 하는 것'이라고 주장한다. 따라서 말라르메에 있어서 세상의 모든 것은 한권의 책으로 되기 위해 존재하는 것으로 인식된다. 그가 이 작업을 하기 위해 취한 방식은 랭보의 것과 유사한 바가 있다. 그는 일상의 스테판 말라르메와 시인으로서의 자신을 구분한다. 시작에 있어서 시인은 무인칭無人稱이 되어야 하는 데 영적인 세계가 가시적인 세계가 될 수 있도록 자신을 도체導體로 이용해야 한다는 것이다. 이것은 랭보가 '나는 타인이다'고 한 것과 상통하는 관점인데 말라르메는 의식적으로 자신의 마음에서 현실적 경험에 기반을 둔 모든 영상들을 없애고 순수관념의 세계를 구축하려 했다. 이같이 명석한 의식을 가지고 절대의 이념, 순수이념을 환기하는 데 도움을 줄 수 있는 것이 언어뿐이라는 인식에서 말라르메는 언어에 대한 깊은 성찰을 시도한다. 그리하여 그는 언어를 보도적인 기능을 갖는 언어와 주문과도 같이 본질적인 것을 나타내는 언어로 구분하

에드가르 드가의 〈경마들의 행진〉. 도시 생활에서 소재를 찾아 화려한 색채로 표현했고 동작의 순간적인 포착을 강조했다.

였다. 그는 시에서 사물보다도 언어가 주도권을 갖는다고 보고 언어 자체가 본질로 환원되는 시를 창작할 것을 주장하였다. 뒤에 순수시의 이념으로 알려진 말라르메의 생각은 플로베르의 주제 없는 책의 사상을 이어받은 것이자 발레리의 순수시개념의 선구가 되는 것이다. 플로베르가 순수한 형식, 순수한 장식으로서 존재할 수 있는 책을 쓰고자 했던 것은 자연주의와 상징주의, 심미주의 사이의 친연성을 말해주는 것이지만 말라르메는 낭만주의의 폐단이 되고 있는 격정이나

폴 시냑의 〈우물〉. 신인상주의의 대표작가. 작은 점 대신에 사각형 모양의 색점을 이용해 그림을 그렸다.

비심미적 요인의 시에 대한 개입을 차단하려는 데 주목적을 두었다. 그것은 그에게서 충분히 발달한 개념은 아니지만 그가 시를 어떤 것이 되어야 한다고 생각했는가를 알아보는 데는 좋은 참조가 된다. 발레리는 스승의 생각을 발전시켜서 순수시의 이념을 이론화하게 된다. 발레리의 순수시이론에 대해 유제식은 다음과 같이 말한다.

> 그(발레리)는 「여성의 인식」의 서문에서 순수시 대신 절대시라는 말을 사용하고 있다. 순수시 내지는 절대시란 비시적인 요소의 일체를 배제한 투명한 결정結晶과

조르주 쇠라의 〈강변〉. 신인상주의의 대표작가. 색채를 깊이 연구하여 점묘화법을 발전시켰다. 화면의 조형질서를 구축한 점에서 폴 세잔느와 함께 현대회화의 새로운 장을 연 것으로 평가받는다.

쇠라의 〈서커스〉.

같은 시 개념이다. 일찍이 이 '세계의 극한'과 같은 우주에 뜻을 두었던 사람들은 동시에 또한 음악에서 그 부^富를 되뺏어 오는 일에 뜻을 둔 사람들이었다. 아예 '우리들'이란 대명사를 사용하면서 그 사람들의 업적을 자랑스럽게 말하는 발레리는 양자의 일치를 믿고 있는 것이 된다. 결국, 우주의 궁극에는 음악(악기를 떠난 참된 음악적 성격)이 편재하고 있어, 시인은 언어의 순수한 사용에 의해 거기에 이를 수 있다는 스승 말라르메의 신조는 그에게서 사뭇 살아 숨 쉬고 있었던 것이다. 다만 발레리와 말라르메가 서로 다른 점은, 말라르메는 '시의 종교'였다는 띠보데의 말처럼 미美라는 절대적 가치를 위해 순교해버린 시인이지만, 발레리는 그 세계를 '도달 불가능한 목표'라 단정하고 시작詩作을 '이 순수하게 이상적인 상태'에 이르기 위한 하나의 노력이라고 생각한 데에 있었다. 이처럼 발레리는 하나의 모랄리스트요, 탐구자의 한계에 있었던 것이다.

발레리는 자신의 순수시의 개념에 대해 지나치게 의미를 부여하는 것에 부담을 느끼면서 자신이 말한 '순수'라는 말은 화학에서의 순수라는 말에 대응한다는 말을 반복한다. 개념의 찌꺼기를 가급적 배제한 언어에 대한 추구였던 것이다. 이러한 추구에서 시와 다른 예술의 관계에 대한 성찰이 행해진다. 특히 음악과 시의 관계에 대해서는 많은 언급이 있었지만 그 가운데서 시가 음악의 상태를 지향한다는 것, 개개 낱말이나 선율보다는 말의 집합인 행行이나 음音의 조화가 중시된 점을 주목할 수 있을 것이다. 한편 회화와의 관계에서는 이 시기 회화가 인상주의단계로 접어들고 있었기 때문에 순간적인 리얼리티를 포착하려는 미술의 지향과 초월적 관념을 추구하려는 상징주의 시의 관계는 깊은 연결 관계를 갖지 못하고 있다.

3. 상징주의 문학의 전개

상징주의는 유파활동보다도 개인의 천재가 더 중요했던 사조였다. 여기에서 보들레르는 모든 상징주의 활동의 시발점이었다. 그가 자신의 스승이자 벗이라고 생각한 테오필 고티에게 바친 『악의 꽃』은 그의 말대로 병든 꽃이면서 상징주의의 출발을 알리는 신호였다.

보들레르가 이 시집에서 의도한 것은 대체로 세 가지로 요약된다. 첫째 타성에 젖어 있던 중산층 시민들에 대한 충격이었다. 그는 시의 서문격인 「독자에게」라는 시에서 현실의 삶을 온갖 죄악과 타락과 폭력과 연관시켜 제시하고 있다. 그가 현실을 묘사하는 데 동원한 낱말들, 흙탕물, 악마, 악취, 구년묵이 똥갈보, 탕아, 백만의 회충, 죽음, 폭행, 독약, 비수, 방화, 승냥이, 표범, 간사하고 치사한 놈, 권태, 교수대 등은 시인의 발언의 요지를 대변하고 있다. 그가 맨 마지막에 '위선의 독자여, 내 동류여, 내 형제여!'라고 말한 것은 그가 누구에게 그의 시를 바치고 있는가를 말해주고 있다. 즉 단순히 센세이셔널리즘을 일으키려는 것이 아니라, 인간에게 있는 죄악, 타락, 위선, 폭력이라는 사실만을 제시하는 것이 아니라, 그것들을 간사한 논리로 감싸는 '의지와 타성에 의하여 더욱 악화되는 인간의 약점과 위선'을 적나라하게 제시하고 독자들에게 그것을 인정하도록 요구하고 있는 것이다. 그러므로 이 시집에서 시인은 현실의 추악함을 전혀 감추지 않는다. 그러므로 그의 시는 사회의 어두운 곳만을 묘사한 자연주의 소설보다 더 추악한 현실을 보여준다. 화려한 도시의 이면들 속에 숨어 있는 간사와 위선, 시체의 구더기들을 감추지 않고 폭로하는 것이다. 시집의 제목이 『악의 꽃』인 것은 그러한 악이 곧 아름다움이라는 충격적인 선언이었다. 그가 제시한 것은 도시의 인공적인 삶이지만, 그의 묘사에서 도시는 죽음의 싸늘한 계시가 되고 있지만, 시인은 그것을 현실의 삶이 무기력과 쇠락의 분위기에 빠져 있음을 환기하는 데 이용하고 있다. 이러한 충격적인 시적 실험을 위해 시인은 시의 언어가 가진 한계를 시험하고 있다. 그가 산문시를 시도한 것은 단순히 하나의 괴벽에 의한 것이 아니라 도시적 삶의 산문성을 표현하기 위한 적절한 방법의 모색이었던 것이다. 시어에 있어서도 그는 인공적인 도시적 삶의 표현에 적합한 언어를 여러모로 시험해보고 있다.

보들레르의 시는 「상응」에서 절정에 이른 사상을 표시하고 있다. 자연을 상징의 숲으로 보고 초월적인 세계와 현실의 세속적 삶의 상응을 말한 것은 그가 종래 시인의 자서전쯤으로 생각되던 시의 개념을 근본적으로 혁파하는 것이었다. 또한 그는 시의 유용성을 직접적으로 주장하는 데 대해 반발하고 있다. 그는 유용성의 개념이 '이 세상에서 미의 개념에 가장 적대적이다'고 보았다. 그것은 도덕적 관점으로 시를 재단하는 시도들에 대한 항의였지만 그는 한편으로는 어설픈 심미주의적 관점

오귀스트 로댕의 조각품. 로댕은 근대 조각의 시조로 평가받는다.

고대 그리스의 〈헤라클레스〉 조각과 흡사한 로댕의 작품.

을 가지고 이상주의를 설교하는 데 대해서도 반대했다. 보들레르가 당시의 시에 미친 혁명적 영향 가운데는 자연찬미를 인공성에 대한 찬미로 바꾼 점에서도 찾아볼 수 있다. 그러나 무엇보다도 그가 이 시집에서 이룩한 성과는 시가 언어의 예술이라는 점을 부각시켜 한 편의 시가 그 자체로 존재론적 지위를 갖는다는 점을 피력한 점에 있다. 그에게 있어서 시는 곧 인생이자 종교였던 것이다. 이 같은 양태는 「알바트로스」에서 시인을 저주받은 존재로 묘사한 데서 드러나는데 그것은 그의 고고한 삶의 태도, 시에 대한 신앙을 엿볼 수 있게 한다.

자주 뱃사람들은 장난삼아
거대한 알바트로스를 붙잡는다.
바다 위를 지치는 배를 시름없는
항해의 동행자인 양 뒤쫓는 해조를.

바닥 위에 내려놓자, 이 창공의 왕자들
어색하고 창피스런 몸짓으로
커다란 흰 날개를 놋대처럼
가소 가련하게도 질질 끄는구나.

이 날개 달린 항해자, 그 어색하고 나약함이여!
한때 그토록 멋지던 그가 얼마나 가소롭고 추악한가!

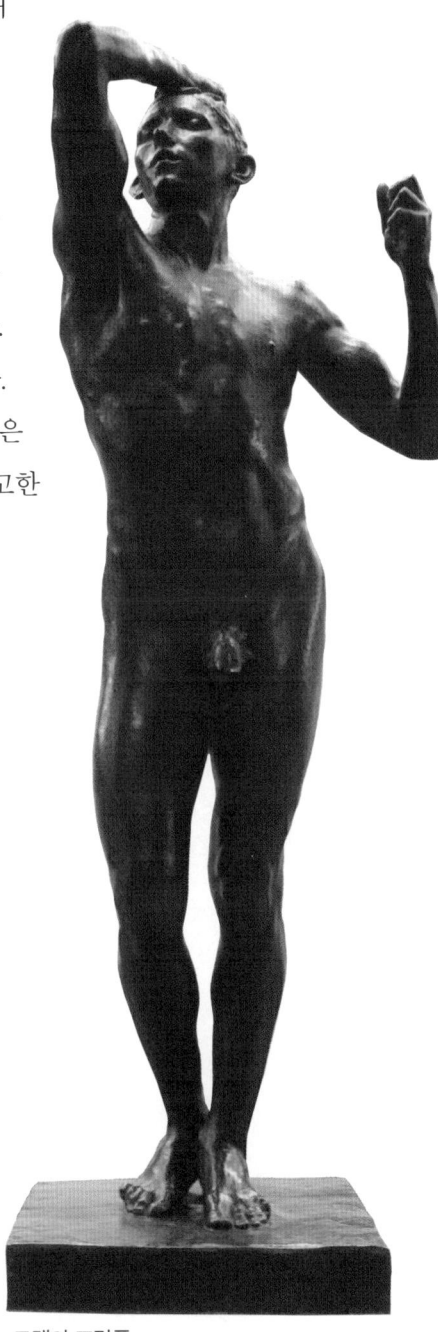

로댕의 조각품.

어떤 이는 담뱃대로 부리를 들볶고,
어떤 이는 절뚝절뚝, 날던 불구자 흉내 낸다!

시인도 폭풍 속을 드나들고 사수를 비웃는
이 구름 위의 왕자 같아라.
야유의 소용돌이 속에 지상에 유배되니
그 거인의 날개가 걷기조차 방해하네.

  선원들에게 붙잡혀 추잡한 몰골을 보이는 알바트로스와 지상에 유배되어 있는 저주받은 시인의 존재를 상응의 관계로 보고 있는 이 시는 보들레르가 지녔던 예술 종교의 일단을 보여준다. 이런 종류의 시와 대조를 이루는 것이 관능이라든지 추악한 것을 아름다움으로 묘사한 작품들이다. 다음의 「흡혈귀의 변신」은 출간당시 삭제되었던 시이다.

이때 여인은 숯불 위의 뱀처럼
몸을 비비 꼬고, 코르셋 철골 위에
유방을 짓이기며, 딸기 같은 붉은 입으로
흠뻑 사향 배인 말을 흘려보냈다.
---'나로 말하자면, 젖은 입술로 침대 속에서
옛 시대의 양심을 잃게 하는 비의를 알고 있어.
내 압도적인 유방 위에선 어떤 눈물도 말려주고,
늙은이들도 어린애같이 웃게 해요.
홀랑 벗은 내 알몸을 보는 이에겐
달이 되고, 태양, 하늘, 별이 되어주지!
귀여운 학자님, 나는 하도 관능에 통달해서,
무서운 팔 안에 사내를 꽉 껴안을 때,

혹은 소심하고도 음란하며 여리고도 억센 내가
내 윗도리를 깨무는 대로 내맡길 때면,
넋을 잃는 이 육체의 깔포단 위에선
정력 잃은 천사들도 지옥에라도 떨어질 지경!'
그녀가 내 뼈마디 온통 골수를 빨아내고,
내가 사랑의 키스를 돌려주려 나른한 몸을
그녀 쪽으로 돌렸을 때, 눈에 띈 것은
오직 고름으로 꽉찬 끈적끈적한 가죽푸대뿐!
등골이 오싹하여 두 눈 딱 감았다가
환한 불빛 속에 다시 떴을 땐,
내 곁에 피로 꽉 채운 듯한 억센
마네킹 같은 여체는 간 곳 없고,
해골조각들이 뒤섞여 떨고 있었으니,
그 소리 풍향침의 삐거덕 소린가,
아니면, 쇠막대기 끝에서 겨울밤 동안
바람에 흔들리려 간판이 울리는 소린가.

이 시는 인생의 추악함과 관능을 중첩시키면서 '악의 꽃'의 심상을 엿보게 하고 있다. 보들레르는 「미美」 같은 작품에서 고전적인 아름다움을 표현하기도 하지만 그의 대부분의 시는 현란하고 인공성을 두드러지게 하는 아름다움을 표현하는 데 장기를 보이고 있다. 「패물」은 플라토닉한 사랑과의 상응을 보여주는 「미」와 대조적으로 검은 비너스 잔느 뒤발과의 사랑과 상응하는 양태를 보여준다.

내 지극히 사랑하는 여인은 알몸이었고,
내 마음을 알기에 오직 잘 울리는
보석만을 지녀, 그 호화로운 노리개로

행복한 나날의 모오르의 노예처럼 의기양양하도다.

노리개 흔들리며 쟁쟁 조롱하는 소리 낼 때,
금속과 보석으로 찬란한 그 세계에 나는
넋을 잃고 황홀하여, 음향과 빛이 뒤섞이는
물건들을 나는 미칠 듯이 사랑하네.
그녀는 몸을 뉘어 사랑에 내맡기고,
안벽岸壁을 향하듯이 그녀 쪽으로 치밀어오르는
바다처럼 깊고 감미로운 내 사랑을
긴 의자 위에서 흐뭇한 미소로 맞는고야.

길들인 호랑이처럼 나를 지긋이 지켜보며,
막연하고 꿈꾸는 듯한 모습으로 자태를 꾸며,
그 음탕함과 결합된 천진난만함이
그녀의 갖가지 변모에 새로운 매력을 준다.

그녀 팔과 다리며, 허벅지며, 허리가,
기름으로 닦인 듯 반지르르 백조인 양 파동치며,
명석하고 조용한 내 눈앞을 지나간다.
그녀 배와 유방, 내 포도넝쿨의 그 송이송이는

악천사惡天使들보다도 더욱 아양 떨어 나아가며
내 마음 푹 놓인 안식을 뒤흔들며 들고
조용하고 외로이 앉았던 수정의 바위에서
내 마음을 밀어내려 하는구나.

새로운 화법으로 앙티오프의 둔부를
애숭이 상반신에 연결한 듯하여
그토록 그녀 몸매는 골반을 두드러지게 하네.
그 황갈색 안색에 화장도 희한한지고!

---이윽고 램프도 꺼지기로 체념하고,
벽로 장작불만이 방안을 비추기에,
거기서 타오르는 한숨을 내뿜을 때마다
호박빛 피부를 피로 물들인다!

보들레르의 시는 상징주의 시인들의 원류였다. 베를렌느와 랭보, 말라르메가 모두 그의 영향 아래서 시작을 하였다. 베를렌느는 다른 시인에 비해 상대적으로 덜 주목받고 있지만 우리나라의 상징주의에는 보들레르와 함께 가장 큰 영향을 미치고 있다. 베를렌느는 흔히 천성의 시인이라 불리기도 하고 분위기의 시학이라는 관점에서 파악되기도 한다. 이는 그가 시를 주로 음악과 관련시킨 데 기인한다고 여겨진다. 감동을 주는 정조의 창조를 통해 몽롱한 인상을 창조하는 것이 그의 특장이었다. 그는 「시작법」에서 시의 음악성에 대해 자신의 고유한 방법이 지닌 특징을 말하기도 했다.

무엇보다도 먼저 음악을
그러기 위해서는 가장 어렴풋하고 가장 용해하기 쉬운,
허공 속에서 아무런 구애도 없는,
기수각奇數脚을 택하라.

또 불명不明과 애매함이 없는
말을 선택하려 해서는 못쓴다.

정확과 부정확이 하나로 합치는
회색 노래보다 더 귀중한 것은 없다.

왜냐하면 우리는 뉘앙스를 더욱 원하기 때문,
색채가 아니라, 오직 뉘앙스만을 !

뉘앙스와 음악을 강조한 베를렌느의 시학은 그의 작품들 속에서 충분히 구현된다. 우리나라에 여러 차례 소개된 「가을의 노래」는 그 정조와 음악성으로 인해 그의 대표작으로 손꼽힌다.

가을날
비오롱의
서글픈 소리

종소리
가슴 막혀
창백한 얼굴
지나간 날
그리며
눈물짓는다.

쇠잔한
나의 신세
바람에 불려
이곳저곳
휘날리는

낙엽이런가

베를렌느는 파리꼼뮨의 투사로서 활동하기도 하고 창녀촌을 들어 다니며 방탕한 생활을 하는 한편 카톨릭에 귀의한 시인이기도 하다. 당시 시작된 인상파의 그림이 연상되는 그의 시들은 은밀한 정서의 여운이 감도는 심정풍경에 장기가 있어 정서상징에 의존한다는 평을 받기도 했다. 또한 그는 랭보의 천재를 발견하고 교유를 해오기도 했으나 종종 불화를 빚기도 했다. '마을에는 조용히 비가 내리네(랭보)'라는 부제가 붙어있는 「마을에 비가 내리듯」은 랭보와 영국, 벨기에 등지를 여행하던 중 그가 랭보에게 권총을 쏘아 몽스감옥에 갇혀 있을 때 쓴 시이다.

마을에 비가 내리듯
내 마음에 눈물 흐른다.
내 마음 속에 스며드는
이 우울함은 무엇이런가.

대지와 지붕에 내리는
부드러운 빗소리여,
우울한 마음에 울리는
오 빗소리, 비의 노래여.

슬픔으로 멍든 내 마음에
까닭 없이 비는 눈물짓는다.
뭐라고! 배반이 아니란 말인가?
이 크낙한 슬픔은 까닭이 없다.

까닭을 모르는 슬픔이란

가장 견디기 어려운 고통
사랑도 미움도 없지만
내 가슴은 고통으로 미어진다.

베를렌느의 고운 정조와는 달리 격렬한 음색을 가졌고 그와 같은 삶을 산 시인이 견자시인으로 불리는 랭보다. 랭보는 하늘에서 계시를 받은 듯한 시작으로 유명하며 감각의 착란과 언어의 연금술에 의해 현실세계와는 다른 세계의 비전을 제시한 천재시인이었다. 그를 상상의 시인으로 말하는 것은 그가 평상적인 경험과 습관으로는 생각하기 힘든 완전히 계시에 의한 듯한 비전을 제시한 데 따른 것이며 그 작업을 통해 인간의 심층에 있는 심혼을 불러일으키고 있다. 그는 16살이 되던 1870년에 시를 짓기 시작하여 5, 6년의 짧은 기간 동안 활동했지만 불후의 시인으로 꼽히는 영예를 안았다. 그는 시의 이론에도 비범한 예지를 보여주었다. 그가 보들레르에 의해 착수된 산문시를 적극적으로 계발한 것은 프랑스의 시를 억압하고 있던 전통적인 운율과 리듬을 벗어난 시를 지으려는 시도였으며 종래의 프랑스시 전체를 운(韻)을 지닌 산문으로 비난하기도 했다. 그는 시인의 천재성을 발휘할 수 있는 자유로운 시의 형식을 스스로 쟁취하고자 했다. 그의 시작태도는 냉철한 사상과 자신을 투시하는 듯한 자세를 견지하는 데서 드러나며 감각들을 평소의 무뎌져 있는 상태에서 예리하게 분리하여 새롭게 조합하려는 시도를 보이기도 했다. 시인은 사물의 배후에 숨어 있는 의미를 발견하기 위해 평소의 자연인으로서의 습관과 태도를 벗어나야 한다는 것이 그의 지론이었다. 그의 대표작은 장시인 「취한 배」로서 시인이 보여주고자 한 격동의 세계를 잘 형상화하고 있다. 이에 비해서 견자시론이 전개되는 「언어의 연금술」은 그의 언어에 대한 관심과 산문시의 한 특징을 보여준다.

나에게. 내 광기들 가운데 하나에 관한 이야기.
나는 오래 전부터 가능한 모든 풍경을 소유할 수 있다고 자부하고, 미술과 현대시의 명성을 가소롭게 보았다.

나는 우스꽝스런 그림들, 문의 윗장식, 무대배경, 어릿광대의 그림, 간판, 대중적인 채색삽화를 좋아했고 유행에 뒤진 문학, 교회 라틴어, 철자 없는 외설서적, 우리 조부의 소설들, 선경仙境 이야기, 유년 시절의 작은 책들, 낡은 오페라, 하찮은 후렴, 우직한 리듬을 좋아했다.

나는 십자군을, 아직 기록되지 아니한 탐험여행을, 역사 없는 공화국을, 숨이 막히는 종교전쟁을, 풍속의 혁명을, 종족과 대륙의 이동을 꿈꾸었다. 나는 온갖 신기한 것들을 다 믿고 있었다.

나는 모음들의 색깔을 발명했다. A는 검고, E는 하얗고, I는 붉고, O는 파랗고, U는 푸르다. 나는 각 자음의 형태와 운동을 조절했고, 본능적인 리듬으로 언젠가는 온갖 감각에 다 다다를 수 있는 시언어를 창조하리라 자부했다. 나는 번역을 보류했다.

그것은 우선 연습이었다. 나는 침묵과 밤에 대해 썼고, 표현할 수 없는 것에 유의했다. 나는 현기증에 종지부를 찍었다.

새와 가축 떼 그리고 촌사람들 멀리,
훈훈한 초록색 오후의 안개에 묻혀,
부드러운 개암나무 숲에 둘러싸인
그 황야에서 무릎을 꿇고 내 무엇을 마셨는가?

그 어린 와즈(프랑스 북쪽의 강)에서 내 무엇을 마실 수 있었으리,
소리 없는 느릅나무, 꽃 없는 잔디, 흐린 하늘이여!
내 사랑하는 오두막에서 멀리 떨어져, 그 노란
호리병박을 위해 건배? 땀 흘리게 하는 금빛 액체.

나는 수상쩍은 주막 간판을 만들었다.
뇌우가 하늘을 쫓아버리며 왔다. 저녁에
숲의 물은 순결한 모래 위로 사라졌고,
하느님의 바람은 늪지에 조각들을 던졌다.

울면서 나는 황금을 보았다. 하여 마실 수 없었다.

여름, 새벽 네시,
사랑의 단꿈은 아직도 한창이다.
작은 숲 아래에서 피어오른다
즐거운 저녁의 향기가.

저기, 저 널따란 작업장에서
헤스페리데스의 태양(석양)에 맞춰,
벌써 움직인다---속옷바람으로---
목수들이.

그들의 이끼 사막에서, 고요히,
그들은 화장널을 준비한다.
거기에 도시는
거짓 하늘을 그려 넣을 것이다.

오, 이 매력 있는 일꾼들
바빌론 왕의 신하들을 위해,
비너스여! 영혼이 달무리진

연인들을 잠시 떠나 있거라.

오 목자들의 여왕이여,
일꾼들에게 화주火酒을 갖다 주어라,
정오의 바다에서 헤엄칠 때까지
그들의 힘이 화평하도록.

낡은 시론이 내 언어의 연금술에서 상당 부분을 차지했다.

나는 소박한 환각에 익숙해졌다. 나는 정말 솔직히 공장 자리에서 회교사원을, 천사들이 설립한 북교습소를, 하늘의 길을 달리는 사륜마차를, 호수 속의 살롱을, 괴물들을, 불가사의한 것들을 보았다. 무대극의 제목은 내 앞에 공포를 세웠다.

그리고 나서 나는 낱말들의 환각으로 내 마법의 궤변을 설명했다.

마침내 나는 내 정신의 무질서가 성스럽다고 생각했다. 나는 게을렀고, 심한 열에 시달렸다. 나는 짐승의 천복天福을 부러워했다. 해소孩所의 무구성을 표상하는 애벌레,

동정童貞의 무구성을 표상하는 두더지의 천복을.

내 성격은 까다로워졌다. 나는 일종의 로망스로 세상에 작별을 고했다.

이 작품에도 랭보의 감각과 언어에 대한 짙은 관심이 나타나 있지만「지옥에서 보낸 한 철」의 자서전적 내용 속에는 모든 감각을 교란하여 미지의 세계에 도달하려는 그의 지향이 가장 잘 나타나 있다. 장시이기 때문에 여기에 수록할 수는 없지만 그의 감각에 대한 생각의 일단은「감각」이란 작품에서도 엿볼 수 있다.

여름 야청빛 저녁이면 들길을 가리라,

밀잎에 찔리고, 잔풀을 밟으며.
하여 몽상가의 발밑으로 그 신선함 느끼리.
바람은 저절로 내 맨머리를 씻겨주겠지.

말도 않고, 생각도 않으리.
그러나 한없는 사랑은 내 넋 속에 피어오르리니,
나는 가리라, 멀리, 저 멀리, 보헤미안처럼,
계집애 데려가듯 행복하게, 자연 속으로.

랭보의 시는 로트레아몽으로 세상에 알려진 이지도르 뒤카스에게 영향을 주었다. 기이한 생애라는 점에서는 랭보에 뒤지지 않는 로트레아몽의 대표작은 「말도로르의 노래」라는 산문시이다. 다음은 그 가운데 가장 짧은 16절의 인용이다.

나의 호흡에 제동을 걸고, 여자의 질膣을 쳐다볼 때처럼, 잠시, 도중에서 멈출 시간이다. 망라된 경력을 조사하고, 그 뒤에, 고요한 사지가 격렬히 도약하여, 뛰어오르는 것은 좋은 것이다. 단번에 거래하는 것은 쉬운 일이 아니다. 그리고 날개들은, 희망도 없이 그리고 회한도 없이, 높이 비행하여 많이 지쳐 있다. 아니다. --- 부도덕한 이 노래의 폭발적인 모습을 통하여, 곡괭이를 들고 구덩이를 파는 살벌한 일당을 더 깊숙이 인도하지 말자! 악어는 그의 두개골 아래로부터 나온 구토에 한 마디 말도 바꾸지 않을 것이다. 제기랄, 인간성에 복수하는, 칭찬할 만한 목적에 의해 부추겨지고, 나에게 부당하게 공격을 받은, 어떤 은밀한 그림자가, 한 마리 갈매기의 날개처럼 벽을 스치면서, 몰래 나의 침실의 문을 연다. 그리고 하늘의 유실물을 약탈한 자의 옆구리에 단검을 꽂는다! 찰흙은 자신의 원자들을 다른 방법보다는 이러한 방법으로 분해시키는 편이 좋다.

견자시인 랭보나 반항의 시인으로 알려진 로트레아몽에 비해서 말라르메는 상징주의의 지고의 사제라는 이름에 걸맞게 이상세계의 본질문제에 냉철한 이성의 빛을 비춘 시인이다. 그는 시인이 철저하게 사제적인 태도로 시작에 임하여야 한다고 생각했다. 그 때문에 상징의 방법은 그에 의해서 그 기초가 확립된다. 그는 '한 사물의 이름을 밝히는 것은 시가 주는 즐거움의 중요한 부분을 없애버리는 것이다. 왜냐하면 이 즐거움이란 점차적으로 조금씩 조금씩 알아가는 과정에 있는 것이기 때문이다'고 하여 상징주의에서 암시의 수법이 중심적인 기법임을 말한다. 그러나 그는 여기에 머물지 않고 그 시작법을 극단화한다. 즉 암시의 수법을 극대화하기 위해 시에서 설명이나 의미의 단락을 극도로 축약시켜버리는 수법을 사용한 것이다. 예컨대 이미지들의 연결을 알아볼 수 있게 하는 것이나 이미지의 풀이가 될 수 있는 '~처럼'이나 '~같은' 등의 말을 전적으로 배제함으로써 독자들이 암시 속에서 스스로 의미를 추론하도록 하는 방법을 쓴 것이다. 그는 '암시를 하면 거기에 꿈이 있다'고 하면서 설명되지 않은 상징들이 구체적인 것과 추상적인 것, 물질적인 것과 개념적인 것, 여러 감각영역들 사이에서 여러 관계와 상응의 양상을 표현하도록 하는 방법을 쓴 것이다. 따라서 그의 시에서는 언어가 본질로 환원되는 양상이 나타난다. 즉 외적인 개념이 묻어 있지 않은 언어의 사용과 그 언어들이 구성하는 내재적 법칙에 의해 순수이념이 환기될 것을 추구한 것이다. 꽃다발 속에 있지 않은 꽃의 이념을 표현하려 한 것은 그의 시작법을 알려주는 가장 잘 알려진 일화이다. 작품 「시현視現」은 그의 대표작의 하나로서 그의 시적 특징을 잘 보여준다.

> 달빛이 슬피 나리더라.
> 꽃핀 요정들 꿈에 젖어,
> 어렴풋한 꽃들의 고요 속,
> 손끝에 활을 골라잡고
> 빈사의 현을 슬어내니
> 하얀 흐느낌이 창공의 꽃잎들 위로 번지더라

---그때는 너의 첫 입맞춤으로 축복받은 날이었지.
　　가슴 조이 저미던 나의 몽상도
　　얌전히 취하더라 슬픔의 향기에
　　꺽은 꿈이 가슴 속에
　　희한도 환멸도 없이 남기는
　　슬픔의 향기에 .
　　내 그렇게, 해묵은 포석 위에 눈을 깔고
　　방황하노라면,
　　머리카락에 햇빛 가득 담고, 거리에,
　　저녁 속으로 너는 웃으며 나타나더라.
　　내, 그래, 빛의 모자를 쓴 선녀를
　　보는가 여겼더라.
　　귀염둥이 아기 시절 내 고운 잠 위로 지나가며,
　　언제나 반쯤 열린 그의 손에서
　　향기어린 별들의 하얀 꽃다발
　　눈 나리게 하던 옛 선녀를 보는가 여겼더라.

　친구의 연인을 위해 지은 시로 알려진 이 시는 우아하고 음악성이 뛰어나 말라르메의 걸작으로 꼽힌다. 우수와 몽롱한 정조, 암시적 표현 등이 두드러진다. 이것은 말라르메가 지나치리만큼 언어의 조탁을 하여 의도적으로 상징적인 분위기를 만든 데 기인한다. 그러나 말라르메는 초기의 초절적인 상징주의에서 후기에는 개인적 상징주의로 시적 변모를 보여준다. 그것은 「죽은 시인을 위한 건배」에 나타나 있는 변화와도 관련된다.

　　오 우리들 행복의, 그대, 숙명적 표상이여!
　　광기의 인사요 빛을 잃은 헌주獻酒로다,

통로의 요술 같은 희망에 걸고 내가 여기
금빛 괴물이 뒤채는 내 빈 술잔을 바친다고 여기지 말라!
그대의 현신現身만으로 내 마음 흡족하진 못하리:
내 스스로 그대를 반암 깊은 곳에 묻었으니
의식에 따라 엄숙히 무덤의
저 두꺼운 무쇠덩이에 횃불을 비벼 끄도다:
시인의 부재를 노래하는 너무나도 단순한
우리의 축제를 위하여 마련한
이 아름다운 기념비가 그이를
송두리째 담고 있음을 어이 모르랴:
쓰잘 데 없고 피치 못할 재의 시간이 올 때까지,
천직의 타오르는 영광이,
그리 내려감이 자랑스러운 저녁 빛 받아 타오르는 창유리 너머,
순결한 필사의 태양불로 되돌아갈지라도!
장엄한, 총체적이고 고독한, 그래야 할진대
인간들의 거짓 긍지는 쫓겨날까 두려워 떤다.
저 일그러진 군중은! 고하노니: 우리는
장래의 우리 망령들의 슬픈 어둠이로다.
그러나 헛된 담벼락에 장례의 문장紋章들 흩어져 있어도
나는 눈물의 냉정한 공포를 무시하였으니,
저 지나가는 이들 중 한 사람이 거만하게 눈멀고 말없이
내 신성한 시에도 놀라지 않고 귀를 닫아
모호한 그의 수의壽衣의 손님되어
사후의 기다림의 성결한 영웅으로 변해 갔을 때
그가 하지 않은 말들의 노여운 바람이
안개의 더미 속에 실어 온 광대한 심연인

무^無가 옛날의 소멸한 그 〈인간〉에게.
〈지평선들의 기억이여, 오 그대여, 대지란 무엇인가?〉
그 꿈을 고함친다. 그리하여 목소리의 낭랑함이 변질하며,
공간은 농하듯 외친다. 〈나는 모른다!〉

스승은 깊은 눈으로 걸음걸음,
에덴의 불안한 경이를 진정시켰는데
그 마지막 떨림은 목소리만으로도
〈장미〉와 〈백합〉을 위해 한 이름의 신비를 일깨운다.
그 운명에서 남은 건 아무것도 없는 것인가?
오 여러분 모두, 어두운 믿음은 잊어버려라.
영원한 천재는 찬란하여 그림자가 없느니.
그대의 욕망에 마음 쓰는 나는 보고 싶어라,
그 별의 정원들이 우리에게 과하는 이상^{理想}의 숙제 속으로,
어제, 그이가 스러져 간 뒤에도,
도취한 꽃자줏빛, 선연한 큰 꽃잎, 말의
숨결이 일으킨 엄숙한 동요가
태연한 재난의 영광을 위하여 살아남는 모습을 .
빗방울인가 금강석인가, 어느 하나 시들지 않는
그 꽃들 위에 머무는 속 비치는 눈길은
대낮의 시간과 빛살 가운데서 그 꽃잎을 골라내니!
이는 벌써 우리의 진정한 작은 숲들의 모든 거처이리니,
이곳에서는 순수한 시인이 겸허하고 너그러운 몸짓으로
그의 직분의 적인 꿈을 금지한다.
그의 당당한 휴식의 아침
옛 죽음이 고티에에게서처럼

신성한 두 눈을 뜨지 못하고 입 다물 때
　　오솔길의 종속적 장식인 듯
　　해로운 모든 것, 인색한 침묵과 우람한 어둠 깃들어 잠자는
　　견고한 무덤이 솟아나도록.

　이 작품은 테오필 고티에의 죽음을 추모하여 발간한 시집에 발표되었다. 이 시는 원제목이 「장송의 건배」라는 이름으로 건배와 장송이라는 서로 대립되는 이미지를 한 데 묶어 시 전체의 주제가 두 가지로 분리된다는 사실을 알린다. 이 작품에 대해 김주연은 다음과 같이 해설하고 있다.

　　말라르메는 1865년에 『목신의 오후』, 1867년에 『에로디아드 서곡』 이후 7년간의 침묵 끝에 참으로 오랜만에 이 시를 발표했다. 이는 그의 시에 깊은 단절이 나타나고 있음을 의미한다. 그 침묵의 7년 사이에는 〈투르농의 밤〉이라고 하는 정신적 위기의 경험이 가로놓여 있다. 그는 이 경험을 통해 어린 시절부터 지녀온 신앙을 잃는다. '모든 것이 결국은 무로 돌아간다'는 인식, 즉 범우주적 소멸의 순환작용이 그를 괴롭힌다. 이 소멸을 보상해주는 것이 단 하나 있다면 그것은 '인간의 기억'이다. 물론 그 역시 인간이 살아서 기억을 지니고 있는 동안에만 유효하다. 무에 대항하는 유일한 길은 '예술이라는 극도로 순수한 영광' 뿐이라는 신념은 여기서 태어난다. 과연 이때부터 그의 시는 극도로 난해해져서 참을성 있는 판독과 복잡한 해석을 요구한다. 이 시는 이와 같은 발전을 요약하고 있다. 단순한 추모시를 훨씬 넘어서서 이 시는 시인의 사명에 대한 철학적 명상에 이른다. 또한 말라르메의 '시의 의미에 대한 가장 중요한 진술' 중의 하나로 간주되는 시로서 은유와 수사학을 통해서 가장 정교하게 발전되어 완성도가 높은 작품이다. 'Toast Funebre'(이 작품의 원제목)는 두 가지의 상반된 테마가 서로 만나 이루어졌다. 하나는 근원적 테마이고 다른 하나는 시를 쓰게 된 계기가 된 외적 상황, 즉 시인의 죽음과 추모의 정과 관련된 것이다. 한 시인의 삶과 생명을 무에 앗기는 고통이

그 하나의 주제라면 다른 하나는 그 무로부터의 불멸, 즉 예술작품의 불멸을 앗아 오겠다는 긍지에 찬 의욕이다.

말라르메가 무상하게 소멸하는 것으로부터 존재를 유지하기 위해 기억을 유일한 수단으로 채택한 것은 베르그송의 철학과 일정한 맥락을 같이하는 것일 뿐더러 마르셀 프루스트의 『잃어버린 시간을 찾아서』의 주제를 앞서 보여준 것이라고 할 수 있다. 상징주의가 베르그송류의 철학적 관점과 같은 선상에서 움직인 사조라는 것을 다시 엿볼 수 있다. 말라르메는 너무 시를 갈고 닦아서 평생의 작업이 한권의 책 분량도 되지 않았다고 한다. 그만큼 한편 한편의 시에 정력을 쏟았다는 이야기다. 이 정교한 제작품으로서의 시의 관념은 그를 스승으로 받든 발레리에게서도 이어진다.

발레리의 시적 작업은 시에 대한 사유와 병행한다. 언어의 한쪽 끝에는 음악이 있고 다른 한쪽 끝에는 대수학이 있다는 말에서 집약되듯이 그는 산문과 시의 차이를 엄밀하게 정의하려고 했고 거기에서 한 걸음 더 나아가 시가 만들어지는 과정을 깊이 파헤친 이론가였다. 그는 시인에게는 특별한 자질이 있다는 점을 역설하면서 시인에게 생긴 관념이 곧 시는 아니므로 시인에게는 그 관념이나 감정을 다른 사람에게 환기시킬 수 있도록 작품을 제작하는 제작자로서의 작업이 좀 더 중요하다고 주장한다. 영감과 같은 관념의 단편들에서 시가 어떻게 만들어지는가에 대해 그는 이렇게 말한다.

영감의 교리를 철저히 전개시키면 이와는 전혀 다른 결과를 얻게 될 것입니다. 예를 들어, 자신이 받은 것들을 그저 전달해주고 미지인으로부터 건네받은 것을 미지인에게 넘겨줄 뿐인 시인은, 따라서, 신비로운 구술^{dictee}에 따라 자신이 받아쓰는 것을 이해할 필요가 전혀 없다는 점이 필연적으로 밝혀질 것입니다. 그는 자신이 그 근원이 아닌 시에 영향을 미치지 않습니다. 그는 자신을 통해 흘러나오는 것들과 전혀 무관할 수도 있습니다. 이 피할 수 없는 결과는 그 옛날 악마에게 홀리는 것에 관하여 사람들이 널리 믿었던 바를 내게 상기시킵니다. 마법에 대한 심문을 상세히 기록한 당시의 문헌들을 보면, 겁에 질린 취조관들 앞에서, 궁지에 몰리게 된 사람들이 그리스어, 라틴어 게다가 히브리어로 무식하고 거칠게 항의하고 이의를 제기하는 신성을 모독한 사실 때문에 악마에 홀린 것으로 판정되어 유죄선고를 받은 일이 빈번했음을 알 수 있습니다. 사람들이 시인에게 요구하는 것이 바로 이것일까요? 물론, 자신이 해방시키는 자연발생적인 표현력에 의해 성격 지워지는 감정이 시의 본질임에는 틀림이 없습니다. 그러나 시인의 일이 고작 그것을 받아들이는 것에 그칠 수는 없습니다. 흥분으로부터 솟아나는 이 표현들이 순수한 것은 단지 우연일 뿐, 그것들은 숱한 쓰레기를 동반할 뿐 아니라 시적 발전을 방해하는, 그리고 결국 다른 사람의 영혼 속에 유발시켜야 하는 지속적인 반항을 중단시켜 버리는 결과를 낳게 될 결점들 역시 지니고 있습니다. 왜냐하면 만약 시인이 자기 예술의 최상을 겨냥하고 있다면, 그의 욕망은 그의 조화된 삶의 숭고한 지속^{duree}, 모든 형식이 구성, 측정되며 그의 온갖 감각적, 운율적 잠재력의 답송들$^{答誦\ repons}$이 교환되는 지속으로 낯선 영혼을 안내해 가는 수밖에 없기 때문입니다. 영감, 그러나 그것은 독자에게 속하며 독자를 위해 예비된 것입니다. 사람들이 인간의 미덥지 못한 손으로 이루어지기엔 너무 완벽하고 감동적인 작품을 신들의 전유물로 인정하도록 하는 데 필요한 것을 생각하게 하고, 믿게 하고, 해내는 일이 시인의 몫이듯이. 예술의 목표 자체와 그 인위적 수단들의 원리는 이상적인 상태에 대한 느낌을 전달해줌으로써 그 느낌을 획득한 자로 하여금 자신의 본성과 우리의 운명에 대한 훌륭하고 질서정연한 표현을 자발적으로 쉽게, 결함 없이 산출해낼 수 있도록 해주는 것입니다.

발레리는 언어로 접근할 수 있는 인간의 모든 감수성의 영역을 탐구하고자 했다. 그가 온갖 지식의 영역을 순례한 것도 그 탐구의 가능성에 대한 암중모색이었는지도 모른다. 그는 시대적 취미나 양식, 감성을 초월한 절대시, 순수시를 통해 영구불변의 절대경에 다가가려고 했다는 점에서 상징주의자였다. 시가 지성의 축제

이어야 한다고 믿은 발레리의 시는 무엇을 제시하거나 모방하여 보여준 것이 아니라 그 자체로서 하나의 사물이 된 것이라고 평가받는다. 「젊은 빠르크」가 그의 진면목을 보여주는 작품이라고 할 수 있지만 여기서는 '나르킷사의 영혼을 달래기 위하여'라는 부제가 달린 「나르시스는 말한다」를 인용한다. 그의 사상의 핵심 부분에 해당하는 순수자아의 문제를 주제로 한 작품이다.

오 형제들이여! 슬픈 백합들이여, 너의 나체 속에서
나를 갈망했기에 나는 아름다움에 번민하고 있다,
그래서 너희들을 향해, 요정이여, 오 샘의 요정이여,
내 부질없는 눈물을 순수한 침묵에 바치노라.

크나큰 고요가 내게 귀 기울이고, 그 속에서 나는 희망을 듣는다.
샘들의 솟는 소리는 변하여 내게 저녁을 얘기하고;
신성한 어둠 속에서 은빛 풀이 자라남을 나는 듣고,
저 비정한 달은 꺼져버린 샘의 비밀들 속에까지
제 거울을 치켜든다.

그리고 나는 이 갈대밭 속에 기꺼이 몸을 던지고,
오 벽옥의 물이여, 내 서글픈 아름다움으로 나는 번민한다!
이제 나는 마법의 물밖에는 사랑할 수가 없다
거기서 나는 웃음도 옛날의 장미꽃도 잊고 말았다.

네 숙명의 순수한 광채가 얼마나 한스러운가,
그리도 부드럽게 내게 안긴 샘물이여,
필멸의 푸르름 속에서 내 눈은
젖은 꽃들의 왕관을 쓴 내 영상을 길어 올렸어라!

아! 영상은 덧없고 눈물은 영원하여라!
푸른 숲과 우애로운 팔들 저 너머,
모호한 시간의 부드러운 미광이 남아 있어,
낙조의 여광으로 나를 벌거숭이 약혼자로 만든다
서글픈 물이 나를 유인하는 창백한 자리 위에 ---
환락에 빠진 악마, 갈망의 얼어붙은 그림자여!

여기 물 속에 달과 이슬로 된 나의 육체가 있다,
오 내 눈에 맞서는 종순從順한 형태여!
여기 그 몸짓도 순수한 내 은빛 두 팔!---
숭엄한 금빛 속에서 내 느린 두 손은
잎새들이 얼싸안은 이 수인囚人을 부르다가 지치고,
그래서 나는 메아리들에게 이름 모를 신들의 이름을 외친다!---

잘 있거라, 고요히 닫힌 물결 위에 사라진 그림자여,
나르씨스여---이 이름만으로도 부드러운 방향芳香이
상쾌한 가슴에 스며온다. 이 텅빈 무덤 위
사자死者의 영혼들에게 장례의 장미꽃을 따주라.

내 입술이여, 사랑하는 망령을 차근히 달래주는
입맞춤을 따내는 장미꽃이 되어라, 왜냐하면
밤이 낮은 소리로, 가까이서 멀리서,
그림자와 선잠이 가득한 꽃받침에게 도란거린다.
허나 달은 늘어진 천도화天桃花와 놀고 있나니.

난 네가 좋아라, 천도화 아래에서, 고독 때문에

쓸쓸히 피어 잠든 숲 속의 거울 속에
제 모습 비춰보는 오 무상한 육신이여.
눈앞에 네가 있는 황홀함에서 풀려날 길도 없어,
허망의 시간은 청태^{靑苔} 위의 수족을 부드럽게 감싸고
어둑한 쾌락으로 깊이깊이 바람을 부풀린다.

잘 있거라, 나르씨스여---숨지거라! 이제 황혼이다.
내 가슴의 숨결 따라 내 형태는 물결치고,
포장 덮인 창공위로, 목동의 피리는, 조^{調}를 바꾸어
사라지는 양떼들의 반향 높은 아쉬움을 속삭인다.
허나 별이 불 밝히는 지독한 추위의 수면^{水面}에,
완만한 무덤이 안개로 이루어지기 전에,
숙명의 물의 정적을 깨뜨리는 이 입맞춤을 받으라!

희망만으로 이 수정^{水晶}의 수면을 깨뜨리기에 족하리니
잔 물살은 나를 몰아내는 숨결로 나를 홀려라
내 숨결은 요요한 피리 소리를 생동케 하니
가벼이 피리 부는 이도 내겐 너그러우리라!---

사라지라, 마음 산란한 신들이여!
그리고 너, 겸손한 고독의 피리여, 달에게 쏟아주라,
우리의 은빛 눈물의 제상^{諸相}을.

   상징주의는 프랑스적인 문예사조였다. 낭만주의의 활동이 영국과 독일에 비해 늦은 데 비해서, 그 보상으로서 상징주의는 프랑스에서 상상력과 천재의 문제, 개성과 본질적인 것의 표현의 문제 등을 제기했다. 그것은 영국과 독일에서는 낭만

주의 기간에 일정하게 논의가 되었던 문제들이었다. 따라서 두 나라에서는 상대적으로 상징주의의 활동이 미약했다. 하지만 두 나라에서도 상징주의는 현대시의 정초에 결정적인 국면을 가져오는 역할을 한다. 영국에서는 예이츠가, 독일에서는 릴케가 그 역할을 담당했다. 예이츠는 프랑스의 상징주의를 알고 있었을 뿐만 아니라 그 자신 신비사상과 인도의 힌두사상에 매료되고 있었다. 그는 그러한 신비사상에서 사람의 삶의 핵심적인 의미를 찾았고 그것을 표현하기 위해 상징적 사고와 상징적 수법을 사용했다. 그는 상징이 시에서 중요함을 충분히 자각하고 있었다. 그의 작품 가운데서 「두 번째 강림」이나 「비잔티움 항행」, 「탑」 등은 대표작으로 꼽힌다. 이 밖에 「이니스프리 호수섬」, 「쿨 호수의 백조」 등은 서정성이 높은 작품으로 평가된다.

이니스프리 호수섬
일어나 지금 가리, 이니스프리로 가리.
가지 얽고 진흙 발라 조그만 초가 지어,
아홉이랑 콩밭 일구어, 꿀벌 치면서
벌들 잉잉 우는 숲에 나 홀로 살리.

거기 평화 깃들어, 고요히 날개 펴고,
귀뚜라미 우는 아침 놀 타고 평화는 오리.
밤중조차 환하고, 낮엔 보랏빛 어리는 곳,
저녁에는 방울새 날개 소리 들리는 거기.

일어나 지금 가리, 밤에나 또 낮에나
호수물 찰랑이는 그윽한 소리 듣노니
맨길에서도, 회색 포장길에 선 동안에도
가슴에 사무치는 물결 소리 듣노라.

이 작품은 예이츠의 후기 낭만주의적 성향을 잘 보여준다. 이에 비해서 「비잔티움 항행」은 상징주의적 특징이 잘 드러나 있다. 영원불멸의 것에 대한 희구가 노년의 예이츠에게도 크게 작용하고 있음을 볼 수 있다.

그것은 늙은 사람들이 사는 나라가 아니다.
서로 껴안는 젊은이들, 나무에 앉은 새들.
--그들 죽어가는 세대가 끊임없이 노래하는 곳.
연어 뛰는 시내, 청어 떼지어 있는 바다.
물고기, 짐승, 가축이 여름 내내
새끼 배고 낳고 그리고 죽는 것을 찬미한다.
저 관능적인 음악에 사로잡히어
모두 함께 늙을 줄 모르는 지성의 비문을 잊는다.

늙은 사람은 한낱 티끌과 같고
지팡이에 기대는 누더기에 지나지 않는다, 만일
영혼이 손뼉치고 노래하며 그 형체만 남은 옷
누더기를 위해 소리 높이 노래하는 일이 없다면
그 노래를 배우기 위해서는 영혼 자체의 장엄한
비문을 잘 배우는 수밖에 없는 것이다.
때문에 나는 항해하여 마침내
비잔티움 성스러운 도시에 찾아온 것이다.

벽에 장식된 황금 모자이크에서 보는 바와 같이
신의 성스러운 불 속에 서 있는 성자여
그 거룩한 불에서 나와 회전 속을 춤추며
내 영혼에게 노래를 가르치는 스승이 되라.

나의 심장을 불사르라, 그것은 욕망에 병들고
죽어가는 생명체에 얽매이어
자기가 무엇임을 모르고 있으매, 그리고 나를
영원한 조화 속에다 밀어 넣어라.

일단 자연 속으로부터 나왔을 바에는 결코 다시는
자기의 형체를 어떤 물질로부터든 취하지 않고
단련한 황금과 황금 도금으로
그리스의 금 세공장이가 만든 모습을 따르리라.
조름 겨운 제왕을 깨우기 위해서
또는 황금가지에 놓여져
과거와 현재와 미래의 일들을
비잔티움의 귀족과 숙녀들에게 노래해주기 위해서.

　예이츠는 그의 시에서 비잔티움으로 항행하여 현실을 도피하고자 하는 낭만적 충동이 아니라 육체와 정신의 이원적 갈등 속에서 인간의 실존에 고민하는, 분명히 상징주의자적인 시인 자신의 면모를 보여준다. 이에 비해서 독일의 릴케는 만년에 발레리와 우정을 나누고 서로 존중하는 사이였지만, 또 말라르메, 베를렌느, 발레리의 시집을 번역하기도 했으나 꼭 상징주의에만 묶일 수 있는 시인은 아니었다. 그는 말라르메에서 발레리로 이어진 정신주의, 지적인 시작과는 일정하게 차이를 지닌 영혼의 시인으로 평가된다. 그를 실존주의와 연관 지어서 얘기하는 경우가 많은 것도 그의 작품에 소외된 정신의 문제가 본격적으로 다루어지고 있기 때문이다. 그러나 두 번이나 러시아를 여행할 만큼 그는 러시아의 신비에 매혹된 적이 있고 시에서도 범신론적인 사상이 기저에 놓여 있다는 점에서 상징주의의 영향을 찾아볼 수 있는 시인이다. 현대시의 출발점으로 인식되기도 하는 그의 대표작은 「두이노의 비가」와 「오르페우스에게 바치는 소네트」, 『말테의 수기』

등이다. 그 밖에 단시로서 「가을날」, 「중세의 신」, 「검은 고양이」, 「돈 주앙의 어린 시절」 등이 있다.

가을날
주여. 시간이 되었습니다. 여름은 아주 위대했습니다.
당신의 그림자를 해시계 위에 던지시고,
평원에는 바람을 풀어 줍소서,

마지막 열매들을 가득가득하도록 명해 주시옵고,
그들에게 이틀만 더 남녘의 낮을 주시어,
무르익는 것을 재촉하시고
무거워가는 포도에 마지막 달콤함을 넣어주소서---
이제 집에 없는 사람은 집을 지을 수 없습니다.

지금 혼자인 사람은 그렇게 오래도록 살 것이며,
깨어 앉아 책을 읽고, 긴 편지를 쓸 것이며
나뭇잎이 구를 때면 가로수 사이를,
이리저리 불안하게 방황할 것입니다.

중세의 신
그리고 그들은 그를 아꼈습니다.
그리고 그들은 그가 존재하면서 재판하길 바랐습니다.
그리고 그들은 마침내 중력처럼 매어 달렸습니다.
(그의 천국행을 막기 위해서죠)
그 곁에 커다란 짐덩이
대사원을 놓았죠. 그는 그저

무수한 사람들 위에서 원을 그리며
마치 시계처럼 몸을 드러내고 있어야만 했습니다.

부호가 그들의 일상을 지배했습니다.
그러다가 갑자기 그는 일을 주재하기 시작했습니다.
도시의 사람들은 깜짝 놀라
그의 목소리 앞에서 벌벌 떨었죠.
밖에 걸려 있는 시계는 계속 그와 함께 움직였고
그들은 그 숫자판 앞에서 달아나버렸습니다.

장미
여기 장미, 노란 장미를
어제 내게 소년이 주었지:
오늘 나는 그걸, 이 장미를
새로 생긴 그의 무덤에 가져갔다.

장미는 어제부터 주욱
귀엽고 아름다웠지,
높은 숲 속에 있는
제 누이들과 똑같이.

장미 앞에 빛나는 방울들이
기대어 있구나---보라니까!
그저 오늘은 그것들이---눈물이다.
어제는 이슬이었는데----

검은 고양이

유령이란 그 옆에 당신의 눈길이
소리를 내며 부딪히는 한 장소와 같습니다.
그러나 거기서, 그 검은 피부에서
당신의 쏘는 듯한 시선은 녹아버립니다.

광인처럼 그가 그 검은 곳에서
아주 미쳐 날뛸 때면,
돌연 그 숨막히는 작은 방의 쿠션 옆에서
사라져 증발됩니다.
언제나 사람들이 부딪힌 눈길을 아주
고양이도 슬그머니 감출 눈치입니다.
그 위에 매서운, 그리고 건조한

시선을 던지고 난 다음 자버릴 눈치입니다.
그렇게 하고도 또 그는 갑자기 정신이 든다는 듯,
얼굴을 들어 당신의 얼굴 한 가운데를 바라봅니다.
거기서 당신은 느닷없이 다시금
그 돌처럼 굳은 둥근 눈망울의 암브라(향기있는 흥분제) 향기 속에서
이미 죽어 자빠진 한 마리 곤충 같은
꽉 막힌 밀폐를 만나게 됩니다.

라이너 마리아 릴케는 젊은이들에게 흔히 낭만적인 시인의 이름으로 기억되고 있다. 그러나 그의 시는 궁극적으로 사물의 실체를 드러내는 일을 추구하고 있다. 김주연은 릴케의 시가 사물의 실체에 대한 인식, 그 인식의 끝을 신에 대한 인식에서 찾은 데서 깊은 심연을 나타낸다고 하면서 이렇게 설명한다.

릴케는 어두움을 사랑하고 밤을 찬양하며, 죽음을 높은 곳에 놓는다.「내가 거기서 태어난 어둠이여」로 시작해서,「나는 밤을 믿습니다」로 끝나는 기도시집의 한 시는 이와 같은 생각의 압축적인 표현이다. ---시작詩作의 실제면에서 릴케는 철저한 인식의 입장을 지킨다. 주로 대상에 대한 끈질긴 묘사를 통해서 누설되는 대상이 지닌 존재의 기밀은 그 대상이 어느 순간 피할 수 없는 본질을 노출함으로써 완수되는데 그것은 대상에 대해 한없이 괴롭고 어두운 탐구를 계속함으로써 비로소 가능한 것이 된다. 그 작업의 과정은 응시와 집중의 명수, 고양이가 번득이는 날카로운 시선의 한 종합인데, 우리는 그 과정에 어두움이라는 이름을 붙여도 좋을 것이고, 심연이라는 이름을 붙여도 무방할 것이다. 그것은「이별」에 감상적으로 빠져 눈물을 흘리는 피상적 식물성 운동이 아니라,「이별」이 지닌 본질의 깊이에 그 어두운 내면에 한없이 가라앉아가는 의식의 침잠이기 때문이다. 그 집중의 능력이, 그 초점이 어느 순간 얻게 되는 중심의 발화가 바로 신인 것이다. 릴케의 시가 쉬우면서도 오래 읽혀지고 읽을수록 깊이깊이 바닥없이 내려앉는 감동을 수반하는 것은 이처럼 어두운 심연 때문이다. 시에 있어서 신이 무엇이며 천사가 무엇인가, 본질이 무엇이며 존재가 무엇인가 하는 어려운 질문들을 이렇듯 소박하게 단순화할 수 있는 즐거움이 릴케를 통해서 얻어지는 것이다.

상징주의는 시문학을 중심으로 전개된 문예사조이다. 따라서 상징주의 소설이라는 말은 낯설 수밖에 없다. 하지만 상징주의의 세계관을 상정하고 그 정신에 가장 근접한 소설을 찾는다면 마르셀 프루스트의『잃어버린 시간을 찾아서』에서 그 한 유례를 얻을 수 있다고 생각된다. 그것은 이 작품이 플로베르에게서 시작된 삶의 본질을 파악하는 방법을 완성시키고 있기 때문이다. 그것은 삶이란 순간의 일회성일 뿐이며 그렇기 때문에 기억 속에서만 생생하게 살아오는 것으로 파악하는 방법이다. 차 한 잔을 마시면서, 그 미각에서 촉발된 기억의 길을 더듬고 있는『잃어버린 시간을 찾아서』는 무의식적인 기억의 환기, 감각의 교란을 통한 방법으로 참된 현실의 본질을 찾으려고 했던 상징주의의 방법과 맥락을 같이하는 것이다. 프루스트가 상징주의의 철학적 배경이 된 베르그송의 철학과 맺는 관련을 설명한 하우저의 설명은 『잃어버린 시간을 찾아서』가 지닌 의의를 이해하는 데 도움이 될 수 있을 것이다.

우리의 시간관의 변화, 아울러 체험적 현실 전체에 대한 평가의 변화는 서서히 일어난 것으로서, 그것은 제일 먼저 인상파의 그림에서, 다음에는 베르그송의 철학에 와서, 끝으로는 (가장 명확하고 가장 의미심장하게) 프루스트의 작품에서 일어났다. 프루스트에 이르면 시간은 이미 분해와 파괴의 원리가 아니요, 그 속에서 이념과 이상이 가치를 잃고 삶과 정신이 실체를 상실하는 요소가 아니며, 오히려 우리는 시간이라는 형식을 통해 우리의 정신적 존재, 생명 없는 물체와 기계작용에 반대되는 우리 삶의 본질을 포착하고 의식하게 되는 것이다. 우리는 시간 속에서 우리 본연의 삶에 이르는 데 그치지 않고 시간을 통해서 그렇게 된다. 우리는 단순히 우리 삶의 개개의 순간의 총화일 뿐 아니라 이러한 순간들이 모든 새로운 순간을 통해 획득하는 모든 새로운 국면들의 귀결이라는 것이다. 따라서 지나간 시간, '잃어버린 시간'은 우리를 가난하게 만들지 않는다. 오히려 우리가 지나가버림으로써 비로소 우리의 생활에 내용을 부여한다. 그러므로 베르그송 철학을 정당화시켜준 것이 프루스트의 소설이라 할 수 있다. 프루스트 소설에 와서 비로소 베르그송의 시간관이 그 진가를 발휘하기 때문이다. 인간은 과거의 귀결점으로서의 현재의 국면에서 처음으로 실감 있는 삶과 약동하는 움직임과 색채, 관념적 투명성과 정신적 내용을 획득한다. 프루스트의 말대로 진정한 낙원이란 잃어버린 낙원이기 때문이다. 사람들은 낭만주의 이래 거듭 되풀이하여 인생의 상실에 대한 책임을 예술에게 물어왔고 플로베르가 말하는 인생의 소유^{avoir}와 표현^{dire} 간의 선택을 비극적인 양자택일로 보아왔다. 이에 반해 관조, 회상, 예술의 길이 우리가 인생을 소유하고 체험하는 한 가지 가능한 형식일 뿐 아니라 오직 단 하나의 가능한 형식이라고 본 최초의 인물이 프루스트이다. 물론 이러한 새로운 시간관에 의해 이 시대의 유미주의 자체가 조금이라도 변하는 것은 아니다. 유미주의는 이를 통해 좀 더 온순한 외양을 띠게 될 따름인데 그것은 어디까지나 외관상의 온순함에 지나지 않는다. 왜냐하면 프루스트에 의한 인생가치의 전도는 한 병든 인간의, 한 생매장된 인간의 자기기만 이외의 아무것도 아니기 때문이다.

4. 심미주의의 개념

　심미주의라는 명칭은 일반적으로 1890년대의 문학과 예술을 가리키는 데 사용되어왔다. 주로 월터 페이터와 오스카 와일드의 활동을 주축으로 한 예술지상주의적 경향의 문예운동을 가리키는 이름이다. 그러나 여기서 설명하려는 심미주의는 좀 더 광의의 개념을 함축하는 것으로서 낭만주의 운동과 함께 나타난 예술을 위한 예술, 상징주의의 발흥과 관련하여 발전된 순수시의 개념, 페이터, 와일드의 활동이 벌어지던 무렵의 댄디즘, 데카당스, 보헤미안적 경향을 총괄하는 개념으로서의 문예사조이다. 이처럼 광의의 심미주의에 포괄된 여러 경향들은 그것이 생겨난 시대와 그 나라의 상황에 따라 여러 차이점을 가지고 있다. 예컨대 댄디즘과 데카당스는 심미적인 것을 평가하는 데서 심지어 정반대되는 기준을 가진 것으로 볼 수 있는 여지가 있고 상징주의에서 나타난 예술을 위한 예술과 낭만주의에서 나타난 예술을 위한 예술의 경향은 내포하는 내용이 여러 가지 면에서 다르다. 하지만 이러한 차이점에도 불구하고 앞에 열거된 여러 예술적 경향들의 공통성은 18~19세기의 예술을 이해하는 데 매우 중요한 특성들을 보여준다는 점에서 한 가지로 묶어서 살필 필요가 있다.

　심미주의를 주로 에드거 알랜 포우에게서 발원하여 보들레르를 거쳐 스윈번의 중개로 영국에서 전성기를 맞이한 문예사조로 파악한 R. V. 존슨은 심미주의의 개념을 예술관, 인생관, 문학예술의 여러 특징들로 나누어 설명하고 있다. 그는 첫째

아르누보 1. 아르누보는 새로운 양식의 창조를 위해 자연주의, 자발성, 단순성, 기술적 완성을 지향한 구미의 미술공예 운동이다. 견고한 구축성과 기능적 합리성을 소홀히 하고 장식성에 치중하여 형식주의적이고 탐미적인 성향을 띤 것이 운동의 단명을 초래 했다고 평가받는다.

로 심미주의가 예술관에 있어서 교훈주의에 반대한 예술을 위한 예술이라고 파악한다. 즉 시의 가치가 의문시되는 사회적 상황에서 예술가들은 자위책으로 예술을 삶으로부터 분리시키려고 했다는 것이다. 예술이 사회적 삶에 관여하는 한 사회로부터 오는 간섭을 피할 수 없는 만큼 문학예술에서 교훈적 기능을 배제하여 사회에의 관여를 중지하고 오직 즐거움만 추구하는 활동으로 남겨 놓으려 했다는 생각이다. 둘째로 심미주의는 인생의 경험을 심미적 소재로 다루는 데 있어서 오직 예술적 정신으로 다루려 한 경향이라는 것이다. 이른바 명상적 심미주의라고 할 수 있는 이러한 심미주의의 경향은 삶을 투쟁으로 보지 않고 단지 흥미 있는 구경거리로 삼으려 했다는 관점이다. 즉 예술이 갖는 사회적 기능으로서 개인적 교양과 자기함양의 역할은 긍정하지만 그 밖의 사회적 문제에 대해 관심을 끊고 오직 명상적인 활동에 국한시키려한 것이라는 설명이다. 이 관점은 '사는 일은 하인들에게 맡기면 된다'는 한 심미주의자의 말에서 약여하게 드러난다. 세 번째

아르누보 2.

로 존슨은 심미주의 예술의 특징을 순수시와 같은 상태의 지향이라고 요약한다. 이 지향의 구체적 내용은 여러 가지로 살필 수 있는데 현실을 이탈하여 목가를 부르거나, 이국정취를 고취하는 것, 고풍스러움을 즐기는 것이 한 양상이며 도덕적으로 문제되는 내밀한 심리적 상태를 묘사하는 데로 나아가는 것도 한 양상이다. 또한 감각적 이미지와 묘사를 즐겨 사용하는 것이나 작품의 주제를 경시하고 형식의 문제에 집착하는 경향도 심미주의적 예술의 특성이라고 말한다. 이러한 개념규정은 심미주의적 경향의 공통성을 추출한 점에서 이해를 쉽게 해주는 이점이 있지만 그와 같은 특성이 무엇을 뜻하는지를 말해주는 것은 아니다. 더욱이 심미주의는 영국적 현상이라기보다는 프랑스적 현상이라고 파악하는 것이 더 정당한 측면이 있고 낭만주의에서 시작하여 상징주의와 함께 절정에 이른 예술적 경향이라고 보아야 할 것이다. 즉 심미주의는 낭만주의와 상징주의에 쌍둥이 형제처럼 동반했던 한 예술적 경향이었던 것이다. 이 양태는 르네상스에서 고전주의에 이르기까지 그리고 오늘날의 문학에까지 이성을 중시하는 계몽주의 사상이 중심적 기축으로 자리 잡고 있는 것과 대응되는 현상이다. 그러므로 심미주의가 발생한 배경과 그 전개양상을 살피지 않은 채 단순히 그 공통성만을 추출하는 것은 큰 의의를 지닐 수 없다.

심미주의 또는 그 예술적 양상으로서 예술을 위한 예술이 발생한 배경은 그것이 낭만주의와 상징주의에 붙박

아르누보 3.

이나 되는 것처럼 동반되었다는 점에서 낭만주의와 상징주의가 배경으로 하고 있는 사회적 조건과 동일한 것이었다. 하지만 구체적으로 예술을 위한 예술이 주창된 배경을 특화해서 살피는 데는 먼로 비어슬리의 다음과 같은 지적이 참고가 될 수 있다.

첫째 자본주의의 발전과 함께 사회의 제 분야에서 나타난 기업 활동의 자유가 예술에도 적용된 것이라는 관점이다. 실용성, 유용성이 제일의 가치가 되어가는 속에서 예술가들은 예술품을 생산할 자유를 획득할 필요가 있었고 자신들의 노동조합을 만들 필요가 있었다는 것이다. 이것은 당시 예술이나 문화적인 분야에 대한 사회의 적의 속에서 자기들의 영역을 지키기 위한 자위권의 발동으로 예술을

위한 예술의 주장을 이해하는 관점이다. 또한 예술가들은 싸구려 물건이 범람하는 자본주의 예술시장에서 자신의 상품이 싸구려 물건이 아니라는 것을 스스로 증명해야 할 필요도 있었다는 점을 비어슬리는 지적하고 있다. 둘째로 예술가의 새로운 인권을 지키기 위해 그것이 필요했다는 관점이다. 즉 예술을 위한 예술은 자기 자신을 표현하지 않으면 멸망하고 말 천부적 재능의 개인을 위한 자기표현의 자유를 주장하고 있다는 것이다. 당시 검열이 혹독했고 시인 작가 예술인들에 대한 억압, 투옥이 빈번한 상황에서 불가피하게 예술을 위한 예술의 관점이 필요했다는 생각이다. 세 번째로 예술을 위한 예술의 주장이 전문적인 윤리학의 약호였다는 점이다. 비어슬리는 "자신의 '미의 종교'를 신봉하면서 자신의 재능에 대해 일편단심으로 헌신하고 완전성에 몰입하였던 플로베르 같은 작가들의 정신에 있어서 외적 압력으로부터의 자유에 대한 요구는 예술가가 자신의 최상의 의무, 즉 그의 예술 자체에 따라서 살 수 있는 기회에 대한 요구였다. 예술은 준수되어야 할 그 자체의 법칙(고전주의의 규범과는 다른)을 가지고 있다는 것은 칸트와 쉴러가 의미하였던 바인 '유희'로서의 예술이라는 개념이 가져온 필연적 결과이다. 19세기에 상아탑이란 작가들을 위한 방탕한 낙원이 아니라 정치가와 경찰과 돈에 굶주린 사람들로부터 격리되어 예술가가 그의 시구詩句를 연마하고 모든 음절을 측량해서 완성될 예술작품들을 창조해내는 성역이었다"고 말한다. 비어슬리는 과학의 실험실에 상응하는 것이 예술의 상아탑이라고 말하는 것이다. 즉 직접적 의무에서 벗어나 최고의 가치를 지니는 것을 예술가가 가지고 세상에 돌아오게끔 해주는 곳이 예술을 위한 예술의 주창자들이 건립한 상아탑이라는 설명이다. 하지만 비어슬리의 견해는 예술을 위한 예술의 긍정적인 측면에 치우쳐 평가하고 있다는 점에서 공정한 입장이라고는 할 수 없다. 그것은 관점을 달리하여 보면 곧바로 일방적인 옹호에 지나지 않는다는 것을 알 수 있기 때문이다. 예술을 위한 예술을 최초로 언급한 벤자민 콩스땅이 그 용어를 칸트와 관련해서 사용했다는 것은 그 구호가 예술의 자율성과 불가분의 관계를 지니고 있음을 입증한다. 또 프랑스에서 적극적으로 심미주의를 고창한 테오필 고티에가 예술이 그 자체로 존립할 수 있는 권리를 주장하기 위해 예술을 위한 예술을 말한 것도 사실이다. 그러나 고티에가 '시는 꽃과 마찬가지로 필수적이지 않다. 그러나 나로서는 장미꽃보다는 차라리 감자가 없는 쪽이 더 낫겠다'라고 했을 때 심미주의의 폐해는 일정하게 예고되고 있었던 것이다. 하우저는 낭만주의 시대의 예술을 위한 예술에 비교해서 세기말의 심미주의가 지니게 된 폐단을 이렇게 설명한다.

심미주의는 인상주의 시대에 와서 발전의 절정에 달한다. 그 특징적 성격들, 즉 인생에 대한 수동적이요 순전히 관조적인 태도, 체험의 덧없음과 불확실성 및 쾌락주의적인 감각주의는 이제 예술 일반의 평가기준으로 된다. 예술작품은 단지 목적 자체로 간주될 뿐 아니라, 미학 외적 어떠한 이질적 목표의 설정으로써도 그 매력이 손상되게 마련인 하나의 자기충족적 유희로, 그것을 감상하기 위해서는 거기에 완전히 몰두해야만 할 삶의 가장 아름다운 선물로 간주될 뿐 아니라, 그것은 그 자족성으로 말미암아, 그리고 자기 영역 바깥에 있는 일체의 것에 대한 철저한 무관심으로 말미암아 삶의 모범, 좀 더 정확히 말해 딜레탄트 인생의 모범이 되는 바, 이 딜레탄트의 존재가 시인과 작가의 평가에 의해 과거의 정신적 영웅들을 대신하기 시작하여 '세기말'의 이상을 대표하게 되는 것이다. 딜레탄트의 특징을 무엇보다도 잘 드러내는 것은 그가 '자기의 인생을 하나의 예술작품으로 만들고자' 한다는 사실, 다시 말하여 값비싸고 쓸모없는 것으로, 자유롭고 사치스럽게 흘러가는 어떤 것으로, 미와 순수한 형식과 색채나 선의 조화에 바쳐지는 어떤 것으로 만들고자 한다는 사실이다. 심미적 문화란 쓸 데 없고 남아돌아가는 것으로서의 생활방식을, 낭만주의적 체념과 수동성의 구현을 뜻한다. 그러나 그것은 낭만주의보다 한술 더 떠서, 예술을 위해 인생을 버릴 뿐 아니라 예술 자체 속에서 인생의 정당화를 찾는다. 그것은 예술의 세계를 인생의 환멸에 대한 유일의 진실한 보상으로, 원래 불완전하고 불명료하게 마련인 인간존재의 참다운 실현이요 완성으로 여기는 것이다. 그러나 이것은 인생이 예술의 형태를 취할 때 더 아름답게 보이고 더 화해적으로 느껴진다는 것을 의미할 뿐 아니라, 최후의 위대한 인상주의자요 심미적 쾌락주의자인 프루스트가 생각했던 것처럼 기억과 환상과 심미적 체험 속에서만 인생이 비로소 뜻깊은 현실로 된다는 것을 의미한다.

하우저가 말하는 것은 낭만주의에서 예술을 위한 예술의 목적이 현실도피의 한 수단인 데 있었다면 세기말의 심미주의는 예술과 인생의 가치를 전도시킨 점에 차이가 있다는 것이다. 이 가치 전도 하에서 예술은 심미적 쾌락주의를 가능하게 했을 뿐 아니라 인생의 의미를 찾는 유일한 수단으로 격상되는 것이다. 하우저가 '이제 프루스트에게 있어서 예술은 플라톤이 예술의 능력 밖이라고 규정했던 '이데아'를, 존재의 본질적 형태에 대한 올바른 기억을 소유하는 것'이라고 지적한 내용은 예술이 인생을 대치한 양태에 대한 비판이다. 생활에 있어서 행위자가 아니고 단순히 관찰자의 입장에 있을 때만이 현실에 대한 올바른 파악이 가능하다는 생각은 예술을 위한 예술이 가져온 가치전도의 결과였다. 그러나 당초에 예술을 위한 예술이 이러한 결과를 목적으로 한 것은 아니었다. 그것은 심미주의적 경향이 시대적 상황과 여러 가지로 반응하는 가운데 생겨난 변화의 내용이었다.

5. 심미주의 이론의 전개와 철학적 배경

프랑스에서 심미주의의 경향은 고티에를 중심으로 하는 고답파의 활동에서 처음으로 나타난다. 르꽁트 드 릴 등이 참여한 고답파는 사회의 도덕에 대한 부르주아의 고정관념들에서 벗어나 자유롭게 예술 활동을 하기를 원했다. 이 점에서 심미주의는 부르주아적 가치척도에 대한 반발에서 시발되었다고 할 수 있다. 특히 고티에는 예술의 순수한 형식성과 유희적 성격을 강조하면서 자신들에게 가해지는 부르주아적 이념이나 이상의 강박에서 예술을 자유로운 상태에 있게끔 풀어놓으려고 했다. 이들은 예술이 보통의 사람들에게는 금지된 예술가들만의 천국이라고 생각했고 고티에가 '신이란 세계 최초의 시인에 불과하다'라고 한 데서 드러나듯이 시인은 하나의 신격을 갖춘 존재라고 간주했다.

이들이 최초에 시도했던 예술의 자율성에 대한 강조와 사회로부터의 격리는 부르주아 세계에 대한 반대에 의미가 있었다고 보이지만 그것은 오히려 부르주아에게 유리한 상황을 조성하였으므로 결과적으로 부르주아에게 아무런 걸림돌 없이 기업의 이윤을 증진시킬 수 있게 하는 것이기도 했다. 고티에가 주도한 최초의 국면이 지나가고 플로베르, 공꾸르 형제, 보들레르 시대에 이르면 이제 예술가들은 자기의 고립된 세계에 완전히 칩거하게 된다. 보들레르는 유용성의 개념이 미의 개념에 가장 적대적이라는 주장을 하면서 순수예술의 중요성을 강조했다. 상징주의가 초월적인 세계의 본질에 대한 직관을 강조한 것도 어찌 보면 현실에 대한 관심에서 초탈하기 위한 하나의 전략이라고 볼 수도 있다. 상징주의가 도시적인 것에 대한 새로운 감각을 표현하고 인공성을 미의 유일한 가치로 인정한 것은 낭만주의의 자연을 도시와 인공성으로 돌린 데 불과했을 뿐 근본적인 태도의 변화를 의미하는 것은 아니었다.

한편 플로베르가 사제적인 태도로 묘사에 집중한 것도 자기의 일에 전문가가 되어야 하는 시대의 변화가 창작태도에 가져온 결과이다. 미적 쾌락을 위해서 감각적 인상과 예술적 재구성에 완전히 몰두하는 자학에 가까운 집착은 단지 플로베르만이 아니라 1850년대 이후 활동한 작가 시인들에게서 광범하게 확인할 수 있는 사실이었다. 그들은 당대의 문명과 사회에 대해 혐오감을 가졌을 뿐더러 자신들이 그에 대해 어떻게 해볼 수 없다는 무력감에서 벗어날 수 없었다. 그들은 다만 당대의 문제를 외면하는 대가로 자신의 영역에서 안주할 수 있는 권리를 확보하는 데 매달리는 수밖에 없었다. 아우얼바하는 발자크 세대의 직접적 후대인 19세기 후반의 이러한 정세를 이렇게 이야기하고 있다.

> 50년대에 작품을 내기 시작한 바로 다음 세대에 와서 사정은 완전히 바뀌게 된다. 이제 당대의 실제적인 사건에 전혀 개입하지 않으며 도덕적, 정치적, 그렇지 않으면 실제적으로 인간생활에 영향을 끼치는 모든 경향을 회피하며, 유일한 의무라고는 문체의 요구를 충족시키는 것이 있을 뿐이라는 문학관, 문학이상이 생겨났다. 이러한 문학관이나 문학이상은 취급된 주제(그것이 외적 현상이건 작가의 감각이나 상상력의 산물이건 간에)가 감각적 생기를 띠고 뚜렷한 특성을 보여주는 새롭고 낡아빠지지 않은 형태 속에 나타나기를 요구한다. 이러한 태도(그것은 주제상의 위계질서를 인정하지 않는다)에 의하면 예술의 가치, 즉 완벽하고 독창적인 표현의 가치는 절대적인 것이며 상충되는 철학이나 이론의 충돌에 참여하는 것은 무엇이고 불신받아 마땅하다는 것이다. 왜냐하면 이러한 참여는 표어나 상투어구로 끝나게 마련이기 때문이라는 것이다. 유용함과 즐거움이란 전통적인 옛날 개념이 들먹여지면 모든 종류의 문학 유용성은 절대적으로 부정되었다. 유용성

은 곧 실제적 유용성이나 따분한 교훈주의를 암시했기 때문이다. 1886년 2월 8일자의 공꾸르 일기는 '예술작품이 어떤 일에 봉사하기를 요구하는' 생각을 비웃고 있다. 그러나 그것은 훌륭한 시인이 나무공굴리기의 명수에 진배없이 쓸모없다고 말한 것으로 알려진 말레르브류의 겸손에서 나온 것은 결코 아니다. 그것은 문학과 예술 일반에 절대적인 가치를 부여하는 것이며 그들을 숭배의 대상, 거의 종교의 대상으로 삼으려는 것이다. 이리하여 본래 표현을 감각적으로 즐기는 것이었던 쾌락은 너무나 높은 지위를 떠맡게 되어 쾌락이란 말은 이제 충분치 못한 것처럼 보였다. 이 말은 아주 하찮고 쉽게 이룰 수 있는 어떤 것을 나타냈기 때문에 불신되는 듯이 보였다.

이 시대에 작가들의 작업을 추동한 것은 사회적 문제에 대한 관심이나 인생의 진실에 관련되는 것은 아니었다. 미적 충동이 작업을 가능하게 한 추진력의 근원이었기 때문에 작가들은 미적 인상을 탐구하는 가운데 도시의 병적이고 추악한 모습을 발견하게 되었으며 그럼에도 그 추악한 것과 병적인 것 가운데서 미적인 가치를 찾아야 했던 것이다. 따라서 이 시대의 작가들은 사회의 구조나 생활의 핵심적 문제에서가 아니라 주변적인 것에 몰입하는 가운데 그 심미적인 세계에서 고립되어 사는 것을 선택해야 했다. 그리하여 자신들의 도덕적 순수성이나 작품 속에 꾸며놓은 세계의 세련미, 풍부한 인상과 감각의 섬세성에 그들 스스로 감탄할 수 있었다. 이와 같이 19세기 중후반의 작가들은 주변적 현실에 집중하고 거기에 예술적 정력을 쏟아 부음으로써 '현실성과 지성을 듬뿍 담고 있지만 유머나 정신의 균형이란 면에서는 빈약'한 작품을 산출하였고 그것들이 삶의 풍요성을 건조하게 만들거나 사회적 현상에 대해 왜곡된 견해를 나타내게 된 것은 어쩔 수 없는 사태의 진전이었다. 상징주의는 이러한 사태진전의 결과 이제 현실의 불모성과 피안의 풍요성, 영구성을 주장하는 데서 나온 사조였다. 주변적인 문제에 집중하는 속에서 현실은 알 수 없는 어떤 것이 되고 참으로 본질적이고 아름다운 것은 저쪽 세계에 있다는 생각으로 위안을 삼게 된 것이다. 현실의 문제를 분석하고 판단하는 이성보다도 단번에 이상세계의 본질을 파악하게 해주는 직관에 의지하려는 태도가 나타난 것도 '대체로 유복한 시민생활을 하고 있으며, 웬만한 집에서 편안히 살고 있고, 맛있는 음식을 먹고 세련된 관능의 욕구를 모조리 충족시키고, 또 그들의 생존 자체가 큰 변동이나 위험에 의해서 위협받는 법이 없기 때문에 그들의 지적 교양이나 예술가로서의 결백성'을 유지하면 되는 데 따라서 형성된 의식의 표출이었다.

하우저가 보헤미안의 현상을 3단계로 구분하여 설명한 것은 이 양상을 심미주의와 관련지어 이해하는 데 도움을 준다. 즉 부르주아 생활에 반대하면서 나타난 보헤미안은 낭만주의 시기, 자연주의 시기, 인상주의 시기에 서로 다른 특징을 지니게 되었다는 것이다. 첫째 단계에서 보헤미안은 고티에, 제라르 드 네르발, 아르센 우쎄이 등이 속한 집단으로서 부르주아인 자기 아버지들과 다르게 살 수 있는 권리를 추구한 데 지나지 않았다는 것이다. 그러나 샹플레리, 꾸르베, 나다르, 뮈르제 등이 속한 보헤미안들은 완전히 불안정한 생활을 하는 사람들로 구성되어 있었으며 보헤미안을 가장하는 것이 아니라 생존에 그것이 가장 적합한 형태였기 때문에 그렇게 생활했다는 것이다. 보들레르는 보헤미안들이 이 가운데서 한편으로는 낭만주의 시기의 보헤미안으로 복귀하려고 하기도 하고 한편으로는 인상주의 시기의 보헤미안으로 진전하는 이중적 양태를 나타낸다고 본다. 하지만 인상주의 시기에 이르면 보헤미안은 완전히 사회에서 쫓겨난 방랑자들의 집단이 된다는 것이다. 랭보, 베를렌느, 꼬르비에르, 로트레아몽 등이 속한 이들 보헤미안은 비도덕화의 무질서 속에서 비참하게 사는 한 계급으로 부르주아 사회뿐 아니라 전 서구 문명에 결별을 고한 절망자들이었다는 것이다. 하우저는 그 실례로 '보들레르와 베를렌느와 뚤루즈 로트렉은 심한 술꾼이요, 랭보와 고갱과 반고호는 세계를 떠돌아다니는 방랑자요 부랑인이며, 베를렌느와 랭보는 구호병원에서 객사하고, 반고호와 뚤루즈 로트렉은 한때 정신병원에 들어가는데, 하여튼 그들의 대부분은 다방이나 음악실, 창가娼家나 병원 또는 길거리에서 생애'를 보냈다는 사실을 적시하고 있다. 하우저는 이러한 보헤미안적인 현상, '이것이 바로 점잖고 예의바르고 까다로운 플로베르와 그의 교양 있고 예술을 이해하는 세련된 친구들이 뿌렸던 씨의 열매'라고 주장한다. 심미적 쾌락주의를 뜻하는 데카당스란 말이 나오게 되는 배경은 이와 같은 시대적 변천 속에서 싹텄던 것이다.

보들레르 이후의 악마주의나 '나는 데카당스 말기의 제국帝國이다'고 스스로 주장했던 베를렌느의 문학은 최초의 낭만주의적 현실부정에서 성장한 예술을 위한 예술의 종착점을 여실히 보여준다. 하우저는 데카당스와 낭만파의 공통적 경향 가운데 창부娟婦에 대한 동정이란 사실을 지적하면서 이렇게 설명한다.

> 이 동정은 물론 무엇보다도 부르조아 사회 및 부르조아적 가정에 기초를 둔 도덕에의 저항의 표현이다. 창부는 뿌리 뽑힌 자요 사회에서 쫓겨난 자이며, 사랑의 제도적 부르조아적 형태에 반항할 뿐 아니라 사랑의 '자연적'인 정신적 형태에 대해서도 반항하는 반역아들이다. 감정의 도덕적 사회적 조직을 파괴할 뿐더러 감정의 근거 자체를 파괴한다. 창부는 격정의 와중에서도 냉정하고, 언제나 자기가 도발시킨 쾌락의 초연한 관객이며, 남들이 황홀해서 도취에 빠질 때에도 그녀는 고독과 냉담을 느낀다. 요컨대 창부는 예술가의 쌍둥이인 것이다. 창부에 대하여 보이는 데까당스 예술가들의 이해심은 감정과 운명의 이러한 공통성으로부터 생겨난다. 그들은 자기들이 어떻게 몸을 팔고 어떻게 자기들의 가장 신성한 감정을 희생하며 또 얼마나 값싸게 자기들의 비밀을 팔아넘기는지를 알고 있는 것이다.

프랑스의 예술을 위한 예술, 나아가서 심미주의가 극에서 극으로 치닫는 격정적인 것이었다면 영미의, 특히 영국의 상황은 찻잔 속의 태풍에 가까웠다. 낭만주의 시인인 키이츠가 '아름다움은 진리이며 진리는 아름답다'라고 한 것은 심미적 경향의 한 발현이었다. 그러나 심미주의의 구체적인 전개는 에드가 알랜 포우의 활동으로부터 시작된다고 보는 것이 온당할 것이다. 19세기 전반기에 살았던 포우는「애너벨 리」라든가「까마귀」등의 시로 이름을 얻었으며 보들레르, 말라르메 등에게 영향을 준 것으로 알려져 있다. 그의 말년에 저술된『창작원론』이나『시작원리』는 예술을 위한 예술과 순수시의 개념을 선도하는 것이었다. 교훈문학을 공격하는 가운데 그는 시와 진실이 양립할 수 없는 것이라는 생각을 피력했고 시인은 현세의 아름다움을 초월하는 영원의 아름다움을 형상화할 수 있어야 한다는 생각을 나타냈다. 그는 아름다움이 영혼의 흥분 혹은 즐거운 앙양이라는 생각에서 '기분을 앙양하는 흥분을 주는 시'를 창작해야 한다고 주장했다. 시는 순간적으로 앙양되는 체험에 기초하지 점차적으로 받아들여질 수 있는 관념이 아니라는 것이었다. 그가 음악의 중요성을 강조한 것도 기분을 앙양할 수 있는 시적 구조에 대해 생각하고 있었기 때문이다. 음악과 마찬가지로 시도 오직 소리의 조직과 말의 연상작용에 의지하는 것이므로 그 효과를 계산하여 창작해야 한다는 견해였다.

포우의 생각은 스윈번에 의해 영국에 널리 소개되었다. 스윈번은 보들레르에게서 영향을 많이 받았는데 포우를 알게 된 것도 보들레르를 통해서였다. 기왕에 시인으로 착실한 기반을 다지고 있던 스윈번은 『윌리엄 블레이크』라는 에세이집에서 예술을 위한 예술을 체계적으로 소개했으며 거기서 시인이 누려야 할 표현의 자유도 주장했다. 블레이크는 스윈번의 예술적 경향과 상통하는 부분이 있었는데 블레이크를 예술을 위한 예술의 신봉자로 설명한 것은 그가 인습적 도덕관을 혐오했다는 점을 중시한 판단이었다. 이 판단은 시대의 반항아이기도 했던 스윈번 자신을 옹호하는 측면이 있었다. 스윈번과 같은 시기에 월터 페이터의 활동도 이루어지고 있었다. 그가 주장한 것은 명상적 심미주의로서, 경험을 심미적 소재로 다루되 이를 예술적 정신으로 다루자는 것이었다. 그러나 페이터는 예술의 내용과 형식의 문제에 있어 중도적인 입장을 취했다. 예술작품의 체험에 있어 내용과 형식이 뚜렷이 구별되는 것이 아니며 그 두 가지가 한데 잘 결합되어 있으면 있을수록 더 훌륭한 작품이라는 생각을 말했다. 그렇기 때문에 페이터에게 있어서 이상적인 문학의 형태는 서정시였다. 서정시는 내용과 형식을 결코 분리할 수 없으리만큼 통일을 이룰 때 완성되기 때문이다. 이런 맥락에서 한 세대 뒤에 조지 무어의 순수시 개념이 발전하게 된다. 소설가인 무어는 관념보다는 사물들 자체에 더 많은 시가 있다는 생각에서 시인들이 자신의 관념을 앞세울 것이 아니라 사물의 세계를 수용할 수 있는 자세를 가져야 한다고 생각했다. 그는 이렇게 하여 창조된 시를 순수시의 개념으로 개괄했는데 그에게서 순수시는 '시인이 자기 자신의 인격을 떠나 창조하는 그 무엇'이었다. 시인의 인격과 시를 구분하여 파악한 것이다.

페이터의 『르네상스 시대』의 출간 이후 '탈도덕적 쾌락주의'라는 비판이 일고 그것을 저자가 글의 삭제를 통해서 수용하면서 영국의 심미주의는 온건한 양상을 띠게 된다. 그는 '특정한 경험의 유별남과 신기함을 예리하게 지각할 수 있는 일종의 침착한 인식상태를 유지하는 데' 예술의 기여가 있다고 주장했던 것이다. 그것은 자기함양의 수준에서 예술을 본 데 지나지 않았다. 이처럼 페이터의 심미주의가 온건한 양상을 지니게 된 원인은 그가 프랑스의 예술을 위한 예술보다도 독일 쪽의 낭만주의 미학에서 더 많은 영향을 받은 결과라고 볼 수 있다. 페이터의 심미주의가 지닌 특질은 오스카 와일드의 심미주의에도 일정하게 지속된다. 와일드는 자신의 참모습에 대한 탐구로서 예술행위를 이해했고 그런 입장에서 심미주의를 주장했다. 그렇기 때문에 그는 미적 세련을 중요시하는 관점에서 그의 장편소설 『도리안 그레이의 초상』을 창작했다. 이 작품의 서문에는 그가 생각한 심미주의의 요체가 드러나 있다.

> 예술가는 아름다움의 창조자이다.
> 예술을 드러내고 예술가를 감추는 것이 예술의 목적이다.
> 비평가는 아름다움에 대한 자신의 인상을 다른 방식으로 또는 새로운 소재로 번역할 수 있는 사람이다.
> 최저의 비평형식과 마찬가지로 최고의 비평형식은 자서전의 양식이다.
> 아름다움에서 추한 의미들을 발견하는 사람들은 매혹될 것이 없는 타락이다. 이것은 죄다.
> 아름다움에서 아름다운 의미를 찾는 사람들은 교양 있는 사람이다. 이들에게 희망 있을진저.
> 그들에게 아름다움이 단지 '미^美'를 의미할 뿐인 이들은 선택된 사람이다.

도덕적이거나 비도덕적인 책이란 없다. 잘 지어진 책과 잘못 지어진 책이 있을 뿐이다. 그게 전부다.

리얼리즘에 대한 19세기의 혐오는 거울 속에서 자신의 얼굴을 본 칼리반^{Caliban} (셰익스피어의 「템피스트」에 나오는 반수인半獸人의 이름)의 분노이다.

낭만주의에 대한 19세기의 혐오는 거울 속에서 자신의 얼굴을 보지 못한 칼리반의 분노이다.

사람의 도덕적인 생활은 예술가의 제재의 일부를 형성하지만, 예술의 도덕성은 불완전한 매체의 완전한 사용에 있다. 어떤 예술가도 무언가를 입증하기를 바라지는 않는다. 진실인 것들까지도 입증될 수 있다.

어떤 예술가도 윤리적 공감을 얻지는 못한다. 예술가에게 윤리적 공감은 용서할 수 없는 스타일의 매너리즘이다.

어떤 예술가도 병적이지는 않다. 예술가는 모든 것을 표현할 수 있다.

사상과 언어는 예술가의 예술적 도구이다.

악덕과 미덕은 예술가의 예술적 소재이다.

형식의 관점에서, 모든 예술의 전형은 음악가의 예술이다. 감정의 관점에서 배우의 기교는 전형이다.

모든 예술은 곧 표면이자 상징이다. 표면 밑으로 내려가는 사람은 위험에 처한다. 상징을 읽는 사람도 위험에 처한다.

예술이 실제로 비추는 것은 구경꾼이지 인생이 아니다.

예술작품에 대한 다양한 의견은 작품이 새롭고 복합적이며 생동한다는 것을 보여준다.

비평가가 불일치할 때, 예술가는 자신과 화해한다.

우리는 쓸모 있는 것을 만드는 사람이 그것을 찬탄하지 않는 한 그를 용서할 수 있다. 쓸모없는 것을 만드는 것에 대한 유일한 변명은 사람들이 그것을 강렬하게 찬탄한다는 것이다.

모든 예술은 전혀 쓸모없다.

와일드에게 와서 페이터의 명상적 심미주의가 무대배우적 심미주의로 변질되었다고 본 존슨은 와일드의 예술을 위한 예술이 세 가지 경향에 대해서 반대했다고 파악한다. 첫째 사실주의에 대해서 그는 예술이 삶을 모방할 것이 아니라 개선해야 한다고 주장했다는 것이다. 둘째 도덕주의에 대해서 와일드는 예술이 전혀 쓸모가 없다고 반박했다는 것이다. 셋째 문학을 자기표현으로 보는 낭만주의에 대해서 '모든 저급한 시는 순수한 감정에서 나온다'고 반박했다는 것이다. 즉 '어떤 아름다운 것이든 그 의미는 그것을 창조한 사람의 영혼 속에 찾아볼 수 있는 것에 못지않게, 적어도 그것을 바라보는 사람의 영혼 속에서도 찾아볼 수 있다'고 보았다는 것이다. 결국 와일드는 영감이나 감정과 예술 사이에 직선적인 연계를 인정하지 않았다는 견해다. 이것은 프랑스에서 낭만주의에 일정하게 반발하면서 성립한 고답파의 관점이 영국에서는 와일드에 의해 성립되었음을 말하는 데 지나지 않는다. 와일드는 오직 형식만이 중요하다고 보았고 예술적 진실이란 독자에게 미치는 효과의 문제일 뿐이라는 주장을 펼치고 있다. 영국의 심미주의는 이후에도 불룸즈베리 작가군에 의해 지속되었지만 이때는 이미 모더니즘이 지배적인 힘을 지니게 된 연후였다.

심미주의의 철학적 배경은 칸트의 예술자율성이론이라고 볼 수 있다. 천재의 개념이나 형식주의 등이 심미주의에서 공통적으로 신빙성 있는 이론이었다는 사실은 칸트의 영향력이 낭만주의와 상징주의를 잇는 계선 상에서 막대한 것이었음을 입증한다. 그러나 쇼펜하우어의 영향력이 더 직접적이었다고 보는 것이 온당할 것이다. 쇼펜하우어는 예술을 생활의 의지로부터의 구제로 생각했고 그 생활에서 생기는 욕망과 격정을 잠재우는 진정제로 정의했던 것이다. 그는 최고의 예술을 비극으로 꼽으면서 그 이유로 그것이 '의지를 진정시키는 효과를 가지며, 단지 삶뿐만 아니라 바로 그 살려는 의지를 단념시키고 내던지게 한다'는 점을 들었던 것이다.

6. 심미주의 문학의 전개

　심미주의는 그 자체로 문학적 방법을 획득한 사조라기보다는 다른 사조와의 연관 속에서 변화해간 사조라는 이해가 온당할 것이다. 따라서 그 문학적 특징은 경우에 따라 다양한 양상을 띠지 않을 수 없었다. 여기서 어떤 맥락을 뚜렷이 제시하기보다는 낭만주의나 상징주의에서 다루지 않은 작가들 가운데 심미적 경향이 두드러진 작가 시인을 중심으로 심미주의 문학의 전개를 살피는 것은 그 때문이다. 심미주의 문학에서 제일 먼저 거론될 수 있는 시인은 포우이다. 그는 단편소설작가로서의 업적도 뛰어나지만 시에서도 심미주의의 선편을 쥐고 있다. 「애너벨 리」는 죽은 아내를 그리워하며 지은 시로 아름다운 어조와 음악이 독자를 사로잡는다.

　　오래고 또 오랜 옛날
　　바닷가 어느 왕국에
　　여러분이 아실지도 모를 한 소녀
　　애너벨 리가 살고 있었다.
　　나만을 생각하고 나만을 사랑하니
　　그 밖에는 아무 딴 생각이 없었다.

나는 아이였고 그녀도 아이였으나,
바닷가 이 왕국 안에서
우리는 사랑 중 사랑으로 사랑했으나
나와 나의 애너벨 리는
날개 돋친 하늘의 천사조차도
샘낼 만큼 그렇게 사랑하였다.

분명 그것으로 해서 오랜 옛날
바닷가 이 왕국에
구름으로부터 바람이 불어왔고
내 아름다운 애너벨 리를 싸늘하게 하여
그녀의 훌륭한 친척들이 몰려와
내게서 그녀를 데려가 버렸고
바닷가 이 왕국 안에 자리한
무덤 속에 가두고 말았다.

우리의 절반도 행복을 못 가진 천사들이
하늘에서 우리를 샘낸 것이었다.
아무렴!--그것이 이유였었다.
(바닷가 이 왕국에선 모두가 아시다시피)
밤사이에 애너벨 리를 싸늘하게 죽인 것은.

하지만 우리의 사랑은 훨씬 강했다.
우리보다 나이 든 사람들의 사랑보다도
그로 해서 하늘의 천사들도
바다 밑에 웅크린 악마들도

아름다운 애너벨 리의 영혼으로부터
내 영혼을 갈라놓을 수는 없었다.

그러기에 달빛이 비칠 때면
아름다운 애너벨 리의 꿈을 꾸게 되고
별빛이 떠오를 때 나는
아름다운 애너벨 리의 눈동자를 느낀다.
하여, 나는 밤새도록 내 사랑, 내 사랑
내 생명 내 신부 곁에 눕노니
거리 바닷가 무덤 안에
물결치는 바닷가 그녀의 무덤 곁에.

이 시에서 깊은 내용을 찾아보기는 어렵다. 다만 시구의 반복에 의해 음악성이 고조되고 낭만적인 분위기가 살아오는 느낌을 받는 것으로 족할 것이다. 포우의 시는 독특한 상상력을 보여줌으로써 그의 단편소설의 분위기를 가져오는 경우도 있다. 「엘도라도」는 이상세계의 비전을 추구한 독특한 작품이다

화려하게 장식한
씩씩한 기사
햇빛을 쐬고 그림자를 지나
기나긴 여로를 계속했다.
노래를 부르면서
엘도라도를 찾아서

그러나 점차 늙게 된
이 씩씩한 기사.

그리고 그 가슴 위에는 검은
그림자가 드렸다. 오직 하나의
토지도 보지 못한 채
엘도라도라고 생각되는 곳.

이윽고 그 기력도
모두 쇠해 버리고 말았을 때
기사는 순례의 그림자를 만났다.
"그림자여"하고 그는 말했다.
"도대체 어디에 있을까
이 엘도라도 나라는"

"저 달이 비치는
산과 산을 넘어서
그림자 진 골짜기로 내려가
계속 겁내지 말고 말을 몰아라"
그 그림자는 대답하였다.
"만일 엘도라도를 찾는다면"

   포우의 시가 기발한 착상과 음악성을 고조한 데 반해서 프랑스의 예술을 위한 예술의 선구자인 고티에는 형식과 색채를 중시하면서 시작을 한 시인이다. 그의 「바닷가에서」는 스페인의 바닷가에서 얻은 생각을 감각적으로 표현한 시이다.

달은 높은 하늘에서
손에 들었던 금부채를
바다의 그 새파아란

융단 위에 떨어뜨렸네.

주워 올리려고 엎드려
은빛 팔을 펴지만
그 흰 손아귀를 빠져서
부채는 물결 따라 흘러가네.

천 길 물속에 이 몸을 던져
부채를 돌려주랴, 빛나는 달이여,
그대 하늘에서 내려온다면
나는 하늘로 올라가리라.

고티에의 작품 가운데는 낭만주의적인 정조가 지배적인 작품도 있지만 고답파의 수장답게 시적 형태에 관심을 쏟은 작품도 있다.「세기딜랴」는 그 대표적인 작품이다.

스커트가 허리에 찰싹 달라붙고
말아 올린 머리카락, 눈에 띄는 소매
다리는 모으고, 화사한 손톱
타오르는 눈초리, 창백한 이마, 하얀 이
알사! 오오라!
그것이야말로
진짜 마뇨라.

몸짓은 대담하고, 약간 벌린 입
움켜쥔 소금, 후추,

내일의 일 따위는 아주 잊어버리고
기분풀이 사랑, 미친 듯한 몸매
알사! 오오라!
그것이야말로
진짜 마뇨라.

노래한다, 춤춘다, 카스타네트로
내리 찌른다 투우장에서
트레로의 칼로써
계속 줄담배를 피워대면서
알사! 오오라!
그것이야말로
진짜 마뇨라.

영국의 심미주의 전개에 결정적인 중개자의 역할을 한 스윈번은 기교파 시인으로 알려져 있다. 소재를 어떤 것을 택하든지 간에 음악적인 향기가 넘치게 하는 기교를 사용하여 서정성 넘치는 작품을 남기고 있다. 여기 소개하는 「걸음마」는 동시의 소재일 수도 있으나 시인은 리듬감을 통해 소재를 새롭게 소화하고 있다.

아장아장 걸음마, 아름다운 꽃 활짝 핀
5월의 들길보다 부드럽고 예쁘게
우리 아기 걸음마는 비틀거린다.
아장아장 걸음마.

새벽하늘 같은 맑은 눈으로
엄마의 눈만 향해 마주 바라보며

노래하듯 즐거워.

황금빛 봄날을 반기듯 즐거운 얼굴
그 첫날의 한 토막 놀이이런가.
사랑과 웃음으로 귀여운 다리 끌며
아장아장 걸음마.

심미주의는 낭만주의 초기부터 나타나고 있다. 그 사실을 실증하는 대표적인 인물 가운데 한 사람이 제라르 드 네르발이다. 그는 일찍부터 낭만주의가 세력을 얻고 있던 독일문학에 관심을 쏟았고 스물세 살에 괴테의 『파우스트』를 번역하여 괴테의 칭찬을 받기도 했다. 그는 고티에와 의견이 맞아 유사한 문학적 경향을 나타내기도 했으며 『불의 아가씨』에 실린 소설 『실비』는 심미주의적인 특성을 많이 지니고 있다. 그 줄거리는 화자인 내가 가진 환상과 그 환상의 깨어짐을 중심으로 하고 있다.

나는 밤마다 극장에 가서 한 여배우의 모습에 넋을 팔고 돌아오는 생활을 계속한다. 오레리라고 하는 그 여배우는 나의 과거의 기억 속에 있는 여인이다. 나는 오레리의 실상에 대해서는 관심이 없고 오직 그 여배우를 통해 옛날의 영상을 간직하려고 한다. 그 영상은 어느 성에서 펼쳐진 춤과 관련된다. 나는 그 춤을 추는 가운데 아드리엔느라는 소녀와 같이 춤을 추고 규칙에 따라 입을 맞추어야 했다. 차례가 되어 그녀는 탑 속에 갇힌 공주의 운명을 읊은 노래를 하고 나는 그녀에게 월계수관을 씌워준다. 그녀는 인사한 뒤 성으로 돌아갔다. 그녀는 왕가의 핏줄로 수녀원으로 돌아간 것이다. 내가 그녀의 환상에서 벗어나지 못하고 있을 때 같은 마을의 처녀로 지금까지 사랑해오던 실비가 울고 있었다. 그녀는 내가 아드리엔느에게 월계수관을 씌워준 것에 대해 실망하고 있었다. 그 이후 나는 고향을 떠나서 생활해왔고 주식으로 돈을 벌기도 했지만 오레리의 모습에서 아드리엔느의 자태를 보고 극장을 쫓아다닌 것이다. 문득 나는 실비가 떠올라 로와지로 찾아간다.

그러나 춤추는 장소에서 만난 실비는 이미 예전의 사랑을 지니고 있지 않았고 파트너도 꿰어 차고 있었다. 며칠 로와지에서 지내면서 실비의 마음에서 내가 완전히 사라진 것을 알고 파리로 돌아온 나는 작품을 써서 오레리에게 주연을 맡긴다. 그 일을 계기로 오레리에게 사랑을 고백하지만 그녀는 극단주에게 사랑을 느끼고 있었다. 결국 아드리엔느와 실비, 오레리 세 여인의 누구와도 사랑을 맺지 못하고 있던 나는 어느 날 실비를 초청하여 오레리가 아드리엔느와 닮지 않았느냐고 묻자 그녀는 아드리엔느가 진즉 수녀원에서 죽었다는 사실을 알려준다.

이 작품은 섬세한 구성과 낭만적인 사랑이 어우러져 있다. 마음의 진실을 아름다운 추억과 한없는 몽상 속에서 발견한다는 주제는 이후에 다른 작가들에게 많은 영향을 끼치게 된다. 감미롭고 미화된 묘사가 심미주의의 특징을 일정하게 구현하고 있다.

오스카 와일드의 이름은 심미주의와 떼어놓을 수 없으리 만큼 밀접하게 연결되어 있다. 그는 특이한 복장과 기이한 행동으로 악명 높은 인기를 얻고 있었으며 작가로서의 명성이 최절정에 있을 때 동성애 사건으로 감옥에 간 뒤 몰락의 길을 걸어 마지막에는 파리의 빈민굴에서 객사하는 비운의 삶을 살았다. 그의 대표작은 『도리안 그레이의 초상』으로 알려져 있다. 이 작품은 도리안이라는 미모의 청년이 그 미모로 인해 겪게 되는 경험을 그리고 있다. 즉 악마적 심미주의 사상을 배후에 깔고 도리안이 사랑과 환락의 생활에서 타락하여 마침내 자살하게 되는 과정을 추적하고 있다. 이 작품은 미와 인간의 운명을 연관 지어 파악한다는 점에서 와일드의 주의주장을 실천한 작품으로 꼽을 수 있다. 하지만 그의 작품 가운데 가장 심미주의적인 작품은 시극으로 씌어진 「살로메」이다. 「마태복음」에 기록된 헤롯왕의 의붓딸 살로메의 설화를 변형하여 악마적인 유미주의의 주제를 완성하고 있다.

익히 알다시피 헤롯왕은 형수를 아내로 삼은 로마의 분봉왕이다. 그는 아내 헤로디아스보다 살로메에게 더 마음이 쏠리고 있는데 살로메는 그를 전혀 무시한다. 잔치의 자리에서 헤롯은 살로메에게 시선을 빼앗기고 있지만 살로메는 그를 경멸하는 언사를 계속한다. 이때 세례 요한이 나타나 군중 속에서 설교한다. 살로메는 세례 요한을 보고 그에게 반한다. 그리하여 그에게 접촉하고자 하지만 요한은 그녀를 거절한다. 살로메는 그에게 입맞춤하리라는 약속을 선언하고 궁으로 돌아온다. 헤롯은 살로메의 모습에서 음탕한 눈을 떼지 못하고 그녀가 자신의 곁에 와서 앉도록 명령하지만 살로메는 거절한다. 한편 헤로디아스는 자신의 음행을 비난하는 요한을 처형하도록 여러 차례 헤롯에게 부탁하지만 헤롯은 그 부탁만은 들어줄 수 없다고 거절한다. 헤롯은 살로메가 자신을 위해 춤을 추어주면 원하는 것은 무엇이든 들어주겠다고 약속한다. 살로메는 요염한 춤을 끝내고 왕에게 요한의 목을 달라고 요구한다. 그것만은 안 된다는 헤롯의 거절에도 헤로디아스와 살로메는 계속 요구한다. 결국 병사들이 요한의 목을 잘라 가져온다. 살로메는 요한의 아름다움을 찬미하며 어둠 속에서 그의 입술에 입맞춤한다. 이것을 안 헤롯은 싸늘한 목소리로 그녀를 죽이라고 병사들에게 명령한다. 살로메는 병사들의 방패에 맞아 죽는다. 이러한 줄거리 속에서 작가는 미를 이상화하는 주제를 완성하였다. 이 작품에 대한 다음의 해설은 참조할 만하다.

 '예술이 인생의 모방이 아니라 인생이 예술을 모방한다'고 한 와일드는 대표적인 유미주의자라 할 수 있다. 이 유미주의자 와일드의 유미적인 작품 중 가장 대표적인 것이 희곡 「살로메」이다. 피가 뚝뚝 떨어지는 사나이의 목에 입 맞추는 살로메에게서 가장 황홀한 아름다움을 발견하고 그것을 작품화한 것으로서, 세계 각국 극장에서 즐겨 공연되고 있다. 이 희곡은 신약성서 마태복음 14장에 기록된 내용에서 취재한 것으로서, 살로메는 헤롯왕의 비妃가 된 헤로디아스의 딸 이름이다. 그녀는 예언자 요카난(세례 요한)을 사랑하여, 일곱 베일의 춤을 춘 보수로서 그의 목을 받아들고 거기 입맞춤을 함으로써 자기 뜻을 이룬다. 그러나 의붓아버지인 헤롯왕의 질투를 사게 되어 왕의 병사에 의해 방패에 눌려 죽임을 당하게 된다.
 명배우의 명성이 자자하던 여배우 사라 베르나르를 위해 처음에 프랑스어로 씌어진 작품으로서, 환상적인 괴기스러움과 문장의 화려함은 비아즐리의 삽화와 더불어 세기말 문학의 대표적 걸작으로 꼽히고 있다. 요사스럽다고 할 살로메의 전설은 오래 전부터 전해져 오고 있는데, 와일드의 희곡의 바탕이 된 것은 『성서』와 플로베르의 단편 「헤로디아스」인 것으로 알려져 있다. 『성서』에는 살로메란 이름이 적혀져 있지 않고 어머니인 왕비가 자기 딸을 충동질하여 요한의 목을 달라고 한 것으로 되어 있고, 플로베르의 작품의 경우에도 살로메는 주요인물로 부각되어 있지 않다. 그러나 와일드는 그의 독자적인 상상력으로써 왕녀 살로메의 광적이라고 해야 할 뜨거운 정열을 묘사하고 있다. 자기의 사랑을 거절한 요카난의 목을 얻음으로써 자기 긍지를 상하게 한 사나이에 대해서 복수를 하고 아울러 처녀의 피를 끓어오르게 한 사나이에 대한 사랑을 성취시키고, '자, 이제 나는 입맞춤 하리라. 익은 과일을 깨물듯이 내 이로 깨물어 주리라'고 외치는 살로메야말로 그야말로 와일드의 악마적인 환상의 산물이라고 할 수 있다.

「살로메」는 단막 희곡으로서 템포의 조절과 클라이맥스에서 일전하여 급격한 결말에 이르는 극적 구성이 교묘하기 이를 데 없는 동시에, 비유와 반복과 현란한 어휘에 의하여 음악적 효과를 내면서 달빛 아래 교착하는 관능적인 아름다움과 공포를 표현하고 있다. 살로메가 맨발로 '일곱 베일의 춤'을 추고 왕에게 '은접시에 담은 요카난의 목'을 요구하는 장면에서 이 극은 클라이맥스에 이른다. 그리고 살로메가 요카난의 목을 붙들고 '나는 너밖에 사랑하지 않는다. 나는 네 육체에 굶주려 있다'고 미친듯이 소리치며 그 입에 입 맞출 때면 온 몸에 전율을 느끼게 된다.

원래 프랑스어로 씌어진 것을 와일드의 친구 알프레드 더글러스가 영어로 번역해 출판하면서 탐미파 화가 오브리 비아즐리의 그림을 넣게 되었다. 1892년 사라 베르나르의 주연으로 런던에서 상연할 계획이었으나, 『성서』에서 취재한 것이라 해서 금지되었고, 1896년에 파리에서 초연되었다.

7. 한국 문학의 상징주의와 심미주의

　우리 문학에서 상징주의와 심미주의 경향의 작품이 나오기 시작한 것은 근대문학의 초창기이다. 이러한 사정은 문예사조의 개념을 얼마나 엄밀히 규정하느냐에 따라 약간의 시차가 생길 수는 있지만 다른 사조에 비해서 수용이 결코 뒤늦지 않았다는 것은 1910년대에 상징주의와 유미주의가 빈번하게 거론되고 있었다는 사실에서 방증을 구할 수 있다. 비평에서도 두 문예사조의 영향은 쉽게 찾아볼 수 있는데 전통적인 효용론에 대해서 새로운 서양의 문학의 특징이 그 효용론과 대척되는 상징적 유미적 경향을 갖추고 있는 것으로 소개되는 경향과 연관이 되고 있다.

　상징주의가 우리나라에 수용되는 데 있어서 김억의 기여는 매우 중요한 것이었다. 주로 베를렌느의 시와 시학을 중심으로 하고 있었다는 점에서 상징주의의 요체를 파악하고 이루어진 수용은 아니라는 것을 짐작할 수 있지만 그럼에도 불구하고 시의 음악성과 상징의 문제를 시의 중심문제로 거론하고 있다는 점에서, 역시집 『오뇌의 무도』를 남기고 상징주의 시의 창작을 시도했다는 점에서 그 의의를 충분히 인정할 수 있다. 김억이 상징주의와 베를렌느에 경도된 것은 민요조 시인으로서 그의 성향과 당시의 일본 문단상황과 관련시켜 볼 수 있다. 즉 그의 성향에 비추어볼 때 음악성을 농후하게 지닌 상징주의가 그에게 기질적으로 적합한 사조라는 점이 작용한 부분과 일본에서 상징주의가 성세를 이루고 있었다는 사실이 중층적으로 작용한 부분을 미루어 생각할 수가 있다. 백대진이 보들레르를 소개하고 말라르메, 랭보 등도 여러 문인들에 의해 점차 소개되면서 1920년대의 시 문학에서 프랑스의 상징주의가 차지하는 비중은 매우 클 수밖에 없었다. 더욱이 3.1운동의 좌절에 의한 사회분위기의 침체와 데카당스의 이입은 상징주의가 일세를 풍미하게 하는 데 결정적으로 작용하였다고 할 것이다.

우리 근대문학 초기의 시인들 가운데 김억을 비롯하여 이상화, 박영희, 홍사용, 황석우 등 다수의 시인들이 상징주의와 관계를 맺고 있다. 그러나 실제로 상징주의의 특질을 구현한 작품은 그리 많이 남겨지지 않았다는 사실은 상징주의의 수용이 분위기의 작용에 많은 부분을 의지하고 있었다는 사실을 간접적으로 시사하고 있다. 초창기 시단의 시인 가운데 상징주의 시를 남기고 있는 시인은 이상화가 거의 유일하게 거론되고 있는 실정이며 그의「나의 침실로」가 낭만주의에 속한다는 주장을 참조하면 30년대 이후, 자유시문학이 성숙한 뒤에야 상징주의 문학의 정수에 해당하는 작품이 나올 수 있었다고 판단할 수 있다. 이것은 물론 상징주의 경향의 문학이 20년대에 행한 문학사적 기여를 배제하자는 뜻이 아니다. 상징주의의 사조적 특징을 개념적으로 파악할 때 물질적인 것과 초월적인 것의 결합이 이루어진 작품의 사례는 좀 더 늦은 시기에 출현한 것으로 보는 것이 온당하다는 생각이다. 이런 측면에서 마광수가 서정주의「국화 옆에서」를 형이하학적 소재와 형이상학적인 주제가 완벽한 조화를 이룬 작품의 최초의 한 사례로 보는 것은 타당한 견해라고 생각된다. 그는 작품을 소개하면서 이렇게 설명한다.

> 꽃 한 송이를 통해서 엿볼 수 있는 우주삼라만상의 신비, 생명의 신비를 읽을 수 있다. 꽃의 형태적 아름다움이나, 그런 현상적 아름다움을 통해서 느낄 수 있는 감상적인 정서 이전에, 꽃 한 송이가 탄생하기까지의 과정을 그리고 있다. 그 과정은 우주의 조화와 질서에 바탕을 둔다. 그리고 현상적 시간의 흐름과 공간적 양식을 초월하는 초월적인 시공時空의 차원을 이룩한다. 꽃과 우주, 그리고 시인 자신이 한데 엉켜 신비로운 근원적 질서를 유지한다. 모든 만물은 이 근원적 질서, 다시 말하면 인연에 의거하여 생성되고 서로가 관계되어지는 것이며, 궁극적인 실

재를 형성하는 것이다

여기에서 지적되지 않았지만 「국화 옆에서」에서 우리는 보들레르의 '상응'의 관점을 읽을 수도 있을 것이다. 마광수는 이 작품이 불교의 연기설과 일정한 관계를 지니고 있고 그것이 시작품으로 형상화되면서 좀 더 새로운 측면을 얻고 있지만 그것은 초월적 계시를 주지 못한 점에서 한계를 지닌다고 지적하고 있다.

심미주의는 그 사조적 개념을 무엇으로 보느냐에 따라 견해차가 더 클 수 있다. 그것이 예술의 자율성에 근본적인 의의가 있는 사조라고 이해하면 계몽주의 문학을 벗어난 20년대 전체의 문학운동이 그 범주에 들어갈 수 있다. 그러나 이러한 자율성 개념은 근대문학의 성격으로서 해명되어야 할 것이지 유독 심미주의만의 특성이라고 할 것은 아니라는 생각이다. 이와 같이 그 개념을 제한할 때 심미주의의 부류에 들어가는 작품은 김동인의 몇몇 작품에 한정되지 않는가 여겨진다. 물론 김동인과 함께 심미주의의 소개와 실현에 가담했던 임장화의 「사死의 찬미」라든가 「악몽」 등의 작품은 악마파와 관련해서 주목할 수 있다. 하지만 사조의 특징적 개념을 이해하기 위한 관점에서는 김동인의 「광염소나타」, 「광화사」, 「유서」 같은 작품이 심미주의의 성격을 현저하게 드러내고 있다고 파악되는 것이다. 예컨대 「광염소나타」에서 작가는 예술비평가와 사회교화자란 대립적 인물설정을 통해서 예술의 자율성과 그 공리적 효용성을 대비시키고 있을 뿐 아니라 유미주의적 경향을 분명히 나타내고 있다. 그것은 「광염소나타」에서 방화 살인 등으로 얻어지는 감흥이 예술을 창작하는 데 동기가 된다는 사실, 「광화사」의 경우 소경소녀를 목 졸라 죽이면서까지 미를 추구하는 행위를 묘사한 점에서, 비록 그 작품들이 이웃나라의 모작의 성격을 지닌다고 해도, 김동인은 이념적으로 심미주의자일 뿐만 아니라 창작가로서도 심미주의자가 되고 있는 것이다. 김동인의 광狂자 계열의 작품이 30년대에 씌어지고 있다는 사실은 심미주의가 1910년대부터 소개는 되었지만 실제 창작의 성과는 상징주의와 마찬가지로 뒤늦게 나타났다는 점을 이해할 수 있게 한다.

제 8장

모더니즘:
아방가르드 운동과 영미의 주지주의

오늘날 주로 모더니즘이라는 이름 아래 포괄되는 문학 활동들은 세계시장의 등장으로 박차를 가한 자본주의 사회의 성립과 그 발전의 제 국면을 근본적으로 새로운 현상으로 인식한 데 근거한다. 그것은 자본주의적 생산양식과 그에 따른 정치 사회적 제도 변화가 가져온 외적 현실의 변화와 주체적 조건의 변화를 근본적인 새로움으로 포착하여 표현하고자 하는, 종래의 문학을 극복 쇄신하고자 하는 새로운 문학 생산양식으로 등장한 것이다. 모더니즘은 그 어원적 의미에 따르면 근대화^{modernization}의 경험을 표현하는 모든 문학예술 형식을 가리킬 수 있다. 하지만 세계시장이 등장한 16세기 이후의 모든 문예 형식을 모더니즘으로 포괄하는 방식은 그 형식들 사이에 나타난 질적 차이를 무화시킨다는 점에서 이 장의 서술방식으로 채택하기 어렵다. 리얼리즘과 자연주의, 낭만주의와 모더니즘이 제각기 일정하게 근대화의 경험을 표현하는 형식으로 성립한 것이므로 현대문학의 주류적인 사조로서 모더니즘을 살펴보기 위해서는 그것의 영역을 19세기 말엽 상징주의 이후에 전개된 특정한 역사적 현상을 지칭하는 것으로 한정지을 필요가 있다. 물론 이러한 한정에도 불구하고 모더니즘의 명칭 아래 포괄되는 현상은 매우 다양하다. 서구 대륙에서 전개된 미래주의, 표현주의, 다다주의, 초현실주의 등의 아방가르드 운동과 영국과 미국을 중심으로 한 주지주의 계열의 모더니즘, 1940년 이후의 후기 모더니즘 등 여러 모로 매우 이질적인 성격을 갖는 문학 활동들이

파블로 피카소의 〈아비뇽의 아가씨들〉. 피카소는 르느와르 등의 영향을 받아 입체주의 예술을 창조하였다고 하지만 어느 한 사조에 한정되지 않고 20세기 예술 전반에서 선구자적 역할을 하였다. 폴 세잔느의 형태분석을 더욱 단순화하고 아프리카 흑인 조각의 양식을 수용하여 그려진 이 작품은 〈게르니카〉와 함께 피카소의 대표작으로 손꼽힌다. 그는 기욤 아폴리네르, 마티스 등과 교류하여 여러 예술 분야에 광범한 영향을 미쳤다.

피카소의 〈고대 두상의 정물화〉.

피카소의 〈댄스〉.

피카소의 〈꽃모자〉.

피카소의 〈누운 나체〉.

다 함께 모더니즘의 이름 아래 포괄되는 것이다. 이처럼 이질적인 성격의 문학운동들을 하나의 범주 속에 포괄하여 고찰하는 것은 그 자체가 문제적일 수 있지만 다른 한편으로는 효율적인 논의의 출발점을 제공하기도 한다. 그것들이 내면적으로 공유하는 정신과 형식적 특징의 공통성을 보다 잘 드러내줄 수 있기 때문이다.

이와는 달리 모더니즘의 주요한 특징을 이어받아 공유하고 있는 최근의 포스트모더니즘을 구별되는 현상으로 나누어 고찰하는 것은 모더니즘이 오늘의 현실에서 기능하는 양태를 보다 구체적으로 살펴보기 위해서이다. 즉 모더니즘과 포스트모더니즘을 실체적 개념이라기보다는 구성적 개념으로 간주하여 문학사의 변화를 세부적으로 검토하고자 하는 것이다.

20세기 현대문학의 시발점에 대해서는 대체로 두 가지 의견이 상충한다. 상징주의에서부터 현대문학의 출발을 읽어내려는 관점이 그 하나이며 상징주의와 인상주의에 뒤이어 나타난 아방가르드 운동과 영미의 주지주의로부터 20세기 현대문학의 제 특징을 파악하는 관점이 다른 하나이다. 전자는 『근대성과 혁명』의 저자 페리 앤더슨을 비롯하여 『마르크시즘과 모더니즘』의 저자 유진 런, 노튼 안솔로지의 저자들이 채택한 관점이다. 이에 비해 후자 쪽에서는 『문학과 예술의 사회사』의 저자 아놀드 하우저가 대표적인 견해를 보여준다. 즉 상징주의와 인상주의를 20세기 문학의 시발로 보는 유진 런은 미학적 모더니즘이 종교 신앙의 쇠퇴, 실증주의에 대한 반발, 자유주의의 위기와 미래에 대한 전망의 불확실성 속에서 싹튼 세기말적 현상에 근거한다고 주장한다. 이 견해는 모더니즘의 주요 특징을 형태에 대한 집착, 예술의 공간화, 주체의 붕괴현상에서 찾으며 이 같은 특성들이 자유주의 사상의 위기에서 나왔을 뿐만 아니라 보들레르 이후의 인공성에 대한 찬미가 이미 완성된, 종료된 세계에 대해 갖는 퇴폐적 권태감이 인간적으로 구성된 것의 재생산을 향한 과격한 희망으로 대체된 데서 비롯된다고 보고 있다. 이에 비해서 하우저는 문학예술에서의 20세기는 세계대전 이후인 1920년대에 비로소 시작되는 것으로 본다. 그 이유는 20세기의 예술은 상징주의를 비롯한 인상주의에 대한 근본적인 부정에서 나온다고 보는 데 있다. 이 두 견해는 상징주의와 인상주의가 20세기 초의 입체파에서 합쳐진다는 사실에는 의견일치를 보이지만 20세기적인 현상이 어떤 것이냐 하는 데서는 상반된 입장인 것이다. 즉 유진 런은 입체파가 상징주의와 인상주의의 절정으로서 공간에 동시성으로 표현된 시간성을 내포하며, 미학적 자기반성을 보여주는 것이라고 보는 데 반해서 하우저는 그것이 전 시대와 근본적인 단절을 나타낸다고 본다. 그러한 판단의 근거에 대해 하우저는 다음과 같이 설명한다.

20세기의 거대한 반동의 물결은 예술 분야에서 인상주의의 부정으로 나타난다. 어떤 점에서는 이 전환이야말로 르네상스 이래 다른 어느 스타일 변화보다도 더 심각한 예술사상의 단절을 가져온다. 이제까지의 변화에서는 자연주의의 예술적 전통을 근본적으로는 건드리지 않았던 것이다. 물론 형식주의와 반형식주의 사이에서 항상 진동이 있어왔지만, 예술의 과제가 자연에 충실하고 삶을 있는 그대로 표현한다는 데에는 중세의 종말 이래로 아무런 원칙적인 반대가 없었다. 이러한 의미에서 인상파 예술은 4백 년 이상 계속되어온 발전과정의 클라이막스이자 종착점이었다. 인상주의 이후의 예술에 와서 처음으로 '현실의 환영'을 추구하는 것을 원칙적으로 포기하고 자연물체의 고의적인 데포르마숑(왜곡)을 통해 자신의 인생관을 표현하려고 한다. 입체파, 구성파, 미래파, 표현주의, 다다이즘, 초현실주의 등은 하나같이, 자연을 따르고 현실을 긍정하는 인상주의로부터 단연코 돌아선 것이다. 하지만 인상주의 스스로 이러한 발전을 어느 정도 준비한 것도 사실이다. 인상주의는 현실의 통합적 표현을 시도하거나 주체를 객관세계 전체와 대면시키려 함이 없이 도리어 예술을 통한 현실의 '병탄'이라고 불리는 과정의 시발점을 이루고 있기 때문이다.

하우저의 견해는 20세기 예술의 성격을 이해하는 상반된 의견의 분기점을 시사한다. 상징주의, 인상주의를 시발점으로 여길 경우 20세기 예술의 근본성격을 '현실의 병탄'으로 본다는 것을 의미하며 하우저의 견해를 따를 경우 20세기 예술은 현실의 왜곡을 통해 현실과는 또 다른 현실, '제2의 현실'을 제시한다는 관점에 서게 되는 것이다. 이것은 20세기에 현실의 재현과 표현의 문제가 문화계의 중점적인 논제가 되어온 사실을 감안할 때 의미심장한 진단이라고 할 수 있다. 즉 제2의 현실을 '표현'에 의해서 창조해야 한다는 관점과 문학예술은 현실의 반영 또는 현실의 재현이라는 관점의 대립인 것이다. 여기서 20세기의 문제적인 작가들, 토마스 만이나 카프카, D. H 로렌스, 로망 롤랑, 솔제니친, 브레히트, 마르께스 등이 모더니즘에 속하는가 리얼리즘에 속하는가 하는 논점이 형성될 수 있다. 모더니즘을 단순히 시대적 개념으로 볼 수 없는 까닭이 생기는 것이다. 그럼에도 불구하고 모더니즘을 전대의 문예사조와 절연된 것으로서 이해할 수만은 없다. 그것은 1920년대 초반에 발표된 모더니즘의 대표적인 두 작품, 엘리어트의 『황무지』

와 제임스 조이스의 『율리시즈』가 상징주의의 두 계열, 아폴로적인 경향과 디오니소스적인 경향을 대표하는 형식으로 성립하여 세기 내내 영향을 미치고 있기 때문이다. 따라서 모더니즘은 전대의 문예사조와 연속과 불연속의 관계를 형성하면서 성립되었던 것으로 볼 수 있다. 즉 『율리시즈』가 표현주의와 초현실주의적인 경향을 대표한다면 『황무지』는 작품의 핵심에 '교양경험'을 담는 영미의 모더니즘을 대변하고 있는 셈이다. 랭보와 로트레아몽의 전통이 조이스에게 이어진다면 말라르메, 발레리의 순수시의 이념이 주지주의, 이미지즘에서 발현되는 것이다.

1. 모더니즘 발생의 사회 역사적 조건

　모더니즘은 현대주의나 근대주의로 번역될 수 있는 용어이다. 이 용어의 의미는 모더니즘이 근대사회의 성립과 불가분의 관계를 가지고 있음을 말해준다. 근대사회를 거울처럼 비추어주는 상부구조이든 그에 대한 반감과 혐오를 표현한 문예사조이든 간에 모더니즘은 태생적으로 사회의 근대적 성격을 전제로 하고 있다. 그 용어의 의미는 그것이 사회가 근대화의 과정을 밟아가는 속에서 개인들이 겪게 되는 경험의 표현으로 이루어진 것임을 말해주고 있다. 모더니즘의 설명에서 흔히 근대화와 근대성 modernity 의 문제가 등장하는 것은 그것들이 서로 간에 긴밀한 관계를 맺고 있기 때문이다.

　'근대화'는 일정한 시기에 나타난 역사적 현상을 설명하기 위해 도입된 기술적 용어이다. 하버마스가 그의 『현대성의 철학적 담화』에서 설명하는 바와 같이 그것은 "자본형성, 자원동원, 생산력의 발전과 노동생산성의 증대, 중앙집권화된 정치권력의 수립과 국가적 정체성의 형성, 정치적 참여권과 도시적 생활형식, 공교육의 증가, 가치와 규범의 세속화 등등"을 목표로 내세운 일련의 과정들을 지칭한다. 그러므로 '근대화'는 봉건제에서 자본주의적 생산양식으로의 이행과 그에 따른 여러 사회적 변화에 긍정적 가치를 부여하는 이념적 내용을 함축하기도 한다. 인간과 물리적 세계에 대한 과학적 이해를 기반으로 하여 사회과정을 조정하는 이 과정에서 인간의 행위는 목적합리성에 기초하여 새롭게 조직되고 제도화되었으며 종래 통합되어 있던 사회적 실천들의 분화가 일어났다. 경제와 정치의 상호 독립 및 세부 부문으로의 분화는 물론 문화 부문에서도 객관적 과학과 보편적 도덕, 법률, 자율적 예술이 성립한다. 이 같은 사회적 실천의 분화는 산업혁명과 프랑스대혁명에서 단적으로 표현된 바 있는 정치경제적인 변혁에서 기본 동력을 얻고 있었을 뿐만 아니라 그 위에 계몽주의의 이념이 추동력을 더하고 있었다. 하버마스는 근대화의 경험, 모더니티에 대한 연구과제는 계몽주의의 연구과제와 동일하다는 점을 지적했다. 즉 사회 각 분야가 그 자체의 내부논리에 의해 각 분야의 기본 축을 발전시켜나갔다는 것이다. 따라서 경제에서는 산업의 대량생산 구조로의 재편이 이루어지고 정치사회적인 측면에서는 민주주의적인 제 제도의 수립을 위한 사회적 갈등이 전면화되는 속에 생활을 목적합리성에 기초하여 조직하고자 하는 계몽주의의 기획은 개인적 삶의 양식에까지도 파급되고 있었다. 즉 계몽주의는 '봉건질서에 신성한 후광을 비추었던 형이상학적 신학적 세계상'을 깨뜨리는 데 주역을 맡았을 뿐 아니라 이성적 주체에 의한 인간해방과 자본의 발전에 의한 역사의 진보라는 이념을 생활의 세부적인 국면에까지 현실화하는 데 있어서 실질적인 추동력이 되었다. 계몽주의에 의해 문화적 합리화가 사회적 합리화로 전이되는 속에서 각 개인은 산업화·도시화·민주화 등이 이루어지는 사회의 전반적인 변화에 적응해나가지 않을 수 없었던 것이다. 근대화의 진행과정에서 사람들이 사회에 대한 관계에 있어서나 자아에 대한 인식에 있어서나 소외되고 고립되었다는 의식, 불안과 혼돈의 느낌을 가지게 된 것은 자신들의 삶이 종전과는 뚜렷이 다른 방식으로 이루어지게 되었기 때문이다. 이 개인적 삶의 양상에서 단서가 드러나듯이 생활의 전면에서 목적합리성을 실현하려는 계몽주의의 기획에 따른 근대화의 효과는 이중적이었다. 근대화 자체가 한편으로는 매혹적이지만 다른 한편으로는 파괴적인 힘을 행사하는 것이기 때문에 괴테의 『파우스트』가 상징적으로 보여주는 발전의 비극이라는 이중성이 나타나는 것이다. 마샬 버만은 그의 저서 『견고한 모든 것은 대기 속에 녹아내린다: 근대성의 경험』에서 근대화가 가져온 이중적 양태를 괴테의 파우스트를 예로 들어 이렇게 요약한다.

괴테의 영웅은 그 자신에게 있어서 뿐만 아니라 그가 접촉하는 모든 사람들에게 있어서 또 결과적으로 자기 주변의 모든 사회에 있어서 굉장히 억압받는 인간의 에너지를 해방시켰기 때문에 영웅적이다. 그러나 그가 착수한 발전들--지성적·윤리적·경제적·사회적 발전들--은 그 발전에 합당한 인간적인 커다란 손실을 야기하였다. 이것이 파우스트와 악마와의 관계에 대한 의미이다. 인간의 권력은 마르크스가 '지하세력의 권력'이라고 불렀던 것, 모든 인간의 통제를 벗어나 끔찍스러운 세력을 야기할 수도 있는 음침하고 두려운 에너지에 의해서 발전될 수 있다.

모더니즘은 괴테가 『파우스트』를 통해 보여준 근대화과정에 대한 이중적 경험, 발전에 대한 기대와 인간적인 손실감이 보편적으로 되고 예각화되면서 생겨났다. 19세기 전반까지만 해도 얼마간 긴장상태를 유지하던 서구인들의 근대에 대한 경험은 세기말에 이르면 생활 속에 정착한 근대성을 무비판적으로 수용하고 추종하거나 그에 대한 비판과 경멸을 함께 드러내는 양극화된 형태로 나타난다. 이러한 양상은 과학기술의 발전과 시장경제의 확산, 정치사회적인 제도의 지속적인 변혁과 함께 인간의 주체적 조건의 변화가 야기됐기 때문이다. 근대화는 한 번의 변화에 의해 안정된 체제를 가져올 수 없는 영속적이며 역동적인 발전과정이기 때문에 그 속에서 인간 주체의 지위는 불안하고 부동하는 것으로 되었던 것이다. 마르크스는 이 근대사회의 영속적인 혁명과 그 속에서 일어난 인간의 주체적 조건의 변화를 『공산당 선언』에서 이렇게 설명한다.

생산에서의 끊임없는 변혁, 모든 사회관계의 부단한 진동, 항구적 불안과 동요로써 부르주아 시대는 모든 선행 시대와 구별된다. 굳어지고 녹슨 일체 관계는 거기에 따르는 수 세기에 걸쳐서 신성화된 관념 및 견해와 함께 파괴되고, 새로 발생하는 모든 것은 그것이 미처 고정되기도 전에 벌써 낡은 것으로 되고 만다. 모든 신분적인 것, 모든 정체적인 것은 없어지고 모든 신성한 것은 모독된다. 그리하여 사람들은 드디어 자기의 생활 상태와 호상관계를 냉정한 눈으로 관찰할 수밖에 없게 된다.

마르크스 엥겔스에 의해 지적된 근대사회의 변화속도와 그 변화 속에 내맡겨진 인간의 자기 자신의 삶의 조건들에 대한 반성은 모더니즘을 탄생시킨 근대적 감수성의 두 가지 원천이다. 과학과 기술의 유용성에 대한 신뢰, 진보의 원리와 이성에 대한 숭배 속에 확립된 사회 역사적 근대성이 그 원천의 하나라면 부르주아적 가치척도에 대한 반감과 혐오로부터 비인간화되어가는 현실을 거부하거나 자기유폐에 이르는 자아에 대한 의식의 변화가 다른 하나이다. 물론 근대적 감수성의 양태는 당대 사회의 근대화 정도에 따라 다르게 나타난다. 근대적 감수성은 최초에 자본주의적 사회 경제의 발전에 고무된 것이었기 때문에 인간능력의 신장과 인간경험의 확장을 통한 자아해방의 신념을 지닐 수 있었다. 그러나 『파우스트』에서 볼 수 있었듯이 19세기에 이르면 근대성에 대한 찬양과 적대감 내지 손실감이 긴장상태를 이루며 20세기에는 긴장상태가 경직된 양극화, 평면화 상태로 이행된다. 우리가 고찰의 대상으로 삼는 모더니즘은 근대사회 성립 초기부터 곧바로 나타나서 지속된 것이 아니라, 사회 역사적 근대성에 대한 인간 주체의 반응이 긍정적인 데서 부정적인 것으로 역전되는 19세기 후반, 또는 세기 전환기에 비로소 시작되는 것이다. 페리 앤더슨이 모더니즘을 근대화의 경험에 대한 표현이라는 일반적 관점에서가 아니라 세기말의 특수한 국면에서 생겨난 문학예술의 양상이라고 파악하는 것은 자본주의 생산양식의 역사적 시기에 대한 차별적인 시간성 개념을 중시하기 때문이다. 다시 말해서 자본주의 생산양식의 개념 안에서도 '각각의 삽화들과 시기들은 서로 불연속적이며 그 자체 내적으로 이질적이므로 모더니즘이 발생한 국면을 파악하기 위해서는' 모더니즘에 각인된 차별화된 역사적 시간성을 좀 더 면밀하게 살펴보는 일이 필요하다는 것이다. 이런 관점에서 앤더슨은 모더니즘을 세 가지의 결정적인 좌표들에 의해 삼각측량된 문화적 힘들의 장으로 이해하는 것이 가장 타당하다고 주장한다. 그에 따르면 모더니즘은 첫째,

앙리 마티스의 〈이카루스〉. 야수파(포비즘) 운동을 주도했다. 색채의 병렬을 통해 보색의 색채효과를 높임으로써 피카소와 함께 20세기 회화의 거두가 되었다.

당시 예술 속에 성문법처럼 자리 잡고 있는 공식적인 전통주의자와의 관계 속에서, 그 정전들과 긴장상태를 유지하는 속에서 탄생했기 때문에 다양한 미적 실천들이 나타났음에도 불구하고 일정한 통일성을 확보할 수 있었다. 둘째, 모더니즘은 2차 산업혁명의 결과인 전화·라디오·항공기와 같은 새로운 기계나 그것들의 출현과 연관된 새로운 사회현상에서 상상력의 자극을 받았다. 셋째, 모더니즘은 사회혁명이 임박했다는 상상에서 촉발되었다. 멀리 지평선에 가물거리는 혁명에 대한 기대 때문에 모더니스트들은 사회의 질서를 전체적으로 거부하는 급진적인 자세를 취할 수 있었다.

이와 같은 설명은 모더니즘이 계몽주의의 기획에 이끌린 근대화의 과정 중에서도 특정한 역사 시기에 발생한 구체적 사정을 상대적으로 명확히 밝혀주고 있다. 근대적 삶에 대한 주체의 인식과 대응이 부정적인 것으로 역전됨으로써 사회역사적 근대성과 미적 근대성 사이에 생긴 괴리를 설명하고 있는 것이다. 모더니즘이 그 다양한 전개에도 불구하고 일정하게 공통적인 특징들을 지니게 된 데는 이와 같은 사회역사적 근대성과 미적 근대성의 괴리관계가 개재해 있었던 것이다.

조지 브라크의 〈바이올린 정물화〉. 피카소와 함께 입체파를 창시. 화폭에 알파벳과 숫자를 그려 넣고 종이조각을 붙여 넣는 등 여러 기법을 시도했다.

유진 런은 모더니즘 일반에 나타나는 미학적 형태와 그 사회적 전망을 다음의 네 가지로 요약하고 있다. 첫째 미학적 자의식 또는 자기반영성이 나타난다는 것. 이 양태는 상징주의자의 언어의 본질에 대한 자의식에서 시작된 것으로 작가가 창작하는 과정에 자주 주목하는 현상이다. 그 대표적인 사례가 『율리시즈』와 앙드레 지드의 『위조지폐범』에서 나타난다. 둘째 동시성·병치 또는 몽타주의 수법이다. 이것은 심리적 시간의 계기에 따라 경험의 동시성을 추구한 데 따른 것으로 서술적 시간의 구조가 약화되고 공간적 형태가 애호되는 양상으로 나타난다. 이에 따라 인과관계가 제거되고 지각을 자극할 수 있는 이미지에 관심이 쏠리게 된다. 셋째 패러독스와 모호성, 불합리성이 증대한다는 점이다. 이것은 세계의 역설적 다면성을 추구한 데 따른 현상으로서 현대의 도시와 기계, 대중에 대한 모호한 처리라는 형태로 보들레르에게서 시작된다고 볼 수 있다. 이것이 나타나는 양태는 다양한데 유진 런은 시점의 다양화, 브레히트의 서사극에서처럼 사건의 해결이 작품 외부에서 전개하는 양식들을 사례로 들고 있다. 넷째로 예술의 비인간화와 통합적인 주체 또는 개성의 붕괴현상이다. 이것은 조이스·울프·포크너에게서 찾아볼 수 있는 현상으로서, 하나의 인물이 통일된 인격이나 개성으로 보이지 않고 여러 충동들, 심리들이 전개되는 싸움터로 제시되며 이에 따라 해결될 수 없는 수수께끼 같은 성격이 형상화된다는 것이다.

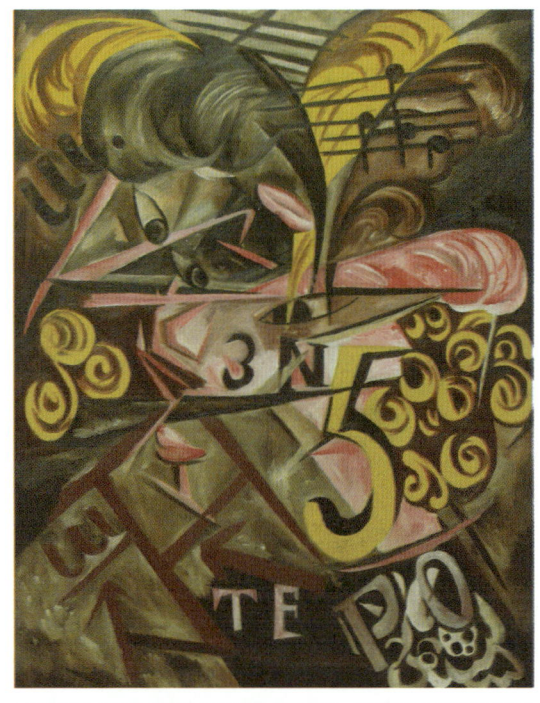

나탈리아 곤차로바의 〈모자를 쓴 부인〉. 광선주의 운동을 전개했으며 러시아의 전통미술에서 얻은 착상을 서민의 생활을 그리는데 효과적으로 사용하였다. 아방가르드 화가.

　유진 런이 요약한 모더니즘의 특성은 모든 작품과 유파에서 동일한 양상으로 나타난 것은 아니었다. 그 가운데 어떤 하나의 특성이 강조되거나 결여될 수도 있으며 독특한 결합관계에 의해 독특한 각자의 고유성을 산출해내기도 했다. 그것은 모더니즘 내의 여러 유파·작가·작품이 소속한 시공간의 차이와 함께 그 활동의 배경이 된 구체적인 문화적 상황의 차이도 모더니즘 문학의 양상을 결정하는 데 중요한 변수가 되었기 때문이다.

2. 모더니즘의 발생 배경이 된 문화적 상황

　문예사조의 전개는 각국의 상황에 따라 다양한 양태를 보인다는 것은 우리가 앞에서 누누이 강조한 바이다. 르네상스가 이탈리아적 현상으로 나타났으며 고전주의가 프랑스에서 압도적인 힘을 가졌었던 데 비해 낭만주의가 독일과 영국에서 일찍부터 발전했다는 것, 상징주의가 몇몇 예외를 제외하면 프랑스적인 현상이었다는 설명 등은 그 구체적 사례들이다.

　모더니즘도 이러한 사정에서 예외는 아니었다. 먼저 영국의 상황을 보면, 상대적으로 안정적인 국면을 유지하던 자본주의의 발전이 세기말에 이르러 불안한 동요를 보이기 시작한다. 각국의 산업화로 인해 경제의 불황이 나타남으로써 사회적 갈등을 해소하기 위한 사회주의의 활동이 활력을 얻는다. 이에 따라 부르주아의 자기의식이 흔들리며 신앙처럼 되었던 자유주의가 퇴조하기 시작한다. 한편 젊은 세대와 낡은 세대 사이의 대립이 인습에 대한 투쟁으로 나타나기도 하여 사회적 변화가 격심해진다. 이러한 와중에 프랑스의 상징주의, 인간의 자기실현의 문제를 제기한 입센의 희곡, 사회주의를 위한 투쟁으로서의 문학이 문화계에 막강한 영향력을 행사하게 되었다. 이런 반면에 젊은이들은 비정치적 개인주의적인 성격을 나타내면서 한편으로는 인생을 즐기고 삶에 도취하고자 생활을 하나의 예술품으로 만들려는 지향을 나타낸다. 영국에서 귀족 취향과 보헤미안적인 성격을 동시에 갖는 댄디즘이 발생한 것도 이러한 상황적 조건과 밀접한 관계를 갖는 것이다.

이 같은 혼돈의 상황 속에서 영국의 문화계에는 점차 지성주의적인 경향이 농후해진다. 그것은 프랑스의 직관주의에 대비되는 양상으로서 인상주의의 풍토에 대한 반기이기도 했다. 예컨대 심미주의의 거장 오스카 와일드의 경우에도 지성주의를 높이 평가했는데 한 평자가 "와일드는, 한 시대의 정신적 풍토를 결정하는 것은 비평가라는 매슈 아놀드의 견해를 받아들이고 모든 진정한 예술가는 동시에 비평가여야 한다는 보들레르의 말에 동조할 뿐만 아니라, 한 걸음 더 나아가 그는 비평가를 예술가보다 상위에 두고 세계를 비평가의 눈으로 보고자 한다"고 한 것은 당시 영국에서의 지성주의의 번성을 단적으로 시사하는 의미를 지닌다. 실제로 영국과 미국의 풍토에서 세기 전환기는 지성주의에 압도되는데 조지 엘리어트와 조지 메레디스, 헨리 제임스 등 모든 작가들에게서 지성주의의 경향은 농도 짙게 나타난다. 이것은 비단 작가의 경우에 한정된 것은 아니었다. 독자의 경우에도 작가에 대해 좀 더 엄격한 요구를 하게 되는데 단순히 흥미를 끌 소재보다 삶에 대해 원숙한 관점을 제시해줄 수 있는 작품과 세련된 문체미를 보여줄 것을 요구했던 것이다.

한편 프랑스의 경우 한 시대를 풍미한 베르그송의 직관주의가 여전히 위세를 떨치고 있었지만 그 이면에서는 상이한 경향의 움직임이 태동하고 있었다. 극우신문인 〈악숑 프랑세즈〉를 중심으로 가톨릭 신앙과 왕권주의를 신봉하는 세력에서는 상징주의와는 달리 행동주의의 징후를 나타냈으며 수동적인 세계관을 가지고 순간의 안일과 쾌락에 몸을 맡기는 일파는 현실에 귀의한 자의 모습을 드러냈다. 이러한 사태에 직면해서 지식인들에게는 일말의 위기의식이 맴돌게 되는데 그것은 슈펭글러의 『서양의 몰락』이란 저작에서 시사되고 있었다. 즉 비합리적 요소가 절대적 우위를 차지하고 있는 속에 수동성이 분별없는 행동주의로 바뀔 가능성에 대한 지성의 반작용이 내밀히 준비되고 있었다. 그것은 차후 입체파의 형성으로 표면화되는 것이지만 이 세기 전환기에 결정적으로 작용한 세계관은 종래의 직관주의 같은 비합리주의에 대한 우려 속에서 그에 대해 분석하고 극복의 방향을 검토한 지성주의의 반작용이 격돌하는 속에서 조성되고 있었다. 하우저는 이 양태를 다음과 같이 요약하고 있다.

세기 전환기에 있어 세계관의 기본방향을 규정해주는 심리학은 폭로심리학이다. 니체와 프로이트는 둘 다, 인간정신생활의 표면, 즉 인간이 자기 자신의 행동의 동기에 관해 알고 있거나 알고 있다고 말하는 것은, 흔히 그의 감정 및 행위의 진정한 동기를 은폐 내지 왜곡한 것에 지나지 않는다는 인식에서 출발한다. 니체는 이러한 기만의 사실을 그리스도교의 창시 이래 눈에 띄게 되어온 퇴폐의 결과, 그리고 퇴폐한 인간들의 허약성과 원한을 윤리적 가치로서, 이타적 금욕적 이상으로서 내세우려는 노력의 결과라고 설명한다. 니체가 역사적 문명비평에 의지하여 포착한 이 자기기만의 현상을 프로이트는 개개인의 심리분석을 통해 해명하고자 하며, 인간의 의식 배후에 그 태도나 행동의 진정한 동인으로서 무의식이 있고 일체의 의식적 사고는 무의식의 내용을 이루는 충동들의 (정도의 차는 있으나) 투시 가능한 가면일 뿐이라고 단정한다. 그런데 니체와 프로이트가 그들의 이론을 형성함에 있어 마르크스에 대해 어느 정도 알고 또 생각했는지는 몰라도, 그들의 폭로작업에서 사용한 사고수법은 역사적 유물론에서 처음 사용된 사고수법이었다. 마르크스가 강조하는 것도 역시, 인간의 의식은 왜곡되고 상처 입은 것이며 의식은 그 자체의 편향된 시각에서 세계를 본다는 점이다. 정신분석에 있어서 '합리화'의 개념은 바로 마르크스와 엥겔스가 말하는 이데올로기 형성, '허위의식'의 개념과 일치하는 것이다. --- 낭만주의 이래의 결정적인 체험은 세상에 일어나는 모든 일의 변증법적 운동, 존재와 의식의 대립적 성격, 감정적 관계와 지적 표상의 묘한 갈등 등이었다. 새로운 사고수법의 근본원칙은, 모든 명백히 드러난 것 배후에는 무엇인가 숨겨진 것이, 의식적인 것 뒤에는 무의식적인 것이, 통일적으로 보이는 것 뒤에는 어떤 갈등이 잠복하고 있지 않나를 의심해보는 태도였다. 이러한 태도는 널리 펴져 있었던 만큼 개개인의 사상가나 학자가 자신이 역사적 유물론의 방법론에 의존하고 있음을 반드시 의식할 필요도 없었다. 가면을 벗기는 사고나 폭로적 심리학의 이념을 이 세기의 공통재산으로서, 니체가 마르크스의 영향을 받았다거나 프로이트가 니체의 영향을 받았다기에 앞서 모든 사람들이 시대의 위기적 기분에 지배되고 있었다는 것이 옳겠다. 그들은 각각 자기 나름의 방식으로, 정신의 자율성이란 하나의 허구이며 우리는 우리 자신 속에서 때로는 우리 자신의 적으로서 작용하고 있는 힘의 노예라는 사실을 발견했던 것이다. 역사적 유물론의 이론은, 그 결론에 있어서 보다 낙관적이기는 하지만, 그 후에 나온 정신분석 이론과 마찬가지로 유럽이 그 넘치는 자신감을 상실한 심리상태의 표현이었다.

자신의 문명에 대한 위기의식과 절망감, 그에 대한 지성의 작용을 극대화하려는 움직임은 20세기 초에 이르면 구체적으로 예술에도 나타난다. 그것은 각지의 사정에 따라 약간의 시차를 가지기도 하지만 서구 여러 나라의 공통적인 현상이었다. 그 가운데서 특히 주목할 수 있는 운동이 미래파였다. 지성적인 활동을 통해서 우리가 실재라고 생각하는 것이 예술에서든 그 밖의 부문에서든 하나의 인공물, 구성물이라는 인식이 확대되는 속에서 입체파는 종래의 예술적 형상에 근본적 변화를 가져오게 된다. 1907년 피카소가 발표한 「아비뇽의 아가씨들」은 유기적 형상의 모습을 추상적인 기하학적 도형으로 분해함으로써 세잔느가 대상을 형상화하는 데 원추형·원통형·구球의 형태로 환원하여 제시한 방법을 계승하면서 르네상스 이래의 원근화법과 공간적 환영주의幻影主義와 결별을 선언했던 것이다. 즉 인간의 신체를 삼각형이나 타원 같은 기하학적 도형으로 단순화하여 제시한 피카소의 그림은 사물을 바라보는 시점이 여러 개일 수 있으며 그에 따라 수학적 과학적 원근법이 사물을 재현하는 유일한 원리가 아님을 설득력 있게 말한 것이다. 이것은 다른 말로 해서 사물에 대한 개념적 추상적인 접근이 예술에서도 나타나게 된 시초였던 것이다. 물론 오리엔트의 기하학적 도형이나 중세 사원의 모자이크양식, 추상적이고 양식화된 아프리카의 조각품은 예술의 추상형식이 현대의 소산만은 아님을 말해주는 것이지만 그 방식을 의식적으로 예술의 방법으로 체계화하려는 시도였다는 점에서 그것은 현대예술의 단초를 형성하는 것이었다.

회화에서 일어난 이 같은 변화의 조짐은 곧바로 문학에도 도입된다. 프랑스의 시인 아폴리네르는 일찍부터 입체파에 대해 소개하는 평문을 발표하고 있으며 그 자신 입체파에 소속해 활동하기도 했던 것이다. 그는 첫 시집 『알콜』의 표지화로 피카소가 그린 초상화를 사용하기도 했으며 새로운 예술은 '에스프리 누보(새 정신)'를 지녀야 한다고 주장하여 새로운 예술에 대중의 이목을 집중시키는 역할을 맡기도 했다. 아방가르드 운동에서 아폴리네르가 미래주의나 표현주의, 초현실주의의 초기국면과 모두 관계를 맺고 있다는 사실은 입체파가 현대문학에 미친 영향을 간접적으로 시사하고 있다.

3. 모더니즘 문학의 전개

　근대사회에서 예술은 사회적 실천의 분화에 따라 자율성을 획득하게 된다. 이 자율성은 예술이 후견인들의 직접적인 영향에서 벗어났을 뿐만 아니라 실제생활로부터 분리되어 하나의 독립된 제도로서 성립된 상태를 의미한다. 예술의 자율성 개념은 칸트가 『판단력비판』(1790)에서 예술을 목적 없는 합목적성이라고 할 때에 이미 확인되고 있다. 그것은 예술의 근본적인 무관심성(관심이란 욕망하는 능력에 대한 관계를 갖는다)을 말하는 것으로서 "아무 쓸모없는 것이야말로 진정한 아름다움을 갖는다. 유용한 모든 것은 추한 것이다"는 심미주의자 고티에의 언급과 어울릴 수 있는 내용이다. 그러나 칸트의 무목적성 이론이 고티에 같은, 예술을 위한 예술의 옹호자들처럼 예술의 전적인 무상성^{gratuitousness}을 주장하고 있는 것은 아니다. 그의 미학을 일정하게 계승한 쉴러가 예술을 현실에 대한 어떤 직접적 관여도 단념한다는 바로 그 사실로 인해 인간적 총체성을 재건하는 데 적합하다고 본 데서 드러나듯이 칸트에게서도 무관심성으로서 미적 판단은 이론적 인식과 실천적 인식을 매개하는 기능을 갖는다. 시민사회에서 예술이 제도화되는 시기가 18세기였음을 상기하면 칸트는 심미주의자들처럼 예술의 무용성을 주장하는 데까지 나가지는 않았지만 이제 막 태어난 근대예술에서 매우 민감하게 예술의 자율성을 개념화했음을 알 수 있다. 자율성 개념은 작품의 내용에 대해서는 아무것도 함축하지 않으면서 예술이 존재하는 상태, 예술이 독립된 제도로서 성립하여 사

노르웨이 화가 에드바르 뭉크의 〈절규〉. 어린 시절 겪었던 질병과 광기 등을 창작의 소재로 삼아 "갑작스러운 정신적 동요가 우리 감각 인상을 어떻게 변화시키는가?"를 탐구하려고 했다. 이 작품은 생의 공포를 강렬한 색채, 직선과 곡선의 병치 등을 통해 그린 표현주의 예술이다. 1895년 제작된 석판화이다.

회적 부분체계로서 기능하는 방식을 지적하고 있는 것이다.

모더니즘의 출현은 예술이 상품교환사회의 실제생활로부터 분리되어 나와 자율적 존재가 되는 과정과 긴밀한 연관을 맺고 있다. 최고의 작품은 '시 그 자체를 위해서 쓴 시'라는 에드거 앨런 포$^{Edgar\ Allan\ Poe}$의 주장을 이어받아 심미주의는 최초로 예술의 공리적·사회적 가치에 괘념하지 않고, 그럼으로써 상품교환의 이데올로기가 지배하고 있는 실제생활로부터 거리를 유지하면서 활동을 펼친 것이다. 이들에게서 예술은 그 자체의 존재를 넘어선 어떤 목적도 지니지 않기 때문에 자기 충족적이며, 예술의 목적은 아름답게 되는 것, 형식적으로 완벽한 존재가 되는 것일 뿐이었다. 보들레르·플로베르·말라르메 등은 예술 사상 최초로 인생을 위한 예술이 아니라 예술을 위한 인생이라는 견해를 표명하며 '아름다움의 종교'에 헌신하기 위해서 그들이 실제생활로부터 유지했던 거리 그 자체가 작품의 내용으로 되도록 작품을 만들었다. 오스카 와일드가 '사실이 아닌 아름다운 것들을 이야

프랑스의 화가 알렝 자케의 〈풀밭 위의 점심식사〉. 사진을 이용하는 기법의 회화, 맹인용 점자를 이용한 작품 등 여러 가지 새로운 기법을 시도했다. 누보 레알이즘의 구성원. 파리 국립현대미술관 소장.

기하는 것이 예술의 진짜 목표'라고 했을 때 심미주의는 합목적적으로 조직된 시민적 일상생활로부터 분화된 자신의 지위를 확인하고 있으며 이 거리를 작품내용으로 함으로써 실제생활에서 분리된 예술제도와 작품내용의 일치를 이루어내고 있고 세속적인 모더니티에 대한 미적 모더니티의 반란을 수행한 것이다. 즉 심미주의자들은 생활세계를 지배하는 중산층의 천박하고 진부한 가치척도에 대한 혐오와 반발에서 반부르주아적 태도로 기울어져 실제 생활에서 거리를 두고자 했으며 나아가서는 자신들이 획득한 극도로 다변화된 예술적 수단을 통해서 시민사회의 일상성에 반란을 일으키거나 그에 대한 역겨움을 표현하고자 했던 것이다. 보들레르가 『악의 꽃』에서 사물의 진부한 외양의 묘사를 뛰어넘어 일시적이고 우발적인 것이 영원하고 불변하는 것과 일치하는 만물조응의 세계를 상징적으로 추구한 것은 그 한 사례이다. 보들레르를 근대예술의 선구자로 보는 데는 그가 도시적 삶의 추악하고 어두운 면을 소재로 삼은 최초의 시인이었다는 점이 한 요인이 되기도 하지만, 그가 인간의 내부세계와 외부세계 사이에 끊임없는 순환이 존재한다는, 물질적인 현실은 감정의 표상이고 감정은 물체 속에 구현될 수 있음을 상징적 양식에 의해서 보여주었다는 점이 더 중요한 요인으로 작용하고 있다. 보들레르는 '예술작품은 자연, 혹은 자연의 순간적인 인상을 묘사하는 것이 아니라, 주관적으로 체험한 형태와 특질을 매개로 보편적 사상을 전달하는 것'이라는, '예술가의 내밀한 생각을 재생산'하는 것이 예술이라는 근대적 예술관을 최초로 작품의 중심적인 주제로 구현했던 것이다. 모더니즘은 이 주관성의 형식과 불가분의 관계를 가지고 전개된다. 현실의 재현을 위한 재료로 여겨지던 색채·선·소리·운동 등의 표현매체와 제작기술들이 도구의 수준을 넘어서 그 자체로 미적 대상이 되기 시작한 것은 심미주의와 함께 시작된 예술의 주관화에서 비롯된다.

심미주의는 자율적 존재로서의 작품, 제도로서의 예술의 성립을 확인할 수 있게 한 문예사조인 동시에 주관적 체험을 상상력의 고유한 기제에 따라 표현하는 형식이었다는 점에서 모더니즘에 초석을 놓은 문예운동이었다. 심미주의는 새롭게 전개되는 산업적 도시적 문명의 체험을 표현하는 데 있어서 과거 문학전통의 비

효율성을 자각하는 속에서 전개되었다. 따라서 심미주의는 이후에 전개되는 모더니즘 속에 항상 은밀히 잠재되어 있기도 하고 자각증상을 유발하는 자극이 되기도 한다. 우리가 살펴보고자 하는 역사적 현상으로서 모더니즘은 언제나 심미주의와의 관련 속에서 다양하게 전개되는 것이다. 그 가운데서도 자율적 존재로서 작품의 의미를 고취한 심미주의와의 대립적 관계를 표면적으로 가장 뚜렷이 드러낸 예술운동은 아방가르드 운동이다.

1) 아방가르드 운동

아방가르드 예술은 1910년대부터 1930년대에 이르기까지 진행되었던 서구대륙의 다양한 예술운동을 포괄하는 개념으로서 자기형식에 대해 냉철한 자의식을 지니고 있던 영미 중심의 모더니즘과 밀접한 관련이 있지만 다른 한편으로는 엄격히 구별되어야 할 현상이다. 즉 우리가 모더니즘이란 이름으로 아방가르드 예술을 포괄하는 것은 서구대륙의 전위적이고 실험적인 예술운동과 영미를 중심으로 전개된 모더니즘 운동을 미적 근대성이란 공통적 특질을 근거로 삼아 하나의 개념 아래 함께 다루기 위한 편의적인 조처인 것이다.

아방가르드 운동에는 구체적으로 미래주의·다다이즘·초현실주의·표현주의 등이 포함된다. 1909년에 미래주의가 선언되고 1911년에 표현주의가 출발했으며 1916년에는 다다이즘, 1924년에 초현실주의가 탄생하는 것이다. 이 연대는 관점에 따라서 쉽게 바뀔 수도 있는 것으로서 회화에서 입체파와 표현주의의 관계를 중시하면 표현주의의 시작 년대는 1900년대로 되고 아폴리네르가 초현실주의라는 말을 사용한 것을 중시하면 그 사조의 시작은 1910년대로 될 수 있다. 이 유파들은 이처럼 복잡한 상호관계 속에서 탄생했으면서도 삶에서 유리된 기존 제도예술을 비판하고 예술과 삶을 통합시키려 한 점에서 공통성을 지니고 있다. 그것들은 또한 모든 전통이나 인습과 급격한 단절을 시도한 점에서 근대미학의 한 성분을 공유하지만 과거의 예술을 비판한 것이 아니라 동시대의 예술을 비판한다는 점에서 독특한 성격을 지닌다. 아방가르드가 동시대예술을 포함한 전통의 타파를 문학적 과제로 삼은 것은 특히 기존의 문학 언어가 지닌 한계를 인식한 데 따른 것이다. 기존의 문학에서 작가들은 언어를 외적 대상의 묘사, 표현에 쓰이는 모방적 재현적 역할을 중시하여 단순한 매재나 창구로서 인식한 데 반해서 아방가르드 작가들은 언어가 바깥세계와는 무관하게 예술의 제일 수단이라고 파악했고 순수한 기호로서 언어자체에 관심을 표시했다. 이것은 언어와 그 관념과 현실이 서로 다른 것이라는 통찰을 밑바탕에 깔고 있다. 또한 아방가르드가 동시대의 예술에 대해 비판적 관점을 나타낸 데에는 기존의 예술이 사회에서 기능하는 방식과 미적 형식에 대한 근본적으로 상반되는 견해에 기초하고 있다. 첫째로 아방가르드는 예술의 자율성에 대한 믿음 속에서 제도예술로 정착하고 있는 기성의 예술들을 비판하고 예술이 실천적으로 되어야 한다는 요구를 제기한다. 예술의 세계에 자기 유폐되는 심미주의와 같은 형식들을 거부함으로써 삶과 예술 사이에 가로놓인 경계선을 무너뜨리고 예술을 실제생활 속에서 지양한다는 원칙을 내놓은 것이다. 즉 아방가르드는 '실천이 미적인 것이 되고 예술이 실천적인 것이 되는 상태'를 지향한다.

둘째, 아방가르드는 유기적 예술작품이라는 전통적 개념을 파괴하고 작품이 단편들로서 조립되는 형식임을 드러내고자 했다. 종래의 작품이 일종의 '자연의 가상', '환영'을 창조하려고 한 데 반해서 아방가르드는 작품이 인위적인 구성물이고 제작물임을 알리기 위한 수단들을 선택한 것이다. 이에 따라 아방가르드 예술에서는 비유기적 예술작품이라는 개념이 발전한다. 작품의 부분들이 전체와 유기적 관련을 맺음으로써 총체성의 살아 있는 상을 제시한다는 관점을 거부하고 예술의 재료를 그 구체적 기능연관에서 분리시키고 일탈시킴으로써 그 재료들에 의해 재구성된 전체가 어떤 통일성의 원칙 아래 놓인 것이 아니라 서로 간에 무관한 단편들의 조립일 뿐임을 드러낸다. 페터 뷔르거가 '아방가르드적 작품은 통일성 일반을 부정하는 것이 아니라 유기적 예술작품을 특징짓는, 부분과 전체의 관계라는 특정한 유형의 통일을 부정한다'고 한 것은 아방가르드 예술에서 각 부분은 전체를 위해서 기능해야 한다는 관념 또한 부정됨을 알려준다. 즉 아방가르드 예술에서 각 부분은 예술가의 주관에 의해 가공된 적이 없는 현실의 단편들일 수 있고 전체로부터 높은 수준의 독립성을 지니기 때문에 작품 전체에 기여하는 요소일 필요가 없는 것이다. 결국 각 부분의 필연성을 결여한 구성에 의해 아방가르드 예술은 작품에서 의미를 박탈하고 이를 통해 수용자에게 충격을 주려 한 것이다. 아방가르드 예술가들은 예술의 사회적 기능방식을 변화시키는 데 이와 같은 충격이 필수적이라고 보았다.

이러한 아방가르드 운동을 통해서 문학예술에서 일어난 변화에 대해서 페터 뷔르거는 다음 두 가지 사실을 지적하고 있다. 그 한 가지는 아방가르드 예술에 의해서 예술수단이 보편화되었다는 점이다. 이것은 예술수단 전체가 수단으로 자유롭게 이용될 수 있다는 것을 의미하는데 이로 인해 문예사조와 시대적 양식 사이의 필연적 연관이 제거되어버린다. 이밖에 예술적 수단의 보편화는 예술이 주는 소외효과라는 특성을 일반적인 것으로 만들고 그것이 예술 최고의 원칙이 되게끔 하는 부대효과를 낳았다. 또한 기법이 소재로부터 독립함으로써 내용과 형식의 변증법에서 형식의 우위성이 확보되는 계기를 제공했다. 아도르노가 '예술의 각 내용가치를 가늠하는 관건은 그 예술의 기법'이라고 할 수 있었던 것도 예술수단의 보편화에 근거하며 수용자들의 수법에 대한 세련된 안목이 생겨난 것도 그와 관련되는 현상이다. 아방가르드로 인해 일어난 또 하나의 변화는 '사회적 부분체계로서의 예술은 자기비판의 단계에 접어들게 된다'는 점이다. 이것은 제도예술에 대타의식을 가지게 된 사실에서 명확하게 드러나는데 아방가르드는 제도예술이 예술의 생산 분배에만 관련되는 장치가 아니라 '어느 일정한 시대에 있어서 예술에 대해 지배적인 생각들, 작품의 수용을 본질적으로 결정짓는 그러한 생각들까지도 포함'한다는 인식하에 기존예술을 비판할 수 있게 된 것이다. 이처럼 여러 가지 측면에서 혁명적 의의를 지니는 아방가르드 운동이 예술사에 진면목을 나타내기 시작한 것은 미래주의 운동을 통해서이다.

① 미래주의

　미래주의는 그 이름이 시사하는 것처럼 20세기의 예술을 주도하기 위해서 처음부터 명확한 이념과 방법에 대한 의식을 가지고 등장한 아방가르드 운동의 최초의 형태이다. 이 미래주의를 자세히 살펴보기 위해서는 그에 앞서 있었던 입체파의 예술운동을 설명할 필요가 있다. 그 이유는 이탈리아에서 처음으로 미래주의를 선언하고 그 운동을 이끌어간 마리네티가 입체파의 영향 아래 활동한 사실 때문이다. 입체파는 사실 아방가르드 운동 전체에 선구가 되는데 그것은 주로 아폴리네르의 중개를 통해서 이루어진다.

　앞에서 잠깐 언급한 적이 있지만 입체파는 피카소·브라크 등의 활동을 통해서 원근화법의 환영주의幻影主義와 인본주의를 거부하고 대상의 특정한 성질을 추상화하려는 경향을 드러냈다. 동시성의 원리와 기하학적 환원을 통해 추상의 방법을 예술에 도입한 입체파는 마찬가지로 기하학적 예술을 주장한 영국의 T. E. 흄의 예술론과 같은 주지주의적 경향의 일정한 반영이라고 할 수 있었다. 그것은 인간경험의 요소들을 분리하여 새로운 질서로 재배열하고 재구성하는 방식으로서 감각을 통해 파악되는 실재가 아니라 직관의 통찰력에 의해 인지될 수 있는 실재를 제시하려는 것이었다. 입체파 시인들은 미술에서의 이러한 경향을 시에서 시도하려고 했다. 입체파 시인들은 아폴리네르를 비롯하여 막스 야콥, 앙드레 살몽, 장 콕토 등이었다. 이 가운데 특히 아폴리네르는 그러한 시도에서 가장 선진적인 입장이었다. 막스 야콥이 '아폴리네르의 시대'라고 할 만큼 적극적으로 활동한 그는 '균형과 소재를 혼동한 채로 병렬하여 입체파의 회화 같은 인상을 주고 혹은 당돌한 이미지의 연결, 혹은 우연히 귀에 튀어든 대중의 담화를 그대로 전사轉寫·삽입하는 것을 통하여, 강력한 효과로서 독자에게 놀라움과 신기로움을 주'는 대담한 시도를 했던 것이다. 이러한 그의 시도는 필립 수포에 의해 '일대의 프랑스 시의 방향을 결정한 중요한 사건'으로 받아들여졌다. 그의 「69 6666…6 9…」라는 시는 이렇게 되어 있다.

6과 9의 전도^{顚倒}가
괴상한 숫자로 나타난 것
6 9
숙명의 두 뱀
두 지렁이
호색적이며 신비한 숫자
6 3과 3
9 3 3과 3
즉 삼위일체다
도처에
삼위일체뿐이다
이것은 양극론과도 일치하니
6과 3은 두배이기이며
삼위일체의 9는 3의 배이기 때문에
그러므로 6 9는 양극의 삼위일체다
이 비술^{秘術}은 아직도 더욱 은밀하지만
나는 무서워 더 이상 캐어볼 수 없다
누가 아는가 겁을 주기 좋아하는
콧잔등 납작한 죽음의 저쪽에
영원이 있을지도 모르는 것을
한데 오늘 밤
침통한 레이스가 눈에 보이지 않는 수의^{壽衣}같이
우수가 나를 감싸고돈다.

아폴리네르의 시는 파괴의 시학이라는 말을 자주 들었다. 그는 구두점을 없애고 정형을 깨트리는 등 당시로서는 파격적인 시를 지었다. 앞에 인용한 시는 이상

^{李箱}시인이 경영하던 '69다방'의 원형으로 알려져 있는 실험시의 일종이다. 그러나 그는 상징주의의 영향을 입기도 했고 낭만주의적인 색깔의 시도 발표했다. 그의 대표작으로 꼽히는 「미라보 다리」는 그의 시적 재능을 잘 보여주는 작품이다.

    미라보 다리 아래 센 강은 흐르고
    우리네 사랑도 흘러내린다.
    내 마음 속에 깊이 아로새기리
    기쁨은 언제나 괴로움에 이어옴을.

    밤이여 오라 종아 울려라.
    세월은 가고 나는 머문다.

    손에 손을 맞잡고 얼굴을 마주 보면
    우리네 팔 아래 다리 밑으로
    영원의 눈길을 한 지친 물살이
    저렇듯이 천천히 흘러내린다.

    밤이여 오라 종아 울려라.
    세월은 가고 나는 머문다.

    사랑은 흘러간다 이 물결처럼.
    우리네 사랑도 흘러간다.
    어쩌면 삶이란 이다지도 지루한가
    희망이란 왜 이렇게 격렬한가.

    밤이여 오라 종아 울려라.

세월은 가고 나는 머문다.

나날은 흘러가고 달도 흐르고
지나간 세월도 흘러만 간다.
우리네 사랑은 오지 않는데
미라보 다리 아래 센 강이 흐른다.

밤이여 오라 종아 울려라.
세월은 가고 나는 머문다.

  아폴리네르는 너무 여러 문예사조와 관련이 되기 때문에 그의 시를 꼭 어떤 사조의 작품이라고 말하기는 어렵지만 입체파시의 특성을 잘 보여주는 작품이 빗방울모양으로 글자를 나열한 「비가 내린다」라는 작품이다.

  추억 속에서 죽기나 했듯이 여인들의 목소리로 비가 내린다.

비가 되어 내리는 건 내 인생의 복된 해후들
오 낙수여

성난 구름이 으르렁대기 시작한다 음향의 도시
이 우주에서
뉘우침과 서러움이 옛노래로 흐를 진대 이 빗소리를 들으라

아래위로 그대를 묶어놓는 이 인연의 줄이 내려오는 소리를 엿들어 봐라

  (이 시는 원시의 형태를 보여주어야 하므로 불어로 된 원시를 462쪽에 첨부했다.)

IL PLEUT

아폴리네르와 같이 입체파에서 활동한 시인으로서 장 콕토는 1919년에 『희망봉』이라는 시집에서 입체파 시의 여러 면모를 보여주었다. 그의 시는 기발한 착상으로 사람들을 놀라게 했다.

귀
내 귀는 소라 껍질
바다 소리 그리워라

잠든 아가씨
꿈의 나무 뒤에서의 랑데부
그러나 어느 쪽으로 가야 할지는 알아야만 한다.
자주, 만치닐 나무의 희생자인
사람은 천사들을 혼동한다.

무도회와 술 마시는 사람들을 떠나
사역장으로부터 안전한 거리에 있는 것.
이 제스처를 알고 있는 우리
우리는 헛되이 잠이 들지 않는다.

우리 잠자자, 어떤 구실로든 간에,
예를 들면, 꿈속에 날아가자.
그리고 우리 오점형의 모양으로 자리잡자.
랑데부를 엿보기 위해.

잠이야말로 당신의 시를 만들어준다.
단 하나의 길고 게으른 팔을 가진 아가씨,

이미 꿈이 당신을 사로잡아
이제 딴 아무것도 당신을 흥미 있게 못하는구나.

　1909년에 미래주의 선언을 프랑스의 〈피가로〉지에 발표한 이 운동의 주도자 마리네티^{Marnetti}는 입체파의 영향을 받아 세계의 본질이 운동과 생명력에 있다고 파악하는 입장에서 현대예술을 살리기 위해서는 기존의 조화·비례·통일과 같은 고전적 미학규범을 파괴하고 기하학적으로 고안된 언어형식을 통해 현대적 경험을 시에 도입해야 한다고 주장했다. 예컨대 속력을 내어 달리는 자동차나 기관총 소리, 기계의 소음을 도입하고 전쟁이나 폭력, 모험 등의 원시적 감정에 호소함으로써 쇠약해진 현대인의 미적 감수성을 회복해야 한다는 것이다. 이른바 현대의 역동적인 삶을 표현하기 위해서는 기존예술의 완결된 구조를 창조하는 방법을 과감히 버리는 일 뿐만 아니라 통사법의 해체, 단어들의 변형, 인쇄활자의 혼용, 자유어의 창조가 필요하며 속도와 운동의 상태를 묘사하기 위해 시공간의 동시공존성^{同時共存性}을 나타내는 일원적 표현을 시도해야 한다고 주장했다. 당시에 저널리즘에서 미래파라는 용어가 새롭거나 괴상한 모든 것을 가리키는 말로 쓰인 것도 그것이 이 같이 대담하게 현대예술의 근원적 해방을 주장한 데 따른 부산물이다.
　그러나 미래주의는 전통에 대한 거부라는 점에서 아방가르드의 공통적 성질을 구현하지만 기계문명을 예찬하고 인류의 황금시대를 기대한 점에서 다른 운동과 차별성을 지닌다. 그리고 이 점이 미래주의의 운명에, 그리고 문학적 양태에 특유한 현상을 유발했다. 미래주의에서 '미래'란 '관념화된 과거, 또는 꿈꾸어진 미래'라는 추상적이며 경직화된 모델에 정면으로 맞서는 무의식과 욕망의 힘들이 결집하는 장소'였다. 이러한 '미래'의 지향은 열정적 충동과 완전한 자유를 위한 투쟁을 수반하는 것으로서 미래주의가 힘과 역동성을 지닌 미학이 되게 하는 요인이기도 했지만 다른 한편으로는 현실사회에 대한 여러 가지의 개입을 열어놓는 요인이기도 했다. 즉 미학적으로 미래주의는 시간 속에서 함께 일어나는 소리·빛·운동 등의 모든 것을 예술작품 속에 함께 표현하는 방법으로서 동시성의 미학을 가능하게 했다. 이것은 서로 대조되는 것들의 활력, 어조의 변화를 통해서 생동감과 힘을 얻게 하는 방법을 가능하게 하여 자유시의 개념을 추구할 수 있게 해주었다. 그러나 기술문명의 찬양과 폭력예찬, 전쟁예찬 등의 논리는 파시즘과의 협력을 허용해주는 운동의 내적 논리가 되었다. 곧 속도·힘·폭력의 찬양이 전쟁의 미화, 전쟁의 미학을 초래한 것이다. 미래주의의 주도자 자신이 파시즘에 찬동함으로써 미래주의는 결정적 손상을 입게 된 것이다. 이와 유사하면서도 정반대되는 의미를 지닌 현상이라고 할 수 있는 일이 러시아의 미래파에서도 일어난다. 마야코프스키는 러시아혁명이 일어난 직후에 「예술군대에 대한 명령」이라는 시를 지어 볼셰비키혁명을 찬양했던 것이다.

> 공장에서 열심히 일하고
> 얼굴에 매연을 뒤집어쓰고
> 다른 사람들의 사치나
> 안락함은
> 안중에도 없도다.
> 값싼 진리는 이제 충분하다.
> 심장에서부터 낡은 옛것을 추방하라.
> 거리는 우리의 화필이다.
> 광장은 우리의 빨레뜨이다.
> 시대를 이야기하는 책들이
> 수천 페이지를 넘는다 해도
> 혁명의 현실은 노래할 수 없다.
> 푸뜨리스트(미래파)는 거리로 나아가라.
> 진군의 북을 두드리는 고수로서,
> 그리고 시인으로서.

마야코프스키에게서 혁명의 예찬은 새로운 사회를 위해 투쟁하라는 미래주의의 이념의 실천이었다. 하지만 러시아의 미래파는 이탈리아의 미래파보다 시의 형식적인 면을 중시하는 경향을 보였다. 「우리들의 행진곡」이란 시는 러시아 미래파의 특징을 잘 보여준다.

    폭동의 발자국 소리를 광장에 울려라!
    산맥을 이룬 당당한 머리 위로 높이 솟아라!
    우리는 두 번째 노아의 홍수로
    세상의 온 도시를 씻어 버리리라.

    일상의 소는 얼룩소.
    세월의 마차는 느리다.
    우리의 신이 달린다.
    우리의 심장은 드럼이다.

    우리의 황금보다 매혹적인 것이 있을까?
    탄환의 땅벌은 우리를 쏠까?
    우리의 무기---우리의 노래.
    우리의 황금---울려 퍼지는 목소리.

    초원아, 푸르러라,
    세월을 위해 바닥을 깔아라.
    쏜살같이 달리는 세월의 말에
    무지개여, 멍에를 씌워라.

    보아라, 별들이 빛나는 하늘이 지루하기만 하다!

하늘의 도움 없이 우리 노래를 엮어보자.
에이, 대웅좌여! 요구하라,
우리를 산 채로 하늘로 모시도록.

기쁨을 마셔라! 노래하라!
혈관에 봄이 넘쳐흐른다.
심장이여, 드럼을 쳐라!
우리의 가슴…팀파니의 구리이다.

혁명의 시인 마야코프스키는 어린 나이에 볼셰비키 당에 가입했다. 그에게서 혁명의 찬가는 하나의 신념이었을 것이다. 그러나 그는 시인으로서 자신의 자세를 반추하는 그런 시인이기도 했다. 「아침」은 그런 종류의 시 가운데 대표적인 작품으로 손꼽힌다.

침울한 비가 곁눈질했다
이별의 철망 같은 생각
그 명료한
쇠창살
뒤엔
깃털 요가 있다
그
위에
가볍게 발을 기대본다
그러나 등불의
소멸
기풍의 왕관을 쓴

황제의 소멸은

가로수 길 창녀의 적대적인 꽃다발을

더욱 아프게 만든다

눈으로 보기에

그리고 기분 나쁘게

좋은

농담 섞인 웃음은

누런

독있는 장미에서

지그재그로

자라났다

떠들썩한 소리

공포로

시선을 던지면

눈요기가 된다

십자가의

종과

갈보집의 관을

타오르는 한 꽃병에 동녘이 던져 넣었기에

    마야코프스키는 '모든 나라의 사람에게 통할 수 있는 순수언어의 존재'를 믿었던 흘레브니꼬브를 따라 '의미는 사라지고 그 가능성을 주는 형식만이 남는 절대 언어의 실험'을 시도한 시인이었다. 그가 스탈린 체제 하에서 의문의 자살을 한 사실은 언어의 시적 실험에 종사한 시인이 경직된 사회에서 겪는 고통을 말해주는 것이다. 미래주의는 전통의 부정 이후에 어떤 비전도 제시하지 못하는 아방가르드의 내적 논리를 최초로 입증한 동시에 하우저가 말한 것처럼 '상징주의 문학 말기의 삶과 결연된 문학의 불모성' 때문에 스스로 동요하고 좌절한 문예사조였던 것이다. 아방가르드 예술 가운데서도 가장 허무적이고 부정정신이 강한 다다이즘이 미래주의에서 영향을 받은 것도 결코 우연한 일이 아니다.

② 다다이즘

다다이즘은 제1차 세계대전이 진행되던 1916년 무렵 스위스의 취리히에서 탄생한다. 혼란과 무질서가 휩쓸던 당시의 사회상황 속에서 루마니아인 트리스땅 짜라$^{Tristan\ Tzara}$와 프랑스의 화가 한스 아르프$^{Hans\ Arp}$ 등은 '예술은 죽었다'고 선언하며 모든 체계를 부정하는 예술운동을 시작한다. 이들은 자신들의 완전한 자유에 대한 욕구를 표현하기 위해서 루마니아어로는 목마와 유모를, 이탈리아어로는 입방체나 어머니를, 독일어로는 소박성을 뜻하는 다다^{dada}라는 용어를 자신들의 이념을 나타내는 단어로 선택한다. 곧 다다는 모든 것을 의미하기도 하지만 동시에 아무 의미도 나타내지 않는 것이기 때문에 정치적으로 무정부적이고 사상적으로는 허무주의적인 자신들의 부정정신을 상징하는, 자신들의 정신적 지향을 나타내는 표어로 선택한 것이다. 다다이즘은 미래주의가 러시아와 프랑스에서 유행한 것처럼 그 당시 취리히뿐만 아니라 베를린, 뉴욕, 하노바 등에서 동시다발적으로 발생한다. 근대의 합리적 이성이 세계대전과 같은 비극을 초래하는 역설적 상황에서 다다주의자들은 아무 뜻도 지니지 않는 시, 충격적인 그림, 괴상한 연극을 통해 기존 예술의 모든 이념들과 규칙들을 파괴하려고 시도했다. 즉 그들은 비논리적 연결을 갖는 문장을 구사하고 아무런 연관이 없는 단어나 사물들을 시 속에 병치하는 이른바 '광란시'로써 문학의 유기적 구성이나 주제의식, 이미지 창조 작업을 거부했다. 짜라는 다다 시의 방법을 이렇게 말하고 있다.

다다시를 쓰기 위해
신문을 들어라
가위를 들어라

살바도르 달리의 〈피아노 위의 여섯 레닌〉. 의식 속의 꿈이나 환상을 객관적으로 표현하는 데 힘을 쏟은 초현실주의 화가.

당신의 시에 알맞겠다고 생각되는 분량의 기사를 이 신문에서 골라라
그 기사를 오려라.
그 기사를 형성하는 모든 낱말을 하나씩 조심스럽게 잘라서 푸대 속에 넣어라
조용히 흔들어라
그 다음엔 자른 조각을 하나씩 꺼내라
푸대에서 나온 순서대로 정성들여 베껴라
그럼 시는 당신과 닮을 것이다.
그리하여 당신은 무한히 독창적이며 매혹적인 감수성을 지닌, 그러면서 무지한 대중에겐 이해되지 않는 작가가 될 것이다.

칸딘스키의 〈하늘색〉.

바실리 칸딘스키의 〈백색2〉. 추상미술의 선구자로서 순수 추상화를 탄생시킨 위대한 화가로 평가된다. 대상을 구체적으로 표현하는 방식에서 벗어나 선명한 색채로 음악적이고 역동적인 추상화를 추구했다. 회화가 사물의 형체보다도 작가의 감정을 나타내주어야 한다는 입장에 섰다. 20세기의 가장 중요한 예술이론가로도 손꼽히는데 〈예술에서의 정신적인 것에 대하여〉가 한국어로 번역되어 있다.

다다주의자들에게 문학은 사물의 재현이 아니라 삶의 혁신을 위한 수단이자 일종의 행위였다. 그들은 인간을 표현하는 일 자체의 가치를 회의하는 입장에서 기존의 모든 형식과 상투적인 시구들을 배격하며 표현의 직접성을 추구하였다. 삶의 생생한 경험이 관습적인 형식들에 의해 왜곡되는 것에 대해 항거한다는 의미에서 기존의 표현방법을 전면적으로 파괴할 것을 주장하였다. 그러나 이 같은 부정정신은 예술의 가치뿐만 아니라 인생의 가치 자체를 의심하는 허무주의로 이어짐으로써 '영원의 척도로 재어 볼 때 모든 인간행위는 쓸 데 없는 짓'이라는 결론에 이르게 된다.

다다주의자들은 그들의 선구자인 입체파와 미래주의가 체제에 흡수되어버린 점을 비판하는데 짜라가 '나는 체계에 반대한다. 받아들일 체계가 있다면 그것은 체계가 없는 체계이다'고 한 것은 그 운동이 지닌 부정정신의 논리적 귀결이었다. 결국 이 같은 다다주의의 실천은 시대의 광란상태를 순간적으로 표현하여 세계의 허위와 무질서를 폭로하려는 시도로서 예술과 삶 사이의 경계를 없애려는 아방가르드 기획의 일부를 실행하는 것이었지만 극단적인 파괴와 부정으로 인해 어떤 긍정적인 것도 건설할 수 없는 이율배반에 부닥치게 된다. 그릇이 깨지면 그 속에 담기는 의미도 흩어질 수밖에 없는 것이다. 다다이즘의 중심인물인 짜라가 1920년에 파리에 가서 앙드레 브르통, 루이 아라공 등과 결합하여 초현실주의운동을 배태시키는 데 관여한 것은 모든 것을 부정하려는 다다이즘의 근원적인 모순을 탈피하기 위해서는 어찌할 수 없는 불가피한 선택이었다.

③ 초현실주의 문학

초현실주의는 1924년 앙드레 브르통이 '초현실주의 선언'을 발표한 뒤 시작된 전위예술운동으로 알려져 있다. 그러나 실제 운동은 그보다 5년 앞서서부터 시작되어 1930년대 말까지 지속되었다. 이 운동에 참여한 작가는 브르통 이외에도 루이 아라공, 엘뤼아르, 수뽀, 페레 등으로 아방가르드 운동 가운데 가장 많은 인원이 참여하고 있었고 그 운동을 대표하는 흐름이었다. 일반적으로 초현실주의는 다다적 경향을 계승하여 시작된 것으로 알려져 있지만 그보다는 보들레르·랭보·로트레아몽·아폴리네르의 시적 전통, 상징주의 시인 가운데 디오니소스적인 경향의 시인들과 더 밀접한 관계를 맺고 있으며 당시의 시대적 상황이나 프로이트의 무의식 이론에서도 많은 영향을 받았다. 이와 함께 삶의 토대를 개혁하려는 마르크스주의의 영향도 그 운동의 중요한 내용을 이루고 있다.

초현실주의가 발생하는 직접적인 계기에는 제1차 세계대전이 끝난 뒤의 불안한 사회상황이 크게 작용했다. 전쟁에서 파괴와 굶주림, 잔혹한 살육의 절망적이고 비참한 체험을 겪은 젊은이들에게 사회가 돌려준 보상은 보잘것없는 것이었다. 또한 국가의 재정적 위기나 경제 불황 등으로 인해 미래에 대한 기대마저 확실한 것이 되지 못했다. 이로 인해 사회에 대한 반항의식과 좌절감만을 키운 젊은이들은 자신들의 정신적인 불안을 해소하고 생활의 안정을 보장해줄 대안을 찾아 나서지 않을 수 없었다. 이러한 움직임이 극도로 혼란한 사회상황 속에서 혁명

아쉴레 고르키의 〈풍경-테이블〉. 초현실주의에 접근했지만 자연 사물을 결합시켜 정신세계를 표현했다.

이나 파시즘에 대한 기대로 기울어진 것도 자연스러운 흐름이었다. 이와 함께 정신적으로도 합리성을 추구하는 실용주의적 실증주의적 사고에 대한 반동이 일어난다. 이성적 인식보다는 인간에게 숨겨진 본능이나 욕망에 충실해야 한다는 요구가 인식론에 반영되어 생의 철학이나 직관이론, 프로이트의 정신분석이론이 각광을 받게 된다. 초현실주의는 이러한 객관현실의 조건과 사상적 배경 속에서 출현했기 때문에 한편으로는 삶의 조건을 개혁하려는 지향을 지니고 다른 한편으로는 상상력의 자유를 확보함으로써 새로운 문학을 창조하고자 했다. 즉 문학 형식으로서의 시와 생존으로서의 시를 통합시키려 한 것이었다.『다다와 초현실주의』에서 C. W. E. 빅스비는 "초현실주의의 영향을 감정하는 데 있어서 항상 스타일과 철학을 구분하는 것이 꼭 필요하다. 초현실주의란 충격적인 이미지, 비합리적인 구문, 혹은 꿈같은 조직에 불과한 것이 아니다. 이것들은 모두 방편에 불과한 것이다. 초현실주의는 본질적으로 상상력을 해방시키고 현실에 정의를 팽창시키는 일에 관심을 가지고 있다"고 강조했다. 이 두 가지 지향은 브르통의 '초현실주의 선언'에 잘 나타나 있다.

> 쉬르레알리슴: 남성명사. 마음의 순수한 자동현상으로서, 이것으로 인하여 사람이 입으로 말하든 붓으로 쓰든 또는 다른 어떤 방법에 의해서든 간에 사고의 참된 움직임을 표현하는 것. 이것은 또 이성에 의한 어떠한 감독도 받지 않고 심미적인, 또는 윤리적인 관심을 완전히 떠나서 행해지는 사고의 구술^{口述}
>
> 백과사전철학: 쉬르레알리슴은 여태껏 돌보지 않았던 어떤 종류의 연상^{連想}형식의 우수한 실재에 대한 신뢰에 근거를 두고 있으며, 또한 꿈의 전능^{全能}과, 사고의 비타산적인 활동에 대한 신뢰에 근거를 두고 있다. 또 쉬르레알리슴은 다른 모든 마음의 메커니즘을 결정적으로 파괴하고 그 대신 인생의 제 문제를 해결하고자 함에 그 목적을 둔다.

남성명사라고 명시된 초현실주의는 초현실주의운동이 추구하는 문학의 방법이다. 이에 비해서 철학적인 용어로서 초현실주의는 삶의 문제를 해결하기 위해 시도되는 사회적 행동이다. 이 같이 언뜻 보기에 전혀 차원이 다른 지향을 내포하는 초현실주의가 브르통의 '선언'에서는 하나로 통합된다. 그 이유는 문학의 혁신이 삶의 혁명에 필수적인 요인이기 때문이다. 그의 설명은 이러하다. 인간의 상상력은 원래 한계가 있는 것이 아니지만 실용성의 법칙이 지배하는 부르주아 세계에서는 단지 그 법칙에 따라서만 작용한다. 이에 따라 인간의 상상력은 실용성에 구속되고 제한된다. 그러나 상상력은 결코 그 노예상태에 구애되지 않고 자유를 행사하기도 하는데 광기의 상태가 그런 경우의 하나이다. 즉 상상력만이 '존재할 수 있는 것'을 인간에게 가르쳐줄 수 있는데 사회의 현실주의적 태도를 대표하는 실증주의의 정신을 통해서라기보다는 오히려 광기와 영감을 통해서 가르쳐준다. 따라서 문학에서는 직접적인 실용성이나 논리에 구애받지 않는 자유로운 사고를 드러내는 일이 필요하다. 부르주아적 원리에 의해 억압된 욕망을 발견하는 것은 프로이트의 무의식의 발견에 의해서 가능하게 되었다. 이제 문학은 논리적 사고에 의해 제작되는 시보다는 억압된 욕망과 꿈, 무의식을 직접적으로 드러내줄 수 있는 방법을 찾아야 하며 그 작업을 통해 인간의 모습을 종전에 가능하지 못했던 새로운 모습으로 확대하는 일이 필요하다. 그 방법은 자동주의^{automatique}라고 이름 붙일 수 있는 것인데 그것은 '이성에 의한 어떠한 제한도 없이, 미학적 도덕적인 어떠한 선입관에서도 자유로운 글쓰기로써 마음의 참된 움직임을 표현하는 것이다. 결국 초현실주의는 자유로운 예술적 창조성에 가해진 미학적 논리적 도덕적 제약을 벗어나는 기술법을 창안하기 위해서 무의식의 흐름에 작가의 의지를 순응시켜야 한다고 주장한 것이다. 이러한 자동기술법에 의해 확보된 인간의 모습은 굳이 시적 표현이 되지 않더라도 정신의 자유를 실현하는 의의를 지니게 된다. 이러한 관점에서 자동기술에 의한 시는 단순히 표현수단이거나 미적 형식인 것이 아니라 '진정한 삶에 대한 믿음을 끊임없이 고쳐시켜 주는 원천'이다.

  이 같은 초현실주의의 신조는 브르통이 철학적인 초현실주의에 대한 설명에서 표현한 바와 같이 현상적으로 드러난 실재보다 더 우월한 어떤 실재를 가정하는 것이다. 또한 그것은 새로이 꿈과 무의식을 탐구하고 그에 상응하는 시적 이미지들을 창조함으로써 논리와 사회적 실용성 속에 찌들어 타성화된 인간의 정신과 사고를 혁신하려는 기도라고 볼 수 있다. 초현실주의가 현실의 조건을 변화시키기 위한 사회적 혁명과 자동기술에 의한 문학의 혁신을 동시에 추구하는 데는 이 두 가지가 결코 분리될 수 없다는 인식이 전제되어 있다. 그들이 공산당과 협력하여 사회혁명을 위한 활동에 참여하는 일방 정신의 해방을 중시하는 입장을 지속시킨 것은 자신들의 논리에 따른 필연적인 과정이었다. 그러나 정치적인 혁명을 추구하는 세력과 초현실주의의 노선이 쉽게 조화될 수는 없었다. 예술의 힘을 통해서 사회혁명에 기여할 수 있다는 브르통 등의 입장은 다분히 무정부적인 색채를 띠고 있었기 때문에 초현실주의의 자율성을 포기할 것을 요구하는 공산당의 입장과 충돌할 수밖에 없었다. 브르통과 엘뤼아르가 공산당에서 제명된 사태는 이 갈등을 단적으로 드러내준다. 물론 이후에도 초현실주의자들은 혁명을 위해 일한다는 입장을 견지하지만 실질적으로 정치적 혁명세력과의 연대는 유지되지 못했다. 그런 의미에서 초현실주의는 말년의 브르통이 보여주듯이 정치혁명의 세력이 되기에는 너무 유토피아적이었던 셈이다. 이것은 초현실주의의 자동기술법이 겪는 운명과도 상통한다. 브르통의 「녹고 있는 물고기」는 자동기술법에 의해 씌어진 대표적 작품으로 꼽힌다.

14

나의 무덤은 묘지가 닫힌 뒤 한 척의 보트가 되어 바다를 냅다 달린다. 이 보트 안에는 아무도 없고, 오직 예외인 때에 밤의 덧문을 통해서 나타나는 양팔을 든 여자, 그것은 말하자면 일종의 뱃머리 초상으로서 하늘을 나는 내 꿈에 달라붙는 것이다. 또 다른 장소, 어쩐지 농장의 안마당 같은 데서 한 여자가 세탁비누의 푸른 포말로 곡예를 하고 있는데, 그 포말은 공중에서 손톱처럼 불타고 있다. 여자들의 눈썹의 덫, 이것이 너희들의 목적지구나. 이 하루는 바다 위의 기나긴 축제에 불과하였다. 창고가 뜨든지 가라앉든지 전원에서의 도약이 문제다. 최악의 경우 가령 비가 내린다 해도 목적지인 저 지붕 없는 건물에서라면 기다리는 것도 참을 수 있으리니, 저 집은 여러 모양의 새와 날개 있는 낟알 종류로 되어 있으니 말이다. 그 주위의 울타리는 나로 하여금 꿈으로부터 얼버무리기는커녕 바다 쪽이 잘 이어져 있지 않은 감상적인 광경 쪽과 그리고 바다는 두 명의 자선 수녀와 같이 멀어져 간다.

다음은 그 수녀와 저 푸른 포말이 언제나 무척 빨리 등장하는 엑스트러의 이야기. 묘지의 부드러운 보트의 행선지에 천천히 꽃이 피고 별이 빛나는 하늘이 열린다. "모두들 준비는 되었나?" 하는 소리가 들리고, 보트는 소리 없이 떠오른다. 밭고랑 위를 닿을 듯이 미끄러져 가는데, 그 밭의 노래는 이미 당신네들에게는 관심 없는 바의 것이겠으나 아주 오래고 오랜 노래로 성채 주위를 감싸고 있다. 보트는 저녁 안개를 불어 떨치고 있으나, 안개의 백마들만은 구유로 돌아가는데 무엇보다도 거기는 냉혹한 밤의 농장으로서 도저히 불가능한 주의 그 자체라고 할 수 있는 바의 곳이다. 붉은 풀이 마치 커다란 불꽃의 갈기처럼 보트 옆에서 드리운다. 눈에 보이지 않는 조합원은 반응이 늦은 나비 돛을 거칠게 다루고 있고, 그리고 빛이 마치 숲 속에 매달린 것처럼 가지를 타고 기어 올라가서는 길거리의 잔돌을 부수러 올 때 정신병자 취급을 당하고 있는 도로 인부 한 사람만이 들어 올린 손에 아무리 무거운 사슬보다도 더 무거운 다이아몬드의 목걸이가 있었던 사실을 생각해낸다. 하루의 만족감이 거기에 다해져 있는 이 보트는 보는 눈이 있는 사람에게는 이제 새하얀 드레스 자락이나 마찬가지니, 왜냐하면 보트는 바람에 흔들리는 다리 위를 건너기 때문이다. 모래와 먼지로 뒤범벅이 된 옷자락이여, 새들은 너희를 물어뜯고 너는 때로 어리벙벙하여 괴롭기만 한 미모를 발견하노니, 그 얼굴은 전혀 항아리 밑처럼 잊기 어렵다. 정말일까, 폭풍의 나날에 네가 잎 떨기의 우아한 괴로움으로 나와 내 몸을 끌어 들여 내게서 나의 가장 좋은 것을 빼앗아 가기만 할 뿐이라고 하는 것은? 망각과 같이 기나긴 무언의 보트는 비뚤어진 소리를 내면서 공기를 강하게 하고, 더구나 우리는 그것을 깨닫지 못하는 것이다.

일찍이 한 번도 이 애매한 뱃기슭에서 불이 떨어져 나와 색동 가락지에 마술을 걸었던 적은 없었다. 바다의 탐색은 훈훈한 향기의 파도 사이에서 계속된다. 만일 그때에 사람들의 의지가 형성되어지는 것이라고 한다면 그것은 어디까지나 갑작스러운 기습인 것이며, 거기에서는 아무리 높은 바위산도 문제조차 되지 않는 것이다. 별들에 이르는 길은 사고가 많다. 푸른 포말은 같은 재료의 가락지에 자리를 물려주고, 그 가락지가 모든 여성들을 허리 근처에서 옭아매며, 불행하게도 그녀들은 창백하게 된다. 보트는 그때 의심할 바 없는 물줄기, 모여 오는 밤의 시선으로부터 오는 물줄기에 따라 비스듬히 나아간다. 공상은 손목에 수갑이 채워진 채 이성과 광기의 손을 피하여 종탑 옆을 지나간다. 그리고 이 나라고 하는 사나이는 땅바닥 풀밭 위에 있는 자신의 기류지까지 전혀 하찮은 기억에 이르기까지 사라져 가버린다. 더욱 가까이서 식탁의 음악에 따라 살기 위해 용서의 끈을 내미는 아름다운 친구의 더욱 가까이서 살기 위하여

이 작품은 자동기술법을 이용해 창작된 작품이다. 이 작품은 14라는 숫자의 등장부터 자동기술을 시작하여 묘지, 한척의 보트, 여자, 세탁하는 여자, 여자들의 눈썹 등이 차례로 등장한다. 이것들이 어떤 연관을 갖는지는 제시되지 않는다. 이러한 자동기술의 방법은 60년대의 작가인 데니스 로슈 만디라르그 등에게도 이어진다. 이 작품들은 작가 자신도 모르는 (무)의식의 흐름을 자동 기술해놓아 의식의 심층부에 있는 충동들과 무의식의 탐구에 주력하고 있다고 볼 수 있다. 이 작품에 비해서 브르통의 좀 더 정제된 시,「장밋빛 죽음」은 이런 방법과 대비되는 그의 시적 재능을 보여준다.

날개 돋친 팔완류八腕類의 동물들이 마지막으로 오늘의 한 시간 한 시간으로 돛을 만든 배를 안내할 것이니라.
이것은 색다른 광경이어서, 보고 나면 그대는 희고 검은 태양이 그대의 머리카락 속에 떠오르는 것을 느끼게 될 것이니
세포에는 절벽 높은 곳으로부터 심사숙고한 죽음보다도 더 강한 술이 흘러나

올 것이니라.

  혜성들은 그들을 쳐부수기 전에 다정히 숲에 몸을 기댈 것이고 그러면 모든 것을 분할할 수 없는 사랑으로 화할 것이니,

  만약에 강물의 주제가 완전히 어두워지기 전에 자취를 감추면

  그대는

거대한 은빛 휴지休止을 보게 될 것이니라.

  개화중인 복숭아나무 위에는 손들이 나타나서 이 시구詩句들을 썼고

또한 그들은 은빛 굴대들이기도 할 것이니라.

또한 그들은 비의 베틀 위에 올라앉은 은빛 제비들이기도 할 것이니

  그대는 지평선이 열리고 갑자기 공간의 키스가 종식되는 것을 알게 될 것이니라…

이 작품에서 시인은 여러 개의 이미지들을 일정한 애수의 분위기를 조성하는데 사용하고 있다. 따라서 자동기술법은 그다지 두드러지지 않는다. 이 같은 양상은 브르통과 함께 초현실주의 운동에서 중요한 역할을 한 엘뤼아르의 작품에서도 나타난다. 나치의 지배 하에서 레지스탕스 운동에 가담하기도 했던 그는 자신의 체험을 일정하게 절제된 시형 속에 담고 있다.「통금」이란 작품에 그 양상이 잘 나타나 있다.

      어이하랴 문에는 적의 보초가 지켜 서 있는데
      어이하랴 우리는 갇혀 있는데
      어이하랴 거리는 통행금지인데
      어이하랴 도시는 정복되어 있는데
      어이하랴 도시는 굶주려 있는데
      어이하랴 우리는 무기를 빼앗겼는데
      어이하랴 밤은 이미 깊었는데

어이하랴 우리는 서로 사랑했는데

　자유와 해방을 노래한 수많은 프랑스의 시인들 가운데서도 엘뤼아르의 활동은 두드러진 것이었다. 초현실주의의 현실변혁을 위한 행동에도 가담했던 시인의 개인적 체험이 녹아있는 많은 작품이 그것을 보증해준다. 다음의 시 「자유」는 그 가운데서도 더욱 유명한 것이다.

　　나의 대학 노우트 위에
　　나의 책상과 나무 위에
　　모래 위에 그리고 눈 위에
　　나는 네 이름을 쓴다.

　　읽은 책장 페이지마다
　　하얀 책장 공백마다
　　돌과 피와 종이와 잿가루 위에
　　나는 네 이름을 쓴다.

　　정글에도 사막에도
　　새둥지 위에 개나리 위에
　　내 어린 때의 메아리 위에
　　나는 네 이름을 쓴다.

　　밤의 신비스러움 위에
　　낮의 하얀 빵조각 위에
　　약혼하였던 시절 위에도
　　나는 네 이름을 쓴다.

하늘 빛 헝겊 조각 위에
태양이 이끼 낀 연못 위에
달빛이 흐르는 호수 위에도
나는 네 이름을 쓴다.

황금빛 조각 위에
병사의 총칼 위에
임금의 왕관 위에
나는 네 이름을 쓴다.

들판 위에, 지평선 위에
새들의 날개 위에
그늘진 풍차 위에
나는 네 이름을 쓴다.

먼동 트는 새벽 입김에
바다 위에 모든 배 위에
미친 듯 불 뿜는 산 위에
나는 네 이름을 쓴다.

뭉게구름의 하얀 거품 위에
소나기의 땀방울 위에
굵다란 김빠진 빗방울 위에
나는 네 이름을 쓴다.

빛나는 모든 형태 위에

모든 빛깔의 종이 위에
물리적인 진리 위에
나는 네 이름을 쓴다.

잠이 깬 오솔길 위에
환히 뻗은 행길 위에
넘쳐 있는 광장 위에
나는 네 이름을 쓴다.

불 켜진 등불 위에
불 꺼진 등불 위에
모인 내 집 식구 위에
나는 네 이름을 쓴다.

돌로 쪼갠 과일 위에
텅 빈 조개껍질 내 침대 위에
내 방과 거울 위에
나는 네 이름을 쓴다.

귀여이 까부는 강아지 위에
똑 곧추 선 그 양쪽 귀 위에
어설픈 그 두 다리 위에
나는 네 이름을 쓴다.

조화된 모든 육체들 위에
내 모든 친구의 이마 위에

악수를 청하는 모든 손 위에
나는 네 이름을 쓴다.

놀라움의 창문 위에
기다리는 입술 위에
침묵보다 훨씬 높은 곳에
나는 네 이름을 쓴다.

파괴된 나의 피신처 위에
무너진 나의 등대들 위에
권태를 주는 담벽들 위에
나는 네 이름을 쓴다.

욕망이 없는 곧은 마음씨 위에
발가벗은 이 고독 위에
죽음의 이 행진 위에
나는 네 이름을 쓴다.

그리고 한 마디 말의 위력으로
내 인생을 다시금 마련한다.
너를 알기 위해 나는 태어났고
너를 이름 짓기 위해 있느니

오 "자유"여!

엘뤼아르의 시는 낯익은 단어들을 쓰고 있다. 그러면서도 일정한 리듬에 의지하여 무의식의 영역의 한 모습을 보여준다. 시인의 인간애와 자유에 대한 열정이 뛰어난 형상을 얻은 작품으로서 민주주의를 노래한 김지하의 「타는 목마름으로」를 연상시킨다.

초현실주의는 시초의 참가자 이외에도 많은 동참자들을 획득하여 60년대 이후까지도 영향력을 행사했으며 미술이나 연극 등에 새로운 충격을 주었다. 실존주의 작가들로 알려진, 또는 부조리극의 대명사처럼 알려진 베케트나 이오네스코의 작품들에도 초현실주의의 영향이 남아 있다는 주장을 펼치는 이가 있을 만큼 현대문학의 여러 면모에 긍정적 부정적 영향을 끼친 사조가 초현실주의였다.

④ **표현주의**

프랑스를 중심으로 전개된 초현실주의와는 대조적으로 표현주의는 독일을 중심으로 전개된 아방가르드 운동이다. 표현주의는 제1차 세계대전 직전인 1910년에서 전쟁이 끝난 뒤인 1920년까지 대략 10여 년 간 지속되었다. 이 유파는 문학보다도 미술에서 더 많은 성과를 획득했는데 반 고호·폴 고갱·칸딘스키·에드바르트 뭉크 등이 표현주의의 대표적인 화가들이다. 이 가운데서 뭉크의 석판화인 「절규」는 음산하고 살풍경한 배경 속에 비명을 지르는 일그러진 얼굴의 인물을 그려 표현주의 예술의 특징을 집약적으로 드러내준 작품으로 알려져 있다. '자연을 통해 울려오는 비명소리'를 캔버스에 옮긴 것이라는 평판을 얻은 것이다. 초기의 표현주의 문학에서는 게오르그 카이저·에른스트 톨러·힐러·트라클·초기의 브레히트·핀투스 등을 대표적인 작가로 꼽을 수 있다. 하지만 이들 외에도 고트프리트 벤·뷔흐너·카프카 등은 표현주의적인 성향의 작품으로 성예를 얻은 작가들이다.

표현주의는 운동의 강령을 선언문의 형식으로 표명한 초현실주의와는 달리 명확한 주의주장을 만들어내지 않았다. 따라서 표현주의 운동에 대해 일의적으로 정의하는 것은 복잡한 양상을 지나치게 단순화할 우려가 있다. 대체로 미술을 중심으로 살펴보면 뭉크의 「절규」에서 볼 수 있듯이 작품 속에 환상적이거나 격정적인 심리상태들을 표현하는 데 힘을 쏟은 유파라고 규정할 수 있다. 자연주의적인 묘사나 인상주의에 반대하는 입장에서 도시적인 감수성을 드러내는 개인적인 비전을 강력하게 표현하는 방법을 추구한 것이다. 이 표현주의의 미학적 측면은 빌헬름 보링어의 『추상과 감정이입』을 통해 살펴볼 수 있다. 보링어에게 있어서 감정이입의 예술은 고전적인 성격을 지니는 자연주의와 인상주의 예술을 가리킨다. '자연과 사람, 사물 속에 자신의 감정을 불어넣을 수 있는 능력'이 감정이입인 것이다. 따라서 이 예술은 작품의 형태와 요소를 정서 상태와 일치시키는 데 관심을 갖는다. 이에 비해 추상예술은 고대 이집트의 추상적 기하학적 양식적 미술과 같이 일면적으로 본질을 강조하는 성격을 지닌다. 보링어는 현대예술에 추상의 경향이 필요하다고 보는데 그는 그 이유를 이렇게 설명한다.

> 인류가 자신의 정신적 인식을 통해 외부세계의 현상과 멀어지고 친밀한 관계를 잃게 됨에 따라, 최고의 추상적 미를 추구할 수 있게 해주는 역동적인 힘은 더욱 강해진다. … 원시인의 경우에는 '물자체'에 대한 본능이 가장 강한 듯하다. 외부세계를 점차로 극복하여 그것에 익숙해진다는 것은 그러한 본능이 둔화되고 흐려진다는 것을 의미한다. 인간의 정신이 수천 년간 발전하면서 인식의 전 구간을 달리고 난 후에야 비로소 정신 속에서는 본질에 대한 궁극적인 체념으로서, '물자체'에 대한 감정이 다시 깨어난다. 과거에는 본능이었던 것이 이제는 오성의 궁극적 산물이다. 지식의 교만상태로부터 내던져진 채 인간은 원시인들과 마찬가지로 당황하여 무기력하게 세계상을 마주보고 서 있다.

보링어에 따르면 추상과 감정이입은 인간이 세계를 예술적으로 경험하는 두 가지 방식이다. 감정이입은 일종의 자연주의인데 비해서 추상은 예술형태에 있어서 양식화의 경향으로 나타나게 된다. 그가 현대예술에 추상이 필요하다고 보는 이유는 추상예술만이 우연적인 연관이나 자의적 관계로부터 사물을 분리시켜 그 본질에 영원성을 부여한다고 파악했기 때문이다. 따라서 당시대에 지배적인 형식이었던 고전적 자연주의적 예술(감정이입미학)을 넘어서기 위해서는 추상형식을 발전시키는 것만이 유일한 방안이라고 생각한 것이다. 이 '추상'의 방법은 미술에서 칸딘스키의 추상화 등에 잘 나타나지만 문학에서도 여러 가지 형태로 적용된다. 이를테면 문장보다도 단어의 중요성을 강조하고 문장의 구성이 논리성보다는 우연성을 가짐을 드러내고자 한다. 이에 따라 문장은 방만해지고 낱말들이 누적되는 양태를 나타내며 접속사와 관사 등을 생략하는 등의 기법이 시험된다. 이 실험들은 서정시를 순수화하고 연극을 혁신하는 데 일정한 기여를 한 것으로 평가되고 있다. 또 표현주의 문학에서는 특히 희곡이 많은 성과를 거두는데 인물들이 개성적이기보다는 유형적이고 플롯의 전개보다는 급격한 감정상태가 삽화적으로 묘사되는 것은 추상형식을 추구한 데 따른 결과였다. 즉 논리에 맞지 않는 문장이나 어구들이 구사된다든가 자주 대화가 분열되는 현상, 무대장치가 그로테스크한 양상을 취한 것 등은 모두 추상의 방법에 대한 시도였다. 이러한 양상이 잘 드러난 작품으로 카이저의 「아침부터 밤중까지」를 들 수 있다. 이 작품에 대해 R. S. 퓌르니스는 다음과 같이 설명한다.

    독일 표현주의 연극의 정수라 할 만한 이 작품은 카이저의 이름과 그의 방법이 독일 밖에서 유명한 것이 되게 하였다. 전쟁 후에 이 작품은 런던과 뉴욕에서 공연되었고, 칼 하인츠 마르틴은 영화를 만들었다. 이름 없는 은행 출납계원이 자아탐구의 과정에서 몇 가지 단계를 거친다. 그는 자신의 무의미한 삶에 반기를 들어 6만 마르크를 훔친 후 광적인 자극을 찾아 나선다. 테마는 극도로 집중되어 있다. 첫 장면인 은행에서는 범상치 않은 분위기가 의도적으로 제시된다. 배우는 마치 꼭두각시와 같고 각 '단계'마다 그로테스크한 요소가 점점 더 표현화한다. 극 중 행동은 인과의 논리로 전개되지 않는다. 조르게의 「거지」에 나오는 창녀의 장면을 크게 연상시키는 장면에서 이 출납계원은 육신의 쾌락에 빠지며 6일 동안 계속되는 자전거 경기에 열광하는데, 이것은 명백한 가학증의 증세이다. 마지막으로 어느 구세군 회당에서 그는 금전의 몰가치성을 깨닫고 청중에게 돈을 집어 던진다. 청중은 돈을 주우려고 야수처럼 싸운다. '여자'에게 배반당하고 나서 그는 십자가 앞에서 스스로에게 총을 쏜다. 숨을 거두면서 남긴 그의 말은 '에케 호모(이 사람을 보라! 는 뜻으로 니체가 말년에 자신의 작품을 되돌아본 저술의 책 이름이기도 함) 비슷하게 들리는 애매한 소리였다. 그는 충만한 삶을 살고, 비본질적인 존재의 껍질을 벗고자 갈망하였으나, 시작부터 그의 죄악이 그를 타락시켰다. 기계적이요 물질주의적인 사회를 극복하는 전제로서 자본주의에서 유래한 물질에 의존함은 온당한 것이 못되었다. 카이저는 살과 피를 가진 구체적 인물을 창조하려 하지 않는다. 심리적 자연주의는 그의 흥미를 끌지 않았다. 등장인물들은 적나라한 본질로 환원된다. 그들은 대개 논쟁의 주요 취의^{趣意}를 가리키는 추상이요 유형이다. 구세군 교회의 참회자들은 스트린드베리에게서 그러한 것처럼 주인공의 마음으로부터 확산되어 나온 것일 수 있다. 겨울나무에 걸려 있는 해골이나 마지막 샹들리에를 붙들고 있는 철사줄 같은 죽음의 상징은 출납계원의 공포감의 투영이요 한 가지 경고이다. 그의 마지막 열변과 뒤섞여 터져 울리는 트럼펫 소리는 최후의 심판을 알리는 것처럼 보인다. 이 희곡의 고의적인 비현실성, 매끄럽지 못함, 광기, 자기훼멸, 또 삶의 가치 없음에 대한 경망에 가까운 의식 등은 영화로 된 작품에 잘 포착되어 있다.

추상의 방법은 시에서도 사물의 실재를 고의적으로 왜곡하여 감정을 표현하거나 깊이 동요하는 심정이나 격렬한 감정을 표현하는 것이다. 시에 등장하는 이미지는 추상화되고 자기목적적인 이미지로 동원된 것들이며 내적 진실로서의 이미지들이다. 이 같은 표현주의 특징이 잘 드러난 트라클의 서정시 「귀향」을 한 예로 들어보자.

    어두운 세월의 으슬함.
    지금도 큰 바위에는
    아픔과 바램이 숨어 있다.

인적이 끊긴 산.
가을에 젖은 숨결.
저녁 구름…
순수여!

푸른 눈빛으로 바라보는
수정 같은 어린 시절.
어둑한 소나무 아래
사랑과 희망이 있다.
거기 메마른 풀 위에 이슬지는
뜨거운 눈물…
막을 길 없음이여!

아, 저기
심연의 눈 속에 부서진
황금의 다리!
밤이 덮인 계곡이
파란 바람을 불러일으킨다.
믿음을, 희망을!
쓸쓸한 무덤이여, 나의 인사를!

 표현주의자들은 대체로 정치적으로 급진적 태도를 지니고 있었다. 그럼에도 불구하고 그들이 점차 내용의 빈곤에 시달린 것은 트라클의 시가 보여주듯이 추상의 도입으로 인해 사물의 구체적 규정요인을 배제한데 따른 결과였다. 즉, '자연은 없는 것이다. 그것을 재현하는 일은 무의미하다'고 주장하면서 주관적이고 본질이라고 생각되는 것만을 강조하는 속에서 작고 모호하고 모순적이며 비본질적인 요소들이 배제되는 까닭에 현실의 전형적인 특성들의 구체성이 상실된 것이다. 표현주의자들에게 사물을 감각에 지각되는 대로 재현하는 자연주의나 인상주의는 잘못된 방법으로서 순간성보다는 영속성을, 개체의 표현보다는 주체의 정신이 확장되어 형성된 세계감정을 표현하는 일이 중요한 것이다. 표현주의 문학에서 사물의 세부적인 시공간적 관련성이 조성되지 않고 커다란 윤곽과 선이 강조되면서 간결한 형식이 채택된 것은 시각, 청각과 같은 지각적 요소가 아니라 정신의 눈이 중요시됐기 때문이다. 헤르만 바알은 표현주의의 이러한 특성을 설명하여 "자연주의 예술가는 듣기는 하지만 말은 하지 못한다. 그들에게는 귀가 있으나 입이 없다. 세계의 목소리를 들으면서도 거기에 입김을 불어넣어 주지 못한다. 정신의 법칙을 발설할 수 있는 입이 그들에겐 없는 것이다. 우리는 인간의 입을 열어주려고 한다. 인간은 너무도 오랫동안 듣기만 하며 침묵을 지켜왔다. 이제 인간은 다시금 정신의 대답을 들려주어야 한다"고 말하고 있다.

표현주의는, 바알의 말처럼, 정신의 눈에 의해서 세계에 대한 비전을 제시하는 것, 인간의 내부에 형성된 열정적인 감정을 적나라하게 표현하는 것을 중시했다. 이에 따라 비전의 제시에 적합한 운율과 리듬의 조성이 중시되고 폭발하는 감정의 여러 양태를 표현할 수 있는 어조와 리듬의 형성을 모색하게 된다. 표현주의에서 문체적으로 논리성보다는 비논리성이 두드러지고 평이한 서술보다는 직설법과 영탄법이 자주 쓰이며 사물에 대한 평면적인 파악보다도 동적이고 입체적인 파악이 현저해진 것은 정신의 눈과 폭발적인 감정의 표현을 중시한 데 따른 것이었다. 이들에게서 예술은 사물의 재현이 아니라 주체의 정신의 표현이었다. 혼란스러운 현대의 물질문명 속에서 주체의 구성적 의지를 극대화하려 한 표현주의 문학의 특징은 리히텐슈타인의 시 「어스름」이나 야콥 반 호디스의 『세계의 종말』이 몽타주나 콜라주의 방법에 흡사한 양태로 도시의 풍경과 현대인의 모습을 묘사하고 있는 데서 잘 드러난다. 거기에서 각각의 요소들은 연관을 이루지 않고 흩어진 채로 존재하는데 표현주의자들은 이와 같은 양상을 새로운 구성 원리로 생각했다.

표현주의 문학은 서정시와 희곡에서 많은 성과를 거두었다. 또 이 운동에 가담하지는 않았지만 표현주의적 특성을 보여주는 뷔흐너와 카프카 같은 작가들의 작품도 주목할 만하다. 19세기 후반에 요절한 천재작가 뷔흐너의 「보이체크」는 미완성 작품이기는 하지만 시대를 앞서서 문학의 새로운 영역을 개척한 작품으로 손꼽힌다. 이 작품의 줄거리는 제 4계급 주인공의 비극적인 삶을 중심으로 펼쳐진다.

하사관 프란쯔 보이체크는 가난 때문에 결혼을 하지 못한다. 내연의 아내와 자식이 하나 있지만 군대에서 나오는 적은 봉급으로는 생활을 해나가기에도 부족하다. 그리하여 그는 생체실험을 하려는 의사의 실험대상이 되어 적은 돈이나마 가계에 보태려고 한다. 이 같은 비참한 생활을 하는 그에게 그의 상관인 대위는 내연의 관계가 비도덕적인 것이라고 훈계하기도 하며 비웃는 태도를 보여준다. 보이체크의 유일한 의지처라고 할 수 있는 아내 마리는 가난과 희망 없는 생활에 지쳐 얼굴이 잘생긴 악대장樂隊長과 놀아나게 되며 서로 깊은 관계를 맺는다. 이같이 자신을 옥죄어 오는 생활의 궁핍과 억압 속에서 보이체크는 자주 환각에 빠지는 상태에 이르며 갈수록 갈피를 잡을 수 없게 된다. 더욱이 아내의 부정행위에 대한 소문이 공공연하게 나돌고 그 상대로 알려진 악대장으로부터 부대 내에서 학대까지 받게 되자 미칠 것 같은 심리적 중압감을 가지게 된다. 그녀의 아내, 그의 유일한 의지처이자 지주인 마리가 악대장과 춤추는 것을 목격한 보이체크는 아내를 죽이고 싶은 충동에 사로잡혀 칼을 품고 그녀에게 다가간다. 그녀를 연못가로 데려온 그는 붉은 달빛이 비치는 환상적인 분위기 속에서 그녀를 살해한다. 그리고 술집에서 자신의 피 묻은 손이 사람들에게 발각되자 살해에 사용한 칼을 다시 처리하기 위하여 연못 속으로 들어간다.

이 작품은 미완성이기 때문에 줄거리 자체가 확고한 것이 아니다. 보이체크가 체포되어 재판을 받는 장면까지 계획되어 있었다는 설도 있지만 확실하지는 않다. 표현주의가 융성할 때인 1913년에 처음으로 상연되었던 이 작품에 대해서 박종서는 이렇게 설명한다.

현대극의 선구적인 또 하나의 작가는 역시 사실주의 시대의 극작가 뷔히너다.

그는 보다 고답적이고 문학적인 차원에서 로마희극의 모든 전통과 섹스피어의 어릿광대 사이의 조화를 도모하고 있다. 체념적인 희극 「레온세와 레나」를 남기고 있는 뷔히너는 부조리극이라는 새로운 장르에서도 선구적 역할을 하고 있다. 1837년 그가 23세로 세상을 떴을 때 미완성 단편으로 남긴 「보이체크」는 세계문학에서 고뇌에 시달리는 인간, 다시 말해서 정신박약증세가 있으며 여러 가지 환각에 쫓기고 있는 인간을 비극적 주인공으로 삼은 희곡이다. 이 작품에는 후대에 나타난 여러 가지 경향, 다시 말해서 브레히트의 몇몇 작품이나 독일 표현주의, 그리고 아다모브의 초기작품에서 뚜렷하게 나타나 있는 부조리극의 우울한 측면이 내포되어 있다.

뷔히너가 표현주의의 선구자라면 동시대에 살았던 카프카는 어떤 집단에도 소속하지 않은 채 문학 활동을 해왔다. 그의 작품은 현대문명의 일상성 속에서 소외된 인간의 문제를 본격적으로 형상화한 작품이다. 그의 『변신』은 바로 그러한 문제를 다룬 표현주의적 성향의 작품이다. 줄거리는 회사원으로서 가족의 생계를 전담하고 있던 그레고르 잠자가 어느 날 잠에서 깨어났을 때 자신이 커다란 벌레로 변해 있는 데서 발단한다. 잠자라는 이름은 카프카 자신을 암시하는 이름이며 체코어로는 '나는 고독하다'는 뜻이라고 한다. 벌레로 변한 잠자가 잠자리에서 일어나지 않자 가족들이 회사에 출근할 것을 채근한다. 그리고 마침내 회사의 지배인이 찾아와 출근하지 않는 것을 나무란다.

잠자가 어렵게 몸을 일으켜 문밖으로 나갔을 때 모든 사람이 경악했음은 물론이다. 그 이후 벌레로서 잠자의 비참한 생활이 시작된다. 처음에는 동정심을 갖고 대하던 가족들이 점차 냉혹하게 대하게 되고 가족의 생활도 전혀 달라진다. 아버지가 직장을 가지고 하숙생을 두어 생계를 꾸려 나간다. 이제 잠자는 없어져야 할 골칫거리 존재일 뿐이다. 어느 날 어머니에게 모습을 드러냈던 그레고르는 어머니가 실신하는 바람에 아버지에게서 사과로 얻어맞아 상처를 입는다. 며칠 뒤 누이동생이 하숙생들 앞에서 음악을 연주하는 것을 들으러 나갔던 그레고르는 자신의 음악에 대한 감수성이 놀랍게 높은 것을 발견하지만 벌레의 존재를 하숙생에게서 감추고 싶어 하는 가족들에 의해 방에 감금된다. 그 이튿날 청소를 하러 왔던 가정부는 그레고르가 죽었음을 알고 가족들에게 "옆방에 있는 물건을 치워버릴 걱정은 마세요. 제가 벌써 치워버렸으니까요."하고 말한다. 가족들은 하루를 즐기기 위해 교외로 나가며 새로운 꿈과 아름다운 계획들을 세운다. 이 작품에 대한 다음의 해설은 참조될 만하다.

이 소설의 주인공 그레고르는 혼을 환경에 팔아넘기고 회사와 가정의 톱니바퀴가 되어 있는 것이다. 꿈이 덜 깬 몽롱한 상태에서 돌아온 혼, 본래의 자기 자신은 자기와 가족의 생활을 위협하는 독충이 되어 있는 것이다. 여기에 카프카의 새로움이 있다. 따라서 이 소설은 자기소외가 통상적인 상식으로 되어 있는 현대세계에 있어서의 상징적 소설이다. 여기에 주의해야 할 점은 독충이 되어 파멸당하는 자가 실은 자기의 본심으로 되돌아간 자라는 점이다. 그런 의미에서 죄를 의식하는 자가 최고의 구원에 한층 가까이 접근해 있고, 이른바 죄 없는 사람들은 언제까지나 현세의 여러 권력에 예속되어 있는 사람들이라는 사실이다. 이 소설을 보면 독충이 되고 나서 그레고르는 음악을 아주 잘 알 수 있게 되었다고 하는 대목이 있다. 이것은 위의 사실을 암시하고 있는 것이다. 단지 이 소설의 비극성은 그레고르가 본래의 자기 자신으로 되돌아갔다고 하는 사실, 따라서 구원의 문 앞에 서 있다는 사실을 분명히 의식하지 못하고 있는 점에 있다. 자기 본래의 모습, 그것이 어디까지나 독충이라고 하는 사실은 고전적인 소설과 전혀 다른 점으로서, 여기에 현대의 공포와 깊은 늪이 있는 것이다. 카프카는 자기 본래의 혼을 외부세계에 팔아버리고 만 현대인에서 출발하고 있고, 따라서 팔아버리고 만 편이 건전하게 보이는 현대적 정황에서 출발하고 있는 것이다. 현대의 인간소외, 자기부재의 상황을 이 정도로 가혹하게 즉물적으로 묘사하여 독자 앞에 내민 작자는 달리 없다. 그레고르는 현실의 생활을 떠날 수 없는 불모의 추락 상태 속에서 한없는 희망과 절망이 서로 호응하는 회전을 계속하면서 계속 싸우고 있는 것이다. 더구나 최후에 행복한 종말 따위는 기대조차 할 수 없는 생활은 끊임없이 계속되게 마련이며, 누이동생이 맛보는 해방감에는 이 현대의 생의 황야에 대한 가장 가공할 만한 저주가 내포되어 있다고 할 수 있을 것이다.

표현주의는 1850년에 그 용어를 처음 사용한 존 윌레트가 '특별한 정서와 감정의 표현을 시도한 사람들'이라고 한데서 드러나듯이 격렬하고 화끈한, 정력적인 창조성이 그 특징이라고 할 수 있다. 표현주의가 시와 희곡에서 성과를 올린 것도 그와 관련되는 사항이다. 이런 측면에서 표현주의의 시는 그 사조의 특성을 드러내는 데 가장 적합한 장르라고 할 수 있다. 실제로 표현주의의 대표적인 작가들은 대부분이 시에 주력하고 있었다. 그 가운데서 고트프리트 벤·게오르그 트라클·브레히트·게오르그 하임·에른스트 슈타들러·아우구스트 슈트람 등 이루 셀 수 없이 많은 시인들이 성좌를 이루고 있다. 그 가운데서 트라클은 전통적인 형식을 활용하면서도 독창적인 은유법과 이미지의 사용에 의해 표현주의의 특성을 잘 드러내는 시편을 많이 선사했다. 「죽음에 관한 일곱 구비의 노래」는 그의 시적 특징이 잘 나타나 있는 작품이다.

봄은 푸른 땅거미로 저문다. 한숨짓는 나무들 밑
어두운 자 하나 저녁 내리막 속으로 헤매며,
검정 새의 여린 울음소리를 듣는다.
피 흘리는 야생 짐승, 밤이 말없이 나타나서,
언덕 따라 천천히 죽어간다.

축축한 허공에 꽃피는 사과나무 가지가 흔들린다.
뒤엉킨 것들 은빛으로 갈라지며,
떨어지는 별들, 밤의 눈들로부터 소멸해간다.
어린 시절의 부드러운 노래이다.

어두운 숲을 따라 잠든 자 더욱 빛을 내며 나타난다.
푸른 봄이 빈터로 몰려 들어온다,
눈 같은 얼굴 위로
그는 창백한 눈꺼풀을 치켜 올린다.

그리고 달은 자기 동굴에서
붉은 짐승을 내어 몰았다.
여자들의 어두운 흐느낌이 한숨으로 잦아든다.

별보다 더 빛을 내며
하얀 이방인 손을 들어 자기의 별을 가리켰다.
죽음 하나 말없이 허물어진 집을 떠났다.

오, 인간의 썩은 형상이여, 차가운 금속으로 빚어진 것이여.
밤과 가라앉은 숲들의 공포와
짐승의 소진된 야성이여.
영혼의 바람 멎은 정적이여.

검은 쪽배를 타고 반짝이는 강을 그는 갔다.
자줏빛 별들이 가득하다. 그리고
평화롭게 초록 가지가 그에게 내렸다.
은빛 구름에서 온 양귀비꽃이다.

  트라클의 시는 사물의 인상에 대한 수용이라기보다는 역동하는 정서가 색채와 강력한 이미지의 활용을 통해 묘사에서 표현으로 진전된 양상을 분명하게 보여준다. 「악인의 꿈」도 그러한 역동하는 정서를 내면에 숨긴 시이다.

사라져가는 조종소리…
캄캄한 방에서 연인들은 눈을 뜨고
창가에 드리운 별들에 뺨을 기댄다.
강변에서 빛나는 돛, 돛대, 그리고 범망

승려와 잉태한 여인도 무리 속에 끼어 있다.
서투른 기타소리, 빨간 웃옷의 명멸하는 빛.
울창한 상수리나무가 황금빛에 시든다.
검게 드러내는 교회의 슬픈 영화.

창백한 얼굴에서 악령이 응시한다.
무섭게 어둠에 묻히는 광장.
저녁, 섬에서 수군대는 목소리가 일어선다.

새들의 어지러운 기호를 읽는
밤새 썩어 스러질지 모르는 문둥이들.
공원에선 남매의 시선이 떨리며 만난다.

여동생과의 불륜의 관계에서 저주와 비탄을 읊는 시인은 악령의 존재를 의식하고 있는지도 모른다. 트라클의 시는 게오르그 하임의 시와 일정한 연관을 맺고 있는 것으로 알려져 있다. 표현주의 초기에 잠깐 활동하다가 요절한 하임의 시에는 시인이 그의 운명을 짐작이라도 했던 듯이 파국과 역동적인 이미지가 지배하고 있다. 그의 시에 대해 '아스팔트의 미로에 갇힌 인간의 곤경을 목도하고 두려움에 가득 찬다'고 한 평은 적절하다. 「전쟁」에서도 그 양상이 드러난다.

일어섰다, 그 사람 오랜 잠으로부터.

일어섰다, 깊은 지하실 묘소로부터.
크고 알 수 없는 황혼 속에 그는 선다.
그리고 검은 손으로 달을 잡아 부순다.

도시의 밤 시끄러움 깊숙이 떨어져 내린다.
이상스런 어둠의 서리와 그림자가 내린다.
둥근 시장의 소용돌이가 얼음으로 얼어붙는다.
고요가 온다. 그들은 둘러본다. 그런데
아무도 모른다.
좁은 거리에서 그것은 그들의 어깨를
가볍게 건드린다.
질문 하나, 대답 없다. 얼굴 하나 창백해진다.
멀리서 여린 종소리가 떨면서 울린다.
그때 뾰죽한 턱에서 그들의 수염이 떨린다.

하임과 같이 초기에 활동했던 슈타들러는 사실적인 이미지와 주관적인 열정이 절묘한 화합을 이루는 「쾰른의 라인강 다리를 지나는 밤 여행」으로 유명하다. 천상과 지하의 상극되는 이미지가 하나로 합쳐진 작품이다.

급행열차는 어둠을 따라 더듬거리며 나아간다.
별은 하나도 나오려 하지 않는다. 전 세계는 다만 좁다란 탄갱이다.
밤이 둘러막은 그 속으로 지평선이 갑작스레 견인차의 푸른빛으로 터지듯 드러난다.
둥근 등불이 빚는 불의 원, 지붕들, 굴뚝들, 연기가 난다. 흘러간다… 다만 잠시를…
그리고 나서 다시 온통 칠흑이다.

마치 우리가 순번이 되어 밤의 창자 속으로 들어온 듯하다.

이제 불빛이 휘청거리며 우리들에게 다가온다…정처없이, 절망하며, 고립되어… 점점 더… 모인다. 짙어진다.

잿빛 집들의 전면이 해골을 드러낸다. 엷은 빛을 받아 창백하다. 죽었다. 무엇이 와야 한다… 오, 나는 머리 속에 그 압박을 느낀다. 나의 피 속에서 억압이 노래한다. 그러자 땅이 갑자기 바다처럼 울려온다.

우리는 날아간다. 밤으로부터 뜯겨 나온 공기 속을 왕처럼 떠다니며, 강물 위로, 높이. 오, 수백만 불빛의 굽음이여. 말없는 보초여. 그들의 반짝이는 행렬 앞에 물은 무겁게 밑으로 구른다. 밤이 도열시켜 인사하는 끝없는 무리!

횃불처럼 내닫는다! 즐거움이다! 푸른 바다를 가로지르는 함선의 인사다! 별들의 잔치다!

버글거린다. 눈빛을 빛내며 앞으로 내닫는다. 드디어 도회지의 마지막 집들이 그 손님을 보낸다.

그러자 길게 뻗힌 외로움. 벌거벗은 해안. 정적. 밤. 회상. 귀환. 일치.

그리고 나서 찾아오는 빛과 충동. 궁극과 축복으로 가고자 하는 충동. 또 창조의 축제로. 환희로. 기도로. 바다로. 소멸로.

추상적이며 일반적인 단어들의 나열과 그를 통해서 정신의 도약을 이룬 시로 평가받는 이 작품은 자연의 모사와는 많은 거리를 두고 있다. 강렬한 내적 분출이 외부의 사물을 압도한다고 볼 수 있을 것이다. 요하네스 베허의 시들도 이러한 특징을 공유하고 있다. 「인간 일어서다!」는 제목에서부터 감탄사를 드러내고 있고 폭발하는 듯해서 혼돈의 시로 알려져 있다.

저주받은 세기여! 혼동이여! 노래 없음이여!
모진 고통과 안개 속 광기와 번개의 틈에 매달린 그대 인간이여, 극도로 초라한 미끼여.

눈멀었다. 노예. 만신창이. 난폭하다. 문둥병과 쓴 맛.
불붙는 눈. 송곳니의 광견병. 열병의 피리를 불다.
그러나,
목의 십자가 위로 순하고 무궁한 에테르가 흐른다.
나오라, 무덤에서 사무실에서 수용소에서 똥구덩에서 지옥 같은 집구석에서 밖으로!
태양 합창이 찬송가처럼 토굴 장님을 부른다.
그리고,
살육의 바다 피비린내 나는 심연 위로 영원의 불변의 신의 마법의 별이 빛난다.
…
오 형제 인간이여, 말해다오. 너는 누구냐?
악쓰는 자. 살인자. 불량배, 혹은 형리刑吏
너의 이웃의 누런 뼈를 흘끔 봄.
임금 황제 장군.
황금 탐식. 바빌론의 창녀, 그리고 괴멸.
증오로 으르렁거리는 목구멍. 팽팽한 돈주머니와 외교관.
혹시나, 혹시나,
신의 아들!!??
…
아직은, 아직은 시간이 있다!
모임을 위해! 출발을 위해! 행진을 위해!
발걸음을, 날아오름을, 가나안의 밤으로부터 뛰어오름을!
아직은 시간이 있다!
인간이여, 인간이여, 인간이여, 일어나라, 일어나라!!!

단어들의 나열과 감탄사, 물음표의 난무로 이루어진 이 시의 미적 특성을 굳이 이야기한다면 시대에 대한 깊은 관심과 그에 대한 예언자적 열정이 지배하고 있다는 점일 것이다. 하지만 베허의 작품에는 이러한 열정과 형식이 조화를 이루는 작품도 있다. 「여름과의 이별」은 그런 종류의 시 가운데 하나이다.

> 멀리에서 신선한 바람이 불어와
> 갑자기 우리의 얼굴을 어루만진다.
> 어떤 슬픈 일이 일어난다는 예고인지
> 한 떼의 새들이 날아간다.
>
> 머나먼 곳까지 바라볼 수 있는 날카로운 그 눈매
> 이제 곧 아름다운 여름이 지나간다는 것을
> 새들은 재빨리도 예감하고 있는 것이다.
> 새들아, 여름에게 그 마지막 노래를 불러 주어라.
>
> 그렇다, 우리네 마음도 여름과 함께 있은 것이다.
> 그렇다, 우리들도 저기 저 높다란 곳
> 맑은 하늘이 되비치는 저 높은 곳에 서 있었다.
>
> 아름다운 여름은 반드시 기뻐할 것이다.
> 이별을 아쉬워하면서 "너는 아름다웠다!
> 언제까지 그대로 있었으면 좋겠다!"고 한다면.

베허는 나중에 동독의 문화성 장관을 지낸 시인이다. 표현주의에서 고트프리트 벤은 시인으로서도 대표적인 사람이지만 국가사회주의 이념에 경도되어 나치스에 협력한 인물로도 구설수에 잘 오르는 인물이다. 하지만 '고트프리트 벤의 이해는 20세기 시대정신의 이해와 직결된다'는 한 평론가의 말을 빌 필요도 없이 그의 시론은 현대시를 이해하는데 중요한 단서를 제공해준다. 그는 현대시의 특징을 다음과 같이 설명한다.

> 방금 나는 현대시의 특징을 말하기 위해 '공작성工作性'이라는 표현을 쓰면서 그것은 아직 논의의 여지가 있는 표현이라고 말한 바 있습니다. 사실상 그것은 독일에서는 별로 듣기 좋은 말이 못되고 있습니다. 보통의 미학자들은 이 개념에서 어떤 피상성, 향락, 경박한 뮤즈, 나아가서는 유희나 초월성 결여를 보고 있습니다. 그러나 실제에 있어서 그것은 아주 진지하고 중심적인 개념입니다. 공작성이란, 내용의 일반적인 몰락의 안쪽에서 자기 스스로를 내용으로 체험하고 이러한 체험으로부터 새로운 문체를 형성하려고 하는 예술의 시도인 것입니다. 그것은 가치의 일반적인 니힐리즘에 대항하여 새로운 초월성을 정립하려고 하는 시도입니다. 말하자면 창조적인 욕구의 초월성입니다. 이렇게 볼 때 이 개념은 표현주의, 추상성, 반휴머니즘적인 것, 무신론적인 것, 반역사적인 것, 순환적인 것, '공허한 인간' 등이 지닌 모든 문제를 포함하고 있는 것이죠. 한 마디로 말해서 표현세계의 모든 문제성을 안고 있는 것입니다. 우리들의 의식에는 이 개념이 니체를 통해서 스며들어와 있습니다. 그는 이것을 프랑스로부터 받아들인 것입니다. 니체는 말합니다. '다섯 가지의 예술 감각에 모두 깃들어 있는 정교함, 뉘앙스를 보여주는 손가락들, 심리적인 병적 상태, 연출의 진지함, 탁월한 파괴의 이 진지성', 또한 예술을 삶의 타고난 과제로 여기는 것 등이 그것입니다. 예술을 삶의 형이상학적 활동으로 생각하는 것을 그는 모두 공작성이라고 불렀던 것입니다.

인용문이 들어 있는 벤의 『서정시의 제 문제』에서 그는 현대시가 될 수 없는 네 가지 요소를 들고 있다. 첫째 꾸밈이 많은 사이비시, 둘째 직유의 빈번한 사용, 셋째 빈번한 색깔의 이름의 등장과 그것의 상투화, 넷째 정결한 정조에 어긋나는 센티멘탈리즘이나 장중한 어조이다. 이 같은 벤의 주장은 그의 정태시론으로 나아간 것으로 알려져 있다. 김주연은 그의 정태시론에 대해서 다음과 같이 설명한다.

> 역사부정, 중심부정, 표면의지로 이어지는 벤의 시학은 도대체 어떤 이름으로 요약될 수 있을 것인가. 논리의 순서상 표면의지가 중심부정의 생각과 직접 이어진다는 것부터 살펴보자. 모든 핵을 부정하고 난 다음에 남는 것은 겉껍질…. 그런데 벤은 꿈을 일컬어 뇌피腦皮로부터 나오는 현실이라고 말한 바 있다. 현실이 상실되었다고 본 벤으로서는 처음으로 사용하는 현실수락이다. 그러나 그것은 뇌피로부터 나오는 현실이다. 뇌피는 뇌의 껍질, 벤에 있어 그것은 본질이다. 따라서 벤에게 있어서 참된 현실은 꿈, 뇌피를 통한 꿈이다. 상실당한 현실의 자리에 꿈이 대체된 것이다. 그 꿈은 다만 허망한 꿈이 아니라 그 속에 태고의 설화와 고대신화가 녹아 있는 꿈이다. 여기서 이른바 정태시가 발생한다. 중심부정에서 오는 유럽에의 절망, 현대문명에의 절망, 시대에의 절망, 역사부정에서 오는 미래에의 기대 소멸은 벤으로 하여금 오지도 가지도 못하게 한다. 그 꼼짝달싹 할 수 없는 지점에서 솟아나는 힘이 바로 정력학이다. 「정시」에 나타난 바와 같이 방향 설정, 행동, 여행 따위는 무의미한 것으로서 평가된다. 동력학, 즉 다이내믹스의 부인이다. 이 작품에 나오는 계곡의 이미지는 정력학에 상응하는 것으로서, 이 지점에서부터 소위 전망성, 혹은 전망주의라는 것이 생겨난다. 정력학이란 원래 역학의 개념으로서 물체에 작용하는 힘의 평형을 말하는데, 평형이란 물체가 뛰어올랐을 때와 가라앉았을 때의 순간적 포착이다. 전망이란 그 순간의 포착이다. 벤의 정태시는 요컨대 과거와 미래가 막힌 공간에서 남방과 동양을 그리워하는 막연한 상황의 산물이다. 우리는 거기서 20세기 초 서양 시인의 쓸쓸한 프로필을 읽을 수 있다. 전망 즉 조망만 하고 앉아있는 절망한 서양의 시인, 그러나 조망을 하기로서니 무엇을 바라볼 것인가? 그 결과는 어두운 밤으로의 침몰이다

고트프리트 벤은 파시즘에의 참여를 곧 후회하고 철수한다. 그 역사의 흔적이 그의 시론에 남은 것인지도 모른다. 「정시靜詩」는 그의 시론을 시화한 작품이다.

발전이 주는 낯섦은
현자의 깊이,
아이들과 그 아이들의 아이들은
그를 진정시키지도,
그 속으로 들어가지도 못합니다.

여러 갈래의 방향 설정,
행동,
도착하고 다시 떠나감
이것들이 세상의 표식이지요.
흐릿해 보이는 이 세상의….
내 창문 앞으로,
…현자가 말합니다…
계곡이 뻗어 있는데
갖가지 음영들이 그 속에 모여 있고
두 그루의 포플러 나무가 길 양 섶을 깃처럼 감치고 지나갑니다.
당신은 아십니까… 저 길이 가는 곳을.

전망주의란 말은 정력학(靜力學)이라는 말의 다른 이름이지요.
수많은 선들을 놓아두고,
덩굴 법칙에 따라
그것들을 계속 추적하는 것
덩굴의 번득거림….
그리고 또 무리지고, 소리치는 소용돌이가
붉은 새벽 겨울 하늘 속으로 내뿜어져 올라가고 있습니다.

그리고 난 다음엔 가라앉고….

당신은 아십니까… 누구를 위한 것인지를.

고트프리트 벤은 서정적 자아가 일상적 자아나 경험적 자아에 대비되는 존재로서 상실된 현실을 정신과정 속에서 회복하는 데 그 본래의 기능이 있다는 관점을 가졌다. 그리하여 잃어버린 고향에 대한 의식이 그의 시에서 고대의 사물들이나 태고의 신비 같은 것을 등장시키게 하고 있다. 그러한 분위기는 「삶--아주 낮은 환상이여」라는 다음의 시에서도 읽을 수 있다.

삶--아주 낮은 환상이여!
소년과 노예들을 위한 꿈.
고대부터 당신은,
궤도의 끝에 있는 족속,

여기서 당신은 무엇을 기다리는가?
그저 늘상 도취해 있고
시간의 변전變轉 속
세상에 대해서, 그리고 당신에 대해선가요?

당신 아직 여자와 남자를 찾고 있는가?
당신에게 모두 준비가 되어 있는 것은 아니니까,
믿고 난 다음, 그 다음엔 미끄러져 빠져나오듯,
파멸인가요?

다만 한 가지의 형식은 믿음과 행동뿐,

손으로 가만히 만져진 그것은
그러나 그 다음엔 손을 꼬여냅니다.
그 모습들이 새싹을 숨기고 있는 것입니다.

벤과 같은 표현주의 운동에 속해 있었으면서도 인생의 행로를 달리할 뿐만 아니라 시의 양상도 전혀 다른 시인이 베르톨트 브레히트이다. 브레히트는 후기에 리얼리스트로 전신하지만 그의 수법은 모더니즘의 특색을 많이 지니고 있어 모더니스트로도 불리는 특이한 위치에 놓인다. 벤과 브레히트는 똑같이 의학도 출신으로서 20세기 독일 시문학의 우이를 잡은 점에서는 똑같지만 그들의 시와 시론은 대조적이다. 한 사람이 비의적 순수문학의 정상에 서 있다면 한 사람은 현실적인 참여문학의 효장으로서 행동적인 삶을 살았던 것이다. 이 같은 변화의 조짐은 초기의 활동에서부터 일정하게 간취될 수 있는데 브레히트의 표현주의 시기의 시들은 허무주의적이기는 하지만 뚜렷한 저항의 태도를 보여준다. 독일제국 군대의 만행을 야유한 것으로 보이는 「죽은 병사의 전설」은 그 양상을 잘 보여준다. 19편으로 구성된 작품 가운데 여기서는 9편까지만 인용한다.

1
전쟁이 일어난 지 네 번째 봄에 접어들어서도
평화의 가능성이 전혀 보이지 않자
병사는 결단을 내리고
영웅적으로 전사했네.
2
전쟁은 그러나 아직도 끝나지 않았으므로
자기의 병사가 죽어버린 것이
아무래도 너무 때 이르게 생각되어
황제에게는 유감이었네.

3
무덤들 위로 여름이 오고
병사는 이미 잠들었는데
어느 날 밤 의무부대가
이곳에 나타났네.

4
의무부대 군인들은
묘지로 나가
신성한 군용 삽으로
전사한 병사를 파내었네.

5
군의관은 그 병사를, 아니
그 병사의 아직 남아 있는 시체를 자세히 보고
그가 갑종합격자임을 알아내었네.
그리고 슬그머니 위험을 피해 도망쳤네.

6
그들은 곧장 그 병사를 데리고 갔네.
밤은 푸르고 아름다웠네.
철모를 쓰지 않았더라면
고향의 별들이 보였을 것이네.

7
그들은 병사의 썩은 몸뚱이에
독한 화주를 뿌렸네.
병사의 팔에는 두 사람의 수녀와
반쯤 벌거벗은 계집을 매달아 주었네.

8
병사한테서 지독하게 썩은 냄새가 풍겨 나오므로
목사 한 사람이 앞장서 절뚝거리며
병사한테서 냄새가 풍기지 않도록
그의 몸 위로 향로를 흔들어대네.
9
앞에서는 악대가 쿵작작
신나는 행진곡을 연주하네.
병사는 그가 배운 대로
엉덩이 높이까지 다리를 곧게 올려 내딛었네.

브레히트의 초기 시에서 두드러지는 것은 풍자와 위트와 아이러니이다. 브레히트는 이 같은 수법을 통해 '반기독교적 비도덕적 반사회적 비서정적 색채'를 드러내었다. 그의 초기 시 가운데서 다음의 시도 주목할 만하다.

나의 어머니
그녀가 죽었을 때, 세상 사람들은 그녀를 땅 속에 묻었다.
꽃이 자라고, 나비가 그 위로 날아간다…
체중이 가벼운 그녀는 땅을 거의 누르지도 않았다.
그녀가 이처럼 가볍게 되기까지, 얼마나 많은 고통을 겪었을까!

브레히트가 초기에 가졌던 문학관은 1927년에 발표한 「표현으로서의 시」에 잘 나타나 있다. 그것은 이미 표현주의 시의 범위를 일정하게 벗어나는 것이었지만 그럼에도 불구하고 그 영향을 보여준다.

만약 사람들이 시를 표현이라고 지칭한다면 사람들은 이러한 지칭이 일면적이라는 것을 알아야 한다. 표현으로서의 시에서도 개인, 계급, 시대, 정열 등이 모두 표현되며 결국에는 인간 자체가 표현된다. 만약 은행원들이나 정치인들이 그 자신들을 표현하려면 그들이 그러기 위해 어떠한 행동을 하게 될 것이라는 점을 사람들은 알고 있다. 심지어 환자가 자신의 고통을 표현하려 할 경우에도 그는 의사나 주위사람들에게 손가락질을 하게 될 것이며, 그 역시 행위를 하게 되는 것이다. 그러나 유독 시인들에 대해 사람들은 그들이 단지 순수한 표현만을 하며 그러므로 그들의 행위가 단지 표현에 있으며 그들의 의도가 단지 스스로를 표현하는 데 있다고 믿고 있다. … 사람들은 또한 다음과 같이 말한다. 이러저러한 시인이 좋지 못한 일을 겪었음에도 불구하고 그는 이 고통에 어울리는 좋은 표현을 찾아냈으며 이런 면에서 사람들은 시인의 고통에 감사할 수 있다. 시인의 고통은 무엇인가를 이루어냈으며 그의 고통은 시인을 잘 표현해냈다. 또한 시인이 이 고통을 형상화해냈을 때 시인은 이 고통을 부분적으로 부드럽게 만들었다. 즉 무엇인가를 이루어냈다고 말한다. 사람들은 고통은 사라지지만 시들은 남는다고 손을 비비며 교활하게 말한다. 그러나 만약 그 고통이 사라지지 않는다면 어떻게 할 것인가? 만약 그 고통이 노래를 부른 사람에게는 사라진다 해도 노래를 부를 수 없는 사람들에게 그대로 남아 있다면 어떻게 할 것인가.

브레히트는 이러한 시론에서 시의 언어가 게스투어적 언어라는 점에 대한 인식, 즉 사람들이 관계를 맺고 사는 사회적인 관계에 의해 규정되는 것이라는 인식을 거쳐 다음과 같은 리얼리즘적 시론으로 나아가게 된다.

시는 결코 단순한 표현이 아니다. 서정적 수용은 봄, 들음과 같은 하나의 작업이다. 이 말은 능동적이라는 것을 뜻한다. 시를 쓴다는 것은 인간의 행위로 간주되어야 한다. 모든 모순성, 가변성을 보여주는 사회적 실천으로서, 역사적으로 규정되나 또한 역사를 만들어나가는 실천으로서.

브레히트의 시론은 낭만주의 이후 시가 시인 개인의 주관적이고 비합리적인 영역에 거주하는 것처럼 여기던 관점에 대한 반박을 통해서 시를 사회적 삶의 영역으로 끌어내었다는 점에서 의의가 있다. 1930년대에 벌어진 표현주의 논쟁에서 브레히트가 표현주의의 역사적 의의를 인정할 수 있었던 것은 이러한 자신의 체험과도 일정하게 연결된다 할 것이다. 그는 「살아남은 자의 슬픔」을 통해 자기가 역사에서 맡아야 할 몫에 대한 분명한 의식을 보여주었던 것이다. 그것은 그가 「후손에게」에서 살아남는다는 것이 단순히 우연일 뿐이며 그 살아남기 위한 노력이 정당한 것이 아닐 수도 있다는 사실을 지적한 것과 이어지는 생각이었다.

> 물론 나는 알고 있다. 오직 운이 좋았던 덕택에
> 나는 그 많은 친구들보다 오래 살아남았다. 그러나 지난 밤 꿈속에서
> 이 친구들이 나에 대하여 이야기하는 소리가 들려왔다.
> "강한 자는 살아남는다"
> 그러자 나는 자신이 미워졌다.

2) 영미의 모더니즘

모더니즘은 영국과 미국에서 사용되던 용어를 대륙의 아방가르드 운동에까지 확장시킨 것이다. 그러나 영미의 모더니즘과 아방가르드 운동은 어떤 면에서는 서로 반대되는 특성을 본질로 한다. 예컨대 작품에 대한 이해에서 영미의 모더니즘이 유기적 구조를 강조하고 있다면 아방가르드는 바로 그 유기적인 구조를 파괴하고 그 자리에 새로운 구조 원리를 가진 작품들의 자리를 마련하기 위한 운동이었다. 그럼에도 불구하고 세계에 대한 인식에서 두 경향은 일정하게 맥락을 같이하고 있고 그것은 의미 있는 공통성이었다. 그러므로 이 절에서는 주로 영미의 주지주의와 이미지즘만을 가리켜 모더니즘이란 용어를 사용한다.

① 영미 모더니즘의 철학적 배경

현대예술에서 추상의 효력을 강조한 보링어의 미학은 영국과 미국을 중심으로 전개된 주지주의 계열의 모더니즘에도 일정하게 나타난다. 영미 모더니즘에 철학적 미학적 기반을 제공한 T. E. 흄의 예술철학은 불연속적 세계관에 입각한 것으로서 현대예술의 추상에의 경향을 필연적인 것으로 보고 있다.

흄은 르네상스 이래 서구의 철학에는 휴머니즘의 전통이 지속되고 있다고 파악한다. 그에 따르면 휴머니즘은 세계를 연속성의 관점에서 의인화하는 형식으로서 예술에서는 작품이 유기적인 구조를 가지고 본질적인 단일성을 나타내게끔 한다. 그러나 실재의 본질에 대해 성찰해본다면 자연세계, 인간적인 것, 신적인 것 사이에는 일종의 '절대적인 비연속성'이 있다. 휴머니즘은 이 사실을 무시하고 연속성의 관점을 취하여 무리하게 생生을 모든 가치의 척도이자 근원으로 인식하고 인간의 완전성이라든지 선함, 인간역사의 진보와 같은 허위의 이념을 만들어낸다. 따라서 실재세계의 불연속과 간극을 인정하여 자연의 무기적 세계와 생물학, 심리학, 역사학의 대상이 되는 유기적 세계, 그리고 윤리적, 종교적 가치의 세계를 구분하는 것이 필요하며 예술은 이러한 세계관에 입각하여야 한다. 흄이 자신이 주장하는 불연속적 세계관에 상응하는 예술로 본 것은 종전의 생명적 자연주의적 예술에 대립하는 기하학적 예술이다.

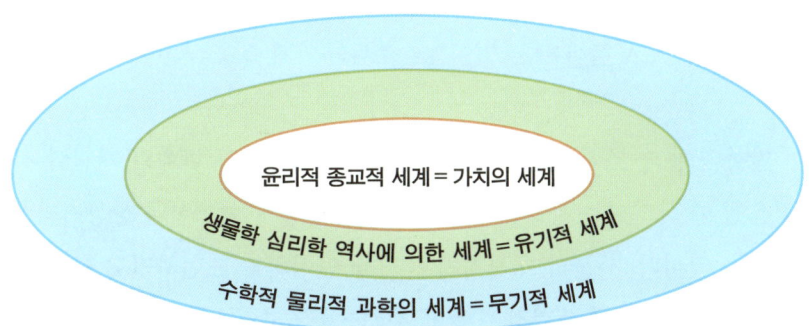

흄이 생각한 불연속적 세계상. 두 개의 동심원에 의해 구분되는 세 구역 사이에는 절대적인 간극이 존재한다. 다만 무기적 세계와 유기적 세계, 유기적 세계와 윤리적 종교적 세계 사이에는 상대적인 속성이 유지된다.

기하학적 예술은 대상의 자연스러운 형태를 기하학적으로 분해하여 엄숙성, 완전성, 경직성을 추구하는 형식이다. 이 같은 기하학적 형식은 무질서와 혼돈의 실재에 새로운 형식을 부여함으로써 만족을 얻으려는 충동에서 비롯되는 것으로서 인간이 외부자연에 대해 공포와 분리감을 가졌던 시대에 나타나는 형식이다. 원시종족이나 고대 이집트의 예술, 또 비잔티움 예술 등은 기하학적 형식이 지배하며 종교적 경이감을 표현하고 있는데 현대예술에서도 그와 같은 경향이 뚜렷해지고 있다. 과거의 기하학적 형식과는 달리 현대예술에서는 새롭게 등장한 기계와의 연결성이 뚜렷해지며 인간이 무한한 가능성을 지닌 존재가 아니라 매우 한정되고 고정된 존재라는 인식에서 유래하는 고전적 태도는 마찬가지이다. 즉 이 태도에 의하면 인간은 "지극히 한정되고 고정된 동물로서 그 본질은 절대적으로 항구적인 것이다. 그것에서 품위 있는 것을 찾을 수 있다고 한다면 그것은 오직 전통과 조직에 의해서 있을 따름이다" 흄은 이 태도가 현대시의 방법에 적용되어야 한다고 본다.

> 내가 시에서의 고전적이라고 하는 것은 다음과 같은 것이다. 곧 가장 상상적인 비상을 하고 있는 가운데도 언제나 억제하는 것, 머뭇거리는 것이 있는 것을 말한다. 고전적 시인은 이러한 유한성을, 인간의 한계를 결코 잊지 않는다. 그는 언제나 인간이 흙과 뒤섞여 있다는 것을 기억하고 있다. 그는 비약할는지도 모른다. 그러나 그는 반드시 돌아온다. 그는 결코 주위의 기체 속으로 날아가지 않는다.

흄이 말한 전통과 조직에의 귀의, 고전주의적인 절제와 한계의 개념이 시의 방법에 적용될 때 나타나는 특징은 낭만주의적인 영웅적 행동이나 상상력의 비약과는 상반되는 것이다. 사물의 개성적인 측면을 인지하고 표현하려고 할 때 시인이 자신의 느낌을 솔직하게 표현하는 것만으로는 충분하지 못하다는 것이 흄의 생각이다. '솔직한 말의 사용은 항상 개성적인 것을 잃어버리게 하므로' 그 뜻이 없어지지 않고 명확히 독자의 관심에 끌리도록 말을 하기 위해서 '새로운 은유와 새로운 성질형용사, 명사를 생각해 만들어내야 한다'는 것이다. 독창성이란 언어의 결합에서 나타나는 것이므로 인습적인 표현방법을 지양하고 사물의 개성과 신선함을 독자가 직접 경험할 수 있도록 해야 한다. 사물을 정확히 표현하려는 예술가의 정열적인 욕구에 의해 직접적인 전달이 이루어질 때 심미적 감동이 일어나는 것이다. 따라서 시인에게는 사물에 대한 인상의 신선함을 전달하는 이미지의 창조가 핵심적인 사업이 된다. 이 같은 흄의 예술론은 모더니즘 이론의 중추인 T. S. 엘리엇의 시론에 바로 연결된다.

흄의 예술철학은 영미 모더니즘의 철학적 미학적 배경을 함축적으로 나타내주는 것이다. 그 철학은 보링어의 추상의 미학과 일정한 유사성을 지니면서도 고전주의적 태도를 견지한다는 점에서 영미의 모더니즘이 아방가르드 예술과 차별성을 지니게 된 원인을 얼마간 시사하고 있다. 바꾸어 말해서 영미의 모더니즘은 아방가르드에 비해서 좀 더 정전正典에 대한 관념을 지속시킨다. 이러한 사정은 19세기 후반에 월터 페이터나 오스카 와일드 같은 심미주의자들이 끼친 영향이 영미 모더니즘에 매우 오랫동안 긍정적으로 수용되고 있었음을 의미하는데 프레드릭 제임슨이 모더니즘의 여러 단계를 말하는 가운데 '위대한 작품 또는 세계의 책을 중심으로 조직'된 천재의 모더니즘을 구분한 것은 바로 영미의 모더니즘에 특징적인 현상을 일반화하기 위한 것이라고 볼 수 있다. 물론 마르셀 프루스트나 카프카, 말라르메와 같은 대륙 쪽의 작가가 이 계열에 포함되는 것도 사실이지만 주로는 영국과 미국의 특징적인 현상이다. 이 현상을 이해하는 데 있어서 영국과 미국의 사회적 조건은 중요한 단서가 된다. 미래주의나 초현실주의와 같이 과거와의 급격한 단절을 모색하는 아방가르드 운동이 펼쳐지던 대륙의 상황과는 달리 거기에서 일정하게 격리된 영국과 미국의 사회혁명의 조건은 상대적으로 취약했기 때문이다. 따라서 사회혁명에 대한 기대 속에 미적 실천과 사회적 실천을 통합하고자 했던 아방가르드 예술가들과는 달리 '천재의 모더니즘'은 철저히 예술 속에 몰입하여 현대의 새로움을 표현하기 위한 형식의 실험을 했던 것이다. 엘리엇 · 제임스 조이스 · 에즈라 파운드 · 버지니아 울프 · D. H. 로렌스의 활동이 서로 구분되는 맥락을 지니고 있음에도 불구하고 하나의 테두리 속에 묶일 수 있는 까닭은 이 점에 있다. 이를테면 프레드릭 제임슨은 사물화의 진전에 따라 모더니즘에도 여러 단계가 있을 수 있음을 지적하고 버지니아 울프나 콘래드와 같이 주관성에 집착하여 내면심리나 내적 독백에 경사한 '인상주의적' 단계와 그런 속에서도 개인 단자들 사이에 얼마간 대화적 관계가 성립하는 윈담 루이스나 로렌스의 표현주의적 단계를 구분하고 있지만 고립된 주체의 주관성을 세계화하거나 전체화하여 텍스트를 생산하는 양상에 있어서는 큰 차이가 없는 것이다. 영미 모더니즘만을 대상으로 하여 모더니즘에 대해 기술한 페터 포크너가 모더니즘의 주요한 특징으로서 예술의 여러 문제에 대한 예리한 인식, 끊임없는 자의식을 꼽는 것도 영미 모더니즘에 공통적인 형식주의에 착목하고 있는 것이라고 볼 수 있다. 영미 모더니즘의 대표자로 간주되는 엘리엇의 시론이 전통론에서 시작되는 것도 이로 보면 필연적인 일이다.

② 영미 모더니즘의 문학이론

엘리엇은 그의 대표작으로 알려진 『황무지』와 제임스 조이스의 『율리시즈』가 발표되던 1922~1923년보다 두세 해 앞선 1920년 『성스런 숲』이란 이름의 평론집을 발표한다. 이 책은 엘리엇의 초기 문학관을 압축적으로 드러내기도 하지만 그보다는 모더니즘 이론을 대표하는 글들을 싣고 있다는 점에서 중요시된다. 엘리엇의 초기 평론 가운데 가장 널리 알려지고 중요한 글은 「전통과 개인의 재능」이다. 이 글에서 엘리엇은 자신의 문학관의 대강을 드러내고 있다. 따라서 이 평론의 주요 논지를 살피는 것은 영미 모더니즘 이론의 핵심을 알아보는데 매우 유용하지만 그보다도 우선해서 살펴야 할 것은 「전통과 개인의 재능」이 놓이는 맥락이다. 이 점에서 주목해야 할 사항은 평론집 『성스런 숲』의 1928년판 서문에서 엘리엇이 자신의 가장 중심적인 관심은 '시의 완결성 문제'라고 밝혔다는 사실이다. 이것은 엘리엇이 시를 자율적 존재로서 파악하는 기본 관점 위에서 작업을 했다는 사실을 입증하고 있다. 즉 엘리엇에게 있어서 시와 현실의 관계는 이차적인 문제이며 문학제도의 틀 안에서 시를 어떻게 혁신하는가가 주요한 관심사였다는 것이다. 「전통과 개인의 재능」에서 전통은 문학의 전통을 의미하고 역사의식이란 과거문학에 대한 역사의식으로 국한된 것도 이처럼 문학의 자율성을 확고한 보편적 사실로서 인정하는 데 기인한다.

만약에 전통, 즉 전해 내려오는 것의 유일한 형식이 우리의 바로 전세대의 성과를 맹목적으로 또는 무서워해가며 그에 집착하여 그 방식을 그대로 좇는 것이라면 전통은 확실히 저지되어야 할 것이다. 우리는 이러한 단순한 흐름이 모래 속에 파묻히는 것을 많이 보아왔다. 되풀이보다는 신기新奇가 오히려 낫다. 전통이란 더 광범위한 의의를 가진 문제이며 그것은 유산으로서 물려받을 수 없는 것이니, 그것을 얻자면 큰 힘을 들여야 한다. 전통은 첫째, 역사적 의식을 내포하는데, 이 의식은 25세 이후에도 계속 시인이 되고자 하는 이에게는 거의 필수불가결한 것이라 할 수 있다. 이 역사적 의식에는 과거의 과거성에 대한 인식뿐 아니라 그 현재성에 대한 인식도 내포되어 있으며, 이 역사적 의식으로 말미암아 작가가 작품을 쓸 때 골수에 박혀 있는 자신의 세대를 파악하게 되며, 호머 이래의 유럽의 문학 전체와 그 일부를 이루는 자국의 문학 전체가 동시적 존재를 가졌고, 또한 동시적 질서를 구성한다는 느낌을 반드시 갖게 된다. 이 역사적 의식은 일시적인 것과 항구적인 것을 함께 인식하는 의식이며, 문학자에게 전통을 갖게 하는 것이다. 그리고 그것은 동시에 한 작가로 하여금 시간의 흐름 속에서 차지하는 자기의 위치와 자신이 속해 있는 시대에 대하여 극히 날카롭게 의식하게 하는 것이다.

'문학 전체가 동시적 질서를 가졌고 동시적 질서를 구성한다'는 관점은 형식의 사회적 필연성을 사고하는 역사주의적 관점과는 근본적으로 발상부터가 다르다. 뿐만 아니라 그 관점은 미적 행위와 정치적 행동의 통일을 꾀하면서 제도예술의 부정을 지향하는 아방가르드의 실천과도 다르다. 거기에는 오로지 문학의 제도 안에서, 또는 작품들의 동시적 질서 안에서 작품이 새로워지는 방식만이 문제될 뿐이다. 엘리엇이 '예술은 결코 개선되는 것이 아닌데 예술의 소재만은 항상 변하고 있다는 엄연한 사실'을 강조하는 것은 소재가 예술적 형상화 방식을 규정한다는 인식과 거리를 두고 있음을 말해준다. 즉 그에게서 소재는 시인이 임의의 방식으로 처리하여 형식으로 주조할 수 있는 재료 덩어리에 지나지 않는 것이다. 그가 백금선에 의해 화학작용을 일으키는 산소의 이산화유황에 대해 언급하는 것은 우연한 일이 아니다.

엘리엇의 창작방법론인 몰개성론은 전통론에서 유도된 것이면서 낭만주의의 개성론에 대한 반대명제라는 의의를 지닌다. 낭만주의 시인인 워즈워스가 '시는 감정의 유로'라고 했을 때 거기에는 시의 진리성뿐 아니라 시인의 인격에 대한 확신이 놓여 있다. 시인은 단순히 숙련된 기술을 가진 사람이 아니라 '천재'라는 말로 표현되는 특수한 감수성을 지니고 있어서 그의 상상력을 통해 '영원히 실지로 변함없이 존재하는 것$^{superior\ reality}$'을 포착해 표현하는 사람이다. 이러한 시인관에 근거한 낭만주의의 개성론은 사회의 동적인 본질을 파악하는 창조적 주체의 개별성과 독창성, 헤겔의 말에 따르면 '절대적 내면성'에서 예술의 내용을 찾고 있는 것이다. 이와는 달리 몰개성론은 자본주의의 발전에 따라 파편화되어가는 현실에 대해 무력감과 소외를 느끼는 시인의 존재를 드러내준다. 시인 자신조차 사물화의 현상과 파편화 속에 매몰되고 있기 때문에 현실의 총체적 구조를 발견하기 어려울 뿐만 아니라 내면성의 표현으로 진실을 확보한다고 확증할 수도 없다. 그러나 엘리엇에게 있어서 모든 예술의 기능은 인생에 존재하는 질서를 깨닫게 하는 것이다. 시인 스스로가 혼돈의 세계에 존재하는 질서를 찾지 못하고 방황하고 있는 가운데 시는 어떻게 인생의 진실을 제시할 것인가.

몰개성론은 이러한 난관의 해결책으로 제시된 엘리엇의 창작방법론으로서 크게 두 가지 의미를 지닌다. 첫째로, 시인이 '현재에 이르기까지 생산된 모든 시의 전체적인 유기체로서의 시의 개념'을 생각해야 한다는 점이다. 몰개성론에서 시인은 자신이 주관적으로 하나의 세계를 주조하는 것이 아니라 외부에 있는 그 무엇에 순종함으로써 시를 지을 수 있다. 시인의 개성이란 스스로가 표현될 것이 아니라 외부에 있는 보다 가치 있는 질서에 자신을 희생하고 복종하며 헌신적인 노력을 기울이는 역할만을 맡아야 하는데, 그것은 시인이 전체적인 유기체로서의 시의 개념, 문학의 동시적 질서를 생각해야 하기 때문이다. 그 희생과 복종 속에서 시인의 개성은 여러 감정요소들을 결합시켜 새로운 화합물을 만들어내는 매개체의 역할을 수행함으로써 시의 질서 속에 새로운 변화를 가져올 수 있다. 여기서 시인이 복종하고 헌신해야 할 '외부의 그 무엇'은 흄의 '전통과 조직'에 해당하는 것이지만 엘리엇의 작품에서 그것은 구체적으로 신화와 종교로 나타난다. 즉 현실의 복잡성과 파편화에 대응하여 거기에 질서를 부여하려는 모더니스트의 총체화의 기도, 인생에 존재하는 질서를 파악하려는 시도가 기왕에 신화나 종교 속에 깃들어 있는 질서에 의지하도록 만든 것이다. 이러한 시도는 제임스 조이스의 『율리시즈』에서 가장 단적으로 드러난다. 이 작품에서 작가는 그리스의 서사시 『오디세이』의 질서를 현대도시인 더블린에 사는 사람들의 이야기를 구성하는 데 이용하고 있다. 이처럼 전통과 질서를 염두에 둘 때 시인의 작업은 무의식이나 우연에 따르는 것일 수 없으며 항시 의식적인 노력이 되지 않을 수 없다.

둘째 몰개성론은 시인과 시 사이에 새로운 관계를 가져온다. 원숙한 시인은 그의 개성이 뛰어나거나 내용이 풍부하기 때문에 원숙한 것이 아니다. '시인의 정신이 특수하고 다양한 감정을 마음껏 자유로 구사하여 새로운 결합을 이루게 하는 세련되고 원숙한 매개체'가 될 때에 시인은 원숙한 시인이 되는 것이다. 따라서 시인은 새로운 정서를 찾으려 애쓸 것이 아니라 익숙한 정서이건 경험하지 않은 정서이건 그것을 적절히 이용해서 보편적 정서를 표현하면 되는 것이다. 시인의 과업에 대한 이 같은 엘리엇의 생각은 시인이 가져야 할 역사의식이 '일시적인 것에 대한 의식인 동시에 항구적인 것에 대한 의식이고, 일시적인 것과 영구적인 것을 함께 인식하는 의식이며 문학자에게 전통을 갖게 하는 것'이라는 전통론에 뿌리를 두고 있다. 몰개성론의 이러한 함축은 시인이 객관적 상관물을 발견해야 한다는 이미지론으로 발전한다.

시가 개성의 표현이 아니라 개성으로부터의 도피라는 엘리엇의 견해는 감정을 표현하는 시의 방법에 대한 독특한 생각에 뿌리를 두고 있다. 시인이 감정을 표현하기 위해서는 '어떤 특별한 정서의 공식이 되는 한 무리의 사물, 하나의 상황, 일련의 사건들, 감각적 체험으로 끝나는 것이지만 바로 그 정서를 즉각적으로 환기하는 외부적 사실들'을 발견해야 한다는 것이다. 즉 시인은 직접적인 감정표현을 자제하고 정서를 유발할 공식을 생각해야 하며 그것들을 구체적으로 묘사하기 위한 언어를 고안해야 하는 것이다. 엘리엇의 객관적 상관물 이론은 결국 시에 있어서 이미지 창조의 중요성을 부각시키며 이미지를 형성하기 위한 언어에 대한 자각을 유도하고 있다. 이러한 생각은 객관적 상관물을 처음 거론한 「햄릿에 대하여」보다 2년 뒤에 씌어진 「형이상학파 시인들」에 전개되어 있다. 감수성의 분열을 이야기한 것으로도 유명한 이 논문에서 엘리엇은 '시인의 정신이 활동하기 위하여 완전 정비되었을 때에는 분산된 경험을 끊임없이 통합하는데, 일반인의 경험은 무질서하고 불규칙하고 단편적'이라고 지적하면서 형이상학파 시인들의 장점을 '정신과 감정의 상태에 동등한 언어를 발견하는 일에 종사하였던' 사실에서 찾았다. 이러한 입장에서 엘리엇은 현대 시인이 수행해야 할 작업에 대해서 이렇게 말한다.

    시인이 철학이나 기타 문제에 관심을 가져야 한다는 것은 영원한 필요성은 아니다. 현재 존속하는 이러한 우리의 문명에서는 시인은 틀림없이 난해하게 보일 것이라고 그것만은 말할 수 있다. 우리의 문명은 많은 변화성과 복잡성을 내포하고 있어 그것이 세련된 감수성에 작용하여, 거기에 또한 변화 있고 복잡한 결과를 나타내고야 말 것이다. 시인은 언어를 구사하여 (필요하다면 순서를 바꾸어서라도) 의미를 창조하기 위하여 더욱 함축 있고 더욱 풍자적이고 더욱 우원迂遠해야 할 것이다. 여기에서 우리는 형이상학적 기상奇想과 대단히 흡사한 것을 볼 수 있다. 사실상 그것은 철학시인들이 가졌던 그 형이상학적 기상과 묘하게도 유사한 방법이며, 의미가 애매한 언어를 사용한다든지 간결한 어법을 쓰는 점에서도 그들과 비슷하다

엘리엇은 현재의 문명이 많은 복잡성과 변화성을 내포하고 있어서 시에서도 복잡성과 변화성은 불가피하다고 본다. 현대시의 난해성은 시인의 작위에 의한 것이 아니라 문명의 성격에 따른 것이다. 고전적 시인들이 사상을 감정으로 전환시키고, 관찰된 것을 심적 상태로 변화시킬 수 있는 능력을 지녔던 것과 같이 현대시가 현대문명을 소재로 하여 '사상의 감정으로의 재창조'를 이루는 데는 형이상학파 시와 같이 이질적인 상념들을 함께 결합하고 애매모호한 용어를 쓸 수밖에 없다는 것이다. 이러한 엘리엇의 생각은 일종의 난해시 옹호처럼 들리기도 하지만 그의 주지는 시인이 현대의 새로운 소재에 맞는 현대적 언어를 발견해야 한다고 말하는 데 있다. 엘리엇의 대표작으로 손꼽히는 『황무지』는 이러한 언어의 변화, 현대적 소재에 질서를 주고 그 질서를 묘사할 형식과 문체를 실행해 보여주고 있다. 즉 신화의 질서에 바탕을 두되 시어를 단편적인 발언들로 바꿈으로써 작품의 구조가 부분들의 자연스러운 연결이 아니라 분리로서 대치되게끔 한 것이다. 아방가르드 예술에 비해서 작품성이 좀 더 중요한 역할을 한 영미 모더니즘에서도 종래의 유기적 통일성이 의문시되고 설화체 구조의 시간형식이 공간형식으로 바뀌게 된 것은 엘리엇과 유사하거나 동일한 문제의식이 그 운동 속에 깊이 자리 잡고 있었음을 암시한다. 조셉 프랭크는 「현대문학의 공간적 형식」이란 논문에서 『황무지』뿐만 아니라 에즈라 파운드의 『칸토스』, 조이스의 『율리시즈』 등에는 시간적 계기에 따르는 설화체 구조가 몰락하고 '미적인 관계 사항들의 전체적인 틀' 이나 '재귀적인 관계$^{reflexive\ referance}$의 원리'라고 할 수 있는 공간적 형식이 공통적으로 등장하고 있다고 지적한 바 있다. 즉 작품의 통일성이 시간논리에 따르는 것이 아니라 병치와 아이러니 같은 공간논리에 따름으로써 일관성^{coherence}을 잃은 것처럼 보이게 됐다는 것이다. 『율리시즈』가 두 번의 시작과 끝을 가짐으로써 종래의 이야기형식의 통일성과 근본적인 결렬을 나타내게 된 것은 대표적인 사례이다.

③ 영미 모더니즘 문학의 양상

엄밀한 의미에서 영미의 모더니즘은 대륙의 아방가르드 운동과 차별 지어지는 문제의식을 가지고 있었다. 그것은 단순화하여 말하면 자본주의 사회의 발전에 의해 조성된 복잡한 사회의 현실을 어떻게 문학으로 표현할 것인가 하는 문제의식이었다. 이것은 아방가르드 운동이 지녔던 문제의식, 예컨대 예술과 생활이 유리된 종전의 관계를 변화시키려는 문제의식에서 보자면 아직 구태의연한 문제들이었다. 이 같은 차이가 생긴 것은 영국이나 미국이란 나라가 대륙에 비해서 상대적으로 사회의 안정성이 높았던 데다가 상징주의와 심미주의가 사회의 보편적인 현상으로 확산되지 못한 사실과 관련된다고 볼 수 있다. 바꿔 말해서 대부분의 문학인들이 전통적인 문학의식에 좀 더 밀착되어 있었고 사회의 변혁에 대해 적극적인 자세를 취하느니보다 문학 자체의 문제에 몰두한 결과라고 해석할 수도 있었다. 그것은 프랑스의 상징주의가 이미 극한의 지점까지 추적해본 주제였다. 스티븐 스펜더가 모더니즘이 탄생한 원인에 대해서 복잡한 현실의 원리를 이해하기 힘들었다는 점과 그 현실을 표현하기 위한 형식과 어법에 대한 문제의식이 작가들을 사로잡고 있었다고 한 것은 정곡을 찌른 지적이었던 것이다.『모더니즘』의 저자 페터 포크너도 '예술로 만들어질 거의 압도하리만큼 풍부한 경험에 대한 감각이 모더니즘을 상징주의와 미학주의의 순수한 분위기로부터 구별시켜준다'고 파악하고 있음은 영미의 모더니즘이 지닌 문제의식의 소재지를 어디서 찾고 있는지 보여준다.

가) 이미지즘 · 모더니즘 · 주지주의의 상관관계

20세기의 영미문학의 문예사조는 통상 모더니즘으로 지칭되지만 주지주의나 이미지즘 등의 용어도 동시에 사용되고 있다. 이 문예사조의 명칭들이 무엇을 가리키느냐하는 문제에 대해서는 그것들이 동일한 대상에 대한 상이한 이름이라는 의견과 근본적으로 상이한 대상을 가지고 있다는 서로 다른 의견이 있을 수 있지만 좀 더 세밀히 따질 때 그것들은 분명히 상이한 영역과 대상을 지시하고 있는 것으로 드러난다. 즉 이미지즘은 흄과 에즈라 파운드의 주도하에 일어난 운동이었으며 모더니즘은 이미지즘의 영향 하에 엘리엇의 전통론과 객관적 상관물 이

프랑스 화가 발더스의 〈앨리스〉. 반현대적인 현대예술가란 평을 듣는다. 누드화를 많이 그렸다.

론을 중심축으로 하여 발전한 사조였던 것이다. 또 주지주의는 문학의 창작보다도 문학에 대한 태도의 문제로 파악될 수 있는 성질의 범주로서 이미지즘과 모더니즘 모두에 걸쳐 있다. 이러한 구분은 일반적으로 모더니즘으로 통칭되는 문예 현상들을 정밀하게 파악하기 위해서는 그것의 전개과정과 관련하여 반드시 짚어보아야 할 사항이다.

이미지즘은 흄이 주도한 모임을 중심으로 1908년에 모습을 나타낸다. '시인클럽'이란 이 모임은 여러 차례에 걸쳐 재조직되는 우여곡절을 거치면서 이미지즘을 파급시켰다. 이 운동은 낭만주의에 대한 반대에 의의를 두고 있었다. 당시 영국에서는 정서의 표현에 치중하는 낭만주의의 세력이 아직 주도권을 장악하고 있었

잭슨 폴록의 〈깊이〉. 캔버스 위에 물감을 흘리고 튀기고 끼얹으면서 몸을 이용하여 그림을 그리는 액션 페인팅을 처음 시도한 미국의 추상표현주의 작가.

잭슨 폴록의 〈달여인 원을 자르다〉.

다. 이에 대해 이미지스트들은 시의 방법을 근본적으로 개혁하고자 하는 취지에서 운동을 발족시켰다. 그 목표는 '견고하고 건조한 이미지 제시에 의한 사물시'의 창작이라고 할 수 있는 것으로서 창작의 방법으로서 여섯 가지 원칙을 내세우고 있었다. 첫째 일상적인 언어로 쓰되 반드시 정확한 언어를 쓸 것, 둘째 새로운 감정의 표현으로서 새로운 리듬을 창조할 것, 셋째 제재의 선택에 절대 자유를 허용할 것, 넷째 한 이미지를 표현해야 할 것, 다섯째 시는 견실하고 분명해야지 흐릿하거나 불분명해서는 안 된다는 것, 여섯째 모든 집중이 시의 근본이라는 것이다. 이러한 대강의 원칙을 지니고 있었던 이미지즘은 운동 내에서 에즈라 파운드의 영향력이 커짐에 따라서 변모하게 된다. 파운드는 흄과는 일정한 거리를 유지한 채 자기 나름대로 이미지즘 운동을 펼쳤는데 그와 대담하여 발표된 것으로 알려진 플린트의 「이미지즘」이라는 기사에는 이미지의 3원칙이 제시되어 파운드가 가져온 변화의 내용을 일정하게 시사하고 있다. 그 내용은 첫째 주관적이든 객관적이든 간에 '사물'을 직접적으로 다룰 것, 둘째 제시에 알맞지 않는 말은 절대로 사용하지 말 것, 셋째 리듬에 대해서는 메트로놈의 진행대로가 아니라 악구의 진행과 같이 지어야 한다는 것이었다.

    이미지즘보다 출발이 늦은 모더니즘은 이미지즘에 대한 대타의식 속에서 시의 창작방법에 대한 정밀한 계획을 가지게 된다. 엘리엇의 정확한 비평을 통해 더욱 설득력을 높일 수 있었던 그것은 낭만주의에 대한 반대이기도 하지만 그보다는 좀 더 전통에 대한 명료한 역사의식을 강조했으며 현대에 대한 철저한 의식 또한 강조했다. 즉 황폐한 현대문명을 구제할 가치와 질서의 창조는 전통에 대한 역사적 의식을 가지고 시작에 임할 때 가능하다는 생각에서 시인 자신의 위치에 대해 명확한 자의식을 가질 것을 권장하고 있었다.

    주지주의는 문예사조의 성격보다도 문학에 임하는 태도의 문제라고 파악할 수 있는 것으로서 종래의 낭만주의가 지니고 있던 주정주의와 주의주의에 대해 반대하고 문학에 지성을 도입하고자 하는 주의 주장이었다. 따라서 그것은 독자적인 창작방법이나 양식을 주장하지 않았으며 이미지즘과 모더니즘의 사조 속에 잠재적으로 내포되어 있는 사고였다.

위에서 살핀 세 사조는 상호 긴밀한 연관을 지닌다. 이미지즘에 관여한 에즈라 파운드가 모더니즘에 영향을 미치기도 하며 모더니즘을 이끈 엘리엇이 주지주의에서 큰 자극을 받기도 한 것이다. 따라서 여기서는 흄과 에즈라 파운드, 엘리엇으로 이어지는 광의의 모더니즘을 대상으로 하여 그 문학적 양상을 살피는 방법을 취한다.

나) 모더니즘의 시문학

에즈라 파운드는 흄과 함께 이미지즘 운동에 참여하여 점차 독자적인 노선을 개척해간 시인이다. 그는 흄의 영향으로 언어의 문제에 관심을 기울였으며 이미지즘의 언어가 절대적으로 표현하고자하는 대상을 지시하는 정확한 언어이어야 한다고 보았다.

> 어떠한 잘 모르는 말, 완곡어, 도치도 있어서는 안 됩니다. 그것은 모파상의 최상의 산문처럼 소박해야 하며 스탕달의 산문처럼 단단해야 합니다. (중략) 어떠한 클리쉐도, 진부한 구절이나 판에 박힌 신문기사 투가 있어서는 안 됩니다. 이러한 것들로부터 벗어나는 유일한 길은 쓰고 있는 글에 주의를 집중한 결과로서의 엄밀성에 의하는 것입니다.

파운드는 이미지즘의 언어가 지시언어이며 자연언어이어야 한다고 본 것이다. 그러나 파운드의 가장 중요한 기여는 이미지를 '지적 정적 복합체를 한 순간에 제시하는 것'이라고 파악한 점이다. 그는 시를 파노포에이아, 멜로포에이아, 로고포에이아의 세 종류로 구분하여 설명했는데 파노포에이아는 대상을 시각적 상상력에 투영시킨 것, 멜로포에이아는 어휘의 소리와 리듬에 의해 감정의 상관물을 생성하는 것, 로고포에이아는 사용되는 실제의 단어 내지 어군에 관련하여 받아들이는 사람의 의식 속에 남아 있던 연상(지적이든 감정적이든)을 자극함으로써 이상의 두 가지 효과를 생성하는 것을 가리키는 것이었다. 파운드는 이 가운데 로고포이아를 현대시에 적합한 형태라고 주장했다. 그의 첫 번째 대표적인 작품은 「지하철 정거장에서」로서 지하철 정거장에서 얻은 한 순간의 인상을 선명하게 이미지로 나타낸 작품으로 이후의 모더니즘 계열의 시에 많은 영향을 주었다.

> 군중들 속에서 유령처럼 나타나는 이 얼굴들,
> 까맣게 젖은 나뭇가지 위의 꽃잎들.

단 두 행으로 이루어진 이 시는 지하철에서 나타난 인물들을 꽃잎에 비유하여 신선한 이미지로 감각화한 것이다. 이처럼 파운드는 이미지의 창조가 시인의 임무 중에서 가장 중요한 것이라고 보았다. '수많은 작품을 쓰는 것보다는 일생동안 단 하나의 심상을 표현하는 것이 더 좋다'고 말한 것은 이미지에 대한 그의 강조의 강도를 엿볼 수 있게 한다. 파운드의 이미지에 대한 강조는 그의 대표작의 하나로서 꼽히며 자서전적 내용을 담은 것으로 알려진 「휴 셀윈 모벌리」에서도 감지할 수 있다.

1
스스로 무덤을 선택하는 에즈라 파운드의 송시(頌詩)

> 3년 동안
> 그의 시대와는 동떨어져
> 그는 시라는 죽은 예술을 소생시키려 애썼네,
> 낡은 감각의 〈장엄〉을 유지하기 위하여.
> 그건 처음부터가 잘못이었지…
>
> 아니야, 그가 태어난 곳이 반쯤은

야만적인 나라
시대에 뒤떨어진 건 그럴 수밖에
도토리 알에서 백합꽃을 피우려 굳게 마음먹은
카파뉴스, 아니, 가짜 미끼에 걸려드는 숭어

[우리는 트로이 넓은 땅의
모든 힘든 일을 알고 있지요]
바위 가까이로 항로를 잡아
틀어막지 않은 귀로 그 노래를 듣고,
그래서 그 해에 그는
거친 바다에 사로잡혔네.

그의 진정한 페놀로페는 플로베르,
완고한 섬나라에서 낚시나 하며,
마녀 키르케의 우아한 머리털을
해시계에 새겨진 격언보다 더
열심히 바라보았지.

⟨사건들의 행진⟩에는 아랑곳 않고
⟨그가 서른 되던 해⟩ 사람들의 기억으로부터,
그는 사라졌네.
뮤즈의 영광에 아무 보탬도 못되었던 생애.

「지하철 정거장에서」와 「모벌리」가 파운드의 시에서 지니는 의미를 정규웅은 다음과 같이 설명한다.

「지하철 정거장에서」는 그의 시 가운데 가장 짧은 단 두 행의 시이지만 이미지스트 시인으로서의 파운드를 논할 때 줄곧 인용되는 대표적인 이미지즘의 시이다. 이 시는 파리의 어느 지하철 어두운 정거장에서 밝은 찻간의 승객들의 얼굴들을 보고 순간적으로 느낀 것을 시로 나타낸 것인데, 앞서 플린트의「이미지즘 시의 세 가지 원칙」이나 파운드 자신의「시의 용어」에 너무나도 잘 어울리는 시이다. 여기서는 그가 금기로 생각하고 있는 추상적인 언어가 전혀 사용되지 않고 있으며 가령 '까맣게 젖은 나뭇가지'를 그가 구체적인 것과 추상적인 것을 혼동케 하는 예로서 지적한 '몽롱한 평화의 나라'에 비교하면 얼마나 적절한 표현이며, 리드미컬한 효과를 지니는 것인지 곧 알게 되는 것이다. '나뭇가지가 젖어 있다'고 할 때 그 젖은 상태를 색깔로 표현하려고 하면 그것은 다른 색깔로는 불가능하기 때문이다. 「캔토스」와 함께 파운드의 대표작으로 손꼽히는 「휴 셀윈 모벌리」에 대해서는 비평가들의 견해가 구구하다. 그러한 비평가들의 견해를 종합하면 이 시를 이미지즘의 시로 간주하기보다는 차라리 파운드가 이미지즘의 시운동과 함께 벌였던 신시운동의 계열에 속하는 시로 보는 견해가 지배적이지만, 그럼에도 불구하고 이 시가 적어도 이미지즘의 영향 아래서 씌어진 것이라는 사실은 아무도 부정하지 못한다. 그 이유는 이 시가 이미지즘의 근본원리와 맥락이 닿는 자유시의 실험적인 형태로 씌어졌으며 「모벌리」의 무대를 사고와 감정이 자유분방하게 혼합되는 스테이지로 만듦으로써 재래의 시법을 영구히 일변시키고 있기 때문이다. 또한 파운드가 이미지즘 시운동과 그 밖의 신시운동을 별개의 것으로 전개했으나 이들 양자의 구분이 크게 문제가 되지 않는다는 점도 이 시가 어떤 계열의 시인지를 굳이 가려낼 필요는 없다는 것을 뜻한다. 오히려 이 시의 중요성은 파운드가 이 시 제1편의 제목으로 '스스로 무덤을 선택하는 에즈라 파운드의 송시'라고 쓴 것처럼 이 시가 시인으로서 그의 역할에 대해 정의를 내린 것이며, 그러한 정의는 그의 투쟁에 의해서가 아니라 그의 희망에 의해서 만들어진 것임을 암시하는 데 있다고 봐도 좋을 것이다. 첫 행에서의 '3년'은 아마도 그의 이미지즘 시 운동이 막을 내리고 이 시를 쓸 때까지의 기간을 뜻하는 것 같다. 그렇다면 다음 행에서의

'죽은 시 예술'은 그 자신의 시세계에 대한 자만으로도 볼 수 있겠지만 새로운 감각의 시에 대한 끊임없는 열망으로서 간주되기도 한다.

파운드는 이 「모벌리」를 쓴 후 1927년 「캔토스」를 쓰고 1933년 무솔리니와 만나 파시즘에 경도되어 파란 만장한 생애의 서장을 연다. 그는 문학 이외에 사회적 문제에도 관심을 기울였으며 시와 삶이 항상 동일선상에 있다는 관점을 만년까지 유지했다. 그런 점에서 「불륜」은 그의 심정을 솔직하게 표현한 것인지도 모른다.

우리 사랑과 나태를 노래하자.
가질 만한 값진 것은 그것들뿐.

내가 많은 나라에 살아봤으나
삶에는 그것밖엔 아무것도 없어.

나는 차라리 내 단꿀을 가지리.
장미 잎새는 슬픔에 말라죽어도.

만인의 신앙을 전달하려
헝가리에서 고귀한 일을 하기보다는.

파운드와 대조적으로 엘리엇은 시와 삶의 분리에 기초한 문학론을 건설했다고 할 수 있다. 미국의 신비평이라는 형식주의가 그에게서 비롯되고 있음은 그 사실을 입증하는 하나의 예에 불과하지만 엘리엇에게서 현실의 문제에 대한 시인의 직접적 개입은 명분이 있는 것이 아니었다. 다만 그에게는 시를 통해 세계의 질서를 새로이 건설하는 일이 중요했다. 그것은 모더니즘이 복잡해진 세계에서 그 현실을 표현하는 문제에 집중했던 것과 관련이 있는 사항이다. 페터 포크너는 모더니즘에서 경험의 거대한 복잡성을 효과적으로 조직하는 문제가 대두되었고 그런 맥락에서 엘리엇의 『황무지』와 제임스 조이스의 『율리시즈』가 가진 공간적인 형식을 설명하고 있다. 즉 그 공간적인 형식 속에서 '내적인 관계사항들의 전체적인 틀'이나 '재귀적인 관계 reflexive reference의 원리'로 작품의 통일성을 보여주었다는 것이다. 포크너는 엘리엇과 조이스가 결국 신화적인 틀을 이용하게 된 것은 작품의 통일성을 얻으려는 관점에서나 세계에 질서를 부여하려는 작업을 위해서나 불가피했다고 말하는 것이다. 엘리엇은 조이스의 『율리시즈』가 논리성이 없다는 비판에 대해서 반박하면서 "설화체의 방법 대신에 우리는 이제 신화적인 방법을 사용할 수 있다. 그것은 현대세계를 예술화시킬 수 있게 하기 위한 일보의 전진이라고 나는 진지하게 믿는다"라고 했는데 이것은 자신의 시세계에 대한 옹호일 뿐더러 카톨릭에 귀의하여 가치와 질서를 새롭게 창조해야 하는 부담에서 벗어난 자신의 인생에 대한 한 옹호일 수도 있었다. 그의 시작품은 현대세계의 질서와 가치를 창조하려 했던 시도만큼이나 야심적으로 장시로 시작되었다. 1911년에 완성되었으나 1915년에 파운드에 의해 발표된 「프루프록의 사랑노래」는 그 첫 작품이었다.

> 자 가세, 너와 나,
> 마취되어 수술대 위에 누워 있는 환자모양
> 저녁이 하늘을 뒤로 하고 널부러져 있을 때;
> 자 가세, 사람 자취 반 이상 끊긴 모모某某거리를 지나,
> 일박一泊용 싸구려 호텔의 잠 못 이루는 밤들과
> 굴 껍질 섞인 톱밥 밑에 깐 레스토랑의
> 중얼대는 피정避靜들을 지나,
> 난처하고 거창한 질문으로 끌고 가려는
> 음흉한 의도를 지닌
> 질질 끄는 논쟁처럼 따라오는 길들을 지나…
> 오 '이게 뭐지?'라고 묻지 말게.

자 가서 방문을 하세.

방에서는 여자들이 오가며
미켈란젤로에 대해 얘기를 하고.

등을 창유리에 비비는 노란 안개,
주둥이를 유리에 비비는 노란 안개,
저녁의 구석구석에 혀를 넣고 핥다가
하수도에 고인 물웅덩이에서 머뭇대다가
굴뚝에서 떨어지는 검댕을 등으로 받고,
테라스를 빠져 나가, 별안간 한 번 살짝 뛰고는
때가 녹녹한 시월 밤임을 알고
한 번 집 둘레를 돌고, 잠이 들었다.(후략)

에즈라 파운드로부터 '최초의 현대작품'이라는 찬사를 받은 이 작품은 현대인의 건강진단서와도 같은 역할을 하고 있다. 황혼을 수술대 위에 마취되어 있는 환자의 몽롱한 의식으로 표현한 것은 황혼 그 자체의 묘사일 뿐더러 현대세계의 소시민이 갖는 일상성의 묘사로 볼 수도 있다. 그러나 정작 엘리엇의 이름을 반석 위에 올려놓은 것은 『황무지』였다.

1 죽은 자의 매장

사월은 가장 잔인한 달
죽은 땅에서 라일락을 키워내고
추억과 욕정을 뒤섞고
잠든 뿌리를 봄비로 깨운다.

겨울은 오히려 따뜻했다.
잘 잊게 해주는 눈으로 대지를 덮고
마른 구근으로 약간의 목숨을 대어 주었다.
슈타른버거호(湖) 너머로 소나기와 함께 갑자기 여름이 왔지요.
우리는 주랑에 머물렀다가
햇빛이 나자 호프가르텐 공원에 가서
커피를 들며 한 시간 동안 얘기했어요.
저는 러시아인이 아닙니다. 출생은 리투아니아이지만
진짜 독일인입니다.
어려서 사촌 태공집에 머물렀을 때
썰매를 태워 줬는데 겁이 났어요.
그는 말했죠, 마리 마리 꼭 잡아.
그리곤 쏜살같이 내려갔지요.
산에 오면 자유로운 느낌이 드는군요.
밤에는 대개 책을 읽고 겨울엔 남쪽에 갑니다.

이 움켜잡는 뿌리는 무엇이며,
이 자갈더미에서 무슨 가지가 자라 나오는가?
인자여, 너는 말하기는커녕 짐작도 못하리라.
네가 아는 것은 파괴된 우상더미뿐
그곳엔 해가 쪼아대고 죽은 나무에는 쉼터도 없고
귀뚜라미도 위안을 주지 않고
메마른 돌엔 물소리도 없느니라.
단지 이 붉은 바위 아래 그늘이 있을 뿐.
(이 붉은 바위 그늘로 들어오너라)
그러면 너에게 아침 네 뒤를 따르는 그림자나

저녁에 너를 맞으러 일어서는 네 그림자와는 다른
그 무엇을 보여 주리라.
한줌의 먼지 속에서 공포를 보여 주리라.
〈바람은 상쾌하게
고향으로 불어요
아일랜드의 님아
어디서 날 기다려 주나?〉
'일년 전 당신이 저에게 처음으로 히아신스를 줬지요.
다들 저를 히아신스 아가씨라 불렀어요'
…허지만 히아신스 정원에서 밤늦게
한 아름 꽃을 안고 머리칼 젖은 너와 함께 돌아왔을 때
나는 말도 못하고 눈도 안 보여
산 것도 죽은 것도 아니었다.
빛의 핵심인 정적을 들여다보며 아무것도 알 수 없었다.
〈황량하고 쓸쓸합니다, 바다는.〉 (후략)

현대문명을 비판한 시로서 현재에도 생생히 살아 있는 이 시의 성격에 대해 황동규는 이렇게 해설한다.

> 이 작품은 정신적 메마름, 인간의 일상적 행위에 가치를 주는 믿음의 부재, 생산이 없는 성, 그리고 재생이 거부된 죽음에 대한 시이다. …이 죽음을 통한 재생은 『황무지』뿐 아니라 엘리엇의 다른 시와 시극(詩劇)에서 중요한 모티프로 사용되고 있다. 『황무지』에서는 그 모티프가 동서양의 다양한 신화 내지는 종교적 자료를 사용해서 나타나기 때문에 다채로운 즐거움도 주지만 동시에 이 작품을 어렵게도 만들고 있다. 그러나 엘리엇의 시는 뒤에 숨어 있는 전거를 잘 모르더라도 섬세한 독자라면 전체를 '느낄 수' 있을 만큼 적절하면서도 충격적인 다채로운 속도

의 흐름을 갖고 있다는 사실도 지적하지 않을 수 없다. 사람에 따라서는 이 작품을 긴 서정시로 읽을 수도 있을 것이다.

'제1부 죽은 자의 매장': 황무지에서 사월은 가장 잔인한 달이다. 진정한 재생을 가져오지 않고 공허한 추억으로 고통을 주기 때문이다. 휴양지에서 지껄이는 사람들은 진정한 새로운 삶을 원치 않는다. 사월은 재생을 원치 않는 사람들에게 재생을 요구하므로 또한 잔인하다. 특히 이 부분은 콜라주 수법을 사용해서 효과를 보고 있다. 갑자기 구약성경의 에스겔적인 음성으로 문명의 메마름과 희망 없음을 알리는 소리가 들려온다. 그리고는 낭만적인 정열과 실패한 사랑의 추억이 담긴 노랫소리로 바뀐다. 다음에 고대의 종교의식이 점치는 행위로 바뀐 황무지의 상황으로 바뀐다. 태롯 카드의 원초적인 상징들이 속화되어 나타난다. 그리고 현대문명에 대한 좀 더 직접적인 상이 나타난다. 보들레르의 파리, 현대 런던, 단테의 지옥 및 연옥, 이 모든 것이 하나로 통합된다. 그리고 나서 화자는 저 위대한 부활 제식을 기괴한 정원 가꾸기로 바꾼다. 그리고는 보들레르의 시구를 따다가 독자들도 같은 상황에 있음을, 공모자임을, 자각하도록 한다.

파운드와 엘리어트의 초창기 국면이 지나가고 1930년대가 오자 새로운 시인들이 나타난다. 이 시인들은 전대의 시인들보다 좀 더 사회의 문제에 관심을 가지고 정치적으로는 대체로 좌익이었다. 〈오든그룹〉으로 알려진 이 시인들은 앞선 세대의 정치적 무관심을 비판하고 시가 '프로파갠더'가 되어야 한다고 인식한다. 이 시인들의 지도자는 W. H. 오든이었다. 옥스포드에서 교육을 받은 오든은 스티븐 스펜더, C. D. 루이스 등과 함께 시의 새로운 방향을 제시했다. 스페인 전쟁에도 참여한 오든은 제재와 형식이 다양한 특징을 지니며 불안한 시대정신과 사회의식을 주제로 한 많은 작품들을 선보였다. 그는 또한 서정적인 시, 풍자시, 종교시 등도 지었는데「나그네여, 보라」는 서정적인 시의 대표적인 작품이다.

나그네여, 보라, 이 섬을

뛰노는 광선에 비쳐 그대를 즐겁게 하는,
여기에 움직이지 말고
가만히 서 있어 봐라,
귓속 수로水路를 따라
출렁대는 바닷소리가
강물처럼 흘러 들어오리라.

이 곳 작은 벌판 끝머리에 잠시 머물러라
백악白堊의 층벽을 내리질러 파도가 부서지고,
치솟는 암벽이 밀치고 닥치는
조수潮水에 항거하는 이 곳,
빨아들이는 파도를 따라
조약돌이 서로 뒤를 쫓고, 갈매기는
잠시 깍은 듯한 물결 위에 날개를 쉰다.

아득한 저 편에 몇 척의 배가 물 위에 떠도는 씨앗처럼,
저마다 바쁜 일로 흩어져 간다.
이제 이 전경이
틀림없이 그대의 기억 속에 들어가
거기 생동하리라, 마치
거울 같은 항만을 흘러
온 여름 동안 바다 위를 산책하는 구름장과도 같이.

 이 시는 서정시임에도 정서에 침윤됨이 없이 신선한 이미지를 제공해주고 있다. 생동하는 바다의 모습이 독자의 눈앞에 전개되는 것이다. 그러나 오든의 본령은 사회적 관심을 두드러지게 한 시에 있다.「수렵하던 우리의 조상들」은 바로 그

러한 작품의 하나이다.

> 수렵하던 우리의 조상들은
> 짐승들의 슬픔을 이야기했고,
> 목숨이 끊긴 그 모습에 새겨진
> 한계와 결핍을 연민하였다.
> 사자의 편협한 눈초리에서
> 그 잡히는 짐승의 죽어가는 응시에서,
> 천부의 이성이 가해지면 더욱 빛날
> 인간의 영광을 탐내어 불타는 사랑을 보았다.
> 너그러운 욕구와 능력과
> 신다운 옳음을 열망하는.
>
> 그 훌륭한 전통에 자랐으니
> 누가 그 결과를 예측하였으랴,
> 본유本有의 사랑이 복잡한 죄의 길에
> 알맞은 것임을 누가 짐작하였으랴?
> 인간의 인연이 이처럼
> 그 남국적인 행동을 변화시키고,
> 자기 생각만에 집념하고
> 탐욕하고, 불법적인 일을 하고,
> 이름을 숨기는 것을,
> 그의 성숙한 욕망으로 삼을 줄이야 누가 짐작하였으랴?

  오든은 일상의 인간이 지닌 고민이나 심리적 갈등 같은 문제에만 관심을 가진 것이 아니라 사회적 모순, 전쟁의 공포, 인간의 윤리적 타락에 주목하였다. 이 시는 현대인간과 원시시대의 우리 조상들의 모습을 비교하면서 현재의 도덕적 타락을 형상화하고 비판하였다. 서술법은 직접적이지만 내용상으로는 풍유의 방법을 쓰고 있다. 오든과 같이 사회문제에 관심을 보인 시인이면서도 보다 급진적인 활동을 보인 것이 스티븐 스펜더이다. 그는 정치에 관심을 두어 한때 공산당에 가입하기도 했으나 후기에는 개인적 내성적인 주제로 전환하였다. 전환 이전의 경향을 보여주는 시가 「비행장 부근의 풍경」이다.

> 어떤 나방이보다도 아름답게 가볍게
> 솜털로 덮인 부릉부릉하는 촉각으로
> 땅거미 속에서, 그 광활한 길을 감촉하면서 비행기는
> 엔진을 끄고서 교외를 넘어 풍향을 가리키며
> 높이 끌리는 풍향기 위를 미끄러져, 가볍고 큼직하게 내린다.
> 조금도 항공도의 기류를 흐트리지 않고서.
>
> 하강에 마음 놓여, 바다를 건너
> 그리고 포근히 여러 마일에 걸쳐 마음껏 팔다리를 뻗치는
> 여성적인 땅을 건너온 여객들은, 보는 데 익숙해진 눈으로
> 이제 땅거미 속으로 이 도시의 변두리를 본다.
> 이곳 산업이 해진 가장자리를 보이는 곳을 .
> 여기에서 그들은 이루어지고 있는 일을 볼 수 있으리라.
>
> 깜박거리는 마스트헤드의 불빛과
> 착륙장 건너편으로, 그들은 노동의 전초를 본다.
> 야윈 검정 손가락과 같은 또는 겁에 질린
> 광인의 모습 같은 굴뚝들, 슬픔에 상한
> 여인의 얼굴처럼 나무 밑에 묘한 자세로

쭈그리고 앉은 건물들. 몇몇 집들이
포장 뒤에서 희미한 불빛을 비치며 신음하는 이 곳에서
그들은, 집을 쫓겨나 낯선 땅의 달을 보고 떠는
개와 같은 어수선한 불만감을 본다.

마지막 기분 좋은 선회로써, 그들은 비행장 뒤의
들판을 지난다. 거기에서 아이들은 하루 종일
마른 풀을 썰면서 놀고. 그들의 외치는 소리가 들새처럼,
근처의 지붕 위에 내린다.
그러나 그것도 곧 소란한 도시에 묻혀 버린다.

그리고, 그들은 착륙하여, 울리는 종소리를 듣는다,
이 히스테리의 풍경을 넘어
까만 포루砲壘보다도 크고
죽어가는 하늘을 배경으로 솟은 영상의 탑보다도 크게
교회가 태양을 가로막으며 종교가 서 있는 곳으로 울리는 소리를.

 착륙을 위해 도시의 상공을 선회하는 비행기에서 내려다본 도시 변두리의 풍경을 묘사한 이 작품은 대조의 수법을 쓰고 있다. 비행기의 완만한 하강과 도시 주변의 거칠고 초라하고 히스테리칼한 모습을 대비하여 보여준다. 문명의 현란한 빛 속에 숨어 있는 사회적 차별이란 모순의 정체를 암시한 것이다. 스펜더는 엘리엇의 종교적 구원책에 회의를 품고 마르크스주의에서 해결책을 찾으려고 했다. 하지만 그에게는 자유주의의 기질이 넘쳐 마르크스주의와 조화를 이루지는 못했다. 그렇지만 엘리엇의 절망에 몸부림치는 인간의 묘사에 만족할 수도 없었기 때문에 마르크스주의에 의탁하여 자신의 자유주의를 표현한 것이었다. 그가 점차 다방면의 활동 속에서 개인주의로 변모한 것은 불가피한 선택이었는지도 모를 일이

다. 그는 점차 내성적인 세계로 나아갔던 것이다.「바다의 풍경」은 그 변모를 짐작할 수 있게 해준다.

어느 때는 행복한 바다가 육지 아래로
연주 않는 하아프처럼 놓여 있을 때가 있다.
오후가 그 소리 안 나는 현絃을 온통 금빛으로 칠하여
눈에 보여 주는 불타는 음악으로 만든다.
팽팽한 현의 불 사이에 번쩍이는 거울 위로
장미와 말馬의 첨탑으로 쌓아 올려진 해안이
이랑진 모래 위에 발을 옮기며, 물 위를 떠돈다.

움직임 없는 뜨거운 하늘이 고달파
여인의 그것과 같은 한숨이 내륙으로부터
그늘진 손으로 이 악기를 스친다.
그 쇠줄에 갈매기의 날카로운 울음과
멀리 생울타리에 에워싸인 사원에서의 종소리가 환호성을 울려내며.
이것들 모두가, 닻처럼 깊숙이 파도에 묻혀 소리 꺼진다.

그때에 해안으로부터, 이리저리 날으는 두 마리의 나비가,
길 잘못 든 들장미처럼, 빛나는 해안을 건너
어리석게 소용돌이치며 바다 위로 솟아올라
마침내 비친 하늘 속으로 빠져든다.
그들은 익사한다. 어부들은 알 수가 있다.
이런 날것들이 이런 의식적儀式인 희생이 되어 빠져 죽는 것을.

해저의 전설과 도시를 상기시키며.

> 깃달린 투구로 섶불처럼 불탔던, 어떤 항해자들이,
> 아, 어떤 영웅들이 육지에서 걸어 나왔더냐,
> 그리하여 바다가 그를 삼켰더냐. 그들의 눈은,
> 잔인한 바다의 욕망 앞에 비틀려
> 거의 살펴볼 수 없는 조수 속에서 동전처럼 반짝이고
> 한편, 하아프는 그들 위에서 그들의 한숨을 쉰다.

이 작품에 대한 시인 자신의 해설은 다음과 같다.

이 시의 사상은 머리 속에 그리는 바다의 풍경이다. 이 풍경을 분명히 진술하면 의의가 있으리라는 것이 시인의 신념이다. 그 풍경은 벼랑 밑에 펼쳐진 바다의 그것이다. 벼랑 꼭대기에는 들이 있고 생울타리, 집들이 있다. 말들은 길로 마차를 끌고 가고, 개들은 먼 곳에서 짖고, 아득히 종소리가 울린다. 어느 날 좋은 여름날 바다 위로 높이 해안엔 생울타리와 장미와 말들과 사람들이 실려 있는 것 같고, 바다는 그 해안을 비쳐서 흡수하는 햇빛을 받아들이는 하아프의 현과 같다. 이 줄 사이에 해안의 반영이 놓인다. 나비들이 물결 위로 훨훨 날아 나온다. 그것들은 물결을 하얀 들판의 풍경인 줄 잘못 생각하고서 꽃을 찾고 있는 것이다. 이와 같은 어느 날, 바다에 비친 육지는 마치 아틀란티스 섬 모양, 육지가 바다 밑에 놓인 것처럼, 바다 속으로 들어가는 듯이 보인다. 하아프의 현은 바다의 풍경과 육지의 풍경을 융합하는, 눈으로 보는 음악과 같다. 그 광경을 다른 면에서 보면, 그것은 상징적 가치를 지니고 있다. 바다는 죽음과 영원을 나타내고, 육지는 영원의 바다 속으로 사라져 들어가는 여름과 한 인간 세대의 짧은 생명을 나타낸다. 그러나 동시에 여기에서 말할 것은 시인이 그가 그린 광경의 이런 면을 의식하고 있다 하더라도, 그것은 그가 진술이나 심지어는 그에 대한 지나친 관심까지도 피하고 싶어 하는 점이다. 시인의 임무는 그가 본 광경으로 하여금 스스로 그 의미를 말하게 하여 그것을 재현하는 것이다.

오든과 스펜더 이후를 잇는 시인으로는 시의 귀재라는 이름을 얻은 딜런 토마스를 들 수 있다. 모더니즘보다 낭만주의적인 특색을 지닌 시를 많이 발표한 것으로 알려진 이 시인은 죽음이나 성 같은 주제를 주로 다루었다. 「나의 다섯 소박한 감각이 눈이라면」은 소네트 형식으로 씌어진 작품이다.

> 나의 다섯 소박한 감각이 눈이라면,
> 손가락들은 푸른 엄지손가락을 잊고
> 반달의 식물성 눈으로,
> 어린 별들의 껍질과 한 줌 12궁 속에서,
> 사랑은 서리 맞아 위축함을 보리라.
> 속삭이는 귀는 사랑이 울려 흘러가
> 미풍 되어 조각나 불화음의 피안으로
> 드디어는 음절화하여 휩쓸려감을 볼 것이오, 예리한 혀는
> 사랑의 다정한 상처가 쓰라리게 가셨음을 슬퍼한다.
> 콧구멍은 사랑의 숨결이 덤불처럼 불타는 것을 본다.
>
> 나의 단 하나 고귀한 심장은 온 사랑의 영역에
> 목격자가 있어, 점차 깨닫고.
> 그 노려보는 감각들이 잠들 때에도,
> 심장은 감각이 살리라, 5감각 무너져도.

딜런 토마스와는 달리 모더니즘의 순수한 시형을 유지한 시인으로서, 형이상학파적인 시풍을 가진 시인이 월리스 스트븐스이다. 그는 늦게 시를 짓기 시작했지만 탁월한 상상력으로 뛰어난 작품들을 산출한 대표적인 모더니스트로 손꼽히고 있다. 「아이스크림 황제」는 그의 시적 특질을 잘 보여준다.

큰 여송연 마는 사람을 불러라,
근육이 씩씩한 자를, 그리하여 그에게 일러
부엌의 컵에 호색의 응유(凝乳)를 거품 일게 하라.
하녀들에게 보통 때 옷을 입고
빈둥거리게 하라, 그리고 소년들에게는
지난달 신문지에 꽃을 싸 가지고 오게 하라.
있는 일을 있는 것 같은 일의 종결을 보아라.
유일한 황제는 아이스크림 황제이다.

유리손잡이가 세 개 떨어진,
값싼 장롱에서 그녀가 전에 공작비둘기를 수놓은
시이트를 끄집어내라
그 시이트를 펼쳐서 그녀의 얼굴을 덮어라.
만일 그녀의 굳은 발이 빠져 나온다면,
그녀가 얼마나 싸늘하고, 말이 끊어졌는가를 보여 줄 것이다.
램프로 하여금 불빛을 비치게 하라.
유일한 황제는 아이스크림 황제이다.

    구체적인 이미지들을 많이 보여주는 이 시는 객관현상에서보다 시인의 상상이 꾸며낸 시적 사실의 우위성을 믿은 스티븐스의 시적 특징을 잘 보여준다. 스티븐스는 현실의 실제 대상물과 상상의 표현으로서의 언어적 스타일 사이에 대위법적인 이중성의 조화를 추구했는데 이 주제가 그의 모든 작품에서 나타나고 있다. 이에 대해 케네스 더글러스는 이렇게 말한다.

    「아이스크림 황제」는 이러한 주제에 대한 스티븐스의 몰입을 이미 보여주는 그의 초기 시의 하나이다. 이 시가 전개되는 장면은 한때는 자신이 그 위에 공작비둘기의 수를 놓았던 그 천으로 덮인 채 한 여인이 죽어서 누워 있는 경야經夜의 한 장면이다. 그러나 스티븐스는 유족들이 함께 하는 어떤 축제 분위기의 부엌에서 이 시를 시작한다. 왜냐하면, 그날은 죽은 자에게만이 아니라 산 자들에게도 바쳐진 날이기 때문이다. 산 자들의 궁정에서는 아이스크림을 나누어주는 사람이 황제이며 성장盛裝한 여자들은 시녀가 된다. 색정적 함축이 담긴 말들('탐욕적', '처녀들')은 그 장면의 근본적인 쾌락주의적 분위기를 강화시켜주고 있는데 그런 상황에서 중요한 유일의 리얼리티는 순간의 쾌락인 것이다. 그러나 거기에는 또 하나의 리얼리티가 있는데 그것은 그녀 자신의 가구처럼 이제는 단순한 하나의 물건이 되어버린 그 죽은 여자의 리얼리티이다. 그래서 스티븐스는 그 가구의 세부묘사를 애써 보여준다. 화장대는 소나무로 만든 것인데 유리 손잡이 3개가 떨어져 나가 버렸고, 죽은 여인의 굳어진 발은 너무 짧은 그 수놓아진 천으로부터 빠져 나와 있다. 그러한 클로즈업된 관찰은 그 여인을 새로운 상상적 맥락 속에, 즉 첫 연의 흥청거리는 축제분위기를 그 부동不動의 모습으로 냉혹하게 비판하고 있는 생명력 없는 무생물의 세계 속에 놓는다. 아이스크림 왕국은 삶과 죽음을 모두 포함하고 있다. 사람들과 꽃들, 어제의 신문들은 모두 결국은 물질적 세계라는 같은 차원으로 내려앉고 말기 때문이다. 결국 삶의 지혜는 모든 지상의 현상들의 상식적 결과를 받아들이는 데에, 그리고 삶이 남아 있는 동안 삶을 예찬하는 데에 있는 것이다.

더글러스의 설명이 꼼꼼하기는 하지만 그의 시의 진수는 이런 주제 말고도 음악을 소재로 하여 지은 「피이터 퀸스 건반 앞에서」 같은 작품에서도 역시 찾아볼 수 있다.

    1
    이 키를 치는 내 손가락이
    음악 이루듯이 내 심혼에 울리는
    동일한 음향 또한 음악 이룬다.

그런데 음악은 감정이지 음향이 아니다.
지금 내가 느끼는 것은 바로 그것,
여기 이 방에서 그대 그리며,

그대의 파랗게 그늘진 비단옷 생각하며,
느끼는 것은 음악, 그것은 마치 수잔나를 보고
장로들의 가슴에 일었던 선율과 같다.

맑고 따스한 푸른 저녁,
수잔나는 고요한 정원에서 미역 감았다.
그때 충혈한 장로들 그걸 보고,

온몸이 떨려 매혹적인 가락의
저음低音을 느꼈다, 그리고 그들의 가냘픈 피 뛰어
호잔나의 지탄곡指彈曲 되는 것을.
(후략)

절세미인이었던 수잔나라는 여인의 일화를 줄거리로 사용하여 꾸며진 이 시는 음악의 구성원칙을 시에 적용한 점에서 특이한 구조를 가지고 있다. 이창배는 이 작품의 구성이 1악장은 전주곡에 해당하고 2악장은 안단테, 3악장은 알레그로, 4악장은 종장으로 된 교향악이라고 설명한 바 있다.

다) 모더니즘 소설의 양상

모더니즘의 연원을 상징주의와 심미주의의 지점에서 찾는다 할 때 시의 엘리엇과 소설의 제임스 조이스는 양대 축을 이룬다할 수 있다. 그들의 작품이 거의 동시에 발표되었다는 사실을 제쳐놓더라도 두 사람은 현대문학의 문제의식을 똑같이 지니고 있었다. 스펜더가 제기한 현대의 복잡한 현실의 인식과 그 문학적 형식과 언어의 문제가 두 사람에게서 똑같이 문제로 되었던 것이다. 하지만 두 사람의 문제해결 방식은 서로 달랐다. 엘리엇이 말라르메에게로 이어져온 아폴로적 경향을 통해 새로운 시의 방향을 모색했다면 조이스는 디오니소스적인 경향, 랭보에게서 초현실주의로 이어져온 전통의 바탕 위에 서 있다고 할 수 있다. 이것은 물론 제한적인 의미만을 갖지만 근본을 돌아보는 데는 유리한 위치를 확보하는 장점도 있다. 영미의 전통에서 초현실주의적인 경향은 그리 번창하지 못했다고 할 수 있다. 현대소설의 전통을 형성하는 데서 헨리 제임스와 같은 섬세한 정신이 작용했기 때문에 영미소설의 전개는 근본바탕색을 이미 지니고 있었던 것이다. 조이스가 영국, 그리고 고국인 에이레를 떠나 스위스와 프랑스 등을 전전하였다는 것은 어떤 의미에서 시사적인 사건이라고도 할 수 있다. 모더니즘 소설은 바로 이와 같은 영미적 전통과 니체, 프로이트와 같은 대륙의 정신이 만나면서 만들어졌다고 할 수 있으며 그런 의미에서 조이스는 상징적인 인물이다.

　조이스의 대표적인 모더니즘 소설인 『율리시즈』의 줄거리를 요약하는 것은 헛된 수고, 도로일 수도 있다. 그것은 줄거리의 요약에서 드러나는 의미보다 문체의식과 인간에 대한 탐구내용이 더 중요하다고 할 수 있기 때문이다. 하지만 그 구성의 특성을 살피는 것도 작품의 특성을 이해하는 데 적지 않은 도움이 된다. 그것은 율리시즈라는 이름이 고대 그리스 서사시 『오디세이』의 주인공일 뿐더러 작품구조 자체가 그에 기반하고 있기 때문이다. 『율리시즈』는 전체가 18장으로 구성되어 있다. 1장에서 3장까지는 스티븐 디달라스가 해변가의 말텔로 폐탑에서 나와 그가 강사로 나가고 있는 학교를 가고, 더블린 교외의 해변가를 배회하는 이야기가 서술되어 있다. 4장부터는 신문사의 광고판매원인 레오포드 블룸의 이야기가 펼쳐진다. 서른여섯 살의 블룸은 아내를 위해 아침식사 준비를 하고 현관에 배달된 우편물에서 아내의 정부로부터 온 편지를 발견하기도 하며 일을 보러 시내로 나가 돌아다닌다. 그는 우체국에서 자신이 사귀고 있는 타이피스트에게서 온 편지를 받고 장례식에 참석하러 간다. 번넘의 장례식에서 블룸은 스티븐 디달라스와 만나며 다시 회사로 돌아와 일을 마치고 도서관, 식당을 돌아다닌다. 그 동안 그의 의식 속에는 아내의 부정과 업무에 관한 일들이 떠오르는데 박물관 근처에서 아내의 정부를 만나자 황급히 회피하기도 한다. 한편 도서관에서는 디달라스가 사서, 시인 등과 문학에 관해 토론을 벌이고 책방으로 가 돌아다니다, 여동생을 만나기도 한다. 블룸과 디달라스는 오후 다섯 시경 주막에서 서로 만나게 되는데 사형제도, 아구창에 관한 얘기 등 시시껄렁한 이야기를 하다 헤어진다. 블룸은 다시 해변가를 거닐다 아름다운 처녀를 만나기도 하며 아내와 딸 등의 문제를 생각하다가 다시 입원해 있는 혼 부인을 병문안 간다. 또다시 스티븐과 만난 블룸은 그곳에서 같이 있던 일행과 빠로 놀러 가며 술이 취해 홍등가에 가서 춤을 춘다. 매춘부와 춤추던 디달라스가 쓰러지는 일이 벌어지는데 블룸은 스티븐에게서 자기 아들과 같은 느낌을 받는다. 쓰러진 스티븐을 부축해 나온 블룸은 그와 함께 주막에 들러 자기 집에 가자고 권한다. 스티븐이 가버린 후 블룸은 하루의 출납부를 작성하고 명상에 잠긴다. 한편 침실에 누워 있는 블룸 부인은 비몽사몽 간에 그녀에게 있었던 과거의 성적 갈망 등을 생각한다.

　스티븐과 블룸이라는 평범한 주인공들의 하루가 지루하게 묘사되고 그 의식의 내용이 서술되는 『율리시즈』는 '의식의 흐름'의 수법을 쓴 작품이란 점에서 주목을 받았을 뿐만 아니라 현대사회의 복잡성을 문학적으로 형상화하기 위한 새로운 구성방식을 모색한 작품으로서 문학사적으로 높이 평가된다. 이 작품에 대한 다음의 해설은 참조할 만하다.

　　거의 스토리랄 것이 없는 이 기묘한 소설은 작자 조이스가 그 대표자가 된 이른바 '의식의 흐름'의 선언서적 작품이다. 전 18장 8백여 페이지에 이르는 방대한 분량의 소설이지만, 더블린이라고 하는 한 장소, 1904년 6월 16일이라고 하는 하루의 시간만을 배경으로 하여 더블린 시민의 과거에서 현재에 이르는 온갖 생활을 철저하게 묘사한 것이다. 이 소설의 수법은 아주 독창적인 것으로서, 독자들은 처음에 자질구레한 묘사와 스토리의 단속(斷續)에 당황감을 느끼게 마련이다. 조이스는 그 전에 쓴 『젊은 예술가의 초상』에서 시도하였던 심리묘사의 '내적 독백'의 수법을 이 소설에서 더욱 복잡하게 발전시키고 있다. 이 소설의 구성에 익숙해지면 무척 상징적이며 구체적 표현으로 일관되어 있는 소설이라는 것을 알게 된다. 이 소설이 18장으로 되어 있는 것은 호메로스의 서사시 『오디세이』의 구성에 맞춘 것일 뿐 아니라, 인간의 육체의 각 부분 및 『성서』의 상징과 여러 부문에 걸친 학문의 체계 등도 작품의 배후에 상징시킨 한없이 착잡한 계산 아래 이루어진 것이다. 이 소설의 문체 또한 각 장마다 달라서, 신문사가 소설의 장면이 되면 거기 어울리게 신문기사처럼 표현하고, 산부인과의 장면이 되면 고대의 문체에서 점점 현대의 문체로 옮겨져 오는 방법을 써서 아이가 모태 안에서 나오는 과정을 상징한다는 식이다. 그러나 작품 전편에 걸쳐 일관되게 표현되어 있는 것은 바로 하나의 위기의식의 테마이다. 위기의식이란 하나의 신념에서 또 다른 하나의 신념으로 옮아가는 도중에 있는 아직 불안정한 정신상태를 말하는데, 여기서는 가톨릭의 정신구조에서 자유로운 정신구조로 옮아가려 하지만 도저히 옮아가지 못하는 그 위기의 심리상태이다. 이것은 아버지의 이미지와 아들의 이미지가 끊임없이 혼합되는 것으로써 분명하게 표시되어 있다고 할 수 있다. 이 소설이 수법 면에서 의식의 흐름파의 중심을 이루고 있고, 울프나 포크너를 비롯하여 현대문학에 끼친 영향은 프루스트의 작품과 더불어 한없이 크다. 그러한 사상내용면에서도 현대인의 정신적 문제를 그 잠재의식의 레벨에까지 파헤쳐 묘사한 것은 천재적인 공적이다. 앞에서 이미 지적한 바와 같이 이 소설의 경우 줄거리는 과히 중요하지 않다 조이스는 '문체의 마술사'라고 일컬어지고 있는데, 그의 문체는 대상의 본질에 의하여 결정되는 것이다. 이 소설에서 찾아보게 되는 다양한 문체의 집적은 대상을 완전히 흡수하려는 의지의 표현으로 볼 수 있다. 작자는 인생의 여러 면의 총체를 언어로써 정착시키고 실재의 핵심에 접근하려 하고 있는 것이다. 조이스는 고전의 형식을 틀로 하고 하나하나의 에피소드마다 문체를 변화시켜 의식의 흐름을 좇는 내적 독백을 비롯하여 다채로운 문체로써 1904년 6월 16일의 더블린을 남김없이 묘사해낸 것이다. 하루의 세계를 묘사한 이 작품은 하룻밤의 세계를 묘사

스페인 건축가 안토니오 가우디의 〈파사밀라 교회〉. 가우디는 자연에서 영감을 얻어 건축의 형태와 색상을 구성한 것으로 알려져 있다.

가우디의 건축물 〈카사밀라〉.

가우디가 지은 〈파도 터널〉. 자연과의 어울림을 보여준다.

한 『피네건즈 웨이크』의 무의식 묘사로 발전하였다.

조이스에게서 시작된 의식의 흐름이나 내적 독백을 사용한 작품은 버지니아 울프의 『댈러웨이 부인』, 『등대로』와 포크너의 『음향과 분노』 등에 나타난다. 그 외에도 이 수법을 차용한 작품은 수없이 많다. 이러한 소설적 경향이 무엇을 뜻하는지에 대해서 아우얼바하는 이미 1940년대에 『등대로』의 한 장을 분석하여 설명해주고 있다. 이 작품들이 사용하고 있는 기법은 '혼돈과 무능력의 징후,

1933년에 지어진 〈록펠러 센터〉. 고대의 오벨리스크처럼 첨탑형식이다. 건축가 라인하트와 호프마이스터, 코베츠 등이 완성한 현대 건축물.

또한 망해가는 우리 세계의 반영'으로 볼 수도 있다는 것이다. 그가 이같이 판단하는 것은 이런 종류의 소설에 공통적으로 어떤 숙명적인 분위기가 감돈다는 점 때문이다. 예컨대 『율리시즈』는 "구라파 전통에 대한 애증이 엇갈린 상반되는 생각과 느낌의 풍자적이고 혼란스런 묘사, 뻔뻔스러울 만큼 노골적이고 고통스러운 냉소주의, 그리고 해석불가능의 상징주의, 이런 것들의 무질서한 혼합임이 분명하며 아무리 공을 들여 분석해본다 해도, 모티프들의 다양하고 복잡한 전개 및 배합 외에는 별다른 아무것도 찾아낼 수 없는 작품"이라는 것이다. 결국 아무런 목적도 의미도 나타나지 않는 이 작품들은 문화와 문명에 대한 증오와 불만을 가장 발달된 묘사의 기법을 통해 표현하고 있다는 주장이다. 하지만 아우얼바하는 이 소설들이 가질 수 있는 가치로서 지구위의 인간들이 가져야 할 문화적인 평등, 생

존의 평등에 대한 비전을 줄지도 모른다는 점을 꼽고 있다. 우연적이고 주변적인 사실의 묘사에서 현실의 본질을 발견하려는 작가들의 노력은 인간들의 사는 방법 및 사고의 형태들 사이의 차이를 감소시키는 역할을 할지도 모른다는 생각이다. 이제 와서는 '이국적인 사람'이라는 존재도 있을 수 없는 것이 되었다는 것이다.

　모더니즘 소설의 또 하나의 형태로서 주목할 수 있는 작품이 알베르 카뮈의 『이방인』이다. 그 줄거리는 단순하다.

　자신에게 정직한 뫼르소는 선박회사에 근무하는 평범한 청년이다. 그는 결혼이나 직업 같은 문제에 대해서 '그런 것은 아무래도 좋다'고 생각한다. 그는 특별한 이유 없이 아직 결혼하지 않았고 어머니는 양로원에 가 있다. 그 어머니가 죽었다는 통보를 받고서도 그는 별다른 느낌을 받지 못한다. 그리하여 장례를 치르기까지 그는 눈물 한 방울 흘리지 않음으로써 사람들의 비웃음을 사기도 한다. 그가 어머니의 시신 앞에서 아무런 일도 없었던 듯이 커피를 마시고 자버리는 것도 그의 생각으로는 아무런 문제가 안 되는 것이다. 어머니의 시신을 매장할 순간에 사람들이 어머니의 나이를 묻지만 그는 얼른 대답하지 못한다. 그는 장례식의 주관자가 아니라 하나의 방관자처럼 행신한다. 장례가 끝나자 그는 곧바로 알제리아로 돌아온다. 상장^{喪章}을 단 채 해수욕장에 나가 마리라는 처녀를 만나 극장에 가고 하룻밤을 함께 잔다. 직장에서는 영전의 말이 나오지만 그는 거절한다. 마리가 결혼을 요구했을 때도 귀찮은 생각에서 허락하고 만다. 어느 날 레이몽이라는 사람의 부탁으로 편지를 대필해주는데 그 일로 인해 레이몽의 싸움에 말려들고 초대받아 간 해안에서 자신과는 아무런 관계도 없는 사람을 총으로 쏘아 죽인다. 체포되어 심문을 받는 과정에서 그는 예심판사나 검사가 묻는 물음에 대해 자신이 느낀 대로 말한다. 판사나 검사에게는 상식을 벗어난 뫼르소의 행위가 의도적인 살인을 헷갈리게 하려는 짓으로 이해된다. 그들은 뫼르소가 아무런 반성도 하지 않는다는 이유로, 사회의 질서를 지키기 위한 것이라는 이유로 사형을 선고한다. 뫼르소는 감옥의 부자유에도 별반 불편을 못 느끼지만 신부의 간섭에는 참지 못한다. 그는 밤하늘의 무한함을 보면서 오히려 행복감을 느낀다.

이 작품은 실존주의 철학과 관련지어 많이 거론되어왔다. 부조리한 세계에서 철저히 추방된, 소외된 인간을 그렸다는 평가였다. 이 소설에 대해 케네스 더글러스는 『이방인』이 '부단한 고통과 전지전능하고 동시에 선한 신의 존재가 어떻게 양립할 수 있는가 하는' 도스토예프스키의 질문과 관련된다고 해석하면서 이렇게 설명한다.

도스토예프스키적 질문은 1942년에 출판된 카뮈의 첫 소설 『이방인』에서 이미 제기되고 있다. 『카라마조프 형제들』에서처럼 한 사람이 살해당하고 한 무고한 사람이 살인죄로 선고를 받는다. 아버지의 살해와 무관하지만 드미트리는 그를 범인으로 지목할 만한 일련의 사건들로 인하여 유죄판결을 받게 된다. 『이방인』의 주인공 뫼르소는 실제로 살인을 범하기는 하지만 그 행위는 '전혀 악의가 없이' 이루어진 것이라 말할 수 있다. 그 행위는 이글이글 타는 듯한 정오正午의 열기 속에서 그 아라비아인의 칼이 위협적으로 번득일 때 그로 하여금 주머니 속에 있는 권총을 움켜쥐게 한 반사적 행위인 것이다. 뫼르소의 행위는 정당방위로 볼 수 있기 때문에 그는 법적으로 무죄판결을 받아야 했다. 그러나 그를 의심스럽게 하고 견딜 수 없게 만든 것은 일반적으로 받아들여지는 사회적 관습의 이중적 기만성을 폭로하려 드는 그의 일반적인 행위이다. 그의 첫 실수는 어머니의 장례식 동안 울지를 않은 것이다. 심판관의 역할을 하는 사회는 보편적으로 받아들여지는 상투적 관습을 존중하지 않는 이 같은 개인을 이해할 수 없다. 그의 이상한 행위 때문에 사형선고를 받은 이 이방인은 자기 자신의 내면을 향하여 여태까지 해본 적이 없는 깊은 성찰과 숙고에 빠지지 않을 수 없게 된다. 그의 고통스런 성찰에서 다시 벗어났을 때 그는 여전히 자신의 운명에 대하여 반항적이기는 하지만 별과 밤 향기와 찝찔한 공기가 있는 자연세계의 '부드러운 무관심'을 즐길 수 있는 상태가 된다. 그러나 주인공의 이전의 태도(아무것도 '제대로 된 게 없다'거나 '도대체 아무 문제도 안 된다'는 등의)가 근본적인 핵심으로서 이 책의 성공을 설명해준다. 그것은 상투적인 낡은 관례 속에서 사회를 부드럽게 움직여가는, 그리고 시간과

지노 세버리니의 〈모나코의 팡팡춤〉. 일찍이 점묘주의에서 출발, 미래파 운동에도 참여했으나 피카소의 큐비즘이 영향을 미치자 고전주의적 양식이나 프레스코화 양식 등이 가진 가능성을 새로 실험했다.

공간적 가능성의 제한 속에서 그가 태만한 인간이 되듯 그를 '소외되고', '내쫓긴' 젊은이의 한 표본으로 만드는, 그러한 사회적 관습의 하찮은 위선을 이 이방인이 이해하지 못하고 존중하지 못하고 따르지 못하는 그 태도이다. 제2차 세계대전이 끝난 이후 뫼르소 같은 젊은이들의 수는 엄청나게 늘어날 수밖에 없었을 것이다.

카뮈와 사르트르의 작품을 대표로 하는 실존주의 문학은 소외나 인간실존의 형이상학적 문제를 문학적으로 다루고 있다. 이 실존주의 문학에서는 각 작가의 실천에 따라 모더니즘으로 분류할 수 있는 작품을 산출하기도 하고 포스트모더니즘에 속할 종류의 작품을 산출하기도 했다. 베케트, 이오네스코의 작품은 표현주의의 후기작품으로 분류되기도 하고 일부에서는 포스트모더니즘으로 분류하기도 하는 성질을 지니고 있다. 이 같은 양상은 토마스 만이나 로렌스의 경우에도 해당될 것이다. 리처드 라이트의 작품을 모더니즘만으로 볼 수 없듯이 보르헤스나 마르께스의 작품들도 모더니즘 시대의 영향만으로 볼 수 없는 특징을 지니고 있다.

4. 한국 문학의 모더니즘

우리문학에 모더니즘의 양상이 나타나기 시작한 것은 1920년대부터라고 말할 수 있다. 이것은 초창기 근대문학의 시인 작가들이 주로 의지한 서구문학의 수입원이었던 일본에서 신감각파라는 유파가 이 시대에 크게 세력을 떨치고 있었다는 점에서뿐만 아니라 구체적으로 정지용의 작품 가운데 모더니즘의 특성을 지닌 작품이 20년대 후반에 창작되고 있었다는 사실, 20년대 초반에 김우진의 희곡에 표현주의적인 특성이 일부 나타나면서 문단 일각에서 표현주의에 대한 논의가 미약하나마 이 시기에 일어났다는 사실에 근거한다. 그러한 차원에서 모더니즘이 뚜렷한 양상을 지니고 등장한 것은 1930년대부터라는 사실은 확고하다고 할 것이다. 김기림의 이미지즘 소개에 이어서 최재서의 주지주의 이론 소개가 있었고 아방가르드에 속하는 여러 문예사조들이 이상, 3·4문학 동인들, 구인회, 해외문학파 등을 통해 논급되고 있었다.

이처럼 우리문학에서 모더니즘이 주로 영미의 주지주의나 이미지즘을 먼저 받아들이게 된 것은 일본과 조선의 서양문화에 대한 접촉이 영미에 집중되고 있었다는 점이 주요한 요인이었을 것이라고 생각된다. 뿐만 아니라 자율적 예술의 전통이 아직 미미한 수준에 머물러 있던 우리나라에서 아방가르드 계통의 문예사조의 수용은 아무래도 제한적일 수밖에 없었다. 이상의 「날개」에 나타난 초현실주의와 1920년대의 김우진의 표현주의는 문학사의 대국적인 측면에서 보면 에피소드적이거나 국부적인 현상의 수준을 넘어서기 어려웠던 것이다. 하지만 이미지즘과 주지주의에 입각한 모더니즘 문학의 발전은 30년대에 이미 매우 높이 평가할 만한 수준에 이르고 있었다. 그것은 정지용이라는 뛰어난 시인의 개인적 업적에 주로 의지할 수밖에 없다는 한계에도 불구하고 특히 시문학에 끼친 영향은 막대한 것이었다.

더욱이 김기림의 적극적인 시작이론詩作理論 소개와 실제 창작의 시도, 최재서의 주지주의에 대한 강조와 잡지 『인문평론』을 통한 영향력의 행사, 김광균의 이미지즘시 창작 등이 복합적으로 어우러지면서 모더니즘은 문단의 큰 세력을 형성하게 되었던 것이다. 이 시기에 발표된 작품들은 분명하게 모더니즘의 성숙을 실증하고 있었던 것이다. 정지용의 「향수」, 김광균의 「추일서정」, 김기림의 「기상도」 등이 그 대표적인 작품이었다. 그러나 일제 말기의 문화암흑기와 해방직후의 혼란기를 거쳐 한국전쟁의 참상에 이르는 역사의 전변상황으로 인해 모더니즘의 지속적인 발전은 장애를 받지 않을 수 없었다. 50년대 문학이 새롭게 모더니즘의 수용에 열을 올린 것은 이 같은 사정에 말미암는다.

1950년대의 모더니즘은 1930년대의 상황과 전혀 다른 현실을 맞고 있어 문단의 한 경향에 그치는 것이 아니라 전문단적인 현상이라고 할 수 있는 것이었다. 그것은 이념전쟁의 한 여파로 리얼리즘이 소연해지고 모더지즘이 유일한 문예사조가 된 데 따라 나타난 현상이었다. 더욱이 30년대의 모더니즘이 미약하나마 초현실주의, 표현주의, 다다이즘 등을 고르게 수용하는 것이었다면 50년대 초기의 모더니즘은 영미의 모더니즘, 그것도 에즈라 파운드와 엘리엇의 이미지즘의 일방적인 수용에 가까웠다. 엘리엇의 전통론과 파운드의 이미지론, 시의 창작방법론으로서 객관적 상관물 이론 등이 문학논의의 중심적 주제였을 뿐 아니라 창작에 있어서도 시적 실험과 형식에 치중하는 양상이 나타났다.

이 시기 모더니즘의 또 하나의 측면인 아방가르드의 수용은 매우 저조한 형편에 있었다. 김수영의 초기시인 「공자의 생활난」과 같은 작품에서 초현실주의의 편모가 보였고 조향의 다다이즘이 이 시기 한국 모더니즘의 편향을 일정하게 바로 잡는 요인이었을 뿐 모더니즘론은 이미지즘에 일방적으로 경사되었다. 이 양태가 변화하기 시작한 것은 실존주의 문학의 소개에 크게 힘입고 있다. 실존주의는 1940년대부터 소개되기 시작했으나 전쟁의 황폐 속에서 다시 많은 문학인들의 관심을 끌었다. 이에 따라 카뮈와 사르트르의 실존주의 문학이론 및 작품이 소개되면서 모더니즘은 새로운 자극을 받을 수 있었다. 단순히 이미지의 창조에 그치는 것이 아니라 문학의 다른 한 측면으로서 철학적 형이상학적 측면에 대해 관심을 가지게 되었고 문학과 현실의 관계에 대해서 새로운 조명을 할 수 있게 되었다.

  1950년대의 문학인들은 대부분이 모더니즘의 세례를 받았다고 할 수 있지만 그 가운데서도 특히 중심적인 역할을 한 모더니스트로는 김규동·이봉래·김수영·송욱·김춘수 등을 꼽을 수 있다.

제 9장

포스트 모더니즘

모더니즘의 발생이 언제부터인가 하는 문제가 많은 논란의 소지를 지니고 있었던 것처럼 포스트모더니즘의 등장도 한마디로 규정할 수 없는 복잡한 사정을 동반하고 있다. 현대라는 말이 동시대를 뜻하는 것이라면 '현대 이후', '후기 현대' 또는 '탈脫현대'를 나타내는 용어인 포스트모던이라는 수식어는 최근의 문예사조로서 거론되는 포스트모더니즘의 뜻을 애매모호하게 하는 첫 번째 요인일 것이다. 그것은 미래주의를 뜻하는 것도 아니고 현대를 벗어나 과거로 돌아가자는 뜻을 가진 것도 아닐 것이다. 프랑스어로는 포스트^{poste}라는 말이 텔레비전 수상기를 뜻하기 때문에 영상문화의 우위를 뜻하는 용어가 될 수도 있다는 우스개 소리까지 나오는 실정이다. 단순히 말뜻에 매이지 않고 실제 말의 용례에 따라 그것의 개념을 파악하는 문제도 쉬운 일은 아니다. 포스트모더니즘을 선언하고 그 개념을 정립하기 위해 애쓴 이합 핫산에 따르면 포스트모던이라는 말은 1934년에 페데리코 데 오니스가 출판한 『스페인과 남아메리카의 시 선집』이란 책에서 맨 처음 사용되었다. 이 시 선집에 실린 시들은 1882년부터 1932년까지 50년간에 발표된 작품들이었다고 하니 우리가 동시대라고 생각하는 시대와 많은 거리를 지닌 년대의 시들이 포스트모던한 작품으로 거론되고 있는 셈이다. 그 다음에 포스트모던이란 용어가 사용된 예는 1942년에 더드리 피츠가 편집한 『현대 라틴아메리카 시 선집』에서 찾아볼 수 있다. 이처럼 포스트모던이란 용어는 모더니즘이 한참 기

비디오 예술가 백남준의 〈다다익선〉. 여러 텔레비전 화면에서 서로 다른 내용이 전개되고 있다는 점에서 중세 종교화의 병렬적 누적적 통일 방식을 연상시킨다.

세를 올리고 있던 무렵에 주로 중남미의 시인들이 지은 시의 어떤 특질들을 가리키는 용어로 사용된 것으로 알려져 있다. 핫산에 따르면 그것은 모더니즘 내부에서 싹트고 있던 하나의 작은 반동들을 나타냈다고 한다. 이후 그 용어는 토인비의 『역사의 연구』 축소판에서 사용되었고 1959~1960년에는 어빙 하우와 해리 레빈이 모더니즘운동에서 떨어져 나간 분파를 지칭하는 데 사용했다고 한다. 그러나 이때까지도 포스트모던의 이름은 아직 분명한 의미를 지니지 않았다고 할 수 있다. 포스트모더니즘은 1960년대에 레슬리 피들러가 엘리트 문학에 도전한 대중 문학을 가리키는 뜻으로 사용하고 핫산이 침묵의 문학전통의 일부인 자기 파괴의 충동을 탐구하고자 하는 문학을 가리키면서 비로소 현재의 의미에 근접한 의미내실을 가지게 되었다고 한다. 이 같은 어원학적인 탐색이나 용례의 고찰이 포스트모더니즘의 개념을 정확히 알려주리라고 기대할 수는 없을 것이다. 다만 포스트모더니즘이 모더니즘 시대의 중남미 문학과 어떤 연관을 가지고 영상문화와도 인연

앤디 워홀의 〈10명의 리즈〉.

을 맺고 있으며 모더니즘에 대한 반발과 관련된 어떤 양상을 가리키는 용어로서 성립되어왔음을 어림짐작할 수 있을 뿐이다. 이합 핫산이 「포스트모더니즘의 개념 정립을 위하여」라는 논문에서 '서구사회전반에, 서구문학부문에서 모더니즘과 구별되는 명칭이 필요한 현상이 있는가? 그리고 그 명칭으로는 포스트모더니즘이 적당한가?'라는 질문을 제일 먼저 던지고 있는 것은 이러한 사정의 복잡성 때문일 것이다. 결국 이러한 질문에 대해서 이합 핫산은 스스로도 명확한 답변을 하지 못하고 베케트·보르헤스·나보코프 같이 20세기 전반기부터 활동해온 작가들로부터 마르께스·뷔토르·존 바스·버로우즈·핀천·바틀미·애비쉬 등과 같은 상대적으로 근년에 문학 활동을 활발히 벌였던 작가들의 이름, 데리다·푸꼬·보드리야르·바르트 같은 인접분야에서 활동한 문화계인사들의 이름을 열거하고 거기서 포스트모더니즘의 현상을 짚어내는 궁색한 처지를 드러내고 있다. 그것은 포스트모더니즘이 낭만주의나 고전주의, 상징주의와 달리 자신의 특색을 드러낼 수 있는 이름을 갖지 못하고 모더니즘이라는 명칭에 더부살이한 데서 오는 즐겁지 못한 부담인 것이다.

포스트모더니즘은 자신의 안에 '내부의 적'을 지니고 있는 문예사조라는 말을 듣는다. 자신이 반대하고 그와 차별성을 부각시키고자한 '모더니즘'을 자기 이름에 꼬리표처럼 붙이고 다니기 때문이다. 이것은 포스트모더니즘이 모더니즘의 적자라는 뜻인지 그것과는 구별되어야 할 사조인지를 불분명하게 만드는 제일의 요소이다. 이 이름에 의해서 포스트모더니즘은 모더니즘, 그리고 아방가르드 운동과 어떤 관계인지를 밝혀야 할 의무를 지게 되고 모더니즘과의 연속 또는 불연속의 시비를 가려야 할 논란을 스스로 야기하고 있다고 할 수 있다. 그러나 이러한 부담이나 과제가 포스트모더니즘의 개념을 정립하는 데 반드시 장애요소인 것만은 아니다. 오히려 다른 사조와 함께 지니는 공통성이나 차별성을 분명히 가릴 수 있는 계기를 마련해줌으로써 개념을 풍부히 하고 자신에 대한 자의식을 고양할 수 있다는 점에서 장점으로 작용할 수도 있을 것이다.

1. 포스트모더니즘의 개념

　프랑스와 이탈리아, 독일을 중심으로 한 아방가르드 운동과 영국과 미국을 중심으로 한 주지주의계열의 모더니즘은 각국이 처한 문화적 상황과 관련하여 일정하게 차별지어지는 문학운동을 펼쳤다는 것은 모더니즘을 다룬 앞 장에서 이미 언급한 바 있다. 아직 낭만주의의 전통에서 멀리 벗어나지 못하고 있던 영미의 주지주의, 이미지즘, 모더니즘이 프랑스의 상징주의에서 모범을 보인 심미주의와 순수시에 가까운 아폴로적 경향의 미의 개념에 근거하여 문학운동을 전개했다면 대륙의 아방가르드는 랭보와 로트레아몽계열의 신비주의적·디오니소스적 경향에 주로 입각한 문학운동을 전개하여 인간의 심층의식을 탐구하는 한편 예술과 삶의 통일을 지향한 것은 익히 알려진 사실이다.
　이 때문에 포스트모더니즘의 모더니즘 일반에 대한 관계는 매우 복잡한 양상을 지닌다. 즉 포스트모더니즘이 영미의 모더니즘, 대륙의 아방가르드와 맺는 관계는 모더니즘과 아방가르드 자체가 몇 가지 점에서는 공통성을 지니지만 다른 한편으로는 대척적인 지점을 나타내기도 하기 때문에 착잡한 양상을 띨 수밖에 없었던 것이다. 포스트모더니즘이 상품사회에 적응하여 예술의 상품화, 인생의 예술화를 나타낸 것은 아방가르드와 긍정적 계승관계를 갖는 것이지만 실존적 위기의식과 소외감, 고립감을 표현한다는 점에서는 영미의 모더니즘과 긍정적 계승관계를 갖는 것이다. 하지만 포스트모더니즘이 과거의 전통이나 인습에서 자유로이 해방되고자 하여 편리성·임의성·유희성을 강조하고 파편화된 형식을 추구한 것은 모더니즘의 유기적 통일성에 기초한 미학, '잘 빚어진 항아리'의 미학에 상반되는 것이라고 할 수 있다.

한편 포스트모더니즘이 모더니즘의 가부장적인 권위 아래에서 소외되고 억압되어 배제된 것들에 대한 새로운 의미부여를 통해서 기성문화에 대해 반문화적인 것, 제3세계문학의 정당한 역할을 인정한 것은 모더니즘에서 찾기 어려운 발전적 국면이었다. 그것은 영미를 중심으로 한 본격 모더니즘에 대하여 아방가르드의 유산을 소생시킨 것으로 볼 수 있으며 기계기술문명에 대한 낙관, 엘리트주의에 대항하는 대중주의문학의 발흥을 의미한다고 할 수 있다. 포스트모더니즘과 모더니즘의 이 같은 다면적인 관계 때문에 안드레아스 후이센은 "포스트모더니즘은 결코 모더니즘을 폐기시키지 않는다. 반대로 포스트모더니즘은 모더니즘에 새로운 빛을 던져주고 모더니즘의 미학적인 전략과 기술들의 많은 부문을 이용하여 새로운 국면에서 그것들을 도입시키고 활성화시킨다"고 말한 것이라고 볼 수 있다. 하지만 이러한 사정들이 모더니즘과 포스트모더니즘의 연속성 또는 불연속성을 확언할 수 있는 단서가 되지는 않는다.

모더니즘과 포스트모더니즘을 구분하는 논리는 대체로 모더니티와 포스트모더니티의 차이를 근거로 내세운다. 포스트모더니즘이 등장한 것은 '20세기 후반의 이 계시록적 시대의 리얼리티를 도저히 묘사할 수 없다는 고갈의식 때문'이며 '고답적이고 귀족적인 모더니즘과 문학의 현실반영능력에 낙관적인 리얼리즘 모두에 반발하여' 시작되었다는 것이다. 포스트모더니즘에 긍정적인 시각을 갖는 이 논리는 리얼리즘과 모더니즘이 당대의 현실을 무질서와 파편화의 상태로 파악하고 '질서의 회복'과 '총체성의 회복'을 중심적 과제로 설정하여 성립한 문학이라는 인식에 근거한다. 이에 대해서 포스트모더니즘은 리얼리즘이나 모더니즘과 달리 총체성에 대한 향수나 신념이 없기 때문에 파편화의 현실을 있는 그대로 인정하고 포용한다는 것이다. 바꾸어 말해서 모더니즘이 작가의 전지전능한 재능, 천재를 인정하여 독자에게 진리를 제시하고 스스로 사회개선의 책임을 담당하려 했던 데 비해서 포스트모더니즘은 작가가 독자에게 제시해줄 보편적 진리는 없다는 입장에서 독자와 함께 창작하려는 경향이라는 설명이다.

그러나 이 논리는 아방가르드의 운동을 그다지 눈여겨보지 않고 영미의 모더니즘에 국한된 시선을 가지고 모더니즘과 포스트모더니즘의 차별성을 강변한다는 점에서 문제적이다. 이에 비해서 두 사조의 동일성과 연속성의 측면에 강조점을 두는 백낙청은 페리 앤더슨의 이론에 기대어 모더니즘은 '인간소외, 자연상실, 전통파괴 등 모더니즘의 논리가 아직 본격적으로 구현되지 못한 과도기적 단계'의 산물이며 포스트모더니즘은 정치, 경제, 사회적으로 구시대의 잔재가 일소된 단계에서 모더니즘이 본격적으로 전개된 상태라고 파악하고 있다. "포스트모더니즘이야말로 모더니즘의 연장이자 그 실질적 파산"이라는 것이다.

이처럼 각자의 입장에 따라 연속성과 불연속성을 강조하는 상반된 논리는 나름대로 의의 있는 것이지만 역사적 현상의 의미를 올바로 파악하는 데는 일정한 한계가 있는 것으로 보인다. 모더니즘에서 포스트모더니즘으로 이어지는 연속선상에서 변화된 내용과 그것의 의의를 새롭게 지각하는 일이 필요한 것이다. 이것은 포스트모더니즘이 모더니즘에서 채택한 것이 무엇이며 그것이 새로운 상황에서 어떤 사회적 기능을 갖는가 하는 문제가 다루어져야 한다는 생각이다. 이 점에서 포스트모더니즘을 문화적 우세종으로 파악하는 프레드릭 제임슨의 논의는 시사적이다.

일찍이 아놀드 하우저는 모더니즘 이후에 나타난 특성 가운데 하나로서 이제 예술이 현실의 반영이나 재현에 그치지 않고 '제2의 세계'가 되었음을 말한 적이 있다. 하우저는 브라크 · 샤갈 · 루오 · 피카소 등의 그림을 두고 언급한 것이지만 그 경향은 문학에서도 초현실주의나 표현주의 문학에서 구현되었다. 하지만 모더니즘 시기에 있어서 '제2의 세계'는 아직 단편적이고 우연적인 경우가 대부분이었지만 포스트모더니즘 시기에 이르면 그 현상은 지배적인 것이 되고 있다. 즉 모더니즘의 수법과 기술이 여전히 포스트모더니즘에서 주요한 수단들임에 틀림없지만 그것의 기능이나 효과는 전혀 달라진 것이다. 제임슨은 이러한 양태를 다음과 같이 설명한다.

> 지배적인 시대구분개념에 대하여 맨 먼저 지적해야 할 것은 비록 포스트모더니즘을 구성하는 모든 특성들이 이전의 모더니즘이 가진 특성들과 동일하며 연속적이라 하더라도 포스트모더니즘이 후기자본주의 경제체제 하에서 아주 다른 위치를 가지고 있고 나아가서 동시대 사회 내에서 문화영역 자체가 변질되었기 때문에 모더니즘과 포스트모더니즘의 두 현상은 의미와 사회적 기능에서 역시 완전히 구별된다는 점이다.

포스트모더니즘이 모더니즘에서 선택한 것은 대중문화와 예술과 삶의 통일이다. 모더니즘의 여러 가지 독창적 스타일은 포스트모더니즘에서 자유롭게 사용할 수 있는 재료가 되었다. 모더니즘의 독창적 스타일의 추구가 논리적으로 귀결한 곳이 과거의 스타일의 혼용이라는 평가도 있지만 아무튼 포스트모더니즘은 자신에게 주어진 소재를 이용해 다채로운 이미지를 생산하고 그 이미지를 상품화했다는 점에서 본격모더니즘과 다른 인공적 이미지 환경을 조성한 것이다. 기 드보르가 "이미지가 상품문화의 최종형식이 되었다"고 한 것은 이러한 사태를 적절히 표현하고 있다. 이 양상은 포스트모더니즘 시대에 이르러서 영상매체가 발달한 것과 깊이 관련된다. 시간예술의 대표적인 형식으로 인식되는 음악까지도 공간화될 만큼 본질적으로 현대예술은 시각적인 문화에 의해 지배되고 있고 새로움을 새로움으로 표현하려는 시도보다도 새로움을 표현하는 데 쓰인 수단들을 통해 신선한 이미지 환경을 만드는 데 주의를 집중하고 있다.

여기에서 엘리트예술에 대한 포스트모더니즘의 도전이 이루어지고 새로 발달된 매체들은 거기에 효과적인 수단들을 제공했다. 포스트모더니즘이 미국에서 대중적인 호소력을 가지고 시발될 수 있었던 것은 예술을 상품화하는 데는 대중매체의 발달과 황금의 힘이 없이는 불가능하기 때문이다. 하우저가 진단한 '제2의 세계'의 출현은 매체와 자본의 힘에 의지해 이제 생활의 모든 국면에서 일상적인 것이 되었고 그것은 제1의 세계나 다름없이 현실을 구성하는 것이었다. 보드리야르가 기호현실이라는 말로써 기호와 현실의 구분불가능성을 이야기한 것은 기호와 재현의 질서에 발생한 일반적인 위기를 나타낸 것이었다. 보드리야르가 모더니즘을 생산의 거울을 가진 문화라고 한 데 비해서 포스트모더니즘을 기호의 거울이라고 한 것은 그것이 진리와 허위, 실재와 모사, 자연과 문화라는 우리가 관념 속에 가지고 있는 이원적인 대립체계를 무너뜨리고 파편화되고 단편화된 이미지들을 조합하고 재배열하여 깊이 없는 환영문화의 번성을 촉진하고 있다는 사실을 적절하게 표현한 것이다.

리오타르가 근대성을 담아내던 모더니즘의 형식들이 서사 없는 역사, 정체성 없는 개별자들, 의미 없는 담론, 재현이 사라진 예술, 진리가 부정되는 과학에 의해 폐기된다는 점을 역설한 것도 보드리야르의 사태인식과 상통한다. 그 사태는 포스트모더니즘이 새로움을 새로움으로 주제화할 수 없는 상황에서 재현불가능성을 자각하는 가운데 무한한 언어게임의 유희로, 모든 역사적 스타일의 무차별적 이용에 의한 환영의 창조로 나아가게끔 하는 요인이 된 것이다. 포스트모더니즘 문학에서 의미의 사슬이 와해되는 현상이 나타나게 된 이유도 이와 연관된다. 단편들이 더미를 이루고 있는 작품들은 현대인들이 시간의 지속 속에서 일관된 경험을 가질 수 없는 데서 비롯된 현상으로 단지 이미지의 집적에 그친다는 점에서 많은 비난을 받아왔다. 그러나 바로 이것이 포스트모더니즘의 미학적 원리와 연결된다. 포스트모더니즘시인으로 널리 알려진 옥타비오 파스는 1967년에 발표된 「교류」에서 다음과 같이 이야기한다.

> 나는 단편^{fragment}이 우리가 현재 살고 있고 처해 있는 언제나 변화하는 실재$_{reality}$를 가장 훌륭하게 반영하는 형식이라고 믿는다. 단편은 하나의 씨앗이라기보다는 배회하는 하나의 원자이다. 그 원자는 다른 원자들과 관계시킴으로써만이 정의될 수 있다. 다시 말해 단편은 '관계' 이상도 그 이하도 아니다.

옥타비오 파스의 관점은 '차이가 연결한다'는 포스트모던 시대의 경험양식을 미학적 원리로 전환한 것으로서 '차이에 의한 관계지움'을 특성으로하는 백남준의 비디오아트에서 생생한 충격을 준 미학이기도 하다. 포스트모더니즘에서 혼성 모방·패러디·은유의 문제가 중심적인 미학적 화두로 거론되고 있는 것도 인간 중심적인 것의 소멸을 일상적으로 체험하는 이 시대의 복잡성, 재현의 불가능성을 실감나게 하는 현대물질문명의 숭엄성에 압도된 개인의 현실도피수단이자 그 속에서 간신히 유지하는 미약한 숨결이라고 할 수 있는 것이다. 이러한 의미에서 "우리의 사회질서는 정보에 있어 보다 풍요로우며 임금노동의 보편화라는 의미에서 보다 깨우쳐져 있고 사회적으로 보다 민주적"이라는 포스트모던의 상황에 대한 긍정적이고 낙관적인 진단은 인간해방에 관련된 깊은 욕망의 많은 것들을 체념할 때 가능할 수 있는 것이다.

2. 포스트모더니즘 발생의 사회 역사적 조건

　아방가르드 운동과 영미의 모더니즘 운동은 길게는 19세기 후반에서 1940년 대까지, 집중적으로는 1910년에서 1930년대까지 펼쳐진다. 이 기간 동안에 모더니즘은 유례를 찾을 수 없이 활발한 활동을 펼쳐서 문학사에 남을 많은 걸작들을 낳고 문학예술에 대한 기존의 관념을 변화시킨다. 그러나 아방가르드 예술은 극단적인 경우 전달매체가 해체되는 만큼 점차 의미의 전달이 불가능해지고 영미의 주지주의적 계열의 작품들은 실제 삶에서 유리되어 문학제도 속에 유폐되는 양상이 나타난다. 이런 속에서 모더니즘의 여러 혁신들은 혁신 그 자체를 제도화하게 된다. 즉 생활에서 나타난 근대화의 체험을 근본적인 새로움으로 인식하여 표현하고자 한 모더니즘의 혁신들은 1940년 이후에는 제도적으로 정착한 관습으로 변해 간 것이다. 이에 따라 20세기 후반에는 전반기에 비해 모더니즘의 활력이 무디어지고 대항문화에서 전통문화로 자리를 바꾸는 현상이 나타난다. 포스트모더니즘이란 새로운 이름의 등장은 이 같은 모더니즘의 역설적인 성공, 그 성격 변화와 맞물려 있다.

　포스트모더니즘의 등장은, 그 주창자의 한 사람인 이합 핫산$^{\text{Ihab Hassan}}$에 따르면, 1940년대부터이다. 그는 버지니아 울프가 모더니즘의 시작을 '1910년 12월경'이라고 한 데 견주어서 포스트모더니즘의 시작을 '1939년 9월경'이라고 말한다. 로렌스 스턴·사드·블레이크·로트레아몽·랭보·재리·짜라·호프만

아네트 메사제의 〈소리〉. 작자는 설치미술가로 활동하고 있다.

스탈·제르튀르드 스타인·후기의 조이스·후기의 파운드·뒤샹·아르또·루셀·바따유·카프카 등을 선조로 하여 문화와 상상력의 특수한 유형학을 창조하고 있는 포스트모더니즘은 이 선조들을 재발명해 왔고 앞으로도 그러할 것이라는 주장이다. 핫산의 생각은 모더니즘이 끝나자 곧바로 포스트모더니즘이 시작되었다는 것이다. 그러나 포스트모더니즘은 1960년대에 이르러 모더니즘이 도전을 받으면서, '이 도전과 비판적 반작용의 산물'로서 등장했다는 것이 일반적인 견해이다. 『포스트모던의 조건』을 통해 일종의 포스트모더니즘 선언을 한 것으로 여겨지는 장 프랑수아 리오타르는 그의 책 서두에서 사회가 후기 산업사회로, 문화가 포스트모던적 시대로 진입한 것은 전후 유럽의 재건이 종말에 이르렀던 50년대 말경이라고 밝히고 있다. 이러한 관점은 포스트모더니즘을 시대구분 개념으로 보는 프레드릭 제임슨에게서도 동일하게 나타난다.

포스트모더니즘이 실재한다는 주장은 대체로 1950년대 말, 60년대 초에 어떤 근본적인 분열이 일어났다는 가정에 근거하고 있다. 포스트모더니즘이라는 말 자체가 시사하듯 이 분열은 백 년 동안 지속되어 오던 모더니즘운동이 쇠퇴하고 있거나 소멸되었다는 생각(또는 그 이념이나 미학에 대한 거부)과 밀접하게 결부되어 있다. 이리하여 회화에서는 추상적 표현주의, 철학에서의 실존주의, 소설에서의 최종적 재현형식들, 위대한 거장들의 영화, 또는 시에 있어서의 모더니즘 운동(미국 시인 월리스 스티븐스의 작품에서 제도화되고 경전화된) 등을 이제 그들에 의해 소모, 탈진되는 본격 모더니즘의 추진력이 마지막으로 비정상적일 만큼 만개를 한 것으로 간주된다.

제임슨은 인용구문에 이어 본격 모더니즘과 성격이 다른 새로운 대중적 문화양식을 사례로 들면서 포스트모더니즘의 실재 여부를 묻는다. 포스트모더니즘이 분명히 새로운 문화생산양식으로 등장하고 있는 것이라면 그것은 어떤 사회적 조건 속에서 생성되어 본격 모더니즘과 어떻게 달라졌으며 사회적 기능은 무엇인가를 묻는 물음이다.

제임슨의 견해에 따르면 모더니즘은 과도기적인 특성을 지닌다. 자본주의적 생산양식이 지배적이지만 사회구성체 속에는 아직 봉건적이고 귀족적인 속성이 잔재로 남아있는 속에서 나타난 문학예술의 양식이 모더니즘이다. 따라서 모더니즘에는 봉건적 귀족적 특성이 나타나는데 이는 자본주의의 시장원리에서 비롯된 상업성에 대응할 만한 원천을 전통적인 귀족문화에서 찾으려 한 때문이다. 본격 모더니즘의 이러한 엘리트주의는 작품 내용의 비판적 부정적 성격 외에도 작품생산에 수공업적인 방식을 도입한 데서도 드러난다. 외부의 세계와는 담을 쌓은 채 자족적인 '세계의 책'을 지으려는 대량생산 시대의 개인적 생산양식이 본격 모더니즘을 특징짓는 것이다.

포스트모더니즘은 모더니즘의 형식적 특징을 대부분 이어받고 있는 것으로 인정된다. 그럼에도 불구하고 포스트모더니즘의 형식이 지닌 기능과 의의는 매우 달라진다는 것이 제임슨과 리오타르 같은 포스트모더니즘 논자들의 견해이다. 이처럼 유사한 형식임에도 기능과 의의가 달라지는 이유는 그 형식들이 놓인 조건의 상이성 때문이다. 모더니즘이 산업자본주의 또는 제국주의 단계의 복합적인 자본주의적 생산양식 하에서 탄생한 문화양식인 데 반해서 포스트모더니즘은 후기자본주의 또는 다국적 자본주의 또는 소비사회라고 일컫는 전 지구적으로 일원화된 자본주의에 기초해 있는 것이다. 즉 모더니즘에서는 모더니티의 새로움에 대한 관심과 경이가 표현의 기저원리가 되었다면 포스트모더니즘에서는 이 새로움에 대한 관심이 사라지고 오직 새로운 기술과 그것의 소비에만 관심이 쏠린다.

이 같은 양상이 나타난 것은 모더니즘이 지배적인 문화형식이었던 사회에서는 낡은 것과 새로운 것이 섞이면서 새로움에 대한 지각이 항상 선명한 것일 수 있었음에 반해서 포스트모더니즘이 지배적인 문화형식이 된 60년대 이후의 사회에서는 자연이나 전통적인 시골, 농업 같은 전근대적 사회요소가 소멸되었기 때문이다. 바꾸어 말해서 근대화가 '마침내 승리를 거두고 옛 것을 완전히 소멸'시킨 상태에서 새로움을 새로움으로 주제화하고 안정시키는 것은 별로 의의가 없게 된 것이다. 포스트모더니즘에서 끊임없이 새로운 무엇이 제시된다고 할지라도 그것은 모더니즘에서와 같은 파괴적이고 논쟁적이며, 비판적이고 충격적인 효과를 가지지 않는다. 포스트모더니즘에서는 '우리 사회가 참을 수 없거나 추잡스럽게 느낄만한 것'을 제시하지 않음과 동시에 사회의 기본질서에 위협이 될 만한 폭발적이거나 부정적인 정치적 내용도 끼워 넣지 않는 것이다. 그것은 새로운 감각이나 스타일을 보여주는 표피적인 이미지, 새로운 유형의 소비를 조장하는 유행을 작품에 끌어들이며 적당하게 진정성을 가미하는 형식이다. 이를테면 약간의 과장과 선정성을 지니는 상품광고처럼 굳이 실재의 진리에 집착할 필요 없이 가벼운 터치로써 대상의 인상과 이미지만을 환기하면 족한 것이다.

이와 같은 포스트모더니즘의 특징은 후기 자본주의 사회 또는 소비사회의 요구에 부응한 것이라고 할 수 있다. 리오타르는 포스트모더니즘의 이러한 특징이 '현실을 질서 있고 통합된 총체성으로서 경험할 수 없는 우리의 무능력을 한탄하려 들지 않고 오히려 그것을 기꺼이 찬양하려는 태도'에 기인한다고 말한다. 그리고 이 태도는 현대사회에서 지식의 위상이 달라진 데서 비롯된다고 파악한다. 그가 『포스트모더니즘의 조건』에서 분석한 내용은 이 지식의 위상에 대한 것으로서 포스트모더니즘의 배경이 되고 있는 현대사회의 변화를 논한 것이다. 리오타르에 따르면 20세기 후반의 현대는 지식의 위상에 큰 변화를 가져왔다. 미디어사회, 전시사회, 소비자사회 등으로 불리는 현대는 과학기술의 변화에 의해서 지식을 획득하고 이용하는 방식을 바꿔 놓았다. 오늘날 지식은 수량화되고 있으며 그렇게 바뀔 수 없는 지식은 버려진다. 지식은 그 자체가 목적이 아니라 팔리기 위해서 생산되는 것이다.

리오타르가 지식을 과학적 지식과 설화적 지식으로 구분하는 것은 지식의 범위에 대한 새로운 관점에 근거한다. 그에 따르면 설화적 지식은 진리·정의·미와 같은 외적 기준이 내포된 지식이다. 따라서 설화적 지식은 공동체를 형성한 하나의 문화 속에서 스스로를 정당화한다. 이에 비해서 과학적 지식은 항상 검증과 반증을 허용하며 일정한 전문가 집단의 담론 규칙에 따른다. 컴퓨터화된 현대사회에서 사회적 유대의 규칙을 내포하고 있는 설화적 지식은 정보로 처리될 수 없기 때문에 방치될 수밖에 없으며 과학자들에 의해 원시적 야만적 비발전적 지식으로 간주된다.

이와 달리 과학적 지식은 발화자-수신자의 상호검증에 의해 소비되고 재생산되며 상품화에 이용된다. 이 같이 설화적 지식과 과학적 지식은 이질성을 갖지만 과학적 지식은 설화적 지식에 의지함이 없이 참된 지식이라고 주장할 수 없다는 점에서 모든 지식은 불안정하다. 다만 현대사회에 있어서 인간해방이라든가 모든 지식의 사변적 통일을 기약하는 사회적 지식-거대설화는 신뢰성을 잃고 쇠퇴했음에 반해서 과학적 지식은 기계의 도움을 받아 크게 번성한다. 기계장치는 최소한의 투입으로 최대한의 산출을 가져오기 위한 수행원칙에 따르므로 과학은 이제 진리를 목표로 하는 것이 아니라 수행성에 관심을 쏟는 것이다.

현대사회의 지식의 위상에 대한 리오타르의 견해는 포스트모던 사회의 성격뿐

퐁피두 센터. 포스트모던 양식의 건축물. 엘리베이터, 에스컬레이터, 수도관, 가스관 등 예전에는 건물 속에 들어 있던 장치들이 모두 밖으로 노출되어 있어 늘 공사 중인 것처럼 보인다.

만 아니라 문학예술의 포스트모더니즘에 대해서도 많은 것을 시사한다. 첫째, 거대서사에 대한 거부이다. 거대서사는 하나의 거대한 체계 속에 이질적인 요소들을 통합하는 이야기이다. 그것은 인간해방이라는 프랑스 혁명의 이념과 지식의 사변적 통일을 시도하는 독일의 관념철학 등에 의해 대표되는 것이지만 리오타르가 특히 거부하는 것은 마르크스주의의 해방서사이다. 이에 따라 포스트모더니즘 문학예술에서는 여러 삽화들을 하나의 구조 속에 동질화하는 총체성이 배척되고 이질적인 성격을 유지하면서 독립하는 작은 이야기들이 선호된다.

둘째, 재현의 가능성에 대한 불신이다. 재현은 실재와 그에 대한 인식의 가능성

잘츠부르크에 있는 모차르트 생가.

을 전제한다. 그러나 현대사회의 복합성은 그에 대한 특정 주체의 인식을 가능하게 하지도 않을 뿐 아니라 하나의 동질적인 언어에 의한 재현이란 근본적으로 불가능하다. 그것은 오직 생각해볼 수는 있으나 근본적으로 재현해 낼 수 없는 숭엄 이데아들이다. 셋째, 동일성 내지 동질성의 배척이다. 세계에서 일어나는 여러 사건들은 하나의 통약언어로 묶어낼 수 있는 동질적인 것들이 아니다. 이 세계에는 모든 것을 포괄하는 하나의 진리가 존재하는 것이 아니라 서로 다른 다수의 진리, 서로 다른 규칙 하에 놓이는 사건들이 있는 것이다.

이상의 리오타르의 견해는 미셸 푸꼬나 자끄 데리다의 해체철학과 일맥상통하는 것으로서 포스트모더니즘이 등장한 현대사회의 지적 배경을 나타내준다. 뿐만 아니라 그러한 지적 풍토를 조성한 역사 사회적 조건도 암시한다. 설화적 지식의 정당화하는 기능이 점차 쇠약해지는 사회, 개인의 파편화가 진행되어 자신을 누구와도 동일화할 수 없는 사회, 진위眞僞의 구별보다도 수행성만이 존중되는 실용주의적 풍토가 지식의 위상에 대한 리오타르의 분석 속에 함축적으로 나타나 있다. 포스트모더니즘은 이러한 사회적 조건, 전일화된 자본주의 사회의 시장원리에 스스로 적응해 간 것이라고 볼 수 있다. 모더니즘이 대량상품화와 동시에 발생했으면서도 상품화에 저항하는 전략으로서 비판적 거리를 유지하고 자기 유폐되기를 선택했다면 포스트모더니즘은 모더니즘의 그러한 전략이 좌절되어 예술품이 지배질서의 치장물로 전화된 속에서, 상품화를 억지로 참아내기보다는 차라리 자신을 입도선매해버린 격이다.

따라서 모더니즘의 전략 속에 내재해 있던 의미를 찾으려는 노력이나 고전적 앎의 양식을 획득하려는 추구는 포스트모더니즘에서 멀찍이 사라진다. 오히려 그러한 지식의 주체, 실천의 주체에 대한 전통적 이데올로기가 해체된 것을 기화로 주체의 궁극적 소멸을 선언하고 모방적 재현의 원리에 입각해 획득된 특정 인식에 대한 불신을 모든 진리, 진리 자체의 죽음으로 간주하는 것이다. 기호의 유희라는 포스트모더니즘의 새로운 미학은 그러한 주체의 소멸과 진리의 죽음을 전제로 하여 번성하고 있다.

3. 포스트모더니즘의 철학적 배경

포스트모더니즘이 기호의 유희를 자신들의 중심적인 미학의 원리로 삼는 데는 자체의 내적인 요인이 작용하고 있는 것이지만 동시대의 사상적 요인들과의 상관성도 배제할 수 없다. 이런 측면에서 주목할 수 있는 현상이 프랑스의 철학자들을 중심으로 전개된 후기구조주의와 포스트모더니즘간의 상관관계이다. 후이센은 많은 주의와 단서를 달면서도 후기구조주의자와 포스트모더니즘 사이에 놓인 기본적인 관련을 인정하고 있다. "포스트모더니즘이 예술부문에서 현재의 '아방가르드'를 나타내는 것이라면 후기구조주의는 '비판이론' 속에서 그와 같은 역할을 하고 있다"는 것이다. 여기서 후이센은 아방가르드를 주축으로 한 모더니즘에 대해 프랑크푸르트학파의 비판이론이 가진 의미를 포스트모더니즘에 대해서는 후기구조주의가 지니고 있다는 관점을 표명한다. 이 같은 인식은 포스트모더니즘에 대한 사고에서 일반적으로 나타나고 있는 것이 사실이다.

그러나 아방가르드의 비판이론에 대한 관계와 포스트모더니즘의 후기구조주의에 대한 관계 사이에는 간과할 수 없는 차이가 존재한다. 표면적으로 전자가 같은 시공간에서 발생하고 거기에서 유지된 의식의 형태라면 후자는 전혀 다른 시공간을 배경으로 하여 발생하고 형성되어온 의식의 형태들을 사후적으로 연결시키고 있기 때문이다. 하지만 이보다 더 근본적인 문제점은, 후이센이 지적하는 것처럼, 후기구조주의가 설명하는 것은 모더니즘이며 그 설명이 전대의 비판이론과 지닌 차이점이란 후기구조주의가 좀 더 정치하고 세련되게 그 일들을 해내고 있다는 점뿐이라는 사실이다. 이런 관점에서 살필 때 이합 핫산이 포스트모더니즘을 네오아방가르드라고 한 사실은 주목할 만한 관찰을 담고 있다고 할 수 있다. 그것은 포스트모더니즘이 영미의 모더니즘, 말라르메류의 상징주의에 흡사한 심미주의에 반대한 것이며 아방가르드의 전통에 대해서는 지속의 측면을 다분히 많이 지닌다는 인식을 표현한 것으로서 후기구조주의와의 관계에서 보면 설득력이 있는 관찰이다. 따라서 포스트모더니즘과 후기구조주의의 양태를 단순 비교하는 것은 포스트모더니즘이 위치해 있는 사상적 문화적 배경을 왜곡할 가능성이 크다.

그러므로 오히려 포스트모더니즘에서 후기구조주의의 일정한 측면이 환영받은 이유를 살피는 것이 더 온당한 방법이 될 수 있다. 이 점에서 후이센이 "정치성이 가장 약한 불란서의 저술(데리다와 후기의 바르트)이 푸꼬, 보드리아르, 크리스테바와 료타르와 같이 좀 더 정치적인 의도가 강한 저술들보다도 미국대학의 문학과에서 특권을 누려온 것은 우연이 아니다. 그러나 불란서의 좀 더 정치적인 의식이 강하고 또 자아의식적인 이론적 저술들에서도, 모더니스트의 유미주의 전통---니체를 상당히 선별해서 읽은 후에 조정된 것---은 상당히 강력하게 존재를 드러내기 때문에 모던한 것과 포스트모던한 것 사이에 본질적인 균열이 있다는 생각은 이치에 닿지 않는다"고 말하고 있는 것은 포스트모더니즘의 배경이 된 사상의 연원을 파악하는 데 많은 도움이 된다. 여기서 니체와 데리다를 중심으로 포스트모더니즘의 사상적 배경을 살피는 것도 그와 같은 관점에 기본적으로 동조하기 때문이다.

니체가 쇼펜하우어와 바그너에게서 많은 영향을 받았다는 것은 잘 알려진 사실이다. 그는 이들의 영향을 통해 예술가에 대한 탐구가 필요하다는 것을 주장하게 되고 그 스스로 예술창조의 원천과 창작충동의 본질을 천착한다. 그는 그리스비극의 연구에서 비극이 아폴로적인 것과 디오니소스적인 것이라는 두 개의 강렬한 충동의 결합에서 생겨난다고 파악하게 된다. 니체는 이 가운데서 작품에 질서와 한도의 원칙을 제공하는 아폴로적인 정신보다도 거친 야성을 대표하는 디오니소스적인 것을 강조한다. 디오니소스적인 것은 '삶의 흥분과 고통을 충만하고도 즐겁게 받아들이는 의기양양하거나 도취된 상태를 기뻐한다'는 것이다. 즉 디오니소스적인 인간은 '실존의 공포나 부조리'와 대면하게 되는데 그를 그 위험에서 구출해주는 것이 예술이라는 것이다.

니체는 디오니소스적 도취가 약동하는 생명력의 감정과 등가물이며 예술은 그것을 우리에게 변형하고 이상화하여 반영함으로써 실제의 현실보다도 좀 더 충만한 삶의 모습을 보여준다고 생각했다. 그가 "예술은 우리가 진리를 통해 멸망하지 않도록 하기 위해 우리와 함께 있다"고 한 것은 이 같은 디오니소스적인 것과 예술의 상관성에 대한 인식에서 연원한다. 즉 그는 우리의 이성이 말해주는 현실은 무의미하고 부조리할 뿐더러 비참하기까지 하다는 견지에서 예술의 허구가 이 비참한 현실을 사람들이 살아갈 만한 곳으로 바꾸는 역할을 한다고 파악한 것이다. 결국 니체에게서 예술의 가상은 삶에 활기를 불어넣는 활력소이고 실존의 긍정이자 축복이요 신성화이다. 그가 일원적인 진리개념을 포기하고 진리와 가상의 동일시에 이르는 것은 이와 같은 예술에 대한 독창적인 인식에 근거한다. 심지어 그는 가상적 세계가 유일한 세계이며 개념적으로 인식했다고 생각하는 참다운 세계란 단지 허위로 덧붙여진 세계일뿐이라고 하는 견해를 발전시켜 인간적 사고의 기반을 '은유형성의 충동'에서 찾기에 이른다. 즉 헤겔의 '정신'으로 대표되는 개념적 사고까지도 은유에 지나지 않는다는 논리이다. 그는 이렇게 말한다.

> 모든 개념은 비동일적인 것을 동일화함으로써 생겨나는 것이다.---개별적인 것과 현실적인 것을 간과함으로써 우리들은 개념을 갖게 되는 것이다. ---그러나 진리란 무엇일까? 은유들, 환유들, 의인화들의 유동적인 집단일 것이다.

니체는 여기서 헤겔이 예술에 대해 철학의 우위를 확립한 논리를 전도시켜 신화와 예술을 평가 절상할 수 있는 논거를 제시한다. 개념이 은유에 지나지 않고 그것이 비동일적인 것의 동일화일 뿐이라는 인식은 진리나 개념적 정의보다 현실과 언어의 다의성이 우위에 있다는 인식에 해당한다. 니체에게서 다의적인 기표들에 의해, 은유에 의해 형성되는 예술적 가상은 현재적으로 우리의 삶에 실질적인 영향을 미치는 것이다. 그것이 가상이라고 해서 무시될 하등의 이유는 없다. 또한 예술적 가상을 형성하는 다의적인 기표와 은유는 비동일적인 것의 동일화가 환상임을 폭로함으로써 기표의 자유로운 유희를 보장한다. 니체의 저술들이 예술적인 기술방식과 유사한 잠언, 유추, 환유적이고 은유적인 형상의 형태를 띤 것은 그가 개념적 진리보다 문학적 진리에 더 많은 신뢰를 지니고 있었음을 실증적으로 보여주는 사례이다. 뢰비트는 이 점을 인식하여 이렇게 말한다.

> 지혜와 과학간의 투쟁에 있어서 니체는 철학적 지혜를 담은 격언과 같은 교훈적 언어 속에서 문학과 진리가 원천적인 통일을 이루고 있다는 점을 다시금 상기하고 있다. 하지만 이러한 통일의 근대성은 오직 고안된 은유들의 체계라는 애매한 형식으로서만 성립될 수 있었던 것이다. 그 은유들 속에서 예술적 언어유희와 기발한 재치가 성립될 수 있었던 것이다.

데리다는 '비동일적인 것의 동일화'라는 개념에 대한 니체의 비판을 해체론의 출발점으로 본다. 해체의 일반적 전략의 핵심인 차연^{differance}이 바로 현존이라든가 본질이라는 개념적 진리의 주장을 내부에서부터 뒤흔들고 파괴하는 역할을 맡고 있기 때문이다. 그러나 차연은 개념적인 진리의 주장에 대한 반박에 머무는 것이 아니다. 니체가 '기호의 세계에는 오류도 없고 진리도 없으며 근원도 없다는 것, 기호는 우리의 능동적인 해석에 대해 항상 열려 있다는 것'을 긍정하고는 있지만 형이상학적 진리개념의 철저한 파괴에 이른 것은 아니다. 이 점에서 데리다는 니체의 선구적인 작업을 이어 체계적 사유를 회의할 뿐만 아니라 그 뿌리를 파내어 보이는 작업을 하고 있다. 니체가 데리다에게 끼친 영향은 주체의 탈중심화, 근원과 통일성을 부정하는 데서 드러나는 총체론적 시각의 거부, 논리중심주의의 이원대립을 해체하는 점, 인본주의적 발전관의 거부에 해당하는 영겁회귀사상 등을 들 수 있다. 그러나 여기서는 포스트모더니즘과 해체주의의 관련을 살펴보는 데 도움이 될 수 있는 부분에 국한하여 살펴본다.

    데리다의 작업은 형이상학의 해체로부터 시작된다. 데리다는 플라톤에서 리쾨르에게까지 이르는 철학의 전통을 형이상학이라고 규정한다. 그것은 의미의 위계질서를 건설할 수 있는 제일원리, 반박할 수 없는 토대에 의존하는 사상체계를 가리키는 이름이다. 논리중심주의로 나타나는 형이상학은 로고스에 의해 사유 속에 진리를 현전하게 하고 진리를 소유하고 있다고 느끼게 하는 것이다. 데리다가 현존의 형이상학이라고 비판하는 것은 궁극적 요인으로서 초월적 관념이나 물질적 실체를 존재로 상정하는 모든 관념들이다. 이들 관념은 본질과 현상, 기의와 기표, 자연과 문화 등 이항대립으로 세계를 이해하며 그 가운데 우선권을 쥔 것에 가치를 부여한다. 그러나 데리다의 관점에 의하면 본질이나 의미, 자연 등 우선권을 쥔 것으로 여겨지는 것들은 이차적인 것들에 의존하고 그에 기반을 둔다. 어떤 사물의 자기동일성이란 차이를 전제하는 것이며 동일성과 차이성은 각기 서로를 보충하면서 서로 연결되어 있는 것이지 위계적 대립적으로 구분을 지니는 것이 아니다. 이 논리중심주의는 음성중심주의에도 나타난다. 음성중심주의란 말이 글에 대해 우위에 있다는 생각으로 플라톤 이래 루소 등으로 이어지는 서양철학의 전통적 관념이다. 그것은 말에서는 의미가 직접적으로 현존하지만 글에서는 그것이 한 단계 현존에서 멀어진다는 고착된 생각의 표현이다. 데리다는 이 생각에 대해 글이 말의 전제가 된다는 점을 분석해보임으로써 말과 글의 위계를 설정하는 것이 하나의 조작된 관념임을 설명한다. 또한 그는 소쉬르의 언어학에서도 기표에 귀속되는 정태적인 의미가 있는 것으로 전제되어 있음을 비판한다. 그것은 플라톤의 이데아개념에 뿌리를 둔 생각일 뿐 기표와 맞대응하는 기의는 없다는 것이다. 하나의 기표가 가리키는 의미를 확인하고자할 때 우리는 그것이 다른 기표에 의해서 또다시 설명되어야 함을 알 수 있는데 그것은 존재하는 것, 의미가 끝없는 기표들의 조합에 의해 변화되어갈 뿐 궁극적인 참조점을 가지지 못하는 환상이라는 것을 깨닫게 한다. 의미가 이처럼 부단히 연기되는 양상에서 데리다는 차연의 개념을 이끌어낸다. 즉 의미가 낱말들의 차이에 의해 성립될 뿐 아니라 끝없이 다른 기표들로 바뀌어가는 현상에서 시간적 지연과 공간적 차이를 합친 개념으로서 차연의 개념이 설정되는 것이다. 이것은 다른 말로 해서 차이적 관계라고도 할 수 있는 것이다. 구체적으로 하나의 사물이 지닌 구성요소들의 본성에 대해 생각할 때 우리는 그것이 독립적으로 존재하는 것이 아니라 다른 요소들과의 관계에서 실증되는 실체임을 알 수 있다.

그러므로 현존으로서의 존재, 우리가 그 외관을 순간적으로 충만한 것으로서 지각할 수 있는 것은 관계들의 복잡한 연쇄의 결과일 뿐 그 자체로 현존하는 것은 아니다. 이러한 생각은 마르크스의 관계성개념에서도 찾아볼 수 있는 것인데 그는 『자본론』의 1장에서 "사물의 속성은 관계들 속에서 형성되는 것이 아니라 실증될 뿐이다"고 말하고 있다. 즉 사물의 자기동일성이란 타자와의 관계의 각인으로 되어 있는 것이어서 궁극적인 참조점은 어디서도 찾을 수 없다는 것이다. 데리다는 이 같은 차연의 환원불가능성을 이타성^{異他性}으로 설명하면서 동일성의 결정작용이 이타성의 필연성을 보여주는 것에 의해, 어떤 다른 것으로 넘겨지는 참조관계에 의해 무너질 수밖에 없음을 말한다. 이처럼 자기동일성 내에 각인되는 이타성, 차이적 관계를 데리다는 흔적이라고 말한다. 양피지 위에 썼다가 지운 글자처럼 흔적은 현존 그 자체가 아니라 기표들의 전위와 치환에 의해 참조관계를 나타내는 현존의 환영^{simulacrum}이다. 마이클 라이언은 현존의 환영을 만드는 기표들의 전위와 치환, 차이작용(흔적은 차이의 다른 이름이다)이 '공간과 시간을 통해 움직이기 때문에 인식할 수는 없지만 다른 매체를 통해 기록되는 물리적 힘'과 같은 것임을 다음과 같이 설명하고 있다.

> 벤야민은 각 별들 사이 틈새의 관계로서만 존재하는 별자리의 이미지에서 차이작용의 표본을 제시했다. 차이작용은 공간과 시간을 통해서 움직이지만, 그러나 그것은 관념적 존재와 같이 지적으로 파악될 수도, 감각적으로 느껴질 수도 없다. 차이성 혹은 세력들^{forces}의 경제의 또 다른 표본은 마르크스의 교환가치에 대한

설명에서 해독할 수 있다. 교환가치는 하나의 구체적인 사회적 관계이지만, 상품들 간의 차이의 놀이이거나 자본과 노동 간의 힘의 차이일 뿐, 그밖에 어떤 감지될 수 있는 존재를 갖고 있지 않다. 우리는 현존을 세력들의 경제로 분해하거나 '사물자체'를 연속적인 참조관계의 연쇄로 펼치는 차이적 관계에 의존할 뿐이며, 현존으로 드러나는 사물 자체로서 교환가치의 진리에 대해 연구할 수는 없다. 데리다의 실체론에 대한 보다 철학적인 비판에 앞서서 그 전조로서 마르크스는 자본과 교환가치는 실체적인 사물들이 아니라 관계들이라고 반복해서 말한다. 물리학에서처럼 비실체적인 힘이 물질을 응결시키는데, 그렇게 해서 생긴 실체적인 물질은 철학적인 의미에서 근원적인 기반이 되지 않는다. 왜냐하면 그것은 힘의 차이화의 결과이기 때문이다.

실체적인 물질이 힘의 차이화의 결과라는 생각은 차연이나 흔적의 개념을 생각하는 데 하나의 비유가 될 수 있다. 그와 함께 그것은 미결정성의 개념을 환기시켜준다는 점에서도 효과적인 비유이다. 미결정성은 데리다가 '세계의 진리와 의미를 완전하게 설명하는 일련의 형식논리적 공리가 가능하다는 철학적 가정을 비판하기 위해' 사용한 개념이다. 완결된 체계의 가능성을 비판하는 데 유용하게 쓰이는 이 개념은 문학에서 텍스트의 의미를 이해하는 데도 유효하다. 통상 텍스트는 완결된 것으로서 그 의미가 다의적이든 단의적이든 일정한 테두리 안에서 확정될 수 있는 것처럼 이해된다. 그러나 미결정성의 개념은 하나의 텍스트가 자신의 경계 안에서 결정되는 것이 아니라 끝없이 자기가 아닌 어떤 것, 다른 차이적 흔적과 참조관계를 맺기 때문에 자신의 한계를 넘어선다는 점을 환기시켜주는 것이다. 실제로 데리다는 "해체론은 치환의 영원한 열려진 가능성에 대한 믿음, 혹은 희망"이라는 주장을 펴고 있는데 이것은 텍스트의 의미가 지닌 미결정성을 말하고 있을 뿐만 아니라 조작된 구성물의 허구적 본성을 폭로하려는 해체론의 목표가 왜 은유론으로 나타나게 되는가 하는 점을 시사하기도 한다. 마이클 라이언은 『해체론과 변증법』에서 의미의 명료성이 어떻게 홉스의 절대국가를 정당화하는 이데올로기로 작용하였으며 은유가 왜 체제를 위협하는 난동으로 받아들여졌는가 하는 연유를 설명하고 있다. 은유의 무한한 치환가능성이 홉스에게는 의미와 통치권의 절대적 합당성을 불가능하게 하는 것으로 받아들여졌다는 것이다. 이 같은 은유의 정치적 의미를 전제한 바탕 위에서 라이언은 텍스트성 및 글쓰기의 해체론적 은유론의 목표를 다음의 두 가지로 정리한다. 첫째 의식적 관념성을 차이적 관계; 제도·관습·역사·실천의 보다 넓은 의미론적 직물에 의해 생산된 지역적 기능으로 보게 하는 것이며, 둘째 의식적 관념성의 본질적 우선권이 언어의 제도적 공간적 성격에 의해 하나의 결과로서 산출된 것으로 생각하게 하는 것이다. 이러한 관점은 사람의 의식이 사회적 문화적 관계들 때문에 그다지 자유롭게 생성되지 못한다는 점과 은유에 의해 생성되는 텍스트의 사회적 관계성, 상호텍스트성을 좀 더 밀착해서 파악할 필요성을 말해준다. 데리다는 이러한 생각을 다음과 같이 말하고 있다.

> 언어활동이 나 자신의 활동보다 앞섰다. 그 언어활동은 의식보다 더 나이가 들었고 관객보다 더 늙었다. 모든 청중보다 먼저 하나의 문장이 당신을 기다렸고 당신을 바라보고 관찰하며 당신을 감시하고 있고, 도처에서 당신 일에 관여하고 있다. 언제나 하나의 문장은 당신이 처녀지를 개척한다고 믿는 그곳에서 당신을 기다리고 있으며, 어디엔가 이미 날인되어 있다.

언어활동과 인간의 관계에 대한 데리다의 언급은 의미심장하다. 플라톤은 수사학을 진리의 적으로 간주했다. 이에 비해 니체는 '은유는 닮지 않은 것 사이에서 동일성을 구성하는 것'이란 점에서 권력에의 의지와 관련시킬 수 있는 것으로 파악했다. 은유는 '그 표면이 지워져 더 이상 동전이 아니라 단지 금속으로만 보여지는 동전'으로서 언어의 내부에 숨어 실재를 반영하면서 구성하는 것임과 동시에 의미의 동일성을 강요하는 인식의 폭력이면서 의미가 흩어지도록 하는 기능을 한다. 은유는 결코 가치중립적이지 않으며 사물들 간의 경계를 흐리고 서로 침범하게 한다. 그러므로 은유는 언어가 세계를 지시하는 절대적 합당성으로서의 진리의 가치를 부인할 수 있는 근거가 된다. 하지만 은유조차도 현존으로부터 언어를 충분히 자유롭게 하지는 못한다. 모더니즘이 보편성과 동일성을 추구하는 은유를 특징으로 하는 미학인 데 비해 포스트모더니즘은 차이성을 추구하는 환유의 미학을 꿈꾸는 것은 이와 관련된다. 여기에서 현존이나 궁극적인 의미에 매인 언어가 아니라 그로부터 억압되지 않는 기표의 유희에 의해서 문학은 자유를 얻는다는 관점이 성립되는 것이다. 데리다가 그의 초기논문인 「인간 과학중심의 담론에 있어서의 구조와 기호와 놀이」에서 하나의 구조의 본질적 특수성을 포착하고자 한 레비스트로스의 기도를 현존에 대한 향수라고 비판하면서 서술한 놀이(유희)의 필연성은 인문과학의 담론뿐만 아니라 문학의 영역에 대한 그의 기본 관점을 보여주는 내용이다. 부재하는 근원은 놀이의 자유를 허용한다는 것이다.

놀이는 역사와의 긴장이 있고, 또 놀이는 현존과의 긴장이 있다. 한 요소의 현존은 언제나, 차이의 체계와 하나의 연쇄의 움직임 속에 기술되는 의미화하고 대치화하는 지시^{reference}이다. 놀이는 언제나 부재와 현존의 놀이이다. 그러나 그것을 근본적으로 생각한다면 현존과 부재의 교대를 생각하기 전에 놀이를 생각하여야 한다. 놀이의 가능성으로부터 출발하여 존재를 현존과 부재로 생각하여야지 그 역逆이 되는 것이 아니다. 그런데 레비스트로스가 다른 어떤 사람보다도 되풀이의 놀이와 놀이의 되풀이를 부각시켰다고 하더라도 그에게서 일종의 현존의 윤리, 근원에 대한 향수, 태고적이고 자연스러운 순진성, 현존의 순수성, 언어 속에 있어서의 자기현존에 대한 향수가 있는 것을 우리가 느끼지 못하는 것은 아니다. 원시적 사회, 즉 그의 눈에는 모범적인 사회를 향해 가면서 그가 민족학적 연구의 동기로서 제시하는, 윤리, 향수, 심지어 회한이 그에게 있는 것이다. 이것을 나타내는 텍스트들은 이미 잘 알려져 있다. 부재하는 근원의, 상실되었거나 불가능해진 현존을 바라보면서, 부서진 직접성을 두고 펼쳐지는 구조주의 주제론은, 놀이의 사고의, 슬프고 〈부정적인〉

향수와, 죄의식에 찬, 루소적 얼굴이다. 이에 대하여 그 니체적 〈긍정〉, 세계의 놀이와 생성의 순수함, 허물도 진리도 근원도 없는, 적극적 해석에 바쳐진 기호세계의 긍정은 그 다른 얼굴이다. 〈이 긍정〉이 비중심을 〈중심의 상실〉 이상의 것으로 규정한다. 그리고 그 긍정은 안전의 보장이 없이 논다. 그것은 〈확실한〉 놀이, 주어진 실재하고 현재 있는 짝들을 대치하는 것에 한정된 놀이가 있기 때문이다. 절대적 우연 속에서, 긍정은 생성적 무규정, 형적形迹의 씨뿌림의 모험에 스스로를 내맡긴다.

따라서 해석, 구조, 기호, 놀이에 대한 두 가지 해석이 있다. 한 해석은 해독解讀을 추구한다. 놀이를 벗어나는 진리나 근원 그리고 기호의 질서의 해독을 꿈꾼다. 그리고 해석의 필요를 하나의 유배流配로 경험한다. 다른 해석은 근원을 향하지 아니하면서 놀이를 긍정하고 인간과 휴머니즘을 넘어가려고 한다. 여기에서 인간이란 이름은, 형이상학의 또는 존재신학을, 즉 그의 전 역사를 관류하여 가득한 현존, 안심시키는 기초, 근원과 놀이의 종말을 꿈꾸어왔던 존재의 이름이다. 해석의 이 두 번째의 해석은, 니체가 이미 그 길을 보여준 것이지만, 그것은 레비스트로스가 원했던 것처럼, 민족학에서 〈모스저작 서론〉의 말을 인용하여, 〈새로운 휴머니즘의 영감의 원천〉을 찾지 않는다. 오늘에 있어 해석의 두 가지 해석---우리가 그것을 동시에 살고 있고 모호한 경계 속에 그것을 화해시키고 있지만, 절대적으로 화해할 수 없는, 두 가지 해석이 문제가 있는 대로 인간과학이라고 부르는 장에 같이 참여하고 있다. 내 생각으로 이 두 해석이 그 차이를 가지고 서로 비난하고 서로의 양립불가능성을 예리하게 한다고 하더라도 오늘 양자택일이 있어야 한다고 믿지 않는다. 첫째, 우리는 선택이라는 범주가 매우 가볍게 보이는 한 지대---잠정적으로 역사성이라고 부르자--에 있기 때문이다. 이어서 이 양립불가능한 차이의 공유지와 차연差延을 생각해 보도록 노력해야하기 때문이다. 그리고 여기에는 그것(잉태, 형성, 성육, 출산)을 겨우 엿볼 수 있는, 한 문제의 유형---역사적이라고 하여도 좋다---역사적 문제의 유형이 여기에 있다. 이러한 표현은 물론 영아의 출산을 마음에 두고 한 말이다. 그러나 이것은 또한, 그곳에서 나를 뺀 것이 아닌 사회에 있어서, 수태고지를 하면서, 출생이 일어날 때마다 그럴 수밖에 없듯이, 종^{種}이 아닌 종, 무형의 형상^{形相}, 말없고 어리고 괴물의 가공할 모습을 가진 형상으로 스스로를 알리는 수밖에 없는, 아직 이름 없는 어떤 것으로부터 눈을 피하는 사람들을 두고 하는 말이다.

데리다가 여기서 말한 것의 요지는 인간의 사유, 의미의 해석에는 순수한 단일의미를 지향하는 경향과 『피네건의 경야』와 같은 데서 드러나는 조이스적인 언어의 자유유희의 경향이 있다는 것이다. 이 가운데 데리다는 선택이 성급할 필요가 없다고 말하면서도 차연을 생각해볼 때 후자의 경향이 강조되어야 할 필요가 있음을 암시하고 있다. 미국의 문학이론이 이 같은 데리다의 주장에 크게 반향을 일으켜 해체주의라는 한 사조를 형성했음은 기지의 사실이다.

데리다의 해체이론과 포스트모더니즘은 똑같이 혼동의 시대에 태어난 의식의 형태이다. 두 사조는 방법적으로 외부에서의 파괴가 아니라 내부에서 해체를 시도한다는 점에서 동일한 전략을 구사한다. 기존의 전통을 전면 부정하는 것이 아니라 그것이 지닌 논리를 따르면서 그 스스로의 모순에 의해 자멸하게 하는 수법을 쓰고 있다. 또한 두 사조는 주체가 전통과 관습의 굴레에서 결코 벗어날 수 없다고 본 점에서 유사성을 지닌다. 그리고 그것들이 전통적인 진리개념, 현존을 아무런 자각 없이 수긍하는 양태에 대한 부정적인 의식을 가지고 있다는 점에서도 근친성을 갖는다. 두 사조는 가상과 실재, 본질과 현상이 확연히 구별될 수 있는 것이 아니라는 점을 인식하고 있었으며 자신들의 방법과 스타일에 대해서도 자의식적이라는 점에서도 뚜렷이 식별되는 공통성을 가지고 있다.

4. 포스트모더니즘의 양상과 이론

 포스트모더니즘은 태생적으로 모더니즘과의 관계를 상정한다. '포스트'라는 말이 '후기'를 나타내든 '탈脫'을 표시하든 포스트모더니즘은 모더니즘에 대한 관계 속에서 자신의 지위를 가늠하고 있다. 이런 측면에서 포스트모더니즘의 양상을 살피는 데는 그것이 모더니즘과 맺는 관계 속에서 지속하고 변화한 양태를 파악하는 방식이 효율적일 것이다.

 모더니즘과 포스트모더니즘의 관계는 일반적으로 계승과 혁신의 양 측면에서 고찰할 수 있다. 모더니즘과 포스트모더니즘의 구별을 인정하지 않으려는 완강한 논의들에서 볼 수 있듯이, 후자는 전자의 속성을 그대로 유지하고 발전시키는 측면이 있다. 또한 용어를 구별하려는 데서 나타나듯이 포스트모더니즘이 모더니즘에 대한 차별의식을 지니고 있는 것도 사실이다. 이러한 관계의 이중성은 모더니즘의 구체적인 국면에 비추어 고찰하면 더욱 난마처럼 얽히게 된다. 아방가르드 운동과 영미의 모더니즘은 그 자체가 계승적 대항적 측면을 지니고 있는 까닭에 일의적으로 모더니즘과 포스트모더니즘의 관계를 규정할 수 없는 것이다. 테리 이글턴은 「자본주의·모더니즘·포스트모더니즘」이라는 자신의 논문에서 모더니즘과 포스트모더니즘의 복잡한 관계양상을 이렇게 말한다.

 포스트모더니즘은 모더니즘과 아방가르드의 양자로부터 무언가를 이어받고 있고 또 어떤 의미에서 양자를 대립시키고 있다. 포스트모더니즘은 본격 모더니즘으로부터 파편적이고 정신분열증적인 자아를 물려받았으나, 모더니즘이 가지고 있는 비판적 거리를 없애버리고 몇몇 아방가르드의 몸짓과 유사한 '기괴한' 경험들을 천연덕스럽게 제시하는 것으로 그 비판적 거리를 대신한다. 포스트모더니즘은 아방가르드로부터 예술의 사회적 삶으로의 용해, 전통의 거부, 고급문화 자체에 대한 반대 등을 물려받았지만 이러한 것을 모더니즘이 지녔던 무정치적 충동으로 대체해버린다. 이리하여 포스트모더니즘은 예술의 탈제도화나 예술의 다른 사회적 실천들의 통합을 근본적인 혁명적 조치라고 생각하는 모든 혁신적 예술형식에 남아 있는 형식주의를 부지불식간에 드러낸다.

이글턴이 제시하는 포스트모더니즘의 상像은 아방가르드와 모더니즘이 지니고 있던 모순적인 양면을 독특하게 통합하고 있는 모습이다. 모더니즘의 파편적이고 정신분열증적인 자아를 산출한 실존적 위기의식과 고립감을 이어받는 한편으로는 과거의 전통이나 인습에서 벗어나 새로운 형식을 창안하고자 하는 아방가르드의 급진주의적 형식주의를 계승하고 있으나 그것은 모더니즘의 무정치적 성격을 닮아 있다는 것이다. 이 같은 인식은 어떤 측면에 강조점을 두느냐에 따라 포스트모더니즘은 모더니즘의 계승일수도 있고 혁신일 수도 있다는 관점이다. 이를테면 형식의 측면에서 모더니즘은 예술작품의 완결된 유기적 구성이나 자기목적성을 우위에 놓는다. 이에 반해서 포스트모더니즘은 유기적 통일성을 반대하고 실용성·임의성·유희성을 강조한다. 이것은 포스트모더니즘이 '세계의 책'을 창조하려던 천재의 모더니즘보다 예술과 삶을 통합하려던 아방가르드의 기획에 가까운 성격을 지니고 있음을 암시한다. 또 작가의 측면에서 모더니스트들이 국외자의 위치를 유지하려던 데 반해서 포스트모더니즘의 작가들은 체제 내에 안주하고자 한다. 달리 말해서 고급문화와 저급문화의 경계를 지우고 상품으로서 작품의 지위를 공공연히 자인하는 것이다. 이것은 모더니즘이 사회에 대해서 비판적 거리를 유지하면서도 나름대로 의미를 찾으려는 노력을 지속시킨 것과 대비된다. 포스트모더니즘에서 모더니즘의 형식실험이 계속된다고 해도 그것은 어떤 실재의 진리를 추구하거나 의미를 찾으려는 노력이기보다는 형식의 유희, 또는 상품미학적 측면의 실험에 더 의의가 있는 것이다. 발터 벤야민이 「기술복제시대의 예술작품」에서 작품 고유의 분위기^{aura}가 사라진 '복제된 예술작품은 점점 더 복제 가능성을 목표로 고안된 예술품이 된다'고 말했던 것처럼 포스트모더니즘은 우리가 가진 것이 비록 파편적이고 표피적인 이미지들일 뿐일지라도 그것은 진품^{眞品}과 마찬가지로 좋다는 것을 주장하는 것이다. 포스트모더니즘은 당초에 진리나 의미, 또는 진품을 인정하지 않기 때문에 새로운 이미지를 창조하기 위해서 예술가의 개성이나 스타일에 구애받지 않고 무한히 다양하게 형식들을 조합할 수 있도록 용인하는 것이다. 흔히 혼성모방을 포스트모더니즘의 특허상품처럼 이야기하는 것은 모더니즘에서 비로소 가능하게 된 예술수단의 자립이 포스트모더니즘 시대에 이르러 더욱 번성하게 됐기 때문이다. 즉 푸꼬의 '저자의 죽음'이란 개념이 시사하듯이 의미 담지자나 이성의 실체로서 저자의 기능이 자연스럽고 본래적인 것이 아니라는 인식이 팽배해짐으로써 자기 이름으로 진리를 말하는 저자들의 시대였던 모더니즘 시기의 개성과 스타일은 얼마든지 모방될 수 있고 혼합될 수 있게 된 것이다. 포스트모더니즘에서 작품의 개념보다 텍스트의 개념이 우위에 놓이게 된 원인도 영상매

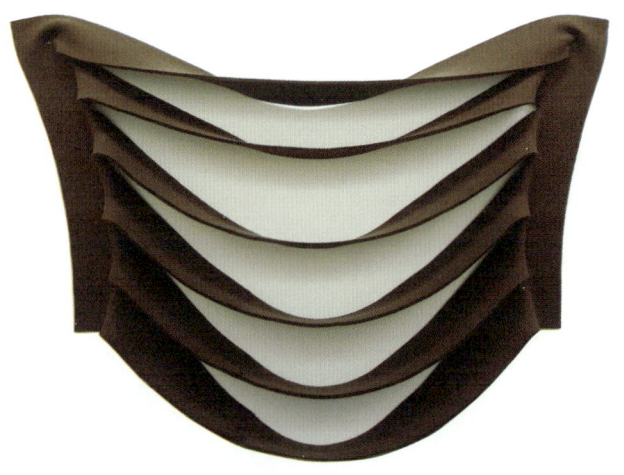

조각가이자 개념예술가로 알려진 로버트 모리스의 〈벽〉. 미니멀리즘에 입각하여 다양한 활동을 하고 있다.

체 등을 통해서 현실의 이미지와 기호들이 범람하는 가운데, 죽은 의미의 기호, 파편화되고 단편화된 언술들, 조합과 재배열에 의한 형식들이 난무하는 가운데 독창적인 스타일을 지닌 완결된 형식으로서의 작품성 개념은 극히 작고 초라한 영역만을 차지하기 때문이다.

그러면 이와 같은 형식들의 조합과 재결합은 어떤 조건 아래에서 일어나고 있고 사회에서 어떤 효과를 나타내는가. 이 물음은 프레드릭 제임슨이 포스트모더니즘을 시대구분 개념으로 파악할 때 가졌던 중심적인 문제의식이다. 포스트모더니즘이 양식개념이 아니라 역사적 개념이라고 한데서 이미 드러나지만 제임슨은 포스트모더니즘의 특징을 '미학적 생산이 상품생산에 대체로 통합'된 시대의 소산이라고 보고 있다. 즉 상품생산에 의하여 물화된 기성사회에 대해서 비판적 거리를 유지하려 했던 모더니즘이 결국 자본주의의 덫에 걸려 물신으로서의 상품이 되고 나아가서 '미학적으로 자신의 경제적 본질을 드러내기' 시작한 것이 포스트모더니즘인 것이다. 이에 따라 모더니즘 시기에 전문가의 수준에서 비교秘教적으로 실험된 것이 포스트모더니즘 시기에는 실제 생활의 영역에서 공공연히 실현된다. '경제적 요구가 이제는 미학적 혁신과 실험에 점점 더 본질적인 기능과 위상을 설정해'주는 것이다. 포스트모더니즘은 이러한 경제적 요구에 부응하여 수행되는 미적 실천이기도 하면서 모든 것이 문화가 되는 문화 우위시대의 생산양식이기도 하다. 고급문화와 저급문화의 경계가 무너진 미학적 대중주의가 포스트모더니즘의 지배적인 문화형식이 되고 있다. 따라서 모더니즘 시대의 표현수단과 형식들이 포스트모더니즘 문화와 똑같이 모습을 비친다고 해도 그 기능과 의의는 달라진다. 예전에 충격으로 받아들여지던 것들이 자연스러운 현상으로 받아들여지는 등 전체적인 위상의 변화 속에서 문화 산물의 효능은 질적인 차이를 갖지 않을 수 없다. 문화형식에서 지배적인 것과 부수적인 것이 관계를 역전시킨 까닭에 본격 모더니즘의 가장 파괴적이고 위협적인 요소들까지도 포스트모더니즘에서는 새로운 유행과 스타일상의 변화를 선도하는 계기들로서 작용하여 사업적인 성공을 거두게끔 된 것이다. 뚜렷한 개성과 스타일로 고유의 세계를 창조하던 모더니즘의 표현수단과 형식들도 포스트모더니즘에서는 단순히 새로운 유형의 소비를 조장하고 변화 자체를 즐기기 위해서 무차별적으로 이용된다.

이처럼 형식과 표현수단들이 본래의 자리에서 분리되어 자립한 것은 모더니즘 시기의 아방가르드에서 시작된 예술적 관행이다. 그러나 그 관행이 아방가르드에서는 예술의 혁신이 주는 정치적 효과를 기대한 것이었다면 포스트모더니즘에서는 단순히 현실을 이미지로 변형하고 변화자체를 항구화하기 위해 쓰이고 있다고 말할 수 있다. 이러한 변화는 모더니즘과 포스트모더니즘의 관계를 단순히 연속의 관계로 보는 관점의 단견을 드러내준다. 포스트모더니즘이 모더니즘의 단순한 연장이라고 보거나 모더니즘의 순수화나 본격화가 포스트모더니즘이라고 보거나 간에 연속성에만 집착하는 관점은 동일성내의 차별성을 소홀히 하고 있는 것이다. 마찬가지로 포스트모더니즘이 단지 이질적이고 다양한 문화현상의 공존 내지 난무를 가리키는 이름이라는 것으로 보는 관점도 개념적 인식, 이론화의 가능성을 포기한다는 점에서 정당성을 획득하지 못한다. 포스트모더니즘을 후기자본주의의 문화논리로 파악하는 제임슨의 관점은 포스트모더니즘을 심정적으로 거부하거나 찬양하는 편향된 입장에서가 아니라 역사적 현상으로 인정하여 접근한다는 점에서 포스트모더니즘의 특징적 양상을 파악하려는 우리의 논의에 좋은 본보기가 된다. 더욱이 포스트모더니즘적 시공간의 특질을 분석하는데 초점을 맞추고 있는 그의 논의는 문학 형식들과 장르들의 구성을 시공간의 조직 양태에서 고찰하고 있다는 점에서 문학연구방법론적인 측면에서도 적합한 분석내용이 되고 있다.

이러한 관점에서 접근할 때 포스트모더니즘의 특징 가운데 첫 번째로 손꼽을 수 있는 것은 문화형식과 이론 양면에서 깊이 없는 영상이나 환영이 번성하고 있는 점이다. 제임슨이 설명하는 예를 들면 모더니즘적 특징을 지니는 반 고호의 「농사꾼의 신발」은 칙칙한 농부의 세계를 환기시켜 주는 해석학적인 대상이다. 그림을 보는 사람은 신발 한 짝을 통해서 농부의 무거운 발걸음과 고난의 삶, 들판의 황막한 풍경을 읽어낼 수 있다. 그림은 실재의 존재를 드러내주는 매개체이고 통로인 것이다. 이에 비해서 포스트모더니즘적 특징을 지니는 앤디 워홀의 「다이아몬드 가루 신발」은 이면의 어떤 풍경도 암시하지 않는, 단지 사물 그 자체로서 의미가 있는, 광고판에 그려져 있는 코카콜라병과 근본적으로 구별될 게 없는, 해석을 거부하는 그림이다. 표면만이 번들거리는 일종의 깊이 없음, 피상성이라고 할 수 있는 이러한 양상은 예술작품에 고유한 정서의 퇴조 속에서도 확인된다. 정서는 예술 작품에서 대상에 대한 주체의 관계를 표현하는 주요한 방법이 되어 왔다. 이것이 포스트모더니즘에서는 상당부분 일실되고 있는데 작품이 표현의 대상이 된 사물과 주체의 관계보다도 사물자체의 영상과 환영을 제시하는 데 주력하기 때문이다. 즉 감정을 경험하는 주체가 작품에서 빠져버린 데서 포스트모더니즘 예술의 정서퇴조현상이 야기되는 것이다. 이와 같은 작품의 피상성과 정서 퇴조 현상을 제임슨은 표현의 해체라는 개념으로 설명하면서 포스트모더니즘에서 주체가 소멸한 사실과 연관 짓고 있다. 포스트모더니즘 시대의 문화 산물들은 더 이상 특정 주체에 매이지 않는 몰개성성으로 인하여 근거 없이 그 나름의 독특한 행복감에 젖고 있다는 것이다.

'표현의 해체'라고 개념화된 현상은 포스트모더니즘의 문화적 산물들이 가지는 특성을 이해하는 데서 주목해야 할 두 가지 사실을 시사한다. 첫째, 예술에 있어서 특징적인 주관객관관계의 범형에 일어난 변화를 파악할 수 있게 해준다. 종래 예술사에서 획기적인 혁신들은 헤겔이나 루카치의 『미학』이 보여주듯이 주관객관관계의 범형에 일어나 변화에 의해 성격 지어졌다. 이 점을 상기하면 포스트모더니즘이 가져오는 변화가 정말로 그러한 범형의 변화에 해당하느냐 하는 여부에 대한 판단은 중대한 의의를 지니게 된다. 긍정적인 판단인 경우, 두 가지 경우를 생각할 수 있다. 하나는 예술과 비예술의 구분이 무화되어 예술에 특징적인 주객관계가 해체되는 경우이며, 다른 하나는 근대적 자아, 개성적 주체가 다른 형태로 변화됨을 의미할 수 있다. 물론 이 두 경우가 동시에 나타날 수도 있고 객체의 변화에서 원인을 찾을 수도 있다. 하지만 제임슨은 포스트모더니즘의 가장 두드러진 특징으로서 혼성모방과 정신분열적 증후를 거론하여 두 가지 경우에 비중을 두고 있다. 뿐만 아니라 포스트모더니티를 새로운 현상으로 파악하는 칼리니스쿠 또한 본격 모더니스트들이 '오직 미적 가치, 미적 질'을 추구하는 까닭에 매우 높은 질적 기준을 가졌던 데 반해서 포스트모더니즘은 낮은 수준의 요구만을 갖는 '반미적인 것'이 되었다고 보고 있다. 이 견해는 포스트모더니즘에서 예술과 비예술의 구분이 희미해진 사실을 지적하는 의미가 있다. 포스트모더니즘은 '회피할 길 없이 순환적인 텍스트주의에 한정되어 있으며 미적이고 비미적인 것을 구별하기를 거부하는 일종의 길들여진 (반)모더니즘'이라는 생각이다. 이와 함께 제임슨이 포스트모더니즘 예술의 특권적 공간을 '근본적으로 인간 중심적인 것과 반대'되는 것으로서 파악하고 있다는 점이 유의될 필요가 있다. 그의 견해는 '새 미학에 있어서는 공간의 재현 자체가 육체의 재현과는 서로 양립할 수 없는 것으로 느껴지게' 되었다는 것이다. 이러한 인식은 포스트모더니즘의 대표적인 상황으로서 국제공항을 분석한 김우창의 논의에서도 유사하게 나타난다.

> 공항과 같은 거대 건물은 이러한 자연과의 관계를 거의 전적으로 무시해 버림으로써 참으로 압도적인 거대성을 얻는다. 이미 말한 바와 같이 그것은 외면이 없는 건조물로서 우리를 사방으로 둘러싸는 절대적 환경이 된다. 그러면서 그것은 자연과의 안정과 자유의 조화를 갖지 못함으로써, 그것의 근원성을 갖지 못함으로써 우리로 하여금 방향을 상실하게 하고 불안과 압박을 느끼게 한다. 그것은 독 안에 든 쥐라는 느낌에 비슷하다. 아무리 편리하더라도 우리는 절대적 환경이 어떤 기술적 의도 또는 관리의 의도에 의하여 기획된 것을 느낀다.

국제공항 건물의 반짝거리는 외면과 거대함 속에 인간이 압도돼버리는 양상을 묘사하면서 김우창은 포스트모더니즘의 표현, 그 창조적이고 자의적인 언어들이 '어쩌면 궁극적으로 기술문명의 발전의 자기 은폐작용의 한 결과일 수도 있음'을 시사하고 있다. 세계에 대한 인간의 관계가 왜소해지고 제약된 데 대한 반대급부로서 현란한 언어의 놀이가 나타난 것이기가 십상이라는 것이다.

둘째, '표현의 해체'라는 개념은 포스트모더니즘의 시간, 공간 조직방식의 변화를 나타내준다. '깊이 없음'이나 피상성이란 사물의 현재 상태를 조건 짓고 있는 본질적 규정들이 표시되지 않고 있기 때문에 나타나는 현상이다. 루카치는 이것을 몰세계성이라고 개념화한 바 있다. 정서의 퇴조는 이와 달리 대상의 주체에 대한 관계와 그 구체적인 규정요인이 삭제되면서 나타나는 현상으로 이해할 수 있다. 제임슨은 정서의 퇴조로 나타난 포스트모더니즘에서의 시공간 조직방식의 변화를 다음과 같이 설명하고 있다.

> 정서의 퇴조는 문학비평의 좁은 맥락에서 보면 시간과 일시성에 관한 본격 모더니즘 주제들의 퇴조, 지속과 기억의 애가적 신비의 퇴조물로 성격지어질 수 있을 것이다. 우리는 이제 통시적인 것보다는 공시적인 세계에 살고 있다는 말을 종종 듣는다. 그리고 내가 생각하기에 우리의 일상생활, 심리적 경험, 문화적 언어들이 오늘날은 지난날의 순수 본격 모더니즘 시대와는 달리 시간의 범주들에 의해서보다는 공간의 범주에 의해 지배되고 있다는 주장이 적어도 경험상으로는 가능한 것 같다.

지속과 기억의 퇴조, 공간의 범주가 지배하고 있는 세계는 영원한 현재의 이미지만 남는 세계이다. 시간성의 약화라고 할 수 있는 이 양상은 우리가 오늘의 현실에 초점을 맞추어서 자신의 위치를 역사적으로 자리매김할 능력을 갖지 못한데서 비롯된다. 개별자아의 정체성은 과거 · 현재 · 미래의 시간적 흐름 속에 지속되는 동일성이 확보해주는 것인 만큼 시간성의 소멸 내지 퇴조는 곧바로 주체의 소멸로 이어질 수 있는 것이다. 혼성모방이 포스트모더니즘의 특징적인 양상이 되는 것은 그것이 주체의 소멸과 관련되는 현상이기 때문이다.

혼성모방은 각기 개별적인 특성을 갖는 형식들이 하나의 텍스트 속에 혼효되는 현상을 일컫는다. 한동안 우리 사회에 표절시비를 불러왔던 박일문, 이인화 등의 작품에 오정희. 양귀자 등 여러 현역작가의 작품들의 부분이 모자이크된 것은 혼성모방의 가장 타락한 형태의 하나라 할 것이다. 이처럼 혼성모방은 기성의 스타일을 모방하고 흉내 내면서 말하는 포스트모더니즘의 특유한 방식이 되고 있음이 사실이다. 이러한 양상은 어떤 원인에서 연유하는가. 제임슨은 혼성모방을 모더니즘의 극단적인 개성추구와 스타일의 혁신이 가져온 일종의 논리적 귀결로 보고 있다. 모든 작가가 특색 있는 목소리만을 추구하는 속에서 정상이나 기준의 개념은 사라져버리고 오직 스타일과 언술의 이질성만이 난무하게 된 후기 모더니즘의 토양에서 혼성모방의 싹이 텄다는 것이다. 바꾸어 말해서 스타일의 혁신이라는 모더니즘의 이념이 더 이상 존재하지 않는 세계에서 작가들은 죽은 스타일의 모방, 과거의 갖가지 '가면과 목소리'를 차용할 수밖에 없게 되었다는 생각이다.

혼성모방은 종래 작가들이 고전적인 작품에서 영감과 자극을 얻고 그 원본이 지니고 있는 부정합성들이나 숨겨진 결점들을 꼬집음으로써 새로운 창조에 이르는 패러디와도 다르다는 점에서 새로운 현상이다. 패러디는 원본에 있는 '고의적인 기벽들을 체계적으로 흉내 냄으로써 자기주장을 하는' 희극적이고 비판적인 장르이다. 그것은 과장과 왜곡 등에 의해 원본을 조롱하고 개신하는 풍자장르에 속한다. 따라서 원본과 패러디 작품 사이에는 양식상의 대립이 있고 유사성 가운데 상이성이 나타난다. 이에 비해서 혼성모방은 패러디의 창조적인 측면이 사상된 방식이다.

> 혼성모방은 패러디와 마찬가지로 어떤 특별한 가면의 모방이며 죽은 언어로 된 말이다. 그러나 혼성모방은 그러한 흉내내기를 중성적으로 수행하여 패러디가 가진 궁극적 동기는 하나도 가지고 있지 않고, 풍자적인 충동이 잘려나가 버렸고 웃음이 결여되어 있으며, 비정상적인 언어활동 속에서도 아직 건강하고 정상적인 언어형태가 남아 있다고 하는 확신이 없다. 혼성모방은 이리하여 공허한 패러디, 눈 먼 동자를 가진 동상이다.

인용문에 나타난 혼성모방의 특징은 '남의 작품이 좋아서 향수를 갖고 모방'하는 창조정신이 결여된 표현방식이다. 이 점 때문에 포스트모더니즘의 주요 기법은 혼성모방이 아니라 패러디라고 주장하는 경우가 있다. 구체적으로 김성곤은 「한국의 포스트모더니즘--무엇이 문제인가」라는 논문에서 혼성모방을 비난하면서 패러디를 옹호한다. 포스트모더니스트들이 패러디를 하는 이유에 대해서 그는 "모더니즘적 속성이라고 할 수 있는 예술의 절대적 독창성과 절대적 진실성 주장을 심문하고, 자본주의적 사고방식인 독점과 소유개념에 도전하기 위한 것이며, 또 예술과 언어의 재현능력과 재현의 역사에 회의를 던지기 위한 것"이라고 말하고 있다. 그러나 그도 또한 포스트모더니즘 작품 가운데 혼성모방이 자주 나타나고 있음을 부인하지는 못하며, 아리스토텔레스의 모방이론과 '모방과 공존의 유사성'을 추구하는 '패스티쉬(혼성모방)'를 동일선상에서 파악하고 있다는 점에서 오롯이 정당한 주장을 펼치고 있는 것으로는 보이지 않는다. 다만 그의 주장에서도 혼성모방과 패러디가 성행하는 현상이 재현에 대한 불신에 뿌리를 두고 있다는 점을 재확인할 수 있다는 데서 의의를 찾을 수 있을 것이다.

그러면 포스트모더니즘에서 혼성모방이 번성하는 근본이유는 무엇인가. 이에 대한 잠정적인 결론은 공간의 범주가 우위에 놓이고 영원한 현재의 이미지가 압도하는 환영의 문화가 역사적 시간을 괄호 속에 넣어버리기 때문이라는 것이다. 현실이 '거대한 이미지들의 집합체인 다층적인 사진환영'이 되어버리는 속에서 실재의 진실을 표현하기 위한 창조적인 노력과 욕구는 움츠러들지 않을 수 없다. 이 양태는 당대 현실을 소재로 하여 이야기를 펼치는 소설에서 확인할 수도 있지만 과거의 역사적 사실을 다루는 역사소설에서 두드러지게 나타난다. 움베르트 에코의 『장미의 이름』을 본뜬 이인화의 『영원한 제국』은 그 한 사례를 보여 준다. 이 작품에서 인물들의 행동과 심리는 역사적으로 구체적인 것이 되지 못한다. 인물들이 해체주의의 이론에나 나옴직한 사고를 하는가 하면 근대화의 이데올로기를 선취하여 행동하고 있는 것이다. 실제로 주인공의 행동은 절대왕정의 확립을 통해서 근대화를 추진하는 일이 필요하고 그 일은 오직 영명한 군주의 통치 아래에서만 가능하다는 생각을 밑바탕에 깔고 있다. 이 생각이 5·16 쿠데타 이후 군사정권에서 유포되어 현재까지 지속되고 있는 지배이데올로기의 하나임은 잘 알려져 있는 사실이다. 그럼에도 불구하고 과거 속에 현재의 관념을 투사하려는 작가의 기도는 소설 속에서 역사적 진실을 재구성하기보다는 하나의 비유적인 환영, 하나의 이미지를 건설하면 족하다고 보기 때문이라고 해석할 수 있다. 이 소설의 예를 통해서 엿볼 수 있듯이 포스트모더니즘의 역사소설에서 역사적 현실은 재현될 수 있는 것이 아니다. 단지 '과거에 관한 우리의 의견과 고정관념들$^{\text{ideas and stereotypes}}$'만이 재현될 수 있다. 공간의 논리가 역사적 시간에 영향을 주어 과거가 수정되는 것이다. 이러한 역사성의 약화가 가져오는 효과에 대해 제임슨은 이렇게 말한다.

> 이리하여 문화생산은 어떤 정신적 공간으로 몰려 들어가게 되는데, 이때 정신적 공간이란 것은 옛날의 개별 주체의 그것이라기보다는 어떤 저질화된 집단의 '대상적 정신'이다. 이때 문화생산은 추정되는 실재세계를 직접 바라볼 수 없고 한때 존재했던 어떤 과거의 역사를 재구성할 수 없으며, 플라톤의 동굴에서처럼 우리가 과거에 대하여 가지고 있는 정신적 이미지들을 그 감금의 벽 위에서 추적해야 한다. 따라서 만약 우리가 여기에 리얼리즘이 조금이라도 남아 있다면 그것은 그 감금을 파악해버린 충격으로부터 나오는 리얼리즘이고, 이제는 새롭고 독특한 상황이 생겨 우리가 역사를 찾으려는 그 역사에 대하여 우리 자신이 가지고 있는 통속적인 이미지와 환영을 통해야 하게끔 되어 있다는 것과 역사 자체는 우리의 손이 닿지 않는 곳에 있다는 것을 차츰차츰 깨닫게 되면서 가지게 되는 충격으로부터 나오는 리얼리즘이다.

인용문은 『영원한 제국』을 비롯하여 최근에 유행하는 여러 가상역사소설에 대해서도 적실한 비평이 되는 내용이다. 의미의 연결을 통해 실재의 상을 재구성하는 데 초점을 두지 않고 여러 이데올로기소에서 유래한 이미지들의 동시적인 병치에 주력하는 포스트모더니즘의 특징을 플라톤의 동굴에 비친 그림자로 간주하는 것이다. 제임슨은 이 양상을 주체의 소멸에 의한 정신분열적 증후로 파악한다. 포스트모더니즘의 두 번째 특징은 이처럼 작품에 제시된 이질적이고 단편적이며 우연적인 이미지들이 작품에 유기적인 부분이 되지 못하고 파편화되는 현상과 관련된다.

작품의 의미는 작품 구성의 재료가 되는 여러 부분과 요소들을 조합하여 통일된 경험으로 보여줄 때 생성된다. 따라서 의미의 생성작업은 작품생산의 측면에서 부분과 여러 요소들의 취사선택뿐 아니라 일정한 논리성에 입각하여 그것들을 재조직하는 일까지를 포함한다. 여기에서 실재의 기본구성요소인 시간과 공간은 그 자체 작품구성의 실체적 소재일 뿐만 아니라 재료를 조직하고 구성의 논리를 제공하는 성분이다. 그러나 포스트모더니즘에서는 시간성의 소멸 또는 시간적 불연속성에 의해 이 체계구성의 논리가 붕괴된다. 그것은 의미의 사슬이 끊겼다고 말할 수도 있는 현상이다. 이 현상이 나타나게 된 원인은 포스트모더니즘에서 의미가 의미효과로 대치되면서 기표들의 상호관계를 새로운 시각에서 바라보게 된 데 있다. 곧 의미는 기표들의 자유로운 유희에 의하여, '기표들이 자체 안에서 가지는 관계의 의하여 생

뉴욕의 트리니티 성당.

성되고 투영되는 의미화의 대상적 환상으로 이해되어야 한다'는 포스트모더니스트들의 인식이 의미의 생성보다는 의미효과의 산출에 치중하게 만든 것이다. 의미사슬의 와해를 야기하는 포스트모더니스트들의 창작행위에 정당성을 부여해 줄 이 같은 인식의 연원을 제임슨은 기표-기의-지시대상의 상호관계의 변화에서 파악한 바 있다. 그에 따르면 중세시대까지 언어는 신비로운 환기력을 갖는 마술적 언어였다. 이것이 자본주의가 활력을 얻게 되는 리얼리즘 단계에 이르면 기호는 대상을 지시하는 역할만을 하게 되며, 모더니즘 단계에서는 기호와 지시대상 사이에 분화가 일어난다. 이른바 기호의 자율적인 영역이 생겨나면서 지시대상의 존재가 희미해져 재현의 문제가 야기된다. 이 상태가 포스트모더니즘 시대에 이르면 기호 내의 기표와 기의가 분리되면서 기표가 자유로이 유희할 수 있는 공간이 생겨나게 된다. 이제 기호와 지시대상의 관계 속에서 발생하는 의미의 개념이 사라지기 때문에 지시대상인 현실은 텍스트에서 자취를 감추고 기표와 기표의 유희에 의해서 생기는 의미효과만이 문제되는 것이다.

현대 문명 속에 서 있는 고대의 오벨리스크.

포스트모더니즘에서 의미의 생산

을 소홀히 하고 궁극적으로 현실재현의 개념을 포기하게 된 데는 지시대상의 소멸을 당연시하고 기호의 유희에 자만할 수 있게끔 조장하는 사회문화적 배경이 선행조건으로 놓여 있음은 물론이다. 이를테면 도시생활의 복잡한 미로나 국제생활의 형성, 과학기술의 발달에 의한 통신 수단의 발달과 영상문화의 보급, 포스트구조주의와 해체철학과 같은 이론작업들은 현실을 총체적으로 파악하여 재현하려는 기도의 무모성을 설득하고 이질적이고 단편적이며 우연적인, 또 무작위적인 이미지들의 병치에 의해 현실을 대치하고자 하는 욕망들을 부추긴 요인들이다. 그러나 이 가볍고 현란한 이미지들의 파편은 체계나 연결성을 가지지 못하기 때문에 '시간 속에 있는 순수하며 서로 관계없는 현재들의 집합'만을 경험하게 한다. 봅 페렐만의 작품인 다음의 시는 그와 같은 '서로 관계없는 현재들의 집합'이 주는 불연속의 경험을 실감할 수 있게 한다.

중국

우리는 태양으로부터 제3의 세계에 산다. 3이란 숫자. 아무도 우리더러 어떻게 하라고 하지는 않는다.
우리에게 셈을 가르쳐 준 사람들은 아주 친절했다.
언제나 떠날 시간이다.
비가 오면 넌 우산을 가지고 있거나 가지고 있지 않다.
바람이 불어 네 모자를 벗긴다.
해는 다시 떠오른다.
난 별들이 우리들 이야기를 자기들끼리 하지 않았으면 한다.
난 우리가 그렇게 했으면 싶다.
네 그림자 앞을 달려라.
적어도 10년에 한 번씩 하늘을 가리키는 누이는 좋은 누이다.
풍경에 모터가 달렸다.
기차는 그것이 가는 곳으로 널 데려간다.

물 속의 교량들.
넓게 퍼진 콘크리트를 따라 흩어져 비행기로 향하는 사람들.
네 모습이 사라질 때 너의 모자와 신발이 어떤 모습을 할지 잊지 말아라.
공중에 떠도는 말도 파란 그림자를 만든다.
그게 맛있으면 우리는 먹는다.
나뭇잎이 떨어진다. 사물들을 지적하라.
알맞는 것들을 주워라.
"어이 뭔지 알아?" 뭔데? "말하는 법을 배웠어" 굉장하군.
머리가 온전치 못한 사람이 왈칵 울었다.
떨어질 때 인형이 무얼 할 수 있겠는가? 아무것도.
누워 자라.
짧게 입으니까 멋있어 보이는데. 그리고 깃발도 멋있어.
모두 그 폭죽을 즐겼다.
일어날 시간이야.
하지만 꿈에 익숙해지는 게 좋아.

이 작품에서 일관된 의미를 읽어내는 것은 거의 불가능한 것처럼 보인다. 오직 단편들이 불연속과 불협화 속에 이루어내는 의미효과를 파악할 수 있다면 그것만으로도 다행이라고 할 수 있다. 제임슨은 이 시가 '세계사에서 유례를 찾아볼 수 없는 새 중국이라는 거대한 미완의 사회적 실험이 가진 흥분 같은 것을 담고 있다'고 본다. 그러나 이 작품에서 그러한 의미효과를 읽어낸다는 것은 지난한 작업이 될 것이다. 이와 같이 의미가 연결되지 않는 단편들의 조합에 의한 작품의 구성은 포스트모더니스트들이 유기적 통일성을 부정하고 차이와 불연속성을 강조할 때 이미 얼마간 예기된 것이라고 할 수 있다. 작품은 이질적인 요소들이 뚜렷한 체계나 질서가 없이 한데 섞이는 불연속적인 것이며 의미효과는 서로 차이지어지고 단절된 요소들이 관계 맺어지는 속에서 파생되는 것이다. 그 의미효과가 과연 어떤 것이 될지는 아무도 쉽사리 예측할 수 없다. 포스트모더니즘과 정신분열을 연관시키는 제임슨의 견해는 이 같이 작품을 구성하는 '일련의 연속물들이 서로 연결되지 않고 고립되어 있는, 단절된 물질적 지표'가 되고 있는 사실을 적시한 것이다. 『데리다・푸꼬・포스트모더니즘』의 저자 마단 사럽에 따르면 이 정신분열적 증후 속에서 인간 주체는 주어진 세계에 대하여 보다 강렬한 경험을 가지며 일련의 영원한 현재를 경험한다. 그 경험은 시간의 분절화에 의해 특징지어진다. 사럽은 이러한 시간적 불연속성의 경험이 존 케이지나 사무엘 베케트 같은 작가의 포스트모더니즘에서 주요성분을 이룬다고 보고 있다.

예술작품의 유기적 구성을 거부하고 이질성과 연속성을 고취하는 포스트모더니즘의 환영문화는 종국에 총체성에 대한 전면적인 부정으로 나아간다. 총체성의 부정은 니체의 계보를 잇는 데리다 나 푸꼬의 철학에 이론적 근거를 두고 있지만 그보다 앞서 자본주의 현실의 변화에서 더욱 직접적인 원인을 찾아보는 것이 온당한 방법일 것이다. 다국적 자본주의, 후기 자본주의로 불리는 오늘의 현실은 어떤 총체화의 기도도 거부하는 것처럼 보이기 때문이다. 전자기술의 발달에 의하여 통신혁명, 매체혁명을 이루고 있는 오늘의 현실은 전체세계를 거미줄 같은 조직망으로 얽어놓고 있어 그것을 재현하려는 어떤 미학적 기도도 철없는 짓으로 여기게 만드는 새로운 숭엄이데아가 되고 있는 것이다. 그 숭엄이데아는 당연히 세계의 동질성이라는 관념을 거부하며 일원적인 진리란 폭력에 의해 수립되는 허구일 뿐이라고 주장할 근거를 제공한다. 세계는 어떤 방식으로든 동일화, 동질화할 수 없는 존재이기 때문에 진리나 의미를 말할 수 없으며 오히려 다원성이나 단편성, 이질성이 진리라는 말뜻에 가까운 것임을 설득하는 것이다. 리오타르가 말하는 것처럼 포스트모더니스트들은 현실을 질서 있고 통합된 총체성으로 경험할 수 없는 조건에서 예술의 유일한 가능성은 단편화의 길에 있다고 믿는다. 전체 현실을 문제시할 필요 없이 작은 이야기들을 선호하며, 진리를 장악했다고 자부하지 않고 단지 기표들의 유희에 의해 조성되는 환영들의 의미효과에 자족하고자 하는 것이다. 이러한 상황은 1950년대의 루카치와 아도르노 사이에 벌어진 아방가르드 논쟁을 상기시킨다. 아방가르드의 비유기적 작품이 현대 세계의 상태에 대한 표현을 가능하게 하는 유일한 대안이라고 본 아도르노에 대해서 루카치는 그것이 사회의 소외상태를 즉물적으로 반영한다는 사실을 수긍하면서도 사회의 구조적 변혁 가능성을 몰각한 것임에 틀림없다고 주장했던 것이다. 냉전체제가 무너지고 자본주의가 전일화된 지금에 와서 루카치와 아도르노의 논쟁이 또다시 내연할 소지가 얼마나 있는지 모르지만 작고 단편적인 이야기들의 세계를 추구하는 포스트모더니즘은 그에 상관없이 대중문화와 대중매체의 영향력을 믿고 기표들의 자유로운 부동에 의한 다양한 환영을 창조하는 데 매진하고 있다. 그 노력은 중심을 구축하여 이질적인 것을 배척해온 기존의 경직된 총체성이 진리를 독점하는 것을 거부한다는 점에서 진보적일 수 있다. 그러나 이질적이고 주변적인 것을 구출하여 다원성을 확보하고자 하는 시도들이 환영의 놀이에 몰두하면서 잊어버리는 것은 숭엄이데아의 뒤편에 숨겨진 그 무엇임을 김우창은 이렇게 말한다.

> 포스트모더니스트들은 기호의 체계, 그 대표적인 것으로서의 언어의 체계가 자의적이고 무한한 변조와 번식의 가능성을 가진 것이라고 말한다. 그러나 이 창조적이고 자의적인 언어도 어쩌면 궁극적으로 기술문명의 발전의 자기 은폐작용의 한 결과일 수 있다. 또는 기술문명 그것이 아니라면 그것에 상동적인 관계를 가지고 있는 담화의 발전이 이룩한 무한한 -또는 무한한 것으로 보이는 유연성, 정치화精緻化, 전체화의 종착역이 포스트모더니즘이 발견한 언어이다. 그러므로 거기에는 기술문명이 아니면 적어도 그것에 부수하는 어떤 근원적인 에피스테메들이 숨은 제약으로 존재하는 것일 것이다. 현란한 언어의 놀이는 스스로를 은폐하는 이 근원적 제약의 그림자이기 쉽다.

5. 포스트모더니즘 문학의 전개

포스트모더니즘은 그 용어의 유래에서 알 수 있듯이 극히 다양한 현상을 포괄한다. 이제까지의 문예사조가 주로 유럽대륙의 움직임을 중심으로 이루어진 데 반해서 포스트모더니즘은 사상 처음으로 유럽 이외의 지역이 주도권을 잡고 전개한 문학예술운동이다. 더욱이 미국이나 중남미 가운데 어느 한 쪽에서 확실한 주도권을 잡거나 구심 역할을 한 것이 아니라 시대에 따라 그 구도가 변화하고 있다는 점에서 그 문학적 현상의 핵심을 포착하기에는 많은 어려움이 따른다. 최초로 포스트모던이라는 용어를 사용했던 페데리코 데 오니스는 그 말을 당시의 모더니즘 문학의 경향에 일치하지 않는 반귀족적, 도시적, 산문적인 이미지를 가진 시인들을 묘사하기 위해서 사용했던 것으로 알려져 있다. 따라서 중남미의 포스트모더니즘에 중심을 둘 경우 거기에 포함되는 문학적 현상과 이합 핫산이나 레슬리 피들러 류의 미국 중심의 포스트모더니즘개념에서 파악되는 문학현상 사이에는 불가불 편차가 생길 수밖에 없다. 이러한 처치 곤란한 문제를 해결하는 방식으로는 배제의 방법보다 포괄의 방법이 문제를 덜 일으킨다는 점에서 여기서는 시대마다, 지역마다 차이를 지니는 개념에 구애받지 않고 우리가 포스트모더니즘의 다양한 양상을 파악하는 데 도움이 될 수 있는 대상이라면 크게 가리지 않고 그 문학적 성과를 서술하고자 한다.

중남미 문학이 포스트모더니즘의 원형으로 등장하게 된 데는 모더니즘이 대륙의 아방가르드 운동과 영미 중심의 주지주의적 문학으로 양분되어 있었다는 사실이 중요한 요인이었다. 영미의 영향과 스페인을 통한 유럽대륙 쪽의 영향을 동시에 받고 있던 중남미에서는 어느 한쪽에 기울지 않고 두 사조를 접목시켜서 새로운 특성을 지닌 문학을 산출할 수 있었던 것이다. 또한 포스트모더니즘이 생길 무렵 중남미를 비롯한 제3세계가 세계사의 중심무대가 되었다는 설명도 설득력이 있다. 2차 대전 후 세계의 관심은 제3세계문제에 쏠리게 되었고 그것은 곧 제3세계적인 것이 세계적인 것이 되게끔 하는 한 요인이 되었던 것이다. 중남미에서 포스트모더니즘이 먼저 발생한 이유에 대한 이러한 설명은 미국에서 포스트모더니즘이 왕성하게 번창한 이유를 설명하는 데도 일정하게 도움이 된다. 즉 주지주의적인 문학에 염증을 느끼게 된 문학인들이 그와 상반되는 경향의 문학, 전통을 변화시킬 수 있는 문학을 찾을 때 자연스럽게 유럽 대륙 쪽의 아방가르드에 관심을 가지게 되었다는 것은 충분히 납득할 수 있는 설명이 되는 것이다.

하지만 중남미의 포스트모더니즘과 미국의 그것은 똑같은 양상을 나타내지는 않았다. 그것은 두 지역의 사회문화적 조건이 다른 데 큰 원인이 있는 것으로 이해된다. 즉 산업화의 첨단을 달리던 미국적 상황과 아직 산업화의 세례가 생활 속 깊숙이 젖어들지 않았던 중남미의 상황은 결코 같을 수가 없었던 것이다. 이에 따라 중남미의 포스트모더니즘에서는 전기 아방가르드의 네오 바로크적 양식이 주류를 이루었다. 마술적 리얼리즘이라든가 환상적 리얼리즘이라는 명칭이 중남미 문학을 묘사하는 데 사용되는 사정을 설명해주기도 하는 이러한 특성은 중남미 문학이 미국의 포스트모더니즘처럼 극단적인 문학해체의 경향으로 기울지 않고 일정하게 예술적 형식의 통일성을 유지하는 선에서 전개되었음을 의미한다. 이와 달리 미국의 문학은 사물의 직접성을 드러내는, 독자가 문학의 형식들을 통해 전경화되는 세계의 사물에 접촉하는 것이 아니라 낱말들을 직접적으로 마주치게 하는 후기 아방가르드적 형식이었다. 이 같은 각국의 포스트모더니즘에 나타난 양상의 차이는 유럽 대륙 쪽의 경우에는 더욱 현저하다. 프랑스의 경우 포스트모더니즘은 80년대에 이르기까지 대중의 별다른 관심을 끌지 않았다는 것이 정설이며 영국의 경우에도 포스트모더니즘의 영향은 전통적인 문학의 형식을 크게 변화시키지는 않았다.

1) 시문학

포스트모더니즘은 소설을 중심으로 전개된 사조라고 볼 수 있다. 시의 경우 아방가르드의 실험이 여러 가지로 행해졌기 때문에 포스트모더니즘의 시와 아방가르드의 시 사이에서는 차이점을 찾기 어려운 측면이 있다. 그러나 퍼킨스는 50년대 이후 영국과 미국의 시에 모더니즘의 시학을 해체하는 경향이 나타나고 있음을 지적하고 그 특성을 자발성, 개성, 자연성, 개방성의 네 가지로 나누어 설명한다. 자발성이란 신비평의 영향 아래 인위적 형식을 추구한 데 반대하여 자발적인 삶의 흐름을 자연스럽게 서술하는 경향을 가리킨다. 이것은 모더니즘 시에서 개성을 억제하고 압축된 형식성을 강조한 데 대해서 포스트모더니즘이 시인의 육성과 자서전적 내용을 시에 담으려 한 사실과 맥락을 같이 한 지향이었다. 또한 시인들은 일상적으로 겪는 삶의 고통과 정서를 소재로 하여 노래한다는 자연주의적 지향을 나타냈다. 개방성은 폐쇄적 형식에 대한 부정을 의미하는 것으로서 콜라주, 유추, 산문적 에세이, 패러디 등을 도입함으로써 형식의 완결성을 거부한 경향을 말한다. 이러한 영국과 미국 시의 경향은 중남미의 경우와 약간 다른 양상을 나타낸다. 사회적인 문제가 주된 관심의 대상이었던 상황이었기 때문에 파블로 네루다를 위시하여 파라·기엔·카르네날의 해방시가 선도적인 위치를 차지했다. 그러나 체 게바라의 죽음 이후 해방시의 경향은 점차 사라지고 보르헤스와 옥타비오 파스를 주축으로 하는 경향이 득세하게 된다.

파블로 네루다의 시는 삶의 생동감을 느끼게 하는 역동성이 특징이다. 그것은 그의 열정적인 기질에서 비롯된 성향이기도 하지만 라틴 아메리카의 환경이 주는 영향을 나타내는 것이기도 하였다. 그의 시 가운데 포스트모더니즘과 관련시켜볼 수 있는 것은 초현실주의적 경향을 드러낸 『이 땅에서 살기』에 포함된 일련의 작품들이다.

죽음만이

외로운 묘지들이 있고,
아무 소리도 내지 않는 뼈들로 가득 찬 무덤들,
가슴은 터널을 통과하고 있고,
그 속은 어둠, 어둠, 어둠뿐,
조난처럼 우리는 죽어 우리들 자신 속으로 들어간다.
마치 우리가 우리 가슴 속에 빠져 죽고 있었듯이
마치 우리가 피부에서 떨어져 나와 영혼 속에 살러 들어간 듯이.

그리고 시체들,
차고 끈적거리는 진흙으로 빚은 다리,
죽음은 뼈 속에 있다.
개들도 없는데 어디서 짖어대는 것처럼,
어디 종鐘들에서, 어디 무덤들에서 와서
눈물이나 비처럼 축축한 공기 속에 자란다.

이따금 나는 혼자 본다
관棺들이 항행하고 있는 걸,
창백한 사자死者를 싣고, 죽은 머리털 가진 여자들,
천사처럼 흰 빵 제조인들,
그리고 공증인들과 결혼한 수심에 찬 젊은 여자들을 싣고,
관들은 사자의 수직의 강을 항행해 오른다.
진자주빛 강,
사자의 소리로 가득 찬 돛 …
침묵인 사자의 소리로 가득 찬 돛을 달고 거슬러오른다.

발이 들어있지 않은 구두처럼, 사람이 들어 있지 않은 옷처럼,
죽음은 그 모든 소리에 섞여서 온다
와서 노크한다. 보석 안 박은 반지, 손가락 들어있지 않은 반지로,
와서 소리 지른다, 없는 입, 없는 혀, 없는 목구멍으로.
발소리를 들을 수 없는데도
옷 스치는 소리가, 나무에서 나듯, 쉬--하고 난다.

잘은 모르겠고, 조금밖에는 알 수 없으며, 볼 수도 없지만,
내게는 그 노래가 젖은 제비꽃 색깔인 듯싶다,
땅 속에서 편안한 제비꽃들…
왜냐하면 죽음의 얼굴은 창백하니,
그리고 죽음이 던지는 눈빛은 창백하니,
제비꽃 잎의 스며드는 축축함과
매운 겨울의 음산한 색깔에 물들어.

그러나 죽음은 또한 바로 분장을 하고 세상을 지나간다.
바닥을 핥으며, 시체를 찾으며,
죽음은 그 비 속에 있다.
비는 시체를 찾는 죽음의 혀이며,
실을 찾는 죽음의 바늘이다.

죽음은 접는 침대들 속에 있다:
그건 후줄그레한 매트리스에서 잠자며 일생을 보내고,
검은 담요 속에서 보내며, 그리고 갑자기 숨을 몰아 쉰다:
그건 시트를 부풀리는 슬픈 소리를 터뜨리고,
그리고 그 침대들은 항행한다

죽음이 해군제독처럼 차리고 기다리고 있는 항구로.

　네루다 시의 영역자인 블라이라는 시인은 "네루다 시들과 비교해보면 불란서(초현실주의)시인들의 시는 생기 없고 찍찍거리는 것이다. 그 불란서 시인들은 자기들이 제도화된 아카데미즘과 합리주의적 유럽문화를 싫어하기 때문에 스스로를 억지로 무의식 속으로 몰고 간다. 그러나 네루다는 재능을 가졌다… 네루다는, 집게발과 딱딱한 등딱지를 가진 심해의 게처럼, 대낮과 같은 의식 밑바닥에 있는 육중한 물질들을 들여 마실 수 있다. 그는 여러 시간 동안 바다에 머물면서, 조용히 그리고 히스테리 없이 어정거린다"고 말했다. 한국어 역자인 정현종도 "네루다의 시는 언어라기보다 그냥 하나의 생동이다. 그의 살은 제 살이 아니라 만물의 살이요, 그의 피는 자신의 피가 아니라 만물의 피이며, 그의 몸 안팎의 분비물은 자기의 것이라기보다 만물의 것이기 때문일 것이다(이 말은 인간의 살과 그의 피가 그가 먹은 온갖 것의 결과라는 사실적, 논리적 인식과 다르다). 요컨대 네루다는 만물이다. 그의 시를 통해 자신들이 드러날 때 사물은 마침내 희희낙락하는 것 같고, 스스로의 풍부함에 놀라는 것 같다"고 평했다. 하지만 네루다의 시가 민중적인 힘을 바탕에 깔고 있는 해방시이지만 중남미 포스트모더니즘의 정수를 보여주는 것은 아니다. 그의 시는 마술적 리얼리즘이라는 그의 소설에 대한 평가와 같이 리얼리즘 계열에 속한다고 생각되며 포스트모더니즘은 보르헤스와 파스의 시에서 명료하게 드러난다. 보르헤스는 소설가로 알려져 있지만 시에서도 선진적인 전위작가의 모습을 보여준다. 그는 스페인의 전위운동에 참여했으며 부에노스아이레스에서도 전위운동을 주도했다. 그의 소설과 같이 그의 시의 특징은 고전적인 형식 속에 '문학으로 문학하기'란 포스트모더니즘의 중요한 방법을 사용한 데서 드러난다. 「독자들」이란 다음의 시도 그러한 종류의 시에 속한다.

　　누르측측하고 깡마른 피부의 그 양반의
　　영웅적 광기를 추측해보건대

모험을 찾아 떠나갈 끝없는 전야제를 살며
그는 한 번도 자기 서재를 떠나본 일이 없다.
그의 희비극적 파란만장한 행각과 집념을
이야기하는 정확한 실록은
세르반테스가 아니라 그 독자가 꿈꾼 것.
소설은 단순히 하나의 꿈의 기록일 뿐,
어쩌면 그게 또한 나의 신세일지도 모른다.
나는 내가 처음 그 양반의 이야기를 읽던
과거의 서재에 묻고 온 어떤 본질적인
불멸의 무엇이 있음을 안다.
한 어린이가 서서히 책장을 넘긴다.
그리고 자기도 모르는 희미한 것들을 꿈꾼다.

『돈키호테』의 작가 세르반테스를 주제로 한 이 작품은 그의 소설집 『픽션』에 들어 있는 「삐에르 메나르, 돈키호테의 저자」와 같이 보르헤스의 문학세계가 간텍스트성, 문학에 대한 자의식과 긴밀한 관계가 있음을 보여준다. 이 작품에 대해서 민용태는 이렇게 해설한다.

여기에서 작가는 없다. 레판토 해전에서 팔을 잃고 왼손잡이가 된 세르반테스가 『돈기호테』를 쓴 게 아니다. 나중에 돈키호테라는 이름을 달고 세상을 누빌 생각을 하는 한 시골 영감이 꿈꾼 것을 쓴 것이 『돈키호테』다. 문학이란, 작가는 독자가 꿈꾼 것을 적어 놓은 것 밖에 뭐가 더 있겠는가. 독자는 허구를 먹는다. 독자는 허구다. 보르헤스가 작중 인물인 '시골 영감'의 꿈 기록이 『돈키호테』라고 한 것도 허구가 허구를 쓴 것이라는 말이 된다. 그래서 책 읽기는 어딘가 본질적이고 불멸스러운 데가 있다. 허구를 살며 허구의 감동을 실제로 느끼며 살기 때문이다. 산다는 게 뭔가. 삶이 이런 거라고 생각하는(사실은 잘 모르는) 것을 실감하며 더러는 고뇌하고 더러는 좋아 날뛰는 허구와 미궁 속의 놀이가 아닌가.

보르헤스도 중남미 포스트모더니스트 시인으로서 성가를 얻고 있지만 시에 있어서 대표적인 인물은 옥타비오 파스다. 그는 1972년에 포스트모더니티로 이해되는 문학의 종말을 선언한 것으로도 유명하다. 그가 이렇게 판단한 것은 동서냉전의 구도 속에서도 양 진영의 문학이 새로운 지향을 내보이기 시작하는 내밀한 움직임을 보았기 때문이다. 다음은 김정련이 번역한 파스의 시들이다.

너의 눈동자
그대 눈은 번개와 눈물의 나라
말하는 고요
무풍無風의 폭풍, 파도 없는 바다
조롱 속의 새들, 졸음 겨운 금빛 맹수
진실처럼 무정한 수정
숲 속의 눈부신 공간으로 찾아온 가을, 거기 나무의
어깨에서 빛이 노래하고 모든 이파리들이 새로 변한 곳
아침이면 샛별같이 눈 덮인 바닷가
불을 따 담은 바구니
맛있는 거짓
이승의 거울, 저승의 문
한낱 바다의 조용한 맥박
깜박거리는 절대
사막

손으로 느끼는 삶

나의 손은

네 존재의 커튼을 연다

다시 너에게 벌거숭이 옷을 입히고

네 육체들을 벗긴다

나의 손은 네 육체에서

네 육체에서 또 다른 육체를 창조한다

시인의 운명

말? 그것은 그렇다, 바로 공기다

대기 속으로 사라져버리는 것이다

이 나를 말 속으로 사라지게 하였으면

어느 입술에 감도는 공기이게 하였으면

오오 목적도 없이 떠도는 바람의 파도

떠돌며 제 빛 속으로 사라지거니

글

종이 위에 연필로 글을 쓰는

외로운 시간,

나를 대신하여 글을 쓰고 있는 사람은

누구에게 쓰고 있는가

입술과 꿈이 얼룩진 바닷가

고요한 언덕 작은 항구

세상을 영원히 하직하기 위해서 돌아선 등어리

누가 내 안에서 나를 대신하여 글을 쓰는가

내 손을 잡고 끌면서, 말을 선택하고
잠시 뜸을 들였다가
남빛 바다? 아니면 푸른 산등성이? 하고 생각에 잠겨서
차가운 불길로
내가 쓰고 있는 것을 보며,
모든 것 불태운다. 정의의 불
그러나 희생자일 수밖에 없다. 재판관도
나를 언도하는 것은 자신을 쓰는 것이 아니다
누구를 부르지도 않는다
자기를 위해 쓸 수 있을 뿐
자기 자신 속에서 자신을 잊으려는 것일 뿐
이윽고 그 무엇이 재생한다면
그것은 그 자신일 뿐

잠시 본 세계

밤바다에
물고기 아니면 번개
밤 숲에
새 아니면 번개

육체의 밤 속에
뼈다귀는 번개
오오 세계여
모든 것은 밤
삶은 번개

새벽

차고 빠른 손길이
한 겹 두 겹
어둠 껍질을 벗긴다
눈 뜬다
    아직도
나 살아 있다
     생의 한 가운데서
아직도 생생한 상처의 한 가운데서

침묵

음악의 맨 밑바닥에서 올라오듯이
하나의 음계가 상승하여 떨면서
커지다가 이내 가늘어진다
다음 음악이 오르면 그 음계는 입을 다물고
침묵의 심연에서
또 다른 침묵이 솟아오른다, 뾰족하게 솟아오른 탑이거나
칼 같은 것이 솟아오르다가 커져가다가 멈춘다
오르는 동안 또 떨어지는 것은
추억과 희망, 우리의
크고 작은 거짓언어들
외치려 해도 목구멍에서
외침은 사라지고
수많은 침묵이 입 다문 그곳으로
또 다른 침묵이 튀어나간다.

민용태는 옥타비오 파스의 시세계가 지닌 특징에 대해서 다음과 같이 설명한다.

> 보르헤스에 비해 옥타비오 파스는 더욱 본격적인 포스트모더니스트이다. 이는 시의 내용과 형식면에서 가장 실험적이고 열린 시를 표방하고 있기 때문이다. 1967년 「백지」라는 시집은 세 편의 시가 한 페이지에 병진하고 있는 시집이다. 책도 두루마리 형태로 되어 있어 독자는 읽어가면서 그 의미와 이미지가 달라짐을 체험한다. 마치 우리가 살아가면서 인생에 대한 생각을 달리해 가듯이, 독자는 각각의 시를 따로 읽어도 좋고 서로 연결하면서 읽어도 좋다. 물론 동반자에 따라 그 자서전의 의미는 달라질 수 있다. 1969년의 시각시 「토포에마스^{Topoemas}」도 구체시, 그림시가 포스트모더니티에 속하듯 이 계열의 시집이다. 독자의 자유로운 독서방법이 이루어 가는 다양한 의미의 광장이 또한 이 시집이다. 1971년 「연가」는 ---작가의 죽음을 정식으로 시도한 합동시집이다. 파스와 작스로보, 상기네티, 찰스 톰린슨이 각각 다른 자국어로 네 연씩 즉흥으로 써 가는 4연시로 묶은 시집이 그것이다. 파스는 '언어가 그 언어를 구사하는 인간보다 더욱 눈을 뜨고 있다'고 주장한다. 언어는 누구의 것도 아니다. 언어로 쓰는 시의 작가는 결국 아무 일 수 없다. 말소리가 말소리와 연결하여 이루어 가는 시의 광장이 이 시집이다. 여기서 시인은 이해할 수 없는 말소리의 속삭임 속에서 형체를 지어 가는 이상한 원숭이(시)를 보는 관찰자이다.

중남미의 대표적 포스트모더니즘시인 파스는 시에서 이미지가 중심이 되어야 한다고 생각하였으며 시간성이 공간성 속에서 관찰될 때 동시성의 시가 이루어진다고 파악하였다. 그는 초현실주의자들처럼 시가 경험이라는 생각에서 "시는 하나의 구축물이라기보다는 하나의 경험, 우리가 만드는 어떤 것이 아니라 동시에 우리를 만들어가는 그리고 우리를 파괴하는 어떤 것, 우리에게 일어나는 어떤 것, 하나의 열정"이라고 주장했다. 그렇지만 그는 초현실주의를 포함한 아방가르드의 종말을 예언하여 포스트모더니즘을 개척한 시인이었다. 그가 '단편'으로 이루어진 작품이 새로이 다가오는 시대의 가장 적절한 시의 형태라고 한 것은 포스트모더니즘의 근본적 성격을 간파하고 있었음을 알려준다. 그의 실험정신을 잘 드러낸 작품으로는 다음의 시들을 열거할 수 있다.

뒤집을 수 있는
공간에
    나는 있다
내 안에
    공간
그 어느 곳에도
    나는 없다
내 밖에
    공간
안에
    공간이 있다
그 밖에
    어디에도
내가 없고
    공간에
등등

태양의 돌
사랑하는 것은 싸우는 것이다. 만일 두 사람이 입을 맞추면
세상은 바뀌고, 욕망들은 육화되고
생각이 육화되고, 날개들이 뜬다
노예의 등짝에서, 세계는

실제로 있고, 만질 수도 있고, 포도주는 포도주다
빵은 알게 되고, 물은 물
사랑하는 것은 싸우는 것이다, 문들을 여는 것이다.
환영이 되기를 멈추는 것이다 얼굴 없는 한 주인에 의해
영원한 쇠사슬에 처형된
하나의 숫자를 가지고

  파스를 비롯한 중남미의 시인들이 전통의 중압을 느끼지 않고서 자유롭게 새로운 시의 세계를 개척해나갈 수 있었던 데 반해서 미국의 시인들은 모더니즘이란 잘 정제된 시학의 굴레를 벗기 위해서는 더욱 의식적인 노력을 기울일 필요가 있었다. 이 노력은 미국사회를 지배하는 합리주의와 과학주의에 대한 투쟁과 병행되었기 때문에 한층 격렬한 거부의 태도와 몸짓을 동반하는 것이었다. 분출되지 못한 디오니소스적 충동이 50년대 이후의 미국시인들을 격심한 몸부림으로 몰아간 것이다. 이 시대의 감수성을 잘 나타내주는 것이 젊은 세대의 저항정신을 선도한 로월의 「근시의 밤 Myopia Night」이다

침대에 누워 안경을 벗으면,
모든 것은 흔들리고 괴상한 모양으로 변한다,
근시에게는
지척에 있는 것조차도.

        불빛은
지금 이 순간도 아직 비치고 있다.
그러나 책들의 표제가 가물거리고,
책들은 푸른색 둔덕이나, 갈색의 뭉치, 초록 더미,
들판, 아니면 그저 어떤 색깔에 지나지 않는다.

                    이것은
어딘가로 떠나야 할 길이며,
환상의 길이다. 누가 그것을 만들었는지,
그 위에는 숫자와 말과 방향표지가 남겨져 있다.
그는 급히 떠나야만 했다.

나는
흐릿하고 낯선 방을 둘러본다,
한때는 내 지식의 저장소였던 곳,
하얀 담배연기로, 청소용 구멍으로 새는 증기로
하얗게 빛나는 방을 …나는
스팀의 쇳덩이가 혼자서 숨을 들이쉬며,
환자처럼 거르렁거리는 소리를 듣는다.
내 눈은 아직 그 방을 외면한다.
볼 필요가 없다.
마치 바늘귀가 …하는 것처럼
내 오관(伍官)이 꽉 조이고
생각이 뒤엉킬 때,
나는 그 텅 빈, 점점 확산하는 하얀색의 침투가
그 흐릿함을 태워 없애주기 바랐음을
알 필요가 없다.

나는 샛별이 …을 본다.

에덴의 동산에 숨어든 그를 생각해보라.
인간의 타락과 하늘에 대한

승리에 골똘했던,
지식의 씨앗, 이브의 유혹자,
사탄은 그 동산에서
승리했다! 잠시 후
그 눈부신 광휘가 뱀으로 변했다.
배를 깔고 누워서 기는 뱀으로.

무엇이 이 집 안을 흐트려 놓았는가?
한치 앞의 낯익었던 얼굴들이 흐릿해진다.
나이 오십에 우리는 너무나 연약하다,
깃털만큼이나…

눈이 해야 할 일들은 끝났다.
풀빛이 비친 검은 문자판 위에
어떤 새로 솟은 달빛으로 드러나는 초록 색깔 암호들…
일, 이, 삼, 사, 오, 육!
나는 숨을 쉬지만 잠을 잘 수 없다.
그때 아침이 와서,
"이게 하룻밤이었노라"고 이른다.

로월은 모더니즘의 '이성시학'을 거부한 고백시들을 쓴 시인으로 알려져 있다. 하지만 고백시가 모더니즘의 시학을 거부한다는 태도를 취했음에도 불구하고 이들에게서는 여전히 정제된 시적 작업의 흔적이 짙게 드리워져 있다. 신정현은 앞에 인용한 로월의 시에 대해 다음과 같이 설명한다.

이 시에서 시적 자아는 자연법칙에 대한 지식과 하늘에 대한 승리를 추구하는 사탄의 역사에 조건화되어 '근시'가 되었다. 사탄이 만들어준 '지식의 안경'은 존재의 의미를 명료하게 하는 참조체계였으며, 그것을 벗은 시적 자아는 의미의 혼란을 경험한다. 의식되는 외계는 삐걱거리는 소리를 내며 지각이 불가능한 상태로 뒤엉켜 있고, 감각은 지각을 거부한다. 새벽이 오고 날이 샐 때까지 새로운 출발을 염원하거나 어떤 초인적 힘에 의한 '무지^{white}'의 세계로의 되돌림을 꿈꾸어 보지만, 사탄의 본질이 뱀이며 지식은 인간의 타락을 위해 사탄에 의해 창조된 것임을 깨달을 뿐이다. 지식의 세계는 통합과 조화가 있는 '무지^{innocence}'의 세계와는 달리 승패의 세계이며, 승리한 자의 참조체계를 통해서만 의미가 이루어지는 세계이다. 승리의 섬광으로 눈을 멀게 했던 지식의 빛이 바래자 사탄은 천박하고 야비한 뱀으로 정체를 드러냈고, 온 세상은 생소해졌다. '무엇이 이 집안--가정, 문명, 상징체계, 우주--을 망쳐 놓았는가?' 겨우 나이 50에, 또는 겨우 1950년의 역사에 우리를 깃털처럼 가볍게 한 것은 무엇인가? 인습에 젖은 눈이 아닌 오관으로 달과 새롭게 교감하는 환상을 가지며 불안과 혼돈의 강박상태 속에서 잠 못 이루게 했던 것은 무엇인가? 이 물음들에 대한 대답은 비단 로월만이 해결해야 할 숙제가 아니었으며 이 시대 미국시인들에게 주어졌던 숙제였다.

신정현은 미국의 포스트모더니즘 시가 모더니즘에 대한 저항의식 속에서, 전래의 '창조의 시학'이 아니라 시를 만들어가는 과정에서 경험이 커가는 '발견의 시학'을 바탕으로 발전하였다고 본다. 이미 인식된 어떤 사실을 시로 만들기 위해서 인공을 가하는 것이 아니라 시 자체가 '사물을 발견하는 하나의 방법, 사물을 들여다보는 하나의 방법, 사물에 대하여 깨달음을 얻는 하나의 방법'으로 성립했다는 것이다. 이 같은 기본인식에서 그는 미국의 포스트모던 시대의 시를 대강 다섯 개의 유파로 나누고 있다. 로월과 뢰트키를 위시한 고백시가 그 하나로서 모더니즘시가 삶에 대한 정관을 주로 한 데 비해서 삶에 반응하는 시로 나타났다는 것이다. 개성적 우연적인 일상적 소재에서 삶의 의미를 드러내려는 것이 고백시의 특징이었다는 견해이다. 사회적 규범과 금기들에 의해 규정지어진 '이성적 자아'와 '예술적 자아'를 해체한 고백시는 이미 1940년대에 지어진 뢰트키의 「집들이」라는 작품에서 선을 보인다.

숨겨져 있던 것들이 소리 질러
나는 혀를 움직일 필요가 없다.
내 혼은 대문을 열어 젖힌 채 두고
문들은 활짝 열려 흔들린다.
오 내 사랑, 이제 그대의 눈이
모든 것을 있는 그대로 보리.

내 진실은 모두 예지되고
영혼의 고뇌는 스스로 드러난다.
나는 나신裸身을 방패삼아
뼛속까지 벌거벗는다.
내 자신은 내 혼이 입고 있는 옷일 뿐⋯
나는 옷을 벗겨 내 영혼을 파리하게 한다.

분노는 지속되며
순수하고 강직한 언어로
진실을 말하리.
나는 거짓말하는 입을 다문다.
내 혼은 미쳐, 또렷한 외침소리를 비틀어
아득한 고통을 짠다.

고백시는 50~60년대의 많은 시인들에게서 사례를 찾을 수 있다. 스탠리 쿠니

츠나 실비아 플라스 등의 작품도 전형적인 고백시의 한 형태이다. 다음의 시들은 쿠니츠와 플라스의 시 가운데 고백시의 성격이 특히 두드러진 작품들이다.

초상화
어머니는 아버지를 용서치 않았다
특히 그렇게 어색한 시간에
그것도 공원에서
자살하였음을,
내가 태어나기를 기다리던
그 봄에.
어머니는 그의 이름을
가장 깊숙한 장롱에 잠그고
내놓아 주지 않았다
두드리는 소리를 나는 들을 수 있었지만,
멋진 콧수염,
짙은 갈색의 침착한 눈,
긴 입술의 낯선 이의
파스텔 초상을 내 손에 들고
다락방에서 내려오자
어머니는 한마디 말도 없이
그걸 갈기갈기 찢어버리고
나를 힘차게 때렸다.
예순네 살이 되었어도
나의 뺨은
여전히 얼얼하다.

겨울나무
젖은 새벽의 잉크는 푸르게 녹고 있다.
안개의 압지^{壓紙}에 나무들은
식물학 도서처럼 보인다…
고리에 고리를 더하며 자라는 기억들,
일련의 결혼.

낙태도 화냥질도 모르며
여자보다 노력 없이 씨를 맺는다!
발 없는 바람을 맛보며
역사 속에 허리까지 묻고…

날개와 초속성^{超俗性}으로 가득하다.
나무들은 이 점에서 레다와 같다.
잎과 감미로움의 어머니여
누구인가 이 비탄하는 이들은.
아무것도 덜어 주지 않는, 영창^{詠唱}하는 멧비둘기 그림자.

이성적 자아의 억압에서 신음하는 시인의 영혼을 그대로 드러내어 자기를 정화하려는 고백시의 시도는 50년대 중반 이후에 전개된 비트시에서 과격한 형태를 선보이게 된다. 긴스버그의 「울부짖는 소리」는 시대의 이성편향주의 속에서 고통을 겪는 자아가 신비와 환상의 비전 속에서 그 현실에서 벗어나려는 기도를 보여준 비트시의 대표적 작품이다.

나는 이 시대의 가장 쓸모 있는 사람들이 미쳐서 마음이 부서지는 것을
보았네. 굶주려 울부짖으며 벌거벗은 채

새벽에 검둥이들의 거리를 지나, 성난 몸짓으로 몸을 끌면서, 한 대의 마약주사를 찾을 때,
거룩한 비트족들이 밤의 천계天界 속에서 반짝이는 별빛과 해묵은 천상의 관계를 열망할 때,…
(후략)

긴즈버그가 읊은 것처럼 비트시는 현실에서 좌절한 이들의 울분을 직설적으로 털어놓은 '본능의 함성'으로 나타난 것이었다. 신정현은 50년대 이후의 시적 경향에서 블랙마운틴 운동을 이끈 올슨의 투사시$^{projective\ verse}$와 블라이, 뮈원 등을 동인으로 하는 심상파深象派 시인들, 뚜렷한 공통성을 가지지는 않았지만 지역적으로 한 그룹에 속하는 애쉬베리, 게스트 같은 시인들로 구성된 뉴욕파 등이 기성의 모더니즘 시학을 해체하고 생명과 의식의 생동하는 움직임을 시적으로 형상화하려 했음을 말하고 있다. 이러한 다양한 활동들을 통해서 포스트모더니즘의 초기인 50~60년대를 거친 미국의 시가 1970년대 이후 나타낸 양상에 대해 송무는 다음과 같이 설명한다.

70년대 이후의 미국시 경향을 한마디로 말한다면 중심의 붕괴이다. 기존의 미학이 도전받아 무너지면서 '주류'와 '주변'의 경계가 사라져 버렸다. 이와 함께 나타난 두 가지 특징 가운데 하나는 계급, 인종, 성의 범주에서 지금까지 억눌려 있던 사람들의 목소리가 크고 다양하게 표출되기 시작하였다는 점이다. 흑인, 본토 아메리카인을 비롯한 소수민족, 그리고 무엇보다 여성의 등장이 두드러졌다. 또 하나는 언어의 기능에 대한 근본적인 반성이 이루어지고 있다는 점이다. 이러한 경향은 특히 '언어시'그룹에서 발견되는데 그들은 언어의 현실 지시성을 문제 삼고, 자본주의 사회에서 상품화되어 있는 언어의 기능을 어떻게 구제할 수 있는지에 관심을 갖는다. 전체적으로 보아 오늘의 미국시는 해방의 욕구와 언어에 대한 당혹감이 혼재된 포스트모던적인 모든 증후를 보여주고 있다.

60년대 이후 미국의 시는 완연히 포스트모더니즘적 경향 아래 놓인다. 다음은 번역을 불가능하게하는 언어시를 제외한, 포스트모던적 경향을 보여주는 최근의 미국 시들로서 송무의 번역에 의해 소개된 것이다.

밤 지하철

정신병동 근무교대를 마치고 나온 간호사
〈포스트〉지를 앞에 놓고 졸고 있다 놀랍도록 매끈한 다리가
하얀 간호사 스타킹 밑에서 은은히 빛난다
그리고 푸에르토리코 출신의 십대들, 타임스 스퀘어에서 가진
진한 데이트로 달아올라 꼭 엉겨붙어있다 머리칼을 물들인 소녀
카메라점에서 퇴근한 하시드 교도, 기도서를 놓고
이름 없는 신의 이름을 웅얼거리며
떨어져 앉아 혹시 몸이 닿을까
옷자락이라도 닿지 않을까 조마거린다
창 밖을 내다보느라 좌석에서 꿈질거리고 있는 사내 아이
창 밖에선 신호등 불빛이 용들의 눈처럼 희번덕거리고
사내의 어머니는 담배를 피고 있다, 뻑뻑 빨아댈 때마다
남자란 다 소용없어, 못하는 말이나 있어야지라고 하는 듯

어찌 크세륵세스(페르시아의 왕)를 생각지 않을 수 있으랴
번쩍이는 갑옷으로 무장하고 창끝을 햇빛에 번득이는
수천의 병사를 열병하면서 백년 후에는 이들 가운데
아무도 살아있지 않으리라 생각하고 그는 울었다

오 저 위에 잠들어 있는 이들이여, 달빛에
흥겨워하는 강물, 달 위를 지나가는 구름이여

− 캐서 폴릿

미용사

미용사인 그 여자, 실컷 울고 난 다음
친구를 보러 시체공시소로 갔다.
시체는 마구 내버려져 사방이 일그러진 채
사람의 마지막이 저래도 될까 싶게
한쪽 팔과 허벅지만으로 삐뚜름히 뉘어 있었다.

죽은 사람에 이골이 나서
사람들이 옛 친구를 친절히 대하진
못했던 모양. 그녀 몫의 일은 친구의 머리를
손보고 모양내는 것. 말없이
제 할 일에 마음을 쏟아 부었다.

그러면서 그녀는 희미한 만족을 느꼈다.
다정한 마음이 곧바로 솜씨가 되어
비명碑銘을 새기기라도 하는 양
죽은 친구 머리를 곱게 꾸밀 수 있었던 것.
그녀는 생각했다…따지고 보면 난 미용사가 아닌가.

— 톰 건

나는 핀란드인

나는 우체국에 서 있다. 멀리
미네소타로, 가족에게 소포를 부칠 참이다.
나는 핀란드인. 이름은 카스테헤이미(이슬방울이라는 뜻).
미카엘 아그리콜라(1550~1557)가 핀란드어를 창조했다.
그는 루터를 알고 있었고, 신약을 번역했다.

치즈버거를 사러 클라세 카페에 들러도

아무도 나를 핀란드인이라 생각지 못한다.
나는 번들거리는 벽 위에 걸린 로트렉의
싸구려 복제를 눈 여겨 보고, 두근대는 감정을

드러내기 겁내는 펑크족 연인을 눈 여겨 본다.
내가 알고 있는 것은 분명하다. 내 조부모가 정말
1910년 핀란드에서 이민 왔다는 것을 …왜

다들 핀란드를 떠나는 것일까? 수만 명이
미시간으로, 미네소타로, 그리고 이젠 오스트레일리아로 떠난다.
핀란드 남자의 86퍼센트가 푸른 눈을 가지고 있거나

회색 눈을 가지고 있다. 오늘은 찰리 채플린의
탄신100주년. 물론 그는 핀란드인도 아니고,
살아있는 사람도 아니다."움트자 죽어버린

그대의 꽃" 털 가진 동물 가운데 가장 흔한 건
붉은 다람쥐, 사향쥐, 담비, 그리고 여우.
큰 사슴은 거의 3만 5천 마리나 된다.

하나 지금 난 시험공부를 해야 할 처지.
통과할거라 생각하고 학장이 오늘 저녁
나를 축하해 줄는지. 핀란드 문학은

1860년대에 참다운 꽃을 피웠다.
여기 매사추세추 주 케임브리지에서는 아무도
내가 핀란드인이라는 것에 관심이 없다.

그들은 1939년 노벨문학상 수상자인
프란스 에밀 실란패에 대해 들어본 적도 없다.
핀란드 사람인 나는 그게 분통터진다.

- 제임스 테이트

시골 장

당신이 다리 여섯인 그 개를 못 보았다 해도
상관은 없다.
우리는 보았다. 녀석은 주로 구석에 앉아 있었다.
여분의 다리에 대해서는

사람들이 금방 익숙해져서
곧 딴 생각들을 하기 시작했다.
가령, 장구경 나오기엔
되게 춥고 깜깜한 밤이로군,하는 따위.

그때 주인이 막대기를 던지자
개가 그 뒤를 쫓아갔다
네 다리로 달리면서, 딴 두 다리를 휘날렸다.
그걸 보고 한 여자가 까르륵 웃었다.

여자는 거나했고 남자도 거나했다.

남자는 여자 목에 입을 맞춰대고 있었다.
개는 막대기를 물고 우리를 돌아다보았다.
구경거리는 그것이 전부였다.

―찰스 시믹

점심식당에서의 자유

한때 나는 한 백인 사내의 눈길을
끌고 싶었다. 미모에 반해 그가 내 슬럼가 색깔에
빠지길 바라며. 그는 제 손이 내 멋진 몸을 위해 있음을
잊고 두 손을 들어 눈을 가리려 했다.
그것들은 내 가슴에 날아들었다. 비둘기에서 훔친
부드러움으로.

여종업원이 연필을 들고 내게 와도
난 무른 빵에 샌드위치를 주문하지 않을
작정이다. 내 모자는, 교회합창이 없는
일요일이면 쓰는 그 모자. 모자 위 검은
새가 복음성가에 맞춰 검게 흔들린다.
헝겊 꽃에서 꿀을 빨아내려는 듯.
시편은 내 마음 속의 쥐들이다. 내 생각을
갉아대고, 쏠아대고, 찢어버린다.
백인 사내들은 담벼락. 물이 얼마나 필요한지
나는 표현할 수가 없다. 신기루가
나타나고, 비둘기들이 날아오르며 망치들로 변한다.
그것들이 아직도 내 가슴으로 날아든다.

난 비폭력적이기 때문에 행동도 반항도
　　하지 않는다. 의자에서 쓰러질 때
　　나의 몸은 쓰러지며 만나는 바로 그것의
　　모습이 될 뿐. 백인 사내가 검둥이 아기를
　　어르고, 현자들이 차례로 참배한다.
　　아비의 자식이라 아기는 그를 닮았다.
　　아주 꼭 빼다 박았다. 사내는 자신의 미래를 그냥
　　놓아줄 수 없다. 메뉴에 들어 있는 것은 참치,
　　옥수수가루, 욕망 같은 양념을 친 쇠고기.
　　차림표에 있는 것 가운데 그는 마음대로
　　고를 수 있다. 별표는 특식의 표시.

　　　　　　　　　　　　　　　　　-사일리어스 모스

　모더니즘 시학의 인공성을 해체하기 위한 실험은 여러 방면으로 시도된다. 우화시나 이야기체 시, 구술시 등은 모두 그러한 시적 실험의식과 관련을 맺고 있다. 그러나 이 이야기체의 시들은 난해한 서술로 인해 관습적인 이야기의 형태와는 달리 불연속적이고 불완전한 허구들이라는 점에서 종래의 이야기 시들과는 성격을 달리했다. 예컨대 「개구리」라는 폴 멀둔의 다음의 시는 그 양태를 보여준다.

　　거친 돌무더기 사이의
　　또 다른 작은 용기라는 생각이 들었다.
　　내 알콜 수준기의
　　기포 방울로 그것의 눈들이 어울린다.
　　나는 망치와 정을 치워 놓고
　　그것을 흙손 위에 올려 놓는다

아일랜드의 전체 인구가,
연합법령 공포 후에
두 병의 포도주가 겁을 주기 위해 남겨졌던,
트리니티 대학의 정원들 가운데
한 연못에 밤새도록
서 있도록 남겨진 한 쌍으로부터 생긴다.

분명히 이 이야기에는 있다.
어떤 교훈이, 우리 시대를 위한 교훈이,
내가 그 놈을 내 이마에 대고,
새롭게 짜낸 라임주스나
얼음을 넣은 레몬주스처럼,
그 교훈을 그 놈으로부터 짜낸다 한들 무슨 상관이 있으랴?

이 시에 대하여 알란 로빈슨은 다음과 같이 설명한다.

 이 시는 비평가들이 매우 좋아하는 종류의 숨겨진 의미로 들끓고 있다. 우리가 이 '돌무더기 사이의/작은 용기'에서 '분쟁'에 대한 어떤 간접적인 암시를 찾아야만 하는가? 개신교적인 트리니티 대학에 있다는 그 위치가 정치적인 의미가 있는 것인가? 멀둔은 13~14행에서 그러한 논쟁을 장난스럽게 불러들이고 15~18행에서 의미를 추출해내기 위하여 그 개구리와 시를 기괴하게 문자 그대로 짜내는 모습으로 하나의 함축된 대답을 제공하고 있다. 이 시는 이 시 자체가 지니고 있는 추정적인 함축성을 패러디하고 있다. 그러나 또한 이 시는 이 시에서 언어유희 이상의 것을 발견하려고 하는 비평가의 지나치게 독창적인 해석상의 탐사들도 패러디하고 있다.

이야기체의 시들은 멀둔의 예에서 보는 것처럼 로맨스, 스릴러, 탐정소설 등과 같은 대중적 형태의 이야기 구조를 이용하고 있지만 그것을 패러디한다는 점에서 포스트모더니즘의 특성을 드러내고 있다. 이런 이야기체의 시인으로는 멀둔 이외에도 제임스 펜튼 등이 있다. 한편 어떤 시작품의 창작을 의식하지 않고 이루어진 담화를 그대로 기록하여 내는 담화시도 나타나고 있다. 그 대표적인 시인인 데이비드 안틴 자신이 담화시를 이용하는 것에 대해 다음과 같이 이유를 밝히고 있다.

> 시인으로서 나는 행위에 연루되어 있다. 나는 구두시인(oral poet)이다. 왜냐하면 특정한 장소에서 특정한 청중들에게 말할 때 내가 오랫동안 생각해왔던 것과 여러분들이 이곳에 오기 전에 생각했던 것 사이에서 중재하고자 노력할 때 나의 입으로 흘러나오는 말로 나의 방식을 찾고자 하기 때문이다. 그리고 나는 시라는 예술을 다른 텍스트나 또는 다른 대상들에 의해 비평되어지는 텍스트나 대상을 수집해놓은 것이라고 간주하는 생각에 아주 반대한다.

안틴은 자신의 시들이 제작의식 아래 만들어진 것이 아니라 청중들과의 사이에 즉흥적으로 오간 이야기를 전사(轉寫)한 것이라는 점을 밝히고 있다. 그것은 현실의 불확정성 속에서 일어난 행위문학의 형태를 띠고 있다. 안틴이 이처럼 행위성을 강조하는 것은 시인과 독자가 개인적인 문제 뿐 아니라 사회적인 문제들을 가지고 나누는 공동의식과 토론의 상황 등을 시에 도입하려는 대화정신에 목적이 있다고 할 수 있는 것이다. 1984년에 발표된 안틴의 「조음(turning)」은 구술시의 한 예를 보여준다.

> 로이의 딸이 죽었을 때 우리는 추도식을 가졌다
> 실험음악센터에서 그 추도식은
> 시인들과 미술가들과 음악가들에 의한 시낭송과
> 행위예술이었는데 하나의 시도였다

끔찍한 일을 당해 충격 상태에 있었던
로이와 마리에게 어떤 불행을 같이하기 위해 그것은 이루어졌다
기다랗고 음울한 나무로 지은 헛간에서 늦은 오후에
한 때 해병장교들의 볼링장이었으며
…(중략)… 시낭독이
조용히 하나씩 하나씩 진행되었다 계속해서
끊임없이 도입부를 위해 그리고 마지막 작품은
프로그램에서 폴린 오리베로스의 작품이었으며
폴린은 그 당시 작은 행위예술 그룹과
일을 하고 있었고 그 그룹의 젊은 남녀들은
방 여기저기에 자연스럽게 흩어져 있었으며 폴린은
그 갤러리의 가운데로 와서 우리에게 와서
그 작품을 행위하는 방식을 말하고 우리는 모두 일어나
하나의 커다란 원을 만들어 손에 손을 잡고
옆 사람과 우리가 계속 음악을 듣다가
조음하고 싶어졌고 그 음악과 조음하고자 했고 우리가
우리의 조음에 만족했을 때 우리는 조용해질 수 있었고 그리고
들었고 또 다른 음악을 선택해서 그것과 조음하려 했고
그리고 계속해서 이렇게 듣고 조용하고 조용해지고
우리가 원하는 동안 마침내 우리는 느꼈다
다 되었다고 나는 정성들여 옷을 입은
젊은 역사학 교수와 손을 잡고 그리고 똑똑해 보이는
졸라의 여행사에서 온 검은 머리의 여자의 손을 잡았고
나는 잠시 동안 음악을 듣고 몇 가지 콧노래들이
방 여러 곳에 흘러나오는 것을 들을 수 있었고
…(중략)…

…그러던 중 맑고 높은 소프라노 노랫소리가
방안에 울려 퍼졌고 나는 역사교수가
울기 시작하는 것을 보았고 나는 그의 손을 꼭 잡아주고
나의 힘을 거의 벗어나는 커다란 테너 음성으로 따라하려고 노력했고
역사교수는 고개를 끄덕이며 우리들과 그곳에서 함께했으며

구술이 이루어진 상태를 나타내는 행과 형태의 변화가 눈에 두드러지는 이 시는 한 개인의 슬픔이 공동의 노력으로 극복되어가는 양상을 보여준다. 정정호는 안틴의 구술시가 지닌 특성을 이렇게 요약한다.

우선 안틴의 시에서 시의 리듬이 일상 회화, 담화의 리듬에 가까워져 구두성 또는 구술성을 획득하여 지나치게 작위적인 상징주의나 이미지즘의 조밀한 시적 구조를 벗어난다. 둘째로 호흡에 중점을 둔 시행을 주장하여 전통적인 시의 틀에 새롭고 다양한 모습을 부여한다. 즉 형태파괴를 통해 새로운 감수성과 공통체 의식을 구축하려고 노력했다고 볼 수 있다. 따라서 틀의 확대 또는 해방과 더불어 오랫동안 폐쇄적이었던 시정신의 활력을 획득한다. 끝으로 안틴은 일상소재를 쉽게 다룸으로써 대중을 (민중까지도) 독자와 시인의 새로운 만남을 통해 같이 참여시켜서 의미를 만들고 있다

미국과 영국의 포스트모더니즘이 모더니즘의 권위를 전복하고 시의 자발성이나 개성을 되살리는 데서 나아가 무의식의 드러냄까지를 목표로 하는 긴 장정의 길을 걷고 있음을 볼 수 있었다. 이와 대비해서 살펴볼 때 유럽대륙 쪽의 상황은 60년대 중후반부터 변화의 조짐을 보이기 시작하여 '반양식', '새로운 사실주의', '새로운 낭만주의', 포스트모더니즘 등의 여러 이름으로 불린 혁신을 가져왔다. 독일의 브링크만은 68년의 대격동의 사회 상황과 미학을 결합하여 '글을 쓰는 행위 그 자체, 다시 말해 대중과 호흡을 같이하는 실천적 문학행위 그 자체가 정치라는 생

각을 기본관점'으로 하는 시작을 보여주었다. 그의 시는 일상의 현실을 시의 소재로 하여 독일시의 전통을 창조적으로 파괴한 것으로 평가된다. 「타잔」은 그의 시의 성격을 잘 보여주는 작품이다.

나는 아직도 나 자신을
생생하게
기억한다.

그리고
조니
봐이스밀러로부터
렉스 바커까지 착용했던
다양한 크기의
유년시절에
나는 타잔이었다.

조니 봐이스밀러는
전문 수영선수였고
나도 그랬다.
그리고 그가
수영했던 호수는
실제로 물로 된 것이었고
플라스틱으로 된 악어가 거기에 들어 있었다.

털로 뒤덮인 구멍 같은
원시림이 있었고, 제인은

살려줘요, 살려줘요, 살려줘요
하고 소리쳤다.
그러나 나는 벌써부터 그 자리에
허리띠를 두르고
렉스 바커나
조니
봐이스밀러처럼
서 있었다.
그리고 악어는
죽었다.

원시림과도 같이
아주 작은 털로 뒤덮인 구멍들이 있어
우리는 그것들을
절대로 잊지 못한다.

이승욱은 이 시에 대해서 이렇게 설명한다.

    시인이 접한 유년의 체험 속에는 이미 문명화된 인공의 세계가 자리 잡고 있다. 제인을 위협하는 플라스틱으로 된 악어를 죽이는 유년시절에 타잔이었던 나는 그 인공의 세계를 소중한 추억으로 간직하고 있다. 그리고 이 타잔은 대중매체(특히 영화)를 통해 어린이들에게 영웅시된 신화적 인물이다. 이 시의 렉스 바커나 조니 봐이스밀러는 바로 그가 성장기에 스크린을 통해 보았던 인물들, 즉 타잔역을 한 영화의 주인공들이다. 그는 그들을 흉내내고 있는 것이다. …산업사회의 이 인공의 현실을 브링크만은 오히려 '자연스런 주변환경'으로, 제2의 자연으로 지각한다.

이 시에 숨어 있는 은밀한 섹스 모티브는 브링크만의 시에서 중요한 역할을 하고 있는 것으로, 「작은 노래」에서는 더욱 노골적으로 드러나기도 한다.

오
나를 범해주세요
나를 범해주세요
빨리요

그러자 그는
그녀를 범했다
그녀를 범했다
빠르게

나무숲 뒤에선가?
숲이라곤
없었지, 달이

빛났던가?
빛이라곤
없었지, 그
배나무가 망가지고
말았지.

브링크만은 순간적인 지각의 재현을 통해 시를 변화시키려 했고 자본주의 사회의 상품화 속에서 단절된 의사소통을 회복하고자 했던 것으로 알려져 있다. 「리즈 테일러의 초대형 사진」이란 작품도 그런 류의 작품이다.

누구나 커피를 마시듯이 나도 나의 커피를 마신다
그러나 그 모습들은 서로 다르다.
상대방은 무언가 생각에 잠겨 있고

나도 무언가
생각에 잠겨 있다. 리즈 테일러는 여전히 웃고 있다.
아직도 무언가 가치 있는 일이 있다면,

그건 바로 저것이다.
구불구불한 곱슬머리 그리고
자연스런 잔물결을 이루고 있는

음모陰毛
음모들은 내 꿈속에서도
물결치고 있는 것. 벌써 때가
늦었다.
그런데도 여전히 리즈 테일러는 나를 보고
웃고 있다. 저것은 무엇인가? 우리에게 가치 있는 것이

아무것도
없다 해도, 그것은 누구나의 가슴 속에 남게 된다
내가 나의 커피를 다 마신 후에도.

 독일과 이웃한 오스트리아의 시적 경향도 비엔나 그룹의 활동으로 포스트모더니즘이 탄생하게 되는 시기의 독특한 한 면모를 구성한다. 비엔나 그룹을 주도한 시인으로서 게르하르트 륌은 브레히트의 서사극 이론, 한트케의 구술극 이론의 전

통을 잇는 신극 이론으로도 유명하다. 비엔나 그룹은 집체시를 창작한 것으로도 뚜렷한 특성을 드러낸다. 다음은 기도서를 패러디한 집체시의 하나이다. 게르하르트 륌과 콘라트 바이어가 공동으로 작업했다.

모든 일이 처음에는 어렵다

신은 만물을 창조하셨느니라
알프레드는 우리를 도우지 않고 떠나갔지만
우르릉 벼락은 그를 되돌아오게 했느니라
아버지는 함께 올 수 없나니
그의 별은 이미 죽고 말았기 때문이니라
그의 별은 이젠 단지 한 대의 자전거를 표시할 뿐
그 다음 퉁퉁 부풀어 오를 뿐
가문비의 솔방울은 걸려 있고, 전나무의 솔방울은 서 있느니라
망꾼들은 왔다갔다 걸어 다니며 질서를 온존히 지키고
그들은 그리하여 얼마간 즐겁게 하려고 희망하거늘
바람은 나무우듬지를 흔들고 나는 그 우듬지를 유심히 바라보느니라
하느님아버지는 꼭 필요한 만물을 창조해 내려주셨나이다
그는 바닥에 누운 것을 식탁에 올리시며
식도食刀을 갈고 닦으시며
모자는 그래도 내껄세!
말하시며 식도를 칼집에 꽂으시리다
우리는 우리의 여자친구를 잃고 당황했나니
그는 그의 겉옷을 옷걸이에 걸으시리라
교회는 정작 어수선한 마음이었사옵고
우리들은 불을 몽땅 끄리다
당신은 무얼 생각하시나요?

포스트모더니즘 시에서 고백시는 모더니즘에 대한 거부를 여러 측면에서 보여준다는 점에서 중요하다. 그것은 엘리어트의 몰개성론에 대하여 정반대되는 지향이며 예술의 비인간화에 대한 오르테가 이 가세트의 비난과도 관련된다. 낭만시의 주관성과 현대적 감성이 한 데 합쳐진 것으로 볼 수도 있을 것이다. 이밖에 시의 형태를 파괴하려는 경향, 일상적 소재를 가볍게 다루는 시, 무의식적인 인간심층을 탐구하려는 초현실주의적인 경향 등 포스트모더니즘 시는 다양한 현상을 포괄하고 있다. 패러디나 해체적 경향도 포스트모더니즘이 시에 가져온 변화의 한 양상이다.

2) 소설 문학

포스트모더니즘은 그것의 발생배경이나 현재의 분포상황을 볼 때 단일한 성격을 지니지 않는다는 점을 특색으로 한다. 양식의 다양성을 전제로 한 사조라는 점에서도 그렇지만 작품의 문제의식에서도 천태만상의 양상을 보여준다. 또한 프랑스의 누보로망이나 중남미의 마술적 리얼리즘 또는 환상적 리얼리즘 같은 경우 그것이 포스트모더니즘적인 현상에 해당되는 것인지 아닌지부터가 불명확한 실정이다. 큰 윤곽에서 보았을 때 포스트모더니즘은 포스트모던 시대의 복잡하고 다원화한 현실에 대한 인식의 체념, 또는 하나의 세계모델을 구성하려는 어떤 시도도 무익하다는 의미에서 기호의 세계에서 유희하고 배회하며 그 속에만 머무르려는 여러 양태를 포괄적으로 가리키는 것처럼 보인다. 메타픽션이나 쉬르픽션은 그러한 양태를 단적으로 보여주는 것이라고 할 수 있을 것이다.

그러나 이것은 시각을 달리했을 때 가치서열의 전도를 가능하게 할 수 있다. 지금까지 중심적인, 본질적인 문제들이라고 생각해왔던 문제보다 소홀히 되고 돌봄을 받지 못한 대상과 영역에 작가의 시선이 미침으로써 나타난 새로운 현상일 수도 있는 것이다. 인종문제, 환경문제, 여성문제 등이 포스트모더니즘에서 중요한 영역으로 자리 잡고 있는 것은 쉽게 알아볼 수 있는 양상이며 현실의 허구성을 소설의 허구성과 전치하는 수법도 새롭게 등장한 소설의 중요한 수법이 되고 있다.

그러므로 포스트모더니즘 소설에 대한 진단도 가지각색이 될 수밖에 없다. 예컨대, 셰퍼드는 "우리 세계의 엄청난 혼란 속에 닻을 내릴 수 없는 절망감 때문에 우리의 예술가들이 표면의 제시, 즉 순수한, 직접적인, 물질성으로 방향을 돌리게 되었으며 모더니스트들처럼 대중보다 예술가들이 실재를 더 잘 알고 대중의 선도적 위치에 설 수 있다는 오만을 버리고 자신의 작품에서 특정 의미의 가능성을 제한하지 않으며 독자에게 의미창조과정을 맡기려는 경향을 보인다"고 말한다. 이러한 관점은 포스트모더니즘 소설이 현실을 전유하는 일을 방치함으로써 세계상의 건립을 포기한 어떤 현상, 현실에 대한 어떤 진단이나 독단도 스스로 삼가고 있는 양상을 주목하고 있다. 즉 포스트모더니즘 소설이 현실의 표피적인 사실들에 집착하고 있는 것이 총체적 현실에 대한 인식의 포기에 대한 보상으로서 나타난 것이라고 말하는 것이다. 이 같은 관점은 "포스트모더니즘 소설이 우리가 과거에 향유해왔던 미학적 관습만으로는 더 이상 생명력을 지속하기가 어려우며 그것은 또한 오늘의 세계에서의 우리들의 삶의 방식이나 상상력의 방식들과는 더 이상 의미 있는 관계를 맺을 수 없게 되었다는 의식이 전제된 데서 비롯된다"는 인식에서도 동일하게 나타난다. 그것은 곧 포스트모더니즘 소설이 자기반영적인 메타픽션을 매우 중요한 장르로 간주하는 현상에 대한 설명이 되기도 한다. 즉 메타픽션은 "구성을 이루어나가는 자신의 방법들을 비판하면서 서사적 허구의 근본적인 구조를 검토할 뿐만 아니라 허구적인 문학텍스트의 외부에 존재하는 세계의 있을 수 있는 허구성도 탐색"하는 소설로 규정되는데 그것은 관점을 달리하여 말하면 문학을 하는 자기에 대한 자의식, 문학을 가지고 문학을 하는 데 불과한 소설이라고 비난할 수 있는 근거로 작용할 수 있는 내용이기도 한 것이다.

한편 현실의 허구성을 폭로하여 인생이 픽션이라는 점을 보여주려 한다는 쉬르픽션에 대해서도 똑같은 견해를 서술할 수 있다. 하지만 레이먼드 페더만이 말하는 것처럼 글을 쓴다는 것은 의미를 '생산'하는 것이지 이미 존재하는 의미를 '재생산'하는 것은 아니며 소설을 쓴다는 것은 실재가 곧 진실이라는 관념을 폐기함으로써 사실상 실재를 폐기하는 한 방법이라는 인식이 포스트모더니즘의 밑바탕에 놓여 있음도 부인할 수 없다. 포스트모더니스트들이 간텍스트성의 문학, 해체문학의 원조를 보르헤스로 보는 것은 그와 같은 논거를 기초적 전제로 가질 때만이 쉽게 이해될 수 있다.

  중남미 문학을 포스트모더니즘의 원류로 생각하게끔 하는 데 있어서 보르헤스의 존재는 가장 비중 있는 것이다. 그는 단편斷片문학의 모범을 보였을 뿐만 아니라 초기의 단편短篇소설에서부터 패러디의 수법을 사용하여 포스트모더니즘의 특성을 구현해 보여주고 있는 것이다. 그러나 그의 이름을 포스트모더니즘과 동일시할 수 있게끔 한 것은 『픽션들』이란 소설집이다. '책에 대한 책쓰기'에서 '허구적 책에 대한 책쓰기'로 나아간 그의 소설들은 그를 포스트모더니즘의 고전적인 작가로 만드는 데 있어서 결정적인 작용을 한 것이다. 최초에 여덟 편의 작품을 수록한 이 소설집의 작품들은 문학이론을 소설화한 작품과 형이상학적 주제를 소설화한 작품으로 대별할 수 있는 것이지만 여기서는 그 가운데 「삐에르 메나르, 돈키호테의 저자」라는 작품만을 다룬다. 이 작품의 줄거리는 통상의 말뜻에 따른 사건과 사건을 잇는 연쇄로서는 빈약하기 짝이 없다. 주인공은 『돈키호테』의 저자인 삐에르 메나르이다. 그는 실제 그 작품의 저자인 세르반테스의 작품과 똑같은 작품을 짓는 것을 목적으로 삼는 작업을 펼치다가 죽었다. 소설의 내용은 그가 죽은 뒤 그의 행적을 뒤쫓은 한 비평가가 화자가 되어 서술한 이야기이다. 메나르는 사진 원판을 만들 때 쓰이는 재료의 화학공식을 만들어내기도 하고 「한 신비주의적 이교도의 꿈」이라는 책의 저자이기도 한 사람이다. 그의 평생의 과업은 『돈키호테』를 수정하거나 그와 유사한 작품을 쓰거나 하는 것이 아니며 문자 그대로 글자 하나 고쳐 쓰지 않으면서 또 다른 『돈키호테』를 쓰는 것이다. 다시 말해서 세르반테스 작품의 글자 하나하나를 한마디도 고치지 않고 완전히 다시 쓰는 것을 자신의 필생의 과업으로 생각하고 그 일에 매진해 온 것이다. 그는 그 작업을 원래의 『돈키호테』의 세 개의 장을 그대로 옮겨 써서 실행하는 데 그 작품은 원래의 작품에서 글자 한자 고치지 않았음에도 세르반테스의 원래의 작품보다 우수한 것이다. 작품의 화자는 그 작품이 세르반테스의 것보다 무엇인가 '더 모호'하고 그렇기 때문에 '훨씬 더 풍요하다'고 말하는 것이다. 이같이 엉뚱하게 보이는 소재를 소설화한 보르헤스의 사상은 놀랄 만큼 자크 데리다의 해체사상과 일치하는 면모를 보인다. 예컨대 데리다의 흔적개념에서 중요한 비유가 되는 양피지의 모티브가 이 작품에 선명히 나타나고 있는 것이다. 이 작품의 의의를 파악하는 것은 포스트모더니즘뿐만 아니라 그것의 철학적 배경이 되는 해체주의에 대한 이해에서도 중요하므로 송병선의 해설 가운데 중요한 부분을 인용한다.

존 바스는 『고갈의 문학』에서 모더니즘 미학의 고갈을 선언하면서, 그 고갈의 해결책으로 보르헤스를 들고 있다. 보르헤스를 통한 바스의 이러한 포스트모더니즘은 모더니즘의 종식 또는 모더니즘의 죽음 위에 세워진 것이라고 생각할 수 있다. 바스는 '실제세계의 비현실'로 정의되는 미로를 통해 소설은 영원히 고정된 것이 아니라 계속하여 변하는 부동의 세계이며, 우리가 살고 있는 세계는 상대성으로 점철된 미로라는 보르헤스의 사상을 파악한다. 또한 틀륀의 세계와 같이 인간이 만들고 해석할 수 있는 미로의 이미지는 인간 세상을 투사하기 위해 소설 텍스트가 상상력이라는 인간의 불완전한 영감에 의해 건설되었다는 점에서 문학 텍스트의 생산양식과 동일하며, 또한 이런 점에서 고갈의 문학과 밀접한 관계를 갖고 있다고 설명한다. 이 고갈의 문학은 바스가 지적하듯이 우리가 창조하는 세계가 거짓이거나 혹은 허구라는 사실을 상기시키며, 우리의 현실은 미세하고도 끝없는 비이성의 균열이 발견되는 꿈이며 개념이라는 무한으로의 회귀로 작용한다. 보르헤스는 이미 모든 문학 형식이 고갈된 상태에서 옛 작품을 현대적 관점에서 재활용하여 생동적으로 부활시킴으로써 이러한 세계를 만든다. 그는 상상력의 한계를 이런 식으로 돌파하는데, 이러한 모더니즘의 고갈에 대해 결정적인 미학을 제시하는 것은 『픽션들』속에 수록되어 있는 「피에르 메나르, 돈키호테의 저자」이다.

보르헤스의 「피에르 메나르, 돈키호테의 저자」는 아이러니컬하게도 20세기에 씌어진 돈키호테가 17세기의 돈키호테보다 훨씬 더 그 의미가 풍부하고 심오하다고 말한다. 이 작품은 세르반테스와 피에르 메나르라는 고전작가와 현대작가의 대립을 통해 구현된다. 보르헤스의 돈키호테적 창작은 경험의 표현으로써 단어마다 그대로 베껴 쓰는 20세기의 작가에 관해 다루고 있다. 하지만 그는 그대로 베껴 쓰는 것이 아니며 17세기의 스페인 사람이 되려고 하지도 않는다. 그는 현대적 감각으로 그 작품을 다시 쓰는 것이다. 세르반테스가 역사를 찬양하기 위해 수사적 표현으로 쓴 말은 20세기에는 더 이상 통용되지 않는다. 그래서 보르헤스는 '세르반테스의 텍스트와 메나르의 텍스트는 언어적으로 볼 때 동일하다. 하지만 후자의 것이 무한적으로 더 풍부하다(그를 중상모략하는 사람들은 그것이 더 애매모호하다고 말할 것이다. 하지만 모호성은 더욱 풍부한 것이다)'라고 말하고 있는 것이다. 빈약한 20세기 인간의 경험과 이미 씌어 있는 것을 재활용하여 의미를 찾으려는 필사의 노력은 세르반테스의 시기와는 다른 것이다. 여기에서 우리는 메나르의 아이러니컬한 정신상태의 미로적 복합성을 발견할 수 있다. 그리고 보르헤스의 심리상태는 메나르를 고안해 냈다는 사실로 볼 때, 메나르보다 한 단계 더 복잡한 미로를 지니고 있음을 알 수 있다.

 보르헤스는 이렇게 메나르의 상상적인 예를 통해 창조라는 종래의 글쓰기 행위를 부정한다. 즉 최소한의 패러디를 통해 메나르는 돈키호테를 글자 그대로 쓰지만, 동일한 두 작품 사이의 역사적 거리로 인해 두 번째 것이 첫 번째 것과는 다르다는 것을 보여 준다. 이는 인식소의 변화로 인해 독자 및 작가의 컨텍스트가 대치되면서 이루어지는 것이며, 패러디가 텍스트 자체에 있는 것이 아니라 독자의 지평선 속에 변화할 수 있다는 것을 보여 주는 작품이다. 이곳에서 메나르는 독서를 글쓰기 행위로 간주함으로써 둘 사이의 이분법적 경계를 해체한다.

 이와 같이 옛 것을 가지고 새 것을 만드는 예술은 독창적으로 만들어진 산물보다 더욱 복잡하고 더욱 달콤하다. 이렇게 얻어진 새로운 기능은 옛 것과 겹쳐지며, 이것은 흔히 팔림세스트의 옛 이미지를 통해 표현된다. 이 팔림세스트는 동일한 양피지 위에 새로운 텍스트가 이전의 텍스트를 숨기지 않은 채 보이게 하는 그런 양피지이다. 흔히 패스티쉬와 패러디로 나타나는 것은 바로 문학을 팔림세스트와 같다고 말할 수 있는 것이다. '나는 마지막 『돈키호테』 속에서 팔림세스트를 본다는 것을 당연한 일이라고 생각했다. 그 속에는 우리 친구의 예전의 글씨의 흔적-희미하지만 해독할 수 없을 정도는 아닌 그런 흔적-이 반투명상태로 비추고 있기 때문이다'라고 말하는 보르헤스는 무^{無}에서 유^{有}를 만들어낸다는 순진한 의미의 '창작'이라는 개념과는 달리, 문학은 생산 혹은 재생산과정임을 시사하고 있는 것이다. 또한 이 문제는 아직 문학 속에서 얼마나 많이 '말할 것'이 남아 있으며 또 얼마나 많은 재료가 있는가를 보여준다.

모방의 문제와 관련된 메나르의 계획은 과거로부터 물려받은 유산을 현재에서 재창조해야 한다는 문학 전통과 깊은 관련을 맺고 있다. 그러나 모더니즘 전통이 그것을 따르고 적극적으로 모방되어야 할, 따라서 억압적인 아버지와 같은 것이라면, 보르헤스의 방법을 따르는 메타픽션가들에게 있어서 그것은 해체되어야 할 권위와 신비적 아우라^{aura}가 벗겨져야 하며, 그리하여 그들의 글쓰기가 필요로 하면 아무런 자의식 없이 그것의 질료로 전환될 수 있는 것을 의미한다. 이들은 글쓰기가 결국 다른 텍스트를 흡수하고 변용하고 경우에 따라서는 되풀이하는 것임을 감추지 않는다. 이런 원리를 포함하는 상호텍스트성은 그들의 핵심을 이루면서 중요한 창작원리로 작용한다. 메타픽션가들은 이와 같이 페더만의 참신한 용어 그대로 이른바 표절유희^{playgiarism}를 즐긴다.

이러한 관점에서 볼 때 메타픽션들이 추구하는 글쓰기는 프랑스 사상가들이 추구했던 독서행위와 동일하다고 볼 수 있다. 즉, 피에르 메나르는 문학이 다른 작품과 상이해지는 것은 텍스트 그 자체로 나타나는 것이 아니라 읽는 방법에 의해서 드러난다고 말하고 있는 것이다. 그래서 만약 우리가 어떤 것이라도 다가오는 21세기에 읽는 식대로 읽을 수만 있다면, 우리는 21세기 문학이 어떻게 될 것인지를 알 수 있다는 것이다.

보르헤스가 포스트모더니즘에 기여한 내용은 여러 가지 부문에서 살필 수 있다. 황병하는 중남미의 포스트모더니즘을 3세대로 나누어 그 패러다임을 비교하는 가운데 보르헤스가 환상과 현실의 경계파괴, 존재하지 않는 것을 증거로 제시하는 가짜 사실주의의 수법, 미로迷路이미지, 탐정소설기법의 차용, 오리엔탈리즘, 메타픽션, 간텍스트성, 애매모호성 등을 도입하고 있다고 설명한다. 이것은 포스트모더니즘의 중요한 기법들을 거의 모두 보르헤스에게서 찾아볼 수 있다는 견해이다.

중남미의 포스트모더니즘에서 두 번째로 꼽을 수 있는 작가는 가브리엘 가르시아 마르께스이다. 1967년에 발표된 그의 『백년 동안의 고독』은 문학적 실험성과 정치적 경향성이 결합된 환상적 리얼리즘의 정수를 이루는 것으로 평가된다. 이 작품을 통해서 마르께스는 현실과 환상, 역사와 민담의 세계의 경계를 무너뜨리는 새로운 수법을 선보인다. 이 작품은 동양적인 사고의 측면에서는 무릉도원과 같이 죽은 사람이 없던 곳인 마콘도 마을을 배경으로 한다. 자원이 풍부하고 위기의식도 없는 지상낙원과 같은 공간을 배경으로 하여 그곳의 소멸에 이르는 역사를 이야기하는 것이다. 이 작품의 구조는 소설 속에 소설을 갖는 메타픽션의 형태이며 화자는 마콘도 마을의 소멸에 관여하는 멜뀌아데스라는 인물이다.

가장 질서 있고 모든 사람들이 열심히 일하는 곳인 마콘도 마을은 전설적인 마을이다. 그러나 멜뀌아데스가 이끄는 집시들이 문명사회의 물건들인 자석과 확대경, 얼음, 사진기 등을 마을에 가져오면서 점차 다른 모습으로 변한다. 원시적이던 마콘도 마을은 현대문명과 그 제도가 침투하면서 몰락의 길을 걷기 시작한다. 국가의 체제와 정당이 도입되고 내란이 시작되면서 아우렐리아노 부엔디아 대령은 자유파의 승리를 위하여 20년간의 내란을 이끈다. 그리고 정부에서 임명한 군수가 무장한 군인들을 데리고 이 마을을 통치하기 위하여 부임하여 온다. 이로써 마콘도 마을의 전설적인 존재는 사라진다. 더욱이 미국인들은 이곳에 바나나 농장을 세워 노동자들을 혹독하게 착취한다. 바나나 농장의 노동자들이 파업을 일으켰을 때 지배자들의 잔인한 대처로 2천여 명이 총살을 당해 바다에 버려지게 된다. 외국인들과 현대문명이 무려 4년11개월에 걸친 대홍수에 의해 모두 흔적도 없이 쓸려간 다음에야 마콘도 마을은 어느 정도 안정을 되찾는다. 이 후에 마콘도 마을의 사람들은 하나 둘씩 사라지고 그곳에 계속 관련을 맺고 있던, 멜뀌아데스의 양피지 기록을 연구하는 데 몰두하던 마지막 후손인 아우렐리아노 부엔디아에 의해 그 기록이 해독되는 순간 마콘도 마을은 영원히 사라지게 된다. 멜뀌아데스가 쓴 양피지에는 백 년 동안 일어날 사건들을 한 순간에 일어나는 것처럼 적어놓았고 지금까지 읽어온 이야기가 그대로 적혀 있었던 것이다. 메타픽션의 한 형태를 선보이고 있는 이 작품에 대해서 이가형은 다음과 같이 설명하고 있다.

    어머니인 우르슬라가 자기 아이들을 생각하며 개탄하고 있듯이 개인의 운명을 중심으로 생각해볼 때 이 소설의 주제는 사랑의 결여, 고독이다. 일탈한 성행위에도 불구하고 기묘한 친근감을 갖게 하는 '우르슬라계의 헤매는 별'의 모두에게 공통하는 것은 도저히 떨쳐 버릴 수 없는 쓸쓸한 그림자이다. 백묵으로 3미터의 원을 그리게 하고 그 안에 서서 어머니조차 접근할 수 없게 하는 대령이나, 불모의 사랑을 남겨놓고 태연히 죽음을 맞이하는 아마란타의 고독은 소름을 끼치게 하는 면이 있다. 백년 후에 '사랑에 의해 비로소 삶을 받은 자'가 태어났을 때에는 이미 끊어질 운명에 있는 이 일족의 고독은, 그러나 그들만의 업보는 아니다. 라틴아메리카의 그것이기도 하다. 그리고 다시 예전의 신대륙 그 자체의 고전의 숙명과 조응하고 있는 것이다. 그 점이 명확해지는 것은 예언자인 멜키아데스의 양피지가 해독되고 그것을 성취한 아우렐리아노 바빌로니아가 스스로의 죽음으로 얘기를 마쳤을 때이다. 원래 인간의 보통의 시간 속에 편입되지 않고 순간 속에 압축되어 만사가 돌고 도는 것 같다는 되풀이되는 우르슐라의 말이나 끝도 없이 고쳐 만들어지는 대령의 금세공이나 짰다가 다시 푸는 아마란타의 수의나 아르카디오와 아우렐리아노라는 남자의, 혹은 우르슐라와 아마란타라는 여자 이름의 반복 등이 암시하고 있다. 원환적인 시간 속에서 신화로서의 새로운 의미를 제시하는 것이다. 마콘도에서의 현실적 및 공상적인 사건의 일체는 라틴아메리카에서 실제 일어난 일의 역사이며 연대기인 동시에 유럽에 있어서는 유토피아로서 의식되고 거기서 일어날 수 있는 신화가 된다. 스페인의 범선이나 낡은 갑옷의 존재는 항해와 발견에 들뜬 서사시적인 시대를, 마콘도의 건설은 영광과 비참을 그리면서 각지에서 펼쳐지는 식민지 시대를 암시한다. 진보의 사자 멜키아데스가 가져다준 과학과 새

지식에 대한 맹목적인 열광은 보다 보편적인 우의(寓意)를 버리고 말을 한다면, 오직 수동적인 라틴아메리카의 문화수용의 모습과 유사하다. 바나나 회사의 진출과 군대에 의한 노동자의 학살은 북방의 거인의 경제침략이나 그것과 결탁한 국내세력에 의한 가혹한 압박을 날카롭게 드러내고 있다. 대령의 서른두 번의 반란은 독립 이후의 끊임없는 좌우 항쟁의 역사를 비유한다. 5년에 가까운 대홍수와 10년 남짓의 가뭄은 낙원에서 스스로 추방된 타락의 죄와 정화와 다가올 신생을, 그리고 그 소망의 무참한 좌절을 상징하고 있는 것이다. 『백년 동안의 고독』은 요컨대 라틴아메리카의 창세기이며 묵시록인 셈이다.

중남미 포스트모더니즘 소설의 선구자가 보르헤스라면 유럽적인 전통의 선구자는 『피네건의 경야』의 제임스 조이스와 사무엘 베케트이다. 베케트는 희곡 「고도를 기다리며」의 작가로서 더 잘 알려져 있지만 포스트모더니즘과 관련해서는 「몰로이」의 작가로서의 의미가 더 중요하다. 「몰로이」는 같은 이름의 주인공이 어머니를 찾아가는 이야기로 되어 있다. 그러나 몰로이는 자신의 회고록을 쓰는 사람이자 늙은 부랑아이며 어머니를 찾아간다고 하지만 어머니가 어디에 있는지, 어떻게 생겼는지도 모르는 인물이다. 그리고 그가 쓰는 회고록은 매주 방문객이 와서 빼앗아 가버린다.

소설의 화자는 1부에서는 몰로이로서 자기가 여행 중에 겪은 일을 이야기한다. 2부는 모란이라는 화자가 등장한다. 몰로이는 자기가 누구인지도 모르면서 어머니를 찾아 길을 떠난다. 늙은 부랑아로서 한 다리는 목발에 의지한 채 자전거를 타고 가는데 경찰에 체포되어 심문을 받고 풀려나서 길을 가다가 개를 치어 개주인의 집에서 잠을 잔다. 그러다가 자전거도 잃고 목발을 짚고서 가다가 나중에는 기어서 어머니의 방에 도착한다. 그러나 몰로이는 어머니가 누구인지 모르며 알 수 있는 방법도 모른다. 2부에서는 모란이 몰로이에 대한 보고서를 작성하기 위해 사설탐정으로서 그에 대한 탐문수사를 벌이지만 끝내 성공하지 못한다. 모란은 자신의 임무를 수행하지 못한 데 대해 걱정하지만 전달자는 명령의 하달자가 '인생은 아름다운 것이며… 영원한 즐거움이라' 했다는 말을 전해 듣는다. 이 소설은 몰로이의 여행담과 모란의 수사를 통해서 몰로이의 신상 이야기가 펼쳐지지만 명료해지는 것은 아무것도 없으며 줄거리의 전개보다도 삽화들의 전개 속에서 등장하는 흥미를 돋우는 이미지가 중심이 되어 주제를 펼치는 작품이다. 이 작품에 대해 디터 벨러쇼프는 다음과 같이 설명한다.

몰로이의 이야기는 여전히 시작의 풍부함과 환상이 자리하고 있다. 이는 여전히 인간과 세계, 주체와 객체, 자아와 신의 양면성을 기나긴 여행과 귀환의 이미지 속에 경험하는 신화적인 의식을 보여준다. 이 여행과 귀환은 예수의 수난기나 오디세우스의 모험에 상응하며, 또한 기본적으로 몇 가지 변형을 가했지만 압축된 헤르메스의 모험담이기도 하다. 이와는 대조적으로 모란의 이야기는 이보다 계몽된, 보다 현실적인 의식수준을 드러낸다. 신화적 이야기가 축소되어 핵심적 골격만 경험화되어 있으며, 정말로 무슨 일이 일어났는가를 말하고 싶어 한다. 그러나 이렇게 순전히 객관성을 요구하는 것은 결국 다음번의 환상 벗기기 과정으로 이어진다. 「말로니 죽다」에서는 몰로이의 얘기와 모란의 리포트 뒤에서 이제껏 모든 이야기를 꾸민 이야기의 주체가 드러난다. 마침내 「이름붙일 수 없는 자」에서는 그 주체마저 해체되고 만다. 주체는 이제 익명의 언어가 전달하는 빈공간과 다름없으며 그 안에서 소멸하고 만다. 이 모든 것은 언어 속에서만 일어난 것인데, 이제 그것이 다만 목적 없는 탐색과 끊임없는 속임수였음이 밝혀진 바에는 더 이상 신화적 상징이나 그 모호성을 해명해줄 역사를 산출할 수 없다. 끊임없이 변증법적으로 자신을 삼킴으로써 언어는 다만 비소유의 상태를 낳을 뿐이다. 진행적인 탈신화화의 실체의 해체과정은 「침묵을 위한 텍스트」에서 논리적인 결말을 맺게 된다. 그럼에도 베케트는 마치 허구로부터 도망쳐서 소재에 관해 직접 말하는 것이 여전히 가능한 것처럼 『어떻게 된 것인가』라는 제목의 책을 쓰고 있다. 몰로이, 모란, 말로니, 그리고 이름붙일 수 없는 자, 이들도 물론 진리를 말하고 있다고 주장하기는 했다. 비록 최후에 도달하는 지점은, 우리가 소유하고 있는 단 한 가지는 결국 아무것도 소유하고 있지 않다는 것을 확신하는 것이기는 하지만, 이 책의 제목은 이 모든 과정을 끝내고 싶어 하는 소망이 담긴 하나의 주장이라고 할 수 있다.

보르헤스, 베케트 등이 포스트모더니즘의 선구자라고는 해도 그것의 세계적 확산에는 미국 작가들의 역할이 중심적이었다. 특히 소설 문학에서 미국 작가들의 역할은 서구의 어느 나라에 비해서도 뒤지지 않는 왕성한 것으로 드러난다. 존 바스를 비롯하여 토마스 핀천 · 도널드 바셀미 · 커트 보네것 · 로버트 쿠버 · 리처드 브라우티건 등 수많은 작가들이 포스트모더니스트로서 이름을 기록하고 있고 이들의 작품을 중심으로 하여 포스트모던 사조에 대한 논의가 활기를 띤 것도 사실이다. 그러나 여기서는 『제49호 품목의 경매』, 『브이를 찾아서』의 작가 핀천의 「엔트로피」만을 살펴본다. 우선 엔트로피가 무엇을 의미하는지 김성곤의 설명을 참조한 뒤에 작품에 대한 고찰에 들어간다. 김성곤은 이렇게 설명한다.

엔트로피가 증가하는 과정은 혼란이 증가하는 과정이기도 하지만 그와 동시에 에너지 분자들의 본질이 점점 동질화되어 가는 과정이기도 하며, 엔트로피가 극에 달한 상태는 곧 모든 분자들이 동질화되어 완전히 운동이 정지되어 버린 상태가 된다. 물론 모든 구성분자들이 동질화되고 운동이 정지되어버린 상태는 곧 한 유기체의 죽음과 파멸을 의미한다. 더욱 중요한 것은 이러한 엔트로피 현상은 '닫힌 체계'에서만 일어난다는 점이다. 그렇다면 극도로 획일화되고 관료화된 사회는 곧 닫힌 사회이며 그러한 사회는 외견상 효율적인 사회 같지만 사실은 엔트로피가 거의 극에 달해 머지않아 붕괴될 위험을 안고 있는 사회체제라는 것이 분명해진다.

핀천의 작품 「엔트로피」는 워싱턴에 있는 한 건물 위아래 층에서 일어나는 사건을 중심으로 전개된다. 아래층에서는 미트볼 멀리건이 전세기간 만료 전에 세집을 옮기기 위해 난장판 파티를 벌이고 있다. 여기에는 그의 친구들과 여대생들, 정부관리들, 선원들, 군인들이 술병을 들고, 성교의 상대자가 있다는 소문을 듣고 찾아와 북새통을 이루고 있다. 무질서의 극에 도달해 있는 것이다. 이와 대조적으로 건물의 위층에서는 캘리스토가 애인과 새와 함께 외부와 단절된 채 살고 있다. 점차 죽어가는 새를 살리려는 캘리스토의 노력에도 새는 죽고 온실처럼 밀폐된 세계의 엔트로피는 폭발 직전에 도달한다. 마침내 참지 못한 캘리스토의 애인 오베이드가 유리창을 깨트려 외부의 공기가 들어오게 한다. 위층과 아래층의 대조를 통해 무질서와 질서의 이면에 숨은 문제를 드러낸 작품인 것이다. 김성곤은 이 작품이 포스트모던 시대의 리얼리즘에 속하는 작품이라고 높이 평가하는 입장에서 다음과 같이 설명한다.

핀천의 또 하나의 단편 「엔트로피」는 그가 코넬대학에서 배운 열역학 제2법칙과 현대문명의 위기를 결합시킨 탁월한 작품이다. 워싱턴 D.C.에 있는 한 건물의 아래층에서는 미트볼 멀리건이 이사 나가는 기념파티를 하고 있다. 정부관리들, 여대생들, 그리고 선원 등 온갖 잡다한 인간들이 모여 벌써 이틀째 벌이고 있는 이 파티는 마치 소란스러운 거리처럼 점점 무질서의 극을 향해 가고 있다. 한편 위층에서는 캘리스토와 그의 애인 오베이드가 외부의 소음으로부터 완전히 차단된 온실에서 편안하게 살고 있다. 캘리스토는 지난 사흘 동안 외부의 온도가 화씨 37도에서 변동이 없자 바깥세상이 열사$^{heat-death}$로 인해 멸망하리라고 추측한다. 그래도 그는 자신은 온실 속에 있음으로 해서 살아남을 수 있으리라 생각한다. 이 두 경우는 엔트로피가 극에 달해 있는 오늘날 우리들의 각기 다른 두 가지 상황을 잘 나타내 보여주고 있다. 예컨대 미트볼의 경우가 보여주고 있는 것은 무질서와 혼란이 극에 달해 있는 거리의 상황, 즉 『제49호 품목의 경매』에서의 간선도로변 중고판매장 같은 곳이다. 그와 같은 상황은 사실 오늘날 우리들이 날마다 직면하고 있는 리얼리티 그 자체라고도 볼 수 있다. 그러한 상황에서 미트볼은 두 가지의 선택을 갖는다. 즉 하나는 다들 가버릴 때가지 옷장 속에 들어가 잠을 자는 것이고, 또 하나는 사람들을 하나씩 깨우고 일으켜서 적극적으로 질서를 회복하는 것이다. 결국 그는 후자를 택함으로써 엔트피로를 억제하는 맥스웰의 '수호정령'의 역할을 맡게 된다. 한편, 스스로를 세상과 차단시킨 채 온실 속에서 편안하게 지내고 있다고 착각하는 캘리스토는 자신이 살고 있는 변화가 없는 닫힌 체계야말로 엔 프로피를 증가시킨다는 사실을 깨닫지 못하고 있다. 과연 그들이 살고 있는 낙원에서 그들의 필사적인 노력에도 불구하고 새 한 마리가 병들어 죽는다. 바로 그 순간, 오베이드는 밀폐된 유리창을 깨고 밖의 공기를 들어오게 한다. 이제 엔트로피는 감소되고 이층에도 다시 질서가 회복될 것이다. 이층의 캘리스토는 오늘날 바깥세상에서야 무슨 일이 일어나건 말건 자기 자신의 안일만을 탐해 스스로를 온실 속에 유폐시키는 사람들의 운명을 예시적으로 보여주고 있다. 엔피로피 이론에 의하면, 그들은 결국 획일화와 동질성을 증가시키다가 결국에는 그 속에서 질식사하고 만다. 한편, 아래층의 미트볼은 바로 그 시끄러운 바깥세상의 무질서를 정리하고 잡다한 개개인의 문제들을 해결해주는 역할의 중요성을 예시적으로 보여주고 있다. 엔트로피 이론에 의하면 무질서의 극치는 궁극적으로 획일화와 동질성의 극치와 조금도 다를 바가 없다. 그러므로 만일 미트볼이 옷장 속에서 잠자는 것을 택했더라면, 아래층은 결국 파멸의 운명으로부터 헤어날 수 없었을 것이다. 그런 의미에서 핀천이 이 두 가지 엔트로피를 한 집의 아래층과 위층으로 설정한 것은 대단히 시사적이다. 왜냐하면 그 두 가지는 서로 통해 있을 뿐만 아니라, 둘 중 어느 하나만 잘못되어도 그 집 전체가 붕괴되기 때문이다.

미국의 포스트모더니즘과는 성격을 달리하지만 나름으로 현대사회의 문제성을 새로운 소설 문학 형식 속에 담고 있는 서구의 소설가 가운데 우리나라에 잘 알려진 작가들이 이탈리아의 움베르토 에코와 체코 출신의 작가 밀란 쿤데라이다. 에코는 기호학자로서 이름을 얻었지만 그가 쓴 소설 『장미의 이름』은 형이상학적 주제와 대중성을 동시에 획득한 작품으로 평가된다. 이 작품의 등장인물은 윌리엄 수도사와 그를 수행하고 있는 아드소, 수도원의 원로인 호르헤 장로 등이다.
이야기는 작품의 화자인 아드소와 윌리엄 수도사가 수도원에 도착한 날부터 의문의 살인사건이 발생하면서 시작된다. 수도원장은 윌리엄 수도사에게 사건의 해결을 맡기며 윌리엄은 가짜 그리스도의 도래를 예언하는 호르헤 장로, 사서 등을 만나보고 살인사건의 원인에 대한 추리를 한다. 유리세공사인 니콜라는 윌리엄의 안경을 보고 감탄하고 장서관에 몰래 들어가는 사람은 악마를 만난다는 말을 한다. 둘째 날에는 그리스 학자 베난티오가 돼지피 항아리에 빠져 익사하는 사건이 생긴다. 윌리엄은 문서사자실에서 단서를 찾으려하던 과정에서 점차 이 수도원이 각종 금기로 규제되고 있으며 이상한 분위기가 지배한다는 것을 알게 된다. 여기서 윌리엄은 장서관에 들어가는 방법을 귀띔 받는다. 그러나 장서관에 들어가려 했을 때 이상한 침입자에 의해 방해받고 윌리엄의 안경을 도둑맞지만 장서관에 들어가 거울과 기이한 약초에 의해 환각에 빠진다. 셋째 날 아드소는 자신이 이단 교파에 속해 있다는 말을 듣고 윌리엄은 살해된 베난티오가 남긴 이상한 기호를 해독한다. 아드소는 혼자서 장서관에 갔다가 한 아름다운 여자를 만나 사랑을 나눈다. 이날 세 번째로 베렝가리오의 시체가 발견된다. 넷째 날 베렝가리오의 검시 과정에서 독물의 흔적을 찾게 되는데 이날 교황측의 사절이 도착한다. 윌리엄 등은 장서관에 들어가 미궁의 약도를 그리며 살바토레는 여자에게 고양이와 수탉을 건네주다 발각되어 재판을 받고 여자와 함께 감옥에 갇힌다. 윌리엄측과 교황측의 양사절단은 기독교 교리에 관해 논쟁을 벌이고 윌리엄은 세베리노가 이상한 서책을 발견했다는 말을 듣는데 잠시 후 세베리노는 시약소에서 머리를 맞아 죽은 시체로 발견된다. 여섯째 날 또 한 사람의 수도사가 독살되고 윌리엄은 수수께끼의 서책에 대한 정보를 얻는다. 아드소 등은 드디어 장서관 밀실에 들어가는 방법을 알게 된다. 일곱째 날 장서관 밀실에 들어간 윌리엄 등은 밀실의 벽 틈에 갇힌 수도원장을 발견하고 거기서 다시 호르헤 장로를 만나 사건의 전말을 밝히게 된다. 호르헤 노인은 우연히 아리스토텔레스의 희극에 관한 글을 발견하는데 이 책이 사람들의 호기심을 자극하자 호기심을 가진 수도사들을 그들의 남색관계를 이용하여 살해해왔던 것이다.

 이 작품은 많은 상징이나 우의를 함축하고 있다. 그것은 '포스트모더니즘이론을 그대로 소설화시킨 것 같은 느낌을 주는' 작품으로 알려져 있다. 따라서 그것을 일일이 설명하는 것은 이 자리에서는 감당할 수 없는 일이다. 여기서는 그 소설적 배경을 이해하기 위해서 김성곤의 해설을 인용한다.

(카톨릭의 분열과 횡포와 타락이 극에 달했던 중세의 암흑시대를 배경으로 하고 있는) 이 소설은 프랑크프르트의 독일 제후들에 의해 선출된 바바리아의 루이 황제와 아비뇽에서 교황으로 뽑힌 프랑스인 교황 요한 22세가 서로를 배교자라고 비난하며 날카롭게 대립하고 있었으며, 교회 역시 프란치스코파와 베네딕트파로 분열되어 서로를 비난하고 있던 1327년 말을 배경으로 하고 있다. 당시는 종교와 정치가 서로 결탁하여 인간의 앎과 삶을 지배하고 있었던 시대였다. 그리고 지배이데올로기는 반체제 집단에게 마녀재판과 고문과 화형이라는 제도적인 폭력을, 그리고 반체제 세력들은 거기에 대항하여 테러라는 가시적 폭력을 행사하고 있었다. 이와 같이 독선의 횡포가 횡행하던 시절, 어린 독일인 수련사 아드소는 프란치스코파 수도사인 영국인 윌리엄 사부를 따라 이탈리아에 있는 어느 베네딕트파 수도원을 찾아가게 된다. 이 소설은 그들이 그 수도원에 머무는 일주일 동안 일어나는 일련의 수수께끼 같은 살인사건과, 그 사건의 실마리를 찾아 미궁 속을 헤매는 그들의 모험을 기록하고 있다. 그들이 찾아가는 수도원은 당대의 인간들이 살고 있는 상황을 집약해 보여주고 있는 하나의 소우주이다. 예컨대 거기에는 지배자인 수도원장이 있고, 지식과 권력이 결탁하여 만들어낸 지배이데올로기가 있으며, 원장 밑에 각기 다른 계급의 수도사들과 불목하니들이 있다. 또한 거기에는 장서관을 비롯하여 주방, 시약소, 세공소 등 인간사에 필요한 모든 것이 갖추어져 있다. 그러나 수도원은 세상과 격리된 〈닫힌 세계〉이다. 그리고 그곳에는 닫힌 세계의 모든 병폐들---예컨대 독선, 동성애, 금기, 비밀, 음모, 부패, 그리고 살인 등--이 마치 음지의 독버섯처럼 자라나고 있다. 그러므로 수도원은 밤의 세계이다. 그리고 그곳에서의 살인사건은 밤에만 일어난다. 또한 그곳에서는 성모 마리아를 제외하고는 여자가 없다. 그리고 여자가 없기 때문에 새로운 생명도 없다. 그곳에는 오직 불모와 동성애만이 존재한다. 죽임을 당하는 수도사들이 대부분 동

성애에 빠져 있었다는 사실은 바로 그와 같은 수도원의 불모와 닫힘을 의미한다. 말세까지 봉인되도록 되어 있는 계시록은 이 세상의 파멸을 예언한 책이다. 마찬가지로, 닫힌 세계는 필연적으로 파멸한다. 과연 이 이름 없는 수도원도 결국에는 불에 타 재가 되어 사라져 버린다.

에코와 같이 서구에서 포스트모더니즘 소설가로 이름을 얻고 있는 밀란 쿤데라는 조국을 떠나 현재 프랑스에서 활동하고 있다. 그의 『참을 수 없는 존재의 가벼움』은 1984년에 나온 작품으로서 형이상학적 주제를 다루고 있다.

이 작품에 등장하는 인물은 외과의사이며 성교할 때에 여자의 상이한 반응을 통해 각각의 개성을 알아낼 수 있다고 믿어 수많은 여인과 난교하는 토마스, 성장기의 불행 때문에 사랑의 결핍을 느끼는, 순진하면서도 열정적인 테레사, 여류화가이면서 남편과 헤어져 자유롭게 살고자 하는 사비나, 사비나에게 버림을 받지만 마지막 순간까지 사비나를 사랑하는 프란츠 등이다. 향락주의자인 토마스는 여러 여자들과 관계하는 가운데 어느 날 보헤미아 지방의 시골 빠에서 맥주를 나르는 테레사를 만난다. 그는 테레사에게서 이전에 다른 여자에게서 느낄 수 없었던 사랑을 느끼고 동거에 들어간다. 테레사는 연약한 여인의 인상을 주지만 토마스가 다른 여자와 관계를 맺는 데 대해 강한 질투를 느껴 밤마다 풀장의 여인들을 총으로 쏘아 피바다를 만드는 악몽에 시달린다. 러시아군이 체코를 점령하고 있는 동안 테레사는 사비나에게 사진기술을 배우고 그 일에 열정을 쏟아 붓는다. 사비나는 대학교수인 프란츠를 만나 사랑하게 되자 구속되지 않기 위해 외국으로 나간다. 프란츠는 여대생과 결혼하여 살지만 항시 사비나를 그리워하다가 사고로 죽는다. 토마스는 공산주의자들의 살인행위를 오이디푸스의 이야기에 빗대어 비난하는 글을 쓴 일로 인해 외과의사직을 박탈당하고 청소부로 살아가지만 난잡한 성행위는 계속한다. 참지 못한 테레사는 토마스와 함께 시골로 내려가 농사를 지으며 살아간다. 그러다가 그들은 불의의 교통사고로 함께 죽는다. 사비나는 프랑스의 시골에서 작품 활동을 하던 중 토마스 부부의 불행을 전해 듣고 그에 관해 여러 가지를 생각해본다.

　이러한 줄거리를 가진 이 작품은 그 사건들을 여러 가지 중첩된 이미지들을 통해 제시한다. 이 점에서 시간적 순서에 주로 의지하는 전통적인 소설의 기법을 탈피한 작품이다. 뿐만 아니라 이 작품에서 쿤데라는 인간존재의 의미를 진지하게 묻는다. 이에 대해 김성곤은 다음과 같이 설명한다.

　『참을 수 없는 존재의 가벼움』에서 가장 독자의 관심을 끄는 것은 아마도 '가벼움'이란 무엇을 의미하는가, 그리고 저자는 과연 '가벼움'을 찬양하고 있는가 하는 문제일 것이다. 쿤데라는 이 소설을 니체의 영원한 재귀사상에 대한 언급으로부터 시작하고 있다. 니체는 인간의 역사란 무한히 반복되는 것이라고 믿었다. 그러한 그의 사상 속에는 물론 역사의 진보에 대한 그의 회의와, 과거에 대한 그의 탐색정신이 깃들어 있었다. 쿤데라는 이렇게 말한다. '영원한 재귀의 세계에서는…무거운 책임의 짐이 지워져 있다. 이러한 근거에서 니체는 영원한 재귀의 생각을 '가장 무거운 무게'라고 일컬었다. 만약 영원한 재귀가 가장 무거운 무게라면 우리들의 삶은 이 배경 앞에서 아주 가벼운 것으로 찬란하게 나타날 수 있다. 하지만 무거운 것은 정말 무섭고, 가벼운 것은 찬란한가? 가장 무거운 무게는 우리를 짓눌러 우리를 압사케 한다. 우리를 땅바닥에 압착시킨다. 하지만 어느 시대나 사랑의 서정시에서는 여자는 남자 육체의 육중한 무게를 동경한다. 따라서 가장 무거운 무게는 동시에 가장 집약된 삶의 충족 이미지이다. 무게가 무거우면 무거울수록 실제적이고 우리의 삶은 더욱더 땅에 가깝다. 그것은 더욱더 실제적이고 참된 것이 된다. 이와는 반대로 무게가 전혀 없을 때 그것은 인간이 공기보다도 더 가볍게 되어 둥둥 떠올라 땅으로부터, 세속의 존재로부터 멀리 떠나게 한다. 그래서 인간은 절반만 실제적이고, 그의 동작은 자유롭고 동시에 무의미한 것이 된다. 자, 그러니 어떤 것을 선택할 것인가? 무거운 것을? 아니면 가벼운 것을? 이 세상이 양분법적으로 대립으로 이루어져 있다고 믿었던 기원전 6세기의 파르메니데스는 둘 중에서 가벼운 것을 택했다. 그러나 쿤데라는 그러한 분명한 선택에 대해 회의를 제기한다 …확실한 것은 오직 한 가지뿐이다. 즉 가벼운 것과 무거운 것의 대립쌍은 모든 대립들 중에서 가장 신비스럽고 가장 타의적이라는 것이다.' 그렇다면 쿤데라는 단순히 가벼운 것을 찬양하고 있는 것은 아니다. 그것을 깨닫는 순간, 우리는 '참을 수 없는'이라는 표현이 함축하고 있는 복합적인 의미에 주목하게 된다. 말을 바꾸면, 쿤데라는 모든 것을 둘로 나누어 그 중 하나를 절대적 진리로 선택하는 이분법적 사고방식에 회의를 던지며 이 소설을 시작하고 있다는 것이다. 예컨대 영혼은 가볍고 육체는 무겁다. 그러나 우리는 그중 하나만을 선택할 수는 없다. 왜냐하면 우리 삶은 그 두 가지를 동시에 필요로 하기 때문이다. 니체의 이론은 우리로 하여금 무거운 하늘을 양 어깨에 받히고 있는 아틀라스의 중요성을 깨닫게 해준다. 그가 느끼는 무게는 곧 우리 모두의 존재의 무게이다. 그러나 그것과 똑같이 중요한 점은, 우리의 존재가 진정으로 가벼울 때에만 우리는 비상할 수 있다는 점이다. 부단히 반복되는 역사는 무거운 존재이다. 그러나 인간의 삶은 한번 지나가버리면 다시는 돌아오지 않는 솜털처럼 가벼운 존재일 뿐이다. 그것을 깨닫는 순간, 니체의 〈영원한 재귀〉 사상은 심오한 이중의 의미를 갖게 된다.

  모더니즘의 소설은 순간의 영원성을 지향하여 점으로 인식되는 시공간을 표현하기 위해 공간성을 강조하는 미학을 건립한 것으로 인식된다. 부르주아적 시계시간으로부터 초월하고자 한 시도가 추상적 존재론을 전제한 바탕 위에서 긴장과 모순들의 시간을 공간성의 이미지 속에서 통일하도록 만든 것이다. 이에 비해 포스트모더니즘은 공간으로부터의 초월을 강조하여 시간성의 우연한 흐름을 강조하는 특성을 지니게 된다. 은유와 상징이 지닌 짙은 함축성을 벗어나 환유나 허무주의적인 표피성, 가벼움이 두드러진 '문체화된 세계'를 드러내는 것이다. 그러므로 포스트모더니즘은 사물에 대한 인간의 의식을 재현함으로써 인식적 기능을 달성하는 데 초점을 두기보다는 낱말들 자체가 하나의 세계가 되고 내용을 지니지 않은 채 문체가 빛을 내는 조이스의 '내용이 없는 책'에서 이상적 모델을 찾는 것이다. 보르헤스가 장편문학을 거부하고 단편斷片문학을 고집한 것이나 옥타비오 파스가 '단편들의 관계'를 강조한 것은 모더니즘의 아방가르드 운동에서 이루어지던 시적 실험이 소설을 비롯한 문학의 모든 영역에서 시도되고 있음을 의미한다고 할 수 있다. 시적인 장치들이 대거 산문 이야기 속에 틈입함으로써 문체는 빛이 나지만 의미사슬은 쉽사리 드러나지 않는, 형이상성이 높아지는 양상인 것이다. 더욱이 포스트모더니즘 소설에서 자주 사용되는 패러디는 자신의 삶을 지탱해주는 사회의 질서를 수긍할 수밖에 없지만 그에 대해서 결코 인정할 수도 없는 사회 속의 '인사이드 아웃사이더'인 작가의 이율배반적인 의식을 드러내는 것으로서 작품의 이해에 고도의 지적인 조작을 요구하고 있다. 예술의 상품화에 기여하는 미학적 대중주의와 고도의 문체의식, 형이상적 주제의 결합은 그 자체 포스트모더니즘의 이율배반적 성격, 정신분열증을 조장하는 것인지도 모른다.

6. 한국 문학에 나타난 포스트모더니즘의 양상

오늘날 우리 문학에 포스트모더니즘적인 특성이 나타나느냐 하는 물음은 하나의 우문이 될 수 있다. 20년 전만 해도 김윤식은 우리문학의 포스트모더니티에 대해서 거의 부정적인 답변을 할 수 있었다. 예외적으로 이인성의 소설에 대해서만 얼마간 긍정적인 답변이 가능했다. 하지만 포스트모더니즘을 적극 주창하는 운동이 지속되고 자신의 작품의 표지로서 그것을 표방하는 일이 새삼스러울 것이 없는 평범한 일이 된 현재의 시점에서 포스트모더니즘은 우리의 문학 속에 깊이 뿌리를 내리기 시작했다고 할 수 있다. 심지어 봉건시대의 패관문학에서 포스트모더니즘의 어떤 양상을 읽어내는 학구적인 노력까지 곁들여지고 있다. 포스트모더니즘이 어떤 특정한 양식이 아니라는 점을 감안하면 그러한 작업들을 굳이 사족이나 부연이라고 사시로 바라볼 근거는 없다. 현재 나타나고 있는 문학의 양태들에 대해서 객관적으로 분석하고 판단하는 일이 더 절실히 요청되는 일이라 하겠다.

기왕의 연구들에 의하면 우리의 시문학 부문에서 포스트모더니스트로 분류되는 시인들은 황지우,이윤택, 장경린, 장정일, 하재봉, 오규원, 최승호, 유하, 민용태, 이승훈, 김광규 등이다. 이들 가운데서 황지우는 80년대 초반에 시대적 모순을 형상화하는 데서 첨단을 가는 리얼리즘 시인이었고 오규원, 이윤택 등도 일찍부터 시작을 하고 있었다는 점을 고려하면 주로 젊은 시인들의 포스트모더니즘에 대한 경사가 많아지고 있음을 알 수 있다. 하지만 이 시인들의 시적 경향은 한마디로 요약해 말할 수 없는 여러 층을 가지고 있는 것으로 보인다. 영상매체의 등장 이후 나타난 시에서의 변화와 한때 포스트모더니즘이라는 말보다 해체시라는 말이 유행하는 속에서 해체시인이라는 이름을 얻은 몇몇 시인들의 경향까지 포함한다면 그 복잡성은 한층 우심해진다. 여기에다 김춘수 시인 같은 작고 시인까지 포스트모더니즘에 포함시키려는 시도가 겹침으로써 사정은 날로 혼돈스러워진다. 그렇다고 해서 그러한 시도들이 무리한 것만은 아니다. 포스트모더니즘이 아방가르드와 모더니즘의 접경지역에서 몸을 추스르고 있다는 점에서 그와 같은 시도는 충분히 가능하고 필요한 부분이 있다.

근래에 우리문학의 포스트모더니즘을 점검한 한 책자는 한국의 포스트모더니즘 시를 도시시와 일상시로 나누어 고찰하는 방법을 채택하고 있다. 주로 소재에 근거를 두고 있으면서 한편으로는 텍스트 내적 해체, 텍스트 외적 해체 등의 구분기준을 동시에 적용하고 있어 다면적으로 조감하려는 노력을 보이고 있다.

하지만 도시시나 일상시가 포스트모더니즘에만 고유한 현상도 아니고 문예사조가 소재로서 구분될 수 있는 개념도 아니라는 점에서 우리문학의 포스트모더니즘에 대한 논의는 앞으로의 과제가 되고 있다고 할 수 있을 것이다. 따라서 한국 문학의 포스트모더니즘을 본격적으로 고찰하는 자리가 아닌 여기서는 몇몇 시인들의 작품을 제시하는 것으로 작업을 한정지을 수밖에 없다. 그런 측면에서 돌아볼 때 황지우는 끊임없이 시적 변모를 보여준다는 점에서 전위시인이라는 이름에 걸맞다.

뼈아픈 후회

슬프다

내가 사랑했던 자리마다

모두 폐허다

나에게 왔던 모든 사람들,
어딘가 몇 군데는 부서진 채
모두 떠났다

내 가슴속엔 언제나 부우옇게
바람에 의해 이동하는 사막이 있고;
뿌리 드러내고 쓰러져 있는 갈퀴나무, 그리고
말라 가는 죽은 짐승 귀에 모래 서걱거리는

어떤 연애라도 어떤 광기라도
이 무시한 곳에까지 함께 들어오지는
못했다, 내 꿈틀거리는 사막이, 그 고열高熱의
에고가 벌겋게 달아올라 신음했으므로
내 사랑의 자리는 모두 폐허가 되어 있다

아무도 사랑해 본 적이 없다는 거;
언제 다시 올지 모를 이 세상을 지나가면서
내 뼈아픈 후회는 바로 그거다;
그 누구를 위해 그 누구를 사랑하지 않았다는 거

젊은 시절, 도덕적 경쟁심에서
내가 자청自請한 고난도 그 누구를 위한 헌신은 아녔다
나를 위한 헌신, 나를 위한 나의 희생, 나의 자기부정;

그러므로 나는 아무도 사랑하지 않았다
그 누구도 걸어 들어온 적 없는 나의 폐허

다만 죽은 짐승 귀에 모래알을 넣어주는 바람뿐

이 시에서 고백시와 유사한 어떤 경향이 보이는 것은 사실이지만 그것이 꼭 포스트모더니즘이라고 말할 필요는 없을 것이다. 그보다는 다음 시가 포스트모더니즘에 더 관련성이 있어 보인다.

성^聖 찰리 채플린

영화 〈모던 타임즈〉 끝 장면에서 우리의 '무죄한 희생자',
찰리 채플린이 길가에서 신발끈을 다시 묶으면서, 그리고
특유의 슬픈 얼굴로 씩 웃으면서 애인에게
"그렇지만 죽는다고는 말하지 마!"하고 말할 때
나는 또 소갈머리 없이 울었지

내 거지 근성 때문인지도 몰라; 나는 너의 그 말 한마디에
굶주려 있었단 말야;
"너, 요즘 뭐 먹고 사냐?"고 물어주는 거

그러나 포스트모더니즘의 주요한 특징 가운데 하나를 패러디나 혼성모방으로 본다면 박남철의 「주기도문, 빌어먹을」이나 박상배의 「헌시」 같은 작품이 그 특징을 살피는 데 더 적합한 사례가 될 것이다.

주기도문, 빌어먹을

지금 하늘에 계신다 해도
도와 주시지 않는 우리 아버지의 이름을
아버지의 하늘에서 이룬 뜻은 믿을 수 없사오며
아버지의 하늘에서 이룬 뜻은 아버지 하늘의 것이고

땅에서 못 이룬 뜻은 우리들 땅의 것임을, 믿습니다
(믿습니다? 믿습니다를 일흔 번쯤 반복해서 읊어 보시오)
오늘날 우리에게 일용할 고통을 더욱 많이 내려 주시고
우리가 우리에게 미움 주는 자들을 더더욱 미워하듯이
우리의 더더욱 미워하는 자를 더, 더더욱 미워하여 주시고
제발 이 모든 우리의 얼어 죽을 사랑을 함부로 평론ㅎ지 마시고
다만 우리를 언제까지고 그냥 이대로 내버려 둬, 두시겠습니까?

대개 나라와 권세와 영광이 이제 아버지의 것이
아니옵니다(를 일흔 번쯤 반복해서 읊어 보시오)
밤낮없이 주무시고만 계시는
아버지시여
아멘

獻詩 · 3

내 누님같이 생긴 꽃아 너는 어디로 훨훨 나돌아 다니다가 지금 되돌아와서 수줍게 수줍게 웃고 있느냐 새벽닭이 울 때마다 보고 싶었다. 꽃아 순아 내 고등학교 시절 널 읽고 천만번을 미쳐 밤낮없이 널 외우고 불렀거늘 그래 지금도 피 잘 돌아가고 있느냐 잉잉거리느냐 새삼 보아하니 이젠 아주 늙어 있다만 그래도 내 기억 속엔 깨물고 싶은 숫처녀로 남아 있는 서정주의 순아 나는 잘 있다 오공과 육공 사이에서 민주와 비민주, 보통과 비보통 사이에서 잘도 빠져 나가고 있단다 그럼 또 만나자.

신세대 시인으로서 가장 각광받고 있는 장정일은 실제로 주목할 만한 활동을 벌이고 있다. 시와 소설에서 그의 활동은 우리 문학의 변화해가는 한 면모를 대변하고 있다.

햄버거에 대한 명상

…가정요리서로 쓸 수 있게 만들어진 시

옛날에 나는 금이나 꿈에 대하여 명상했다.
아주 단단하거나 투명한 무엇들에 대하여
그러나 나는 이제 물렁물렁한 것들에 대하여도 명상하련다

오늘 내가 해보일 명상은 햄버거를 만드는 일이다
아무나 손쉽게, 많은 재료를 들이지 않고 간단히 만들 수 있는 명상
그러면서도 맛이 좋고 영양이 듬뿍 든 명상
어쩌자고 우리가 〈햄버거를 만들어 먹는 족속〉 가운데서
빠질 수 있겠는가?
자, 나와 함께 햄버거에 대한 명상을 행하자
먼저 필요한 재료를 가르쳐 주겠다. 준비물은

햄버거 빵 2
버터 1 1/2큰술
쇠고기 150g
돼지고기 100g
양파 1 1/2
달걀 2
빵가루 2컵
후추가루 1/4작은술
상치 4잎
오이 1
마요네즈소스 약간
브라운소스 1/4컵

위의 재료들은 힘들이지 않고 당신이 살고 있는 동네의
믿을 만한 슈퍼에서 구입할 수 있을 것이다.…슈퍼에 가면
모든 것이 위생비닐 속에 안전히 담겨 있다. 슈퍼를 이용하라…

먼저 쇠고기와 돼지고기를 곱게 다진다.
이때 잡념을 떨쳐라, 우리가 하고자 하는 이 명상의 첫 단계는
이 명상을 행하는 이로 하여금 좀더 훌륭한 명상이 되도록
매우 주의 깊게 순서가 만들어졌는데
이 첫 단계에서 잡념을 떨치지 못하면 손가락이 날카로운 칼에
잘려, 명상을 포기하지 않으면 안 되도록 장치되어 있다

쇠고기와 돼지고기를 곱게 다졌으면,
이번에는 양파 1개를 곱게 다져 기름 두른 프라이팬에 넣고
노릇노릇할 때까지 볶아 식혀 놓는다.
소리 내며 튀는 기름과 기분 좋은 양파 향기는
가벼운 흥분으로 당신의 맥박을 빠르게 할 것이다
그것은 당신이 이 명상에 흥미를 느낀다는 뜻이기도 한데
흥미가 없으면 명상이 행해질 리 만무하고
흥미가 없으면 세계도 없을 것이다.
(후략)

다음은 최승호의 시 「노래하는 화살촉」이다.

고대^{古代}의 소리들을 모은, 쇠에도 녹 푸른, 진흙의 주름살이 느껴지는 산성^{山城}박물관에서, 진흙 나팔과 구리 말방울이 요령의 혀를 관음^{觀音}한다. 혀가 떨어지고, 말대가리가 떨어지고, 연꽃에 앉아 피리 불던 관음보살이 확대경에 들이댄 눈알

속에 부식되는데, 그 옆에 명촉鳴金鏃이라고, 새대가리꼴의 화살촉이 놓여 있다. 누구의 심장을 향해 날아갔는지, 결국 뒤의 흙을 향해 날아갔는지 우는 화살촉, 그 아래 싱잉 어로우헤드 singing arrowhead 라고, 티끌글씨로 씌어 있는, 씽씽 노래하는 화살촉, 또는 지저귀는 화살촉, 벌판에 우렁찬 진흙 나팔과 허공에 붐비는 말 울음소리 속에서.

다음은 유하의 시 「武林 破天荒」이다.

> 서기, 불기, 단기, 분단조국, 통일염원
> 세월을 헤아리는 용어는 많이 있지만 난 武曆을 쓴다.
> 그건 순전히 와룡생 선생 영향이다 덕분에 대학 다닐 때 무협지 쓰는 아르바이트도 했다. 장당 오십원
> 무수한 계략과 암기와 암수, 검법과 장법의 이름을 그때 배웠다 난
> 와룡생과 같은 웅혼한 필치를 꿈꾸었다 그러나 무협출판계의 현실은 달랐다 과다한 섹스 신과 탐스런 둔부…방초 우거진 언덕…같은 유치한 문장의 강요, 특히 나를 곤란하게 했던 출판업자의 주문은
> 대량살육이었다 요즘 독자들은 피비린내 나는 도륙을 원한다니까 낄낄
> 현실과 이상 사이에서 고민하며 난 하루에도 몇 백 명을 아무런 개연성도 없이 학살하고 분근착골 수법으로 고문했는지 모른다
> 펑! 으악! 펑! 꽥! 으악! 으로 점철된 단어들…하루는 출판업자가 진시황 시절의 아방궁을 소재로 써보지 않겠느냐고 제안했다. 궁중의 온갖 권모술수 밀실 안의 나녀들…봉싯한 젓가슴…히히히 그거 장사된다구
> (후략)

다음은 하재봉의 시, 「기계도 오르가슴을 느낀다」이다.

1994년 5월 25일 홍대 앞 락카페 '발전소에서'개최된 시낭송퍼포먼스에서, 나는 캔맥주 윗부분을 투명 종이붕대로 감고 참석자에게 나누어 주었다. 물론 맥주 값 4000원을 받고서. 원 샷! 그리고 기계와 관련된 내용으로 문장을 하나씩 만들어 던져달라고 했다. 그 날 던져진 캔맥주통은 맥주 거품에 젖어 있어서 붕대 위에 씌어진 글씨가 제대로 판독이 안 되는 것들도 많았는데, 판독 가능한 깡통 11개를 무차별하게 재구성해보니까 다음과 같은 시가 나왔다.

1 집에서 발전소까지 오는 데 너무 멀다
7 발전소에 오면 발전할까?
2 나는 오늘 휴지도 없이 수음을 했다
4 캔이 운다
5 알루미늄캔을 찌그러뜨리고 싶다
9 이선희는 찌그러뜨리는 것이 취미라고 한다
6 깡통맥주 파는 발전소는 발정한 곳이다
3 맥주도 오르가슴을 느낀다
11 로보캅은 에브랄 쌍자지다
10 나는 컴퓨터를 경멸한다
8 하재봉 시인은 깡통이다

다음은 이윤택의 시, 「맑은 음^{音}에 대한 기억」이다.

내가 휘파람을 배운 건 일곱 살 때다
여름이었다
맑은 음이었다
나는 휘파람으로 이 세상을 유혹하고 싶었다
역시 일곱 살인 내 사랑 …천변 건너 그 여식애의 집… 그 주변 다리 밑
동천강

동천강의 피라미떼
내 맑은 음音이 닿는 세상은 둥글고 따뜻했다

언제부터인가 나는
논리를 익히고 기하학을 배우면서
내 사랑에게 말을 하기 시작했다
난 휘파람을 잃었고
우린 심심찮게 말다툼을 했고
그때부터 세상은 내 삼각자 밑에 놓인 도면이었다
그때부터 난
염증을 앓기 시작했다

우리소설 문학에서 포스트모더니즘에 대한 논의는 시에 비해서 활발하지 못하다. 시에서 전위주의의 실험이 좀 더 좋은 여건을 갖는 데 비해 소설의 실험은 전통으로부터의 제약에 많은 구속을 받기 때문이다. 그럼에도 불구하고 포스트모더니즘과 관련하여 논의되는 소설가를 꼽자면 이인성, 최수철, 장정일, 하일지, 김수경, 최병헌 등을 들 수 있다. 이인성은 일찍부터 작가의 소설에 대한 자의식을 표현해온 작가이다. 예컨대 "지금 나는 쓰고 있다. 지금, 당신은 읽고 있다. 변함없는 현재. 나는 지금 이 순간, '지금 이 순간'이라고 쓰고 있는데, '쓰고 있는데'를 읽는 당신을, '당신을' 쓰는 지금 이 순간에 …아니다 나는 빈손으로 왔지만 빈 느낌으로만 돌아오지 않은 것 같다"와 같이 독자와 대화를 나누는 식의 기법, 독자와의 만남을 시도한다. 이 같은 양태는「한없이 낮은 숨결」에서는 아예 이야기 줄거리가 사라져버리는 양태로 나타나기도 한다.

이인성이 80년대 초반부터 이러한 소설을 실험한 이후 점차 많은 작가들이 메타픽션의 수법을 이용하게 된다. 최수철의「알몸과 육성」, 김수경의「자유종」등이 그러한 경우이다. 한편 영상미학을 소설 속에 들여오면서 나타나는 어떤 특성과 소설적 변이를 연관시킬 수 있다. 이 경우 대표적인 작가는 장정일이다. 그는 『아담이 눈 뜰 때』에서 주인공이 글을 쓴다는 모티프를 도입하여 주목받았지만 그보다도 시각매체시대의 감성에 호소하는 성격이 더 두드러져 보인다. 『너에게 나를 보낸다』, 『너희가 재즈를 믿느냐?』, 『내게 거짓말을 해봐』 등으로 이어지는 속에서 그의 소설은 점차 이 시대의 감성을 표현하는 적절한 방법을 모색하고 있다. 이와 유사한 방식으로 프랑스의 누보로망의 수법에 가까운 형태를 선보이고 있는 하일지의 작품이 포스트모던적 경향을 보인다고 할 수 있을 것이다.

그러나 이른바 포스트모던 문학과 관련되어 이름이 들먹여지는 이들 작가보다도 더 주목을 요하는 작가는 김성곤이 '포스트모던 리얼리즘'이라고 평가한 『비명碑銘을 찾아서』의 작가 복거일이다. 이 작품이 대체역사소설이라는 이름으로 알려지면서 부정적인 효과를 나타내기도 했지만 작품의 성격은 이제 새롭게 분석되어야 할 많은 특질을 내포하고 있다. 포스트모던 리얼리즘이라는 기왕의 평가가 지닌 함축, 그 특질에 대한 규명이 좀 더 진척되어야 우리 소설 문학의 포스트모더니티에 대한 균형감이 갖추어진 인식이 가능하게 될 것이다. 이밖에, 딱히 포스트모더니즘과 결부되는 작가라고 말할 수 없을지는 모르지만, 제각기 자기 영역을 개척하고 있는 김영하, 박민규, 김애란, 편혜영 등의 작품도 주목할 만하다.

참고문헌

1장

김우창, 『지상의 척도』, 민음사, 1981
이가원, 『중국문학사조사』, 일조각, 1975
최유찬, 『문학의 통일성 이론』, 서정시학, 2013
최유찬, 오성호, 『문학과 사회』, 실천문학사, 1994
최재서, 『문학원론』, 신원도서, 1976
게오르그 루카치, 『미학서설』, 홍승용 옮김, 실천문학사, 1987
르네 웰렉, 『문학의 이론』, 백철, 김병철 옮김, 신구문화사, 1969
빌헬름 보링거, 『추상과 감정이입』, 권원순 옮김, 계명대출판부, 1982
아놀드 하우저, 『예술사의 철학』, 황지우 옮김, 돌베개, 1983
에른스트 곰브리치, 『예술과 환영』, 차미례 옮김, 열화당, 1989
테오도르 아도르노, 『미학이론』, 홍승용 옮김, 문학과 지성사, 1984
하인리히 뵐플린, 『미술사의 기초개념』, 박지형 옮김, 시공사, 1994
Pascale Casanova, The World republic of Letters, Harvard Univ. press, 2004
R. S. Crane, Critical and historical principles of literary history, Chicago univ., 1971
Rene Wellek, Concepts of criticism, yale univ., 1978
Ronald Carter & John Mcrae, History of Literature in English, Routledge, 1997

2장

천병희, 『그리스비극의 이해』, 문예출판사, 2002
최유찬, 『토지를 읽는다』, 솔출판사, 1996.
게오르크 루카치, 『美學』, 木幡順三 譯, 勁草書房, 1970
노스럽 프라이, 『비평의 해부』, 임철규 옮김, 한길사, 2000
데이비드 댄비, 『호메로스와 테레비』, 황건 옮김, 한국경제신문사, 1998
로우리 젭슨, 『그리스 로마 비극과 셰익스피어 비극』, 이영순 옮김, 동인, 1998
버어난 홀2세, 『서양문학비평사』, 탐구당, 1975
브루노 스넬, 『정신의 발견』, 김재홍 옮김, 까치, 1995
아리스토텔레스, 『시학』, 박영사, 1970
아우얼바하, 『미메시스』, 김우창, 유종호 옮김, 민음사, 1987
알렉상드르 꼬제브, 『역사와 현실변증법』, 설헌영 옮김, 한벗, 1988
제베데이 바르부, 『역사심리학』, 창작파비평사, 1983
쿠르트 휘브너, 『신화의 진실』, 이규영 옮김, 민음사, 1991
타타르키비츠, 『미학의 역사』, 1970
프리드리히 니체, 『비극의 탄생』, 김대경 옮김, 2000
하워드 휴고, 『세계문예사조사』, 을유문화사, 1990
헤겔, 『헤겔시학』, 최동호 옮김, 열음사, 1987
高津春繁, 『그리스 로마의 고전문학』, 이재호 옮김, 탐구당, 1992
Butcher, Aristotles theory of poetry and fine arts, New york, 1951
Dosch(ed), Classical litery criticism, Penguin books, 1965
H.D.F Kitto, Greek Tragedy, London, 1975
G. S. Kirk, Homer and The Epic, Cambridge Univ. press, 1990
J. G. Wary, Greek aesthetic theory, London, 1962
Jasper Griffin, The Odyssey, Cambridge Univ. press, 1995
M.S. Silk, The Iliad, Cambridge Univ. press, 1996
Seidel(ed), Homer to Brecht, Yale Univ. press, 1977
山內登美雄, 『ギリシア悲劇』, 日本放送出版協會, 1969

3장

이상섭, 『르네상스와 신고전주의 비평』, 민음사, 1985.
차하순, 『르네상스 사회와 사상』, 탐구당, 1976.

게오르크 루카치, 『소설의 이론』, 반성완 옮김, 심설당, 1985.
들로슈, 『새유럽의 역사』, 까치, 1995.
미하일 바흐찐, 『장편소설과 민중언어』, 전승희 외 옮김, 창작과 비평사, 1988.
부르크하르트, 『이탈리아의 르네상스 문화』, 을유문화사, 1992.
쏘니에, 『르네상스 프랑스문학』, 탐구당, 1992.
에리히 아우얼바하, 『미메시스』, 김우창, 유종호 옮김, 민음사, 1987.
요한 호이징가, 『중세의 가을』, 최흥숙 옮김, 문학과지성사, 2003.
테리 이글턴, 『셰익스피어 다시 읽기』, 김창호 옮김, 민음사, 1996
패시네티, 『세계문예사조사』, 을유문화사, 1990.
퍼거슨, 『르네상스』, 탐구당, 1972.
아놀드 하우저, 『문학과 예술의 사회사』, 백낙청 외 옮김, 창작과 비평사, 1981.
David Quint, Epic and Empire, Princeton Univ. press, 1993
E. C. Riley, Cervantes's Theory of the Novel, Oxford Univ. press, 1962
M. M. Bachtin, Rabelais and his world, trans H.Iswolsky, MIT press, 1968
M. Mccanles, Dialectical criticism and renaissance literature, California Univ. press, 1975
Warren Ginsberg, Dante's Aesthetics of Being, Michigan Univ. press, 1999

4장

김용직, 『문예사조』, 문학과 지성사, 1981
오한진, 『독일에세이론』, 한울림, 1998
이상섭, 『르네상스와 신고전주의 비평』, 민음사, 1985
이선영, 『문예사조』, 민음사, 1986
장정웅, 『라신느의 희곡』, 경북대, 1992
한형곤, 『문예사조』, 새문사, 1992
뤼시앙 골드만, 『계몽주의철학』, 청하, 1983
매뉴얼, 『계몽사상시대사』, 탐구당, 1990
프랑코 모레티, 『근대의 서사시』, 조형준 옮김, 새물결, 2001
세크레탄, 『고전주의』, 서울대, 1984
아도르노, 호르크하이머, 『계몽의 변증법』, 김유동 옮김, 문학과지성사, 2001
에리히 아우얼바하, 『미메시스』, 김우창, 유종호 옮김, 민음사, 1979
알랭 니데르, 『라신느와 고전비극』, 탐구당, 1990
에른스트 카시러, 『계몽주의 철학』, 민음사, 1995

칸트, 『도덕형이상학』, 형설출판사, 1994
아놀드 하우저, 『문학과 예술의 사회사』, 백낙청 외 옮김, 창작과 비평사, 1981
하워드 휴고, 『세계문예사조사』, 을유문화사, 1990
Claire De Obaldia, The Essayistic Spirit, Oxford Univ. press, 1995
미셸 푸코, 「비판이란 무엇인가」, 『세계의 문학』, 1995

5장

김용직, 『한국근대시사』, 새문사, 1983
김용직 편, 『문예사조』, 문학과 지성사, 1981
김희보 편, 『세계의 명시』, 종로서적, 1992
마광수, 『상징시학』, 청하, 1985
이상섭, 『문학이론의 역사적 전개』, 연세대 출판부, 1975
이선영 편, 『문예사조』, 민음사, 1986
임철규, 『왜 유토피아인가』, 민음사, 1994
최문규, 『독일낭만주의』, 연세대출판부, 2005
한형곤, 『문예사조』, 새문사, 1992
게오르그 루카치, 『역사소설론』, 거름, 1987
릴리안 퍼스트, 『낭만주의』, 서울대출판부, 1978
아놀드 하우저, 『문학과 예술의 사회사』, 백낙청 외 옮김, 창작과비평사, 1981
에른스트 곰브리치, 『서양미술사』, 최민 옮김, 열화당, 1977
에리히 아우얼바하, 『미메시스』, 김우창 유종호 옮김, 민음사, 1979
임마누엘 칸트, 『판단력비판』, 박영사, 1980
필리쁘 방 띠겜, 『프랑스 낭만주의』, 탐구당, 1993
하워드 휴고, 『세계문예사조사』, 을유문화사, 1990
A. Lovejoy, The great chain of being, Cambridge Univ. press, 1936
Ernst Bloch, The Utopian Function of Art and Literature, trans. Jack Zipes and Frank Mecklenburg, MIT Press, 1988
Jean Francois Lyotard, Lessons on The Analytic of the Sublime, trans Elizabeth Rottenberg, Stanford Univ. press, 1994
Jerome Mcgann, The romantic ideology, Chicago Univ. press, 1983
Raymond Williams, Culture and society, Columbia Univ. press, 1958
R. Wellek, Concepts of criticism, Yale Univ. press, 1978

6장

김우창, 『궁핍한 시대의 시인』, 민음사, 1977
백낙청 편, 『리얼리즘과 모더니즘』, 창작과비평사, 1984
백낙청 편, 『서구리얼리즘소설연구』, 창작과비평사, 1982
이원양, 『브레히트연구』, 두레, 1984
조동일, 『한국 문학통사 5』, 지식산업사, 1989
최유찬, 『리얼리즘 이론과 실제비평』, 두리, 1992
최유찬·오성호, 『문학과 사회』, 실천문학사, 1994
데미안 그랜트, 『리얼리즘』, 김종운 옮김, 서울대출판부, 1981
미하일 바흐친, 『도스토예프스키 시학』, 김근식 옮김, 정음사, 1989
로즈 포르타시에, 『19세기 프랑스소설』, 김미연 옮김, 탐구당, 1986
게오르크 루카치, 『美學』, 木幡順三 譯, 勁草書房, 1970
게오르크 루카치, 『미학서설』, 홍승용 옮김, 실천문학사, 1987
게오르크 루카치, 『소설의 이론』, 반성완 옮김, 심설당, 1985
맑스·엥겔스, 『맑스주의문학예술논쟁』, 조만영 옮김, 돌베개, 1989
베르톨트 브레히트, 『서사극이론』, 김기선 옮김, 한마당, 1989
쉬체르비나, 『소련현대비평』, 한겨레, 1986
스테판 코올, 『리얼리즘 이론의 역사와 이론』, 여균동 옮김, 한밭출판사, 1982
아놀드 하우저, 『문학과 예술의 사회사』, 백낙청·염무웅 옮김, 창작과비평사, 1974
앙리 미테랑, 『졸라와 자연주의』, 김미연 옮김, 탐구당, 1993
에리히 아우얼바하, 『미메시스』, 김우창·유종호 옮김, 1979
이안 와트, 『리얼리즘과 문학』, 조동구 옮김, 지문사, 1985
이폴리트 텐느, 『영문학사 서설』, 유영 옮김, 을유문화사, 1964
E. H. 카, 『도스토예프스키』, 기린원, 1989
페터 지마, 『문예미학』, 허창운 옮김, 을유문화사, 1993
헤겔, 『예술 종교 철학』, 김영숙 옮김, 기린문화사, 1982

7장

김은전, 『문예사조』, 새문사, 1992
김주연 편, 『릴케』, 문학과 지성사, 1993
마광수, 『상징시학』, 청하, 1985
송욱, 『문학평전』, 일조각, 1971
유제식, 『뽈 발레리연구』, 신아사, 1983
이선영 외, 『한국근대문학비평사연구』, 세계, 1989

이창배, 『20세기 영미시의 이해』, 민중서관, 1970
전혜자, 『한국 문학사조론』, 새문사, 1992
정현종 편, 『시의 이해』, 민음사, 1983
샤를르 보들레르, 『악의 꽃』, 정기수 옮김, 정음사, 1974
로트레아몽, 『말도로르의 노래』, 윤인선 옮김, 청하, 1987
베르그송, 『창조적 진화』, 을유문화사, 1972
먼로 비어슬리, 『미학사』, 이성훈 옮김, 이론과 실천, 1987
존 라스킨, 『예술경제론』, 을유문화사, 1964
에리히 아우얼바하, 『미메시스』, 김우창 유종호 옮김, 민음사, 1979
앙리 뻬르, 『상징주의 문학』, 윤영애 옮김, 탐구당, 1990
아놀드 하우저, 『문학과 예술의 사회사』, 백낙청 염무웅 옮김, 창작과비평사, 1974
로저 샤타크, 『마르셀 프루스트』, 전경자 옮김, 탐구당, 1982
로즈 포르따시에, 『19세기 프랑스소설』, 김미연 옮김, 탐구당, 1986
찰스 채드윅, 『상징주의』, 박희진 옮김, 서울대출판부, 1980
칼 G. 융, 『인간과 상징』, 이윤기 옮김, 열린책들, 1980
R. V 존슨, 『심미주의』, 이상옥 옮김, 서울대출판부, 1987
테오도르 아도르노, 『미학이론』, 홍승용 옮김, 문학과 지성사, 1984
P. A Olson (ed), Literary criticism of Oscar Wilde, Nebraska Univ. press, 1970

8장

김용직 편, 『모더니즘연구』, 자유세계, 1993
박종서, 『현대극 어디까지 왔나』, 고려대출판부, 1980
유태수, 『문예사조』, 새문사, 1992
이창배, 『20세기 영미시의 이해』, 민중서관, 1970
전혜자, 『한국 문학사조론』, 새문사, 1992
정현종 편, 『시의 이해』, 민음사, 1989
조주관, 『러시아시강의』, 열린책들, 1993
황현산, 『잘 표현된 불행』, 문예중앙, 2012
호세 오르테가 이 가세트, 『예술의 비인간화』, 박상규 옮김, 미진사, 1991
T. E 흄, 『휴머니즘과 예술철학에 관한 성찰』, 박상규 옮김, 현대미학사, 1993
빌헬름 보링어, 『추상과 감정이입』, 권원순 옮김, 계명대출판부, 1982
페터 뷔르거, 『전위예술의 새로운 이해』, 최성만 옮김, 심설당, 1986

유진 런, 『마르크시즘과 모더니즘』, 김병익 옮김,
  문학과 지성사, 1986
에리히 아우얼바하, 『미메시스』, 김우창 유종호 옮김, 민음사, 1979
아놀드 하우저, 『문학과 예술의 사회사』, 백낙청 염무웅 옮김,
  창작과 비평사, 1974
페터 포크너, 『모던이즘』, 황동규 옮김, 서울대출판부, 1981
R. S 퍼네스, 『표현주의』, 김길중 옮김, 서울대출판부, 1985
C. W. E 빅스비, 『다다와 초현실주의』, 박희진 옮김,
  서울대출판부, 1979
이본느 뒤플레시스, 『초현실주의』, 조한경 옮김, 탐구당, 1993
F. 펠만, 『현상학과 표현주의』, 목전원 옮김, 강담사, 1994
레이몽 윌리암스, 『현대비극론』, 임순희 옮김, 까치, 1985
Derek. Attridge, Joyce Effects, Cambridge Univ. press, 2000
Donald F. Theall, James Joyce's Techno-Poetics,
  Toronto Univ. press, 1997
高柳俊一, 『T. S. エリオットの 思想形成』, 南窓社, 1990

9장

김성곤, 『포스트모던시대의 작가들』, 민음사, 1990
김성곤, 『포스트모던 소설과 비평』, 열음사, 1993
김성기 편, 『모더니티란 무엇인가』, 민음사, 1994
김우창, 『법없는 길』, 민음사, 1993
김용권 외, 『현대문학비평론』, 한신문화사, 1994
김혜숙 편, 『포스트모더니즘과 철학』, 이화여대출판부, 1995
백낙청, 『민족문학과 세계문학2』, 창작과 비평사, 1985
윤호병 외, 『후기구조주의』, 고려원, 1992
이광래 편, 『해체주의란 무엇인가』, 교보문고, 1993
이승훈 외, 『포스트모더니즘과 문학비평』, 고려원, 1994
이재호, 『세계문예사조사』, 을유문화사, 1990
이진우 편, 『포스트모더니즘의 철학적 이해』, 서광사, 1993
전경갑, 『현대와 탈현대의 사회사상』, 한길사, 1993
정동호 편, 『니이체철학의 현대적 조명』, 청람, 1988
정정호, 이소영 편, 『포스트시대의 영미문학』, 열음사, 1992
황병하, 『반리얼리즘 문학론』, 열음사, 1992
로브 그리예, 『누보 로망을 위하여』, 김치수 옮김,
  문학과 지성사, 1981
마단 사립, 『알기쉬운 자끄 라깡』, 김혜수 옮김, 백의, 1994

마단 사럽, 『데리다와 푸꼬, 그리고 포스트모더니즘』,
  임헌규 옮김, 인간사랑, 1993
마르틴 하이데거, 『니체철학강의』, 김정현 옮김, 이성과현실, 1991
마샬 버먼, 『현대성의 경험』, 윤호병 이만식 옮김, 현대미학사, 1994
마이클 라이언, 『해체론과 변증법』, 나병철 이경훈 옮김,
  평민사, 1994
먼로 비어슬리, 『미학사』, 이성훈 안원현 옮김, 이론과 실천, 1987
벵상 주브, 『롤랑 바르트』, 하태환 옮김, 민음사, 1994
브랜든 테일러, 『모더니즘, 포스트모더니즘, 리얼리즘』,
  김수기 김진송 옮김, 시각과 언어, 1993
빈센트 라이치, 『해체비평이란 무엇인가』, 권택영 옮김,
  문예출판사, 1988
안드라스 게도, 『포스트모더니즘의 도전』, 김경연 윤종석 옮김,
  다민, 1992
알렉스 캘리니코스, 『포스트모더니즘 비판』, 임상훈 이동연 옮김,
  성림, 1992
움베르토 에코, 『열린 예술작품』, 조형준 옮김, 새물결, 1995
이합 핫산, 『포스트모더니즘』, 정정호 옮김, 종로서적, 1985
장 보드리야르, 『시뮬라시옹』, 하태환 옮김, 민음사, 1992
장 프랑수아 리오타르, 『지식인의 종언』, 이현복 옮김,
  문예출판사, 1994
장 프랑수아 리오타르, 『포스트모던적 조건』, 이현복 옮김,
  서광사, 1992
쟈끄 데리다, 『입장들』, 박성창 옮김, 솔, 1993
정정화 강내희 편, 『포스트모더니즘론』, 도서출판 터, 1990
존 레웰린, 『데리다의 해체주의』, 서우석 김세중 옮김,
  문학과지성사, 1993
질 들뢰즈, 『니체, 철학의 주사위』, 신범순 조영복 옮김,
  인간사랑, 1993
퍼트리샤 워, 『메타픽션』, 김상구 옮김, 열음사, 1992
페리 앤더슨, 『마르크스주의와 포스트모더니즘』,
  오길영 윤병우 옮김, 이론과 실천, 1993
페터 지마, 『문예미학』, 허창운 옮김, 을유문화사, 1993
하이데거, 『진리란 무엇인가』, 신조문화사, 1970
할 포스터, 『반미학』, 윤호병 옮김, 현대미학사, 1993
Douglas Kellner, Postmodernism, Jameson, Critique,
  Washington, 1989
Fredric Jameson, Postmodernism or, The Cultural
  Logic of Late Capitalism, Duke Univ. press,
  1991
Jacques Derrida, Acts of Literature, New York, 1992